Staat und Verwaltung

Fünfzig Jahre
Hochschule für Verwaltungswissenschaften
Speyer

Schriftenreihe der Hochschule Speyer

Band 122

Staat und Verwaltung

Fünfzig Jahre
Hochschule für Verwaltungswissenschaften
Speyer

Herausgegeben von

Klaus Lüder

Duncker & Humblot · Berlin

Die Deutsche Bibliothek – CIP-Einheitsaufnahme

Staat und Verwaltung : Fünfzig Jahre Hochschule für
Verwaltungswissenschaften Speyer / hrsg. von Klaus
Lüder. – Berlin : Duncker und Humblot, 1997
   (Schriftenreihe der Hochschule Speyer ; Bd. 122)
   ISBN 3-428-08836-0
NE: Hochschule für Verwaltungswissenschaften ⟨Speyer⟩:
   Schriftenreihe der Hochschule ...

Alle Rechte, auch die des auszugsweisen Nachdrucks, der fotomechanischen
Wiedergabe und der Übersetzung, für sämtliche Beiträge vorbehalten
© 1997 Duncker & Humblot GmbH, Berlin
Fremddatenübernahme und Druck:
Berliner Buchdruckerei Union GmbH, Berlin
Printed in Germany
ISSN 0561-6271
ISBN 3-428-08836-0

Gedruckt auf alterungsbeständigem (säurefreiem) Papier
entsprechend ISO 9706 ∞

Vorwort des Rektors

Die Hochschule für Verwaltungswissenschaften Speyer wurde 1947 als Ecole Supérieure d'Administration (Höhere Verwaltungsakademie) gegründet. Spätestens seit ihr 1971 das Promotionsrecht verliehen wurde, ist sie unstrittig eine universitäre Einrichtung: Sie besitzt Promotions- und Habilitationsrecht, an ihr sind Universitätsprofessoren tätig, und sie steht in der Humboldtschen Tradition der Einheit von Forschung und Lehre. Auf der anderen Seite unterscheidet sie sich aber durchaus von den Universitäten: In Speyer studieren kann nur, wer bereits ein Universitätsstudium abgeschlossen hat; die Hochschule für Verwaltungswissenschaften Speyer ist keine Landeshochschule, sondern sie wird von allen Ländern und dem Bund getragen; und ihre Lehr- und Forschungstätigkeit schließlich ist auf Staat und Verwaltung fokussiert.

Nachdem bereits anläßlich des 10jährigen (1957) und des 25jährigen Bestehens der Hochschule (1972) Sammelbände unter den Titeln „Staats- und Verwaltungswissenschaftliche Beiträge" und „Demokratie und Verwaltung" erschienen, ist die vorliegende Schrift die dritte Festschrift der Hochschule. Ihr Titel „Staat und Verwaltung" beschreibt zum einen den Gegenstand verwaltungswissenschaftlicher Forschung, Lehre und Fortbildung an der Hochschule Speyer, er ist zum anderen aber auch als Hinweis auf die aktuelle Reformbedürftigkeit von Staat und Verwaltung zu verstehen.

Die als Voraussetzung für erfolgreiche Verwaltungsreformen notwendige anwendungsorientierte Grundlagenforschung und der Transfer ihrer Ergebnisse in die Verwaltungspraxis sind Markenzeichen der Hochschule Speyer. Davon zeugen nicht nur die Beiträge in diesem Band, sondern vor allem auch die in den letzten zwanzig Jahren am Forschungsinstitut für öffentliche Verwaltung durchgeführten und in den Forschungsberichten des Instituts und anderen Schriften dokumentierten Ergebnisse der Speyerer Verwaltungsforschung.

Neben Fachbeiträgen, die die disziplinäre Breite und den überdisziplinären Ansatz der Hochschule für Verwaltungswissenschaften Speyer deutlich machen, enthält die Festschrift zwei Beiträge zur Geschichte der Hochschule. Während Rudolf Morsey die Geschichte der Hochschule seit ihrer Gründung anhand des vorliegenden Quellenmaterials nachzeichnet, schildert Carl Hermann Ule nicht minder interessante persönliche Erlebnisse und Erfahrungen aus 17jähriger Tätigkeit (1955 bis 1972) an der Hochschule Speyer. Für den an Geschichte und Entwicklung der Hochschule interessierten Leser bietet aber auch der Anhang eine Fülle von Informationen: Von einer umfassenden Chronik der Lehrstühle bis zu Statistiken über die Zahl der Hörer und der Fortbildungsteilnehmer.

Wer die disziplinäre Ausrichtung und den Kreis der Mitarbeiter der beiden Festschriften zum 25jährigen und 50jährigen Bestehen der Hochschule vergleicht, dem werden zwei Dinge auffallen: Der Kreis der Mitarbeiter am vorliegenden Band ist auf die (im Sommersemester 1996) amtierenden und die entpflichteten Universitätsprofessoren beschränkt, und der Anteil der nichtjuristischen Beiträge hat sich deutlich erhöht (von 25 % auf 43 %). Den Kreis der Mitarbeiter weiter zu fassen, schien u. a. im Hinblick auf den maximal akzeptablen Umfang der Schrift nicht vertretbar. Die Erhöhung des Anteils nichtjuristischer Beiträge ist andererseits Ausdruck der disziplinären Verbreiterung während der vergangenen 25 Jahre.

Mein herzlicher Dank gilt den Kollegen, die sich ausnahmslos und bereitwillig zur Mitarbeit zur Verfügung gestellt haben. Ein darüber hinaus gehender besonderer Dank gebührt dem Senatsbeauftragten für die Schriftenreihe der Hochschule Speyer, Herrn Kollegen Detlef Merten, der sich der schwierigen Aufgabe der terminlichen Koordination sowohl mit den Verfassern als auch mit dem Verlag mit Erfolg angenommen hat. Schließlich danke ich dem Verleger, Herrn Professor Dr. jur. h. c. Norbert Simon, für die uneingeschränkte Unterstützung bei der Herausgabe der Festschrift.

Klaus Lüder

Inhaltsverzeichnis

I. Die Hochschule in Vergangenheit und Gegenwart

Rudolf Morsey

    50 Jahre Hochschule für Verwaltungswissenschaften Speyer (1947 - 1997) 13

Carl Hermann Ule

    Verwehte Spuren 51

II. Deutschland und Europa

Dieter Duwendag

    Stabilitäts-, Budget- und Tarifverhalten in den EU-Staaten: Ein Langfristvergleich .. 79

Siegfried Magiera

    Außenkompetenzen der deutschen Länder 97

III. Staat und Recht

Carl Böhret

    Dynamische Interdependenz und funktionaler Staat. Anmerkungen zur politisch-administrativen Theorie der Übergangsgesellschaft 119

Detlef Merten

    Das Berufsbeamtentum als Element deutscher Rechtsstaatlichkeit 145

Helmut Quaritsch

    Die öffentlich-rechtliche Verwahrung 169

Waldemar Schreckenberger

    Gesetzgebung als Prozeß von Öffentlichkeit 181

IV. Staat und Wirtschaft

Eberhard Bohne

Liberalisierung des Strommarktes als Organisationsproblem 211

Klaus Lüder

Innovationen im öffentlichen Rechnungswesen 249

Rainer Pitschas

Duale Umweltverantwortung von Staat und Wirtschaft. Verwaltungsrechtliche Gestaltungsprobleme der Zusammenarbeit im „schlanken" Staat am Beispiel des Zulassungs- und Aufsichtssystems für Umweltgutachter nach dem Umweltauditgesetz 269

V. Staat und Kommunen

Hans Herbert von Arnim

Auf dem Weg zur optimalen Gemeindeverfassung? 297

Willi Blümel

Mitwirkung der kommunalen Gebietskörperschaften und ihrer Spitzenverbände an der Gesetzgebung 331

Hermann Hill

Das nächste Jahrhundert – Ein Jahrhundert der Kommunen 345

Konrad Littmann

Über das Elend kommunaler Umlagen. Marginalien zu neueren Entwicklungen der kommunalen Finanzverfassungen 363

VI. Verwaltungswissenschaft und Verwaltungspraxis

Stefan Fisch

Dimensionen einer historischen Systemtransformation. Zur Verwaltung des Elsaß nach seiner Rückkehr zu Frankreich (1918 - 1940) 381

Klaus König

Drei Welten der Verwaltungsmodernisierung 399

Heinrich Reinermann

Verwaltungsentwicklung und Verwaltungsinformationssysteme 425

VII. Personalführung und Personalfortbildung

Rudolf Fisch

    Führungsautorität 447

Helmut Klages

    Motivierung von Mitarbeitern durch Anreize? Ein Beitrag zum Thema „Human Resource Management in der öffentlichen Verwaltung" 455

Heinrich Siedentopf

    Das Führungskolleg Speyer (FKS). Ein Beitrag zur Personalentwicklung für Führungskräfte der öffentlichen Verwaltung 477

Anhang

A. Chronik der Hochschule 495

B. Chronik des Forschungsinstituts 497

C. Kooperationsvereinbarungen von Hochschule und Forschungsinstitut 498

D. Verzeichnis der Ehrensenatoren, Ehrendoktoren und der Träger der Hochschulmedaille 498

E. Rektoren der Hochschule 500

F. Verzeichnis der Professoren seit 1947 501

G. Staatswissenschaftliche Fortbildungstagungen seit 1947 507

H. Chronik der Lehrstühle. Besetzung im Wechsel von 50 Jahren 512

I. Statistik 516

Verzeichnis der Autoren   519

I. Die Hochschule in Vergangenheit und Gegenwart

50 Jahre Hochschule für Verwaltungswissenschaften Speyer (1947-1997)

Von Rudolf Morsey

Vorbemerkung

Mit diesem Beitrag knüpfe ich an meine Studie „40 Jahre Hochschule für Verwaltungswissenschaften Speyer (1947-1987)" von 1987 an.[1] Deren Schwerpunkt lag auf der Darstellung der Gründungsgeschichte der Hochschule – die zeitgleich ein Tübinger Historiker aus der Perspektive und auf der Grundlage der von ihm erschlossenen einschlägigen französischen Akten dargestellt hatte[2] – und auf ihrer Entwicklung bis 1969. Mit der damals vorgenommenen Umstrukturierung und Erweiterung begann ein neuer Abschnitt der Hochschulgeschichte.

In den letzten Jahren ist die Erforschung der lange vernachlässigten französischen Deutschland- und Besatzungspolitik erfreulich fortgeschritten und in deren Zusammenhang auch der hohe Stellenwert der Kulturpolitik deutlicher herausgearbeitet worden.[3] Dabei ergaben sich allerdings für die Erhellung der Gründungs- und Frühgeschichte der Hochschule keine neuen Gesichtspunkte. Infolgedessen beruht die folgende Darstellung bis 1950/52 – bis zum Beitritt aller Länder neben dem der Bundesrepublik zum Verwaltungsabkommen über die Hochschule – weitgehend auf meinen Erkenntnissen von 1987. Sie sind allerdings in einzelnen Passagen gekürzt bzw. überarbeitet.[4]

---

[1] Speyerer Vorträge, H. 9, 1987, S. 11-44. Eine überarbeitete Fassung in: DÖV 40 (1987), S. 609-621. An dieser Stelle danke ich erneut meinem langjährigen Assistenten an der Hochschule, Herrn Dr. *Karsten Ruppert,* für Hilfe bei der Quellenerschließung; er ist inzwischen Ordinarius für neuere Geschichte an der Katholischen Universität in Eichstätt. Vgl. *Karsten Ruppert,* Die Hochschule für Verwaltungswissenschaften Speyer (1947-1987), in: Speyer-Brief der Hochschule, Nr. 3, 1987, S. 7-14, *ders.,* in: Die Rheinpfalz vom 28. 5. 1987.

[2] Vgl. *Franz Knipping,* Umerziehung der Verwaltung? Zur Gründungsgeschichte der Hochschule für Verwaltungswissenschaften in Speyer, in: Frankreichs Kulturpolitik in Deutschland 1945-1950, hrsg. von *Franz Knipping* und *Jacques Le Rider,* 1987, S. 93-110.

[3] Vgl. die Hinweise über die „Neubewertung der französischen Deutschlandpolitik" bei *Rudolf Morsey,* Die Bundesrepublik Deutschland. Entstehung und Entwicklung bis 1969, 3. Aufl. 1995, S. 139 f.; *Dietmar Hüser,* Frankreichs „doppelte Deutschlandpolitik", 1996, S. 22-41.

[4] Die Literatur bis 1972 ist verarbeitet bei *Franz Knöpfle,* 25 Jahre Hochschule für Verwaltungswissenschaften Speyer, in: Demokratie und Verwaltung. 25 Jahre Hochschule für Verwaltungswissenschaften Speyer, 1972, S. 11-75. Spätere Titel: *Erich Becker,* Referendariat

I. Die Gründung einer Ecole Supérieure d'Administration durch die französische Besatzungsmacht

Die Entscheidung zur Gründung der Hochschule ist im Sommer 1946 von der französischen Militärregierung getroffen worden. Sie stand im Zusammenhang mit dem „Umerziehungsanspruch" als Wesenselement gezielt eingesetzter Kulturpolitik.[5] Diese wiederum bildete so etwas wie ein konstruktives Gegenstück der in sich widersprüchlichen Sicherheits- und Reparationspolitik der Besatzungsmacht in ihrer Zone, die sie als „Ausbeutungskolonie" behandelte.

Das Reizwort der Franzosen hieß „Preußen": Synonym für den perhorreszierten deutschen Nationalismus und ostelbisch bestimmten Obrigkeits- bzw. Untertanenstaat. Beamte, speziell Juristen, galten als Hauptstützen des Nationalsozialismus. Folglich hatte, um die Mentalität der Besiegten zu verändern, in Paris ein interministerieller Ausschuß für die Besatzungspolitik am 20. Juli 1945 festgelegt: „Déprussianisation administrative et culturelle".[6] Dieser Vorgabe entsprechend entwarf die Direction de l'Education Publique der Militärverwaltung in Baden-Baden seit dem Sommer 1946 ein Ausbildungskonzept zur Reform des Beamtentums. Dessen wichtigster Baustein war die Errichtung einer Ecole Supérieure d'Administration für die Besatzungszone, um dem Mangel an qualifiziertem Verwaltungspersonal abzuhelfen.

Als Sitz der neuen Institution war Speyer vorgesehen; denn bisher fehlte im südlichen Teil des Ende August 1946 von der Besatzungsmacht gegründeten neuen Landes Rheinland-Pfalz eine Institution mit überregionaler Ausrichtung, zumal als Kontrapunkt gegen die im nördlichen Landesteil errichtete Universität Mainz.[7] Zum andern war die ehemalige Hauptstadt des bayerischen Regierungsbezirks

---

Speyer 1947, Speyerer Arbeitsheft 14, 1977 (hekt.); *Klaus König*, Verwaltungswissenschaftliche Ausbildung, Fortbildung und Forschung. Dreißig Jahre Hochschule Speyer, in: Öffentlicher Dienst. Festschrift für Carl Hermann Ule zum 70. Geburtstag, hrsg. von *Klaus König, Hans-Werner Laubinger* und *Frido Wagener*, 1977, S. 53-87; *Helmut Mathy*, Hochschulen und wissenschaftliche Forschung in den Anfängen des Landes Rheinland-Pfalz, in: Rheinland-Pfalz entsteht, hrsg. von *Franz-Josef Heyen*, 1984, S. 386-390; *Hans Fenske*, Die Hochschule für Verwaltungswissenschaften, in: Geschichte der Stadt Speyer, hrsg. von der *Stadt Speyer*. Bd. 3, 1989, S. 473-477; *Jérôme Vaillant*, Frankreichs Kulturpolitik in Deutschland 1945-1949, in: Franzosen und Deutsche am Rhein 1789-1918-1945, hrsg. von *Peter Hüttenberger* und *Hansgeorg Molitor*, 1989, S. 215 f.; *Reinhard Grohnert*, Die Entnazifizierung in Baden 1945-1949, 1991, S. 112-114; *Stefan Zauner*, Erziehung zur Kulturmission. Frankreichs Bildungspolitik in Deutschland 1945-1949, 1994, S. 252-256; *Reinhard Grohnert*, Die Rééducation – Schule und Hochschule, in: Krisenjahre und Aufbruchszeit. Alltag und Politik im französisch besetzten Baden, hrsg. von *Edgar Wolfrum* u.a., 1996, S. 199-202. – S. auch *Helmut Quaritsch* (Anm. 14) und *Georg Kratz* (Anm. 33).

[5] *F. Knipping* (Anm. 2), S. 91.

[6] *Rainer Hudemann*, Kulturpolitik im Spannungsfeld französischer Deutschlandpolitik, in: *F. Knipping / J. Le Rider* (Anm. 2), S. 20.

[7] Vgl. die Aufzeichnung von *Raymond Schmittlein* vom 5. 10. 1946, referiert bei *F. Knipping* (Anm. 2), S. 92 f.

Pfalz Sitz eines Landrats- und Finanzamts, einer Oberrechnungskammer sowie einer Reichspost- und Reichsbahndirektion. Diese Behörden konnten Lehrbeauftragte für die Beamtenausbildung stellen und Praktika anbieten. Schließlich gab es in Speyer entsprechende Räumlichkeiten, wenn auch in „verwahrlostem Zustand":[8] die frühere Lehrerbildungsanstalt in der Johannesstraße 10, gegenüber der Pfälzischen Landesbibliothek, die ein weiteres Argument für den Standort bildete.

Das bis zum Jahresende 1946 in Baden-Baden entwickelte Konzept zur Ausbildung des Nachwuchses für den gesamten höheren Verwaltungsdienst in der französischen Zone in Speyer sah vor: (1.) eine Öffnung zugunsten von Bewerbern verschiedener Fachrichtungen mit abgeschlossenem Studium – aber erst nach Bestehen einer Aufnahmeprüfung, (2.) die Zulassung besonders befähigter Beamter des gehobenen Dienstes und (3.) die Verpflichtung, nach bestandener Abschlußprüfung mindestens fünf Jahre lang in der öffentlichen Verwaltung tätig zu bleiben.

Die dafür gewährten Belohnungen waren durchaus adäquat. Zum einen sollten Universitätsabsolventen während der auf vier Semester Studium plus 16 Monate Verwaltungspraktikum angelegten Ausbildung Status und Besoldung von Referendaren erhalten, im zweiten Jahr von Assessoren. Zum andern bedeutete das Speyerer Abschlußexamen eine Anstellungsgarantie in einem Land der französischen Besatzungszone (Rheinland-Pfalz, Baden, Württemberg-Hohenzollern). Der Studienplan war als Kombination allgemeiner und spezieller Fachausbildung angelegt, ergänzt durch Verwaltungspraktika und allgemeinbildende Lehrveranstaltungen, eingeschlossen politische Geschichte, Wirtschaftswissenschaften und Wirtschaftsgeographie, erweitert um Sprachen und Kulturgeschichte, vornehmlich auf Frankreich bezogen.

Eine derartige Sonderausbildung für die höhere Verwaltungslaufbahn bedeutete einen Bruch mit deutscher Beamtentradition: durch Abkehr von der einheitlichen justizrechtlichen Ausbildung, durch gewollte Durchlässigkeit zwischen den Laufbahnen, durch Vergabe des Ausbildungsmonopols an eine eigene Institution und schließlich durch eine Einstellungsgarantie nach bestandenem Abschlußexamen.

Dem Prinzip der indirekten Besatzungsverwaltung entsprechend sollte die Ecole Supérieure d'Administration in deutscher Regie von einem Präsidenten geführt werden. Er leitete einen ihn beratenden und gleichzeitig. kontrollierenden Verwaltungsrat, gebildet aus Vertretern der drei Länderregierungen, der drei Universitäten in der französischen Zone (Freiburg, Tübingen, Mainz) und zwei gewählten Vertretern des Lehrkörpers. Dieses Konzept zur Neubildung einer Beamtenschaft, die befähigt sein sollte, zur „Wiedergeburt des demokratischen Geistes" beizutragen, war innerhalb verschiedener französischer Regierungs- und Dienststellen umstritten. Für das Außenministerium kam darin ein unerwünschter Zonenzentralismus zum

---

[8] So im Vorlesungsverzeichnis (künftig: VV) der Staatlichen Akademie für Verwaltungswissenschaften, Wintersemester (künftig: WS; Sommersemester: SS) 1948, S. 6.

Ausdruck. Er widersprach der von Paris verfolgten Sicherheitspolitik durch Dezentralisierung via Ländergründung. Infolge dieser und anderer Bedenken bezog die Verwaltungszentrale in Baden-Baden das Saargebiet nicht in das Ausbildungskonzept ein und wies die Speyerer Institution dem Land Rheinland-Pfalz zu.

Zur Geburtsurkunde der späteren Hochschule wurde die Verfügung Nr. 194 der Militärregierung vom 11. Januar 1947, verkündet im Journal Officiel (Amtsblatt des französischen Oberkommandos in Deutschland) vom 17. Januar, und unterzeichnet vom Administrateur Général *Emile Laffon*.[9] Die dadurch errichtete Ecole Supérieure d'Administration firmierte in der beigedruckten Übersetzung als „Höhere Verwaltungsakademie" bzw. „Akademie"; einmal allerdings war von der „Hochschulordnung" die Rede. Beigefügte Statuten regelten deren Leitung und Verwaltung, das Zulassungs-, Ausbildungs- und Prüfungsverfahren.[10] Die Akademie sollte am 1. Mai 1947 eröffnet werden und jährlich etwa 200 Bewerber ausbilden.

Initiator des Speyerer Reformkonzepts war der Leiter der Direction de l'Education Publique der Militärverwaltung in Baden-Baden, *Raymond Schmittlein*, Verwaltungsbeamter mit Generalsrang und -uniform, eine einflußreiche und dynamische Persönlichkeit, von Haus aus Germanist.[11] Als Mitkämpfer *de Gaulles* hatte *Schmittlein* zunächst dessen annexionistische Deutschlandpolitik verfochten. Er gehörte, wie es ein Mitarbeiter seiner Abteilung für Öffentliche Bildung später formuliert hat, „zu einem Schlag von Leuten, die dachten und es laut aussprachen, daß man aus Deutschland eine Föderation machen, es lange besetzt halten und ihm tiefgreifende Änderungen seiner Struktur aufzwingen müsse".[12] *Schmittlein* selbst hielt eine „völlige Umerziehung des deutschen Volkes für unerläßlich".[13]

In seinem Konzept besaß eine im französischen Sinne (um-)erzogene, in fachlicher Hinsicht qualifizierte und mit breiter Allgemeinbildung ausgestattete Beamtenschaft hohen Stellenwert. Dabei orientierten er und seine Mitarbeiter – sein Vertreterin war *Irène Giron* – sich am Reformprogramm der am 9. Oktober 1945 in Paris errichteten Ecole Nationale d'Administration (ENA), die im Dezember ihre

---

[9] Nr. 51, S. 538-541.

[10] Zeitgleich mit der Verwaltungsakademie wurde in Germersheim ein Spracheninstitut (Institut d'Interprètes, übersetzt: Dolmetscher-Hochschule) für die Länder der französischen Besatzungszone errichtet (Verfügung Nr. 195, Journal Officiel, S. 541 f.) und dessen „gesetzliche Vertretung und Geschäftsführung" dem „Leiter der Höheren Verwaltungsakademie" in Speyer übertragen.

[11] Zu seiner Vita – bis 1939 Lehrbeauftragter an der Litauischen Universität in Kaunas (Kowno) und Direktor des Institut Français in Riga – sowie seiner Konzeption vgl. zuletzt *Heinrich Küppers*, Bildungspolitik im Saarland 1945-1955, 1984, S. 48, 56 ff.

[12] *Jean-Charles Moreau*, Jugendarbeit und Volksbildung in der französischen Besatzungszone, in: Französische Kulturpolitik in Deutschland 1945-1949, hrsg. von *Jérôme Vaillant*, 1984, S. 25; ders., Diskussionsbeitrag, in: *F. Knipping / J. Le Rider* (Anm. 2), S. 157.

[13] Vgl. sein Schreiben vom 18. 11. 1946 an den Mainzer Bischof *Albert Stohr*, in: *J. Vaillant* (Anm. 12), S. 139.

Tore geöffnet hatte.¹⁴ Demgegenüber hat *Erich Becker* darauf beharrt, daß die Speyerer Gründung keine „kleine ENA" oder „Höhere Schule" bzw. Verwaltungsakademie traditioneller Prägung gewesen sei, sondern von Anfang an eine postuniversitäre Ausbildungsstätte, in der man die deutsche Tradition verwaltungswissenschaftlicher Beamtenausbildung aufgegriffen habe; in Speyer sei nicht bekannt gewesen, „ob und wie 1947 an der ENA eine Science administrative" existiert habe oder vertieft worden sei.¹⁵

Nun befindet sich aber in den Akten des Rektorats der Hochschule ein Exemplar des Bulletin Provisoire der ENA aus dem Sommer 1946. Es enthält auf der Grundlage von Beschlüssen des Conseil d'Administration der ENA vom 6. April 1946 deren Zielsetzung und Programm, gibt Auskunft über den Lehrkörper und die Etappen des Studiengangs. Allerdings hat die Ecole Supérieure d'Administration in Speyer ihre Tätigkeit nicht im Zeichen einer berufsbezogenen Beamtenausbildung begonnen, sondern als eine postuniversitäre Hochschule unter Anknüpfung an die älteren deutschen Kameral- und Verwaltungswissenschaften. Bereits die Eröffnung der „Höheren Verwaltungsakademie" erfolgte unter dem Namen „Staatliche Akademie für Verwaltungswissenschaften".¹⁶

II. Der „Gründungsrektor" und die Umwandlung des französischen Ausbildungskonzepts

Diese Umsteuerung war das Werk eines Mannes, den *Schmittlein* im Herbst 1946 gewonnen hatte: *Hermann Haußmann*. Er trieb in Speyer die bereits seit Oktober laufende Renovierung des künftigen Akademiegebäudes voran, für deren Finanzierung die Besatzungsmacht sorgte, zunächst über einen Kredit aus dem „Provinzhaushalt" des Oberregierungspräsidiums der Pfalz in Neustadt a.d. Haardt à conto Besatzungslasten. *Haußmann* gewann auch die ersten Professoren und Lehrbeauftragten. Währenddessen walzte die Militärregierung Widerstände nieder, die von der Regierung des Landes Rheinland-Pfalz kamen. Diese war über das einseitige Vorgehen der Besatzungsmacht so verärgert, daß sie am 30. Januar 1947 darauf drängte, den Erlaß Nr. 194 zurückzunehmen.¹⁷

---

14 *Helmut Quaritsch*, Eine Schule der Verwaltung: L'Ecole Nationale d'Administration, in: Verwaltungsarchiv 52 (1961), S. 217-252. Zuletzt *F. Knipping* (Anm. 2), S. 96.

15 Referendariat (Anm. 4), S. 1 f., 11.

16 Vgl. *J. Vaillant*: „Selbst die Verwaltungshochschule in Speyer ... folgte eigentlich nicht den französischen Richtlinien." Der Lehrkörper habe sich sofort bemüht, an die deutsche Verwaltungstradition anzuknüpfen. Einleitung, in: *ders.* (Anm. 12), S. 19. Später hat *J. Vaillant* formuliert: „Es sieht so aus, als ob Schmittlein und Frau Giron ein Konzept nach dem Vorbild der ENA ausarbeiteten, die Deutschen sich einverstanden erklärten, aber schließlich etwas ganz anderes machten und an die Verwaltungstraditionen in Deutschland anknüpften." In: Hochschuloffiziere und Wiederaufbau des Hochschulwesens in Westdeutschland 1945-1952. Teil 3: Die Französische Zone, hrsg. von *Manfred Heinemann*, 1991, S. 191.

Daran aber dachte die Militärregierung nicht. Auch war es nunmehr für sie zu spät, einem Vorschlag des Quai d'Orsay zu folgen und die Akademie durch die Landesregierung errichten zu lassen, um die französische Initiative zu tarnen. *Schmittlein* blieb überzeugt, sein Zonenkonzept mit Hilfe *Haußmanns* durchsetzen zu können, der seinerseits Wert darauf legte, mit seinem französischen Auftraggeber „in völliger Übereinkunft" zu bleiben (7. Februar 1947).

Dieser promovierte Jurist, Jahrgang 1879, besaß lange Verwaltungserfahrung, von 1919 bis 1932 auch als Regierungspräsident des kleinen preußischen Bezirks Stralsund.[18] Er war Anhänger der Deutschen Demokratischen Partei und hatte Schriften über Verwaltungspolitik, Personalführung und Verwaltungsreform veröffentlicht[19], auch als offensichtlich treffsicherer Jäger 1931 auf einer Jagdausstellung der „Grünen Woche" den Preis für den „besten deutschen Rothirsch aus freier Wildbahn" erhalten.[20] 1935 war der Regierungspräsident a.D., von den Nationalsozialisten gemaßregelt[21], in die Nähe von Freiburg i.Br. übergesiedelt, 1945 als Conseiller juridique der dortigen französischen Militärregierung tätig gewesen, dann als Oberstaatsanwalt in Gießen. 1946 ist er in das hessische Innenministerium gelangt, wo er sich vor allem um die Schulung des Beamtennachwuchses kümmerte.[22]

---

[17] Aufgrund eines Ministerratsbeschlusses vom 27. 1. 1947. Vgl. Quellen zur Geschichte von Rheinland-Pfalz während der französischen Besatzung März 1945 bis August 1949, bearb. von *Peter Brommer,* 1985, S. 364 f. Die Verärgerung in der Landesregierung war um so größer, als die Besatzungsmacht bereits Anfang September 1946 in Cochem eine „Rheinische Verwaltungsschule" zur Ausbildung von Anwärtern für die „mittlere gehobene Beamtenlaufbahn" wie auch für den höheren Dienst gegründet hatte. Vgl. *Joachim Dollwet,* Die Rheinische Verwaltungsschule in Cochem, in: Rheinland-Pfalz entsteht, hrsg. von *Franz-Josef Heyen,* 1984, S. 395. Der Verfasser sieht diese Institution „in gewissem Sinne" als Vorläufer der Ausbildungsstätte in Speyer (S. 395), zu deren Gunsten ab 1947 die Ausbildung für den höheren Dienst „allmählich" übergegangen sei (S. 401). Dazu auch *Ulrich Springorum,* Entstehung und Aufbau der Verwaltung in Rheinland-Pfalz nach dem Zweiten Weltkrieg (1945-1947), 1982, S. 161-163; *R. Grohnert* (Anm. 4), S. 108-111.

[18] Reichshandbuch der deutschen Gesellschaft, Bd. I., 1930, S. 681; *Degeners Wer ist's?,* 1935, S. 614 („evangelisch, arisch"; Ehrensenator der Universität Greifswald).

[19] Darunter „Die Büroreform als Teil der Verwaltungsreform". Berlin 1925 (1926 in polnischer Übersetzung). Über *Haußmanns* Vorschläge („von erheblicher praktischer Bedeutung") vgl. *Eberhard Laux,* Die Entwicklung des Verwaltungsbetriebes, in: Deutsche Verwaltungsgeschichte, hrsg. von *Kurt G. A. Jeserich* u.a. Bd. V, 1987, S. 1091.

[20] So in dem Privatdruck (12 Seiten) „Ein Beamtenleben. Geburtstagsansprache zu Ehren des Präsidenten der Akademie Speyer Professor Dr. Haußmann, gehalten von dem Sprecher des Referendariats der Staatlichen Akademie für Verwaltungswissenschaften Speyer, Referendar *Otto Penn",* 1948, S. 9.

[21] 1932 in den einstweiligen Ruhestand versetzt, wurde *Haußmann* 1933 wegen „politischer Unzuverlässigkeit" entlassen, ein Gesuch um Zulassung als Rechtsanwalt abgelehnt. 1936 erreichte er eine Entscheidung des Reichsgerichts zugunsten seiner Pensionsansprüche. Vgl. Entscheidungen des Reichsgerichts in Zivilsachen, Bd. 152, 1937, S. 152-159.

[22] Über diese Tätigkeit als Ministerialdirektor (so am 24. 3. 1947 an *Hans Peters*) ist bisher nichts bekannt. In einem Vermerk *Haußmanns* von Anfang 1949 (über seine Rechtsstellung) heißt es, er sei 1945/46 im hessischen Innenministerium tätig gewesen, „ohne Ernen-

Vermutlich im Frühherbst 1946 war der damals 67jährige *Haußmann* mit *Schmittlein* in Kontakt gekommen und von ihm gewonnen worden, das „Schulungswesen für die französische Zone einzurichten".[23] Er hatte am 5. November 1946 von *Schmittlein* seinen Auftrag erhalten. Auch *Haußmann* war von missionarischem Eifer beseelt, die Verwaltung zu demokratisieren und Beamten die „Führung des Volkes" zu übertragen.[24] Der damalige Regierungspräsident von Darmstadt *Ludwig Bergsträßer* – der *Haußmann* aus den zwanziger Jahren kannte – hatte unter dem 30. November 1945 notiert, er habe den „alten Haußmann" getroffen: „Angenehm, aber verkalkt".[25]

In der „Rheinpfalz" vom 15. Februar 1947 interpretierte *Haußmann* das Ausbildungskonzept der neuen Akademie im Sinne einer „alten und bedeutsamen deutschen Forderung der Verwaltungswissenschaft" mit dem Ziel einer „Einheit in der Verwaltung". Hier taucht bereits der Begriff „Verwaltungswissenschaft" auf, den *Haußmann* inzwischen auch in seiner Korrespondenz mit Professoren, die er für Speyer zu gewinnen suchte, benutzte. *Haußmanns* Plan einer Zeitschrift „Speyerer Blätter für Allgemeine Verwaltungswissenschaft" zur Wiederbelebung der „früheren cameralistischen Wissenschaften"[26] ließ sich nicht verwirklichen.

Am 15. Mai 1947 wurde die neue Ausbildungsstätte eröffnet. Am folgenden Tage begannen die Aufnahmeprüfungen und elf Tage später die Lehrveranstaltungen, und zwar unter dem schon erwähnten neuen Namen Staatliche Akademie für Verwaltungswissenschaften. Diese Abkehr von den französischen Intentionen einer berufsbezogenen Fachausbildung hat *Becker* später als Verdienst des „Gründungsrektors" *Haußmann* bezeichnet; dieser habe der Militärregierung die verwaltungswissenschaftliche Zielsetzung „abgerungen" und bereits im Februar 1947 freie Hand erhalten, aus der Akademie „das Beste zu machen".[27]

---

nungsurkunde und ohne Anerkennung eines Anspruchs auf Ruhestandsbezüge". *Haußmann* war auch Lizenzträger des 1946 von ihm gegründeten „Staatsanzeigers für das Land Hessen". – Soweit im Folgenden nicht anders vermerkt, stütze ich mich auf die Akten der Hochschule.

[23] So am 2. 1. 1947 an *Peter van Aubel*. In einem Schreiben *Haußmanns* an *Schmittlein* vom 13. 11. 1946 hieß es, er werde sich in Wiesbaden beurlauben lassen (bis zu seinem formellen Ausscheiden) und sein neues Amt „noch vor Gründung des Schulverbandes für die Länder der französischen Zone" antreten.

[24] So im Verwaltungsrat am 16. 12. 1947, wo *Haußmann* weiter ausführte, das deutsche Volk müsse „zu Demokratie" erzogen werden. In einem Schreiben vom 4. 5. 1947 an Madame *Giron* brachte er sein „größtes Interesse" daran zum Ausdruck, die ihm gestellte politische Aufgabe im „Sinne einer demokratischen Entwicklung der deutschen Mentalität" zu lösen. Ähnlich auch in *Haußmanns* Vorwort im VV des WS 1947 / 48, S. 5.

[25] Vgl. Befreiung, Besetzung, Neubeginn. Tagebuch des Darmstädter Regierungspräsidenten 1945-1948, hrsg. von *Walter Mühlhausen*, 1987, S. 56.

[26] So in einem Schreiben an *Schmittlein* vom 15. 2. 1947, in dem *Haußmann* die ihm gestellte Aufgabe zugleich als „Forschungsauftrag" interpretierte, die „früheren cameralistischen Wissenschaften zu erwecken und wissenschaftlich fortzubilden". Vgl. *Haußmann*, Die Akademie Speyer als Glied der Entwicklung des deutschen Berufsbeamtentums, in: Rheinisch-Pfälzisches Verwaltungsblatt 1 (1947), S. 129 f.

Darin aber ist *Haußmann* durch *Becker* bestätigt, wenn nicht gar dazu angeregt worden. Denn *Becker* hatte bereits in seinem Bewerbungsschreiben vom 16. November 1946 auf das Ziel seiner eigenen Arbeiten hingewiesen, „die Verwaltungswissenschaft wieder zum Leben zu erwecken, nachdem das Verwaltungsrecht seit Otto Mayer die Verwaltungslehre und die Verwaltungspolitik zu Unrecht verdrängt hatte". Offensichtlich in Aufnahme dieses Vorschlags hatte *Haußmann* Ende Dezember gegenüber *Arnold Gehlen* – um diesen für Speyer zu gewinnen – die ihm vorschwebende Aufgabe als Entwicklung einer „vollkommen neuen Wissenschaft" beschrieben, einer „Allgemeinen Verwaltungswissenschaft", und in seiner Antwort an *Becker* vom 15. Januar 1947 unterstrichen, daß er dessen Bestreben auf „Wiedererweckung der alten Verwaltungswissenschaften zu einer neuen Disziplin" teile.

Ein weiteres Indiz für *Haußmanns* Absicht, von vornherein den wissenschaftlichen Charakter der neuen Ausbildungsstätte klarzustellen, ist seine Berufungspraxis. Er selbst wurde nach Zustimmung des Verwaltungsrats im Juli 1947 zum Präsidenten der Akademie bestellt – rückwirkend zum 11. Januar, dem Datum des Gründungserlasses –, und erhielt Titel und Rechte eines ordentlichen Universitätsprofessors für allgemeine Verwaltungswissenschaften. Bis Semesterbeginn hatte er für die Besetzung der ursprünglich vorgesehenen acht „ordentlichen Professuren" vier habilitierte Ordinarien gewonnen:

- den Verwaltungs- und Kommunalrechtler Dr. iur., Dr. phil. *Erich Becker* (1906-1981) aus Oestrich im Rheingau, in der amerikanischen Besatzungszone,
- den Volkswirtschaftler und Statistiker Dr. iur., Dr. phil. *Albert Hesse* (1876-1965) aus Halle an der Saale in der sowjetischen Zone, bereits 70 Jahre alt[28],
- den Philosophen und Psychologen Dr. phil. *Arnold Gehlen* (1904-1976), der in Illereichen bei Altenstadt lebte (amerikanische Zone), und
- den Zivilrechtler Dr. iur. *Theodor Süß* (geb. 1892) aus Erlangen, dessen Lehrstuhlbezeichnung im folgenden Jahr um Völkerrecht erweitert wurde.

Von ihnen besaßen, wie *Haußmann*, Verwaltungserfahrung auch *Hesse* – als Leiter des Statistischen Landesamts in Halle seit 1945 – und *Süß* als Ministerialdirektor im bayerischen Kultusministerium. *Hesse* war bis 1945 an der Universität Bres-

---

[27] Referendariat (Anm. 4), S. 11, 37. Am 12. 2. 1947 hatte *Haußmann* gegenüber *Schmittlein* seine Vorstellungen verdeutlicht. – *Fritz Duppré* (1919-1988), Teilnehmer des ersten Referendariats an der Hochschule (Examen März 1948) und späterer Chef der Staatskanzlei in Rheinland-Pfalz, hat bei scharfer Kritik an *Haußmann* („Autokrat", „im Altersstarrsinn befangen") die „Umsteuerung" von der ENA-Konzeption zur „deutsch-rechtlichen verwaltungswissenschaftlichen Tradition" allein *Erich Becker* zugeschrieben; *Haußmann* („unfähig zu eigenen Lehrveranstaltungen") sei dieser Aufgabe nicht gewachsen gewesen. Manuskript eines Vortrags vom 24. 10. 1987, im Besitz des Verfassers.

[28] Vgl. Albert Hesse zum Gedenken. Ansprachen anläßlich der Gedenkfeier der Hochschule für Verwaltungswissenschaften Speyer am 6. Dezember 1965 (*Hans Ryffel, Robert Nöll von der Nahmer*), Speyer 1965.

lau tätig gewesen, *Becker* in Posen, *Gehlen* in Wien:[29] alle drei 1947 ohne Professur. *Haußmann* kannte *Gehlen* und *Hesse* seit Jahrzehnten, während sich *Becker* bei ihm beworben und seinerseits *Süß* empfohlen hatte. Für den Einfluß des Akademie-Präsidenten bei der Militärverwaltung spricht, daß es ihm in den Fällen *Becker* und *Gehlen* gelang, deren Entnazifizierung beschleunigt erledigen zu lassen.

Da *Haußmann* im Zusammenhang dieser Berufungen *Gehlen* geschrieben hatte, daß die Verwaltungsakademie Promotions- und Habilitationsrecht habe, kann man davon ausgehen, daß zunächst daran gedacht war, der Akademie beide Rechte mit in die Wiege legen zu lassen. Die Militärregierung ernannte die vier Professoren rückwirkend zum 1. Mai 1947 unter den „üblichen Bedingungen der Universitätsprofessoren" zu Ordinarien, die sämtlich Höchstbezüge erhielten, *Haußmann* die eines Regierungspräsidenten. Diese Ernennungspraxis führte wenig später zu Auseinandersetzungen mit der Landesregierung von Rheinland-Pfalz.

Neben ihnen lehrten Gastprofessoren und Verwaltungspraktiker, so der emeritierte Öffentlichrechtler *Friedrich Giese* aus Frankfurt[30], der Betriebswirt *Max Erlewein* aus Heidelberg, der 1935 in die Schweiz emigrierte Pädagoge und Geschichtsphilosoph *Hans Thieme* (Lörrach) und der Präsident des Landesrechnungshofs in Speyer *Heinz Oeftering*. Interesse an einer Berufung zeigte der Öffentlichrechtler *Werner Weber* in Leipzig, den *Haußmann* jedoch zunächst als politisch belastet ablehnte. Verhandlungen mit anderen Wissenschaftlern und Verwaltungspraktikern scheiterten.[31]

Die Mittel für die Akademie für Verwaltungswissenschaften mußten ab 1. Mai 1947 die drei Länder der französischen Zone aufbringen, davon Rheinland-Pfalz die Hälfte. Das gab der Landesregierung, die auch die Dienstaufsicht übertragen erhielt, die Möglichkeit, wiederholt die – im Pro-Kopf-Vergleich zu Studenten der Universität Mainz – als überhöht bezeichneten Kosten der Akademie gegen deren Fortbestand ins Feld zu führen.[32]

---

[29] *Gehlen*, 1940 nach Wien berufen und seit 1942 im Kriegsdienst, war 1945, „wie alle ‚reichsdeutschen' Hochschullehrer in Österreich", seines Amtes enthoben worden. Vgl. *Karl Siegbert Rehberg*, In memoriam Arnold Gehlen, in: Kölner Zeitschrift für Soziologie und Sozialpsychologie 2 (1976), S. 398; Arnold Gehlen zum Gedächtnis. Vorträge vom 21. Juni 1976 in der Hochschule für Verwaltungswissenschaften Speyer, 1976 (*Klaus König, Hans Ryffel, Helmut Klages*). In dieser Gedenkschrift ist Gehlens Vita vor Mai 1947 nicht erwähnt.

[30] Vgl. *Michael Stolleis*, Friedrich Giese, in: Juristen an der Universität Frankfurt am Main, hrsg. von *Bernhard Diestelkamp* und *Michael Stolleis*, 1989, S. 117-127.

[31] *Haußmann* hatte u.a. korrespondiert bzw. verhandelt mit Ministerialrat Dr. iur. *Adolf Arndt* im hessischen Justizministerium, Dr. iur. *Wilhelm Eckert* in Freiburg, Professor Dr. rer. pol. *Horst Jecht* in Heidelberg, Professor Dr. iur. *Karl Maria Hettlage*, z.Zt. Nürnberg (Justizgebäude, früher Stadtkämmerer von Berlin und Mitarbeiter des Rüstungsminsters *Albert Speer*) und Dr. iur. *Peter van Aubel* in Bad Godesberg. Dazu vgl. *Rudolf Morsey*, Berufungspolitik in der französischen Besatzungszone. Die Erstbesetzung des Lehrkörpers der „Staatlichen Akademie für Verwaltungswissenschaften Speyer" 1947, in: Verfassung und Verwaltung, hrsg. von *Helmut Neuhaus*, 1994, S. 273-291.

III. Die ersten Semester bis zur Existenzkrise von 1949

Ende Mai 1947 begann der Lehrbetrieb nach dem von *Erich Becker* vorbereiteten Lehrplan (mit 25 Dozenten) in dem inzwischen fertiggestellten Internat mit 49 Hörern, darunter 22 Rechtsreferendaren (unter ihnen drei Frauen). Sie waren nach bestandener Aufnahmeprüfung, zu der sich etwa 190 Bewerber gemeldet hatten, zu Referendaren ernannt worden. Daß es gelang, alle halbwegs zu versorgen, war neben der Hilfe durch die Militärregierung – die für die Mensa „Krankenhausverpflegung" bewilligte – auch der örtlichen Caritas zu verdanken.[33] Für die Aufnahme in das Internat mußten Bettwäsche, ein „Hängeschloß" und (bis 1950) „Eßbesteck" mitgebracht werden.[34]

Bereits im ersten Semester bildeten sich die Grundzüge des künftigen Lehrprogramms heraus: Staats- und Verwaltungsrecht, theoretische und praktische Verwaltungslehre, Finanz- und Wirtschaftswissenschaften. Hinzu kamen philosophische, soziologische und historische Lehrveranstaltungen, Sprachkurse und Praktika. Die Pflege der Verwaltungswissenschaften wurde im Sinne einer Zusammenfassung der genannten Fächer verstanden, um die Verwaltung mit den „sozialen und politischen Forderungen der Zeit" in Einklang zu bringen.[35] Die Lehrveranstaltungen waren mitarbeitsintensiv angelegt. Hinzu kamen interdisziplinäre Blockveranstaltungen und fachorientierte wie allgemeinbildende Gastvorträge, auch bekannter Fachvertreter des Auslands.

Von den Referendaren des ersten Jahrgangs machten Anfang Juni 1948 32 von der Ausnahmeregelung Gebrauch, bereits vorfristig die Abschlußprüfung zu absolvieren.[36] Von ihnen bestanden 30 das Examen, darunter zehn Beamte des gehobenen Dienstes. Einen zweiten Sonderprüfungstermin im August nahmen 13 Studierende wahr. Diese Prüfungen waren dem Assessorexamen nachgebildet und bestanden aus 17 Einzelleistungen. Damit hatte sich die Akademie erneut von ihren Statuten entfernt, die einen Diplomabschluß vorschrieben. Da die „Große Staatsprüfung" unter staatlicher Aufsicht stattfand und hohe Anforderungen stellte, trug sie dazu bei, das Klima zu den Länderregierungen zu verbessern.

---

32 In ungewöhnlich scharfer und „diffamierender Weise" (so *Erich Becker* an Kultusminister *Adolf Süsterhenn* am 11. 1. 1948) in einer Haushaltsrede des Finanzministers *Hans Hoffmann* (SPD) am 18. 12. 1947. Vgl. Landtag Rheinland-Pfalz, I. Wahlperiode. Stenographischer Bericht, S. 265.

33 Einzelheiten bei *E. Becker* (Anm. 4), S. 4; *Georg Kratz,* Die Hochschule für Verwaltungswissenschaften Speyer, in: Das ist ein weites Feld. Festschrift für Walter Beyer, 1982, S. 181-194.

34 VV des WS 1949/50, S. 8. Nach Titel 4 des Gründungsstatuts vom 11. 1. 1947 (Anm. 9) hatte die Akademie den Charakter eines Internats, „soweit es sich um Studenten männlichen Geschlechts handelt".

35 So *Haußmann* im Vorwort des VV für das WS 1947/48, S. 4

36 Das war nach Titel V des Statuts vom 11. 1. 1947 (Anm. 9) Studierenden möglich, „wenn sie ... Opfer des Krieges oder des Naziregimes geworden sind".

Ein zweites Standbein der jungen Akademie bildeten – ebenfalls in Aufnahme deutscher Vorbilder und sogar des Namens aus der Zeit der Weimarer Republik – die Staatswissenschaftlichen Fortbildungskurse für Beamte des höheren Dienstes. Ein erster Kurs mit 40 Teilnehmern im Juli 1947 war auf Angehörige der Arbeitsverwaltung zugeschnitten. Die Teilnehmer der ersten Tagungen mußten neben Lebensmittelmarken jeweils pro Aufenthaltstag ein Pfund Kartoffeln mitbringen.[37] Auch die Fortbildungskurse, zunächst zwei bis drei jährlich, trugen dazu bei, Vorbehalte gegen die Akademie abzubauen und den Praxisbezug zu verdeutlichen. Sie wurden 1949 zonenübergreifend ausgerichtet und vom folgenden Jahr an auf dreitägige Veranstaltungen umgestellt.[38]

Die Regierungen der Länder Rheinland-Pfalz, Baden und Württemberg-Hohenzollern verhielten sich gegenüber der ihnen oktroyierten Speyerer Ausbildung weiterhin ablehnend. Sie weigerten sich, ihren Beamtennachwuchs dorthin zu entsenden, Referendare zu finanzieren und examinierte Assessoren anzustellen.[39]

Auf der anderen Seite bewertete *Schmittlein* Anfang 1948 die Ergebnisse der noch nicht einmal einjährigen Ausbildung als „ausgezeichnet".[40] Erneut wurde die Landesregierung aufgefordert, die Akademie gesetzlich zu verankern und Baden und Württemberg-Hohenzollern entsprechend einzubeziehen.[41] Die Hoffnung der Professoren, auf diese Weise den Status einer wissenschaftlichen Hochschule zu erreichen, erfüllte sich jedoch nicht. Die Regierung von Rheinland-Pfalz mußte den Anfang Februar 1948 im Landtag eingebrachten Gesetzentwurf[42] auf Befehl

---

[37] Daran erinnerte Rektor Professor Dr. *Hartwig Bülck* in seiner Begrüßung anläßlich des 30. Staatswissenschaftlichen Fortbildungskurses 1962, in: Wandlungen der rechtsstaatlichen Verwaltung, 1962, S. 7 f.

[38] Vgl. das Verzeichnis der Fortbildungsveranstaltungen bis 1996 im Anhang.

[39] Entsprechenden Klagen vermochte die Militärregierung deswegen nicht abzuhelfen, weil sie inzwischen nicht mehr so eindeutig wie vorher mit Befehlen arbeiten konnte. Vgl. die Anweisung des Landesgouverneurs *Claude Hettier de Boislambert* (Koblenz) vom 5. 8. 1948 an Ministerpräsident *Altmeier* bei *H. Mathy* (Anm. 4), S. 389. Im Dezember 1948 übermittelte *Haußmann* der Militärregierung eine Liste mit den Namen von 18 Referendaren, deren „Rechte" im Sinne des Gründungserlasses „verletzt worden" seien.

[40] Vgl. seinen umfangreichen Bericht „Die Umerziehung des deutschen Volkes", in: Französische Kulturpolitik in Deutschland 1945-1949, hrsg. von *Jérôme Vaillant*, 1984, S. 161-185, hier S. 171. In diesem Zusammenhang schrieb *Schmittlein*: „Es kann als sicher gelten, daß in zehn Jahren alle Beamten im Rang eines Regierungsrates ... aus dieser Schule stammen werden, denn nur auf diese Weise wird bei ihnen Zuständigkeit und demokratische Gesinnung garantiert werden können. Man kann davon ausgehen, daß in 15 Jahren die Besten unter ihnen ... die vergreisten und unfähigen Beamten der obersten Verwaltungen, die heute dort anzutreffen sind, ersetzen werden."

[41] Militärgouverneur General *Pierre Koenig* schärfte den Landesgouverneuren der drei Länder „seiner" Zone am 19. 1. 1948 ein, darauf zu achten, daß künftig kein Referendar oder Assessor mehr ernannt werde, „wenn er nicht die Abgangsprüfung" in Speyer bestanden habe. Er erinnerte an die mit der Verfügung Nr. 194 vom 11. 1. 1947 beabsichtigte „Demokratisierung der Verwaltung".

[42] Drucksache Nr. 262 vom 7. 2. 1948. Landtag Rheinland-Pfalz, I. Wahlperiode, Abt. II, S. 373-375 (18 Paragraphen).

der Militärregierung zurückziehen, da er die Rückkehr zu einer Beamtenfachschule deutscher Tradition bedeutet hätte. Nunmehr hielten also – was *Erich Becker* als „Treppenwitz" bezeichnet hat[43] – die Franzosen am wissenschaftlichen Charakter der Speyerer Ausbildung fest, die ihren ursprünglichen Absichten widersprach.

Die seit Juli 1947 von Ministerpräsident *Altmeier* (CDU) geführte Landesregierung reagierte mit Verzögerungstaktik. Die ungeklärte Situation der Akademie[44] wurde dann durch die Währungsreform vom Juni 1948 bis zur Existenzkrise verschärft. In diesem Sommer studierten nur noch 56 Referendare in Speyer, waren ganze 16 Neuaufnahmen erfolgt. Baden und Württemberg-Hohenzollern zogen sich mit Hinweis auf leere Kassen, unter Rückendeckung durch ihre regionalen Militärregierungen, aus der Mitfinanzierung zurück. Die rheinland-pfälzische Landesregierung kürzte den Haushalt der Akademie um 60 Prozent und sah die Gelegenheit gekommen, die ungeliebte Institution aufzulösen[45] und „als selbständige Anstalt mit Internat" der Universität Mainz anzugliedern.[46] Die Ernennung der Professoren zu Beamten auf Lebenszeit wurde nicht anerkannt, eine Übernahme in das Beamtenverhältnis nicht ausgesprochen. Den daraufhin anhebenden Rechtsstreit entschärfte die Militärregierung zunächst dadurch, daß sie den fünf Ordinarien Anfang 1949 neue Berufungsurkunden ausstellte.

In dieser Krise ermöglichte es allein das ungebrochene Interesse der Militärverwaltung der Akademie, im wörtlichen Sinne zu überwintern. Das war vor allem *Irène Giron* zu verdanken, *Schmittleins* Vertreterin. *Altmeier* hat später einmal formuliert, die Hochschule sei ihr „Steckenpferd" gewesen.[47] Das Prestigeobjekt war der Besatzungsmacht so wichtig, daß – offensichtlich aufgrund einer Eingabe

---

43 Referendariat (Anm. 4), S. 31.

44 Bereits in dem für die Militärregierung verfaßten Monatsbericht der Verwaltungsakademie vom 18. 10. 1947 war von der „Unsicherheit" der Referendare die Rede, hervorgerufen durch „Widerstand in den einzelnen Länderregierungen" gegen die Realisierung der Anstellungsgarantie und die Verpflichtung zu finanzieller Unterstützung der Referendare.

45 Im Monatsbericht der Akademie vom 14. 7. 1948 hieß es, daß Pressemeldungen über das Ergebnis einer Ministerratssitzung, wonach an die Eingliederung der Verwaltungsakademie in die Universität Mainz gedacht sei, „starke Beunruhigungen" hervorgerufen hätten.

46 So als Ergebnis einer Sitzung des Verwaltungsrats vom 4. 8. 1948, in der der Koblenzer Justiz- und Kultusminister *Adolf Süsterhenn* darauf hingewiesen hatte, daß die Existenz der Verwaltungsakademie problematisch geworden sei, da die Länder der französischen Zone wahrscheinlich aufgelöst werden würden. Am folgenden Tage berichtete *Süsterhenn* im Ministerrat als Ergebnis dieser Sitzung, die Verwaltungsakademie solle mit der Universität Mainz „kombiniert" werden. Der Ministerrat beschloß, aufgrund des am Vortage im Verwaltungsrat gefundenen Kompromisses den Versuch zu unternehmen, das „Problem der Verwaltungsakademie Speyer einer brauchbaren Lösung zuzuführen".

47 Zitiert bei *Heinrich Küppers*, Bildungspolitik in Rheinland-Pfalz und Saarland, in: *F. Knipping* (Anm. 2), S. 177. Weiter hat *Altmeier* die Akademie als eine „gute Einrichtung" bezeichnet, nur hätten die Beamten nach dem Wunsch der Franzosen „ganz französisch ausgerichtet" werden sollen. – In einer Reihe von Schreiben dankten *Haußmann* und (seit Ende 1949) *Becker* Madame *Giron* für Unterstützung und freie Entfaltungsmöglichkeit der Akademie.

Haußmanns – der Militärgouverneur *Koenig* in Anwesenheit *Schmittleins* gegenüber den drei Ministerpräsidenten „seiner" Zone am 14. Februar 1949 massiv für deren Fortbestand eintrat.[48]

Die Militärregierung drängte auf Klärung der Lage in einer möglichst rasch einzuberufenden Sitzung des Verwaltungsrats. Sie verpflichtete ihrerseits Baden und Württemberg-Hohenzollern, sich wieder an den Kosten der Akademie zu beteiligen. Der Beschluß des Verwaltungsrats vom 13. Mai 1949, auf die im Gründungsdekret verfügte Anstellungsgarantie für die Speyerer Absolventen zu verzichten, entspannte das Verhältnis zu den Länderregierungen. Er war allerdings das Ergebnis einer Kampfabstimmung, bei der *Haußmann* in der Minderheit geblieben war, während die Professoren *Hesse* und *Süß* dem Verzicht zugestimmt hatten.[49] Bei den Ländern setzte sich eine positive Einschätzung durch, nachdem sie inzwischen die Qualität von Speyerer Assessoren kennengelernt hatten. Sie bestanden jedoch auf drastischer Kostensenkung und einem nur kleinen hauptamtlichen Lehrkörper. Hilfreich erwies sich, daß Bayern, wo es die Laufbahn des Regierungsreferendars gab, zum Sommersemester elf Referendare entsandte (auch wenn mit dem Münchener Interesse an Speyer eher der Anspruch auf die noch nicht abgeschriebene Pfalz verdeutlicht werden sollte).[50]

In dieser kritischen Situation wurde die junge Akademie durch einen hausgemachten Konflikt erschüttert. Der erste Paukenschlag war bereits im Frühjahr 1949 erfolgt. Der Haushaltsausschuß des Landtags hatte im Zuge allgemeiner Sparmaßnahmen die Stelle des Präsidenten der Akademie gestrichen, gestützt auf Beanstandungen des Rechnungshofs. Mitte Mai hatten dann, wie erwähnt, die beiden Professoren-Vertreter im Verwaltungsrat gegen ihren Präsidenten gestimmt, und das in einem für ihn zentralen Punkt.

Ab 1. Juni 1949 erhielt er auf Beschluß des Ministerrats seine Dienstbezüge nicht mehr ausgezahlt. Begründung: Monitum des Rechnungshofs wegen „mangelnder Dienstaufsicht" angesichts von Verfehlungen eines Angestellten der Akademie. (Auch dessen Nachfolger wurde einige Monate später wegen Betrügereien entlassen). *Haußmann* amtierte jedoch auch ohne Gehalt weiter.[51] Daraufhin forderte die Landesregierung am 14. Juli, daß er seinen Dienst einstelle, und am

---

48 Vgl. Akten zur Vorgeschichte der Bundesrepublik Deutschland. Bd. V, bearb. von *Hans-Dieter Kreikamp*, 1981, S. 214; *F. Knipping* (Anm. 2), S. 105 f. (nach den französischen Akten).

49 In dieser Sitzung wurde *Haußmann* von den Ländervertretern kritisiert, da er keinen Haushaltsentwurf vorgelegt hatte.

50 *F. Knöpfle* (Anm. 4), S. 19.

51 Der Oberbürgermeister von Frankenthal, *Emil Kraus*, Lehrbeauftragter in Speyer, beschwerte sich am 15. 8. 1949 bei Justizminister *Süsterhenn* über das rüde Vorgehen von Finanzminister *Hoffmann*; *Haußmann* wolle man sogar seine Pensionsansprüche streitig machen, da es sich bei der Akademie um eine französische Gründung handle, „die Rheinland-Pfalz nichts angeht. Wenn man so will, ist der ganze Staat Rheinland-Pfalz eine französische Gründung!"

2. September seine Abberufung. Dementsprechend beschloß der Verwaltungsrat am 24. September 1949 einstimmig (mit den Stimmen der Professoren *Becker* und *Hesse*), *Haußmann* „von allen seinen Pflichten als Präsident und Professor mit sofortiger Wirkung zu entbinden", ohne ihn – der noch selbst zu dieser Sitzung eingeladen hatte – auch nur zu hören.[52]

Der Präsident war den Ländern wie dem Verwaltungsrat gegenüber zu autoritär aufgetreten.[53] Er hatte zudem Rückhalt nur bei der Besatzungsmacht gesucht – übrigens keineswegs zu deren Freude – und seine Position überschätzt.[54] So gelang es ihm auch nicht, die Militärregierung zu einer Intervention zu bewegen. Sein Sturz war ein Schlußstrich unter die Ära der Besatzungspolitik in puncto Beamtenausbildung. Er erfolgte vier Tage nach Bildung der ersten Bundesregierung in Bonn. Schon seit Juni hatten die Landesregierung von Rheinland-Pfalz und auch *Haußmann* den Gedanken erwogen, im Hinblick auf Art. 130 GG die Akademie auf den Bund übergehen zu lassen, der Letztere sogar Anfang September ohne Absprache mit dem Verwaltungsrat einen entsprechenden Antrag an die (noch gar nicht existierende) Bundesregierung gestellt.[55]

Haußmann schied in Unfrieden aus Speyer. Er mußte sogar noch einen Rechtsstreit um seine Versorgungsansprüche führen. Im März 1951 beschloß der Verwaltungsrat, ihn im Vorlesungsverzeichnis nicht mehr zu erwähnen. Verschleiernd hieß es im Vorlesungsverzeichnis des folgenden Semesters, der erste Rektor (!) sei nach Vollendung des 70. Lebensjahrs ausgeschieden.[56] Sein dabei in einem Satz umschriebenes „Verdienst" um die Gründung der Akademie und die „Entfaltung ihres Wirkungskreises" war rasch vergessen. 1957, zur Feier des zehnjährigen Bestehens der Hochschule, wurden zwar *Schmittlein* und *Irène Giron* eingeladen,

---

[52] Am 30. 9. 1949 beklagte sich *Kraus* (s. Anm. 51) bei *Süsterhenn* darüber, daß *Haußmann*, den man „abgesetzt" habe, immer noch nicht offiziell darüber informiert worden sei. Am 13. 12. 1949 bat *Haußmann* den Kölner Verwaltungsrechtler *Hans Peters* um einen Rat wegen seiner Ruhestandsbezüge, und teilte ihm mit, daß er die französische Militärregierung ersucht habe, seine „Versetzung in den Ruhestand zu veranlassen". In diesem Zusammenhang schrieb *Haußmann*: „Am 24. 9. 1949 trat in meiner Abwesenheit der Verwaltungsrat zusammen, der meine Beurlaubung beschloß, ohne sich mit der Militärregierung ins Benehmen zu setzen. Es soll dadurch die Leitung vom ‚Präsidial-System' zum Rektorats-System erfolgen. Die Regierungen der Länder halten die Militärregierung nicht mehr für zuständig." Bundesarchiv Koblenz, Nachlaß Peters 43.

[53] So *E. Becker* (Anm. 4), S. 37 A. 6; *F. Knöpfle* (Anm. 4), S. 18.

[54] In einem Vermerk *Beckers* über ein Gespräch am 28. 10. 1949 in Mainz heißt es: „Madame Giron erklärte zu dem Vorwurf von Herrn Haußmann, ich hätte ihm vorgehalten, er hätte nicht nur mit der französischen Militärregierung, sondern auch mit den deutschen Länderregierungen ein gutes Einvernehmen herstellen sollen, daß sie meine Auffassung völlig teile und dies Herrn Haußmann häufig – leider ohne Erfolg – gesagt habe."

[55] Nach dem Protokoll der Sitzung des Verwaltungsrats vom 24. 9. 1949 hatten *Becker* und *Hesse* keine Kenntnis von diesem Antrag, mit dessen Absendung *Haußmann* seine Kompetenzen überschritten habe.

[56] S. 5.

nicht aber *Haußmann*. Von seinem Tod im folgenden Jahr in Rottweil erfuhr man in Speyer erst Monate später. Ein Kondolenzschreiben des Rektors *Christian-Friedrich Menger* vom 20. April 1959 beantwortete *Haußmanns* Witwe mit bitteren Vorwürfen.

IV. Die Umwandlung zur „echten" Hochschule

Der neue, seit dem 24. September 1949 als Kandidat der Landesregierung vom Verwaltungsrat bestätigte, aber zunächst kommissarisch amtierende Rektor *Becker* entdeckte rasch, daß die „Geldmittel ... nahezu vollständig für das gesamte Rechnungsjahr ausgegeben waren". Infolgedessen mußte er sein Amt mit „Bittgängen" beginnen. Einige Monate später (20. März 1950) teilte er einem Kollegen lapidar mit: „Die Zeit der willkürlichen Honorarfestsetzung ist vorüber."

Becker gelang es („erste Aufgabe"), „normale Beziehungen zu den Länderregierungen und zur Bevölkerung" herzustellen[57], die Weiterexistenz der Akademie zu sichern und ihre Anerkennung als eigenständige wissenschaftliche Hochschule zu erreichen. Da die Bundesminister des Innern und der Finanzen, trotz der von Speyer aus angeregten Unterstützung durch Bayern, nicht bereit waren, die Speyerer Ausbildungsstätte – wie nunmehr auch vom Verwaltungsrat gewünscht – auf den Bund zu übernehmen, aktivierten Senat und Verwaltungsrat das Länderinteresse. Dabei kam ihnen zugute, daß einige Länder außerhalb der französischen Zone ebenfalls neue Wege in der Ausbildung des Beamtennachwuchses beschritten hatten. Positives Echo fanden auch die Staatswissenschaftlichen Fortbildungskurse: 1949 allein fünf, jeweils von 14tägiger Dauer.

Bei diesen Tagungen referierten auch Minister, Staatssekretäre und leitende Beamte mehrerer Länder. Sie lernten auf diese Weise die inzwischen entsprechend werbend tätig gewordene Akademie kennen, die sich bereits im Vorlesungsverzeichnis des Wintersemesters 1949/50 als „wissenschaftliche Hochschule" bezeichnete. So gelang auch mit dem bis dahin schärfsten Kritiker in der rheinlandpfälzischen Landesregierung, Finanzminister *Hans Hoffmann* (SPD), eine „vollständige Versöhnung", die durch Annahme einer Vortragseinladung besiegelt wurde.[58]

---

[57] So am 10. 10. 1950 in seinem ersten Jahresbericht für den Verwaltungsrat. Der Hinweis auf die „Bevölkerung" deutet auf ein gespanntes Verhältnis *Haußmanns* zur Stadtverwaltung in Speyer.

[58] So in einer Aufzeichnung vom 11. 10. 1949 und in einem Schreiben *Beckers* vom 14. 1. 1950 an Madame *Giron*. Nach *Corine Defrance* spielte für die positive Einschätzung der Hochschule durch die Landesregierung seit 1949 die Tatsache eine Rolle, daß „schon die bloße Existenz dieser Einrichtung geeignet war, das Prestige des jungen Landes innerhalb der neuen Bundesrepublik zu erhöhen". Die Sonderrolle des linken Rheinufers in der französischen Kulturpolitik in: Das Rheinland in zwei Nachkriegszeiten 1919-1930 und 1945-1949, hrsg. von *Tilman Koops* und *Martin Vogt*, 1995, S. 183.

Der entscheidende Durchbruch begann im November 1949. Vertreter von sechs Ländern ließen sich in Speyer von der dort geleisteten Arbeit im Rahmen einer föderalistisch akzentuierten Ausbildung „nur des besten Beamtennachwuchses" (*Becker*) überzeugen. Den Ausschlag gab das Angebot, den Ausbildungsbedürfnissen der Länder entgegenzukommen, also nicht nur das bisherige Lehrprogramm für Regierungsreferendare anzubieten. Bei dieser ersten, von der Regierung in Rheinland-Pfalz unterstützten „Länderkonferenz" bekundeten Bayern, Hessen, Niedersachsen und Schleswig-Holstein ihr Interesse, sich an der Bildung eines „Zweckverbandes" der Länder oder an einer ähnlichen Konstruktion zu beteiligen. Hingegen verabschiedete sich Württemberg-Hohenzollern aus diesem Kreis.

Die Akademie, die sich der Referendarausbildung und einem Zusatzstudium für Justizassessoren öffnete und im Wintersemester 1949/50 insgesamt 57 Hörer aus fünf Ländern ausbildete, gewann in der eigenen Landesregierung nunmehr entschiedene Befürworter. Dazu zählte künftig auch Justiz- und Kultusminister *Adolf Süsterhenn*, der noch Anfang Dezember 1949 *Becker* – ohne Erfolg – ein Ordinariat in Mainz angeboten hatte, um dann die Speyerer Ausbildungsstätte der dortigen Universität angliedern zu können.[59]

Nach Interventionen des Senats in verschiedenen Landeshauptstädten stellte eine entsprechend vorbereitete zweite „Länderkonferenz" im Februar 1950, jetzt auch mit Vertretern des Bundes und des Deutschen Städtetags, die Weichen in Richtung einer (echten) Hochschule des Landes Rheinland-Pfalz unter Beteiligung anderer Länder.[60] Der Verwaltungsrat billigte den in Speyer ausgearbeiteten Entwurf eines Gesetzes zur Übernahme der Staatlichen Akademie durch das Land Rheinland-Pfalz und bat das Sitzland, ihn zur Grundlage eines Gesetzes zu machen und der zu einer „echten Hochschule" ausgestalteten Akademie[61] das Promotionsrecht zu verleihen. Der Landtag verabschiedete das Gesetz Ende August 1950[62],

---

[59] In einem Vermerk *Beckers* über seine Antwort an *Süsterhenn* in einem Gespräch am 5. 12. 1949 heißt es, er könne die Akademie Speyer nicht in einem Zeitpunkt verlassen, „in dem sie sich in einem schweren Existenzkampf befinde, der gegenwärtig von mir geführt wird". Anstelle einer Eingliederung der Akademie in die Universität Mainz (nach dem Vorbild der Dolmetscher-Hochschule in Germersheim) sei eine Zusammenarbeit anzustreben, wobei Speyer aber als „selbständige Hochschule" erhalten bleiben müsse. *Becker* fügte hinzu, *Süsterhenn* sei zu Beginn des Gesprächs noch ohne Kenntnis über die Ergebnisse der „Länderkonferenz" vom 19. 11. gewesen, nach entsprechender Information aber sofort dafür eingetreten, Rheinland-Pfalz die Akademie als „einzige Hochschule für Verwaltung" zu erhalten.

[60] Die bayerische Staatsregierung, die zu den Förderern der Umwandlung gehörte, legte Wert darauf, die Akademie nicht auf den Bund übergehen zu lassen, zumal deren Sitz dann nach Nordrhein-Westfalen verlegt werden könnte. So in einer Niederschrift der bayerischen Staatskanzlei über ein Gespräch mit *Becker* und *Süß* am 5. 1. 1950. Am 21. 3. 1950 sah *Haußmann* die Akademie „in völliger Auflösung" und beklagte sich bei *Hans Peters* über *Erich Becker*, der ohne sein, *Haußmanns*, „Eingreifen [1946] niemals wieder eine Professur erhalten hätte". Wie Anm. 52.

[61] So *Becker* am 3. 3. 1950 an Madame *Giron*.

[62] In der Landtagssitzung vom 4. 4. 1950 hatte *Süsterhenn* den Gesetzentwurf begründet und dabei kein Hehl daraus gemacht, daß Landesregierung und Landtag der Speyerer Ausbil-

das rückwirkend zum 1. April in Kraft trat (aber ohne Promotionsrecht).[63] Die Professoren wurden zu Landesbeamten auf Lebenszeit ernannt. Der Haushaltsentwurf für dieses Jahr enthielt Ausgaben in Höhe von 267.000,– DM.

Da es für Rheinland-Pfalz rechtlich nicht möglich war, das Besatzungskind zu übernehmen, wurde durch Verwaltungsabkommen die Hochschule für Verwaltungswissenschaften Speyer als rechtsfähige Anstalt des öffentlichen Rechts neu errichtet und „gemeinsam mit der Bundesrepublik Deutschland und den Ländern Bayern, Niedersachsen und Schleswig-Holstein geführt". Sie trat gleichzeitig in die „Rechte und Verbindlichkeiten der Höheren Verwaltungsakademie" ein. Damit war die Anerkennung als wissenschaftliche Hochschule erreicht und ihr neben der verwaltungswissenschaftlichen Ausbildung und Fortbildung die schon bisher betriebene Forschung zugewiesen.

Die einzigartige Verbindung von postuniversitärer und berufspraktischer Ausbildung mit verwaltungswissenschaftlicher Forschung rettete das Speyerer „Unikum", das als Ausbildungsstätte für Regierungsreferendare nicht hätte überleben können.[64] Als Statussymbol erhielt der inzwischen gewählte erste Rektor *Becker* von Ministerpräsident *Altmeier* eine Amtskette überreicht. Vom Promotionsrecht war keine Rede.[65]

Das Beratungsgremium Senat wurde zu einem Beschlußorgan umgebildet, das bis 1952 fast wöchentlich tagte. Den Verwaltungsrat bildeten, unter rheinland-pfälzischem Vorsitz, je ein Vertreter des Bundes und der beteiligten Länder. In der Folge blieb trotz der natürlichen Spannung zwischen Verwaltungsrat und Senat das Bemühen vorherrschend, keine Entscheidung gegen den Willen des anderen Organs durchzusetzen. 1953 traten Nordrhein-Westfalen und Bremen dem ein Jahr zuvor geschlossenen Verwaltungsabkommen bei, 1955 Baden-Württemberg und Hamburg. Komplikationen gab es mit Hessen, das erst 1956 dem Verwaltungsabkommen beitrat, ein Jahr später das Saarland, 1961 West-Berlin.[66]

---

dungsstätte „mit größter Skepsis" gegenübergestanden und entsprechende Mittel nur als „Zwangsauflage" der Besatzungsmacht zur Verfügung gestellt hätten. Nachdem man sich aber mit „diesem Institut näher befaßt" habe, sei es gelungen, daraus „etwas Vernünftiges zu machen" und die Akademie auf eine „breitere Basis" zu stellen. Landtag Rheinland-Pfalz, I. Wahlperiode. Stenographischer Bericht, S. 2138.

[63] *GVBl. Rheinland-Pfalz* vom 2. 9. 1950, S. 265. Die Publikation konnte erst erfolgen, nachdem die Direction Générale des Affaires Culturelles des französischen Hohen Kommissariats in Mainz die Verfügung der Militärregierung Nr. 194 vom 11. 1. 1947 förmlich aufgehoben hatte, was am 22. 8. 1950 mit Unterschrift von *Irène Giron* erfolgte.

[64] So in der Begrüßung des Rektors *Helmut Quaritsch* zur Eröffnung der 5. Staatswissenschaftlichen Fortbildungstagung 1982, in: Verwaltung und Verwaltungspolitik, 1982, S. 13.

[65] Nicht zufällig veröffentlichte *Erich Becker* im Dez.-Heft 1950 der DÖV einen Beitrag „Verwaltungswissenschaftliche Promotionen", in dem er die seit 1942 an der Handelshochschule in St. Gallen abgeschlossenen Dissertationen (Doktorgrad der Verwaltungswissenschaften) als „Vorbild entsprechender Untersuchungen" vorstellte. S. 740 f.

[66] *F. Knöpfle* (Anm. 4), S. 22.

Seit November 1949 bestand eine vorwiegend von Speyerer Bürgern gegründete „Vereinigung der Freunde und Förderer" der Akademie bzw. Hochschule. Sie hat wesentlich dazu beigetragen, die postuniversitäre Ausbildungsstätte in Stadt und Umgebung heimisch werden zu lassen.

V. Konsolidierung und Ausbau in den fünfziger und sechziger Jahren

Die Hochschule wurde zunächst keineswegs von Referendaren überlaufen, der Tiefpunkt im Sommer 1949 – mit nur 43 Hörern – allerdings bald überwunden. Von den zunächst vorhandenen vier Lehrstühlen waren semesterlang nur drei besetzt, und neben drei a.o. Professoren 14 Honorarprofessoren bzw. Lehrbeauftragte tätig. Einige von ihnen unterrichteten auch die 1950 bis 1955 im Akademiegebäude (mit Internat) untergebrachten Anwärter des neuen Auswärtigen Dienstes der Bundesrepublik Deutschland.[67] Diese „Diplomatenschule" blieb jedoch von der Hochschule getrennt.

Der Gedanke, einige Studenten aus dem westeuropäischen Ausland nach Speyer zu holen, wurde ebensowenig realisiert wie derjenige, Ruhestandsbeamte des höheren Dienstes zur Weiterbildung zuzulassen.[68] Nach dem Auslaufen des Regierungsreferendariats und der Rückkehr der Länder zur juristischen Einheitsausbildung bildeten deren Rechtsreferendare den Kern der neuen Höhrerschaft. Bis zum Sommer 1954 stieg die Zahl der Studierenden kontinuierlich auf 170. Dieser Entwicklung fiel die Weiterbildung von Aufstiegsbeamten zum Opfer. Hingegen wurden als Gasthörer auch Absolventen nichtjuristischer Disziplinen zugelassen.

Als 1952 das Regierungsreferendariat endete, hatten von 157 Kandidaten 109 die Große (Assessor-)Staatsprüfung bestanden. Es waren zu 62 Prozent Juristen gewesen, gefolgt von 15 Prozent Wirtschaftswissenschaftlern und nur einzelnen Vertretern anderer Fächer, aber zu 22 Prozent Beamte des gehobenen Dienstes. Die weitaus meisten Absolventen stammten aus Rheinland-Pfalz. Sie machten überdurchschnittlich erfolgreiche Karrieren.[69] So erfüllte sich *Albert Hesses* Prophezeiung vom 4. August 1948 im Verwaltungsrat: „Wir können garantieren, daß wir hier eine Beamtenschaft produzieren, die uns jeder sofort abnimmt."

Der Wandel in der Zusammensetzung der Hörerschaft führte allerdings nicht dazu, das Lehrangebot interdisziplinär zu erweitern. Verstärkt wurden vielmehr Justizrecht und öffentliches Recht, wenn es darum ging, Lehrstühle neu zu besetzen

---

[67] In der Chronik des WS 1949/50 (im VV des SS 1950, S. 8), aber auch im internen Schriftwechsel, hieß es verschleiernd, die Anwärter für den Auswärtigen Dienst würden „in der Akademie Speyer ausgebildet".

[68] So *Erich Becker* am 10. 3. 1950 an Madame *Giron*. – *Beckers* Verdienste um die Hochschule sind erwähnt in dem Nachruf von *Hans Ulrich Scupin*, in: Archiv des öffentlichen Rechts 107 (1982), S. 297-300.

[69] Vgl. die Aufstellung bei *G. Kratz* (Anm. 33), S. 192 f.

oder neu einzurichten. Den Bezug zur Verwaltungspraxis vermittelte eine ständig wachsende Zahl von Honorarprofessoren und Lehrbeauftragten. Die Hörerzahlen stiegen bis knapp 200 an, der Etat der Hochschule im Jahrzehnt nach 1950 von rund 300.000 DM auf 1,3 Millionen DM. Ab 1954 wurden an den damals sechs, seit 1962 acht Lehrstühlen nach und nach Assistentenstellen eingerichtet, 1959 die zehn Jahre zuvor gestrichene Stelle eines Verwaltungsleiters wieder bewilligt und besetzt.

Akademische Formen gewannen an Bedeutung. Zum zehnjährigen Bestehen 1957 erhielten erstmals einige Persönlichkeiten die Würde eines Ehrensenators: Ministerpräsident *Peter Altmeier*, der Speyerer Oberbürgermeister Dr. *Paulus Skopp* und das Vorstandsmitglied der BASF Dr. *Wolfgang Heintzeler*. Bis zu diesem Zeitpunkt waren in Speyer 1.762 Referendare ausgebildet und etwa 4.000 fortgebildet worden. Nachdem die Hochschule bereits Amtskette, Wappen und Siegel besaß, wurden ab Sommer 1959 die Semester feierlich eröffnet[70], mit Musik und Einzug des Lehrkörpers in Talaren; der Rektor erhielt den Titel „Magnifizenz".

Die wichtigste Entscheidung dieser Jahre war die für einen dringlich gewordenen Neubau. Die von der Stadt Speyer angebotenen Grundstücke erschienen dem Senat jedoch so wenig akzeptabel, daß es zu einem öffentlich ausgetragenen Streit kam. Er eskalierte derart, daß der Senat an einen Umzug in das 26 km entfernte Neustadt a.d. Haardt dachte, aber von der Staatskanzlei in Mainz rasch wieder auf den Boden der Realität zurückgeholt wurde. Erst das schließlich angebotene 20.000 m² große Grundstück – auf dem sich die Hochschule heute befindet – gefiel. Den Zuschlag zum Bau, berechnet auf eine Kapazität für 250 Hörer, erhielt der renommierte Münchener Architekt *Sep Ruf*. Er ließ sich durch vorgegebene Haushaltsansätze wenig beeindrucken. Die Folge waren Abstriche beim Material und bei der Bauweise sowie eine Verkleinerung des Wohnheims. Die Regendurchlässigkeit der Flachdächer zeigte sich erst später.

Als jedoch der 4,5-Millionen-DM-Neubau am 14. September 1960 von Ministerpräsident *Altmeier* übergeben werden konnte, war die allgemeine Freude so groß wie Rang und Zahl der Ehrengäste: an ihrer Spitze Bundespräsident *Heinrich Lübke*, die Innenminister aller Bundesländer und 18 Universitätsrektoren. Die Festansprachen nahmen kein Ende. Dabei umschrieb der Rektor die französische Gründung nur mit dem Halbsatz, der „Anstoß" sei „von außen" gekommen;[71] der Main-

---

[70] In einer Notiz über das Ergebnis einer Kommissionsbesprechung der Professoren *Gehlen, Schaeder* und *Menger* vom 30. 6. 1959 heißt es: „Der Rektor soll ... eine schwarze Robe mit schwarzem Samtbesatz und Amtskette tragen, dazu ein schwarzes Samtbarett laut Muster der Firma ... Der Chef der Staatskanzlei hat zugesagt, die Anschaffung für je einen großen und einen kleinen Herrn aufgrund Anforderung überplanmäßiger Haushaltsmittel finanzieren zu wollen." Bereits am 21. 6. 1948 hatte der Senat die Anschaffung von Roben als „wünschenswert" bezeichnet.

[71] Übergabe des Hochschulneubaus am 14. September 1960 und Lehrtagung ehemaliger Referendare vom 13. bis 15. September 1960, hrsg. von der *Hochschule für Verwaltungswissenschaften Speyer*, 1960, S. 22.

zer Ministerpräsident überging seine frühere, alles andere als akademiefreundliche Haltung. Die noch nicht einmal zehn Jahre zurückliegende Existenzkrise der Hochschule war so weit verdrängt, daß Rektor *Reinhard Schaeder* die doppeldeutige Hoffnung aussprach, der Hochschule möge auch künftig „alle Massenhaftigkeit" fernbleiben. Massenhaft hingegen war das Echo der bis dahin in Speyer ausgebildeten 2.961 Hörer. Auf die Einladung zu einer gleichzeitigen „Lehrtagung ehemaliger Referendare" reagierten mehr als 1.100 von ihnen positiv. Wegen des Platzmangels im Wohnheim konnten allerdings nur 100 Auserwählte kommen.

Die so glanzvoll begangene Feier schien Senat und Verwaltungsrat eine günstige Gelegenheit zu sein, der Hochschule das Habilitationsrecht zu verschaffen, und zwar durch die Vergabe einer Venia für „rechtliche und wirtschaftliche Staatswissenschaft". Die Landesregierung hatte im Juli 1960 auch eine entsprechende Rechtsverordnung als „Morgengabe" zur Einweihung des Neubaus verabschiedet, der Senat jedoch, in realistischer Einschätzung der erforderlichen Akzeptanz, Wert darauf gelegt, vor deren Inkrafttreten das Plazet der Westdeutschen Rektorenkonferenz (WRK) zu erreichen. Es verzögerte sich, da die Rechts- und Wirtschaftswissenschaftliche Fakultät der Universität Mainz dagegen opponierte.[72]

Der Weg wurde erst frei, als sich nach einem zustimmenden Votum des zuständigen Länderausschusses der WRK die Hochschule im August 1961 bereit erklärte, angesichts der Zusammensetzung ihres Lehrkörpers die Venia nur für das Gebiet des öffentlichen Rechts und der Verwaltungslehre zu verleihen, und gleichzeitig darauf verzichtete, auch das Promotionsrecht anzustreben. Daraufhin erhielt die Hochschsule am 2. Oktober 1961 das Recht, „Privatdozenten zuzulassen".[73] Aber erst am 22. Juli 1963 verabschiedete der Senat eine Habilitationsordnung.[74] Der erste daraufhin – nach mißlungenen Versuchen anderer Kandidaten – kreierte Privatdozent war 1968 *Frido Wagener*. Ihm folgten *Klaus König* und *Heinrich Siedentopf*. Alle drei Verwaltungswissenschaftler wurden einige Jahre später an die Hochschule berufen. Seit 1975, nachdem der Lehrkörper erheblich ausgeweitet worden war, ist eine Habilitation in „jedem ausreichend vertretenen Fach" möglich.

Das Interesse an der Erlangung des Promotionsrechts wuchs in dem Maße, in dem sich der Lehrkörper sowie die Zahl der Assistenten und die der Referenten in dem inzwischen errichteten Forschungsinstitut der Hochschule vergrößerten. Entsprechende Fühlungnahmen bei der Westdeutschen Rektorenkonferenz trafen jedoch erneut auf Widerstände vor allem der Mainzer Universität. Überlegungen seit Mitte der sechziger Jahre, mit benachbarten Universitäten, in erster Linie mit der Rechts- und Staatswissenschaftlichen Fakultät der Universität Saarbrücken, durch

---

[72] Vgl. *F. Knöpfle* (Anm. 4), S. 66-69.

[73] *GVBl. Rheinland-Pfalz* vom 5. 10. 1961, S. 197.

[74] Die nach dem Erlaß des Hochschulgesetzes von 1978 (s. Anm. 84) erforderliche Änderung der Habilitationsordnung beschloß der Senat am 21. 6. 1982. Vgl. *Staatsanzeiger für Rheinland-Pfalz*, 1982, S. 872. Letzte Fassung: 17. 8. 1989. *Ebd.* 1990, S. 403.

die gegenseitige Übernahme von Lehrveranstaltungen gemeinsame Promotionsverfahren in die Wege zu leiten, führten nicht zum Ziel. Erst in einer nach 1968 veränderten hochschulpolitischen Landschaft (und nach einem bereits beschlossenen weiteren Ausbau der Lehrstühle) stimmte die WRK 1970 zu.[75]

Dafür hatte die Hochschule ein zweisemestriges Studium (mit dem Nachweis vorgeschriebener Leistungen) zugestanden und anstelle der Verleihung des Dr. iur. einen bis dahin in der Bundesrepublik nicht bekannten Doktor der Verwaltungswissenschaften (Dr. rer.publ.) eingeführt. Die auf der Grundlage einer Landesverordnung über das Promotionsrecht vom 10. November 1970 vom Senat erarbeitete Promotionsordnung wurde am 1. April 1971 erlassen.[76] Der neue akademische Grad, nach dem Vorbild der Handelshochschule St. Gallen, akzentuierte gleichzeitig die inzwischen erfolgte Öffnung der Hochschule in Richtung Verwaltungs- und Sozialwissenschaften. Nach 23 Promotionen (seit Mai 1973) wurde 1979 die erste Ehrendoktorwürde verliehen, und zwar an den Präsidenten der Bundesanstalt für Arbeit *Josef Stingl*.[77] Ihm folgte fünf Jahre später Bundespräsident a.D. Professor Dr. *Karl Carstens*.[78]

VI. Errichtung und Ausbau eines eigenen Forschungsinstituts

Mit dem Habilitations- und Promotionsrecht sowie mit der Aufnahme der Hochschule in die Westdeutsche Rektorenkonferenz war 1971 die Akzeptanz in der Wissenschaftslandschaft der Bundesrepublik Deutschland erreicht. Als neues Ziel wurde ein selbständiges Forschungsinstitut anvisiert, das auch Wünschen aus der Verwaltung entsprach, ihre Arbeit wissenschaftlich zu unterstützen. Der Plan eines verwaltungswissenschaftlichen Periodikums hatte sich nicht realisieren lassen. Drei bereits 1950 intern gebildete Institute für Rechtswissenschaften, Wirtschaftswissenschaften sowie Soziologie und Geschichte dienten vor allem dem Ziel, auf diesem Umweg Assistentenstellen zu erhalten. Der Senat griff 1956 Anstöße von der neugegründeten Deutschen Sektion des Internationalen Instituts für Verwal-

---

[75] Vgl. *F. Knöpfle* (Anm. 4), S. 70-75.

[76] *GVBl. Rheinland-Pfalz* vom 28. 11. 1970, S. 418; *Staatsanzeiger für Rheinland-Pfalz* vom 24. 5. 1971, S. 323; *Hans-Werner Laubinger*, Doktor der Verwaltungswissenschaften, in: DÖV 1971, S. 552 f. Die letzte Fassung der Promotionsordnung vom 17. 8. 1989: *Staatsanzeiger für Rheinland-Pfalz* 1990, S. 405.

[77] *Stingl* hatte die seit 1969 praktizierte Ausbildung von Nachwuchskräften des höheren Dienstes der Nürnberger Bundesanstalt in Speyer begründet und war seit 1970 auch Lehrbeauftragter. Er wurde geehrt als Sozial- und Arbeitsmarktpolitiker wie als „Streiter für eine humane Verwaltung". Vgl. Verwaltung als Dienst am Bürger, dargestellt am Beispiel der Arbeitsverwaltung (Privatdruck der Bundesanstalt für Arbeit), 1979.

[78] In Würdigung seiner Verdienste um die Erforschung und Gestaltung von Recht und Politik, insbesondere im Bereich des öffentlichen Dienstes, der politischen Führung und der europäischen Einigung. Vgl. Ehrenpromotion Prof. Dr. Karl Carstens, hrsg. von der *Hochschule für Verwaltungswissenschaften Speyer*. Speyer 11. Juli 1984.

tungswissenschaften nur halbherzig auf, da über die Zuordnung der Mitarbeiter eines eigenen Forschungsinstituts zu einzelnen Lehrstühlen keine Einigkeit erreicht werden konnte, Bedenken gegen Auftragsforschung bestanden und eine Förderung durch den Bund auf verfassungsrechtliche Bedenken traf.[79]

Erst Anfang 1962 gelang es, hochschulintern – durch Zusammenfassung der Forschungsassistenten-Stellen – ein „Institut für Forschung und Information" zu errichten. Daß dessen Start trotz der wenig effizienten Leitung durch einen kollegialen Institutsvorstand erfolgreich verlief, war vor allem zwei Mitarbeitern zu verdanken: *Niklas Luhmann* und *Roman Schnur* (beide Jahrgang 1927), die den Verwaltungswissenschaften wesentliche Impulse vermittelten. Die Konzeption dieses Instituts (29 Seiten) hatte Regierungsrat *Schnur* im Oktober 1961 ausgearbeitet.

Das durch Erlaß des Ministerpräsidenten von Rheinland-Pfalz vom 31. Januar 1965 errichtete „Forschungsinstitut der Hochschule für Verwaltungswissenschaften Speyer"[80] löste allerdings weder das Problem einer eigenständigen Leitung – da der Rektor Geschäftsführender Direktor des Instituts blieb – noch das der Zuordnung der Referenten bzw. Projekte zu einzelnen Lehrstühlen bzw. zum Senat. Die weiterhin praktizierte „Ein-Mann-Forschung" in der Verantwortung einzelner Lehrstuhlinhaber („Besitzstandswahrung") erbrachte beachtliche Publikationen[81], verhinderte jedoch, auch durch das Fehlen eines gesonderten Institutsetats und -gebäudes, die Arbeit an interdisziplinär angelegten Verbundprojekten. Eine Verbesserung bedeuteten das 1970 vom Senat beschlossene Organisationsstatut und Forschungsprogramm. Allerdings erhielt das Institut noch nicht den von seinen Initiatoren für notwendig gehaltenen „höheren Grad von Eigenständigkeit" im Senat.[82] Nach seiner 1971 erfolgten Berufung an die Hochschule wurde der Verwaltungswissenschaftler *Frido Wagener* die treibende Kraft für eine Neuorganisation des Forschungsinstituts.[83]

Da sich inzwischen der Bund zur Hälfte an der Finanzierung von Länderaufgaben beteiligte („Mischfinanzierung"), gelang es 1975, das Forschungsinstitut in das Hochschulbau-Förderungsprogramm des Bundes einzubeziehen. Bereits ein

---

[79] Vgl. *F. Knöpfle* (Anm. 4), S. 62-66.

[80] Diese Verordnung ist nicht veröffentlicht.

[81] Inzwischen (SS 1996) 157 Forschungsberichte und 114 „sonstige" Veröffentlichungen. Aufgeführt in dem in Anm. 86 zitierten Bericht.

[82] So im Schlußsatz eines Memorandums von *Roman Schnur* über die Organisation des Instituts vom 10. 6. 1969.

[83] Vgl. Erinnerung an Professor Dr. Frido Wagener. Ansprachen anläßlich der Gedächtnisfeier. Speyer, 14. Juni 1985, hrsg. von der *Hochschule für Verwaltungswissenschaften Speyer,* bes. S. 32 ff. (*Carl Böhret*); *Eberhard Laux,* In memoriam Frido Wagener, in: DÖV 38 (1985), S. 125-126; *Carl Böhret,* Nachruf auf Frido Wagener, in: Politische Vierteljahresschrift 26 (1985), S. 205-206. Am 28. 3. 1961 hatte *Wagener* (Landkreistag Nordrhein-Westfalen in Düsseldorf) *Erich Beckers* Angebot abgelehnt, an das Institut überzuwechseln, um dort eine Habilitationsschrift anzufertigen.

Jahr später (31. Mai 1976) wurde das „Forschungsinstitut für öffentliche Verwaltung *bei* der Hochschule für Verwaltungswissenschaften Speyer" durch Verordnung des Ministerpräsidenten von Rheinland-Pfalz als nichtrechtsfähige Anstalt des öffentlichen Rechts errichtet, 1977 eine Institutsordnung verabschiedet.[84] Die Leitung des Instituts, dem alle Lehrstuhlinhaber der Hochschule beitraten, übernahm *Wagener* als Geschäftsführender Direktor (bis 1984). Das Landesgesetz über die Hochschule vom 21. Juli 1978 schuf dann auch die gesetzliche Grundlage.[85] Der 1978 begonnene Aufbau einer „Dokumentationsleitstelle Verwaltung" (Informations- und Dokumentations-Projekt) wurde bald wieder eingestellt. Der Etat des Instituts ist von seinerzeit etwa 2 Millionen DM inzwischen kontinuierlich gestiegen, die Zahl der Wissenschaftlichen Referenten – eingeschlossen abgeordnete Beamte und mit Drittmitteln finanzierte Zeitmitarbeiter – auf mehr als 20. Am 29. Juni 1984 konnte das inzwischen errichtete eigene Institutsgebäude eingeweiht werden.

Geschäftsführender Direktor 1984-1988 war *Carl Böhret* und 1988-1996 *Willi Blümel;* seitdem ist es *Klaus König*. 1991 trat das Institut der Arbeitsgemeinschaft Forschungseinrichtungen Blaue Liste bei (1995: Wissenschaftsgemeinschaft Blaue Liste). Seit 1991/92 sind auch die fünf neuen Länder Mitglied des von Vertretern der Länder und des Bundes gebildeten Institutsverwaltungsrats.[86] Dessen Vorsitzender ist seit 1992 nicht mehr der jeweilige Chef der Staatskanzlei in Mainz, sondern der rheinland-pfälzische Wissenschaftsminister Professor Dr. *Jürgen Zöllner*. Seit 1994 besteht ein Wissenschaftlicher Beirat mit auswärtigen (und ausländischen) Experten (Vorsitz: Professor Dr. *Gerd Roellecke,* Mannheim). Die erfolgreiche Arbeit des Instituts spiegelt sich in der Fülle der von ihm veranstalteten Tagungen und der veröffentlichten Projekte.

VII. Das Vordringen der Verwaltungs- und Sozialwissenschaften seit 1969/70

Die 1952 einsetzende Konsolidierung der Hochschule bestätigte sich auch darin, daß die Zahl der Hörer anstieg. Nachdem im SS 1955 erstmals mehr als 200 nach Speyer gekommen waren, hielt der Senat im SS 1957 für maximal 220 ein sinnvolles Studium für möglich. Diese Größe wurde nach der schon erwähnten Errichtung des Neubaus (1960) überschritten. Mit den im SS 1964 eingeschriebenen 305 Hö-

---

[84] *GVBl. Rheinland-Pfalz,* S. 184; geändert durch Landesverordnung vom 5. 7. 1994. *GVBl.,* S. 314. Die Institutsordnung vom 27. 9. 1977 ist im *Staatsanzeiger für das Land Rheinland-Pfalz* vom 27. 12. 1977, S. 922, veröffentlicht.

[85] *GVBl. Rheinland-Pfalz,* S. 568 (§ 60); zuletzt geändert durch Gesetz vom 14. 6. 1994. *GVBl.,* S. 282.

[86] Vgl. Forschung *über* und *für* die öffentliche Verwaltung, hrsg. vom *Forschungsinstitut für öffentliche Verwaltung bei der Hochschule für Verwaltungswissenschaften Speyer.* 13. Aufl. März 1996.

rern war erstmals eine Zahl erreicht, die erst Anfang der 70er Jahre – zunächst allerdings nur kurzzeitig – weiter anstieg. Rechtsreferendare stellten weiterhin das mit Abstand größte und „dankbarste" Kontingent. Seit dem WS 1956/57 waren jedoch auch einige Postreferendare, seit dem WS 1961/62 zusätzlich Wirtschaftsreferendare des Bundes und einiger Länder ständige Hörer.

Bis Ende der 60er Jahre wurde der kleine Lehrkörper nur geringfügig erweitert. Zu den vier Ordinarien (*Becker, Gehlen, Hesse, Süß*) waren 1951 ein fünfter (*Arnold Köttgen,* öffentliches Recht) und 1953 ein weiterer für Volkswirtschaftslehre (*Reinhard Schaeder*) hinzugekommen. Mit einer Reihe von Berufungen wurde dann die öffentlich-rechtliche Kompetenz der Hochschule weiter verstärkt: *Hubert Görg* (1953), *Christian-Friedrich Menger* (1955), *Carl Hermann Ule* (1955)[87] und *Gustav-Adolf Bulla* (1955, Arbeits- und Sozialrecht, a.o. Professor seit 1952), *Hartwig Bülck* (Völkerrecht, Wirtschaftsverwaltungsrecht, 1957), *Franz Mayer* (1961) und als dessen Nachfolger *Franz Knöpfle* (1967). Der bereits seit dem WS 1947 in Speyer tätige Historiker *Georg Smolka,* seit 1954 a.o. Professor für neuere politische Geschichte, wurde 1960 persönlicher Ordinarius und 1962 Inhaber des inzwischen geschaffenen Lehrstuhls für neuere Geschichte.[88] 1962 übernahm der Schweizer Verwaltungsbeamte und Privatdozent *Hans Ryffel* in der Nachfolge von *Arnold Gehlen* den Lehrstuhl für Rechts- und Sozialphilosophie, Soziologie.[89]

1962 gelang es, den bereits ein Jahr lang als Gastprofessor lehrenden, international angesehenen Verwaltungswissenschaftler *Fritz Morstein Marx* - der 1933 in die USA emigriert war – trotz seines Alters (Jahrgang 1900) an Speyer zu binden. Bis 1968 wirkte er als Ordinarius für vergleichende Verwaltungswissenschaft und öffentliches Recht. Da er vor 1933 in der Hamburger Kommunalverwaltung und 1942-1960, während seiner Emigrationszeit in den USA, in der Bundesverwaltung in Washington gearbeitet hatte, verstärkte er den gerade von den Länderverwaltungen gewünschten Praxisbezug des Speyer-Semesters.[90] Sein Nachfolger – nachdem *Niklas Luhmann* abgelehnt hatte – wurde *Roman Schnur* (1927-1996). Von einer wachsenden Zahl ausgewiesener „Praktiker" der Verwaltung und der Justiz,

---

[87] Vgl. *Hans Schröder,* Ein Leben für das öffentliche Recht. Carl Hermann Ule als Autor des Deutschen Verwaltungsblattes, in: Deutsches Verwaltungsblatt 39 (1987), S. 163-168. Ferner: *Carl Hermann Ule,* Beiträge zur Rechtsstaatlichkeit im Dritten Reich, 1987.

[88] Zu seiner Vita (1901-1982) vgl. *Georg Smolka,* Die Auswanderung als politisches Problem in der Ära des Deutschen Bundes (1816-1866). Mit einer Vorbemerkung von *Rudolf Morsey* und einem Nachwort von *Hans Fenske* (Forschungsinstitut für öffentliche Verwaltung bei der Hochschule für Verwaltungswissenschaften), ²1995; *Georg Smolka,* Abendländische Einheit – Europäische Wirklichkeit. Ausgewählte Aufsätze und Vorträge, hrsg. von *Joachim Köhler,* 1986.

[89] Vgl. Erinnerung an Universitätsprofessor Dr. Dr. h.c. Hans Ryffel. Ansprachen anläßlich der Akademischen Gedenkfeier Speyer, 1. Juli 1990 (*Carl Böhret, Waldemar Schreckenberger, Erk Volkmar Heyen*) (Speyerer Vorträge, H. 16), Speyer 1990.

[90] Vgl. *Franz Knöpfle,* Zum Gedenken an Fritz Morstein Marx, in: Verwaltungsarchiv 61 (1970), S. 105-113; *Roman Schnur,* ebd. S. 114-127.

die als Lehrbeauftragte tätig waren, konnte die Hochschule in der Folge eine Reihe durch Ernennung zum Honorarprofessor auf Dauer gewinnen.[91]

In der zweiten Hälfte der 60er Jahre sah sich die Hochschule gleichzeitig vielfältigen neuen Anforderungen aus dem politischen Raum gegenüber. So dachte die Landesregierung an die Gründung einer Universität in der Vorderpfalz, der dann die Speyerer Ausbildungsstätte – wie der Wissenschaftsrat empfohlen hatte – als Fachbereich angegliedert werden könnte.[92] Das Kultusministerium in Mainz, seit 1967 von *Bernhard Vogel* (CDU) geleitet, zeigte Interesse daran, die Hochschule aus der Dienstaufsicht der Staatskanzlei in ihr Ressort zu überführen, nachdem frühere Überlegungen ad acta gelegt waren, die Hochschule „zu einer Art Annex der Universität Heidelberg auszugestalten".[93]

Unsicherheiten anderer Art ergaben sich aus der 1969/70 vom Bundesminister der Justiz vorgesehenen verkürzten Referendarzeit auf 21 Monate, auch wenn dann eine Änderung des Richtergesetzes vom 10. September 1971[94] ein bis zu dreimonatiges Studium in Speyer zuließ. Dafür allerdings mußte das Wintersemester künftig um einen Monat verkürzt werden. Dennoch sanken die Hörerzahlen drastisch. Gleichwohl hielt der Senat an der postuniversitären Zielsetzung ebenso fest wie an der Konzentration auf das einsemestrige Ergänzungsstudium für Rechtsreferendare. Das war auch deswegen möglich, weil inzwischen die von den Ländern gewünschte berufsbegleitende Fort- und Weiterbildung der höheren Beamten als neue Aufgabe in das Lehrangebot integriert worden war. Dafür war die Landesregierung, die der Fortbildung hohen Stellenwert zumaß, bereit, der Hochschule neue Lehrstühle außerhalb der rechtswissenschaftlichen Disziplinen zu bewilligen.

Zu einer stärkeren Öffnung zugunsten der Verwaltungs-, Wirtschafts- und Sozialwissenschaften forderte der Verwaltungsrat in seiner Sitzung am 16. Oktober 1969 in Mainz – in Anwesenheit des seit Mai dieses Jahres amtierenden Ministerpräsidenten Dr. *Helmut Kohl* - den Senat eigens auf. Dabei ging der Ministerpräsident – wie sich zeigen sollte, zu Recht – davon aus, daß „zur Zeit die Aussicht, erstklassige Leute für die Hochschule zu gewinnen, außerordentlich günstig" sei. (Gemeint war: angesichts der damaligen Studentenrevolution an einigen Massenuniversitäten). Gleichzeitig gab der CDU-Politiker seiner Hoffnung Ausdruck, daß „man noch einmal dazu kommen könne, daß die Personalchefs ein Diplom der Speyerer Hochschule besonders beachteten".

---

[91] Zu ihnen zählten ab 1952 der Präsident des Rechnungshofs von Rheinland-Pfalz, *Hans-Georg Dahlgrün* (bis 1972), und der Richter am Bundesverfassungsgericht *Willi Geiger* (bis 1978; dazu: Akademische Gedenkfeier [*Hans Herbert von Arnim* und *Detlef Merten*] zu Ehren Professor Dr. iur. Willi Geiger, Speyer 20. Juli 1994) sowie der Chef der Staatskanzlei des Landes Rheinland-Pfalz, Staatssekretär *Fritz Duppré* (1967-1984).

[92] Erwähnt in der Ansprache des Ministerpräsidenten *Helmut Kohl* am 29. Mai 1972. Vgl. 25 Jahre Hochschule für Verwaltungswissenschaften Speyer. Ansprachen des Ministerpräsidenten des Landes Rheinland-Pfalz und des Rektors [*Roman Herzog*], 1972, S. 15.

[93] So im Protokoll der Senatssitzung vom 13. 6. 1966.

[94] *BGBl.* I, S. 1557.

In der Tat gelang es, innerhalb der nächsten Jahre eine „explosive Ausweitung" der Lehrstühle – wie es der zum WS 1969/70 von West-Berlin nach Speyer gewechselte Staatsrechtler *Roman Herzog* in seinem Rechenschaftsbericht am 29. November 1972 über das Rektoratsjahr 1971/72 umschrieb – zu erreichen und bereits ausgewiesene wie vielversprechende jüngere Wissenschaftler nach Speyer zu holen.[95] Den nach der Emeritierung von *Georg Smolka* (1968) vakanten Lehrstuhl für neuere Geschichte, mit einem neuen Schwerpunkt „Verfassungs- und Verwaltungsgeschichte", übernahm 1970 der von Würzburg kommende Historiker *Rudolf Morsey*. Die inzwischen vorhandenen drei Lehrstühle für Verwaltungswissenschaft wurden in rascher Folge mit drei an der Hochschule habilitierten Juristen besetzt: 1971 mit *Frido Wagener* (angewandte Verwaltungswissenschaft), 1972 mit *Klaus König* (mit theoretischem Schwerpunkt) und 1973 mit *Heinrich Siedentopf* (international vergleichend).

Mit der Besetzung des neugeschaffenen Lehrstuhls für Organisationssoziologie durch *Renate Mayntz-Trier* (1971), West-Berlin, gelangte erstmals eine Frau in das Professorenkollegium. Sie hielt es allerdings nur zwei Jahre lang in Speyer aus. 1972 übernahm der ebenfalls aus West-Berlin kommende Staatsrechtler *Helmut Quaritsch* – nach der Emeritierung von *Carl Hermann Ule* – den Lehrstuhl für Staatsrecht und Staatslehre, und *Detlef Merten*, ein weiterer „Berliner", in der Nachfolge des nach Augsburg übergewechselten *Franz Knöpfle* einen Lehrstuhl für öffentliches Recht mit einem Schwerpunkt Sozialrecht.

Ebenfalls noch 1972 konnten auch zwei neugeschaffene Lehrstühle für Wirtschaftliche Staatswissenschaften besetzt werden, einer (mit einem Schwerpunkt Betriebswirtschaftslehre) mit *Peter Eichhorn* aus Münster, dem bis dahin jüngsten Ordinarius in Speyer (Jahrgang 1939), der zweite, mit dem Schwerpunkt allgemeine Volkswirtschaftslehre, mit *Dieter Duwendag* aus Köln.

1973 übernahm dann *Günter Püttner* aus Frankfurt in der Nachfolge des emeritierten *Erich Becker* einen Lehrstuhl für öffentliches Recht mit einem Schwerpunkt Kommunalrecht. Ein Jahr später wurde die „Politik" aus der bisherigen Verbindung mit dem Ordinariat für Staatslehre (bis 1972: *Roman Herzog*) gelöst und ein neugeschaffener Lehrstuhl für politische Wissenschaften mit dem Schwerpunkt Innenpolitik mit *Carl Böhret*, erneut einem Berliner Zuzug, besetzt. Die Nachfolge *Herzogs* im Bereich des öffentlichen Rechts, mit dem Schwerpunkt Verwaltungsrecht, übernahm *Willi Blümel* aus Bielefeld (vorher ebenfalls West-Berlin). 1975

---

[95] Einen wesentlichen Grund für die Gewinnung renommierter Ordinarien verschiedener Disziplinen in diesen Jahren hat *F. Knöpfle* 1972 (Anm. 4, S. 29) so umschrieben: „Daß der Lehr- und Forschungsbetrieb dank der konstruktiven Mitarbeit der Hörer- und Assistentenschaft in den letzten Jahren von Störungen, wie sie an Universitäten in unterschiedlichem Ausmaß vorgekommen sind, freigeblieben ist, hat die Situation der Hochschule bei Berufungen erkennbar verbessert." Am 15. 11. 1971 teilte Rektor *Herzog* im Verwaltungsrat mit, daß sich inzwischen „ein neues Team [von Professoren] konsolidiert habe und es nun gegen Ende des ersten Drei-Jahres-[Berufungssperre-]Zyklus darauf ankomme, die neugewonnenen Herren hier zu halten".

erhielt der Betriebswissenschaftler *Heinrich Reinermann* (Mannheim) einen neugeschaffenen Lehrstuhl für quantitative Methoden und elektronische Datenverarbeitung, den er seit 1973 bereits betreut hatte, und später in „Verwaltungsinformatik" präzisierte.

Die Gewinnung des Hamburger Finanzwissenschaftlers *Konrad Littmann* (1975) als Nachfolger des emeritierten *Reinhard Schaeder* und des West-Berliner Soziologen *Helmut Klages* (in der Nachfolge von *Renate Mayntz-Trier*) bildete dann den Abschluß dieser ungewöhnlichen Expansionsphase der Hochschule. Innerhalb von sechs Jahren waren acht vakante Lehrstühle wieder- und sechs neugeschaffene erstmals besetzt worden.

VIII. Neustrukturierung des Lehrprogramms und Beginn der Fortbildungsaktivitäten

Im Zusammenhang dieser personellen Umstrukturierung verabschiedete der Senat im WS 1970/71 ein neugestaltetes breitgefächertes Lehrangebot auf der Grundlage eines neuen verwaltungswissenschaftlichen Selbstverständnisses und pragmatischen Erkenntnisziels.[96] Es war künftig im Vorlesungsverzeichnis (seit dem SS 1971) nicht mehr nach der Art der Lehrveranstaltungen (Vorlesungen, Arbeitsgemeinschaften, Übungen) gegliedert, sondern fächerübergreifend in vier Stoffgruppen unterteilt: 1. Rechtswissenschaft, 2. Verwaltungslehre (ab WS 1973/74: Verwaltungswissenschaft), 3. Wirtschaftswissenschaft (ab WS 1973/74: Wirtschaftswissenschaften), 4. Geschichte, Rechts- und Sozialphilosophie, Soziologie sowie Staatslehre und Politikwissenschaft (ab SS 1975: Geschichte, Rechts- und Sozialphilosophie, Soziologie und Politikwissenschaft, seit SS 1980: Sozialwissenschaft, Geschichte).

Innerhalb der einzelnen Stoffgruppen war jeweils neben einem Kernprogramm mit festgelegten Lehrveranstaltungen ein Ergänzungsprogramm ausgewiesen. Hinzu kamen Angebote für Sprachkurse und (ab SS 1978) Rhetorik-Übungen. Die Zahl der Vorlesungen wurde auf Betreiben der Hörerschaft – die sich zur Durchsetzung dieser Forderung vor allem im SS 1971 auch der damals an den Massenuniversitäten üblichen Pressionen („Streiks") bediente – weiter verringert, dafür die Zahl mitarbeitsintensiver Seminare erhöht. Deren Leitung blieb seitdem den Professoren der Hochschule sowie habilitierten Dozenten vorbehalten.

Über Semester hin strittig war die bisherige Form der länderbezogenen Arbeitsgemeinschaften für Rechtsreferendare, die als verwaltungsrechtliche AGs ausgewiesen, in der Praxis jedoch überwiegend justizrechtlich ausgerichtet waren. Auf sie legte der Verwaltungsrat besonderen Wert. An deren Stelle traten ab WS 1972/73 neuumschriebene, projektbezogene verwaltungswissenschaftliche Arbeitsge-

---

[96] Vgl. *Klaus König*, Erkenntnisinteressen der Verwaltungswissenschaft, 1970, S. 223 ff.: „Pluralismus in der Verwaltungswissenschaft".

meinschaften. In ihnen sollte jeweils ein konkretes Verwaltungsproblem oder Gesetzesvorhaben durch die Analyse des Entscheidungsprozesses, und zwar in Form gruppenbezogener (Planspiel-)Arbeit, behandelt bzw. nachvollzogen werden. Dabei mußte jedoch die individuelle Leistung des einzelnen Teilnehmers erkennbar bleiben. Die meisten dieser neuen Arbeitsgemeinschaften leiteten künftig Verwaltungspraktiker aus verschiedenen Ländern und aus allen Bereichen der Verwaltung. Diese „Projekt-AGs" wurden in der Folge zu einem Markenzeichen der Hochschule. Dafür traten die von der Hörerschaft überwiegend abgelehnten öffentlich-rechtlichen Pflichtklausurenkurse für einige Jahre in den Hintergrund bzw. gingen in die Verantwortung der einzelnen Länderverwaltungen über.

Die „mündigen Referendare" – wie sie sich damals gern bezeichneten – erreichten durch „unzulässigen Druck" (so *Hartwig Bülck* am 21. Mai 1971 im Senat, ähnlich *Carl Hermann Ule*) auch eine Reduzierung anderer Leistungen. So wurde ab SS 1972, nachdem die Pflichtstundenzahl der Hörer (ca. 20) – an deren Fixierung den Ländern gelegen war – bereits vermindert worden war, die Zahl der Leistungsnachweise (seit 1961: drei) verringert. Von den nunmehr verlangten zwei „Scheinen" mußte einer in einem wissenschaftlich orientierten Seminar, der andere in einer projektbezogenen Arbeitsgemeinschaft (mit jeweils maximal 20 Teilnehmern) erworben werden. Schließlich trat an die Stelle der bisherigen Gesamtnote über den Ausbildungserfolg im Speyer-Semester ein nicht bewertetes Semesterzeugnis. Aus der unterschiedlichen Gewichtung dieses Nachweises, der seit 1970 in mehreren Ländern in die Gesamtnote für das zweite Staatsexamen einfloß, entstanden über einige Semester hin Schwierigkeiten, da es den Referendaren um die Erlangung einer möglichst „guten" Benotung ging.[97] Eine andere „Ungleichbehandlung" der Hörerschaft ergab sich, über viele Jahre hin, dadurch, daß die seit 1970 von der Bundesanstalt für Arbeit nach Speyer entsandten Verwaltungsräte z.A. bzw. Angestellten – zeitweise über 50 – keine Leistungsnachweise der Hochschule benötigten. Daraus entstanden allerdings keine Schwierigkeiten.

Die Neustrukturierung des Lehrprogramms wie die Verringerung von Leistungsanforderungen fielen in eine Zeit, in der die Hochschule ihre „Attraktion" durch die schon erwähnte Ausweitung der Zahl ihrer Lehrstühle erhöhen und eine Reihe bereits ausgewiesener Wissenschaftler gewinnen konnte. Aber weder die personelle Verbesserung noch die Reduzierung bisheriger Pflichtleistungen vermochten den Rückgang der Hörerzahlen aufzuhalten. Deren niedrigster Stand war im SS 1973 mit 117 erreicht. Die Rechtsreferendare mieden angesichts der verkürzten Ausbildungszeit das „Speyer-Semester", weil es ihnen nicht genügend examensbezogen erschien. Zudem hatte Rheinland-Pfalz 1970 die bis dahin praktizierte Pflichtabordnung von Rechtsreferendaren nach Speyer aufgegeben. In anderen Ländern war ihnen das Ergänzungsstudium nur noch während der Wahlstation möglich, die in der Regel unmittelbar der Vorbereitung auf das zweite Staatsexamen diente.

---

[97] Dazu *F. Knöpfle* (wie Anm. 4), S. 52.

Auch die Aufnahme examensrelevanter Übungen in den Lehrplan und die Verlegung des Sommersemester-Beginns, ab 1975, auf den 1. statt bisher 15. Mai – der besser in den Ausbildungsrhythmus paßte – brachte noch keine Veränderung. Erst nachdem neue Ausbildungsordnungen der bzw. zunächst einzelner Länder wieder eine Anrechnung des „Speyer-Semesters" auf die Verwaltungsstation erlaubten, veränderte sich die Situation. Im WS 1975/76 waren wieder mehr als 200 Hörer eingeschrieben, eine Zahl, die dann einige Jahre lang etwa konstant blieb. Dazu trugen auch die bis zu 50 Studierenden bei – überwiegend keine Juristen –, die ein 1976 neu eingeführtes einjähriges Aufbaustudium absolvierten.

Seit 1971 besitzt die seit 1968 geplante berufsbegleitende Fortbildung einen festen Platz im Ausbildungsprogramm der Hochschule. Nach einigem Experimentieren – bei Verzicht auf eine „Elite-Konzeption" und auf eine vorübergehend erwogene Zusammenarbeit mit der Universität Mannheim – gelang es, für Beamte der Eingangsstufe einiger Länder und seit 1972 dann vor allem für solche der „mittleren Führungsebene" getrennte standardisierte Programme zu entwickeln. Sie fanden Anklang und wurden wiederholt, in Kontakt mit den Entsendebehörden, angepaßt bzw. weiterentwickelt, die anspruchsvollen „Eingangsseminare" viele Jahre lang von *Carl Böhret* betreut.

Die für die „mittlere Führungsebene" zunächst entwickelten, jeweils vier einwöchigen Kurse innerhalb von zwei Jahren (I. Perspektiven der öffentlichen Verwaltung, II. Personalverwaltung und Personalführung, III. Organisation, Planung und Informationstechnologie, IV. Finanzen und Wirtschaft) wurden 1992 auf ein Dreiwochen-Pensum verkürzt (I. Entwicklungsperspektiven der öffentlichen Verwaltung, II. Binnenstrukturen der öffentlichen Verwaltung, III. Finanzen und Wirtschaft). Als vierten Block („3 plus 1") konnten die Teilnehmer eine der von der Hochschule regelmäßig angebotenen Sonderveranstaltungen wählen.

Die Führungsseminare – von denen stets zwei mit jeweils ca. 25 Teilnehmern nebeneinander liefen –, die zweimal im Jahr begannen, leiteten jeweils Professoren der Hochschule. Referenten aus allen Bereichen der Verwaltung stellten den von den Teilnehmern vornehmlich gewünschten „Praxisbezug" her. Eine von Anfang an durchgeführte Fragebogen-Bewertung durch die Kursteilnehmer ergab über 25 Jahre hin eine durchgehend hohe Akzeptanz. Dabei blieb eine strukturelle Problematik der Kursgestaltung bestehen; denn auf Grund ihrer unterschiedlichen Vorbildung und Berufstätigkeit kamen die Teilnehmer – aus allen Zweigen der Verwaltung – mit entsprechend unterschiedlichen Erwartungen nach Speyer. Andererseits machte gerade diese „Mischung" den besonderen Reiz dieser Veranstaltungen aus. Seit 1977 ist die Hochschule auch an dem damals begründeten Fortbildungsprogramm für die Wissenschaftsverwaltung (Vereinigung der Hochschulkanzler) beteiligt. Seit 1985 leitet *Heinrich Reinermann* die für einen „hochrangigen Teilnehmerkreis" konzipierten Speyerer Seminare für Büro- und Informationstechnologie in der öffentlichen Verwaltung (SpeBit), deren 12. im Herbst 1996 stattfand. Ab 1997 tritt anstelle der „3 plus 1"-Standardkurse ein verändertes, mehr themen-

bzw. aktionsfeldbezogenes Fortbildungsangebot, das der Verwaltungspsychologe *Rudolf Fisch* entwickelt hat.[98]

Die seit 1947 veranstalteten, jeweils zwei- bis dreitägigen Staatswissenschaftlichen Fortbildungstagungen im Frühjahr behielten ihren hohen Stellenwert. Sie führten teilweise mehr als 500 Teilnehmer nach Speyer. Die seit 1973 in den Herbstwochen jeden Jahres stattfindenden verwaltungswissenschaftlichen Arbeitstagungen bzw. Sonderseminare zielten auf geschlossene Teilnehmerkreise, ebenso fachspezifisch akzentuierte Sonderseminare.[99] Auf diese Weise ist die Hochschule seit Jahrzehnten elf Monate des Jahres „in Betrieb". Über den Lehrkörper und über das aufgefächerte multidisziplinäre Lehrangebot informiert das Vorlesungsverzeichnis, das inzwischen (SS 1996) einen Umfang von 77 Seiten (SS 1976 noch 31 Seiten) erreicht hat.

IX. Die Sicherung der Eigenständigkeit durch das Landesgesetz von 1978

In den Umbruchjahren von 1969 bis 1972 – in denen die Hochschule expandierte, ein neues Lehrprogramm einführte, bisherige Pflichtleistungen für Rechtsreferendare reduzierte und die Fortbildung der höheren Beamten zu einer neuen Aufgabe machte – suchte sich der Senat über die Zukunft der Hochschule in Form eines „Entwicklungsplans" Klarheit zu verschaffen. Es ging darum, der in schnellem Wandel befindlichen Institution durch „längerfristige Festlegungen" eine „ausgewogene und bedarfsgerechte Gesamtentwicklung" zu gewährleisten.[100] Der Entwicklungsplan diente auch dem Ziel, „Speyer" in das neue Programm der Hochschulbauförderung des Bundes und der Länder einzubeziehen. Unter Leitung des Verwaltungswissenschaftlers *Frido Wagener* – der in Düsseldorf das „Nordrhein-Westfalen-Programm 1975" konzipiert hatte – erarbeitete eine Kommission unter Beteiligung von Vertretern des Mittelbaus und der Hörer einen „Entwicklungsplan" bis 1979.

Er wurde nach zahlreichen, teilweise kontroversen Beratungen der Kommission wie anschließend des Senats, unter dem Rektorat von *Rudolf Morsey*, am 9. Juni 1973 verabschiedet. Die in ihm vorgesehene Zahl von 400 Hörern im Semesterprogramm erschien damals als utopisch. Wohl auch aus diesem Grund unterblieb eine vorgesehene regelmäßige „Fortschreibung" dieses Planes, der auch die konzeptionellen Grundlagen für die seit langem diskutierte Ausweitung des Lehrprogramms

---

[98] Sitzungen des Senats am 10. 6. und 22. 7. 1996 sowie des Verwaltungsrats am 3. 7. 1996.

[99] Referate und Diskussionen der Staatswissenschaftlichen Fortbildungstagungen wie auch derjenigen von (Sonder-)Seminaren und anderen Veranstaltungen nebst den an der Hochschule entstandenen Habilitationsschriften und Dissertationen sind größtenteils in deren Schriftenreihe veröffentlicht. Sie ist (1996) bei Band 120 angelangt.

[100] Entwicklungsplan der Hochschule für Verwaltungswissenschaften Speyer 1974-1979, 1973, 64 Seiten, hier S. 4.

in Richtung eines Aufbaustudiums wie für die bereits praktizierte Beamtenfortbildung legen sollte. Manche Professoren befürchteten damals eine (Schwerpunkt-)Verlagerung auf ein „Kursinstitut" wie eine überbetonte Ausweitung der Verwaltungs- und Sozialwissenschaften.

Im SS 1976 begann ein mit dem Entwicklungsplan begründetes verwaltungsbezogenes Aufbaustudium für Hochschulabsolventen. Es war auf die Dauer von zwei Semestern konzipiert (mit einem integrierten sechswöchigen Praktikum in einer Verwaltungsbehörde).[101] Eine Mehrheit des Senats beschloß am 6. Juni 1977, das zunächst als fünfjährigen Modellversuch gestartete Programm unbefristet weiterzuführen. Das geschah trotz mancher Bedenken über die Zielsetzung dieses Ergänzungsstudiums wie über den Kreis der „Adressaten", zumal nachdem dieser ab 1981 durch Einbeziehung von Hörern aus Entwicklungsländern – zunächst vor allem für Dozenten an Verwaltungsschulen – erweitert, gleichzeitig aber auch verändert worden war. So erwies es sich als schwierig, die ohnehin inhaltlich nur schwer zu präzisierenden Studien- und Prüfungsanforderungen in die jeweiligen Lehrpläne der einzelnen Semester zu integrieren. Zudem galt es, den Teilnehmern des Aufbaustudiums, soweit sie keine Rechtsreferendare waren, Grundkenntnisse im öffentlichen Recht, allen aber verwaltungswissenschaftliche Methoden zur Lösung komplexer Verwaltungsaufgaben zu vermitteln. Auf eine 1982 geschaffene C 3-Zeitprofessur für Entwicklungsverwaltung und Entwicklungspolitik (*Hans Illy,* Freiburg) wurde nach der Umwandlung in einen Lehrstuhl für Verwaltungswissenschaft, Entwicklungspolitik und öffentliches Recht 1989 Privatdozent *Rainer Pitschas (*München) berufen.

Bedenken, daß dieses Studium in größerem Ausmaß zur Überbrückung von Arbeitslosigkeit benutzt werden würde, haben sich nicht bewahrheitet. Hingegen blieb die jeweilige Lage auf dem Arbeitsmarkt ein Indikator für die Aufnahme dieses Studiums, das überwiegend diplomierte Sozialwissenschaftler anstrebten. Dessen erfolgreicher Abschluß mit dem „Magister der Verwaltungswissenschaften" (Magister rerum publicarum) hat sich inzwischen als relevante Zusatzqualifikation für Bewerbungen zum Einstieg in die öffentliche Verwaltung erwiesen.

Nachdem es gelungen war, die Hochschule wegen ihrer Sonderstellung im postuniversitären Bereich der Bundesrepublik Deutschland aus dem neuen Hochschulgesetz von Rheinland-Pfalz vom 22. Dezember 1970 herauszuhalten[102], begann in Speyer ein jahrelang andauerndes Ringen um ein eigenes Landesgesetz. Dabei for-

---

[101] Die Studien- und Prüfungsordnung für das verwaltungswissenschaftliche Aufbaustudium vom 21. 2. 1979 ist veröffentlicht im *Staatsanzeiger für Rheinland-Pfalz,* S. 338, in der letzten Fassung vom 19. 8. 1991. Vgl. *ebd.,* S. 904, ferner *Egon Riffel,* Das verwaltungswissenschaftliche Aufbaustudium an der Hochschule Speyer, in: DÖV 31 (1978), S. 640 ff.; *Klaus König,* Verwaltungswissenschaftliches Aufbaustudium (Speyerer Arbeitshefte 38), Speyer 1981, sowie den von der Hochschule herausgegebenen Leitfaden für das verwaltungswissenschaftliche Aufbaustudium vom SS 1996.

[102] *GVBl. Rheinland-Pfalz,* S. 568, zuletzt geändert durch Gesetz vom 12. 10. 1995. *Ebd.,* S. 406.

derten Vertreter der Assistenten wie der Hörer – die seit SS 1969 im Senat anwesend waren – während der Jahre 1970 bis 1972, im Nachklang der „68er Revolution", zeitweise eine „Drittelparität" im Senat (mit gestuften Rechten).[103] Auch der Verwaltungsrat empfahl dem Senat, den Hörern eine „funktionale Mitwirkung" zu gewähren (5. Mai 1971).[104] Vor allem im WS 1972/73 suchten politisch agile Teile der Hörerschaft, vornehmlich aus Berlin und Hamburg, ihrem Postulat nach Mitbestimmung durch entsprechend organisierten Aktionismus Nachdruck zu verleihen. Im Gefolge einer dieser Politaktionen (vom 29. November 1972) verlor die Hochschule ihren damals 38jährigen Staatsrechtler *Roman Herzog*.[105]

---

[103] Vgl. *F. Knöpfle* (Anm. 4), S. 23-25. Am 13. 7. 1970 beschloß der Senat, „schuldhafte Pflichtverletzungen, insbesondere Störungen des Lehrbetriebs", künftig im Semesterzeugnis zu vermerken.

[104] Am 28. 5. 1973 beschloß der Verwaltungsrat mit 3 Stimmen bei 9 Enthaltungen (!), zwei Hörervertreter an seinen Sitzungen teilnehmen zu lassen. Sein Beschluß vom 29. 5. 1972, die Abordnung solcher Referendare, „die Lehrveranstaltungen bestreiken", durch „Rückruf" zu beenden, ist nicht realisiert worden.

[105] Nach seiner Wahl zum Bundespräsidenten 1994 hat *Herzog* diesen Vorgang mehrfach geschildert und in einem Gespräch mit zwei Journalisten auf deren Frage, ob bzw. wie ihn Ministerpräsident *Helmut Kohl* in die Politik geholt habe, geantwortet: „Es gab eine Sitzung des Verwaltungsrats der Hochschule Speyer [29. 11. 1972, Beginn 16.30 Uhr], – Hilf nahm daran teil als Chef der Mainzer Staatskanzlei [und Vorsitzender des Verwaltungsrats], ich als Prorektor –, und an diesem Tag verlangten die Studenten, zu Recht im übrigen, ein gewisses Mitspracherecht. Aber das taten sie ausgerechnet im Verwaltungsrat und nicht im Senat der Hochschule. Es kam jedenfalls zu einem Go-in im Verwaltungsrat.
Also Berliner Verhältnisse in Speyer?
Ein Abklatsch davon. Hilf saß in der Mitte des Konferenztisches, neben ihm saß der Rektor [*Rudolf Morsey*], und neben dem saß wiederum ich als Prorektor. Der Rektor stand auf und sagte den Studenten, sie sollten doch wieder rausgehen, über ihr Anliegen werde sowieso beraten. [An den Beratungen nahmen bereits zwei Vertreter der Hörerschaft teil.] Da begann ein anderer [der Vertreter Hamburgs], eine windelweiche Rede zu halten: Man müsse die jungen Leute doch verstehen usw. Da habe ich mich zu Hilf rübergebeugt und im Scherz gesagt: Herr Hilf, haben Sie nicht einen ordentlichen Job für mich, mir stinkt hier was. Als die Sitzung beendet war, kam Willibald Hilf zu mir und fragte: War das ernst gemeint? Das war es nicht, das sagte ich ihm auch, aber ich fragte weiter: Ja, hätten Sie denn etwas für mich? Und er sagte: Das könnte sein. Mehr hat er nicht verraten.
Bei der Verabschiedung meinte er: Das war das Wichtigste an dieser ganzen Sitzung. Ich habe der Sache zunächst weiter keine Bedeutung beigemessen, aber etwa eine Woche später lag ich mit einer Grippe im Bett, und plötzlich läutete das Telefon. Hilf ist am Apparat und sagt, ich war gerade beim Ministerpräsidenten [*Kohl*], habe von unserem Gespräch berichtet, und der ist mit beiden Beinen draufgesprungen. Ich bin jetzt in einer bösen Lage. Wenn Sie nämlich einen Rückzieher machen, dann schlägt der mich in Grund und Boden. ... Da habe ich gesagt: Darüber könnte man reden. Einige Tage später bat Kohl dann um ein Gespräch, und ich fuhr nach Mainz. ..." *Der unbequeme Präsident. Roman Herzog im Gespräch mit Manfred Bissinger* und *Hans-Ulrich Jörges*, 1994, S. 75 f. Ähnlich *Kai Dickmann* u.a., Roman Herzog, 1994, S. 51-53; *Werner Filmer, Heribert Schwan*, Roman Herzog, ²1994, S. 128-130; *Stefan Reker*, Roman Herzog, 1994, S. 57 f.

Die wegen der Störung von 17.26 bis 17.40 Uhr unterbrochene Sitzung des Verwaltungsrats endete 18.30 Uhr. Gut eine Stunde später suchten einige Hörer die Antrittsrede des neuen Rektors (*Morsey*) in eine hochschulpolitische „Diskussionsveranstaltung" umzufunktionieren

In den folgenden Jahren verliefen die Diskussionen um das für die Landesregierung und den Landtag von Rheinland-Pfalz wenig dringliche Hochschulgesetz wieder in sachgerechten Formen. Umstritten blieb das Ausmaß der Mitbestimmung der Assistenten bzw. Forschungsreferenten, der Hörer und der Lehrbeauftragten. Das schließlich am 21. Juli 1978 erlassene – vom Landtag einstimmig angenommene – Landesgesetz für die Hochschule[106] war an das Hochschulrahmengesetz des Bundes von 1976 angepaßt. Es fundierte die Speyerer Sonderstellung im postuniversitären Bildungsbereich der Bundesrepublik Deutschland und schrieb die bisherigen Aufgaben der Hochschule fest. Es verlangte, wie der Senat befürwortet hatte[107], für die Hochschulspitze nicht die Wahl eines Präsidenten – so daß das Rektoratsprinzip, bereits erstmals 1974 mit einer auf zwei Jahre verlängerten Amtszeit praktiziert, in dieser Form beibehalten werden konnte –, und begründete eine komplizierte, funktional-abgestufte Mitwirkung aller Gruppen an den Entscheidungsprozessen des Senats.

Dieses Beschlußorgan setzte sich künftig so zusammen: Rektor, Prorektor, 10 Professoren, 3 Angehörige des Mittelbaus, 3 Hörer, 1 Honorarprofessor bzw. Lehrbeauftragter, 1 Fortbildungsteilnehmer, 1 nichtwissenschaftlicher Mitarbeiter. Jede Gruppe wählte ihre jeweiligen Vertreter. Eine vom Senat ausgearbeitete Wahlordnung vom 29. Juni 1979 (Rektorat *Detlef Merten*) war ein unfreiwilliger Beitrag zu der ständig beklagten Gesetzesflut: Mit 41 Paragraphen[108] exakt so umfangreich wie die Wahlordnung des Deutschen Reiches in der Zeit der Weimarer Republik.

Viel Zeit kostete die vom Hochschulgesetz geforderte Ausarbeitung einer neuen Grundordnung, in der die Vielzahl der Gruppen, eingeschlossen nebenamtlich tätige Dozenten und Fortbildungsteilnehmer, jeweils eigens berücksichtigt werden mußte. Sie wurde am 25. Juli 1982 vom Senat verabschiedet. Dabei ging die leicht modifizierte Wahlordnung darin ein.[109] Die übrigen Satzungen der Hochschule, die auf Grund des Landesgesetzes mehrere wissenschaftliche Einrichtungen und Betriebseinheiten erhielt (Forschungsinstitut, Bibliothek, Rechenzentrum), wurden

---

– ohne Erfolg. Vgl. „Speyerer Tagespost" vom 1. 12. 1972: „Massive Störaktion der Hörerschaft bei Rektoratsübergabe an Hochschule". Vor der Rede des Rektors hatte *Herzog* im Rückblick auf sein Rektoratsjahr darauf hingewiesen, daß die Hochschule „auf große Feierlichkeiten" verzichte, aber das Semester wenigstens formal beginnen wolle. In der erwähnten „Speyerer Tagespost" hieß es dazu, daß der Eröffnung des neuen Rektoratsjahrs der Hochschule „so gar nichts von der etwas steifen Würde ähnlicher Feierlichkeiten vergangener Jahre" angehaftet habe. Bei *Herzogs* Antrittsvorlesung im SS 1970 („Der konservative Jurist") war bereits – im Sinne eines Senatsbeschlusses vom 6. 7. 1970 – auf das „Tragen von Talaren und den Einzug des Lehrkörpers" sowie auf eine „musikalische Umrahmung" verzichtet worden.

[106] *GVBl. Rheinland-Pfalz* 1970, S. 568.
[107] Anders als bei der Beratung eines Entwurfs im WS 1969/70, bei der auch einige Professoren sowie die Vertreter der Assistenten/Referenten und der Hörer für eine Präsidialverfassung eingetreten waren. Vgl. *F. Knöpfle* (Anm. 4), S. 28.
[108] *Staatsanzeiger Rheinland-Pfalz* 1979, S. 464.
[109] *Ebd.* 1982, S. 865; in der Fassung vom 17. 8. 1989, *ebd.* 1989, S. 400.

noch bis Ende 1982 den vorgegebenen landesrechtlichen Vorschriften angepaßt.[110] Eigene Kommissionen bzw. Ausschüsse des Senats (für den Lehrplan, die Bibliothek, die Fortbildung, das Aufbaustudium und für Prüfungsfragen) bereiten dessen Entscheidungen vor. Ihnen gehören jeweils auch – mit Ausnahme des Bibliotheksausschusses – Vertreter der Assistenten und der Hörerschaft an. Sie wirken ferner in Berufungsausschüssen mit.

Die neue Rechtsgrundlage der Hochschule, die die Einflußmöglichkeiten des Verwaltungsrats einschränkte, hat sich bewährt. Sie führte allerdings auch, genauso wie an denjenigen Universitäten, an denen inzwischen bereits die gewachsenen Fakultäten zerschlagen worden waren, dazu, daß nicht mehr alle Lehrstuhlinhaber dem Senat angehörten. Infolgedessen erwiesen sich künftig gruppenspezifische Vorinformationen und -absprachen als unerläßlich, wie sie bei den Assistenten bereits üblich waren. So begann im WS 1979/80 das Montagvormittag-Treffen der Professoren – vor den jeweiligen Nachmittags-Sitzungen des Senats –, in der Regel dreimal im Semester. Der Zeitaufwand für dieses „Professorium", ursprünglich zwei Stunden, hat sich inzwischen verdoppelt. Dafür wurde die Dauer der früher entnervend langen Senatssitzungen, die bis 1971 nicht selten sechs bis neun Stunden betrug, erheblich verkürzt.

Nachdem einige Jahre lang die Zahl der Hörer mit knapp über 200 relativ konstant geblieben war, stieg sie Anfang der 80er Jahre sprunghaft an, wiederum als Folge des – dieses Mal auf 30 Monate verlängerten – juristischen Vorbereitungsdienstes. Im WS 1985/86 waren erstmals mehr als 500 Hörer eingeschrieben. Die ungewohnte „Massenhaftigkeit" – so in Abwandlung des erwähnten *Schaeder*-Zitats von 1960 – schuf neue Probleme: Überfüllung einzelner Lehrveranstaltungen, Losentscheid für die Aufnahme in die weiterhin auf jeweils 20 Teilnehmer begrenzten Seminare und Arbeitsgemeinschaften, drangvolle Enge in Bibliothek und Taberna, mangelnde Wohnheim-Kapazität, Unterkunftsschwierigkeiten für die Hörer in Speyer und Umgebung. Hingegen waren die Lehrstühle in einem seit 1970 geplanten und Anfang 1977 bezogenen dreigeschossigen Neubau (mit 60 Räumen) gut plaziert. Der im SS 1971 vom Senat und vom Verwaltungsrat beschlossene Erwerb der nahegelegenen Landwirtschaftsschule war nicht realisiert worden.

Andererseits verstärkten sich wieder die Anfang der siebziger Jahre abgerissenen Kontakte zur Bürgerschaft und zur „Vereinigung der Freunde und Förderer der Hochschule". Eine seit dem WS 1972/73 praktizierte „Orientierungsphase" zu Semesterbeginn erlaubt den Hörern, sich vor einer Festlegung auf konzentrische Mitarbeit in einzelnen Lehrveranstaltungen (durch Referate) zunächst in der Hochschule „umzusehen". Seit 1976 erläutern auch die Leiter von Seminaren und Arbeitsgemeinschaften jeweils vorab ihre jeweiligen Programme über entsprechende schriftliche „Vorinformationen" hinaus. Die seit 1969 regelmäßig erfolgte Bewer-

---

[110] Die Bibliotheksordnung vom 21. 6. 1982 *ebd.*, S. 878; in der Fassung vom 27. 6. 1987, *ebd.*, S. 861, die Ordnung über die Einschreibung der Hörer und Fortbildungsteilnehmer vom gleichen Tage, *ebd.*, S. 878, in der Fassung vom 16. 7. 1992, *ebd.*, S. 734.

tung der einzelnen Dozenten bzw. ihrer Lehrveranstaltungen durch weitgehend standardisierte, allerdings nach wie vor nur anonym ausgefüllte Fragebogen ist inzwischen bis zu Auswertungen hinter dem Komma „verfeinert" worden. Der zunehmend dichter werdende „Stundenplan" der Lehrveranstaltungen wurde ab SS 1990 durch die Festlegung von Zeitblöcken übersichtlicher gestaltet.

X. Entwicklungen im letzten Jahrzehnt

Nach der 1975 vorerst abgeschlossenen Besetzung der inzwischen vorhandenen 16 Lehrstühle dauerte es bis in die achtziger Jahre, bevor durch Emeritierung bzw. Wegberufung einzelner Professoren sieben Lehrstühle neu besetzt werden mußten. Dabei zeigte sich, daß nach einer inzwischen erfolgten „Beruhigung" in der hochschulpolitischen Landschaft die Anziehungskraft der „Provinz" gelitten hatte. Eine ganze Reihe von Rufablehnungen führte zu längeren Vakanzen auf einzelnen Lehrstühlen. Anfang der achtziger Jahre war es auch nicht möglich, ein Ordinariat für Verwaltungspsychologie zu besetzen.

1981 kamen *Hans Herbert von Arnim* (als Nachfolger von *Günter Püttner*) und *Klaus Lüder* (als Nachfolger von *Peter Eichhorn*) nach Speyer, 1984 *Siegfried Magiera* (als Nachfolger von *Hartmut Bülck*) und *Joachim Jens Hesse* (als Nachfolger von *Hans Ryffel*, bis 1991, gefolgt von *Rudolf Fisch*) und 1986 *Hermann Hill* (als Nachfolger des verstorbenen *Frido Wagener*). Häufig wurden Lehrstuhlbezeichnungen geändert. Der bereits 1978 auf einen neuerrichteten Lehrstuhl für Rechtspolitik und Gesetzgebungslehre berufene Chef der Staatskanzlei in Mainz und spätere Justizminister *Waldemar Schreckenberger* übte seine Professur jahrelang nur im Nebenamt aus, auch 1982-1989 als Chef des Bundeskanzleramts in Bonn. Der 1982 als Leiter einer Abteilung in das Bundeskanzleramt übergewechselte Verwaltungswissenschaftler *Klaus König* konnte seinen Lehrstuhl 1987 wieder übernehmen, der in der Zwischenzeit infolge mehrerer Rufablehnungen noch nicht wieder besetzt worden war.

Der anhaltend hohen Zahl von Hörern während der Semestermonate – unter ihnen im SS 1990 erstmals mehr als ein Drittel Frauen – und der gleichbleibend starken Nachfrage nach Plätzen in den Führungsseminaren wie Sonderveranstaltungen der Hochschule trug die Landesregierung von Rheinland-Pfalz dadurch Rechnung, daß sie, mit zeitlichem Abstand, der Hochschule den 18. und 1992 den 19. Lehrstuhl bewilligte. So konnte 1989, wie schon erwähnt, ein Ordinariat für Entwicklungsverwaltung besetzt werden (*Rainer Pitschas*). Für einen weiteren Lehrstuhl für Verwaltungswissenschaft – worauf der Verwaltungsrat drängte – einen ausgewiesenen „Praktiker" zu gewinnen, gelang erst 1996 mit der Berufung eines Ministerialrats aus dem Bonner Umweltministerium (*Eberhard Bohne*).

Nach der Emeritierung des Finanzwissenschaftlers *Konrad Littmann* (1990) konnte nach mehreren Rufablehnungen dieser Lehrstuhl erst 1996 wieder besetzt werden, und zwar mit dem an der Hochschule vier Jahre zuvor habilitierten Finanzwissenschaftlerin *Gisela Färber* (Trier). Die vorgesehene Berufung eines Nachfolgers für den Verwaltungswissenschaftler *Hermann Hill* – nach dessen Ernennung zum Staatsminister in der Landesregierung von Rheinland-Pfalz (1990) – erledigte sich durch dessen Rückkehr an die Hochschule zum WS 1991/92. Nach der Emeritierung des Historikers *Rudolf Morsey* (1996) gelang die nahtlose Wiederbesetzung dieses Lehrstuhls – was zuletzt 1961 geglückt war – durch Berufung des Münchner Privatdozenten *Stefan Fisch*. In allen zuletzt genannten Fällen legte der Senat Wert auf deutliche Verjüngung des Lehrkörpers angesichts von weiteren vier Emeritierungen 1997/98.

Nach der Einigung Deutschlands kamen auch auf die Hochschule neue Aufgaben zu. Nachdem 1990 zunächst nur einzelne, noch in der DDR ausgebildete Diplomstaats- und Verwaltungswissenschaftler am Ergänzungsstudium teilgenommen hatten, entsandten die neuen Länder nach ihrem Beitritt zum Verwaltungsabkommen über die Hochschule zum 1. Januar 1991 ab WS 1993/94 ausgebildete Rechtsreferendare. Hinzu kamen, wie schon seither aus den alten Ländern, als Gasthörer einzelne diplomierte Absolventen mit anderen Hochschulabschlüssen. Eigene Fortbildungsveranstaltungen für Führungskräfte aus Wirtschaft und Verwaltung in den neuen Ländern, so die „Sommer-Akademie" (*Hermann Hill*) und „Werkstattgespräche" (*Klaus König*), fanden großen Anklang. Angesichts der durchgehend hohen Hörerzahlen schuf der „Rückzug" des Kontingents der Bundesanstalt für Arbeit (seit SS 1993) eine gewisse Entlastung.

Seit Anfang 1991 erfüllt die Hochschule – der es damals, nach einem Koalitionswechsel in Mainz, nur mit Mühe gelungen war, weiterhin bei der Staatskanzlei in Mainz etatisiert zu bleiben und nicht in das Ressort des Wissenschaftsministers überführt zu werden – eine weitere neue Aufgabe durch ihre Mitwirkung im Rahmen eines neuerrichteten Führungskollegs Speyer (FKS). Es entstand *bei* der Hochschule und zielt auf eine länder- und fachübergreifende „Elite-Ausbildung" für jeweils maximal 20 Teilnehmer aus Rheinland-Pfalz, dem Saarland, Niedersachsen und Schleswig-Holstein (seit 1993 auch aus Hessen). Sie kommen zu 16 Kurswochen innerhalb von 30 Monaten nach Speyer. Diese Ausbildung dient der professionellen Qualifizierung für die Übernahme von leitenden Führungspositionen in den Ministerien und in nachgeordneten Behörden der beteiligten Länder. Für den ersten dieser inhaltlich anspruchsvollen und aufwendigen Kurse (1991/93) zeichnete als Wissenschaftlicher Beauftragter aus dem Kreis der Professoren *Heinrich Siedentopf* verantwortlich, für den zweiten (1993/95) *Carl Böhret*.[111] Ihnen folgte *Rudolf Fisch* (1995/97).

---

[111] Vgl. *Horst Hanke* und *Franz Prast*, Fortbildung für leitende Führungskräfte der Verwaltung, in: DÖV 49 (1996), S. 199-205. Einschlägige Materialien: I. Führungskolleg (FKS), Konzept und Umsetzung, hrsg. von *Heinrich Siedentopf*, 1993, 69 Seiten; ders., Abschlußveranstaltung, 1993, 43 Seiten; Rückblicke. 16 Wochen FKS II (1993/95). Abschlußbericht von *Carl Böhret*, 1995, 57 Seiten; Fünf Jahre Führungskolleg Speyer (FKS). Ms. (mit Literaturverzeichnis. 10 Seiten, plus Anhang „Ausgestaltung der Kursbausteine"), 1996.

Eine weniger zeitaufwendige „Nebentätigkeit" von Professoren ist die Mitwirkung bei der zweijährlichen Prämierung von Beispielen der Modernisierung, die seit 1991 in einem „Speyerer Qualitätswettbewerb für Öffentliche Verwaltung" ermittelt und von einer Fachjury – darunter *Hermann Hill* und *Helmut Klages* – bewertet werden. Den ersten „Speyer-Preis" teilten sich 1992 die Lokalverwaltungen von Cottbus, Melrichstadt und Duisburg.

Bereits 1969/70 war die Fläche des Lesesaals und der Büchermagazine durch einen Erweiterungsbau verdoppelt worden. 1989 und 1996 wurde durch Einbau von Kompaktus-Regalen im Kellermagazin ein zusätzliches Plus an Stellfläche – mit insgesamt 5.322 laufenden Metern für inzwischen ca. 230.000 Bände (1995) – erreicht. Eine 1995 zunächst vorgesehene Ausdehnung der unterirdischen Magazinräume war an Finanzierungsschwierigkeiten gescheitert. Ein Teilbestand der Bibliothek ist seit 1985 in einem Kellermagazin des benachbarten Forschungsinstituts für öffentliche Verwaltung verfügbar, ein anderer seit 1994 in der der Hochschule gegenüberliegenden Landesbibliothek. (Frühere Versuche des Kultusministeriums in den 70er Jahren, die Hochschulbibliothek mit der Landesbibliothek zu vereinigen, konnten abgewehrt werden.) Eine im Frühjahr 1996 vorgenommene bauliche Renovierung und Neueinteilung des Service- und Lesesaalbereichs – durch Abtrennung des Lesesaals vom Katalog- und Ausleihebereich mittels Einbau einer Glaswand – erwies sich als vorteilhaft. Die Bibliothek und den Bibliotheksausschuß leitet ein vom Senat bestellter Direktor aus dem Kreis der Professoren (*Helmut Quaritsch*).

Systematisch ausgebaut und modernisiert wurde die zum WS 1976 in Betrieb genommene EDV-Anlage der Hochschule. Inzwischen sind die Lehrstühle wie die Verwaltung und die Bibliothek der Hochschule entsprechend ausgestattet und „vernetzt" worden. Die „Anwender" profitierten zunehmend von der Möglichkeit, auch externe Datenbanken zu nutzen, hauptsächlich die des Juristischen Informationssystems (JURIS) in Karlsruhe. Die Lehrstühle erhielten ebenso Zugang zum Katalog der eigenen Hochschulbibliothek wie zu dem der im Südwestverbund zusammengeschlossenen Bibliotheken, 1996 dann auch zum weltweiten Internet.

Seit Jahren dringlich war eine – 1995 bewilligte – räumliche Ausweitung der Hochschule, und zwar sowohl der Zahl ihrer Hörsäle – SS 1992: 533 Hörer – als auch die von Arbeitszimmern und erst recht von Plätzen neben den ca. 170 in dem seit 1960 bestehenden hochschuleigenen Wohnheim. (Dessen Kapazität war seit Herbst 1984 durch Anmietung von Räumen in der Stadtmitte von Speyer mit 40 Plätzen bereits erweitert worden). Nach der Auswertung eines Architektenwettbewerbs wurde im Frühjahr 1996 auf neuerworbenem Gelände, neben dem der Hochschule, mit dem Neubau eines kombinierten Wohnheims (für 100 Plätze) und Tagungsgebäudes („Campuserweiterung West") begonnen. Es dient gleichzeitig zur Nutzung durch das in unmittelbarer Nähe untergebrachte Staatliche Institut für Lehrerfort- und -weiterbildung des Landes Rheinland-Pfalz sowie des Führungskollegs bei der Hochschule.[112]

Die vor 50 Jahren gegründete Hochschule für Verwaltungswissenschaften Speyer ist nach wie vor das einzige Zentrum für postuniversitäre Verwaltungsaus- und -fortbildung sowie für Grundlagen- und anwendungsorientierte Forschung über und für die öffentliche Verwaltung in der Bundesrepublik Deutschland. Sie ist auch weiterhin, wie das *Erich Becker* für den Stand von 1977 einmal formuliert hat, „ständig in Entwicklung begriffen, was immer Veränderungen zur Folge hatte".[113]
Die Erfolgsgeschichte der Hochschule rechtfertigt eine Erweiterung ihres Namens in „Deutsche Hochschule für Verwaltungswissenschaften, Speyer". Diese Umbenennung hatte der Senat bereits 1974 vorgesehen, 1978 bestätigt und im WS 1994/95, ebenso wie der Verwaltungsrat, beschlossen. Vielleicht entsteht diese „Deutsche Hochschule" aus Anlaß des 50jährigen Jubiläums ihres Speyerer „Vorläufers".

---

[112] Der seit dem SS 1991 jedes Semester erscheinende SpeyerBrief informiert über jeweils folgende drei Gebiete: I. Wichtige Entwicklungen; II. Bericht aus der Hochschule; III. Bericht aus dem Forschungsinstitut. SpeyerBrief Nr. 10 (WS 1995/96) umfaßte bereits 18 Seiten im Din A4-Format. – Am 19. 1. 1996 begann die „Speyerer Tagespost" mit einer Serie „Professoren der Verwaltungshochschule", in der sie alle Lehrstuhlinhaber vorstellte. Der Senat hat eine Anregung von *Roman Schnur* vom 8. 6. 1970 aufgegriffen und seitdem den Senatssaal mit den Photographien aller Ordinarien ausgestattet, die an der Hochschule „beschäftigt waren".

[113] Referendariat (Anm. 4), S. 9.

Verwehte Spuren

Von Carl Hermann Ule

> Der Sommer war so wie dein Haus
> drin weißt du alles stehn –
> jetzt mußt du in dein Herz hinaus
> wie in die Ebene gehn.
> Die große Einsamkeit beginnt,
> die Tage werden taub,
> aus deinen Sinnen nimmt der Wind
> die Welt – wie welkes Laub.

I. Die Zeit zwischen 1950 und 1955

Es war in den Pfingstferien 1925, als ich als Oberprimaner des Schiller-Realgymnasiums in Stettin zum ersten Mal nach Speyer kam. Ein aus der damals noch bayerischen Rheinpfalz stammender Studienrat hatte eine Schulfahrt in die Pfalz organisiert, in die auch ein Abstecher nach Speyer eingeplant war. Speyer war in jener Zeit nach dem Ersten Weltkrieg eine stille verträumte Kleinstadt, die noch durch eine Eisenbahnbrücke mit dem rechtsrheinischen Teil der Pfalz, der seit 1803 zu Baden gehörte, verbunden war. Wir waren über Berlin, Hannover, Frankfurt a.M., Mannheim, Ludwigshafen in die Pfalz gekommen und hatten die erste Nacht in einer Jugendherberge bei Neustadt a. d. W. verbracht. Von da führte uns der Weg am nächsten Tag nach Speyer.

Von diesem ersten Besuch Speyers ist mir außer dem Dom und der Maximilianstraße nur die Trikolore in Erinnerung geblieben, die aus einem Gebäude an der südlichen Seite der Maximilianstraße unweit des Domes hing, in dem sich offenbar die französische Kommandantur befand. Als ich fast auf den Tag 25 Jahre später wieder nach Speyer kam, hing die Trikolore immer noch (richtiger: schon wieder) an derselben Stelle. Nur die schwer bewaffneten französischen Posten auf der Rheinbrücke zwischen Mannheim und Ludwigshafen waren verschwunden. Damals kam ich als Senatspräsident am Oberverwaltungsgericht für die Länder Niedersachsen und Schleswig-Holstein in Lüneburg und Privatdozent an der Universität Hamburg, wohin ich mich von München umhabilitiert hatte, und zwar auf Einladung des k. Rektors der Staatlichen Akademie für Verwaltungswissenschaften Prof. Dr. Dr. Erich Becker. Ich sollte am Abend des 21. Juni 1950 vor den Hörern der Akademie einen Vortrag halten, für den ich als Thema „Das Bonner Grundgesetz und die Verwaltungsgerichtsbarkeit" gewählt hatte.[1]

Ich war wieder mit der Eisenbahn gekommen, diesmal über Mannheim, Ludwigshafen, Schifferstadt, weil die Eisenbahnbrücke, die 1925 den rechts- und linksrheinischen Teil der ehemaligen Kurpfalz miteinander verbunden hatte, nicht mehr existierte. Ein Dienstwagen der Akademie, ein Volkswagen, brachte mich in die Johannesstraße zum Gebäude einer ehemaligen Lehrerbildungsanstalt, in dem die Akademie untergebracht war. Von Prof. Becker wurde ich sehr freundlich in Empfang genommen und in einem Gästezimmer der Akademie untergebracht.

Bei einem Rundgang durch die Akademie lernte ich auch die Bibliothek kennen, die in einem großen Saal untergebracht war, dessen Regale so gut wie leer waren. Ich glaube, mich nicht zu täuschen, wenn ich mich nur an einen Band des Bundesgesetzblattes (seit 1949) und wenige Bände der Gesetz- und Verordnungsblätter der drei Länder der französischen Besatzungszone – Rheinland-Pfalz, Baden und Württemberg-Hohenzollern – und eine größere Anzahl von Exemplaren von Walter Jellineks 3. (nachgedruckter) Auflage seines „Verwaltungsrechts" erinnere. Da mir in den ersten Nachkriegsjahren (1948 / 49 und 1949 / 50) die Bibliotheken des Zentraljustizamts für die britische Zone in Hamburg und des Oberverwaltungsgerichts in Lüneburg zur Verfügung gestanden hatten, die zwar nicht gerade überwältigend, aber für die damalige Zeit doch recht respektabel waren, konnte ich meine Enttäuschung über die Kargheit dieser Bibliothek nur schwer unterdrücken.

Die Speyerer Akademie hatte damals außer Prof. Becker nur wenige hauptamtliche Lehrkräfte, von denen ich an diesem Nachmittag und Abend keinen kennenlernte. Ich glaube, am nächsten Tag Prof. Dr. Friedrich Giese aus Frankfurt a.M. gesehen und begrüßt zu haben, der damals als Gastprofessor an der Akademie lehrte.

Abends fand dann im wohl größten Hörsaal der Akademie mein Vortrag vor einem größeren Hörerkreis statt. Da der II. Senat des Oberverwaltungsgerichts in Lüneburg unter meinem Vorsitz zwei Tage vorher in einer durch alle Medien verbreiteten, damals Aufsehen erregenden Verhandlung – es war die erste Verfassungsstreitigkeit, die nach 1945 vor einem deutschen Gericht ausgetragen wurde –, über den verfassungs(wahl)rechtlichen Streit der CDU, der FDP und des BHE (Bund der Heimatvertriebenen und Entrechteten) mit der Kieler sozialdemokratischen Landesregierung zugunsten der klagenden Parteien entschieden hatte, war den Hörern, von denen ein Teil aus Niedersachsen und Schleswig-Holstein kam, nach meinem Vortrag weniger an einer Aussprache über diesen als über den Lüneburger Prozeß gelegen. Nach dieser Veranstaltung, die meiner Erinnerung nach am späten Nachmittag begonnen hatte, war ich noch Gast in der Wohnung von Prof. Becker, der damals in ziemlich beengten Verhältnissen leben mußte. Speyer war nach 1945

---

[1] Dies war auch das Thema meiner Antrittsvorlesung als Privatdozent an der Universität in Hamburg am 16. Juni 1950 gewesen. Der Vortrag ist in der Schriftenreihe der Hochschule Speyer in Heft 5 veröffentlicht.

auf dem Vorkriegsstand stehen geblieben, und, wie die meisten vom Bombenkrieg verschonten Städte, überfüllt. Seine Entwicklung zu einer modernen Stadt setzte erst in den 50er Jahren ein, was 1957 in dem Bau der Straßenbrücke über den Rhein, die durch den Bundesverkehrsminister Dr. Seebohm dem Verkehr übergeben wurde, sichtbaren Ausdruck fand. Als Rektor der Hochschule Speyer 1956/57 nahm ich an diesem Festakt teil.

Den nächsten Vormittag wollte ich zu einer Besichtigung des Doms nutzen. Da ich bis zum Antritt der Rückreise Zeit genug hatte, orientierte ich mich anhand des Vorlesungsverzeichnisses über die an diesem Vormittag stattfindenden Lehrveranstaltungen. Unter ihnen reizte mich die Vorlesung über „Ausgewählte Kapitel der Kulturgeschichte Deutschlands" von Prof. Dr. Arnold Gehlen, den ich durch sein Buch „Der Mensch" kennen und schätzen gelernt hatte. Er beschäftigte sich an diesem Vormittag hauptsächlich mit dem Werk Rainer Maria Rilkes, das ich schon damals in wesentlichen Teilen kannte, wenn ich mich auch erst in den 60er und 70er Jahren intensiver mit ihm beschäftigt habe. Damals hatte ich noch den Vortrag im Ohr, den der bedeutende französische Germanist und Rilkekenner Angelloz aus Caen (inzwischen längst an der Sorbonne) im Winter 1946/47 im Lager Mulsanne (bei Le Mans) vor mehreren hundert kriegsgefangenen deutschen Offizieren mit großem Beifall über „Rilke – der Europäer" gehalten hatte.[2]

Gehlens glänzende Vorlesung hat mich so beeindruckt, daß ich mir damals sagte, eine Akademie, die einen solchen Lehrer habe, müsse auf einem gewissen Niveau stehen, was freilich kein zwingender Schluß war. Zu dieser Überlegung muß ich bemerken, daß ich nicht ohne ein wenig Skepsis Beckers Einladung gefolgt war. Die Akademie hatte damals, in den ersten Jahren nach ihrer Gründung im Jahre 1947, in Norddeutschland, wo ich lebte und wirkte, kein besonderes Ansehen. Sie litt unter der Beschränkung auf die drei Länder der französischen Besatzungszone, die sie erst um das Jahr 1950 zu überwinden begann, auch an der Kargheit ihres Lehrkörpers, in dem es außer Gehlen an glanzvollen Erscheinungen mangelte. Auf den Gedanken, als Professor von Lüneburg nach Speyer zu gehen, wäre ich damals nie gekommen. Becker, obwohl er, wie ich weiß, hoffte, mich eines Tages für Speyer gewinnen zu können, hat ihn 1950 auch nicht an mich herangetragen.

Er hat mich aber in den folgenden Jahren mehrfach als Vortragenden zu den von ihm veranstalteten Staatswissenschaftlichen Fortbildungskursen eingeladen. Ich bin fast in jedem Jahr zwischen 1950 und 1955 in Speyer gewesen. Die Vorträge wurden in der Regel in der Beilage zur Staatszeitung für Rheinland-Pfalz veröffentlicht, hatten also über Rheinland-Pfalz hinaus keine größere Publizität, so daß ich einen über „Die künftige Verwaltungsgerichtsordnung" wegen seiner Bedeutung für die Vorbereitung einer einheitlichen Verwaltungsgerichtsordnung des Bundes in der Juristenzeitung[3] veröffentlichte.

---

[2] Zur Erinnerung an den Vortrag schenkte er mir ein Exemplar der von ihm ins Französische übersetzten „Duineser Elegien".

Der im Frühjahr 1955 gehaltene Vortrag über „Grundlagen und Grenzen des Rechtsschutzes durch die Gerichte" im Rahmen des Staatswissenschaftlichen Fortbildungskurses über die Leistungen der öffentlichen Verwaltung und ihre Kontrolle, der auch in der Beilage zur Staatszeitung für Rheinland-Pfalz[4] veröffentlicht worden ist, hat für die Personalgeschichte der Hochschule eine gewisse Bedeutung, weil der Rektor, Prof. Becker, als ich meinen Vortrag beendet hatte, bekannt gab, daß ich in Zukunft zum Lehrkörper der Hochschule gehören würde. Ich hatte, weil ich mich Mitte März zum Verlassen Lüneburgs entschlossen hatte, was dem Staatssekretär Skiba in der Staatskanzlei bekannt war, gerade die Ernennungsurkunde zum ordentlichen Professor an der Hochschule erhalten.

In der ersten Reihe unter den Zuhörern saß der zweite Staatssekretär der Staatskanzlei des Landes Niedersachsen Dr. Miehe, der von dieser Mitteilung überrascht war und seine Überraschung deutlich erkennen ließ.

Durch einen Organisationsfehler im Innenministerium des Landes Niedersachsen – der für die Hochschule zuständige Referent hatte die Mitteilung der Staatskanzlei des Landes Rheinland-Pfalz während eines Urlaubs ungeöffnet auf seinem Schreibtisch liegen lassen – hatte das Land Niedersachsen von meiner beabsichtigten Ernennung zum ordentlichen Professor der Hochschule Speyer nicht rechtzeitig erfahren, was den Ministerpräsidenten begreiflicherweise sehr verärgerte. Jedoch trug das Land Rheinland-Pfalz an dieser Panne kein Verschulden; die Schuld lag eindeutig beim niedersächsischen Innenministerium. Dies alles spielte sich in den letzten Märztagen 1955 ab. Vom 1. April ab gehörte ich zum Lehrkörper der Hochschule Speyer.

Gleichzeitig mit mir wurde der ordentliche Professor an der Hochschule für Sozialwissenschaften in Wilhelmshaven Dr. Christian Friedrich Menger zum Ordinarius der Hochschule ernannt. Wir haben nur einige wenige Jahre zusammen an der Hochschule gelehrt, da er schon 1961 einen Ruf an die Universität Kiel annahm.

II. Die Zeit meiner aktiven Zugehörigkeit zur Hochschule 1955-1972

1. Aufbau und Ausbau der Hochschule

Bei einem Besuch in Lüneburg hatte mir der damalige Rektor Prof. Dr. Reinhard Schaeder, der die ersten Berufungsverhandlungen mit mir führte, die Annahme des Rufs dadurch schmackhaft zu machen versucht, daß er den Neubau der Hochschule und die baldige Errichtung eines Forschungsinstituts in Aussicht stellte.

Der Neubau der Hochschule stand in der Tat zwischen 1955 und 1960 im Vordergrund der Beratungen und Entscheidungen des Senats, obwohl die erste Zeit mit der Suche nach einem geeigneten Grundstück ausgefüllt war. Ich erinnere

---

[3] JZ Bd 8, 1953, S. 181 ff.
[4] Beilage zur Staatszeitung Nr. 4 vom 14. 08. 1955.

mich, daß die Stadt Speyer einige Grundstücke angeboten hatte, die nach der Meinung des Senats schon wegen ihrer Lage in der Stadt für den Hochschulneubau nicht in Betracht kommen konnten. Erst als die Stadt ein Grundstück von 20.000 qm am westlichen Stadtrand zur Verfügung stellte, war die Grundstücksfrage gelöst. Die damalige Entscheidung hat sich auch in der inzwischen abgelaufenen Zeit von etwa 40 Jahren als richtig erwiesen.

Nachdem das Grundstück für den Neubau der Hochschule feststand, war die Auswahl des richtigen Architekten für die Planung vordringlich. Nach längerem Hin und Her fiel die Entscheidung in meinem Rektoratsjahr 1956/57 über den von der Staatsregierung von Rheinland-Pfalz ausgeschriebenen, auf fünf Architekten beschränkten Wettbewerb, von denen einer auch in Speyer ansässig war.

Ich rechne es mir noch heute als Verdienst an, daß ich für den Entwurf des Münchener Architekten Prof. Dr. Sep Ruf, damals Präsident der Akademie der bildenden Künste in München, eingetreten bin und ihn gegen gewisse Widerstände im Senat durchgesetzt habe. Daß dieser nicht ganz nach den Vorstellungen seines Urhebers verwirklicht worden ist, ist auf die Sparmaßnahmen des damaligen Finanzministers Dr. Dahlgrün zurückzuführen, die sich schon nach wenigen Jahren (Klimaanlage, Wohnheim) als verfehlt erwiesen.

Aber im Sommer 1960 stand der Neubau, der am 1. September im Beisein des Bundespräsidenten, des rheinland-pfälzischen Ministerpräsidenten und der Innenminister sämtlicher Bundesländer und von 18 Rektoren deutscher Universitäten und Hochschulen seiner Bestimmung übergeben wurde.[5]

Neben der Herstellung des Neubaus war der Ausbau des Lehrkörpers im Hinblick auf die geringe Zahl der hauptamtlichen Lehrkräfte im Jahre 1955 vordringlich. Den ersten Anstoß gab die Berufung von Prof. Bulla, der bisher Bürgerliches Recht, Arbeitsrecht und Sozialrecht an der Hochschule vertreten hatte, an die Universität Freiburg. Die Neubesetzung dieses Lehrstuhls war mit einer Änderung seiner Zweckbestimmung verbunden. Arbeitsrecht und Sozialrecht sollten in Zukunft durch Lehrbeauftragte vertreten werden; der für die damalige Zeit schon erkennbaren Bedeutung des Europarechts sollte durch die Berufung eines Völker- und Europarechtlers, der auch wirtschaftsrechtliche Fragen behandeln konnte, Rechnung getragen werden. Als Bullas Nachfolger wurde im SS 1957 der bisher an der Universität Erlangen/Nürnberg lehrende Prof. Dr. Hartwig Bülck berufen.

Auf Bülck hatte ich den Senat aufmerksam gemacht und mit ihm die ersten Vorgespräche im Winter 1956/57 in seiner Wohnung in Fürth geführt. Bülck war 1938 in Kiel als Referendar bei mir zur Ausbildung in der Strafkammer bei dem Landgericht Kiel gewesen. Ich glaubte daher, mir über ihn ein Urteil machen zu können. Da das Arbeitsrecht nun verwaist war, schlug ich als Ersatz den mir aus meiner vorübergehenden Tätigkeit im Hessischen Wirtschafts- und Verkehrsmini-

---

[5] Vgl. die Darstellung bei *Franz Knöpfle,* 25 Jahre Hochschule für Verwaltungswissenschaften Speyer, Demokratie und Verwaltung 1972, S. 11 ff., 30 ff., 31.

sterium (1947/48) gut bekannten Staatssekretär Dr. Wilhelm Reuß vor, der vom SS 1957 an zunächst als Lehrbeauftragter, seit dem WS 1959/60 als Honorarprofessor an der Hochschule lehrte, auch mehrere Semester eine Arbeitsgemeinschaft leitete. Reuß war nicht nur ein hervorragender Arbeitsrechtler, sondern auch ein glänzender Pädagoge, der an der Hochschule großes Ansehen genoß.

Er war es auch, der die abgebrochene Verbindung der Hochschule mit dem Lande Hessen wieder herstellte, da er mir als Rektor einen Besuch bei dem mir seit 1947/48 bekannten hessischen Ministerpräsidenten Dr. Zinn vermittelte, den ich davon überzeugen konnte, daß die Vorurteile, die er gegen die Hochschule hatte, nicht begründet seien. Hessen trat auch später der Hochschule wieder bei. In diesem Zusammenhang ist auch auf den Beitritt Berlins im Jahre 1961 hinzuweisen, das sich wegen der von ihm betriebenen Verwaltungsakademie für den gehobenen Dienst, die den Aufstieg in den höheren Dienst vermitteln sollte, nicht entschließen konnte, dem Verwaltungsabkommen über die Hochschule beizutreten. Das Eis wurde erst gebrochen, als ich den (sozialistischen) Innensenator von Berlin zu einem Abendvortrag in die Hochschule einlud, den er vor einem großen Kreis zunächst sehr zurückhaltender Referendare, die ihn aber schließlich stürmisch feierten, hielt. Einen solchen Beifall hatte ich auf keiner Abendveranstaltung der Hochschule bisher erlebt. Berlin trat dann 1961 dem Verwaltungsabkommen bei.

Ich habe während meiner aktiven Dienstzeit viele Lehrfahrten nach Berlin unternommen und bei diesen Gelegenheiten stets die Behörde des Innensenators oder eines anderen Ressortchefs besucht. Auch die Vorgänge um den Beitritt des Saarlandes sind mir noch in bester Erinnerung. Nachdem das Saarland zu Deutschland zurückgekehrt war (1955), machte ich Ende des WS 1955/56 mit Referendaren meiner Arbeitsgemeinschaft eine Lehrfahrt in das Saarland, auf der wir von dem Ministerpräsidenten des Landes Dr. Hubert Ney sehr herzlich empfangen wurden und mit einem Glas Champagner eine Art Verbrüderung feierten. Natürlich hatten wir auf dieser Lehrfahrt auch die Völklinger Hütte, die außerhalb der Stadt gelegene Universität des Saarlandes, wo uns mein Kollege Maihofer empfing, und im Zentrum der Stadt das Kunstmuseum besucht.

Durch die Einrichtung eines neuen Lehrstuhls für vergleichende Verwaltungswissenschaft war die Berufung von Prof. Dr. Fritz Morstein aus New York möglich, der zuerst im Sommersemester 1962 als Gastprofessor, danach als ordentlicher Professor berufen wurde. Mir war Morstein Marx, der 1930 in die USA gegangen war, schon seit den 20er Jahren ein Begriff, in denen ich seine Publikationen, vor allem im Archiv des öffentlichen Rechts, mit besonderem Interesse gelesen hatte, da sie sich durch eine über das Juristische hinausgehende Betrachtungsweise auszeichneten. In den 30er Jahren habe ich seine Veröffentlichungen im Verwaltungsarchiv zum amerikanischen Verfassungs- und Verwaltungsrecht, die ich in meinem Bericht „100 Jahre Verwaltungsarchiv" 1993[6] aufgezeichnet ha-

---

[6] Bd. 84 S., 2ff., 11 Anm. 50.

be, als eine große Bereicherung des deutschen Schrifttums empfunden. Ich hatte die Überzeugung, daß seine Berufung die beste Ergänzung des damals stark dem Juristischen zugewandten Lehrkörpers darstellen würde, die man sich denken konnte. Leider ist Morstein Marx schon nach wenigen Jahren einem Unfall zum Opfer gefallen[7].

Die von dem Rektor des Amtsjahres 1955/56 in Aussicht gestellte baldige Einrichtung eines Forschungsinstituts war lange Gegenstand intensiver Beratungen im Senat der Hochschule gewesen. Wegen der Meinungsverschiedenheiten über die Struktur des Forschungsinstituts, die sich in der zweiten Hälfte der 50er Jahre nicht beheben ließen, ist es erst in der Mitte der 60er Jahre zur Errichtung des Instituts gekommen.

Die Spannungen im Senat bestanden nicht nur in sachlichen Meinungsverschiedenheiten, sondern beruhten auf tiefen persönlichen Gegensätzen, die sich schließlich in der Abwahl des Rektors am 23. Juni 1969 entluden. In dem Bericht von *Knöpfle*[8] ist lediglich in ganz anderem Zusammenhang davon die Rede, daß sich die Satzungskommission im Juni 1969 unter dem Vorsitz des „neu gewählten Rektors" eingehend mit allen Fragen der Beiziehung von Gruppenvertretern befaßte. Aus welchem Anlaß und aus welchen Gründen es zu der doch durchaus ungewöhnlichen Abwahl des Rektors kam, wird von *Knöpfle* nicht gesagt. Der Vorgang zeigt jedenfalls, daß damals die Mehrheit des Senats dem amtierenden Rektor ihr Vertrauen entzogen hatte. Das Stagnieren des organisierten Forschungsbetriebes bis zur Abwahl des Rektors ist eigentlich nicht zu verstehen, wenn nicht die tiefgreifenden Gegensätze im Senat offen dargestellt werden. Die in der Hochschule und der Staatskanzlei vorhandenen Akten über diese Zeit könnten, wenn auch alle persönlichen Beteiligten nicht mehr verfügbar sind, als objektive Quellen in Betracht kommen.

Schon lange vor diesen Ereignissen bestand die Möglichkeit, jüngere Mitarbeiter zu wissenschaftlicher Arbeit heranzuziehen. Ich hatte schon vorher zwei für die Entwicklung der Hochschule wichtige Nachwuchskräfte gewinnen können: den als Niedersachsen zu meiner Arbeitsgemeinschaft gehörenden Referendar Dr. Peter Düwel und den mir aus meiner Lüneburger Richterzeit bekannten, damals wissenschaftlichen Hilfsarbeiter am Oberverwaltungsgericht Lüneburg, nach meiner Lüneburger Zeit im niedersächsischen Kultusministerium tätigen Oberregierungsrat Dr. Niklas Luhmann. Düwel kam im SS 1963 als Referent an die Hochschule und arbeitete auf meine Anregung zunächst an einer grundlegenden Untersuchung über das Amtsgeheimnis. Das Ergebnis dieser umfangreichen Untersuchung wurde 1965 in der Schriftenreihe der Hochschule als Bd. 23 veröffentlicht. Ich hätte ihn gern für die Habilitation gewonnen, er zog es aber vor, im Justizdienst zu bleiben, wo er bis zum Staatssekretär aufgestiegen ist.

---

[7] Vgl. *Knöpfle*, a.a.O. S. 60.
[8] a.a.O. S. 24.

Auch Luhmann konnte ich für eine Arbeit zur Vorbereitung des Verwaltungsverfahrensgesetzes einsetzen. In Gemeinschaft mit dem Akademischen Rat Dr. Franz Becker in Saarbrücken, mit dem ich 1964 zusammen die Schrift „Verwaltungsverfahren im Rechtsstaat" verfaßt hatte, untersuchte er unter dem Titel „Verwaltungsfehler und Vertrauensschutz" das brisante und wichtige Thema der gesetzlichen Regelung der Rücknehmbarkeit von Verwaltungsakten.

Diese Arbeit wurde 1963 in Bd. 16 der Schriftenreihe der Hochschule veröffentlicht. Luhmann entfaltete neben dieser Arbeit und nach der Untersuchung über die öffentlich-rechtliche Entschädigung rechtspolitisch betrachtet, die 1965 in Bd. 24 der Schriftenreihe erschien, eine rege Forschungs- und Publikationstätigkeit. In den 3 Jahren, in denen er an der Hochschule tätig war, hat er zwei weitere Arbeiten in der Schriftenreihe der Hochschule publiziert: Über Funktionen und Folgen formaler Organisation in Bd. 20 und die erst 1966 veröffentlichte, aber noch am Forschungsinstitut begonnene verwaltungswissenschaftliche Untersuchung über „Recht und Automation in der öffentlichen Verwaltung" in Bd. 29. Gleichzeitig veröffentlichte er weitere Arbeiten im Verwaltungsarchiv Bd. 53 und 55 über den „Neuen Chef"[9] und „Lob der Routine"[10]. Mit allen diesen Arbeiten schuf er die Voraussetzungen für seine Habilitation und die rasche akademische Laufbahn, die ihn bald zu einem weltbekannten Protagonisten der Verwaltungssoziologie machen sollten. Ich habe ihn durch eine Reise nach Hannover für die Forschung gewinnen können und rechne es mir noch heute als mein Verdienst an, ihm den Zugang zur Verwaltungswissenschaft und damit zu der glänzenden Laufbahn eröffnet zu haben, die er von Speyer aus angetreten hat.

Eine Erweiterung des Lehrkörpers der Hochschule durch die Habilitation von Privatdozenten war vor dem 22. Juli 1963, an dem die Habilitationsordnung erlassen wurde, nicht möglich. Danach habe ich jedoch an der Habilitation von zwei Privatdozenten mitgewirkt, die beide später zu Ordinarien der Hochschule ernannt wurden: Frido Wagener und Regierungsassessor Dr. Dr. Klaus König aus Nordrhein-Westfalen. Frido Wagener war meinem Kollegen Becker und mir durch seine kommunalrechtlichen und -politischen Schriften bekannt. Er hatte 1954 bei Werner Weber in Göttingen mit einer Arbeit über „Die Städte im Landkreis" den Doktorgrad erworben. Klaus König war 1965, wie ich annehme, mit der festen Absicht zu mir gekommen, sich an der Hochschule zu habilitieren.

Da ich seine theoretischen Überlegungen („Erkenntnisinteressen der Verwaltungswissenschaft") nicht in vollem Umfang nachvollziehen konnte, hat an seiner Habilitation mein Kollege Hans Ryffel maßgeblich mitgewirkt. Nach meiner Emeritierung habilitierte sich unter meiner Mitwirkung mein früherer Assistent und späterer Referent am Forschungsinstitut Dr. Hans-Werner Laubinger mit einer mit mir abgestimmten beamtenrechtlichen und beamtenpolitischen Arbeit „Beamten-

---

[9] VerwArch Bd. 53, 1962, S. 11 ff.
[10] Bd. 55, 1964, S. 1 ff.

organisationen und Gesetzgebung", die leider wegen ihres allzu großen Umfangs nicht veröffentlicht werden konnte.

2. Zum Lehrbetrieb im allgemeinen

Der Lehrbetrieb an der Hochschule hielt sich nach meiner Erinnnerung, sehe ich von der von mir geleiteten Arbeitsgemeinschaft für Referendare aus Niedersachsen, Schleswig-Holstein, Hamburg und Bremen einmal ab, im Rahmen des Üblichen. Ich hielt Vorlesungen über Beamtenrecht und Polizeirecht, die sich von den Universitätsvorlesungen nur dadurch unterschieden, daß sie nicht nur das Recht eines Landes, sondern die Rechtslage im Bund und in allen Ländern darstellten und viel stärker auf praktische Fragen ausgerichtet waren als an der Universität.

Diese Vorlesungen bildeten wohl die Grundlage für die von mir 1965 und 1970 veröffentlichten Kommentarwerke „Allgemeines Polizei- und Ordnungsrecht"[11] und „Beamtenrecht"[12]. Im „Allgemeinen Polizei- und Ordnungsrecht" deutete sich bereits die Neigung zum Umweltschutzrecht an, dem ich seit 1972 einen großen Kommentar zum Bundes-Immissionsschutzgesetz[13] gewidmet habe, im „Beamtenrecht" zum öffentlichen Dienstrecht, dem ich in einem langen Berufsleben in vielfältiger Weise, durch Bücher, Aufsätze, Gutachten und Vorträge starkes Interesse entgegengebracht habe. In den von mir gehaltenen Seminaren hat das Recht des öffentlichen Dienstes neben dem Verwaltungsverfahrensrecht und dem Verwaltungsprozeßrecht daher eine große Rolle gespielt. Die in ihnen behandelten Themen wiesen keine landesrechtlichen Beschränkungen auf, so daß die Hochschule schon im ersten Jahrzehnt meiner Tätigkeit jedenfalls durch meine Lehrveranstaltungen Gesetzesmaterial aus *allen* Ländern der Bundesrepublik erreichte. Diese Feststellung gilt natürlich auch für das Verwaltungsprozeßrecht, das seit 1960 auf einer bundeseinheitlichen gesetzlichen Regelung beruhte. Andere Themen hatten überhaupt keine Beziehungen zum geltenden deutschen Recht wie das Seminar über „Die Staatslehre der deutschen Widerstandsbewegung" oder das „Verfassungs- und Verwaltungsrecht der DDR". Beide Themen habe ich im Laufe meiner Zugehörigkeit zur Hochschule wiederholt behandelt. Ich glaube, Speyer war damals die einzige akademische Lehranstalt, an der diese beiden Themen behandelt wurden. Bei dem Zusammenbruch des SED-Regimes 1989 war mir die lange Beschäftigung mit dem Recht der DDR, die ich durch die Lektüre ostzonaler Veröffentlichungen und zuletzt auch durch persönliche Beziehungen zu akademischen Stellen der ehemaligen DDR vertieft hatte, außerordentlich nützlich. Ohne sie hätte ich die zwischen 1985 und 1991 veröffentlichten Arbeiten nicht schreiben können[14].

---

[11] *M. v. Brauchitsch / Ule*, Verwaltungsgesetze des Bundes und der Länder III 1, 1965, zusammen mit *Ernst Rasch*.
[12] *M. v. Brauchitsch*, a.a.O. Bd. X 1, 1970
[13] Später mit *Laubinger*, jetzt von *Laubinger* allein bearbeitet.

Die Wiederherstellung persönlicher Beziehungen zu meiner alten alma mater Salana (Jena) der 20er Jahre wurde ausgelöst durch den Umstand, daß mein letzter Assistent, Rechtsanwalt Dr. Dietrich Bahls, 1980 durch einen Brief an den Dekan der zuständigen Fakultät der Universität Jena die Erneuerung meiner Doktor-Urkunde aus dem Jahre 1930 zu meinem 50jährigen „Goldenen" Doktorjubiläum angeregt hatte; eine Anregung, die von der Gesellschaftswissenschaftlichen Fakultät der Universität Jena unter dem Dekan Prof. Dr. Gerhard Riege durchaus positiv aufgenommen wurde. Die Geschichte dieses Doktorjubiläums ist zu komplex, als daß ich sie hier auch nur in groben Zügen schildern könnte. Sie zeigt den beherrschenden Einfluß, den das Politbüro der DDR auf eine seiner Meinung nach politische Entscheidung hatte, dem sich aber die Jenaer Universität in diesem Fall widersetzte.

Das Politbüro versuchte die Aushändigung der von der Universität ausgefertigten Ernennungsurkunde an mich mit allen ihm zur Verfügung stehenden Mitteln zu verhindern. Die Urkunde lag monatelang in der Ständigen Vertretung der DDR in Bonn, wurde mir aber nicht ausgehändigt. Erst auf die energischen Gegenvorstellungen der Universität konnte sich diese Stelle dazu entschließen, mir die Urkunde durch die Post in meine Wohnung in Heidelberg zuzuschicken.

Die Universität war über diesen Vorgang so empört, daß der Rektor meine Frau und mich zu einem dreitägigen Besuch nach Jena einlud, wo er mir die Urkunde persönlich überreichen wollte. Das ist im Mai 1982 auch geschehen. Bei dieser Gelegenheit lernte ich nicht nur Prof. Dr. Gerhard Riege und seine Frau, sondern auch den damals noch außerordentlichen Professor Wolfgang Bernet kennen, mit denen wir zwei Ausflüge nach Weimar und zu den Dornburger Schlössern, auch zum Geburtsort Hainichen Anselm Feuerbachs gemacht haben. Riege wurde auf meine Veranlassung zur Teilnahme an der Festschrift zu meinem 80. Geburtstag[15] eingeladen. Er war auch mein Gast bei der Geburtstagsfeier in Bad Herrenalb.

Bernet habe ich seitdem öfter gesehen. Er ist, ob zu Recht oder zu Unrecht, in Jena „abgewickelt" worden und ist jetzt Referent im Innenministerium des Landes Brandenburg in Potsdam. Riege, der noch als Abgeordneter der PDS in den Bundestag eingezogen ist, hat selbst seinem Leben ein Ende gemacht.

Nahmen an den Seminaren, worauf ich noch zurückkommen werde, Gäste aus Italien, der Türkei, Japan oder Nationalchina teil, so konnte gelegentlich auch ein solcher Gast durch einen Beitrag über das Beamtenrecht, das Verwaltungsverfahrensrecht oder das Verwaltungsprozeßrecht seines Landes zur Erweiterung unserer Kenntnisse beitragen.

Außer den in der Arbeitsgemeinschaft behandelten Themen, die weitgehend durch die politischen und juristischen Ereignisse des Tages (im weitesten Sinne) bestimmt waren, nahmen Planspiele in der Arbeitsgemeinschaft einen breiten

---

[14] Vgl. die Schrifttumsverzeichnisse DVBl. 1987 S. 162 und 1992 S. 178.
[15] Verwaltung im Rechtsstaat 1987 S. 309 ff.: „Zur Rechtskraft der Verfassung der DDR".

Raum ein. Da über sie bereits von *Knöpfle*[16], wenn auch in gedrängter Kürze, berichtet worden ist, verzichte ich, hier näher auf sie einzugehen.

Mit den Lehrfahrten, die ich am Abschluß eines jeden Semesters veranstaltete und die für alle Hörer und Hörerinnen der Hochschule offen waren, will ich mich jedoch noch kurz beschäftigen.

Ich will vor allem auf die Lehrfahrten nach Berlin hinweisen, die ich während meiner Tätigkeit an der Hochschule mehrmals gemacht habe, ich glaube, mit jedem Assistenten, also etwa alle zwei Jahre. Von den Lehrfahrten mit Dr. Schnur, Dr. Siegmund-Schultze, Fittschen, Dr. Sellmann und Dr. Laubinger sind mir noch manche Einzelheiten in Erinnerung. Aus der Fülle der Eindrücke erwähne ich einen Besuch bei dem Präsidenten des Abgeordnetenhauses, dem Abgeordneten Willy Brandt, Ende Februar 1957, den der damalige Hochschulsprecher Dr. Claus Arndt, der Sohn des Bundestagsabgeordneten Dr. Adolf Arndt, vermittelt hatte.

Bei jeder Berlin-Lehrfahrt haben wir natürlich eine Besucherfahrt nach Ostberlin gemacht, um durch eine solche Stadtrundfahrt wenigstens einen flüchtigen Eindruck von den Verhältnissen in Ostberlin zu gewinnen. Nach Errichtung der Stiftung Preußischer Kulturbesitz im Jahre 1962 gehörte auch der Besuch bei ihrem Präsidenten (anfänglich: Kurator) Hans-Georg Wormit und einer zur Stiftung gehörenden Einrichtung (z.B. Nationalgalerie, Geheimes Staatsarchiv) zu unserem Programm. Überhaupt war der Besuch eines Kunstmuseums auf jeder Lehrfahrt ein selbstverständlicher Teil des Programms. So erinnere ich mich noch mit großer Freude an den Besuch der Nolde-Stiftung in Seebüll auf der Lehrfahrt an die schleswig-holsteinische Westküste zum Studium der Landgewinnung mit Besichtigung der neuen Köge und einer Hallig.

Präsident Wormit war ein alter Bekannter von mir aus dem Jahre 1948, als wir uns in Ausschüssen der Innenministerkonferenz, in die ich vom Zentraljustizamt entsandt wurde, begegneten. 1954, als ich noch in Lüneburg war, hatte er den Versuch gemacht, mich für die Universität Kiel und als Präsident eines von der Kieler Landesregierung geplanten schleswig-holsteinischen Oberverwaltungsgerichts zu gewinnen. Da wir in den 60er Jahren noch den Tag der deutschen Einheit feierten, konnte ich ihn und einige höhere Beamte der Bundesbauverwaltung zu Vorträgen über den Ausbau der Stiftung Preußischer Kulturbesitz für den 17. Juni eines dieser Jahre gewinnen.

3. Die Anknüpfung internationaler Beziehungen

Die von Erich Becker organisierten Staatswissenschaftlichen Fortbildungskurse waren von vornherein auf ein rein deutsches Beamtenpublikum abgestellt und als solche verdienstvoll. Sie hatten eine Tradition aufgenommen, die in den 20er Jahren nach dem ersten Weltkrieg ihren Ursprung hatte.

---

[16] a.a.O. S. 46 Anm. 40.

Bald nach meinem Eintritt in die Hochschule war mir jedoch klar, daß die Hochschule, wenn sie ihrem Namen „für Verwaltungswissenschaften" gerecht werden wollte, internationale Beziehungen anknüpfen mußte, um die durch den Krieg abgebrochenen internationalen Verbindungen wieder herzustellen. Der erste Schritt dazu war die Einladung an die Hochschule zum Internationalen Kongreß für Verwaltungswissenschaft in Madrid im September 1956, zu dem ich als Vertreter der Hochschule entsandt wurde. Schon auf dem Fluge von Frankfurt nach Madrid traf ich auf einen anderen mir bekannten Vertreter der deutschen Verwaltungswissenschaften, den Oberbürgermeister Dr. Hans Reschke aus Mannheim, mit dem ich gut bekannt war, weil wir uns auf mehreren Veranstaltungen des von dem damaligen Mannheimer Oberbürgermeister Dr. Heimerich gegründeten Instituts zur Förderung öffentlicher Angelegenheiten in Weinheim begegnet waren. Ich hatte ihm in seinen Auseinandersetzungen um die Wahl zum Oberbürgermeister – er war damals noch Hauptgeschäftsführer der Industrie- und Handelskammer in Mannheim – durch ein sinnigerweise von dem Fraktionsführer der SPD im Stadtrat Trumpfheller erbetenes Gutachten zugunsten des von dieser nicht favorisierten Reschke rechtlichen Beistand leisten können.

Der andere Deutsche, mit dem ich in Madrid viel zusammen gewesen bin, war der Vizepräsident des Niedersächsischen Landesrechnungshofes Mölle, ein in vieler Hinsicht bemerkenswerter, umfassend gebildeter Mann, dessen Frau in München als Rechtsanwältin tätig war, ein damals noch durchaus ungewöhnlicher Vorgang, der bis zum Ende des Krieges in leitender Stellung bei der Berliner Porzellanmanufaktur tätig gewesen war, von der er viel Interessantes zu erzählen wußte.

Auf dem Kongreß in Madrid, auf dem auf deutscher Seite natürlich vor allem leitende Ministerialbeamte aus dem Bund, aus Nordrhein-Westfalen und anderen größeren Ländern vertreten waren, hatte ich die erste Berührung mit ausländischen Verwaltungswissenschaftlern, vor allem aus Österreich, der Schweiz, Italien, Spanien und der Türkei.

So erinnere ich mich an den einflußreichen österreichischen Sektionschef im Bundeskanzleramt Edwin Loebenstein, dem ich im Laufe der nächsten Jahre wiederholt begegnen sollte und der auch die von mir veranstalteten wissenschaftlichen Arbeitstagungen mit internationaler Beteiligung besucht hat. Aus Italien war es Prof. Feliciano Benvenuti von der Herz-Jesu-Universität in Mailand, ein besonderer Kenner und Protagonist des Verwaltungsverfahrensrechts, worauf ich noch zurückkommen werde, sowie Silvio Lessona aus Bologna, von dem noch die Rede sein wird, aus Spanien der im Franco-Regime einflußreiche und zuletzt als Planungsminister wirkende Prof. Lopez Rodo. Aus der Türkei suchten die beiden Professoren der Universität Ankara, Yavuz Abadan und Balta meine Bekanntschaft. Abadan war Ende der 20er Jahre in Heidelberg Schüler von Gerhard Anschütz gewesen und hatte bei diesem promoviert. Er und seine Assistentin und Ehefrau Nermin waren ausgesprochen deutschfreundlich eingestellt und haben die Hochschule wiederholt besucht. Frau Nermin Abadan hat im Sommer 1959 sogar mehrere Monate an der Hochschule gearbeitet und gehörte in dieser Zeit mittags zu der Tafelrunde, die sich in einem kleinen Restaurant in der Nähe der Vincentiuskirche zusammenfand. Zu diesem Kreis gehörten auch die damaligen Assistenten Dr. Hans-Heinrich Rupp und Walter Rudolf, die inzwischen längst wohlbestallte Professoren, zuletzt in Mainz, geworden sind.

Durch die Mitgliedschaft in der Internationalen Vereinigung für Verwaltungswissenschaften hatte die Hochschule, jedenfalls nach meiner Ansicht, die Verpflichtung übernommen, ihre Beziehungen zum europäischen und außereuropäischen Ausland neu zu ordnen und zu pflegen.

Die deutsche Verwaltungswissenschaft war seit 1933 von diesen internationalen Verbindungen so gut wie abgeschnitten, die etwas mühsam durch das von meinem Lehrer Otto Koellreuter herausgegebene Jahrbuch des öffentlichen Rechts, das Archiv des öffentlichen Rechts und das Verwaltungsarchiv aufrecht erhalten wurden. Die Hochschule hatte daher die Aufgabe, die deutsche Verwaltungslehre wieder an die ausländische Verwaltung heranzuführen. Deshalb erschien es mir geboten, schon für den Februar 1957 eine Verwaltungswissenschaftliche Tagung mit internationaler Beteiligung vorzubereiten, die „der gegenwärtigen Lage der Verwaltung und dem Stand der verwaltungswissenschaftlichen Forschung in den europäischen Staaten" gewidmet war. Da die Hochschule in dem Gebäude in der Johannesstraße, in dem sie damals untergebracht war, keine repräsentativen Tagungsräume zur Verfügung hatte, entschloß ich mich, in das Schloßhotel Bad Dürkheim zu gehen, das nicht nur einen großen Vortragssaal, sondern auch Hotelunterkunft für die zahlreichen Besucher der Veranstaltung bot. Als Redner hatte ich angesehene Verwaltungswissenschaftler aus den Vereinigten Staaten, England, Frankreich, Italien, Spanien, Österreich, Schweden, Belgien, der Schweiz und den Niederlanden gewinnen können. Die Tagung war, wie ich glaube, ein voller Erfolg, sie machte die Hochschule mit einem Schlage in ganz Europa bekannt.

Diese Beziehungen wurden dadurch vertieft, daß ich 1958 die zweite Tagung mit internationaler Beteiligung, wieder in Bad Dürkheim, veranstaltete, bei der andere Repräsentanten der europäischen Verwaltungswissenschaften, darunter auch einer aus Dänemark, als Redner auftraten. Die Tagung war dem damals in Deutschland sehr aktuellen Thema „der Mitwirkung von Ausschüssen in der staatlichen Verwaltung" gewidmet. Deshalb wurden diese Themen auch von deutschen Rednern behandelt, wie von Klaus von der Groeben und Hermann Thierfelder.

Die dritte Tagung war „der Entwicklung des öffentlichen Dienstes" gewidmet; sie fand im September 1959 im Schloßhotel Ludwigshöhe bei Edenkoben statt und war durch eine Studie des vom Innenministerium des Landes Schleswig-Holstein an die Hochschule abgeordneten Regierungsassessors Dr. Sturm über die Entwicklung des öffentlichen Dienstes in Deutschland vorbereitet. Ich selbst habe die von Sturm durchgeführte Untersuchung angeregt und geleitet und ihre Ergebnisse in dem von mir am 4. März 1960 vor der Juristischen Gesellschaft zu Berlin gehaltenen Vortrag über „Parkinsons Gesetz und die deutsche Verwaltung" verwertet[17].

---

[17] Schriftenreihe der Juristischen Gesellschaft Berlin, Heft 5, 1960.

Den Vortrag habe ich in Bologna in der Scuola di Perfezionamente in Scienze Amministrative gehalten; er ist auch ins Spanische übersetzt worden[18].

In Bologna, an der Scuola die Perfezionamente bin ich Ende der 50er, Anfang der 60er Jahre fast in jedem Jahr zu einem Vortrag vor einem größeren Kreis jüngerer höherer Verwaltungsbeamter aus Rom gewesen. Nach meinem Vortrag über Parkinsons Gesetz überraschte mich die Frage eines jungen italienischen Beamten, weshalb wir in Deutschland denn gegen die Ausweitung des öffentlichen Dienstes seien. Hier in Italien begrüße man es, wenn der öffentliche Dienst durch Stellenvermehrungen eine größere Anzahl von Beamtenanwärtern, z.B. im Polizeidienst, unterbringen könne. Die der Universität Bologna angeschlossene italienische Verwaltungshochschule stand damals unter der Leitung des in ganz Italien hoch angesehenen Prof. Dr. Silvio Lessona, eines berühmten Lehrers des Verwaltungsrechts und des Verwaltungsrechtsschutzes, den die Hochschule unter dem Rektorat von Erich Becker 1960/61 zu einem Vortrag vor den Hörern der Hochschule über die italienische Verwaltungsgerichtsbarkeit in deutscher Sprache einlud.

In Spanien (Alcala de Henares) befand sich damals eine Hochschule für die Fortbildung der höheren spanischen Verwaltungsbeamten. An ihr habe ich mehrere Vorträge über den Stand der Verwaltungsreform in der Bundesrepublik Deutschland gehalten, über den ich seit dem Jahre 1956 – durch meine Zugehörigkeit zu der vom Bundesminister des Innern eingesetzten Sachverständigenkommission für die Vereinfachung der Verwaltung – genau unterrichtet war.

Die Vorbereitung der Bundesgesetzgebung über die Verwaltungsgerichtsbarkeit stand damals schon vor ihrem Abschluß. Nach dem Staatswissenschaftlichen Fortbildungskursus im Jahre 1953 hat sich die Hochschule bis zum Jahre 1970[19] zu diesem Thema nicht mehr geäußert. Ich selbst habe an der Hochschule das Verwaltungsprozeßrecht in Vorlesungen und Übungen auch nicht behandelt, wohl aber in Seminaren. Am 21. Januar 1960 wurde die Verwaltungsgerichtsordnung erlassen. Sie sollte bald in einer neuen Betrachtungsweise die Hochschule beschäftigen und ihrem Namen in weiten juristischen Kreisen einen hohen Bekanntheitsgrad geben.

Darauf wird noch zurückzukommen sein.

---

[18] La legge die Parkinson e l'amministrazione tedesca, in: Problemi della Pubblica Amministrazione, Vol. IV, 1960, S. 89 ff., La ley de Parkinson y la administración aleman, in: Documentacion Administrativa 1961 S. 11 ff.

[19] Zehn Jahre Verwaltungsgerichtsordnung. Bewährung und Reform. Vorträge und Diskussionsbeiträge der 38. Staatswissenschaftlichen Fortbildungstagung, Schriften der Hochschule Speyer, Bd. 45.

4. Ausländische Gäste in Speyer

Der vorstehende Bericht über die internationalen Beziehungen der Hochschule wäre nicht vollständig, wenn ich nicht der akademischen Gäste gedächte, die mich zwischen 1955 und 1972 in der Hochschule aufgesucht haben.

Hier muß ich zunächst erwähnen, daß der Assistent am Verwaltungsrechtlichen Lehrstuhl der Universität Istanbul Dr. A. Ülkü Azrak (seit langem Professor an derselben Universität) die Hochschule 1960 mehrere Monate lang besucht und an ihr das deutsche Verwaltungsverfahrensrecht, das damals noch in der Entstehung begriffen war, studiert hat. Er hat sich auch an der kleinen, zu meinem 60. Geburtstag von Assistenten, Mitarbeitern und Habilitanden herausgegebenen Festschrift „Studien über Recht und Verwaltung" beteiligt mit einem Beitrag „Rechtsstaatliche Verfahrenselemente in der türkischen Verwaltung". Andere Besucher kamen aus Jugoslawien (Prof. Vavpetic aus Lubljana), Italien (Prof. Benvenuti aus Mailand, Prof. Lessona aus Bologna), Österreich (Prof. Dr. Melichar aus Wien) und Griechenland (Prof. Corsos aus Athen).

Aber die meisten Besucher, die sich auch längere Zeit, meist ein Jahr oder noch länger, studienhalber an der Hochschule aufhielten, waren doch die Japaner, die seit dem Beginn meiner Lehrtätigkeit zu den ständigen Gästen der Hochschule gehörten. So kam im Herbst 1957 als erster japanischer Professor der Ass. Prof. Dr. Ichihara von der Hitotsubashi Universität in Tokyo, der zweiten Staatlichen Universität in Tokyo, an der auch sein Lehrer, der mir zwar nicht persönlich, aber durch einige Veröffentlichungen in deutschen juristischen Zeitschriften bekannte Prof. Georg Tagami, lehrte. Tagami hatte ihn zu mir entsandt, weil er von meinen Publikationen und meiner Tätigkeit an der Hochschule Speyer wußte. Er veranlaßte auch, daß später in den 60er Jahren zwei seiner Schüler von der Keio Universität, der größten und angesehensten Privatuniversität des Landes, die Professoren Taguchi und Kaneko studienhalber nach Speyer kamen und dort über ein Jahr blieben, meine Vorlesungen, Übungen und Seminare besuchten. Da sie, wie die meisten gebildeten Japaner auf der Schule und der Universität deutsch nur lesen, aber nicht sprechen gelernt hatten, taten sie sich in der ersten Zeit besonders schwer, meinen Lehrveranstaltungen zu folgen. Ich habe oft in längeren Gesprächen versucht, ihnen das Dargelegte auf besondere Weise, insbesondere durch sehr langsames und deutliches Sprechen, verständlich zu machen. Außer den hier genannten drei Schülern Prof. Tagamis suchten mich auch andere junge japanische Professoren, die sich des Studiums wegen in Heidelberg, Freiburg oder Tübingen aufhielten, in meiner Heidelberger Wohnung auf, um mit mir wissenschaftliche Kontakte zu pflegen. Ich lud sie dann, wenn ihre Interessen auf diesen Gebieten lagen, zur Teilnahme an meinen Seminaren ein, an denen nacheinander eine ganze Anzahl japanischer Professoren (Muroi aus Nagoya, Narita aus Yokohama, Shiono aus Tokyo, Takada aus Osaka, Tamura aus Kyoto, Takeuchi aus Kumamoto u. a.) als Gäste teilgenommen haben. Zu den in Speyer oder Heidelberg wohnenden Gästen unterhielten meine Frau und ich auch stets persönliche Beziehungen, die sich vor allem in gegenseitigen Besuchen in den Wohnungen und in gemeinsamen Ausflügen ausdrückten. Wir hatten den Eindruck, daß unsere Gäste diese persönliche Betreuung besonders schätzten. Wenn wir auf unseren insgesamt fünf Studien- und Vortragsreisen nach Japan kamen, fanden wir dort fast in jeder von uns besuchten Universitätsstadt Professoren, die wir in Deutschland kennengelernt hatten. Das war für die Durchführung unserer Reisen in jeder Hinsicht ein unschätzbarer Vorteil. Erwähnen will ich wegen der Bedeutung des Gastes den Besuch des Richters am Obersten Gerichtshof Prof. Dr. Tanaka und seiner Frau an einem Julitag, die am Abend des Besuchstages Gäste der Hochschule auf einer von der Hörerschaft veranstalteten Dampferfahrt auf dem Neckar waren. Tanaka war als Professor an der Staatlichen Universität Tokyo und als Richter am Obersten Gerichtshof einer der einflußreichsten Verfassungsrechtler Japans.

Auf drei meiner fünf Japanreisen habe ich auch National-China (Taiwan) besucht, wo ich in Prof. Weng von der National Taiwan University einen guten alten Freund aus seiner Heidelberger Studienzeit hatte. Weng hatte sieben Jahre in Heidelberg studiert und bei Hermann Mosler promoviert. Nach der Promotion war er nach Taiwan zurückgekehrt und bald darauf zum Professor an der National Taiwan University ernannt worden. Einige Jahre später wurde er auch Richter am Verfassungsgerichtshof für Taiwan, übrigens der einzige auf Taiwan geborene Richter; alle anderen waren Festlandchinesen.

Er hatte während seiner Heidelberger Zeit Kontakt zu mir aufgenommen, öfter in unserem Haus verkehrt und war von mir auch nach Speyer eingeladen worden, wo er meine Seminare besuchte.

Auf seine Beziehungen zum Deutschen Verwaltungsrecht ist in anderem Zusammenhang einzugehen.

5. Die Vorbereitung des Verwaltungsverfahrensgesetzes des Bundes

Da die Vorbereitung des Verwaltungsverfahrensgesetzes des Bundes zu einem wesentlichen Teil an der Hochschule Speyer stattgefunden hat, muß ich ihr einige Worte widmen.

In der Unterkommission der Sachverständigenkommission für die Vereinfachung der Verwaltung, in der außer mir nur ehemalige Verwaltungspraktiker vertreten waren: der Rechtsanwalt und frühere Ministerialdirektor des Reichs Dr. Vollert aus Bad Hersfeld und der frühere Ministerialdirektor Ehrensberger aus Traunstein, der Präsident des Bayerischen Verwaltungsgerichtshofs Dr. Feneberg, der Ministerialdirigent Dr. Thierfelder aus Stuttgart, war man sich darüber einig, daß zunächst eine Bestandsaufnahme des noch geltenden Reichs- bzw. Bundesrechts über verfahrensrechtliche Regelungen erforderlich sei. Da ich diese Arbeit neben meinen sonstigen Amtspflichten nicht leisten konnte, wurde mir vom Innenminister des Landes Rheinland-Pfalz der Regierungsrat Dr. Michel im Wege der Abordnung zur Verfügung gestellt, der die umfangreiche und mühevolle Arbeit dieser

Bestandsaufnahme hervorragend leistete. Dr. Michel ist seitdem zum Ministerialdirektor aufgestiegen und hat auch eine ganze Reihe von Jahren an der Hochschule als Lehrbeauftragter gewirkt.

Nach dieser vorbereitenden Arbeit gingen wir nun daran, den Plan für den Aufbau und Inhalt eines künftigen Verwaltungsverfahrensgesetzes zu entwerfen. Das war natürlich in erster Linie eine Aufgabe der Unterkommission selbst, die sich ihr in einer ganzen Reihe von Sitzungen gewidmet hat. Mein Assistent war damals der spätere Prof. Dr. Roman Schnur, zuletzt an der Universität Tübingen, der aber mit der Anfertigung seiner Habilitationsschrift bei Ernst Forsthoff in Heidelberg beschäftigt war und zu solchen besonderen Aufgaben, wie sie die Ausarbeitung eines Gesetzentwurfes darstellt, nicht herangezogen werden konnte.

Ich wußte aber, daß in Saarbrücken an der Universität des Saarlandes als Assistent von Prof. Langrod der Akademische Rat Dr. Franz Becker als besonderer Kenner des Verwaltungsverfahrensrechts tätig war, der gerade (1962) mit einem Buch (seiner Dissertation) über das „Verwaltungsverfahrensrecht in Theorie und Praxis" hervorgetreten war. Mit ihm nahm ich Verbindung auf und verabredete, nachdem wir uns fachlich gründlich ausgesprochen hatten, eine gemeinsame Schrift „Verwaltungsverfahren im Rechtsstaat", die nach Aufteilung des Stoffes in gemeinsamer Verantwortung 1962 in der Grote'schen Verlagsbuchhandlung, deren Inhaber damals der vor kurzem im Alter von 90 Jahren verstorbene Verwaltungswissenschaftler Kurt Jeserich war, erschien. Die Schrift kann den seltenen Ruhm für sich in Anspruch nehmen, ins Chinesische übersetzt zu sein, da mein Schüler und Freund Weng, über den ich bereits in anderem Zusammenhange gesprochen habe, sie zusammen mit einer Übersetzung des Musterentwurfs eines Verwaltungsverfahrensgesetzes aus dem Jahre 1965 (der sog. Münchener Fassung) übersetzen ließ und veröffentlichte.

Durch meine Tätigkeit in der Sachverständigenkommission habe ich Kontakte zu zahlreichen hohen Verwaltungsbeamten und Verwaltungsrichtern des Bundes und der Länder gehabt, Beziehungen, die ich auch für die Hochschule nutzen konnte.

So konnte ich den Präsidenten des Oberverwaltungsgerichts für das Land Nordrhein-Westfalen, Dr. Paulus van Husen, Ende der 50er Jahre zu einem Vortrag über seine Erlebnisse als Angehöriger der Widerstandsbewegung des Kreisauer Kreises für mein Seminar über die Staatslehre der Widerstandsbewegung bewegen. Meinen alten Freund aus Referendar- und gemeinsamer Richterzeit in Lüneburg, Prof. Dr. Fritz Werner, konnte ich zu einem Abendvortrag vor der Hörerschaft gewinnen; wir haben auch auf jeder Berlin-Lehrfahrt in seiner Amtszeit als Präsident des Bundesverwaltungsgerichts 1959-1969 das Bundesverwaltungsgericht aufgesucht und dort im Plenarsaal unter den Bildern aller bisherigen Präsidenten des Preußischen Oberverwaltungs- und des Bundesverwaltungsgerichts einen Vortrag des Präsidenten über die Bedeutung und die Spruchpraxis des Bundesverwaltungsgerichts entgegengenommen. Überhaupt habe ich mich meine Amtszeit über bemüht, die Beziehungen der Hochschule zum Bundesverwaltungsgericht zu pflegen, was mir bei einem seiner Nachfolger, den mir aus der gemeinsamen Arbeit am Entwurf eines Verwaltungsverfahrensgesetzes wohlbekannten Präsidenten Dr. Sendler auch gelungen ist.

Der Vorbereitung des Verwaltungsverfahrensgesetzes diente nach dem Kontakt mit Dr. Franz Becker der Plan, die ausländischen Verwaltungsverfahrensgesetze mit erläuternden Aufsätzen erster Sachkenner zu veröffentlichen. Dieser Plan ließ sich verwirklichen, als mich im Sommer 1965 ein junger Verwaltungsjurist aus Nordrhein-Westfalen aufsuchte, der eine wissenschaftliche Betätigung suchte und aus diesem Grunde schon in Tübingen bei Otto Bachof vorgesprochen hatte. Dieser hatte aber keine freie Assistentenstelle, die er ihm hätte anbieten können. Da an der Hochschule seit dem 1. Januar 1962 ein Institut für Forschung und Information dem Namen nach bestand, das über mehrere Stellen für Forschungsreferenten verfügte, konnte ich Dr. Dr. König, nachdem ich ein langes Gespräch mit ihm gehabt hatte, das Angebot machen, zu mir an die Hochschule zu kommen und als wissenschaftlicher Referent an den von mir eingeleiteten Vorhaben mitzuarbeiten.

Aus diesem Entschluß ist das Werk „Verwaltungsverfahrensgesetze des Auslandes" hervorgegangen, das in zwei Halbbänden im Jahre 1967 in der Schriftenreihe der Hochschule als Band 31 I und II erschienen ist. Wegen seiner großen Bedeutung für die internationalen Beziehungen der Hochschule soll hier auf seinen Inhalt kurz eingegangen werden, zumal es in der Geschichte der Hochschule wenig Beachtung gefunden hat. Anstoß zu dem Werk war außer meiner Mitarbeit in der Sachverständigenkommission das vom Istituto per la Scienza dell'Amministrazione Pubblica in Mailand herausgegebene Sammelwerk „La Procedura Amministrativa", das in italienischer Übersetzung die Texte der Verwaltungsverfahrensgesetze und -gesetzesentwürfe von Italien, Österreich, Belgien, der Tschechoslowakei, Großbritannien, Israel, Jugoslawien, Norwegen, Holland, Polen, der Bundesrepublik Deutschland, Spanien, den Vereinigten Staaten von Amerika, Schweden, der Schweiz, Ungarn und der UdSSR enthielt, denen eine umfangreiche Einführung von Giorgio Pastori vorangestellt war; der zweite Teil des Bandes, der das Verwaltungsverfahren in Italien behandelte, war von einer längeren Einleitung des Generaldirektors des Instituts, Prof. Feliciano Benvenuti, begleitet.

Die Überlegungen, die mich damals nach eingehenden Gesprächen mit Dr. Franz Becker, später auch mit Dr. Dr. König, zu dem Entschluß geführt haben, habe ich in dem Vorwort des Bandes „Verwaltungsverfahrensgesetze des Auslandes" niedergelegt.

Um mich nicht zu wiederholen, will ich auf dieses Vorwort verweisen. Im Unterschied zu dem italienischen Werk sollten unsere „Verwaltungsverfahrensgesetze des Auslandes" außer den Gesetzestexten oder Gesetzentwürfen vor jedem dieser Texte eine Einführung in das betreffende ausländische Verwaltungsverfahrensrecht enthalten. Um diese Einführungen wollten wir hervorragende Sachkenner des jeweiligen Landes bitten, die aus ihrer Kenntnis der geschichtlichen und systematischen Zusammenhänge den Zusammenhang zu den dem geltenden Recht zugrunde liegenden sozialen Tatbeständen vermitteln sollten. Durch diese Beiträge konnte das Werk über das Verwaltungsverfahrensrecht hinaus die Verwaltungsjuristen in dreizehn europäischen und außereuropäischen Ländern ansprechen, für die ein Beitrag über das Verwaltungsverfahrensrecht der Europäischen Gemeinschaft angefügt war. Vorangeschickt ist dem Werk eine Allgemeine Einleitung, in die sich Dr. Franz Becker und Dr. Dr. König geteilt haben (vgl. mein Vorwort S. VII). Welche Breitenwirkung das Werk entfaltet und damit auch der Hochschule Speyer Resonanz verschafft hat, zeigt die Zusammenstellung der Staaten und ihrer besonderen Sachkenner des Verwaltungsverfahrensrechts, die ich hier anführen möchte, weil sie aus dem Gedächtnis der Zeitgenossen zu verschwinden drohen und für die nachwachsende Generation fast 30 Jahre nach dem Erscheinen des Werkes etwas völlig Neues darstellen[20]. Mit einigen von ihnen hat der wissenschaftliche Kontakt nach dem Erscheinen der „Verwaltungsverfahrensgesetze des Auslandes" fortbestanden (Klinghoffer, Benvenuti, Vavpetic, Spanner, Petrén, Garrido Falla, Martonyi). Morstein Marx gehörte bis zu seinem frühen Tode sowieso zum Lehrkörper der Hochschule.

6. Entwurf eines einheitlichen Verwaltungsgerichtsgesetzes

Meine Zugehörigkeit zur Sachverständigenkommission hatte mich auch wieder mit der Organisation der Verwaltungsgerichtsbarkeit und dem Verwaltungsprozeßrecht in Verbindung gebracht, die zu den Sachthemen der von mir geleiteten Unterkommission gehörten. Ich hatte das Verwaltungsprozeßrecht nach dem Eintritt in die Hochschule, anders als in Göttingen, wo ich vorher als Honorarprofessor tätig gewesen war, in Vorlesungen nicht mehr behandelt, wohl aber in Seminaren, in denen sich in mehreren Semestern auch mehrere von Prof. Bettermann aus Berlin

---

[20] Über die Auswahl der berücksichtigten Länder vgl. mein Vorwort S. VII.
Im einzelnen handelt es sich um folgende Staaten und Sachkenner:

Belgien	(Conseiller d'Etat Prof. Henri Buch)
Israel	(Prof. Klinghoffer)
Italien	(Prof. Feliciano Benvenuti)
Jugoslawien	(Prof. Lado Vavpetic)
Niederlande	(Wiss. Mitarbeiter Johannes Jan Oostenbruk)
Norwegen	(Hoysterettsadvokat Audivar Os)
Österreich	(Prof. Hans Spanner)
Polen	(Prof. Josef Litwin)
Schweden	(Hövrättsradet Dozent Gustaf Petrén)
Schweiz	(Verwaltungsgerichtspräsident Dozent Fischli)
Spanien	(Prof. Fernando Garrido Falla)
Tschechoslowakei	(Prof. Pavel Levit)
Ungarn	(Prof. Martonyi)
Vereinigte Staaten von Amerika	(Prof. Fritz Morstein Marx)
Europäische Gemeinschaften	(Regierungsassessor König)

entsandte hervorragende Referendare befanden, an die ich mich noch gut erinnere und deren Laufbahn in den folgenden Jahrzehnten ich mit Interesse verfolgt habe.

Einer dieser Referendare war der Sohn meines früheren Lüneburger Kollegen Dr. Martin Baring, inzwischen Senatspräsident am Bundesverwaltungsgericht, Arnulf Martin Baring, der in einem Seminar einen vorzüglichen Vortrag über den Vertreter des öffentlichen Interesses gehalten hat. Dieses Referat habe ich im Verwaltungsarchiv[21] veröffentlicht. Das Thema hat mich lange nicht losgelassen. Noch 1981 habe ich es in Passau auf einer von meinem dortigen, inzwischen leider verstorbenen Kollegen Ferdinand O. Kopp veranstalteten Tagung behandelt[22].

Kernfrage der Beschäftigung mit dem Verwaltungsgerichtsgesetz war aber die Frage, ob der Gesetzgeber mit dem frühzeitigen Erlaß des Gesetzes über das Bundesverwaltungsgericht (im Jahre 1952) und des Sozialgerichtsgesetzes (im Jahre 1953) nicht einen Fehler begangen hatte, weil es richtiger gewesen wäre, die drei öffentlich-rechtlichen Gerichtsbarkeiten (einschließlich der Finanzgerichtsbarkeit) in einem einheitlichen Verwaltungsgerichtsgesetz zu regeln. Hierüber entstand Ende der 50er Jahre in der Bundesrepublik eine lebhafte Auseinandersetzung, an der ich mich durch einen Vortrag vor den Verwaltungsgerichtspräsidenten in Bremen am 17. Oktober 1958[23] beteiligt habe. Da von den Gegnern eines solchen einheitlichen Verwaltungsgerichtsgesetzes, die vor allem aus der Finanzverwaltung und der Finanzgerichtsbarkeit kamen, der Einwand erhoben wurde, die Verschiedenartigkeit der einzelnen Gerichtszweige schließe eine solche Vereinheitlichkeit aus, faßte ich Anfang der 60er Jahre den Entschluß, diese Frage durch eine wissenschaftliche Untersuchung und Ausarbeitung eines entsprechenden Gesetzentwurfs zu klären.

Dieser Plan nahm nach dem Erlaß der Finanzgerichtsordnung im Jahre 1965 Gestalt an, nachdem es mir gelungen war, bei dem Präsidenten des Oberverwaltungsgerichts für das Land Rheinland-Pfalz, Dr. Meyer-Hentschel, mit dem ich 1946/47 zusammen in französischer Kriegsgefangenschaft im Lager Mulsanne gewesen war, die Abordnung eines jüngeren Verwaltungsrichters an die Hochschule zu erwirken. Auf diese Weise ist der damalige Verwaltungsgerichtsrat Steidel, später langjähriger Lehrbeauftragter an der Hochschule, zuletzt Präsident des Verwaltungsgerichts Neustadt a.d.W. an die Hochschule gekommen. Mit ihm, dem Regierungsrat Dr. Dr. König, meinem Assistenten Dr. Klaus Sellmann und seinem Nachfolger Assessor Dr. H.-W. Laubinger und dem zunächst in der Bibliothek der Hochschule mit der Bearbeitung des Katalogs beschäftigten Assessor Jörg Rüggeberg, jetzt Vizepräsident des Europäischen Kulturkanals ARTE, war eine Arbeitsgruppe gebildet, die die Vorbereitung unserer wöchentlichen Besprechungen und die Niederlegung ihrer Ergebnisse erledigen konnte.

---

21 Bd. 50, 1959, S. 105 ff.

22 Gegenwart und Zukunft der Einrichtung des Vertreters des öffentlichen Interesses in der Verwaltungsgerichtsbarkeit, DVBl. 1981, S. 953 ff.

23 DVBl. 1958, S. 691 ff.

Der Vertiefung dieser vorbereitenden Gespräche dienten Referate erstklassiger Sachkenner in von mir veranstalteten Seminaren über das von uns bearbeitete Thema, über die ich in dem Vorwort zu dem Werk „Entwurf eines einheitlichen Verwaltungsgerichtsgesetzes"[24] ausführlich berichtet habe. Das Gesamtergebnis wurde in dem Entwurf eines einheitlichen Verwaltungsgerichtsgesetzes mit einer ausführlichen, von meinen Mitarbeitern entworfenen Begründung niedergelegt und 1969 in der Schriftenreihe der Hochschule veröffentlicht.

Der Entwurf wurde von der Öffentlichkeit mit großem Interesse aufgenommen; er ging unter dem Namen „Speyerer Entwurf" in die Rechtsgeschichte ein[25].

Im Zusammenhang mit dieser Arbeit stand *Jörg Rüggebergs* auf meine Veranlassung durchgeführte Untersuchung zur Funktion der ehrenamtlichen Richter in den öffentlich-rechtlichen Gerichtsbarkeiten, ebenfalls ein neuralgischer Punkt der Reformdiskussion[26].

Mit der Veröffentlichung des Entwurfs eines einheitlichen Verwaltungsgerichtsgesetzes war die Arbeit an der Hochschule abgeschlossen. Die Hochschule hat sich auf einer Tagung im Jahre 1978 noch einmal mit diesem Thema beschäftigt. Inzwischen hatte das Bundesjustizministerium Vorbereitungen für die Ausarbeitung eines Regierungsentwurfs getroffen[27].

Im Jahre 1970 berief der Bundesjustizminister eine Sachverständigenkommission, der ich als einziger Prozeßrechtslehrer angehörte. An den Sitzungen dieser Kommission habe ich noch teilgenommen, aber der Elan des Unternehmens war mit der Veröffentlichung des Speyerer Entwurfs gebrochen. Mein Urteil über die Gründe für das Scheitern dieses Gesetzgebungsvorhabens habe ich an anderer Stelle[28] so ausgedrückt und will dieses Urteil hier wiederholen: „Die einheitliche Verwaltungsprozeßordnung ist nicht zuletzt an der Gleichgültigkeit und Schwäche des zuständigen Bundesjustizministers gescheitert, der nicht einmal den Versuch gemacht hat, den in seinem Hause nach eingehender wissenschaftlicher Vorarbeit ausgearbeiteten Entwurf durch die Klippen opponierender Verwaltungsressorts und der ihnen zugeordneten Gerichtsbarkeiten zu steuern."

Von besonderer Bedeutung für die Gesetzgebungsarbeiten war der mir vom Bundesjustizminister erteilte Gutachtenauftrag, die Dauer des Verwaltungs(Finanz-)prozesses aufgrund von Rechtstatsachen, die das Justizministerium bei den Landesjustizverwaltungen erhoben hatte, festzustellen. An der Auswertung dieses

---

[24] Schriftenreihe der Hochschule, Bd. 40, 1969, S. V-VII. Von den 1967 angehörten sechs Sachverständigen lebt nur noch der damalige Rechtsanwalt, jetzt emer. Professor Werner Hoppe aus Münster (inzwischen wieder Rechtsanwalt).

[25] Vgl. *Harry Rohwer-Kahlmann,* Der Speyerer Entwurf, SGB 1968, S. 164.

[26] Seine Arbeit ist im Verw.Arch. Bd. 61, 1970, S. 189 ff. veröffentlicht.

[27] Vgl. dazu meine Aufsätze „Vor einer einheitlichen Verwaltungsprozeßordnung" DVBl. 1981, S. 363 ff. und „Ein neuer Anlauf? Zum Entwurf einer Verwaltungsprozeßordnung" DVBl. 1985, S. 939 ff.

[28] Der Staat Bd. 33, 1994, S. 485

Tatsachenmaterials war mein damaliger und letzter Assistent Dr. Dietrich Bahls maßgeblich beteiligt. Die Ergebnisse dieser Untersuchung sind in der Schrift „Rechtstatsachen zur Dauer des Verwaltungs(Finanz-)prozesses"[29] niedergelegt. Die Untersuchung über die zweite Tatsacheninstanz in der Verwaltungsgerichtsbarkeit im Lichte der Rechtstatsachenforschung, die ich 1983[30] veröffentlicht habe, fällt schon in die Zeit nach meiner Emeritierung.

7. Reform des öffentlichen Dienstrechts

Das Recht des öffentlichen Dienstes gehört schon seit meiner Studienzeit zu den Gebieten des öffentlichen Rechts, die mich besonders interessiert haben. Deshalb habe ich gleich nach meinem Eintritt in die Hochschule ein dreistündiges Kolleg über das Recht des öffentlichen Dienstes gehalten, in meiner Arbeitsgemeinschaft oft dienstrechtliche Fragen erörtert und schon auf der dritten Verwaltungswissenschaftlichen Arbeitsgemeinschaft mit internationaler Beteiligung die Ausweitung des öffentlichen Dienstes in der staatlichen und kommunalen Verwaltung zum Gegenstand der Erörterung gemacht.

Für die Untersuchung der Verhältnisse in Deutschland hatte der Innenminister des Landes Schleswig-Holstein den Regierungsassessor Dr. Sturm an die Hochschule abgeordnet. Er lief gewissermaßen außerhalb des Lehr- und Forschungsbetriebes der Hochschule, so daß er im Verzeichnis der Mitglieder des Lehrkörpers, das *Franz Knöpfle* im Anhang seiner Arbeit über 25 Jahre Hochschule für Verwaltungswissenschaften[31] zusammengestellt hat, gar nicht erscheint. Sturms Untersuchung ist an erster Stelle in dem Band erschienen, in dem ich die Berichte, Vorträge und Diskussionsbeiträge auf der Tagung über die Entwicklung des öffentlichen Dienstes im September 1959 im Schloßhotel Ludwigshöhe bei Edenkoben (mit Referaten über die Vereinigten Staaten von Amerika, Großbritannien, Frankreich, Italien, Österreich und der Schweiz von Victor Jones, T. E. Chester, Lucien Mehl, Salvatore Terranova, Victor Hackl und Rudolf Probst) veröffentlicht habe. Daß sich die Drucklegung des Berichts von Dr. Sturm sowie der Referate und der Aussprache um mehr als ein Jahr verzögerten, habe ich in dem Vorwort zu dem Buch am 1. 09. 1961 mit „unvorhergesehenen und unvorhersehbaren Umständen" erklärt.

Heute, nach über 30 Jahren, muß es erlaubt sein, darauf hinzuweisen, daß diese Verzögerung allein auf die Quertreibereien eines einzelnen Senatsmitgliedes zurückzuführen war, der einige Jahre später, mitten im Amtsjahr, das Rektorat wegen des einhelligen Widerstandes des ganzen Senats niederlegen mußte[32]. Die Druck-

---

29 Schriftenreihe der Hochschule Speyer, Bd. 69, 1977
30 DVBl. 1983, S. 440 ff.
31 Demokratie und Verwaltung, 1972, S. 11 ff., 78 ff.
32 Vgl. die sehr zurückhaltende Darstellung bei *Knöpfle,* a.a.O. S. 24

legung des Berichts von Dr. Sturm konnte schließlich durch einen Druckkostenzuschuß, den der Leiter der Staatskanzlei Ministerialdirektor Duppré durch die Vermittlung des mir wohlgesinnten Finanzministers Dr. Dahlgrün zur Verfügung stellte, gesichert werden.

Aus der Arbeit Sturms erwuchs für mich das Thema eines Vortrags, den ich damals nicht nur in Deutschland, vor der Juristischen Gesellschaft in Berlin, sondern auch in Italien und Spanien gehalten habe.

Das Thema war durch das im Econ-Verlag erschienene Buch Northcote Cyrill Parkinsons[33] von größter Aktualität.

Wie die Bibliographie meiner Veröffentlichungen aus dem Jahr 1967[34] ausweist, habe ich in den 50er und 60er Jahren zahlreiche beamtenrechtliche und beamtenrechtspolitische Schriften, die ich hier nicht anführen will, veröffentlicht.

An größeren Arbeiten, die auch im Lehrbetrieb der Hochschule eine Rolle gespielt haben, will ich nur den Beitrag „Öffentlicher Dienst" in *Bettermann/Nipperdey*, Handbuch der Grundrechte, Bd. IV 2, 1962 und den 1970 erschienenen Kommentar „Beamtenrecht" erwähnen. Eine erschöpfende Zusammenstellung meiner Schriften zum öffentlichen Dienstrecht findet sich in der von Dr. *Franz Becker* angefertigten Bibliographie zum öffentlichen Dienst in der 1977 erschienenen Festschrift „Öffentlicher Dienst"[35]. Ihr Inhalt bestätigt die Richtigkeit der von den Herausgebern getroffenen Entscheidung, die Festschrift unter das Gesamtthema „Öffentlicher Dienst" zu stellen.

In der Sachverständigenkommission für die Vereinfachung der Verwaltung gehörte der öffentliche Dienst, obwohl dem Berufsbeamtentum ein eigener Abschnitt (VII) gewidmet war[36], nicht zu den Themen, mit denen ich mich von Amts wegen zu beschäftigen hatte. Jedoch wurde ich 1970 als Sachverständiger in die von der Bundesregierung berufene Studienkommission für die Reform des öffentlichen Dienstrechts berufen und habe mich als solcher gutachtlich zu der Stellung des Berufsbeamtentums nach dem Grundgesetz geäußert.

Im Auftrag der Studienkommission habe ich auch die Rechtsstellung des öffentlichen Dienstes in internationalen und übernationalen Organisationen untersucht, worüber zur Information der Mitglieder der Studienkommission im November 1971 ein Symposion an der Hochschule Speyer über Recht und System des öffentlichen Dienstes in diesen Organisationen stattfand, dem entsprechende Veranstaltungen für ausländische Staaten in Freiburg (unter der Leitung von Prof. Joseph

---

33 Parkinsons Gesetz und andere Untersuchungen über die Verwaltung, 1958.
34 Studien über Recht und Verwaltung, Bibliographie von *Walter Rutz,* 1967, S. 159 ff.
35 Die von Frau *Veronika Götz* von der Hochschule Speyer angefertigte Bibliographie in der Festschrift zu meinem 80. Geburtstag umfaßt nicht nur das Recht des öffentlichen Dienstes, sondern alle Rechtsgebiete, auf denen ich zwischen 1977 und 1987 tätig gewesen bin, was das Recht des öffentlichen Dienstes gegenüber früher zurücktreten läßt.
36 S. 131 ff.

Kaiser) und Regensburg (unter der Leitung von Prof. Franz Mayer) folgten. Wirkliche Reformen des öffentlichen Dienstrechts habe ich bisher nicht erlebt, obwohl seit meiner Studienzeit in den 20er Jahren von ihnen gesprochen wird. Wie ich annehme, werden sie auch in absehbarer Zeit nicht erfolgen. Die Erfahrungen mit der Studienkommission, auf die ich hier nicht eingehen kann[37], beweisen, daß die grundsätzlichen Meinungsverschiedenheiten in den maßgeblichen Bevölkerungsgruppen so groß sind, daß sie durch ein Reformkonzept nicht beseitigt werden können.

III. Ausklang

Mit der Mitarbeit in der Studienkommission für die Reform des öffentlichen Dienstrechts war meine dienstliche Tätigkeit an der Hochschule beendet.

Da seit 1969 die Auseinandersetzungen um die Mitbestimmung des Mittelbaus und der Hörerschaft und die Auswirkungen der Unruhen an den Universitäten auch das Arbeitsklima an der Hochschule beeinträchtigten[38], entschloß ich mich, nach der Vollendung des 65. Lebensjahres, also zum 1. April 1972, meine Emeritierung zu beantragen. Zu diesem Zeitpunkt bin ich auch emeritiert worden.

In den 25 Jahren, die seitdem vergangen sind, bin ich der Hochschule als Emeritus treu geblieben. Solange es meine Gesundheit gestattete, habe ich an den Semestereröffnungsfeiern, Rektoratsübergaben und Abendvorträgen der Hochschule, auch an einzelnen Tagungen, teilgenommen und mich mit meiner Frau an den gesellschaftlichen Veranstaltungen am Ende des Semesters beteiligt. Anfang der 80er Jahre habe ich einige Semester lang noch einmal Seminare abgehalten.

Wissenschaftlich bin ich weiter tätig gewesen, wie die Bibliographien in den beiden Festschriften zu meinem 70. und 80. Geburtstag und die aus Anlaß der runden Geburtstage im Deutschen Verwaltungsblatt veröffentlichten Zusammenstellungen belegen. Daneben war ich sieben Jahre als Rechtsanwalt tätig, eine Rechtsstellung, die ich allerdings durch einen bis zum Bundesgerichtshof geführten Prozeß erkämpfen mußte[39]. Die für mich positive Entscheidung des Bundesgerichtshofs ist für alle emeritierten Kollegen, die die Zulassung zur Rechtsanwaltschaft erstreben, von präjudizieller Bedeutung geworden.

Wenn auch von der Hochschule Speyer bisher niemand von dieser Möglichkeit Gebrauch gemacht hat, so ist mir doch bekannt, daß eine ganze Reihe von Universitätskollegen denselben Weg gegangen ist, den ich damals eingeschlagen habe.

---

[37] Vgl. meinen Aufsatz über den Bericht der Studienkommission für die Reform des öffentlichen Dienstrechts, DVBl. 1973, S. 442 ff.

[38] *Knöpfles* (a.a.O. S. 29) Feststellung, daß der Lehr- und Forschungsbetrieb von Störungen wie an den Universitäten frei geblieben sei, kann ich nach meinen Erfahrungen nicht bestätigen.

[39] *BGH* v. 15. 01. 1973, Amtl. Samml. Bd. 60, S. 152 ff.

Die Anwaltszeit hat durch eine Fülle interessanter und bedeutender Prozesse, die z. T. in den Medien ein starkes Echo gefunden haben, meine juristischen, wirtschaftlichen und politischen Kenntnisse sehr bereichert. Ich möchte die in ihr gemachten Erfahrungen nicht missen. Sie wären meiner Lehrtätigkeit, wenn ich sie schon vorher gehabt hätte, durch ihre besondere Lebensnähe sehr zugute gekommen. Gerade in ihr lag einer der Anreize, die mich 1955 an die Hochschule geführt haben: daß an ihr eine Ausbildung der künftigen Verwaltungsbeamten möglich sei, die weitgehend von den Erfordernissen der Praxis bestimmt ist.

II. Deutschland und Europa

Stabilitäts-, Budget- und Tarifverhalten in den EU-Staaten: Ein Langfristvergleich

Von Dieter Duwendag

I. Ausgangspunkte

Die technischen und organisatorischen Vorbereitungen für den Start der Europäischen Wirtschafts- und Währungsunion am 1. 1. 1999 laufen auf vollen Touren. Auf diesen Termin, auf das Übergangsszenario für die Währungsumstellung und auf den Namen „EURO" für die neue einheitliche Währung hatte sich der Europäische Rat im Dezember 1995 verständigt. Für die Politiker auf nationaler wie Europa-Ebene stehen mit der Europäischen Währungsunion (EWU) vor allem integrationspolitische Ziele im Vordergrund.[1]

Die politische Dimension des Vorhabens EWU scheint alles andere zu überragen: die möglichen ökonomischen Risiken und eventuelle gesamtwirtschaftliche Wohlfahrtseinbußen einer Währungsunion, ferner Befürchtungen, daß aus der angestrebten Stabilitätsgemeinschaft letztlich eine „Inflations-" und / oder „Transferunion" werden könnte. Die politischen Ziele kontrastieren nicht zuletzt auch mit dem Meinungsbild in der Bevölkerung. So bringt insbesondere die deutsche Bevölkerung der Ablösung der D-Mark durch die gemeinsame europäische Währung große Skepsis entgegen.

Danach hat die *Forschungsgruppe Wahlen e.V./ipos* in repräsentativen Befragungen festgestellt, daß die Ablehnungsfront der Deutschen in Ost und West gegen den Ersatz der D-Mark in den letzten 3 $^1/_2$ Jahren relativ konstant bei 70 % lag (Juni 1992 – Januar 1996). Als Hauptgrund nannten 80 % der Gegner die Befürchtung, daß eine gemeinsame europäische Währung nicht so stabil sein würde, wie die D-Mark.[2] Dieses Stimmungsbild in der Bevölkerung steht in krassem Gegensatz zu den Ergebnissen einer im Januar 1996 durchgeführten Umfrage des *Instituts für Demoskopie Allensbach* in der deutschen Politik und Wirtschaft: Danach sprachen sich 86 % der befragten 140 Politiker und 77 % der befragten 530 Führungskräfte für eine gemeinsame europäische Währung aus[3].

Zwischen den Ambitionen von Politik und Wirtschaft und dem Stimmungsbild der Bevölkerung besteht also eine tiefe Kluft. Den Politikern ist es bislang nicht

---
[1] Vgl. insbesondere *R.H. Hasse, B. Hepperle* (1994).
[2] Zu den Umfrageergebnissen vgl. *D. Roth* (1996), S. 7.
[3] Zitiert nach *ZgK* (1996), S. 187.

gelungen, mit integrationspolitischen Argumenten das Akzeptanzproblem in der Bevölkerung zu überwinden und sie von der Notwendigkeit und Richtigkeit einer EWU zu überzeugen. Auch die durch den Maastrichter Vertrag normierten rechtlichen und institutionellen Vorkehrungen für eine funktionsfähige EWU, insbesondere die Eintrittskriterien, scheinen völlig unzureichend, um das tiefsitzende Mißtrauen abzubauen. Bei alledem drängt jetzt der Zeitplan: Bereits im Frühjahr 1998 werden die EU-Staats- und Regierungschefs auf der Basis der 1997er Daten für die Konvergenzkriterien über die Teilnehmerländer an der EWU entscheiden – oder aber über deren Verschiebung.

In dieser Situation scheint es geboten, den Blick nochmals auf die Eintrittskriterien des Maastrichter Vertrages zu lenken. Es sind dies das Preis-(Stabilitäts-), Zins- und Wechselkurskriterium sowie die beiden Fiskalkriterien, für die bestimmte Obergrenzen festgelegt wurden.[4] An diesen Kriterien ist viel Kritik geübt worden, nicht nur hinsichtlich ihrer Auswahl und ihrer theoretischen Fundierung, sondern auch wegen ihrer auf ein bestimmtes „Stichjahr" bezogenen Erfüllung. So gilt nach dem Maastrichter Vertrag die Performance des Preis- und Zinskriteriums sowie der Fiskalkriterien im „letzten Jahr vor der Prüfung" der Teilnehmerländer (d. h. 1997) und entscheidet damit über ihre Qualifizierung.

Insbesondere dieser Aspekt soll im folgenden kritisch beleuchtet werden. So sinnvoll und zugleich unabdingbar die Vorgabe von Eintrittsvoraussetzungen auch ist, so fragwürdig erscheint es, die Teilnahme an der EWU von der punktgenauen Erfüllung der Kriterien in einem bestimmten Stichjahr abhängig zu machen. Zwar spricht auch der Maastrichter Vertrag die längerfristige Perspektive einer „anhaltenden Preisstabilität" an und soll der Europäische Rat nur „unter gebührender Berücksichtigung" der Kriterien über die Teilnehmerländer entscheiden (Art. 109j EG-Vertrag). Doch haben sich inzwischen vor allem die deutschen Politiker durch ihre Zusicherungen, die Konvergenzkriterien strikt und ohne Abweichungen zu erfüllen, derart in eine Sackgasse hineinmanövriert, daß es ihnen ohne Gesichts- und Glaubwürdigkeitsverlust kaum mehr möglich sein wird, von der punktgenauen Einhaltung der Kriterien wieder abzurücken.

Für das nachhaltige Funktionieren einer künftigen EWU ist die längerfristige Performance jedoch zweifellos wichtiger als das kurzfristige Starren auf die möglicherweise eher zufällige Erfüllung der Konvergenzkriterien im Stichjahr 1997. Worauf es ankommt, ist die langfristige Konvergenz dieser Kriterien, wie sie sich in der Vergangenheit abgezeichnet hat. Sie dürfte noch am ehesten Schlußfolgerungen für die Zukunft unter EWU-Bedingungen erlauben. In den folgenden Abschnitten wird deshalb versucht, anhand eines Langfristvergleichs einige Anhaltspunkte dafür zu gewinnen. Dieser Vergleich bezieht sich auf für das Funktionieren einer künftigen EWU wichtige Verhaltensweisen der EU-Staaten in den letzten 20 bzw. 35 Jahren. Untersucht werden die Ergebnisse langfristig gewachsener, charakteristischer Ver-

---

[4] Vgl. Art. 104c, 109j des Vertrags zur Gründung der Europäischen Gemeinschaft vom 1. 11. 1993 (EG-Vertrag) und die dazugehörigen Protokolle.

haltensweisen („Kulturen") großer gesellschaftlicher Gruppen bzw. Institutionen, und zwar der Zentralbank, des Staates und der Tarifparteien. Geprüft wird anhand ausgewählter und sehr einfacher Indikatoren, ob und inwieweit sich die Ergebnisse des Stabilitäts-, Budget- und Tarifverhaltens in den letzten Jahrzehnten zwischen den EU-Staaten angenähert haben und damit Hinweise liefern für eine langfristige Konvergenz. Außer dem Wechselkurskriterium beziehen sich die untersuchten Verhaltensindikatoren auf sämtliche Maastrichter Eintrittskriterien und zusätzlich noch auf einige reale Konvergenzkriterien des Tarifverhaltens (Arbeitskosten, Produktivität und Lohnstückkosten), die in letzter Zeit stärker betont werden[5].

II. Stabilitätsverhalten im langfristigen Vergleich

Der Begriff „Stabilität" erstreckt sich auf zahlreiche ökonomische Bereiche; im folgenden soll er jedoch ausschließlich auf die Stabilität des Preisniveaus, d. h. die Abwesenheit von Inflation, bezogen werden. Die Gründe für das Zustandekommen von inflationären Prozessen sind Legion. Im nationalen Rahmen liegen sie letztlich in überhöhten Ansprüchen der verschiedenen gesellschaftlichen Gruppen an das reale Sozialprodukt. Längerfristig entsteht Inflation aber nur dann, wenn die Zentralbank derartige Überforderungen der realen Leistungskraft einer Volkswirtschaft monetär alimentiert.

Für die Stabilitäts-Reputation einer Zentralbank ist somit entscheidend, ob und inwieweit sie bereit und in der Lage ist, überhöhten Ansprüchen der gesellschaftlichen Gruppen durch den Kurs ihrer Geldpolitik zu widerstehen und diese Ansprüche zugleich zu disziplinieren, d. h. auf das stabilitätskonforme Maß zu reduzieren. „Stabilitätskultur" hat ihre Wurzeln deshalb sowohl im Verhalten der Zentralbank als auch im Verhalten der gesellschaftlichen Gruppen. M.a.W., „a good reputation (der Zentralbank; d. Verf.) ... demands a social consensus about the role of the central bank"[6]. Oder, wie es *Richter*[7] formuliert: „Die Zentralbank kann im Papierstandard die Kaufkraft des Geldes auf Dauer nicht besser machen, als sie die Geldbenutzer haben wollen. Der soziale Konsens spielt also eine wichtige Rolle".

Eine künftige Europäische Zentralbank (EZB) könnte als „geschichtslose Institution"[8] naturgemäß noch keine Stabilitätsreputation vorweisen; sie müßte erst erworben werden. Es ist wohl letztlich diese fehlende Glaubwürdigkeit, die die Errichtung einer EWU bei der deutschen Bevölkerung so unpopulär macht und Ängste schürt, der EURO könnte weniger kaufkraftstabil sein als die D-Mark unter dem Regime der Bundesbank. Sind derartige Befürchtungen, die *Pohl*[9] als „emotionalen Sperreffekt" bezeichnet, begründet?

---

5 Vgl. z.B. *F. Franzmeyer* (1996).
6 *O. Issing* (1993), S. 50.
7 *R. Richter* (1991), S. 97.
8 *H.-J. Jarchow* (1994), S. 86.
9 *R. Pohl* (1996), S. 3.

Betrachten wir hierzu die in *Abb. 1* dargestellte Querschnittsanalyse für 14 EU-Staaten. Gegenübergestellt ist für den Zeitraum 1961-95 und für 1995 der Zusammenhang zwischen der durchschnittlichen Inflationsrate und dem Durchschnitt des langfristigen Zinssatzes. Die Verbindung der Länderpunkte innerhalb der beiden Zeitabschnitte läßt zwei „Gebilde" entstehen, wobei das obere den langfristigen (Durchschnitt 1961-95) und das untere den aktuellen (1995) Zusammenhang darstellt. Aus *Abb. 1* können einige Schlußfolgerungen gezogen werden.

Obwohl die Verbindungslinien innerhalb der beiden Zeitabschnitte keine „analytischen" Kurven sind, zeigt doch die Querschnittsanalyse für beide Fälle recht deutlich, daß zwischen der Höhe der Inflationsrate und des langfristigen Zinssatzes ein positiver Zusammenhang besteht. M.a.W., mit steigender Inflationsrate steigt tendenziell auch der Zins (und vice versa), was nicht überrascht, da der (nominelle) Marktzins stets auch die Inflationskomponente in mehr oder weniger starkem Maße enthält.

„Stabilitätskultur" ist, wie schon gesagt, ein langfristiges Phänomen und kann deshalb auch nur an der langfristigen Stabilitäts-Performance gemessen werden. Für die künftige Stabilitätskultur in einer EWU kann – so die Hypothese – davon ausgegangen werden, daß sie vorgezeichnet wird durch das bisherige Verhalten der potentiellen Teilnehmerländer und ihrer Zentralbanken. Wie ist das bisherige Stabilitätsverhalten zu beurteilen? Kategorisch äußert sich hierzu *Feldsieper*[10]: „Die These von einer unterschiedlichen nationalen Inflationsmentalität oder Inflationsneigung ist ein Mythos" – eine Aussage, die mit Blick auf *Abb. 1* kaum nachvollzogen werden kann. So zeigen die langfristigen Daten der oberen Punkt-„Wolke" mit der *durchschnittlichen* Inflationsrate in den letzten 35 Jahren (1961-1995) eine klare Zweiteilung der 14 EU-Staaten in fünf stabilitätsorientierte (Inflationsrate im Bereich von 3 – 5%) und neun inflationsanfällige Länder (6 – 9%). Die Existenz von unterschiedlichen nationalen Inflationsmentalitäten als „Mythos" zu bezeichnen, geht also an der Realität vorbei.

Allerdings verdecken die langfristigen Durchschnittszahlen neuere Entwicklungen in der Stabilitäts-Performance. So beurteilt z. B. *Lamfalussy*, Präsident des Europäischen Währungsinstituts (EWI), die Stabilitätsfortschritte der EU-Staaten in der jüngeren Vergangenheit durchaus optimistisch: Sprach er schon 1994 davon, daß „in Europa eine stabilitätspolitische Kulturrevolution stattgefunden hat"[11], so lautet 1995 sein diesbezügliches Urteil, daß „die Stabilitätskultur kein frommer Wunsch ist, sondern Realität"[12], und 1996 etwas verhaltener: „Wir sind tatsächlich auf dem Weg zu einer echten Stabilitätskultur"[13].

---

[10] *M. Feldsieper* (1996), S. 37.
[11] Zitiert nach *Handelsblatt* (1994), S. 3.
[12] *A. Lamfalussy* (1995), S. 7.
[13] *A. Lamfalussy* (1996), S. 4.

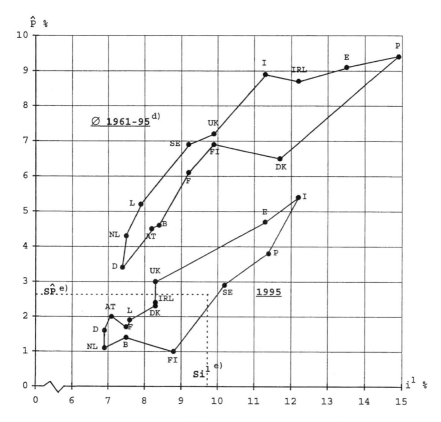

Abb. 1: Inflationsrate $(\hat{P})^{a)}$ und langfristiger Zinssatz $(i^l)^{b)}$ in den EU-Staaten$^{c)}$; ⌀ 1961-1995

a) Deflator des privaten Verbrauchs; für 1995 teilharmonisierter Index.
b) Rendite langfristiger öffentlicher Anleihen.
c) Ohne Griechenland; D: Westdeutschland.
d) Für E: 1979-95; für IRL, L und AT: 1974-95; für P: 1987-95.
e) EWU-Schwellenwerte, Stand 1995, für die Inflationsrate $(S\hat{P})$ und den langfristigen Zinssatz (Si^l).

Quellen: *Europäische Kommission* (1995); *Deutsche Bundesbank* (1996); eigene Berechnungen.

In der Tat bestätigen auch die Daten der *Abb. 1* für 1995 (untere Punkt-"Wolke"), daß in den EU-Staaten inzwischen beeindruckende Stabilitätsfortschritte stattgefunden haben. So ist für sämtliche 14 EU-Länder die durchschnittliche Inflationsrate von dem langfristigen Niveau in Höhe von 6,6 % (1961-95) auf den aktuellen Stand von 2,5 % (1995) gesunken, d. h. um mehr als 60 %. Ferner hat sich die Anzahl der stabilitätsorientierten Länder von fünf (1961-95) auf 11 (1995) mit Inflationsraten im Bereich zwischen 1 und 3 % mehr als verdoppelt (nur noch die drei Länder E, I und P liegen mit Preissteigerungsraten zwischen 4 und 5,5 % noch deutlich darüber). Aufgrund dieser Performance befanden sich 1995 bereits neun Länder innerhalb der Maastrichter *Schwellenwerte* für das Inflations- (2,7 %) und das Zinskriterium (9,7 %), wobei zwei weitere Länder, nämlich SE und UK, nur leichte Überschreitungen aufwiesen. Was nicht in der Abbildung zum Ausdruck kommt, ist, daß dieser Prozeß der Inflationsreduzierung und Stabilitätsangleichung bereits seit etwa Mitte der 80er Jahre in Bewegung gekommen ist.

Hinsichtlich der Entwicklung des langfristigen Zinssatzes fällt auf, daß sich dieser für alle betrachteten EU-Staaten von dem langfristigen Durchschnittsniveau von 10,1 % (1961-95) auf nur 8,7 % (1995) zurückgebildet hat, also im Vergleich zum Rückgang der durchschnittlichen Inflationsrate (− 62 %) nur um 14 % gesunken ist. Obwohl zwischen beiden Variablen nicht unbedingt eine proportionale Beziehung zu erwarten ist, überrascht doch die große Diskrepanz. Eine Erklärung hierfür dürfte sein, daß insbesondere während der turbulenten Phasen des EWS hohe Risikoprämien im Zinssatz für einige EU-Staaten den Zusammenhang zwischen der Inflations- und Zinsentwicklung verzerrt haben.

Fassen wir kurz zusammen, so läßt sich die Aussage rechtfertigen, daß seit etwa einem Jahrzehnt die ganz überwiegende Anzahl der EU-Staaten auf dem Weg zu einer einheitlichen Stabilitätskultur ist. Im Langfristvergleich scheint es nicht übertrieben, hinsichtlich der Stabilitätsfortschritte sogar von einem „Quantensprung" zu sprechen. Vermutlich hat hierzu auch die durchgängige Abkehr der Wirtschaftspolitiker von der „Doktrin" eines Trade-off zwischen weniger Arbeitslosigkeit und mehr Inflation maßgeblich beigetragen. Was die Stabilitätskultur betrifft, ist also durchaus Zuversicht für das Funktionieren einer künftigen EWU angebracht. Die Politiker sollten die Bevölkerung deshalb noch intensiver über den weitgehend erreichten europäischen Stabilitätskonsens informieren, um die Akzeptanz des EURO für die Bürger zu erhöhen. Und sie sollten nicht vergessen, insbesondere der deutschen Bevölkerung zu sagen, daß mit der EWU nur eine Währungsumstellung verbunden ist, aber keine Währungsreform, unter der die Deutschen schon zweimal zu leiden hatten.

III. Reale Konvergenz: Indikatoren des Tarifverhaltens

Mit dem Begriff „Tarifkultur" wird im folgenden abgestellt auf das Verhalten der Tarifparteien der EU-Staaten im Lohnfindungsprozeß, d. h. die durchgesetzten nominalen Einkommenserhöhungen je Beschäftigten in der Gesamtwirtschaft. Diesen Lohn- bzw. Einkommenserhöhungen ($\Delta L \%$) wird die Steigerung der gesamtwirtschaftlichen Produktivität ($\Delta \pi \%$), definiert als BIP zu konstanten Preisen je Beschäftigten, gegenübergestellt, also die Relation $\Delta L / \Delta \pi$ (vgl. *Abb. 2*). Übersteigen die prozentualen Lohnerhöhungen die Produktivitätssteigerungen, so führt dies ceteris paribus zu einem Anstieg der Lohnstückkosten und – bei deren Überwälzung auf die Preise – zu einem inflationären Schub. „Tarifkultur" und „Stabilitätskultur" hängen also eng zusammen. Sämtliche Variablen, d. h. Löhne bzw. Einkommen, Produktivität und Lohnstückkosten, sind im folgenden in nationaler Währung gerechnet, um Verzerrungen durch Wechselkursänderungen auszuschalten. Da es um die nationale Tarifkultur geht, d. h. die in den einzelnen EU-Staaten praktizierten Verhaltensweisen der Tarifparteien, dürfen Wechselkurseinflüsse keine Rolle spielen.

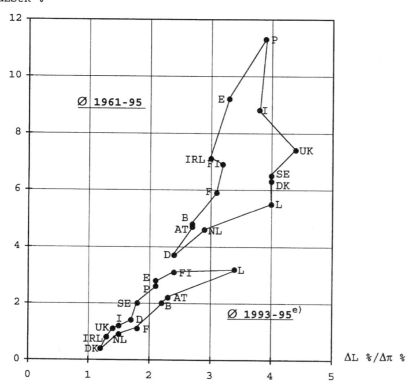

Abb. 2: Relation von Lohn-[a] (ΔL) zu Produktivitätsanstieg[b] ($\Delta\pi$) und Entwicklung der Lohnstückkosten[c] (ΔLStK) in den EU-Staaten[d]; ⌀ 1961-95 und ⌀ 1993-95 (in % p.a.)

a) Nominales Einkommen aus unselbständiger Arbeit je Arbeitnehmer; Gesamtwirtschaft (nationale Währung).
b) BIP zu Marktpreisen von 1990 je Beschäftigten (nationale Währung).
c) Korrigiertes (KKS gewichtet, EUR 15) nominales Einkommen aus unselbständiger Arbeit je Einheit des BIP zu konstanten Preisen; Gesamtwirtschaft (nationale Währung).
d) Ohne Griechenland; D: Westdeutschland.
e) Für L: 1981-90; für FI und P: 1995.

Quelle: Europäische Kommission (1995); eigene Berechnungen.

Betrachten wir nun die Ergebnisse der *Abb. 2*. Dort ist für 14 EU-Staaten der Zusammenhang zwischen der Relation von Lohn- zu Produktivitätsanstieg und der Entwicklung der Lohnstückkosten in Form einer Querschnittsanalyse dargestellt, und zwar für die beiden Zeiträume 1961-95 und 1993-95. Innerhalb dieser Zeitabschnitte sind die jeweiligen Länderpunkte wieder miteinander verbunden, so daß zwei „Gebilde" entstehen, eine obere und eine untere Punkt-„Wolke". Die Ergebnisse der Abbildung lassen sich wie folgt deuten:

- In beiden Zeiträumen besteht, wie zu erwarten, zwischen dem Quotienten aus Lohn- zu Produktivitätsanstieg und der Entwicklung der Lohnstückkosten tendenziell ein positiver Zusammenhang: Je mehr der Lohnanstieg die Produktivitätsrate überschreitet, desto stärker steigen die Lohnstückkosten.

- Allerdings fällt auf, daß insbesondere im oberen Bereich der Punkt-„Wolke" (1961-95) der Anstieg der Lohnstückkosten wesentlich steiler verläuft als im unteren Bereich (1993-95). Dies mag damit zusammenhängen, daß in der weiter zurückliegenden Vergangenheit betrieblich und tariflich vereinbarte Lohnnebenkosten, die direkt in das Einkommen der Arbeitnehmer eingehen (z.B. 13. Monatslohn bzw. -gehalt, Urlaubsgeld, Erfolgsbeteiligungen), noch in stärkerem Maße durchgesetzt werden konnten als in den letzten, durch einen verstärkten internationalen Wettbewerbsdruck gekennzeichneten Jahren (1993-95). Aber auch statistische Abgrenzungsprobleme bei den Begriffen „Einkommen" und „Lohnstückkosten" im EU-Vergleich mögen hier eine Rolle gespielt haben.

- Was sagen die Ergebnisse der *Abb. 2* über die Tarifkultur in den EU-Staaten? Zunächst ist zu beachten, daß im oberen Bereich der Abbildung der langfristige Zusammenhang dargestellt ist, d.h. die sich aus den letzten 35 Jahren ergebenden Durchschnittswerte für die drei betrachteten Variablen. Gemessen an diesen Durchschnittsgrößen sind die Tarifkulturen der EU-Staaten weit auseinandergedriftet: für den Quotienten $\Delta L / \Delta \pi$ zwischen 2,4 und 4,4 Punkten und für die Entwicklung der Lohnstückkosten zwischen 3,7% und 11,3% (vgl. *Abb. 2*). Für den Zeitraum 1961-95 kann man also durchaus von unterschiedlichen Tarifkulturen in den EU-Staaten sprechen.

- Die Entwicklung der Variablen in der jüngsten Vergangenheit (1993-95; unterer Bereich) zeigt zwei bemerkenswerte Tendenzen: Erstens ist die absolute Höhe des Quotienten $\Delta L / \Delta \pi$ und des Anstiegs der Lohnstückkosten wesentlich moderater ausgefallen als im Vergleichszeitraum 1961-95. Zweitens haben sich die betrachteten Variablen in den EU-Staaten deutlich angenähert: beim Quotienten $\Delta L / \Delta \pi$ zwischen einer Spannweite von 1,2 und 2,4 Punkten (wenn man einmal den „Ausreißer" Luxemburg außer acht läßt), und bei der Entwicklung der Lohnstückkosten zwischen 0,4% und 3,1%, wobei außerdem eine starke Konzentration der Variablen innerhalb der Spannweiten festzustellen ist.

Für die Erfassung des Phänomens „Tarifkultur" in seiner ganzen Breite sind die verwendeten Größen zugegebenermaßen ein recht grober Maßstab, aber die Statistik hält auf Makroebene nichts Aussagekräftigeres bereit. Trotzdem läßt sich aus dem Befund des Langfristvergleichs der *Abb. 2* wohl insgesamt die Folgerung ableiten, daß eine deutliche Annäherung im Tarifverhalten der EU-Staaten stattgefunden hat. Wie wird es weitergehen? Läßt sich diese Tendenz einer Angleichung der Tarifkultur auch unter den Bedingungen einer EWU „fortschreiben"? Die Auffassungen der Ökonomen hierzu sind höchst kontrovers, wie die folgenden zwei Beispiele zeigen. So ist *Sievert* der Ansicht, daß vor allem wegen des Wegfalls des Wechselkursinstruments „weit unzweideutiger als bisher den Tarifpartnern die Verantwortung über die Beschäftigungsfolgen ihrer Handlungen (zugewiesen wird)"[14], ferner an anderer Stelle, daß die EWU ... „die nationalen Arbeitsmärkte im Verhältnis zueinander zu echten Wettbewerbsmärkten machen ... (und) die beschäftigungspolitische Verantwortung der Lohnpolitik und Sozialpolitik erhöhen (wird)"[15].

Völlig konträrer Auffassung ist dagegen *Berthold*[16], wonach es „eine Illusion (sei) zu glauben, eine Währungsunion würde zu einer Zeitenwende auf den Arbeitsmärkten führen. Das Gegenteil ist wohl richtig. Die durch gemeinsames Geld ausgelöste höhere Arbeitslosigkeit wird die Gewerkschaften veranlassen, noch lauter nach arbeitsmarkt- und sozialpolitischen Maßnahmen, dieses Mal auf europäischer Ebene, zu rufen". Sollte sich dieses Szenario als realistisch erweisen, würde es einer anderen Befürchtung der Deutschen Vorschub leisten, der Angst nämlich, die EWU könnte zu einer „Transferunion" (mit Deutschland als dem hauptsächlichen Zahler) verkommen. Aber so weit sind wir noch nicht, und die Argumentation von *Sievert* ist zumindest ebenso plausibel wie jene von *Berthold* – was den hochgradig spekulativen Charakter von Voraussagen über die ökonomischen Auswirkungen einer EWU unterstreicht.

Für die Gewerkschaften dürfte die Versuchung groß sein, in einem gemeinsamen Währungsraum eine forcierte Angleichung der Löhne und damit des Lebensstandards durchzusetzen, und zwar notfalls durch Ausweitung der „Streikkultur" (zum Vergleich: in Italien gingen je 1.000 Beschäftigte im Jahresdurchschnitt 1970-94 insgesamt 901 Arbeitstage durch Streiks verloren, in Deutschland dagegen nur 36)[17]. Andererseits werden die Arbeitgeber versuchen, dagegenzuhalten, um den realen Verteilungsspielraum auf das durch die Produktivitätssteigerung vorgegebene Maß zu beschränken. A priori spricht nichts dagegen, daß eine solche Machtbalance zwischen den Tarifparteien auch in einer EWU funktionieren wird; wegen der deutlichen Annäherung der Tarifkulturen in den EU-Staaten kann sogar darauf geschlossen werden.

---

14 *O. Sievert* (1995), S. 7.
15 *O. Sievert* (1992), S. 14.
16 *N. Berthold* (1995), S. 8.
17 Vgl. *iwd* (1996), S. 7.

IV. Staatsverschuldung und Budgetverhalten

1. Die Kontroverse um die Fiskalkriterien

Dem Budget- bzw. Verschuldungsverhalten des Staates wird im Maastrichter Vertrag bekanntlich eine große Bedeutung für das Funktionieren einer EWU zuerkannt. Für die sog. fiskalischen Konvergenzkriterien normiert der Vertrag zwei Obergrenzen als Voraussetzungen für die Teilnahme an der Währungsunion: für die Budgetdefizit-Quote 3% (BUD/BIP) und für die Schuldenstandsquote 60% (STV/BIP).

Die Ratio für den hohen Stellenwert der Fiskalkriterien ist, daß die Stabilitätspolitik der Europäischen Zentralbank (EZB) möglichst frei gehalten werden soll von politischem Druck der weiterhin in nationaler Souveränität verbleibenden Finanzpolitiken der Regierungen der EU-Staaten. Denn trotz aller Vorkehrungen für die institutionelle und Handlungsautonomie der EZB bleiben letzte Zweifel, ob nicht am Ende doch nationale finanzpolitische Egoismen den Kurs einer stabilitätsorientierten Geldpolitik gefährden und zu einer laxeren, auf die Erfordernisse der staatlichen Defizitfinanzierung Rücksicht nehmenden monetären Politik führen könnten. Dieser Auffassung waren wohl auch die Väter des Maastrichter Vertrages, sonst hätten sie den Fiskalkriterien nicht einen so hohen Rang eingeräumt.

Daß in diesem Punkt stets Wachsamkeit geboten ist, betont auch einer der erfahrensten Zentralbanker: „Eine Notenbank ist ständigen Pressionen ausgesetzt ... Der Druck kommt von zwei Seiten. Er kommt einmal vom Wunsch der Politiker, ihren Aktivismus zu finanzieren, zum anderen kommt er auch daher, daß die Konjunktur weniger günstig verläuft"[18]. Es ist nicht zu sehen, daß für die EZB in einer EWU etwas anderes gelten sollte – trotz der einzigartigen Absicherung ihres Autonomie-Status. Aus letzterem folgert *Pohl*[19] wiederum, daß die „EWU ... von daher voll gegen finanzpolitischen Mißbrauch abgesichert (ist)", ferner generell, daß die Fiskalkriterien „von der Sache her keine notwendigen Funktionsbedingungen für eine Währungsunion (enthalten)".

Der Streit um diese Frage hat inzwischen weite Kreise gezogen, weil die Fiskalkriterien wegen ihrer häufigen Überschreitung zur Nagelprobe für den pünktlichen Start der EWU zu werden drohen. Der Streit hat sich auf die Frage zugespitzt, ob die Fiskalkriterien „hart" oder „weich" interpretiert werden sollten. Letzteres ist nach dem Maastrichter Vertrag in gewissen – quantitativ nicht faßbaren Grenzen – zwar möglich, könnte aber der Glaubwürdigkeit des Projekts EWU in der Bevölkerung sehr schaden, wenn es schon beim Start mit einer Aufweichung dieser Kriterien beginnen würde. Dies zumal, weil sich die deutschen Politiker ziemlich durch-

---

[18] *M. Lusser*, Präsident der Schweizerischen Nationalbank (1996), S. 13/15.
[19] *R. Pohl* (1996), S. 9, 10.

gängig für eine „harte" Auslegung ausgesprochen und damit in einen – mit Blick auf die Maastrichter Regelungen – eigentlich unnötigen Zugzwang gebracht haben[20].

Gegen eine allzu großzügige Auslegung der Fiskalkriterien spricht aus theoretischer Sicht, daß geld- und budgetpolitische Maßnahmen wie kein anderer Politikbereich die besondere Eigenschaft haben, daß sich ihre Wirkungen „kreuzen": Beide haben Zins- und Geldmengenwirkungen, wobei es reiner Zufall wäre, wenn die dahinter stehenden Autoritäten – die Zentralbank und die Regierung – die gleiche Auffassung über den Verlauf dieser monetären Größen hätten. Besonders konfliktreich ist dabei das Interesse der Defizitpolitik am (niedrigen) Zins, denn es tangiert damit unmittelbar das ureigenste Instrument der Zentralbank zur Steuerung der Geldmenge und damit der Stabilität des Preisniveaus. Derartige Konfliktpotentiale zwischen Geld- und Budgetpolitik, die Gefahr einer daraus resultierenden laxeren Stabilitätspolitik, nationale budgetpolitische Egoismen und das – trotz des hierzu eindeutigen Vetos im Maastrichter Vertrag – letztlich nicht völlig auszuschließende Risiko von (kaschierten) „Bail-out"-Praktiken (z. B. in Form von Transferleistungen bei Überschuldungen): Es sind wohl diese vier hauptsächlichen, eher unterschwelligen Befürchtungen, die die deutsche Bevölkerung dem Budget- und Verschuldungsverhalten der Regierungen in einer künftigen EWU entgegenbringt.

2. Das tatsächliche Budgetverhalten

Definitiv zu entscheiden ist der Streit um die Notwendigkeit der Fiskalkriterien und ihre „harte" oder „weiche" Auslegung ex ante nicht; keine der vertretenen Positionen ist im vorhinein „beweisbar". Schauen wir deshalb auf empirische Daten, ob sie zur „Budgetkultur" der Regierungen der EU-Staaten einige Anhaltspunkte liefern können. In *Abb. 3* ist für jedes der 15 EU-Länder die Defizitquote (schraffiert) und die Schuldenstandsquote (weiß) dargestellt. Zwischen beiden Quoten bestehen folgende Beziehungen: Die Veränderung der Schuldenstandsquote hängt ab von der Wachstumsrate des Schuldenstandes (das ist der Quotient aus dem laufenden Budgetdefizit zur bisherigen Höhe der Staatsverschuldung: BUD_t / STV_{t-1}) und von der Wachstumsrate des BIP. Sind beide Raten gleich hoch („Gleichschritt"), bleibt die Schuldenstandsquote konstant (Ausnahmen davon sind möglich, wenn der Staat z.B. Privatisierungserlöse u. ä. zur Nettotilgung verwendet). Es ist also das Wechselspiel zwischen den beiden genannten Wachstumsraten, das die Veränderung der Schuldenstandsquote bestimmt.

---

[20] Vgl. auch *G. Krause-Junk* (1996), S. 2.

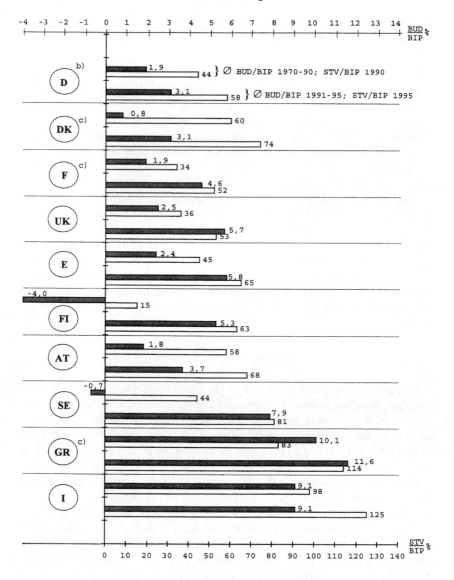

Stabilitäts-, Budget- und Tarifverhalten in den EU-Staaten 91

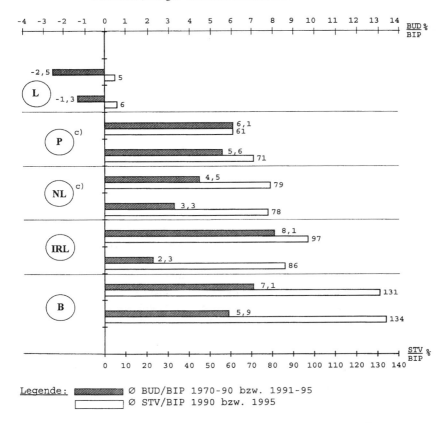

Abb. 3: ∅ Budgetdefizit-Quote (BUD/BIP) 1970-90 bzw. 1991-95[a)] und Schuldenstands-Quote des Staates (STV/BIP) 1990 bzw. 1995 in % in den EU-Ländern

a) Budgetüberschuß-Quoten: negatives Vorzeichen.
b) Ab 1991 Gesamt-Deutschland.
c) Wegen fehlender Daten Angaben für DK 1971-90, für F 1977-90, für GR 1979-90, für P 1973-90 und für NL 1975-90.

Quellen: Europäische Kommission (1995); *Deutsche Bundesbank* (1996) [Daten für 1994 und 1995]; eigene Berechnungen.

Wenden wir uns nun den Daten der *Abb. 3* zu. Für jedes Land werden wieder zwei Zeiträume bzw. Zeitpunkte betrachtet:

— Im oberen Zeitfeld ist die langfristige durchschnittliche Defizitquote (1970-90) der aufgelaufenen Schuldenstandsquote per Ende 1990 gegenübergestellt. Diese Größen dienen lediglich als Referenzwerte bzw. Ausgangspunkte für den Vergleich mit der jüngeren Vergangenheit. Sie erlauben keine analytischen Schlußfolgerungen, da die Schuldenstandsquote einen „historischen" Wert markiert, während sich die durchschnittliche Defizitquote nur auf die betrachteten 20 Jahre bezieht.

- Im unteren Zeitfeld ist die durchschnittliche Defizitquote der letzten fünf Jahre (1991-95) zur aktuellen Schuldenstandsquote Ende 1995 in Beziehung gesetzt. Dieser Zusammenhang erlaubt folgende Schlußfolgerung, konkret am Beispiel D: Bei einer durchschnittlichen Defizitquote von 3,1 % in den Jahren 1991-95 hat sich die deutsche Schuldenstandsquote von 1990 bis 1995 von 44 auf 58 %, d. h. um 14 Punkte, erhöht.

Zur Budgetkultur, d. h. zum Defizit- bzw. Neuverschuldungsverhalten der EU-Staaten, können aus den Ergebnissen der *Abb. 3* folgende Aussagen abgeleitet werden:

- Im Vergleich zum Referenzzeitraum (1970-90) hat sich in den letzten fünf Jahren (1991-95) die durchschnittliche Defizitquote der ersten neun auf der *Abb. 3* dargestellten EU-Staaten (D bis GR) drastisch erhöht, nämlich von 2,3 auf 5,6 % (+ 143 %). In Prozentpunkten gerechnet, lag die Steigerung in den einzelnen Ländern zwischen + 1,2 (für D) und 8,6 Punkten (für SE). Für SE gilt ebenso wie für FI (+ 5,7 Punkte), daß in diesen Ländern gegenüber dem Vergleichszeitraum ein „Swing" von Haushaltsüberschüssen zu enorm hohen Defiziten stattgefunden hat. Läßt man diese beiden „Ausreißer" einmal beiseite, so liegt in den verbleibenden sieben Defizitländern die Erhöhung der Defizitquote relativ eng beieinander, nämlich bei durchschnittlich + 2,3 Punkten.

- Dieses Ergebnis spiegelt alles andere als den angestrebten Konvergenzprozeß in Richtung auf eine niedrigere Defizitquote wider, nämlich genau das Gegenteil. Sarkastisch könnte man sagen: Die durch den Maastrichter Vertrag beabsichtigte Konvergenz hat bei neun von 15 EU-Staaten in einer *Erhöhung* (!) der Defizitquote stattgefunden. Und diese Entwicklung gilt nicht nur für den Durchschnitt der letzten fünf Jahre, sondern hat sich bis in die jüngste Vergangenheit (1994/95) fortgesetzt.

- Zu dieser Entwicklung haben zweifellos die Rezession in Westeuropa Anfang der 90er Jahre und zahlreiche Besonderheiten in den einzelnen Ländern maßgeblich beigetragen (in D z.B. die Lasten der Wiedervereinigung). Aber die EWU ist ja nicht als „Schönwetterveranstaltung" konzipiert, sondern als dauerhafte, nicht mehr kündbare Solidargemeinschaft der EU-Staaten. Eine Währungsunion, die nur unter günstigen konjunkturellen Bedingungen funktioniert, würde den Start nicht lohnen.

- Die skizzierte Entwicklung ist um so erstaunlicher, als die Regierungen viele Jahre Zeit hatten, auf eine Senkung der nach der Verabschiedung des Maastrichter Vertrages (Dezember 1991) festgelegten Defizitquote (3 %) hinzuarbeiten[21]. Aber das Gegenteil ist erfolgt, und auch die Zukunft verheißt angesichts der an-

---

[21] Vgl. auch *O. Issing* (1996), S. 7.

gespannten Haushalts- und Finanzlage in praktisch allen EU-Staaten keine durchgreifende Besserung der bisherigen Entwicklung. Die Aufklärungs-„Botschaft" der Politiker an die Bevölkerung in puncto Budgetkultur muß also miserabel ausfallen: neun von 15 EU-Staaten haben geradezu das Gegenteil der Intention des Maastrichter Vertrages praktiziert, scheinen für die EWU noch nicht reif zu sein und haben dadurch das Akzeptanzproblem in der Bevölkerung noch verschärft.

- Parallel zur Erhöhung der Defizitquote hat auch die Schuldenstandsquote deutlich angezogen: Lag sie noch 1990 für *sämtliche* 15 EU-Länder im Durchschnitt bei 59,3 %, so hat sie sich bis 1995 auf 75,2 % erhöht (vgl. *Abb. 3*). Das Schuldenstandskriterium des Maastrichter Vertrages (60 %) rückt also in immer weitere Ferne[22].

- Was die restlichen sechs EU-Staaten (I bis B) betrifft, fällt das Urteil über die Entwicklung der Defizitquote wesentlich günstiger aus (vgl. *Abb. 3*). So ist I zwar weit von einer Konsolidierung seiner Finanzlage entfernt, immerhin konnte aber die Defizitquote der letzten fünf Jahre auf dem Durchschnittsniveau des Referenzzeitraumes gehalten werden (9,1 %). Aber auch hier ist noch keine durchgreifende Verbesserung zu erkennen, und zwischen dem Maastricht-Kriterium und der aktuellen (1995er) Defizitquote (7,4 %) liegen noch Welten.

Beachtliche Fortschritte gab es nur bei den vier „Konsolidierungsländern" (P, NL, IRL und B) [L konnte seine Überschußposition in etwa halten]. Überragende Erfolge bei der Senkung der Defizitquote erzielten hier vor allem IRL und B, während NL und P deutliche Annäherungen an das Maastricht-Kriterium realisieren konnten.

Das Fazit dieses Abschnitts ist, daß das Budgetverhalten von zwei Dritteln der EU-Staaten in den letzten fünf Jahren den Intentionen des Maastrichter Vertrages krass zuwider gelaufen ist und nur in vier Ländern eine im Sinne des Vertrages angestrebte Verbesserung der Budgetkultur stattgefunden hat. Dieses Ergebnis ist keine gute Voraussetzung für den Start einer EWU, selbst wenn es einigen Ländern durch einmalige Kraftanstrengungen doch noch gelingen sollte, bis 1997 in die Nähe des Maastricht-Kriteriums zu kommen. Gefragt sind jedoch keine einmaligen Kraftakte, sondern ein dauerhaftes Budgetverhalten im Sinne des Vertrages. Um so dringlicher ist auch der vom deutschen Finanzminister initiierte „Stabilitätspakt" mit harten und zeitnahen Sanktionen bei Verletzung des Defizitkriteriums. Denn das bisherige, im Maastrichter Vertrag vorgesehene Sanktionsverfahren greift, wie *Lehment* und *Scheide*[23] einmal durchgespielt haben, erst nach etwa 10 Jahren.

---

[22] Vgl. dazu auch *EWI* (1996), S. 37 ff.
[23] Vgl. *H. Lehment, J. Scheide* (1995), S. 16.

V. Zusammenfassung

Mit Bezug auf die Errichtung einer EWU gibt es in der deutschen Bevölkerung ausgeprägte Akzeptanzprobleme. Die von den Politikern hauptsächlich propagierten integrationspolitischen Ziele haben es bislang nicht vermocht, die Bevölkerung von der Notwendigkeit und Richtigkeit einer EWU zu überzeugen. Offensichtlich gibt es darüber hinaus große Informationsdefizite über die ökonomischen Chancen und Risiken einer EWU. Die Politiker sollten deshalb versuchen, diese Defizite durch Aufklärungskampagnen so weit wie möglich zu beseitigen.

Unter diesem Aspekt wurde im vorliegenden Beitrag versucht, einige Anhaltspunkte zu gewinnen über für das Funktionieren einer Währungsunion zentrale Verhaltensweisen der EU-Staaten („Kulturen"). Untersucht wurden Indikatoren zur langfristigen Stabilitäts-, Tarif- und Budgetkultur in den letzten 20 bzw. 35 Jahren und deren Vergleich mit den aktuellen Verhaltensweisen in den letzten Jahren, insbesondere seit der Ratifizierung des Maastrichter Vertrages. Die Ergebnisse dieser Analyse sind, daß

- es im Bereich der „Stabilitätskultur" im letzten Jahrzehnt zu einer geradezu extremen Annäherung der ganz überwiegenden Mehrheit der EU-Staaten gekommen ist („Quantensprung");

- hinsichtlich der „Tarifkultur" deutliche Fortschritte der Tarifparteien in praktisch allen EU-Staaten bezüglich des Lohnfindungsprozesses und im Tarifverhalten zu verzeichnen sind;

- im Bereich der „Budgetkultur" das Verhalten von zwei Dritteln der EU-Regierungen den Intentionen des Maastrichter Vertrages krass zuwider gelaufen ist, indem die Defizitquote nicht – wie angestrebt – tendenziell gesunken, sondern um mehr als 140 % gegenüber dem Referenzzeitraum angestiegen ist („Konvergenz" auf hohem Niveau).

Insgesamt folgt daraus ein zwiespältiges Ergebnis. Mit Bezug auf die langfristige Annäherung im Stabilitäts- und Tarifverhalten haben die meisten EU-Staaten inzwischen die Eintrittsreife für die Währungsunion erlangt, mit Bezug auf das Budgetverhalten ist dagegen ganz überwiegend das Gegenteil eingetreten. Gegeneinander aufrechnen lassen sich diese divergenten Ergebnisse nicht. Letzten Endes wird es darauf ankommen, wie stark die Politiker die Fiskalkriterien gewichten.

Literatur

Berthold, N. (1995), Lohnstrukturen müssen flexibel und Finanzen mobil sein, in: Handelsblatt, Nr. 235 vom 5. 12. 1995, S. 8.

Deutsche Bundesbank (1996), Geschäftsbericht für das Jahr 1995, Frankfurt/M. 1996.

Europäische Kommission (1995), Grundzüge der Wirtschaftspolitik 1995, in: Europäische Wirtschaft, Nr. 60, Brüssel, Luxemburg 1995, Statistischer Anhang, S. 95 ff.

EWI – Europäisches Währungsinstitut (1996), Jahresbericht 1995, Frankfurt/M. 1996.

Feldsieper, M. (1996), Ein Jahrhundertwerk in Gefahr: Die Europäische Währungsunion, in: Wirtschaftsdienst, Heft I, 1996, S. 36 ff.

Franzmeyer, F. (1996), Europäische Währungsunion: Reale Konvergenz unentbehrlich, in: DIW-Wochenbericht, Nr. 31/1996.

Handelsblatt (1994), o. Verf., Lamfalussy lobt Stabilitätspolitik, vom 30. 11. 1994, S. 3.

Hasse, R.H./B. Hepperle (1994), Kosten und Nutzen einer Europäischen Währungsunion, in: R. Caesar, H.-E. Scharrer (Hrsg.), Maastricht: Königsweg oder Irrweg zur Wirtschafts- und Währungsunion? Bonn 1994, S. 165 ff.

Issing, O. (1993), Central Bank Policy – Goals and Reality, in: Ph. Arestis (ed.), Money and Banking. Issues for the Twenty-First Century, Basingstoke 1993, S. 41 ff.

– (1996), Gesunde Finanzen – stabile Währung: Erfordernisse in Deutschland und Europa, in: Deutsche Bundesbank, Auszüge aus Presseartikeln, Nr. 19/26. 3. 1996, S. 4 ff.

iwd – Institut der deutschen Wirtschaft (1996), Arbeitskämpfe international – Weniger Lust auf Streiks, in: Informationsdienst des Instituts der deutschen Wirtschaft, Nr. 20 vom 16. 5. 1996, S. 7.

Jarchow, H.-J. (1994), Die währungspolitischen Beschlüsse von Maastricht, in: H. Sauter (Hrsg.), Wirtschaftspolitik in offenen Volkswirtschaften (Festschrift für *Helmut Hesse*), Göttingen 1994, S. 73 ff.

Krause-Junk, G. (1996), Zugeständnisse der Politik haben die Konvergenzfalle zuschnappen lassen, in: Handelsblatt vom 18. 7. 1996, S. 2.

Lamfalussy, A. (1995), Interview mit *K.-P. Schmidt* (Die Zeit): „Der Weg wird noch unruhig", Wiederabdruck in: Deutsche Bundesbank, Auszüge aus Presseartikeln, Nr. 86/20. 12. 1995, S. 6 ff.

– (1996), Interview mit *B. Wittkowski* (Frankfurter Rundschau): „Keine Tricks beim Aufnahmetest", Wiederabdruck in: Deutsche Bundesbank, Auszüge aus Presseartikeln, Nr. 32/20. 5. 1996, S. 3 ff.

Lehment, H./J. Scheide (1995), Der Fahrplan für die Europäische Währungsunion: Noch erheblicher Handlungs- und Klärungsbedarf, Kieler Diskussionsbeiträge des Instituts für Weltwirtschaft, Nr. 259, Kiel 1995.

Lusser, M. (1996), Interview mit *B. Brenner* und *D. Hofmann*, Notenbanken müssen unabhängig und glaubwürdig sein, Wiederabdruck in: Deutsche Bundesbank, Auszüge aus Presseartikeln, Nr. 28/3. 5. 1996, S. 13 ff.

Pohl, R. (1996), Europäische Währungsunion: Die Kraft für einen historischen Schritt mobilisieren (Währungspolitischer Kommentar, Frühjahr 1996), Halle (Saale) 1996.

Richter, R. (1991), Altar der Einheit, in: Wirtschaftswoche, Nr. 49 vom 29. 11. 1991, S. 94 ff.

Roth, D. (1996), Die Deutschen mißtrauen der Stabilität des Euros, in: Handelsblatt vom 13. 2. 1996, S. 7.

Sievert, O. (1992), Geld, das man nicht selbst herstellen kann, Wiederabdruck in: Deutsche Bundesbank, Auszüge aus Presseartikeln, Nr. 70/8. 10. 1992, S. 13 ff.

– (1995), Was wird aus der D-Mark?, in: Deutsche Bundesbank, Auszüge aus Presseartikeln, Nr. 67 / 4. 10. 1995, S. 6 ff.

Tietmeyer, H. (1992), Auf dem Wege zur Europäischen Währungsunion: Wo stehen wir?, in: Deutsche Bundesbank, Auszüge aus Presseartikeln, Nr. 71 / 13. 10. 1992, S. 1 ff.

ZgK – Zeitschrift für das gesamte Kreditwesen (1996), o. Verf., Währungsunion – Skepsis an der Basis, Zustimmung bei Wirtschaft und Politik, Nr. 5, 1996, S. 187.

Außenkompetenzen der deutschen Länder

Von Siegfried Magiera

I. Gewaltenteilung im Bundesstaat

Zu der horizontalen Gewaltenteilung zwischen Legislative, Exekutive und Judikative im Verfassungsstaat kommt im Bundesstaat die vertikale Gewaltenteilung zwischen Gesamtstaat und Gliedstaaten hinzu. Allgemeingültige Aussagen über die damit verbundene Kompetenzaufteilung zwischen den einzelnen Teilgewalten lassen sich allenfalls auf einem hochabstrakten Niveau gewinnen, etwa dahin, daß die horizontale Gewaltenteilung die Staatsgewalt gegenüber den Bürgern mäßigen oder die vertikale Gewaltenteilung zusätzlich die Staatlichkeit der verschiedenen Ebenen sichern soll.

Die nähere Ausgestaltung der horizontalen wie der vertikalen Gewaltenteilung unterscheidet sich demgegenüber in den einzelnen Bundesstaaten so erheblich, daß sie einer jeweils gesonderten Betrachtung bedarf.[1] In Deutschland finden sich zudem beträchtliche Wandlungen im Verlaufe der geschichtlichen Entwicklung.[2] Der allmähliche Zerfall des alten Reichs, das 1806 sein Ende fand, stärkte die Einzelstaaten bis zur souveränen Selbständigkeit. Erst nach der Zwischenperiode des völkerrechtlich organisierten Deutschen Bundes (1815-1866) gelang in der zweiten Hälfte des 19. Jahrhunderts ihre Einbindung in eine bundesstaatliche Ordnung, beginnend mit der Verfassung des Norddeutschen Bundes von 1867 über die Verfassungen des Deutschen Reichs von 1871 und 1919 bis zum Grundgesetz der Bundesrepublik Deutschland von 1949. Vorübergehende Tiefpunkte erreichte die bundesstaatliche Entwicklung in Deutschland durch die Gleichschaltung der Länder mit dem Reich während des Nationalsozialismus[3] und durch die Beseitigung der Länder in der DDR.[4]

---

[1] *Ulrich Scheuner*, Struktur und Aufgabe des Bundesstaates in der Gegenwart (1962), in: ders., Staatstheorie und Staatsrecht 1978, S. 415 ff. (415); *Klaus Stern*, Das Staatsrecht der Bundesrepublik Deutschland, Band I, 2. Aufl. 1984, S. 647 f.; *Michael Bothe*, Die Kompetenzstruktur des modernen Bundesstaates in rechtsvergleichender Sicht, 1977, S. 9; *Walter Rudolf*, Bundesstaat und Völkerrecht, AVR 27 (1989), 1 ff.

[2] Vgl. dazu näher *Otto Kimminich*, Der Bundesstaat, in: HStR I, 1987, § 26 Rdn. 25 ff.

[3] Vgl. die beiden Gesetze zur Gleichschaltung der Länder mit dem Reich v. 31. 3. 1933 und 7. 4. 1933, RGBl. I S. 153 und 173, sowie das Gesetz über den Neuaufbau des Reichs v. 30. 1. 1934, RGBl. I S. 75; dazu näher *Rolf Grawert*, Die nationalsozialistische Herrschaft, in: HStR I, 1987, § 4 Rdn. 11 ff.

[4] Vgl. das Gesetz über die weitere Demokratisierung des Aufbaus und der Arbeitsweise der staatlichen Organe in den Ländern der DDR v. 23. 7. 1952, GBl. S. 613; dazu *Georg*

Diese Wellenbewegung bundesstaatlicher Strukturen zugunsten des Gesamtstaates oder der Gliedstaaten läßt sich auch in der Verfassungsordnung des Grundgesetzes beobachten, wenn auch nicht mit den extremen Ausschlägen früherer Zeiten.[5] Sie ist darauf zurückzuführen, daß der Bundesstaat und das ihm zugrundeliegende Prinzip des Föderalismus kein starres, sondern ein flexibles, wenn nicht ambivalentes Ordnungssystem darstellt.[6] Es soll Einheit und zugleich Vielfalt gewährleisten, ohne das Verhältnis zwischen beiden Elementen zeitlos bestimmen zu können. Dieses beruht vielmehr auf verfassungsrechtlichen Festlegungen und richtet sich in deren Rahmen nach den politischen Kräften.[7] Daraus ergeben sich Chancen und Gefahren. Die Chancen liegen in der Anpassungsfähigkeit der staatlichen Strukturen an die innen- und außenpolitischen Herausforderungen. Die Gefahren bestehen in dem Verlust des Gleichgewichts zwischen gesamtstaatlicher und gliedstaatlicher Ebene.

II. Innen- und Außenkompetenzen

1. Allgemeine Kompetenzverteilungsregelung

Die grundlegende Regelung für die Kompetenzverteilung zwischen Gesamtstaat und Gliedstaaten in der Bundesrepublik Deutschland findet sich in Art. 30 des Grundgesetzes (GG). Danach ist die Ausübung der staatlichen Befugnisse und die Erfüllung der staatlichen Aufgaben Sache der Länder, soweit das Grundgesetz keine andere Regelung trifft oder zuläßt.

Mit der Ausübung der staatlichen Befugnisse und der Erfüllung der staatlichen Aufgaben[8] wird die Gesamtheit der staatlichen Betätigung erfaßt.[9] Die Generalklausel des Art. 30 GG unterscheidet insoweit nicht zwischen verschiedenen Funktionen (Gesetzgebung, Verwaltung, Rechtsprechung), Rechtsformen (öffentlichrechtlich, privatrechtlich) oder Sachbereichen staatlichen Handelns. Sie differenziert auch nicht zwischen Innenkompetenzen, deren Wahrnehmung sich auf den in-

---

Brunner, Das Staatsrecht der Deutschen Demokratischen Republik, in: HStR I, 1987, § 10 Rdn. 3, 7.

[5] Vgl. dazu *Wilfried Erbguth*, in: Michael Sachs (Hrsg.), Grundgesetz, Kommentar, 1996, Art. 30 Rdn. 29 m.w.N.

[6] Vgl. näher *Siegfried Magiera*, Föderalismus und Subsidiarität als Rechtsprinzipien der Europäischen Union, in: Heinrich Schneider/Wolfgang Wessels (Hrsg.), Föderale Union – Europas Zukunft?, 1994, S. 71 ff. (73 ff.).

[7] *Josef Isensee*, Idee und Gestalt des Föderalismus im Grundgesetz, in: HStR IV, 1990, § 98 Rdn. 11 ff.

[8] Zur Unterscheidung zwischen staatlichen Befugnissen und Aufgaben vgl. *Manfred Gubelt*, in: Ingo von Münch/Philip Kunig (Hrsg.), Grundgesetz-Kommentar, Band 2, 3. Aufl. 1995, Art. 30 Rdn. 6.

[9] Vgl. dazu und zu dem Streit über die Einbeziehung fiskalischen und informellen Handelns *Erbguth* (Fn. 5), Art. 30 Rdn. 32 f.; *Jost Pietzcker*, Zuständigkeitsordnung und Kollisionsrecht im Bundesstaat, in: HStR IV, 1990, § 99 Rdn. 13 ff., 16 f.; jeweils m.w.N.

nerstaatlichen Bereich beschränkt, und Außenkompetenzen, die darüber hinausgreifen. Die Kompetenz für jegliches staatliche Tätigwerden liegt im allgemeinen, d. h. vorbehaltlich besonderer Verfassungsregelungen, bei den Ländern. Art. 30 GG enthält somit eine Auffangklausel mit der Wirkung einer Residualkompetenz zugunsten der Länder.[10]

Sonderregelungen für die Kompetenzverteilung zwischen Bund und Ländern trifft das Grundgesetz in zahlreichen Bestimmungen. Für die Bereiche der Gesetzgebung (Art. 70 ff. GG), der Verwaltung (Art. 83 ff. GG) und der Rechtsprechung (Art. 92 ff. GG) bestätigt es grundsätzlich die allgemeine Kompetenzzuweisung an die Länder, weist aber auch dem Bund erhebliche Kompetenzen zu. Dies gilt vor allem für den Bereich der Gesetzgebung, der dadurch überwiegend zur Sache des Bundes wird.[11]

2. Sonderregelungen für die auswärtige Gewalt

Weitere Sonderregelungen finden sich über den gesamten Verfassungstext verstreut. Dazu gehören auch solche über die Verteilung der Außenkompetenzen, die im allgemeinen unter dem Begriff der auswärtigen Gewalt[12] zusammengefaßt werden. So wird die Pflege der Beziehungen zu auswärtigen Staaten zur Sache des Bundes erklärt (Art. 32 Abs. 1 GG), dem auch die ausschließliche Gesetzgebung über die auswärtigen Angelegenheiten (Art. 73 Nr. 1 GG) und die Führung des Auswärtigen Dienstes (Art. 87 Abs. 1 GG) zugewiesen ist. Ferner wird der Bund ermächtigt, Hoheitsrechte auf zwischenstaatliche Einrichtungen (Art. 24 Abs. 1 GG) und insbesondere auf die Europäische Union (Art. 23 Abs. 1 GG) zu übertragen. Die Länder können mit Zustimmung der Bundesregierung Verträge mit auswärtigen Staaten schließen, soweit sie für die Gesetzgebung zuständig sind (Art. 32 Abs. 3 GG), und Hoheitsrechte auf grenznachbarschaftliche Einrichtungen übertragen, soweit sie für die Ausübung der staatlichen Befugnisse und die Erfüllung der staatlichen Aufgaben zuständig sind (Art. 24 Abs. 1 a GG).

Diese – und weitere[13] – Einzelregelungen zur Aufteilung der Außenkompetenzen zwischen Bund und Ländern erscheinen als wenig kohärent und einer systematischen Erfassung schwer zugänglich. Hinzu kommt, daß eine von der allgemeinen Regelung des Art. 30 GG abweichende Sonderregelung auch dann vorliegen kann, wenn das Grundgesetz sie nicht ausdrücklich trifft, sondern lediglich zuläßt. Soll die allgemeine Regelung nicht in ihr Gegenteil verkehrt werden, so muß auch die zugelassene Sonderregelung im Grundgesetz angelegt, d. h. von diesem nicht nur

---

[10] *Erbguth* (Fn. 5), Art. 30 Rdn. 9; *Pietzcker* (Fn. 9), § 99 Rdn. 8, 22 f.

[11] Eine Stärkung der Länder soll durch das 42. Gesetz zur Änderung des Grundgesetzes v. 27. 10. 1994, BGBl. I S. 3146, bewirkt werden; vgl. dazu den Bericht der *Gemeinsamen Verfassungskommission* v. 5. 11. 1993, Bundestags-Drucksache 12/6000, S. 30 ff.

[12] Vgl. dazu näher unten, Abschnitt V.1. mit Fn. 75.

[13] Vgl. Art. 24 Abs. 2 und 3, 26 Abs. 2, 73 Nr. 3 und 5, 115 a Abs. 5, 115 l Abs. 3 GG.

geduldet oder nicht ausgeschlossen sein.[14] Eine entsprechende Kompetenzzuweisung kann sich – ausdrücklich – aus der Einräumung einer Ermächtigung zur Kompetenzbegründung, aber auch – stillschweigend („mitgeschrieben") – aus der Natur der Sache oder kraft Sachzusammenhangs ergeben.[15]

Inwieweit die Länder im Rahmen der Generalklausel des Art. 30 GG oder aufgrund von verfassungsrechtlichen Sonderregelungen an den Außenkompetenzen der Bundesrepublik Deutschland beteiligt sind, soll im folgenden zunächst für den Abschluß völkerrechtlicher Verträge, sodann für die Übertragung von Hoheitsrechten und schließlich für die sonstigen Außenkompetenzen untersucht werden.

III. Abschluß völkerrechtlicher Verträge

1. Erfordernis der Gesetzgebungszuständigkeit

Gemäß Art. 32 Abs. 2 GG hat der Bund vor dem Abschluß eines Vertrages, der die besonderen Verhältnisse eines Landes berührt, das betreffende Land rechtzeitig zu hören.[16] Ferner können die Länder gemäß Art. 32 Abs. 3 GG mit Zustimmung der Bundesregierung Verträge mit auswärtigen Staaten abschließen, soweit sie für die Gesetzgebung zuständig sind.[17] Die Bestimmung ermöglicht es den Ländern, Vertragsbeziehungen auf dem Gebiet des Völkerrechts einzugehen, und gesteht ihnen damit partielle und potentielle Völkerrechtssubjektivität zu.[18] Diese ist partiell, weil sie sich auf das Vertragsrecht beschränkt, und potentiell, weil sie davon abhängt, daß sich ein anderes Völkerrechtssubjekt zu entsprechenden Vertragsbeziehungen bereitfindet.

Als Vertragspartner kommen über den traditionellen Wortlaut hinaus neben auswärtigen Staaten auch andere Völkerrechtssubjekte in Betracht. Dazu gehören etwa internationale Organisationen oder völkerrechtsfähige Gliedstaaten anderer Bundesstaaten, insbesondere der Nachbarstaaten Belgien, Österreich und Schweiz.[19]

---

[14] *Theodor Maunz*, in: ders./Günter Dürig u.a., Grundgesetz, Kommentar, 1994 (Loseblatt), Art. 30 Rdn. 20 (Stand: 1982).

[15] *Hans Jarass*, in: ders./Bodo Pieroth, Grundgesetz für die Bundesrepublik Deutschland, Kommentar, 3. Aufl. 1995, Art. 30 Rdn. 5; *Gubelt* (Fn. 8), Art. 30 Rdn. 14 ff.; *Erbguth* (Fn. 5), Art. 30 Rdn. 39; differenzierend *Pietzcker* (Fn. 9), § 99 Rdn. 11 f., 23.

[16] Umstritten ist, ob bei Gebietsabtretungen darüber hinaus eine Zustimmung des betroffenen Landes erforderlich ist; vgl. dazu *Wolfgang Graf Vitzthum*, Staatsgebiet, in: HStR I, 1987, § 16 Rdn. 33; *Rudolf Streinz*, in: Sachs (Fn. 5), Art. 32 Rdn. 46.

[17] Zur Vertragspraxis vgl. *Ulrich Beyerlin/Yves Lejeune*, Sammlung der internationalen Vereinbarungen der Länder der Bundesrepublik Deutschland, 1994.

[18] *Alfred Verdross/Bruno Simma*, Universelles Völkerrecht, 3. Aufl. 1984, S. 234 f. mit Anm. 54; *Streinz* (Fn. 16), Art. 32 Rdn. 6; *Rudolf* (Fn. 1), 6 ff.; *ders.*, Internationale Beziehungen der deutschen Länder, AVR 13 (1966/67), 53 ff.

[19] Vgl. BVerfGE 1, 351 (366); 2, 347 (374); ferner *Valentin Zellweger*, Völkerrecht und Bundesstaat, 1992, S. 53; speziell zu Belgien vgl. auch *Roland Mörsdorf*, Das belgische

Nicht erfaßt sein soll der Heilige Stuhl, so daß sich der Abschluß von Konkordaten nach der allgemeinen Kompetenzverteilungsregelung des Art. 30 GG richtet und die Länder insoweit nicht dem Zustimmungserfordernis der Bundesregierung unterliegen.[20]

Die Begrenzung der Vertragskompetenz der Länder auf den Bereich ihrer Gesetzgebungszuständigkeit steht nicht im Gegensatz zu ihrer Verwaltungszuständigkeit, sondern zur Gesetzgebungszuständigkeit des Bundes.[21] Soweit sie für die Gesetzgebung nicht ausschließlich zuständig sind (Art. 70 Abs. 1 GG), können die Länder dementsprechend Verträge nur schließen, wenn der Bund sie im Rahmen seiner ausschließlichen Gesetzgebungszuständigkeit ausdrücklich ermächtigt hat (Art. 71 GG), oder wenn er von der konkurrierenden oder von der Rahmengesetzgebungszuständigkeit noch keinen Gebrauch gemacht hat (Art. 72 Abs. 1 GG). Bei einem späteren Gebrauch entfällt die innerstaatliche, jedoch nicht die völkerrechtliche Wirksamkeit des Vertrages.[22]

Im Rahmen der so umschriebenen Gesetzgebungszuständigkeit können die Länder auch Verwaltungsabkommen schließen. Dies gilt unstreitig für den Bereich des Vollzugs von Landesrecht, nach einer im Vordringen befindlichen Ansicht auch für den Vollzug von Bundesrecht, sofern der Bund von seinen Regelungsbefugnissen (Art. 84 Abs. 2, 85 Abs. 2 GG) noch keinen Gebrauch gemacht hat.[23] Zur Begründung läßt sich anführen, daß die Länder insoweit zwar nicht über eine materielle, aber über eine ebenfalls ausreichende formelle Gesetzgebungszuständigkeit (Art. 84 Abs. 1, 85 Abs. 1 GG) verfügen.

2. Zustimmung der Bundesregierung

Für den Abschluß völkerrechtlicher Verträge einschließlich von Verwaltungsabkommen[24] bedürfen die Länder der Zustimmung der Bundesregierung. Diese präventive Bundesaufsicht soll den Bundesinteressen widerstreitende Länderverträge verhindern und damit eine einheitliche Außenpolitik der Bundesrepublik Deutschland ermöglichen.[25]

Bundesstaatsmodell im Vergleich zum deutschen Bundesstaat des Grundgesetzes, 1996, S. 185 ff.

[20] *BVerfGE 6*, 309 (362); a.A. *Jarass* (Fn. 15), Art. 32 Rdn. 2 m.w.N.

[21] *BVerfGE 2*, 347 (369 f.).

[22] *Manfred Zuleeg*, in: Rudolf Wassermann (Hrsg.), Kommentar zum Grundgesetz für die Bundesrepublik Deutschland, 2. Aufl. 1989, Art. 32 Rdn. 13; *Maunz* (Fn. 14), Art. 32 Rdn. 49 ff.; a.A. hinsichtlich der völkerrechtlichen Wirksamkeit *Ondolf Rojahn*, in: v. Münch / Kunig (Fn. 8), Art. 32 Rdn. 32.

[23] Vgl. dazu näher *Ulrich Fastenrath*, Kompetenzverteilung im Bereich der auswärtigen Gewalt, 1986, S. 143 f.; *Streinz* (Fn. 16), Art. 32 Rdn. 57 ff.; jeweils m.w.N.

[24] *BVerfGE 2*, 347 (370); a.A. *Maunz* (Fn. 14), Art. 32 Rdn. 71.

[25] *BVerfGE 2*, 347 (370); *Rojahn* (Fn. 22), Art. 32 Rdn. 38 m.w.N.

Bei der Entscheidung über die Zustimmung hat sich die Bundesregierung von den wohlerwogenen Interessen des Bundes leiten zu lassen.[26] Eine generelle Blokkierung von Verträgen der Länder wäre damit nicht vereinbar. Vielmehr muß im Einzelfall entschieden werden; eine Verweigerung der Zustimmung ist zu begründen und verfassungsgerichtlich überprüfbar.[27]

Die Zustimmung ist für den Abschluß des Vertrages, nicht schon für seine Aushandlung erforderlich.[28] Eine frühzeitige Unterrichtung der Bundesregierung empfiehlt sich jedoch aus politischen Gründen, um die spätere Zustimmung zu gewährleisten. Die Zustimmung ist dem Land, nicht dem völkerrechtlichen Vertragspartner gegenüber zu erteilen.[29] Sie ist Voraussetzung für die innerstaatliche und – nach inzwischen überwiegender Ansicht – auch für die völkerrechtliche Wirksamkeit des Vertrages.[30] Eine fehlende Zustimmung kann jedoch mit heilender Wirkung nachgeholt werden.[31]

3. Konkurrierende Zuständigkeit des Bundes

Umstritten – auch zwischen den Ländern – ist die Frage, ob die Kompetenz zum Abschluß von Verträgen im Bereich der ausschließlichen Gesetzgebungszuständigkeit der Länder nur diesen allein oder zusätzlich auch dem Bund zusteht. Für beide Alternativen lassen sich gute Gründe anführen, so daß es bis in die Gegenwart zu keiner einvernehmlichen Lösung gekommen ist.[32]

Die sog. föderalistische oder süddeutsche Auffassung verwehrt dem Bund eine Vertragsschlußkompetenz in diesem Bereich, weil dadurch die Länderkompetenzen ausgehöhlt werden könnten. Dies zeigt sich besonders deutlich bei der sog. zentralistischen Auffassung, die auf die Notwendigkeit eines einheitlichen Auftretens auch des Bundesstaats nach außen verweist und dem Bund neben der völkerrechtlichen Abschlußkompetenz zugleich die innerstaatliche Umsetzungskompetenz zugestehen will. Demgegenüber will die sog. norddeutsche Auffassung den Bund auf die Abschlußkompetenz beschränken und die Umsetzungskompetenz den Ländern vorbehalten, so daß die Kompetenzen auseinanderfallen und das Problem ihrer gegenseitigen Abstimmung zu lösen ist.

In der Praxis haben sich Bund und Länder – unter Aufrechterhaltung ihrer unterschiedlichen Rechtsauffassungen – auf einen Kompromiß in dem sog. Lindauer

---

[26] *BVerfGE* 2, 347 (370).
[27] *Rojahn* (Fn. 22), Art. 32 Rdn. 39 m.w.N.
[28] *Zuleeg* (Fn. 22), Art. 32 Rdn. 17 m.w.N.
[29] *BVerfGE* 2, 347 (370).
[30] *Streinz* (Fn. 16), Art. 32 Rdn. 63 m.w.N.
[31] *Rojahn* (Fn. 22), Art. 32 Rdn. 38 m.w.N.
[32] Vgl. dazu näher *Fastenrath* (Fn. 23), S. 115 ff.; *Christian Starck*, Die deutschen Länder und die auswärtige Gewalt, in: Festschrift für Peter Lerche, 1993, S. 561 ff. (563 ff.); *Rojahn* (Fn. 22), Art. 32 Rdn. 41 ff.; *Streinz* (Fn. 16), Art. 32 Rdn. 31 ff.

Abkommen vom 14. November 1957 geeinigt.[33] Danach dürfen Verträge des Bundes im Rahmen seiner Gesetzgebungszuständigkeit auch Materien der Gesetzgebungszuständigkeit der Länder einbeziehen, wenn dies für solche Verträge typisch oder von untergeordneter Bedeutung ist. Ferner kann der Bund Verträge im Bereich der ausschließlichen Gesetzgebungszuständigkeit der Länder abschließen, soll jedoch zuvor das Einverständnis der Länder herbeiführen. Zur besseren Abstimmung wurde ein ständiges Gremium aus Vertretern der Länder gebildet, das dem Bund bei der Aushandlung der Verträge zur Verfügung steht.

Die Beteiligung der Länder über den Bundesrat bei dem Abschluß entsprechender Verträge durch den Bund (vgl. Art. 59 Abs. 2 GG) ersetzt nicht das Einverständnis der Länder als solcher. Der verfassungsrechtliche Grundsatz der Bundestreue[34] verbietet jedoch eine willkürliche Blockade durch einzelne Länder[35] ebenso wie er die Länder verpflichtet, die vom Bund mit ihrem Einverständnis abgeschlossenen Verträge im Rahmen ihrer Zuständigkeiten innerstaatlich umzusetzen.[36]

Obwohl die Rechtsnatur und die Verfassungsmäßigkeit des Lindauer Abkommens nicht unumstritten sind,[37] hat es zu einem zufriedenstellenden modus vivendi geführt, so daß eine Verfassungsänderung trotz entsprechender Ansätze bisher nicht für erforderlich gehalten wurde.[38] Die Abstimmung zwischen Bund und Ländern hat dazu geführt, daß die Bundesrepublik Deutschland unabhängig von ihrer internen Kompetenzaufteilung und unabhängig davon, ob auswärtige Partner gegenüber dem Bund oder den Ländern abschlußbereit sind, bei Verträgen stets völkerrechtlich abschlußfähig und innerstaatlich umsetzungsfähig ist.

IV. Übertragung von Hoheitsrechten

1. Zwischenstaatliche Einrichtungen

Während die Länder an der traditionellen Kompetenz, völkerrechtliche Verträge abzuschließen, von Anfang an beteiligt waren, blieben sie von der neuartigen Integrationskompetenz zunächst ausgeschlossen. Allein der Bund wurde in Art. 24

---

[33] Abgedruckt u.a. bei *Maunz* (Fn. 14), Art. 32 Rdn. 45; *Stern* (Fn. 1), S. 696 f.; *Streinz* (Fn. 16), Art. 32 Rdn. 35; vgl. dazu *Bernhard Hartung*, Die Praxis des Lindauer Abkommens, 1984; *Klaus Stern*, Auswärtige Gewalt und Lindauer Abkommen, in: Verfassungsrecht im Wandel (Festschrift Carl Heymanns Verlag), 1995, S. 251 ff.

[34] Vgl. dazu näher *Hartmut Bauer*, Die Bundestreue, 1992, S. 325 ff.

[35] *BVerfGE 41*, 291 (308) m.w.N. (std. Rspr.); vgl. auch *Rudolf* (Fn. 1), 18 f.; *ders.*, Völkerrechtliche Verträge über Gegenstände der Landesgesetzgebung, in: Festschrift für Hubert Armbruster, 1976, S. 59 ff. (69 f.).

[36] *Rojahn* (Fn. 22), Art. 32 Rdn. 55 m.w.N.

[37] Vgl. dazu näher *Rojahn* (Fn. 22), Art. 32 Rdn. 53 f. m.w.N.

[38] Vgl. dazu den Bericht der *Gemeinsamen Verfassungskommission* (Fn. 11), S. 27; ferner *Rudolf* (Fn. 35), 70 ff.

Abs. 1 GG ermächtigt, durch Gesetz Hoheitsrechte auf zwischenstaatliche Einrichtungen zu übertragen. Danach kann der Bund neben eigenen Hoheitsrechten auch solche der Länder übertragen;[39] ferner genügt ein einfaches Bundesgesetz, das nicht der Zustimmung der Länder unterliegt und auch der Zustimmung des Bundesrates nur dann bedarf, wenn es sich inhaltlich auf zustimmungsbedürftige Gesetzgebungsmaterien erstreckt.[40]

Die schlichte und umfassende Integrationsermächtigung des Art. 24 Abs. 1 GG ermöglicht es, dem in der Verfassungspräambel geäußerten Wunsch des Deutschen Volkes nachzukommen, als gleichberechtigtes Glied in einem vereinten Europa dem Frieden der Welt zu dienen. Ihr Hauptanwendungsgebiet waren dementsprechend die Gründung und die Ausgestaltung der Europäischen Gemeinschaften.

Mit der Fortentwicklung und Intensivierung der europäischen Integration wurden immer mehr Hoheitsrechte auch der Länder auf die Europäischen Gemeinschaften verlagert, ohne daß die Länder – anders als der Bund – durch Mitwirkungsrechte auf Gemeinschaftsebene einen Verlustausgleich erhielten. Sie mußten sich insoweit auf Informations- und Kommunikationsrechte gegenüber der Bundesregierung beschränken, deren verfassungsrechtliche Zulässigkeit nicht immer ganz zweifelsfrei erschien.[41]

2. Europäische Union

Zu einer verfassungsrechtlich abgesicherten Beteiligung der Länder an der Integrationskompetenz kam es durch Ergänzung des Grundgesetzes vom 21. Dezember 1992.[42] Sie erfolgte im Zusammenhang mit der Fortentwicklung der Europäischen Gemeinschaften zur Europäischen Union durch den Vertrag von Maastricht.[43] Art. 24 Abs. 1 GG blieb zwar unverändert und gewährleistet weiterhin die erleichterte Integrationsfähigkeit durch einfaches Bundesgesetz zugunsten zwischenstaatlicher Einrichtungen; speziell für die Europäische Union als bedeutsamste Integrationsgemeinschaft wurde jedoch ein neuer Art. 23 GG eingefügt.

Damit soll den Anforderungen entsprochen werden, die sich aus der Europäischen Union als einer neuen Stufe bei der Verwirklichung einer immer engeren

---

[39] H.M.; vgl. dazu näher *Rojahn* (Fn. 22), Art. 24 Rdn. 23 m.w.N.

[40] H.M.; vgl. näher *Streinz* (Fn. 16), Art. 24 Rdn. 25 m.w.N.

[41] Vgl. dazu Bundesrat und Europäische Gemeinschaften, Dokumente, hrsg. vom Sekretariat des Bundesrates, 1988; ferner die Referate und Diskussionsbeiträge in: *Siegfried Magiera / Detlef Merten* (Hrsg.), Bundesländer und Europäische Gemeinschaft, 1988; *Hans Peter Ipsen*, Die Bundesrepublik Deutschland in den Europäischen Gemeinschaften, in: HStR VII, 1992, § 181 Rdn. 36 ff.

[42] BGBl. 1992 I S. 2086; vgl. dazu näher *Siegfried Magiera*, Die Grundgesetzänderung von 1992 und die Europäische Union, Jura 1994, 1 ff.

[43] Vertrag über die Europäische Union v. 7. 2. 1992, BGBl. II S. 1253; eine konsolidierte Fassung des geänderten Vertragswerks findet sich im Amtsblatt der Europäischen Gemeinschaften Nr. C 224 v. 31. 8. 1992.

Union der Völker Europas ergeben.[44] In Ausführung des Integrationsbekenntnisses in der Präambel des Grundgesetzes, die insoweit unverändert geblieben ist, wird in Art. 23 Abs. 1 Satz 1 GG bestimmt, daß die Bundesrepublik Deutschland zur Verwirklichung eines vereinten Europas bei der Entwicklung der Europäischen Union mitwirkt.

Damit wird die europäische Integration zum verpflichtenden Staatsziel erhoben. Verfahrensrechtlich wird sie jedoch gegenüber der allgemeinen Regelung des Art. 24 Abs. 1 GG erschwert. Hoheitsrechte des Bundes und der Länder können zwar weiterhin auch auf die Europäische Union durch Bundesgesetz übertragen werden, das jedoch der Zustimmung des Bundesrates bedarf (Art. 23 Abs. 1 Satz 2 GG). Für die Begründung der Europäischen Union sowie für Änderungen ihrer vertraglichen Grundlagen und vergleichbare Regelungen, durch die das Grundgesetz inhaltlich geändert oder ergänzt wird oder durch die solche Änderungen oder Ergänzungen ermöglicht werden, bedarf es zudem einer verfassungsändernden Zwei-Drittel-Mehrheit im Bundestag und im Bundesrat (Art. 23 Abs. 1 Satz 3 GG).[45]

Die dadurch erfolgte Stärkung der Länder bei der Übertragung von Hoheitsrechten auf die Europäische Union wird ergänzt durch ihre Mitwirkung in Angelegenheiten der Europäischen Union, die – wie bisher schon ihre Mitwirkung bei der Gesetzgebung und Verwaltung des Bundes – ebenfalls durch den Bundesrat erfolgt (Art. 50, 23 Abs. 2 Satz 1 GG). Zur Konzentration und Beschleunigung seines Verfahrens kann der Bundesrat für Angelegenheiten der Europäischen Union zudem eine Europakammer bilden, deren Beschlüsse als Beschlüsse des Bundesrates gelten (Art. 52 Abs. 3 a GG).

Einzelheiten der Mitwirkung der Länder in Angelegenheiten der Europäischen Union sind ausführlich in Art. 23 Abs. 2 und Abs. 4 bis 6 GG sowie in einem Ausführungsgesetz[46] und zusätzlich in einer Vereinbarung zwischen Bund und Ländern geregelt.[47] Hier kann nur auf einige Grundzüge eingegangen werden.[48]

Die Bundesregierung hat den Bundesrat – neben dem Bundestag – umfassend und zum frühestmöglichen Zeitpunkt zu unterrichten (Art. 23 Abs. 2 Satz 2 GG).

---

[44] Vgl. Art. A Abs. 2 EU-Vertrag.

[45] Strittig ist, ob damit für eine Übertragung von Hoheitsrechten durch einfaches (zustimmungsbedürftiges) Bundesgesetz noch Raum bleibt; vgl. dazu *Magiera* (Fn. 42), 9; *Rojahn* (Fn. 22), Art. 23 Rdn. 49; *Streinz* (Fn. 16), Art. 23 Rdn. 64 ff.

[46] Gesetz über die Zusammenarbeit von Bund und Ländern in Angelegenheiten der Europäischen Union v. 12. 3. 1993, BGBl. I S. 313.

[47] Vereinbarung zwischen der Bundesregierung und den Regierungen der Länder über die Zusammenarbeit in Angelegenheiten der Europäischen Union in Ausführung von § 9 des Gesetzes über die Zusammenarbeit von Bund und Ländern in Angelegenheiten der Europäischen Union v. 29. 10. 1993, Bundesanzeiger Nr. 226, S. 10425.

[48] Vgl. – auch zum folgenden – näher *Magiera* (Fn. 42), 9 f.; *Rojahn* (Fn. 22), Art. 23 Rdn. 55 ff.; *Streinz* (Fn. 16), Art. 23 Rdn. 90 ff.; *Philip Kunig*, Mitwirkung der Länder bei der europäischen Integration: Art. 23 des Grundgesetzes im Zwielicht, in: Verfassungsrecht im Wandel (Festschrift Carl Heymanns Verlag), 1995, S. 591 ff.

Der Bundesrat ist an der Willensbildung des Bundes in Angelegenheiten der Europäischen Union zu beteiligen, soweit er an einer entsprechenden innerstaatlichen Maßnahme mitzuwirken hätte oder soweit die Länder innerstaatlich zuständig wären (Art. 23 Abs. 4 GG). Diese Kompensationsklausel soll bewirken, daß die Verlagerung von Länderkompetenzen auf die Europäische Union nicht einseitig dem Bund zugute kommt, sondern auch den Ländern, soweit die Bundesrepublik Deutschland auf Unionsebene mitwirkungsbefugt ist. Außen- und Innenkompetenzen werden somit im Verhältnis von Bund und Ländern parallel geschaltet.

Im Grundsatz muß die Bundesregierung die Stellungnahme des Bundesrates lediglich berücksichtigen, ohne an diese gebunden zu sein. Ausnahmsweise, wenn im Schwerpunkt Gesetzgebungsbefugnisse der Länder, die Einrichtung ihrer Behörden oder ihre Verwaltungsverfahren betroffen sind, muß die Bundesregierung die Auffassung des Bundesrates – unter Wahrung der gesamtstaatlichen Verantwortung – maßgeblich berücksichtigen (Art. 23 Abs. 5 GG). In diesem Fall soll die Auffassung des Bundesrates, wenn sich kein Einvernehmen erzielen läßt und er seine Auffassung mit Zwei-Drittel-Mehrheit bestätigt, maßgebend sein.[49]

Schließlich soll die Wahrnehmung der Vertretung in der Europäischen Union – unter Beteiligung und in Abstimmung mit der Bundesregierung sowie unter Wahrung der gesamtstaatlichen Verantwortung des Bundes – einem vom Bundesrat benannten Vertreter der Länder übertragen werden,[50] wenn im Schwerpunkt ausschließliche Gesetzgebungsbefugnisse der Länder betroffen sind (Art. 23 Abs. 6 GG).

Insgesamt besteht somit bei der Übertragung von Hoheitsrechten auf die Europäische Union und bei der Mitwirkung in deren Angelegenheiten durch die Einschaltung des Bundesrates die Möglichkeit einer mehrheitlichen Abstimmung zwischen den Ländern. Dadurch wird die Vetoposition einzelner Länder im Bundesstaat überwunden und eine bessere Reaktionsfähigkeit der Gesamtheit der Länder erreicht.

3. Grenznachbarschaftliche Einrichtungen

a) Neben der Beteiligung an der Integrationskompetenz des Bundes bei der Entwicklung der Europäischen Union erhielten die Länder durch die Ergänzung des Grundgesetzes vom 21. Dezember 1992[51] auch eine *eigene Kompetenz* zur Über-

---

[49] Vgl. § 5 Abs. 2 des Ausführungsgesetzes zu Art. 23 GG, oben (Fn. 46); bei verfassungskonformer Auslegung folgt daraus jedoch kein „Letztentscheidungsrecht" des Bundesrates; vgl. dazu näher *Rojahn* (Fn. 22), Art. 23 Rdn. 72; *Streinz* (Fn. 16), Art. 23 Rdn. 108 ff.; jeweils m.w.N.

[50] Diese Möglichkeit wurde auf Gemeinschaftsebene durch den EU-Vertrag (Fn. 43) eröffnet; vgl. Art. 146 Abs. 1 EG-Vertrag, Art. 116 Abs. 1 EAG-Vertrag, Art. 27 Abs. 1 EGKS-Vertrag.

[51] Vgl. oben (Fn. 42).

tragung von Hoheitsrechten. Gemäß Art. 24 Abs. 1 a GG können die Länder, soweit sie für die Ausübung der staatlichen Befugnisse und die Erfüllung der staatlichen Aufgaben zuständig sind, nunmehr mit Zustimmung der Bundesregierung Hoheitsrechte auf grenznachbarschaftliche Einrichtungen übertragen.

Die Integrationskompetenz der Länder ist derjenigen des Bundes in Art. 24 Abs. 1 GG nachgebildet, unterscheidet sich von dieser jedoch insbesondere durch die Übertragbarkeit von Hoheitsrechten auf grenznachbarschaftliche, statt auf zwischenstaatliche Einrichtungen.

Ihre Einfügung in das Grundgesetz entspricht dem praktischen Bedürfnis, die zunehmende grenzüberschreitende Zusammenarbeit der Länder durch verfassungsrechtlich gesicherte, dauerhafte Strukturen zu ergänzen, die – unterhalb der Ebene zwischenstaatlicher Integration, wie sie in der Europäischen Union stattfindet – aufgrund übertragener Hoheitsrechte mit unmittelbarer Durchgriffswirkung gegenüber den einzelnen handeln können.[52] Als Beispiele wurden in den Verfassungsberatungen die Bereiche des Schul- und Hochschulwesens, des Polizeirechts, der Abfall- und Abwasserbeseitigung sowie die Möglichkeiten des Erlasses von Benutzungsordnungen und der Erhebung von Gebühren genannt.[53]

Anders als die Vertragsschlußkompetenz, die sich gemäß Art. 32 Abs. 3 GG auf die Gesetzgebungszuständigkeit beschränkt,[54] erstreckt sich die Integrationskompetenz der Länder entsprechend der allgemeinen Kompetenzverteilungsregelung des Art. 30 GG[55] auf ihre gesamte Verbandskompetenz unabhängig davon, ob diese der Gesetzgebung, der Verwaltung oder der Rechtsprechung zuzurechnen ist.[56]

b) Entsprechend der Vertragsschlußkompetenz[57] unterliegt auch die Integrationskompetenz der Länder der *Zustimmung der Bundesregierung*, die für den notwendigen bundesstaatlichen Ausgleich und die Berücksichtigung der gesamtstaatlichen Belange sorgen soll.[58]

Eine Beteiligung des Bundesgesetzgebers, d. h. von Bundestag und Bundesrat, ist demgegenüber – anders als bei der Übertragung von Hoheitsrechten durch den Bund[59] – nicht vorgesehen, so daß sich das Verfahren im übrigen nach dem jewei-

---

[52] Zur Entstehung des Art. 24 Abs. 1 a GG vgl. Bundesrats-Drucksache 360/92 v. 14. 5. 1992, S. 3 ff.; Bundestags-Drucksache 12/3338 v. 2. 10. 1993, S. 3, 10; Bericht der *Gemeinsamen Verfassungskommission* (Fn. 11), S. 25.

[53] Ebd.

[54] Vgl. oben, Abschnitt III.1.

[55] Vgl. oben, Abschnitt II.1.

[56] Ebenso die h.M.; vgl. näher *Andreas Beck*, Die Übertragung von Hoheitsrechten auf kommunale grenznachbarschaftliche Einrichtungen, 1995, S. 95 f. m.w.N.; a.A. *Albrecht Randelzhofer*, in: Maunz/Dürig (Fn. 14), Art. 24 I Rdn. 199 (Stand: 1992).

[57] Vgl. oben, Abschnitt III.2.

[58] Vgl. dazu die Entstehungsgeschichte, oben (Fn. 52).

[59] Vgl. oben, Abschnitt IV.1. und 2.

ligen Landesverfassungsrecht richtet.[60] Dieses muß jedoch den Anforderungen des Homogenitätsprinzips in Art. 28 Abs. 1 Satz 1 GG, insbesondere dem Grundsatz des demokratischen Rechtsstaats im Sinne des Grundgesetzes, genügen.

c) Danach ist es angesichts der materiellen Voraussetzungen in Art. 24 Abs. 1 a GG nicht zwingend geboten, daß im Landesverfassungsrecht eine ausdrückliche Umsetzung der Ermächtigung zur Übertragung von Hoheitsrechten auf grenznachbarschaftliche Einrichtungen erfolgt.[61] Wegen der unmittelbaren Durchgriffswirkungen, die mit der Übertragung von Hoheitsrechten auf eine solche Einrichtung außerhalb der Verfassungsordnung des Grundgesetzes verbunden sind, erscheint jedoch unter Berücksichtigung der Wesentlichkeitstheorie eine *Zustimmung des jeweiligen Landesparlaments* erforderlich.[62] Diese kann auch in der Form eines einfachen Parlamentsbeschlusses erteilt werden,[63] nachdem die im ursprünglichen Entwurf des Art. 24 Abs. 1 a GG vorgesehene Form eines Gesetzes nicht in die endgültige Textfassung übernommen wurde.[64] Neben einer parlamentarischen Zustimmung zur Hoheitsrechtsübertragung im Einzelfall, insbesondere bei der Schaffung von grenznachbarschaftlichen Einrichtungen der Länder selbst, wird man auch eine allgemeine, jedoch begrenzte parlamentarische Ermächtigung als zulässig ansehen können, um die Schaffung von grenznachbarschaftlichen Einrichtungen kommunaler Gebietskörperschaften praktikabel zu machen.[65]

Grenznachbarschaftliche Einrichtungen sind nach ihrer Funktion räumlich begrenzt auf Angelegenheiten mit regionalem oder kommunalem Bezug zur Erleichterung der Zusammenarbeit über eine gemeinsame Staatsgrenze hinweg.[66]

Für ihre Errichtung ist – neben der parlamentarischen Zustimmung[67] – eine *vertragliche Grundlage* der Zusammenarbeit zwischen den beteiligten Partnern not-

---

[60] Ebenso *Jarass* (Fn. 15), Art. 24 Rdn. 15; *Randelzhofer* (Fn. 56), Art. 24 I Rdn. 198; *Rojahn* (Fn. 22), Art. 24 Rdn. 84.

[61] Ebenso *Jürgen Schwarze*, Die Übertragung von Hoheitsrechten auf grenznachbarschaftliche Einrichtungen i.S.d. Art. 24 I a GG, in: Festschrift für Ernst Benda, 1995, S. 311 ff. (321); *Beck* (Fn. 56), S. 126; a.A. *Roland Rixecker*, Grenzüberschreitender Föderalismus – eine Vision der deutschen Verfassungsreform zu Artikel 24 Abs. 1 des Grundgesetzes, in: Kurt Bohr (Hrsg.), Föderalismus, 1992, S. 201 ff. (210). – Zu den spärlichen Regelungen der Landesverfassungen für den Bereich der traditionellen Völkerrechtsverträge vgl. *Rudolf* (Fn. 1), 10, 20; *ders.* (Fn. 35), 59, 68 f.

[62] Ebenso *Ulrich Beyerlin*, Zur Übertragung von Hoheitsrechten im Kontext dezentraler grenzüberschreitender Zusammenarbeit, ZaöRV 54 (1994), S. 587 ff. (602 f.); *Schwarze* (Fn. 61), S. 319 f.; *Beck* (Fn. 56), S. 129; *Streinz* (Fn. 16), Art. 24 Rdn. 46; a.A. *Randelzhofer* (Fn. 56), Art. 24 I Rdn. 198.

[63] Ebenso *Beck* (Fn. 56), S. 129 f.; a.A. insoweit wohl *Beyerlin* (Fn. 62), 603; *Schwarze* (Fn. 61), S. 320.

[64] Vgl. zur Entstehungsgeschichte oben (Fn. 52).

[65] Vgl. auch *Beyerlin* (Fn. 62), 602 f.; *Schwarze* (Fn. 61), S. 320.

[66] Vgl. dazu näher *Beck* (Fn. 56), S. 109 f.; *Schwarze* (Fn. 61), S. 327 ff.

[67] Vgl. oben, bei Fn. 62.

wendig. Ein völkerrechtlicher Vertrag ist – anders als für die Schaffung einer „zwischenstaatlichen" Einrichtung im Sinne des Art. 24 Abs. 1 GG[68] – nicht zwingend erforderlich.[69] Dafür spricht zunächst die abweichende Bezeichnung als „grenznachbarschaftliche" Einrichtung. Entscheidend kommt hinzu, daß die Ermächtigung des Art. 24 Abs. 1 a GG andernfalls kaum die mit der Verfassungsergänzung angestrebte praktische Bedeutung erlangen könnte. Als Vertragspartner einer völkerrechtlichen Vereinbarung kämen für die Länder nur die souveränen Nachbarstaaten oder die Gliedstaaten in Belgien, Österreich und der Schweiz in Betracht,[70] nicht aber Untergliederungen in anderen Nachbarstaaten, die für die grenzüberschreitende Zusammenarbeit der Länder von besonderem Interesse sind. Dementsprechend genügen neben völkerrechtlichen Verträgen auch öffentlich-rechtliche Vereinbarungen nicht-völkerrechtlicher Natur, wie z. B. mit einem französischen Departement oder einer niederländischen Provinz.[71]

Anders als bei zwischenstaatlichen Einrichtungen wird man auch nicht verlangen können, daß die grenznachbarschaftliche Einrichtung nur einer autonomen, nicht aber einer *nationalen Rechtsordnung unterstellt* sein darf.[72] Der Aufwand, der mit der Schaffung einer eigenständigen Rechtsordnung verbunden ist und dennoch kaum deren Lückenlosigkeit sichern kann, wäre insbesondere für grenznachbarschaftliche Einrichtungen im kommunalen Bereich unverhältnismäßig groß. Vielmehr muß grundsätzlich auch die Unterstellung unter eine der innerstaatlichen Rechtsordnungen der beteiligten Partner genügen. Da die grenznachbarschaftliche Einrichtung der Zusammenarbeit der beteiligten Partner dienen soll, ist jedoch zu verlangen, daß alle Partner gemeinsam und angemessen an ihrer Willensbildung mitwirken.[73]

---

[68] *BVerfGE* 2, 347 (377).

[69] Ebenso *Schwarze* (Fn. 61), S. 322 ff.; *Streinz* (Fn. 16), Art. 24 Rdn. 39; *Rojahn* (Fn. 22), Art. 24 Rdn. 85; *Randelzhofer* (Fn. 56), Art. 24 I Rdn. 197; wohl auch *Beyerlin* (Fn. 62), 601 ff.; a.A. *Beck* (Fn. 56), S. 118 ff.; *Susan Grotefels*, Die Novellierung des Art. 24 GG, DVBl. 1994, 785 ff. (791).

[70] Vgl. dazu oben, Abschnitt III.1. mit Fn. 18 f.

[71] Vgl. dazu *Rojahn* (Fn. 22), Art. 24 Rdn. 85; *Beyerlin* (Fn. 62), 602; ferner *Christian Autexier*, Gemeinsame lothringisch-saarländische administrative Einrichtungen und Verfahrensweisen, 1993, S. 89.

[72] Ebenso *Autexier* (Fn. 71), S. 89; *Beck* (Fn. 56), S. 134 ff.; *Schwarze* (Fn. 61), S. 329 ff.; *Joachim Bauer/Matthias Hartwig*, Verträge der Länder der Bundesrepublik Deutschland mit ausländischen Staaten über Fragen der kommunalen Zusammenarbeit, NWVBl. 1994, 41 ff. (48); a.A. *Grotefels* (Fn. 69), 787.

[73] Im Ergebnis ebenso *Rojahn* (Fn. 22), Art. 24 Rdn. 83 m.w.N.; weitergehende Überlegungen bei *Beck* (Fn. 56), S. 148 ff.

V. Sonstige Außenkompetenzen

1. Kompetenzverteilung im Bereich der auswärtigen Gewalt

Neben den begrenzten Ermächtigungen zum Abschluß völkerrechtlicher Verträge (Art. 32 Abs. 3 GG) und zur Übertragung von Hoheitsrechten (Art. 24 Abs. 1 a GG) sowie der Beteiligung an entsprechenden Kompetenzen des Bundes (Art. 32 Abs. 2, 23, 50 GG) weist das Grundgesetz den Ländern sonstige Außenkompetenzen nicht ausdrücklich zu. Entsprechende Kompetenzen werden vielmehr grundsätzlich dem Bund übertragen, insbesondere die Pflege der Beziehungen zu auswärtigen Staaten (Art. 32 Abs. 1 GG), die Übertragung von Hoheitsrechten auf die Europäische Union (Art. 23 GG) und auf zwischenstaatliche Einrichtungen (Art. 24 Abs. 1 GG) sowie die Gesetzgebung über auswärtige Angelegenheiten (Art. 73 Nr. 1 GG) und die Führung des Auswärtigen Dienstes (Art. 87 Abs. 1 GG).

Als Sonderregelungen für die Kompetenzverteilung im Bereich der auswärtigen Gewalt verdrängen diese und andere Bestimmungen die allgemeine Kompetenzverteilungsregelung des Art. 30 GG.[74] Die Verdrängung erfolgt jedoch nur, soweit der Tatbestand der konkreten Sonderregelung reicht; im übrigen bleibt es bei der Residualkompetenz des Art. 30 GG zugunsten der Länder. Auch erscheint es nicht als ausgeschlossen, daß den Ländern darüber hinaus im Bereich der auswärtigen Gewalt Kompetenzen kraft Sachzusammenhangs oder aus der Natur der Sache zustehen können.

Art. 32 Abs. 1 GG enthält die Grundentscheidung über die Kompetenzverteilung zwischen Bund und Ländern im Bereich der auswärtigen Gewalt.[75] Indem er die Pflege der Beziehungen zu auswärtigen Staaten zur Sache des Bundes erklärt, kehrt Art. 32 Abs. 1 GG die allgemeine Kompetenzverteilungsregelung für den von ihm erfaßten Aufgabenbereich um: die Zuständigkeit liegt insoweit grundsätzlich beim Bund, nicht bei den Ländern.[76]

2. Völkerrechtsförmliches Handeln

a) Die Sonderregelung des Art. 32 GG gilt zunächst und unbestritten für *völkerrechtsförmliches Handeln*, d. h. für alle ein-, zwei- oder mehrseitigen Handlungs-

---

[74] Vgl. oben, Abschnitt II.1.

[75] Zum Begriff der auswärtigen Gewalt vgl. *Hermann Mosler*, Die auswärtige Gewalt im Verfassungssystem der Bundesrepublik Deutschland, in: Festschrift für Carl Bilfinger, 1954, S. 243 ff. (246 ff.); *Helmut Steinberger*, Auswärtige Gewalt unter dem Grundgesetz, in: Reinhard Mußgnug (Hrsg.), Rechtsentwicklung unter dem Grundgesetz, 1990, S. 101 ff.; *Wilhelm Grewe*, Auswärtige Gewalt, HStR III, 1988, § 77 Rdn. 1 ff.; *Fastenrath* (Fn. 23), S. 56 ff.; *Philip Kunig*, Auswärtige Gewalt, Jura 1993, 554 ff.; jeweils m.w.N.

[76] Vgl. näher *Rojahn* (Fn. 22), Art. 32 Rdn. 8; *Streinz* (Fn. 16), Art. 32 Rdn. 9; *Grewe* (Fn. 75), § 77 Rdn. 81; *Zuleeg* (Fn. 22), Art. 32 Rdn. 5; *Stern* (Fn. 1), S. 692.

formen mit Rechtswirkungen im Bereich der Völkerrechtsordnung.[77] Verträge und einseitige Rechtsakte des Völkerrechts, wie etwa die Anerkennung von Staaten oder Regierungen, fallen somit grundsätzlich in die Zuständigkeit des Bundes. Eine Zuständigkeit der Länder oder eine Beteiligung der Länder an einer Bundeszuständigkeit bedarf insoweit einer ausdrücklichen Grundlage in der Verfassung, wie sie in den Bestimmungen über den Abschluß völkerrechtlicher Verträge (Art. 32 Abs. 2 und 3 GG) und über die Übertragung von Hoheitsrechten (Art. 23, 24 Abs. 1 a, 50 GG) erfolgt ist.[78]

Darüber hinaus sind die Länder von völkerrechtsförmlichen Handlungen ausgeschlossen. Andererseits beschränkt sich ihre Kompetenz zum Vertragsschluß und zur Übertragung von Hoheitsrechten nicht lediglich auf den Abschluß- oder Übertragungsakt, sondern umfaßt auch die dazu erforderlichen Vertragsverhandlungen sowie die anschließende Vertragsdurchführung.[79] Dies folgt aus einem zweckentsprechenden Verständnis der betreffenden Verfassungsbestimmungen und bedarf keines Rückgriffs auf eine Zusatzkompetenz kraft Sachzusammenhangs.

b) Völkerrechtsförmliches Handeln setzt voraus, daß es um *Beziehungen zu auswärtigen Staaten*, d. h. zu anderen Völkerrechtssubjekten, geht. Dafür genügt auch eine partielle und potentielle Völkerrechtssubjektivität auswärtiger Gliedstaaten.[80]

Nicht erfaßt werden demgegenüber Beziehungen zu anderen auswärtigen Körperschaften des öffentlichen Rechts, die ausschließlich dem innerstaatlichen Recht unterstehen.[81] Für sie gilt nicht die Sonderregelung des Art. 32 GG, sondern die allgemeine Kompetenzverteilungsregelung des Art. 30 GG. Verträge der Länder mit derartigen Körperschaften bedürfen deshalb nicht der Zustimmung der Bundesregierung, unterliegen jedoch – wie die Beziehungen insgesamt – den Anforderungen des Grundsatzes der Bundestreue.[82]

3. Akte reiner Außenpolitik

a) Die *Zuständigkeit des Bundes* im Bereich der auswärtigen Gewalt, wie sie in Art. 32 Abs. 1 GG festgelegt ist, bezieht sich nicht nur auf völkerrechtsförmliches Handeln, sondern auch auf rechtlich unverbindliche Akte der Außenpolitik im Verkehr mit anderen Völkerrechtssubjekten. Für eine Beschränkung der Sonderrege-

---

[77] *Rojahn* (Fn. 22), Art. 32 Rdn. 3; *Fastenrath* (Fn. 23), S. 81 ff.; *Streinz* (Fn. 16), Art. 32 Rdn. 12.
[78] Vgl. dazu oben, Abschnitt III. und IV.
[79] *Rojahn* (Fn. 22), Art. 32 Rdn. 59; *Fastenrath* (Fn. 23), S. 145; *Zuleeg* (Fn. 22), Art. 32 Rdn. 16.
[80] Vgl. oben, Abschnitt II.1. mit Fn. 18 f.
[81] BVerfGE 2, 347 (374 f.); *Jarass* (Fn. 15), Art. 32 Rdn. 2; *Grewe* (Fn. 75), § 77 Rdn. 83; *Rudolf Geiger*, Grundgesetz und Völkerrecht, 2. Aufl. 1994, S. 122; *Rojahn* (Fn. 22), Art. 32 Rdn. 61; a.A. *Streinz* (Fn. 16), Art. 32 Rdn. 17 ff.; *Zuleeg* (Fn. 22), Art. 32 Rdn. 7.
[82] Ebenso *Geiger* (Fn. 81), S. 122; *Jarass* (Fn. 15), Art. 32 Rdn. 2.

lung auf völkerrechtsförmliches Handeln, wie sie teilweise vertreten wird,[83] finden sich im Grundgesetz keine überzeugenden Anhaltspunkte.[84]

So spricht der Wortlaut umfassend von Beziehungen zu auswärtigen Staaten, ohne diese auf völkerrechtsförmliches Handeln zu beschränken. Nach der Systematik würde eine Ausklammerung der außenpolitischen Akte aus der Sonderregelung des Art. 32 Abs. 1 GG zur allgemeinen Kompetenzverteilungsregelung des Art. 30 GG führen. Der Bund müßte für jede nicht-völkerrechtsförmliche Handlung nachweisen, daß das Grundgesetz eine Sonderregelung zu seinen Gunsten trifft oder zuläßt. Da ausdrückliche Regelungen insoweit über das Grundgesetz verstreut und lückenhaft sind, wäre er auf eng umgrenzte Kompetenzen kraft Sachzusammenhangs oder aus der Natur der Sache angewiesen.

Dadurch würden letztlich Sinn und Zweck des Art. 32 Abs. 1 GG verfehlt. Auch ein Bundesstaat muß im Verkehr mit anderen Völkerrechtssubjekten grundsätzlich als Einheit auftreten[85] und dabei den Zusammenhang und die Wechselwirkung zwischen Völkerrecht und Außenpolitik berücksichtigen, die nicht zum Nachteil des Staatsganzen auseinandergerissen werden dürfen.[86] Im Ergebnis fallen daher alle rechtlich unverbindlichen Akte der Außenpolitik im Verkehr mit anderen Völkerrechtssubjekten nach der Sonderregelung des Art. 32 Abs. 1 GG in die Zuständigkeit des Bundes.

Auch diese Kompetenz des Bundes ist jedoch *begrenzt* und darf nicht dahin verstanden oder genutzt werden, daß sie zu einer Beeinträchtigung oder Aushöhlung der innerstaatlichen Länderkompetenzen führt. Eine solche Gefahr liegt deshalb nahe, weil sich Innen- und Außensphäre staatlichen Handelns in der Gegenwart vielfach wechselseitig durchdringen und die Zielrichtung staatlichen Handelns selten eindimensional – nach außen oder nach innen – festgelegt und bestimmbar ist.[87]

Entscheidend muß deshalb auf den Schwerpunkt des konkreten staatlichen Handelns und darauf abgestellt werden, ob es die Beziehungen zu einem anderen Völkerrechtssubjekt unmittelbar betrifft.[88] Nicht erfaßt werden danach staatliche Maßnahmen, die der Erfüllung auswärtiger Beziehungen im innerstaatlichen Bereich dienen oder die lediglich indirekte Folgen (Reflexwirkungen) für die auswärtigen Beziehungen haben. Insoweit bleibt es bei der allgemeinen Kompetenzverteilungs-

---

[83] So *Fastenrath* (Fn. 23), S. 83 ff.; wohl auch *Geiger* (Fn. 81), S. 118, 122.

[84] Ebenso die h.M.; vgl. etwa *Grewe* (Fn. 75), § 77 Rdn. 82 f.; *Steinberger* (Fn. 75), S. 103; *Jarass* (Fn. 15), Art. 32 Rdn. 2; *Streinz* (Fn. 16), Art. 32 Rdn. 12 f.; *Zuleeg* (Fn. 22), Art. 32 Rdn. 5; *Rojahn* (Fn. 22), Art. 32 Rdn. 3.

[85] BVerfGE 2, 347 (378); *Rudolf* (Fn. 1), 1.

[86] Vgl. auch *Grewe* (Fn. 75), § 77 Rdn. 83; *Rojahn* (Fn. 22), Art. 32 Rdn. 2.

[87] *Grewe* (Fn. 75), § 77 Rdn. 5; *Fastenrath* (Fn. 23), S. 62 ff.

[88] Zum Erfordernis der Unmittelbarkeit vgl. *Grewe* (Fn. 75), § 77 Rdn. 5; *Zuleeg* (Fn. 22), Art. 32 Rdn. 6; *Jarass* (Fn. 15), Art. 32 Rdn. 3; *Rojahn* (Fn. 22), Art. 32 Rdn. 23; a.A. *Fastenrath* (Fn. 23), S. 66 f.

regelung des Art. 30 GG und damit bei der grundsätzlichen Zuständigkeit der Länder.

b) In der Praxis haben sich demgegenüber vielfach unmittelbare *Kontakte der Länder* mit anderen Völkerrechtssubjekten, insbesondere auswärtigen Staaten, aber auch etwa den Europäischen Gemeinschaften, herausgebildet, die über die Länderzuständigkeit zum Abschluß völkerrechtlicher Verträge hinausreichen. Sie dienen der grenzüberschreitenden Zusammenarbeit mit Nachbarstaaten, aber auch der Pflege freundschaftlicher Beziehungen zu ferner gelegenen Staaten, etwa zum Zweck der Entwicklungszusammenarbeit.[89]

aa) Ein praktisches Bedürfnis läßt sich in den meisten Fällen, insbesondere hinsichtlich der grenznachbarschaftlichen Zusammenarbeit, nicht leugnen, da der Bund überfordert wäre, derartige Kontakte ausschließlich wahrzunehmen.[90] Problematisch erscheint jedoch die dafür erforderliche *Verfassungsgrundlage*.

Auch eine weite Auslegung der Zuständigkeit der Länder zum Abschluß völkerrechtlicher Verträge und zur Übertragung von Hoheitsrechten vermag nicht alle außenpolitischen Aktivitäten der Länder abzudecken. Die betreffenden Kompetenzen sind vielmehr auf den konkreten Einzelfall begrenzt.[91] Eine Überdehnung der Vertragsschlußkompetenz wäre es auch, diese auf nicht-rechtsverbindliche, politische Abmachungen zu erstrecken, da die Länder dadurch den außenpolitischen Vorbehalt zugunsten des Bundes unterlaufen könnten.[92] Schließlich bedürfen auch Besuchsreisen von Mitgliedern der Landesregierungen bei Regierungen auswärtiger Staaten, selbst wenn sie nur der Information oder Repräsentation dienen, einer verfassungsrechtlichen Grundlage, soweit sie in amtlicher Eigenschaft erfolgen.[93]

Wenig überzeugend, weil praxisfern, erschiene es, die entsprechenden Aktivitäten der Länder auf eine ausdrückliche oder gar stillschweigende *Delegation des Bundes* zurückzuführen.[94] Dagegen spricht vor allem, daß die Länder im allgemeinen ihre eigenen, spezifischen Interessen und nicht diejenigen des Gesamtstaates wahrnehmen wollen.

Als verfassungsrechtliche Grundlage kommt demgegenüber eine Kompetenz aus der *Natur der Sache* in Betracht.[95] Dafür spricht, daß die Länder zur Wahrung

---

[89] Vgl. zur Praxis *Ulrich Fastenrath*, Auswärtige Gewalt im offenen Verfassungsstaat, in: Armin Dittmann / Michael Kilian (Hrsg.), Kompetenzprobleme der auswärtigen Gewalt, 1982, S. 1 ff.; ferner *Klaus Nass*, Recht und Praxis der Entwicklungspolitik der deutschen Länder, DÖV 1996, 274 ff.
[90] Vgl. auch *Streinz* (Fn. 16), Art. 32 Rdn. 51 m.w.N.
[91] Ebenso *Zuleeg* (Fn. 22), Art. 32 Rdn. 22.
[92] A.A. *Rojahn* (Fn. 22), Art. 32 Rdn. 60.
[93] Zu den damit verbundenen Schwierigkeiten vgl. *Rojahn* (Fn. 22), Art. 32 Rdn. 64; *Pietzcker* (Fn. 9), § 99 Rdn. 17; *Fastenrath* (Fn. 23), S. 194 f.; jeweils m.w.N.
[94] So aber *Grewe* (Fn. 75), § 77 Rdn. 83; dagegen *Fastenrath* (Fn. 23), S. 113 f.
[95] *Zuleeg* (Fn. 22), Art. 32 Rdn. 23; ihm folgend *Streinz* (Fn. 16), Art. 32 Rdn. 52; zweifelnd *Rojahn* (Fn. 22), Art. 32 Rdn. 58.

ihrer Eigenstaatlichkeit, insbesondere als partielle und potentielle Völkerrechtssubjekte, auch über ein Mindestmaß an Beziehungen zu anderen Völkerrechtssubjekten als Teil ihres „Hausguts"[96] verfügen müssen. Angesichts der Entwicklung der internationalen Beziehungen reicht dazu die Möglichkeit zum Abschluß völkerrechtlicher Verträge, selbst bei einem weiten Verständnis, nicht mehr aus.[97] Erforderlich sind vielmehr auch nicht-völkerrechtsförmliche Beziehungen zur Wahrung landesspezifischer Interessen.

bb) Ihre *Grenzen* findet die Kompetenz aus der Natur der Sache im Grundsatz der Bundestreue und in den Sonderregelungen zur auswärtigen Gewalt. Allgemein dürfen die Länder die Außenpolitik des Bundes nicht beeinträchtigen und keine eigenständige „Nebenaußenpolitik" betreiben.[98] Im einzelnen müssen sie die dem Bund zugewiesenen Kompetenzen achten. So dürfen sie insbesondere keinen auswärtigen Dienst und keine diplomatischen oder konsularischen Vertretungen unterhalten.[99] Nicht ausgeschlossen sind jedoch Länderbüros ohne diplomatischen Status als ständige Verbindungen unmittelbar zu Einrichtungen der Europäischen Union.[100]

cc) Verfahrensrechtlich unterliegen Aktivitäten der Länder, die auf eine Kompetenz aus der Natur der Sache gestützt werden, der verfassungsgerichtlichen Kontrolle, die von der Bundesregierung im Bund-Länder-Streitverfahren (Art. 93 Abs. 1 Nr. 4 GG) eingeleitet werden kann. Fraglich ist, ob sie darüber hinaus der *Zustimmung der Bundesregierung* bedürfen, wie dies für den Abschluß völkerrechtlicher Verträge (Art. 32 Abs. 3 GG) und die Übertragung von Hoheitsrechten (Art. 24 Abs. 1 a GG) erforderlich ist.

Dafür läßt sich das aufgezeigte Ineinandergreifen von Völkerrecht und Außenpolitik anführen. Dagegen spricht jedoch, daß es sich bei dem Abschluß völkerrechtlicher Verträge und der Übertragung von Hoheitsrechten um besonders bedeutsame Akte im Völkerrechtsverkehr handelt. Entscheidend kommt hinzu, daß erst der Vertragsschluß selbst, nicht jedoch schon die Vertragsverhandlungen der Zustimmung bedürfen.[101]

Das Zustimmungserfordernis gibt der Bundesregierung somit ein Vetorecht, durch dessen Ausübung sie nur den entscheidenden Akt, nicht auch den damit verbundenen Verhandlungsprozeß verhindern kann. Entsprechend dem Grundgedanken dieser Regelung wird man deshalb für die außervertraglichen Aktivitäten der Länder anzunehmen haben, daß sie zwar nicht der (vorherigen) Zustimmung der

---

[96] Vgl. dazu allgemein *BVerfGE 34*, 9 (20).
[97] A.A. *Rojahn* (Fn. 22), Art. 32 Rdn. 58.
[98] Vgl. *BVerfGE 2*, 347 (379).
[99] Vgl. Art. 73 Nr. 1, 87 Abs. 1 GG; dazu *Zuleeg* (Fn. 22), Art. 32 Rdn. 23; *Streinz* (Fn. 16), Art. 32 Rdn. 53; *Rojahn* (Fn. 22), Art. 32 Rdn. 18.
[100] Vgl. § 8 des Ausführungsgesetzes zu Art. 23 GG, oben (Fn. 46); vgl. auch *Rudolf* (Fn. 1), 28 ff.
[101] Vgl. oben, Abschnitt III.2. mit Fn. 28.

Bundesregierung bedürfen, jedoch von ihr jederzeit untersagt werden können.[102] Um der Bundesregierung eine begründete Entscheidung zu ermöglichen, die für den notwendigen bundesstaatlichen Ausgleich und die Berücksichtigung der gesamtstaatlichen Belange sorgt,[103] ist sie von den Ländern über deren außenpolitische Aktivitäten auf dem laufenden zu halten.[104]

---

[102] Ebenso im Ergebnis *Zuleeg* (Fn. 22), Art. 32 Rdn. 24; *Jarass* (Fn. 15), Art. 32 Rdn. 6; *Streinz* (Fn. 16), Art. 32 Rdn. 53.
[103] Vgl. dazu oben, Abschnitt III.2. mit Fn. 26 und IV.3.b) mit Fn. 58.
[104] Vgl. zur empfehlenswerten Praxis bei völkerrechtlichen Verträgen oben, Abschnitt III.2.

III. Staat und Recht

Dynamische Interdependenz und funktionaler Staat

Anmerkungen zur politisch-administrativen Theorie der Übergangsgesellschaft[1]

Von Carl Böhret

A. Ansatzpunkte: Systematisierte Mustererkennung und Hypothesen

Wir leben in theoriearmen Zeiten. Zumindest was die Erkenntnis makroskopischer Beziehungen zwischen Staat und Gesellschaft betrifft. Obwohl die bereichs- und gegenwartsübergreifenden Herausforderungen wie die als unlösbar erscheinenden Schwierigkeiten deutlich und unbestritten sind, bleiben systemische Erklärungsversuche rar. Stattdessen finden sogenannte praxisnahe Empfehlungen ihre knappheitsbedingte Aufmerksamkeit; Entstaatlichung und Verwaltungsmodernisierung, Verschlankung und Effektuierung der Reste – so lautet das Credo und so wird auch tatsächlich zu handeln versucht. Vielleicht liegt diese pragmatische Herunterzonung auch daran, daß sich die Wissenschaft im Pluralisierungsprozeß selbst konkurrierende Paradigmen schuf, und deshalb schon hypothetische Verallgemeinerungen auf dem Weg zur Theorie zu scheuen begann. Aber wie soll Entwicklung – aus Zusammenhang, Dynamik und Folgen – noch erfaßt und erklärt werden, wenn wir keine Muster, historischen Bedingungen, Phasen von Veränderung und Auswirkung wahrnehmen können und diskutieren wollen? Gerade in der Praxis zeigt sich, daß man aus bloßer Erfahrung und gegenwärtigem Problemdruck nicht hinreichend für die Zukunft lernen kann. Kant's „Nichts ist so praktisch wie gute Theorie" gilt noch. Wenn die Komplexität zunimmt – und sie beeilt sich dabei auch noch – dann gilt weiterhin, diese Komplexität analytisch zu durchdringen und verallgemeinerbare Erkenntnisse zu gewinnen. Beides auch in praktischer Absicht. Je gewichtiger die Lösungsanforderungen werden, desto dringlicher benötigen wir also Theorie(n) über deren Bedingungen und Möglichkeiten. Das müssen keine „Welterklärungen" sein, es genügen zumeist Aussagen mittlerer Reichweite. Aber es dürfen auch nicht bloß Rezepturen für aktuelle Einzelaspekte sein, etwa für die alerte Organisation oder für ein Regulierungsvorhaben. Paßgenau erscheinen hierfür „10 Uhr-Theorien": allgemein und einfach, aber nicht ganz genau – bei der Vorhersage von Einzelheiten.[2]

---

[1] Herrn Dr. *Götz Konzendorf* bin ich für wichtige Vorarbeiten und Anregungen dankbar. Die erweiterten und vertieften Analysen sollen demnächst in einer gemeinsamen Publikation vorgestellt werden und als Beitrag für eine Theorie des funktionalen Staates zur Diskussion anregen.

Oft „staunen" wir, was alles so kommen kann – oder sich ereignet. Im Nachvollzug solcher Vorgänge wird deutlich: auch soziale Systeme emergieren; sie kommen mit neuen Strukturen und Regeln „zum Vorschein". Sie erscheinen in neuen Mustern, lassen Zusammenhänge wie Prinzipien ihrer Veränderungen erahnen, regen zu vorläufigen Aussagen (Hypothesen) und deren Überprüfung an. Wirklichkeit und Veränderung der Wirklichkeit erschließen sich erst (und dann auch handlungsanleitend) durch das Erkennen wenigstens rudimentärer Gesetzmäßigkeiten innerhalb empirischer Befunde und deren systemischer wie evolutorischer Zuordnung. Es geht jetzt um die Formulierung einer politisch-administrativen Theorie für die Übergangsgesellschaft, wobei die Rolle des Staates[3] besonders beachtet werden soll.

Damit ist auch der hier angemessene Erkenntnisvorgang umschrieben: in der komplexen und komplizierten Wirklichkeit der Bundesrepublik werden grobe Muster und potentielle Zusammenhänge, (z. B. Staat / Gesellschaft) sowie deren evolutorischer Gehalt (angelegte Dynamik) zu erfassen versucht. Die Mustererkennung wird angeregt von der historisch ableitbaren Annahme,

– daß verschiedene Bereiche („Subsysteme") – z. B. Staat / Gesellschaft – nicht streng voneinander isoliert, sondern wahrscheinlich interdependent sind,

– daß jeder dieser Bereiche sich entwickeln kann

– und dabei die anderen „mitzureißen" vermag (Prinzip der Ko-Evolution: „Aneinander"-Entwicklung),

– daß es dafür Anlässe und / oder Initiativen gibt,

– daß sich deshalb Entwicklungs-Phasen und „Übergänge" zwischen diesen ergeben.

Werden nun diese Annahmen auf die noch kurze Geschichte der Bundesrepublik Deutschland übertragen, dann sollten sich solche verwobenen Muster und Phasen erkennen lassen; ebenso wie jeweils ein adäquates Paradigma – als typisierendes und handlungsleitendes Leitbild. Es wird vermutet, daß bestimmte Ausprägungen der Bereiche oder Subsysteme sich jeweils „paradigmatisch" orientieren, und auch deswegen einen hohen Interdependenzgrad aufweisen.

Eine holzschnittartige Zuordnung solcher Bereichsausprägungen in groben Phasen[4] demonstriert Abb. 1. Auf jeder Entwicklungsebene ergeben sich paradigmatisch „vereinbarte" Wirklichkeiten. Die Interdependenz ist nicht beliebig.

---

2 Vgl. *Karl E. Weick,* Der Prozeß des Organisierens, 1985, S. 54 ff.

3 „Staat" wird hier vorrangig in seiner institutionellen und handlungsorientierten Rolle und weniger in seiner normativen, wesenhaften Besonderheit („Staatlichkeit") begriffen. Erkenntnisleitend ist vor allem die jeweilige Ausprägung und der Tätigkeitsumfang der regelgebundenen, politisch-administrativen Willensbildungs- und Handlungsinstitutionen („Regierungssystem"). Die beanspruchten und / oder realisierten Handlungsspielräume sind allerdings auch grob paradigmatisch definiert, wodurch eine normative Komponente indirekt mitwirkt.

4 Vgl. dazu *Rudolf Morsey,* Die Bundesrepublik Deutschland, 3. Aufl., 1995 und *Carl Böhret / Werner Jann / Eva Kronenwett,* Innenpolitik und politische Theorie, 3. Aufl., 1988.

Phase	Gesellschaft	Wirtschaft	Staat	„Paradigma"
I	liberal-plural. Leistungsgesellschaft	soziale Marktwirtschaft	Minimalstaat, legislat. Programmsteuerung	*Neoliberalismus*
II	sozial-liberaler Pluralismus	globalgesteuerte Marktwirtschaft	pol.-admin. Steuerungszentrum	*Neo-Interventionismus*
III	Spät-Pluralismus	angebotsorientierte Marktwirtschaft	Verhandlungsstaat, Deregulierung	*Modernisierung*
(IV)	Übergang zur transindustriellen (Wissens- und Kommunikations-) Gesellschaft	– Produktionsweise – Arbeits(um)welt – Ökologisierung – Wissen und Kommunikation – Zukunftstechnologien		
IV	post-pluralistische Gesellschaft	entwicklungsorientierte Marktwirtschaft	Zentrum für funktionale Zukunftsentwicklung	*Funktionale Reform*

Abb.1: Entwicklungsphasen, Interdependenzen, Paradigmen

Die einzelnen Phasen dauerten jeweils rund 15 Jahre. Ob „hinter" diesen mittelfristigen Perioden noch längerfristige Zyklen (analog dem *Kondratieff-Typ*) liegen, ist noch zu prüfen; – desgleichen ob in jeder Phase die Geschwindigkeit der Veränderung (Virillo-These) und/oder die Menge der Ereignisse zunimmt. Am sich andeutenden Ende der dritten Phase scheint nun zugleich der Übergang in eine andere „Epoche" zu beginnen: die Ablösung des „Industrialismus" als durchgängige Produktionsweise (vgl. Näheres in Abschnitt III).

Wer oder was die Phasenübergänge – also die Dynamik, einschl. des Paradigma-Wechsels – bewirkt(e), ist für jede Ebene zu ermitteln. Es wird zunächst angenommen, daß eine solche Bewegung unterschiedliche Ursachen haben kann, nämlich:

– exogene oder endogene Destabilisatoren als derzeit unlösbar erscheinende Problemlagen (z.B. ökonomische Rezession, fehlende technologische Basisinnovationen oder soziale Unzufriedenheit),
– endogene Initiativen/Stimulatoren (z.B. aktive Politik, eine neue Wirtschaftstheorie; relativierte Rationalitäten[5]).

---
[5] Zu den hier relevanten Rationalitäten und Maximen eingehend *Carl Böhret*, Entscheidungshilfen für die Regierung, 1970, S. 26ff. und S. 41ff.

Es wird außerdem angenommen, daß es Kräfte („Erhaltungswiderstände" / „Widerlager") gibt, die sich gegen die beginnenden Veränderungen stemmen. Solche Stabilisatoren sind durchaus relevant für die Gesamtentwicklung, deren Geschwindigkeit und Richtung sich erst als geeignet und erträglich (als akzeptabel / legitimierbar) erweisen muß. Sie bilden quasi das Immunsystem, das einen zu schnellen und unvorbereiteten Wandel wie unverträgliche Regelverletzungen verhindern kann. Am Beispiel: Die um 1965 auftretende – als mittels bisher geltender Politik unlösbar erscheinende – Rezession schuf gesellschaftliche Unsicherheiten und drängte den Staat – für einige Zeit – in die Rolle des initiativen Problemlösers (Globalsteuerung, konzertierte Aktion, Gesamtplanung etc.). Dies auch gegen einige Widerstände der am bisherigen Paradigma orientierten Kräfte (Interessen). Der Staat gilt als *funktional*, wenn und solange er eine solche Rolle erfolgreich für den evolutiven Prozeß übernimmt; übrigens auch die der temporären „Enthaltsamkeit".

So läßt sich – vorläufig – aus der bundesrepublikanischen Systemgeschichte das grobe Muster einer „bewegten Ordnung"[6] erkennen; nämlich:

– eine sich phasenweise verändernde Verwobenheit („Interdependenz") der Bereiche / Subsysteme,

– eine Ähnlichkeit der durchschnittlichen Phasen-Dauer (bisher ca. 15 Jahre),

– eine Isomorphie der Subsystemphasen mit dem jeweils herrschenden Paradigma,

– eine flexible Beziehung zwischen adäquaten Veränderungsanstößen (Destabilisatoren / Initiatoren) und Erhaltungswiderständen (Stabilisatoren / Regeln), deren Auslösung und „Erfolg" oft erst im Nachhinein voll erkennbar und erklärbar ist (chaotisches Prinzip),

– eine „begrenzte Offenheit", d. h. es ist nicht zwingend, daß sich nur eine bestimmte Entwicklung ergibt, wohl aber kann nicht jede beliebige eintreten.[7]

Auf solcher Mustererkennung lassen sich die Grundpfeiler eines Modells der dynamischen Interdependenz errichten; hier einer *speziell* auf Staat und Gesellschaft übersetzten *allgemeinen* Theorie *evolutorischer Systeme*. Diese Theorie muß sich

---

[6] Vgl. *Erich Jantsch,* Die Selbstorganisation des Universums, 4. Aufl. 1988, sowie *Detlef Josczak,* Selbstorganisation und Politik, 1989.

[7] Erläuterungen: a) Der Übergang in die *trans*industrielle Gesellschaft setzt einen erreichten Mindeststandard des „Industrialismus" voraus. Damit aber auch ein bestimmtes Spannungsverhältnis von Ökonomie / Technologie / Ökologie, aus dem sich mit einiger Wahrscheinlichkeit spezifische Veränderungsanstöße ergeben. b) Ob die gewichtige – oft „leitende" bis solitäre – Position des Subsystems Wirtschaft in der transindustriellen Gesellschaft erhalten bleibt, ist offen, aber wenig wahrscheinlich. c) Aus einer Mehrzahl latenter Destabilisatoren werden nur wenige in einer bestimmten Phase relevant und aktivieren entsprechende Initiatoren und die ihnen adäquaten „Widerstände". d) Es ist für den hier untersuchten Zeitraum noch nicht hinreichend abschätzbar, ob zirkuläre, linear-irreversible oder kombinierte Entwicklungen (Spirale / „Zeithelix") typisch sind. Das letztere Muster scheint jedoch hoch wahrscheinlich.

dann bewähren bei der Erklärung der gesellschaftlichen Systementwicklung. Abb. 2 systematisiert die Annahmen für das Konzept der „bewegten Ordnung" als Modell der dynamischen Interdependenz.

Diese vorläufige Muster-Erkennung (Abb. 1) und das Modell der dynamischen Interdependenz (Abb. 2) sollen an der bundesrepublikanischen Systemgeschichte auf Plausibilität und hinreichende Stringenz überprüft werden. Dies kann nur holzschnittartig versucht werden, wobei die jeweilige Rolle des Staates besonders beachtet wird; während hier die anderen Bereiche (Subsysteme) nicht eingehender untersucht werden können.[8] Danach läßt sich abschätzen, ob der Theorieansatz einer dynamischen Interdependenz hinreichende Erklärungskraft (mittlerer Reichweite) besitzt.

B. Rückblicke

Stichwortartig soll nun jeweils an die typisierenden Phasen und Interdependenzen in der bundesrepublikanischen Systemgeschichte erinnert werden. Außerdem sind die wichtigsten Ursachen für die Phasenübergänge (Destabilisatoren / Initiatoren) und die ihnen entgegenwirkenden Kräfte (Stabilisatoren) zu ermitteln.

I. Erste Phase: Liberal-pluralistische Leistungsgesellschaft und Minimalstaat

Nach Kriegsende und Währungsreform bildete sich eine von liberalen Ideen („freies Spiel der Kräfte") geprägte Leistungsgesellschaft heraus. Typisierend waren (ungefähr für die Jahre 1950-65):
- Die soziale Marktwirtschaft, ein hohes technologisches Niveau und anerkannte Produktgestaltung.
- Die durchgängige Organisation relevanter sozio-ökonomischer Interessen. Temporäre Interessenkonflikte wurden nach selbstgewählten Regeln inszeniert, erfolgreiche Kompromiß- und Verpflichtungsfähigkeit drückten zugleich die hohe Bindungskraft in einer funktionierenden, pluralistischen Gesellschaftsform aus.
- Die hohe Akzeptanz von parlamentarischer Demokratie mit „Kanzler-Bonus" und Rechtsstaatlichkeit.
- Im sozialen Bereich waren bewährte Institutionen (Familie, Kirche) für die Absicherung mitverantwortlich. Nur wenn die gesellschaftlichen Instanzen versagten, wurde die staatliche Souveränität benötigt. Der Staat war – um es in der Fußballersprache der Zeit zu sagen – „Ausputzer"; er half dort aus, wo es „brannte" (etwa auch bei konjunktureller Überhitzung) oder wo die ordnungspolitischen Verteidigungslinien wankten.

---

[8] Vgl. spezieller für Wirtschaft und Verwaltung *Carl Böhret/Götz Konzendorf*, Verwaltung im gesellschaftlichen und ökonomischen Umfeld, in: Klaus König/Heinrich Siedentopf (Hrsg.): Öffentliche Verwaltung in Deutschland, 1996 (im Erscheinen).

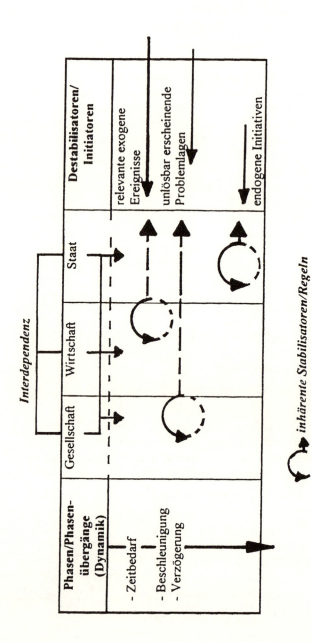

Abb. 2: Modell der dynamischen Interdependenz („bewegte Ordnung")

- Der Staat beschränkte sich deshalb (idealiter) auf Ordnung und Sicherheit, Marktpolitik (z. B. Kartellrecht), Infrastrukturförderung und sozialpolitische Korrekturen („Minimalstaat"); er vertraute seinerseits den gesellschaftlichen Institutionen.
- Die Verwaltung wurde als hoheitliche Ordnungs- und Sozialverwaltung begriffen. Ihre Aufgabe bestand weitgehend im loyalen Vollzug des in Gesetzesform gegossenen politischen Willens („legislatorische Programmsteuerung"). Die Verwaltung galt als nachgeordneter Teil der Regierung, zunehmend übernahm sie aber auch „Scharnierfunktionen" gegenüber den gesellschaftlichen Kräften („Interessenberücksichtigung", horizontale Politikverflechtung). Paradigmatisch galt das Konzept des Neoliberalismus.

II. Zweite Phase: Sozial-liberaler Pluralismus und aktiver Staat

In der zweiten Phase der bundesrepublikanischen Systemgeschichte (etwa 1965-80) lassen sich – wie erwähnt – zwei verbundene Elemente erkennen. Zum *einen* löste der erste ökonomische Einbruch auch Verunsicherungen hinsichtlich der politischen und gesellschaftlichen Entwicklung der Bundesrepublik aus. Die Kritik richtete sich auf die bisherige Überbetonung der Selbststeuerung des Marktes, aber auch auf die scheinbar problemlose technische Entwicklung, deren potentielle Risiken und umweltbelastenden Folgen allmählich thematisiert wurden.

Zum *anderen* entstand ein sich verbreiternder Druck auf staatliche Mitverantwortung („Makrosteuerung"). So wurde die politische Intervention in die Wirtschaft propagiert. Wirtschaftspolitisches Leitbild blieb zwar weiterhin die soziale Marktwirtschaft, jetzt aber ergänzt durch sanft steuernde Instrumente und „konzertierte Aktionen" von Verbänden und Staat. Durch eine forcierte Sozial- und Bildungspolitik sollten gesellschaftliche Reformen initiiert werden, mit dem Hauptziel, die Chancengleichheit in der Gesellschaft zu erhöhen. In der Technologieförderung gewannen Planung und Programmsteuerung an Bedeutung; u.a. wurden Großforschungszentren gegründet.

Der Staat übernahm zusätzliche, aber auch andere Aufgaben als in der ersten Phase. Seine gestaltende Funktion wurde nun durchaus anerkannt, er sollte „aktiv" in die ökonomischen und gesellschaftlichen Prozesse eingreifen (dürfen). In der Ökonomie verdeutlichte die Rezession, daß eine staatliche Lenkung notwendig werden könnte, um die dem Wirtschaftssystem immanenten Krisen zu überwinden. Exemplarischer Ausdruck: Das Gesetz zur Förderung der Stabilität und des Wachstums der Wirtschaft („Stabilitätsgesetz"). Diese makropolitische Stärkung des Staates (des „politisch-administrativen Systems") wurde durch den beginnenden gesellschaftlichen Wertewandel relativiert. Mitbestimmung, Emanzipation und Selbstbestimmung gewannen an Bedeutung. Dies drückte sich dann auch in Rechtsreformen aus (Scheidungsrecht u.a.m.). Damit einher ging auch eine progressive Auslegung des Sozialstaatspostulats. Die freie Entfaltung möglichst Vieler sollte durch staatliche Hilfen gefördert werden (z.B. BAFÖG).

Als eine Voraussetzung für die verbesserte Steuerungsfähigkeit des Staates galten durchgreifende Veränderungen im öffentlichen Sektor selbst. Es kam zu Territorial- und (begrenzten) Funktionalreformen. Politische Makro-Planung wurde versucht und z.T. fast „euphorisch" begonnen. Die Verwaltung wuchs angesichts dieser staatlichen Aufgaben zu einem unentbehrlichen Instrument bei der Planung und beim Vollzug der anwachsenden öffentlichen Programme heran. Im Zuge dieser größeren Verantwortung nahmen ihre Kontakte zur sozio-ökonomischen Außenwelt zu. Sie stand als ständige Ansprechpartnerin den gesellschaftlichen Interessen zur Verfügung, selektierte Informationen, entwickelte Handlungsvorschläge und Programme („Vorbereitungsherrschaft" der Verwaltung gegenüber der Regierung). Die Phase des sozialen Pluralismus war so auch durch eine Politik-Erzeugung gekennzeichnet, die – wegen umfangreicher Aufgabenwahrnehmung – auf hohe Professionalität der Verwaltung setzen mußte. Die Verwaltung gewann „politisches Gewicht". Paradigmatisch kann man von einer Phase des – wenigstens gewollten – Neo-Interventionismus sprechen.

III. Dritte Phase: Spätpluralistische Gesellschaft und Verhandlungsstaat

Die Ausdifferenzierung der sozialen Lagen und die Spezifizierung von Interessen führte in der dritten Phase der bundesrepublikanischen Systemgeschichte (etwa 1980-95) zu einer weiter fortschreitenden Pluralisierung der Gesellschaft. Die Häufigkeit und Dichte der Verhandlungsbeziehungen erhöhte sich. Verhandlungsnetze zwischen staatlichen und gesellschaftlichen Akteuren wurden ausgedehnt und intensiviert. Es bildeten sich „Arenen", in denen gesellschaftliche und zunehmend auch staatliche Akteure vielfältige Kompromisse auf Zeit aushandelten und Verhandlungsregeln anpaßten. In der Ökonomie trat an die Stelle der Globalsteuerung zunehmend die neoklassische Angebotspolitik und damit auch ein erneuertes Vertrauen in die Selbstheilungskräfte des Marktes. Staatliche Interventionen wurden grundsätzlich als schädlich für die Stabilisierung der wirtschaftlichen Entwicklung angesehen. Der Staat galt – auch im ökonomischen Bereich – nur als gleichwertiger Akteur neben allen anderen. Eine besonders herausragende und souveräne Steuerungsfunktion wurde ihm „für den Normalfall" nicht mehr zugebilligt. Dafür wurde er als partnerschaftlicher Mitverhandler und Moderator in die multilateralen Aushandlungsarenen einbezogen. Staatliche und sozio-ökonomische Akteure erschienen mehr und mehr als gleichwertig und ähnelten sich in ihrer Handlungsweise. Nicht zuletzt wegen dieser extensiven pluralistischen Willensbildung sank die positive Wahrnehmung der parlamentarischen Demokratie, was sich auch in abnehmender Wahlbeteiligung und der Suche nach zusätzlichen Formen politischer Partizipation äußerte.

Vor allem die in der 2. Phase noch beanspruchte staatliche Steuerung nach Kriterien einer „aktiven Politik" war nicht mehr gefragt. Der Staat entwickelte sich zunehmend vom Steuerungszentrum zum „Verhandlungsstaat" mit inkrementalistischer Handlungsweise in immer weiter fragmentierten Politikbereichen. Hoheitliche Funktionen wurden zunehmend als „Rest-Tätigkeiten" verstanden. Die Ergebnisse der multilateralen Aushandlungen waren nicht mehr primär staatsbestimmt, in dem Macht- und Argumentationsspiel vieler Akteure „ergaben" sich die Resultate.[9]

Zunehmend wurde – und wird – dabei der Staat von den sozialen und ökonomischen Partnern zur „Schlankheitskur" gedrängt. Damit sanken und sinken staatliche Interventionschancen (auch über „Genehmigungsverfahren"), und öffentliche Aufgaben werden tendenziell reduziert. In dieses Bild passen sich die neuen Bemühungen um die Modernisierung der Verwaltung ein. Diese wird vor allem als mikroökonomische Anpassung der Verwaltung an die privatwirtschaftliche Umwelt verstanden. Auch die Verwaltung soll betriebswirtschaftliche Kategorien beachten, sie soll ihre internen Operationsmodi effektivieren und ihre Organisation effizienter gestalten. Paradigmatisch gilt das Konzept der (Binnen-)"Modernisierung".

C. Übergänge zur transindustrellen Gesellschaft: Funktionaler Staat als Entwicklungshelfer?

I. Sozio-ökonomische Veränderungen

Die (spät-)pluralistischen Industriegesellschaften haben ihren historischen Scheitelpunkt überschritten. Diese höchste Stufe der liberal-pluralen Gesellschaftsform und des ökonomischen Neoklassizismus beginnt deutlich zu erodieren. Aus der Umgebung eindringende neuartige und/oder unlösbar erscheinende Problemlagen (Internationalisierung/Globalisierung) bedrängen ebenso wie die bereichsspezifischen Veränderungen (Arbeit, Sozialorganisation usw.) eine Struktur, die sich tendenziell einer kristallinen Ordnung genähert hatte. In dieser Übergangssituation emergieren Problemlandschaften mit neuartiger Tektonik. Der tastende Weg in eine sich verändernde Gesellschaftsform mit neuen Produktionsweisen beginnt jetzt. Der Korridor in die transindustrielle Gesellschaft ist noch breit, enthält viele Möglichkeiten und wohl auch manche überraschenden Ereignisse („Ausbuchtungen").[10] Aber es ist ein Korridor mit Begrenzungen (nicht alles ist möglich) und einer groben Ausrichtung (Irreversibilitäten, evolutorisches Prinzip). Das Szenario der Übergangsgesellschaft hat zumindest einen festen Kern.

---

[9] Vgl. die Referate von *Fritz W. Scharpf* und *Carl Böhret* zur Handlungsfähigkeit des Staates am Ende des 20. Jahrhunderts, in: Staat und Demokratie in Europa (= 18. Wissenschaftlicher Kongreß der Deutschen Vereinigung für Politische Wissenschaft), hrsg. von Beate Kohler-Koch, 1992, S. 93 ff.

[10] Vgl. auch *Carl Böhret*, Allgemeine Rahmenbedingungen und Trends des Verwaltungshandelns, in: Heinrich Reinermann (Hrsg.): Neue Informationstechniken – neue Verwaltungsstrukturen? 1988, S. 27 ff.

In allen Bereichen (Subsystemen) deuten sich zumindest plausible, aus der „bewegten Ordnung" wahrnehmbare Entwicklungstendenzen an, die sowohl durch endogene wie exogene Faktoren beeinflußt sind. Die bedeutsamsten der derzeit erkennbaren Tendenzen sind:

1. War die spätpluralistische Gesellschaft durch eine organisierte Vertretung aller relevanten Interessen gekennzeichnet, so trifft dies am Übergang zu einer postpluralistischen Gesellschaft als Teil des Transindustrialismus immer weniger zu. Es kommt einerseits zu noch weiteren Ausdifferenzierungen und Spezialisierungen der organisierten Interessen, während andererseits die Bindungsfähigkeit gegenüber Mitgliedern und Untergruppierungen abnimmt. Es deutet sich eine „schleichende Ent-Verbandlichung" an, die vor allem die Großverbände (z. B. Arbeitgeber und Gewerkschaften, hier auch durch die Reduzierung der Flächentarifverträge) oder Großgemeinschaften (Kirchen) betrifft.

Die „Entverbandlichung" wird begleitet von einer zunehmenden „Individualisierung" in der Gesellschaft: Immer mehr Personen leben alleine („entfamiliarisiert") oder in von vornherein – quasi-vertraglich vereinbarten – begrenzten Partnerschaften. Dieser Hang zur subjektiven Bindungslosigkeit reduziert die Fähigkeit für objektive Solidarität z. B. gegenüber Umgebungssystemen wie der Natur oder mit kollektiven Handlungssystemen (z. B. Staat), vielmehr werden diese hedonistisch beansprucht und benutzt. Deren Interessen (Nachhaltigkeit, Gemeinwesenwohl) oder Beweglichkeit (qualitatives Wachstum, Handlungsfähigkeit) werden teilweise ignoriert oder in Frage gestellt. Die langfristigen und oftmals irreversiblen Prozesse mit angelegten Spätschäden können in den querschnittigen Verhandlungsnetzen nicht hinreichend verarbeitet werden.

2. Diese gesellschaftlichen Prozesse sind ein Ausdruck der ökonomisch-technologischen Entwicklung und der Veränderungen der Arbeitswelt. Denn auf dem Weg in die transindustrielle Gesellschaft verändert sich die gesamte Produktionsweise fundamental. Wegen der Internationalisierung der Märkte und der Dynamisierung des globalen Austauschs (Wissen *und* Probleme) wird die Wettbewerbsfähigkeit aller Bereiche (Subsysteme) gefordert, wobei deren Beiträge zunehmend aufeinander angewiesen sind.[11]

In diesem Prozeß nimmt der Anteil der immateriellen Produktion (Software i.w.S., Erfindungen, Entwürfe; Pflege und Erhaltung, Aus- und Weiterbildung, Organisation / Verfahren usw.) als begehrte neue Güter und Dienste zu. Vor allem aber wird diese Produktion und die damit verbundene Umstellung der ge-

---

[11] Die Wettbewerbsfähigkeit der deutschen Wirtschaft gründete in der Vergangenheit auf einer im internationalen Vergleich hohen technologischen Innovationskraft (Wissenschaft und Wirtschaft). Derzeit droht der Wirtschafts- und Wissenschaftsstandort Deutschland jedoch auch wegen des Mangels an Basisinnovationen oder deren nicht hinreichend schneller weltmarktgängiger Verwertung auszutrocknen. Außerdem scheinen für viele Produktpaletten die Arbeitskosten zu hoch, was aber nicht eindeutig und generell gelten muß. Vgl. dazu neuerdings auch die optimistischen Hinweise des ifo-Instituts für Wirtschaftsforschung: Sind Löhne und Steuern zu hoch? (Ifo-Schnelldienst 20), Juli 1996.

samten Produktionsweise zur weiteren Entwicklungsvoraussetzung hochentwickelter Gesellschaften am Ende des „Industrialismus".

Bei den eher „fortgeschriebenen" Produktpaletten könnten mittelfristig aussichtsreiche (internationale) Entwicklungschancen liegen im Bereich der Medizin- und Mikrosystemtechnik sowie in der „aufgesattelten" Umwelttechnik,[12] beispielsweise bei ökonomisch-technisch-ökologischen Innovationspaketen (ÖTÖ-Paketen). Dies sind integrierte Angebote an neuen Produkten und Verfahren, die gleichermaßen Sicherheit erhöhen und Umweltbelastungen reduzieren. Diese ÖTÖ-Pakete umfassen nicht nur technisches, sondern auch rechtliches und administratives Know-how.

Wegen der Interdependenzen zwischen der technologischen, ökonomischen und gesellschaftlichen Entwicklung ergeben sich aus der Verwertung von Zukunftstechnologien auch aussichtsreiche Chancen zur positiven Entwicklung am Arbeitsmarkt und damit zur Beeinflussung der sozialen Lage. Wenn es gelingt, durch geeignete Maßnahmen im Bildungsbereich den Kenntnisstand des Humanpotentials auf einem international hohen Niveau zu halten und damit auch Basisinnovationen indirekt zu fördern, dann könnte dies der Kern eines neuen langfristigen Wirtschaftsaufschwungs sein.

In diesem Kontext muß die weitere und verbreiterte Verwissenschaftlichung und durchgängige Technologisierung voranschreiten. Beides: immaterielle Produktion und „Verwissenschaftlichung" erfordern die vorrangige Förderung des Humanpotentials. Die Produktionsstandorte der Zukunft werden immer mehr von der relativen Konzentration des neuen Humanpotentials – angereichert um Produktionsintelligenz und Verfahrenswissen – bestimmt.

3. Die transindustrielle Gesellschaft wird zur Bildungs- und Kommunikationsgesellschaft, was wiederum Konsequenzen für Arbeit, soziale Strukturen und Lebensstile hat. Jedenfalls werden in der Übergangsgesellschaft die relativ starren Arbeitsstrukturen aufgegeben: Tätigkeiten, Arbeitszeiten, Verträge und Bindungen werden flexibilisiert – also auch „individualisiert". Der häufige Wechsel zwischen Arbeitsbereichen und die diskontinuierliche Berufstätigkeit werden ebenso „normal" wie die Zunahme hochflexibler Tele-Heimarbeitsplätze.[13] Je differenzierter hochtechnologische Produkte in kleinen Serien hergestellt werden, desto mehr scheinen wieder (hoch-)qualifizierte Arbeitskräfte benötigt zu werden (Beispiel: Japan). Menschliche Arbeit ist dafür „günstiger" einzusetzen als die hohe Umstellungskosten verursachenden „Roboter"-Systeme.

Aber generell dürften sich beachtliche soziale Nebeneffekte ergeben. Es ist nicht auszuschließen, daß sich eine gespaltene Gesellschaft herausbildet, in der

---

[12] Vgl. auch *Carl Böhret / Götz Konzendorf / K. G. Troitzsch*, Materialien zu der naturwissenschaftlichen, technischen und medizinischen Forschungslandschaft in Rheinland-Pfalz, (= Speyerer Forschungsberichte 166).

[13] Vgl. auch: Die Zukunft der Arbeits(um)welt, hrsg. von Zukunftsinitiative Rheinland-Pfalz und PLEIAD Speyer, Mainz, Speyer 1995.

sich eine große Anzahl der Menschen stetig das erforderliche Wissen sowie neue Geschicklichkeiten erwirbt, und hohe Mobilitäten (mentale, räumliche *und* sektorale) auf sich nimmt. Während ein beachtlicher Teil der potentiellen Erwerbspersonen „als neue Analphabeten" ausgegrenzt und in „Sozialbrachen" befriedet werden (müssen). Wer am Erwerb und Erhalt der Wissens- und Bildungsaneignung nicht hinreichend teilnehmen kann, wird als Nichteigentümer von Human"kapital" schnell zum Proletarier des 21. Jahrhunderts.

II. Funktionaler Staat als Entwicklungsagentur

Die jetzt emergierende „transindustrielle Gesellschaftsform" erfordert – und bewirkt! – auch eine ko-evolutive Veränderung der politischen Instanzen. Die benötigten Entwicklungskräfte sind nicht länger systemisch vorhanden; sie müssen vielmehr erst entdeckt und dann spezifisch gefördert werden. Zumindest in dieser Übergangsphase wird deshalb die bisher gesellschaftlich akzeptierte Rolle des in multilateralen Verhandlungsnetzten inkrementalistisch „mit"agierenden Staates dysfunktional. Die Funktionalität des Staates erweist sich in der Übergangsphase nämlich darin, ob er fähig ist oder befähigt werden kann, in den Grenzen neuer Regeln und diese dabei mitbestimmend, eigenmächtig und vorübergehend autonom zu handeln. Also auch gegen die punktuellen Interessen Einzelner oder gesellschaftlicher Partner. Das bedeutet

– *erstens*, daß dieser funktionale Staat der Übergangsgesellschaft im allgemeinen Interesse des Gemeinwesens gegenüber dem heraufkommenden Problemdruck adäquate Handlungsspielräume gewinnen muß. Diese – aus dem Gemeinwesenwohl ableitbaren Tätigkeits- und Handlungsgrenzen müssen situations- wie zukunftsbezogen vorübergehend („auf Zeit") ausgeweitet werden, im Sinne der „overboost"-Funktion (vorübergehend beschleunigend und punktuell problemreduzierend).

– *Zweitens*, daß dieser Zugewinn an temporärem Handlungsspielraum (gegenüber gesellschaftlichen und vor allem individuellen Interessen) auch aus einer zusätzlichen Verantwortungsdimension zu rechtfertigen ist: aus einer neuen Generationenverantwortlichkeit (Mensch und Natur in der „Nachwelt").

Der funktionale Staat der Übergangsgesellschaft würde sich „fiktiv" in einem neuen Gesellschaftsvertrag wichtige Aufgaben der Zukunftssteuerung im Auftrag der kommenden „Welt" (Generationen) zubilligen und damit seine Handlungsposition legitimieren lassen.[14]

---

14 Staatsbegründung und Bürgerschutz beabsichtigten die Klassiker des „Gesellschaftsvertrags". Diese fiktiv geschlossene Vereinbarung zwischen Gesellschaftsmitgliedern einschließlich der Übertragung von Rechten auf den Staat, etablierte diesen, übertrug ihm Verantwortlichkeit. In der Übergangsgesellschaft ließe sich die Funktion des Gesellschaftsvertrags als aufklärerisches und legitimatorisches Element mit dreifacher Ausrichtung erneut nutzen;

Die Funktionalität des reaktivierten Staates am Übergang in die transindustrielle Gesellschaft besteht also

- in der anerkannten Initiativfunktion mit Lösungsangeboten gegenüber unlösbar erscheinenden Problemlagen,
- in der Identifizierung von Entwicklungsdefiziten und der aktiven Entwicklungssteuerung einer bereits hochentwickelten Gesellschaft „am Rande des Chaos"[15] wobei Sicherungsaufgaben dazugehören.

In dieser Übergangsphase genügt ein „konservierendes" oder ein reaktiv-marginales Handeln des Staates nicht mehr den Bedingungen eines „auf der ganzen Linie" (interdependent) evolvierenden Systems.[16] Der funktionale Staat der beginnenden transindustriellen Gesellschaft ist ein aktivierender, „erstarkter" Staat, dessen Tätigkeit und Handlungsgrenzen neu zu bestimmen sind. Reform wird hier verstanden als „seitenverschobenes Prinzip der Mitte", d.h. nicht als kurative Anpassung, sondern als vorausschauend-aufspürende, konzeptionell-konzentrierte und prinzipiell strukturell verändernde Einwirkung im Rahmen der allgemeinen Legitimation. Deshalb ist eine zukunftsorientierte Reform der Staatstätigkeit, verbunden mit einer daraus abgeleiteten Effektuierung der Verwaltung notwendig, damit die Funktion der Entwicklungssteuerung optimiert werden kann.

Der funktionale Staat der „weltgeöffneten" Übergangsgesellschaft muß neue, in der dynamischen Interdependenz positionierte Programme entwickeln und mit Hilfe der modernen Verwaltung umsetzen.[17] In der Übergangsphase bietet sich „expe-

---

nämlich a) als Vertrag des Staates im Auftrag der Gesellschaft mit dem vierten Partner („Nachwelt": nächste Generationen und deren Umwelt); b) als Vertrag über Regeln und Rechte des globalen Zusammenlebens (auch der Weitergabe von Nutzungschancen); c) als Vertrag des Staates im Auftrag der „nationalen Bürger / innen" mit anderen Staaten zur Aufrechterhaltung kultureller Eigenständigkeiten (Vielfalt), humaner Grundpositionen (Grundwerte, Demokratie) und neuer Mobilitäten. – Vgl. auch *Carl Böhret,* Nachweltschutz. Sechs Reden über politische Verantwortung, 1991.

[15] Vgl. dazu auch die Erkenntnisse der Komplexitätstheorie, z.B. *Stuart Kauffman,* Der Öltropfen im Wasser. Chaos, Komplexität, Selbstorganisation in Natur und Gesellschaft, 1996, S. 47 und passim.

[16] Auch die Kontroverse *R. D. Putnam / T. Skocpol* (1996) wie die Erklärungsversuche des Kommunitariers *M. J. Sandel* bestätigen die Annahme von der weitreichenden Interdependez zwischen problembehafteten Phänomenen. Es ist nicht entweder die Krise des politisch-sozialen Systems oder die der Zivilgesellschaft oder der Mangel an politischer Ethik und Ordnung, sondern es ist dies alles „sowohl als auch".
Gerade auf der höchsten Stufe des liberal-pluralistischen Leitbilds (im Spätpluralismus) wird der Zusammenhang zwischen den Phänomenen deutlich und zugleich mehren sich die wirksamen Ansatzpunkte für Veränderung (Phasenübergang). Vgl. u.a. *Robert D. Putnam*: The Strange Disappearance of Civic America, in: The American Prospect (Cambridge / Mass.) No. 24 / 1996, S. 34 ff.

[17] Inhaltliche Ansatzpunkte für die staatliche Entwicklungssteuerung leiten sich ab aus den Destabilisatoren der spätpluralistischen Phase und den Übergängen zur transindustriellen Wissens- und Kommunikationsgesellschaft. Ausgewählte Beispiele: a) Die Konzeption einer technologische Basisinnovationen fördernden Langfristpolitik unterscheidet sich grundle-

rimentelle" Politik an: Der funktionale Staat prüft, welche unverzichtbaren Aufgaben weiterhin zu erledigen sind; alles andere wird nach flexiblen Kriterien entrümpelt. Beteiligungsmodelle und Rückholbarkeit sichern die Steuerungsfähigkeit. Vergleichbares gilt für die Entfeinerung des Rechts. Auch der Verwaltung werden im klar definierten Vollzugsbereich Experimente erlaubt (Modellversuche mit dezentraler Ressourcenverantwortung); ihre Verfahrensweisen werden modernisiert (entbürokratisiert; nicht nur ökonomisiert).

So lassen sich Handlungsspielräume zurückgewinnnen, die für die moderate Entwicklungssteuerung in der Übergangsgesellschaft unverzichtbar sind. Womit der Staat die Richtung dieses Wandels wesentlich mitbestimmt. Politische Führung und Verwaltung werden damit zu einem Zentrum für funktionale Zukunfts-Entwicklung, zu einer Entwicklungsagentur, die den technologisch-ökonomischen Wandel beeinflußt und sozial abfedert. Die Politik setzt die Entwicklungsziele und bedient sich bei der Programmierung wie beim Vollzug der effektuierten Verwaltung, aber auch strategischer Allianzen und flexibler Innovationsbündnisse. In Abb. 3 werden die Entwicklungsstufen zum „Funktionalen Staat" zusammengefaßt. Die Übergangsphase ist durch die zunehmende Stärkung des Staates gekennzeichnet, was *nicht* „mehr" Staat, sondern Reaktivierung von Kernfunktionen bedeutet.

Der Staat muß weniger tun, aber dieses wenige effektiver und hochakzeptiert; oder anders ausgedrückt: Der Staat muß weniger tun, aber dies besser, wozu er stärker werden müßte, gerade weil er schlanker werden soll.[18] Wie auch immer die konkrete Ausgestaltung der funktionalen Zukunftsentwicklung aussehen wird, aufgrund derzeitiger Trends am Arbeitsmarkt, in der Ökologie oder in der internationalen Wettbewerbsfähigkeit bedarf es eines aktiven Staates, der die Entwicklungspolitik für ein hochindustrialisiertes Land im Übergang zur transindustriellen Phase entwirft, offensiv vertritt und mittels strategischer Allianzen umzusetzen versucht.

---

gend von der bloßen Anpassungsstrategie durch die Verbilligung der Lohnkosten, die ohnehin eine geringere Rolle spielt als allgemein angenommen. Ein erfolgreiches Bündnis für Arbeit könnte beide Konzeptionen miteinander verbinden, wobei der technologischen Förderung ein zeitlicher Vorrang eingeräumt werden müßte. b) Durch die Individualisierungstendenzen wird eine gesellschaftliche Solidarität mit dem sozial ausgegrenzten Teil der Bevölkerung fraglich. Deshalb ist der Staat gefordert, durch neue Arbeitsmöglichkeiten und Fortbildungsprogramme, durch eine Förderung flexibler Arbeitszeiten (Teilzeitarbeit; Sabbatjahr etc.) und durch sozial besonders flankierende Maßnahmen sich für diesen Teil der Bevölkerung zu engagieren. So ist nach weiteren Möglichkeiten zur Reduzierung der Zahl der Arbeitslosen (= „Sozialkapital-Bildung") zu suchen. Ansatzpunkte hierfür liegen unter anderem im Dienstleistungssektor (auch sozialpflegerische Berufe), im Bildungsbereich, im Ausbau der informationstechnischen Infrastruktur und im ökologischen Bereich (Recycling-Arbeitsplätze). c) Bereits im Kindergarten ließen sich verbindende erste „Berührungen" mit Technik und Ökologie fördern und in der Schule könnte integrierter Technik- und Kommunikationsunterricht zu einem festen Bestandteil des Lehrplans werden.

[18] *Carl Böhret*, Die Modernisierung der Staatstätigkeit als Reformaufgabe, in: Effizienz staatlichen Handelns (= 4. Forum der Zukunftsinitiative Rheinland-Pfalz), Mainz 1995, S. 11.

Phasen	Staat (paradigmatisch)	Willensbildungsmodell	Leitende Funktionen
I	Minimalstaat, legislator. Programmsteuerung	parlamentar. Demokratie (Typ „Kanzlerdemokratie")	moderate Ergänzung hoheitl. Funktionen (Leistungs-Verwaltung etc.)
II	pol.-admin. Steuerungszentrum	parlamentar. Demokratie mit partizipator. Einsprengseln (Bürgerinitiativen etc.). Gegenmodell: „Räte-Demokratie".	Konzertierte Aktion, Makroplanung, Territorial- und Funktionalreformen
III	Verhandlungsstaat	pluralistische Demokratie (mit plebiszitären Ergänzungen)	Schlanker Staat, Deregulierung, Verwaltungsmodernisierung („Mikroökonomisierung")
(III/IV)	Übergang zur transindustriellen Gesellschaft		
IV	Zentrum für funktionale Zukunftsentwicklung	effektuierte parlamentar. Demokratie (mit funktionaler Stärke der Exekutive, Innovationsbündnissen u. problemorientierterPartizipation)*)	Reform der Staatstätigkeit, aktive Verwaltungspolitik, Verwaltung als Entwicklungagentur

*) Neue Formen der Teilhabe von Großgruppen in der organisationsarmen Phase (Entverbandlichung, reduzierte Organisierbarkeit) und von Einzelnen (z.B. IT-gestützte „Politik-Kommunikation").

Abb. 3: Funktionale Anpassung des Staates

D. Destabilisatoren und Stabilisatoren: Verträgliche Übergänge?

Im Grundmodell der „dynamischen Interdependenz" (Abb. 2) sind die Phasenübergänge von zentraler Bedeutung: sie bestimmen letztlich Ausmaß und Geschwindigkeit der „bewegten Ordnung", also den evolutorischen Vorgang. Ausgangspunkt war die Annahme, daß die Bewegung zum Übergang der interdependenten Subsysteme ursächlich von Destabilisatoren (Problemlagen) angestoßen und von Initiatoren in Vorschläge / Handlungen umgesetzt wird. Wobei Erhaltungswiderstände (Stabilisatoren, tradierte Regeln) zu überwinden oder doch zu reduzieren sind.

Die evolutorische Veränderung nimmt quasi Rücksicht auf Verträglichkeiten (Lernchancen) und die Geschichte des Gesamtsystems. Die Kontexte von Destabilisatoren / Stabilisatoren werden verarbeitet und als Erfahrungen integriert („exogenetische Vererbung"). Dabei gelten keine strengen „historischen Gesetzmäßigkeiten": es ist einerseits nicht zwingend, daß in einer Phase ein bestimmter Destabilisator auftritt und sich durchsetzt. Andererseits waren es bisher doch eher die sozioökonomischen – als etwa die ökologischen oder technologischen – Veränderungen, die für die Anstöße zum Wandel sorgten. Diese Leitfunktion dürfte sich in der transindustriellen Gesellschaft verschieben, zumindest wird sie angereichert (insbesondere Bildung / Ökologie). Die Dialektik von Destabilisation und Erhaltung läßt sich für die Bundesrepublik kategorial systematisieren (vgl. Abb. 4).

Die Übergänge aus dem Kontext von Destabilisatoren und Stabilisatoren können für die einzelnen Phasen beschrieben werden:

1. Phasenübergang I / II:

Der soziale Konsens in der Phase der Leistungsgesellschaft wurde primär mittels ökonomischer Prosperität, technologischer Selbstwertschätzung und breit akzeptierter Verteilungsregeln im pluralistischen Interessenausgleich hergestellt. Die erste Rezession Mitte der 60er Jahre führte zu deutlichen Verunsicherungen und zur Kritik am Minimalstaat (Destabilisation). In dieser Situation initiierte der sich erstmals als politisch-administrative Steuerungseinheit definierende Staat (der großen Koalition) den Übergang zur Globalsteuerung und zu temporären Koordinationsprozessen innerhalb der pluralistischen – vorrangig der sozio-ökonomischen – Gesellschaft unter betonter Beibehaltung der Marktwirtschaft. Weitergehende Steuerungsideen (Investitionslenkung, Regierung als Gesamtplanungszentrum u.a.) scheiterten – hier setzten sich die Stabilisatoren durch und definierten so den funktionalen Handlungsspielraum des Staates.

Phasen-Übergang	Destabilisator(en), Problemlagen, Anlässe	Zentrale(r) Initiator(en)/Stimulatoren der Veränderung	Stabilisator(en), (Erhaltungswiderstand)
I/II	erste Rezession	**Staat/Gesellschaft**	Wirtschaft
II/III	Stagflation; Disparitäten	**Gesellschaft /Wirtschaft**	Staat
(III/IV)	Globalisierung, Disparitäten, Desintegration	**Staat / Wirtschaft**	Gesellschaft

Abb. 4: Vorrangige Destabilisatoren und Stabilisatoren (idealtypisch)

2. Phasenübergang II / III

Das Ende der Phase des sozial-liberalen Pluralismus wurde durch wachsende soziale und ökonomische Defizite eingeleitet, die auf eine – oft nur vermeintliche – Übersteuerung der Wirtschaft und Gesellschaft durch Regierung und Verwaltung zurückführbar schien. Ökonomisch war es die beginnende „stagflationäre Konstellation", die gleichzeitige Verletzung des Wachstums-, Beschäftigungs- und Preisstabilitätsziels, die den Neo-Interventionismus in Frage stellte. Die ziemlich mächtig erscheinende Position des Staates wurde auch problematisiert, weil sich die sozialen Disparitäten nicht wesentlich reduzieren ließen. Neoklassische Ideen und die Rücknahme zu vieler staatlicher Interventionen drängten den Staat in eine eher stabilisierende Rolle.

3. Phasenübergang III / IV

Für die Übergangsphase zur „transindustriellen Gesellschaft" dürften die wichtigsten Destabilisatoren sein:

– die Internationalisierung der Wirtschaft und der Technologien, Gefährdungen des bisherigen Wirtschafts- und Wissenschaftsstandorts Deutschland;
– ökologische Problemlagen, die auch schleichende Katastrophen enthalten können. Diese Problemlagen entwickeln einen globalen Charakter, machen an den Landesgrenzen nicht halt, und betreffen zunehmend die kommenden Generationen („Nachwelt");
– soziale Disparitäten: eine wachsende Zahl von Arbeitslosen und die Zunahme relativer Armut; gleichzeitig fundamentale Veränderungen in der Arbeitswelt;
– Erosion des pluralistischen Systems (verkrustete Interessenverbände hemmen jetzt sogar das Wirtschaftswachstum) und in der weiteren Herausbildung sozialer und ökonomischer Individualisierungen mit tendenzieller Desintegration („Entsolidarisierungen").

Der Phasenübergang in die transindusteille Gesellschaft deutet sich an durch:

– Renaissance der Technologisierung (Alltag und Arbeitswelt) und neue globale ökonomische Verwertung;
– wachsendes Gewicht der Humanpotential-Bildung (Verwissenschaftlichung / Kommunikation);
– gebremster Individualismus mit ersten Einsprengseln einer Neo-Solidarität:
  • ökologisch: Eigenrechte der Natur, Neo-Askese,
  • gesellschaftlich: Restrukturierung von Kohäsion, wie sie etwa vom „Kommunitarismus" gefördert wird.
– gesteigerte Beteiligung an politischer Willensbildung bei essentiellen oder regional bedeutsamen Problemen.

- Zugeständnisse an eine neue funktionale Revitalisierung des Staates (zentraler Initiator).

E. Erkenntniszugewinne

I. Was ergibt die Überprüfung?

1. Die bundesrepublikanische Systemgeschichte bestätigt die „vorläufige Mustererkennung" (Abb. 1) hinreichend; es gibt die wechselseitigen Zusammenhänge zwischen den Bereichen (Interdependenzen) und es gibt den mitreißenden Übergang in eine jeweils andere Ebene. In jeder Phase herrscht ein typisierender Erklärungsansatz („Paradigma").
2. Die Phasenübergänge wurden durch wechselnde Destabilisatoren und Initiatoren bestimmt. Gegen Ende jeder Phase setzten jeweils destabilisierende Entwicklungen ein, die mit den bislang akzeptierten Handlungsweisen und zugrunde liegenden Theorien nicht bewältigt werden konnten. Somit entstanden oft krisenhafte Situationen, die einen allmählichen Paradigmenwechsel stimulierten. Bislang gelang es, der Eskalation zur Krise mit paradigmatischen Änderungen und mit innovativen Handlungsweisen zu begegnen, die zugleich von Stabilisatoren auf einem änderungserträglichen Pfad gehalten wurden. Zu den Destabilisatoren zählten in allen Phasen auch ökonomische Schwierigkeiten, doch sie sind es nicht zwingend.

   Es scheint so, als würden mit der zunehmenden Komplexität der Gesellschaft auch die destabilisierenden Prozesse komplexer. Zumindest die Menge und das Gewicht der Destabilisatoren nimmt pro Phase zu (vgl. Abb. 4). Auch der Druck auf die Initiatoren wächst, zumal die Stabilisatoren oft recht mächtig bleiben: Trotz der schleichenden „Entverbandlichung" existiert auch das Interessen„system" zunächst noch weiter. In der Übergangsphase III / IV scheint vor allem der Staat als zentraler Initiator gefragt zu sein. Er muß den rechtzeitigen Phasenübergang fördern: ein schwieriges Unterfangen, da er selbst noch teilweise im spätpluralistischen Gesamtsystem mitwirkt und sich obendrein nur auf wenig reformbereites Personal stützen kann.
3. Es ist jetzt erheblich, ob und daß sich im Phasenübergang auch ein Paradigmenwechsel zu einer neuen Reformbereitschaft vollzieht, damit der Modernisierungsprozeß nicht isoliert bleibt und zusammenbricht.
4. In der Übergangsphase zur transindustriellen Gesellschaft dürfte der „funktionale" Staat nur dann die Entwicklungsaufgabe erfüllen, wenn und solange er überzeugend politisch führt und dies durchhält. Er muß dabei die Balance zwischen Stärke durch Aufgabenabbau (Handlungsspielraum) und Überzeugung als steuerungsfähiges Kompetenzzentrum (Handlungsfähigkeit) erreichen. Damit nähern wir uns wiederum einer Phase der moderaten staatlichen Intervention. Der Staat kann von den gesellschaftlichen Gruppen als Steuerungsinstanz

anerkannt werden, weil er (allein) eine erfolgreiche Überwindung der derzeitig destabilisierenden Prozesse verspricht. Seine Handlungsfähigkeit, seine wachsende oder die ihm zugestandene Kompetenz zur Entwicklungssteuerung ist derzeit funktional gefordert, um die destabilisierenden Faktoren evolutorisch zu nutzen. Diese Funktionalität gewinnt er, weil er in die internationalen und nationalen Entwicklungen durch gezielte punktuelle und terminierte Programme und Maßnahmen einzugreifen vermag oder ihm zumindest diese Fähigkeit zugeschrieben wird.

5. Auch wenn es nicht immer offenkundig ist: im dynamischen Interdependenzmodell kommt dem Staat in jeder Phase eine konkrete Rolle zu. Dies kann beispielsweise eine Initiative innerhalb der Destabilisation sein oder eine Bremsfunktion bei eskalierenden Prozessen, etwa gegenüber sozialen Konflikten. Beides mag „im Fluß" der interdependenten Dynamik jeweils eine relevante Tätigkeit sein. Dysfunktional wird die Rolle dann, wenn der Staat zu lange an ungeeignet gewordenen Problemlösungsmustern festhält und den Prozeß des lernenden Veränderns behindert anstatt in den evolutorischen Prozeß „einzufließen". Deshalb ist es unabdingbar, daß der funktional agierende Staat seine „Fitneß"[19] aufrechterhält, um die evolutiven Phasenübergänge zu erleichtern. Sei es, daß er dabei selbst die Destabilisatoren-Rolle übernimmt oder diese doch unterstützt (z.B. Makrosteuerung initiiert – wie 1966/67). Sei es, daß er hilft, die Beschleunigung oder die Tachogenität des Wandels erträglich zu gestalten (z.B. Bündnis für Arbeit oder für Umwelt). Bei der Suche nach dem optimalen Weg „zwischen und auf den Hügeln der Fitneßlandschaft" wird der funktionale Staat in der Übergangsgesellschaft eine Führungsrolle übernehmen müssen (Aufklärung, Gesamtstrategie im Auftrag der Gesellschaft, Suchfunktion namens der Zukunft). Auch wird es darauf ankommen, die Funktionalität als Steuerungszentrum über einen längeren Zeitraum zu erhalten und insoweit die staatlichen Entwicklungsaufträge zu stabilisieren; komplexitätstheoretisch: auf höherem Niveau der „Fitneß" zu halten.

Auch der gegenwärtige Übergang in eine neue Phase des wenigstens punktuell autonom handelnden Staates und der neuen aktiven Politik wird nicht konfliktlos vollzogen. Stabilisatoren werden auftreten, die nachhaltig eine Fortsetzung der spätpluralistischen Phase propagieren. Dafür werden Anpassungsmodernisierungen (z.B. ausschließlich mikroökonomische Verwaltungsmodernisierung; Weltmarktorientierung ohne aktive Förderung von Basisinnovationen) präferiert, und damit die Übergangsphase möglicherweise krisenhaft verlängert.[20]

---

[19] Es handelt sich um einen Begriff aus der „Komplexitätstheorie"; vgl. Näheres Abschnitt E, II, 4 (Evolvierendes System) und FN 21.

[20] Vgl. auch *Carl Böhret*, Gewollt ist noch nicht verwirklicht – Chancen und Hemmungen bei der Modernisierung von Landesverwaltungen, in: Verwaltungsrundschau, Heft 10/1996, S. 325-333.

II. Anreicherung für die Theorie

„... Gegenwärtig mag die Analogie noch recht vage sein, mag es sich mehr um eine Metapher als um eine echte Theorie handeln ... (Aber) wir erfinden Konzepte und Kategorien, mit deren Hilfe wir die Welt gestalten. Diese Kategorien definieren sich wechselseitig in einem komplexen Kreis ständiger Neubestätigung ... Nachdem wir die Kategorien gefunden haben, pressen wir die Welt in sie hinein und werden selbst in sie hineingepreßt." (Roger Lewin)[21]

1. Einsichten

Lassen sich nun aus dem überprüften Ansatz der „bewegten Ordnung" die Grundpfeiler des eingangs vorformulierten Modells der dynamischen Interdependenz bestätigen? Läßt sich das Erkenntnisinteresse hinreichend erfüllen, nämlich: mit Hilfe des gewählten Erklärungsmusters eine politisch-administrative Theorie für Übergangsgesellschaften zu entwickeln – als eine speziell auf Staat und Gesellschaft bezogene evolutorische Systemtheorie? Zumindest als Theorie mittlerer Reichweite dürfte sich der Versuch bewährt haben. Ihm kommt auch zugute, daß sich die Theorie evolutorischer Systeme selbst „in Entwicklung" befindet. Etwa in dem sie Erkenntnisse der Komplexitätstheorie aufnimmt, oder sich quasi selbst erfährt in der Anwendung auf soziale Systeme.

Hierbei gewinnen wir nun neue Einsichten wie Bestätigungen der dynamisierten Interdependenztheorie, die sich als besonders geeignet für die Analyse und begrenzte Prognose von Übergangsgesellschaften und der jeweils funktionalen Rolle des Staates erweist. Komplexität ist vorrangig nicht mehr durch „Reduzierung", sondern durch Optimierung, also durch fortwährendes Lernen und Experimentieren zu begreifen wie zu nutzen. Die Theoriebildung folgt selbst dem evolutiven Paradigma mit der Aneinanderentwicklung von empirischen und theorieverwertenden Zugängen. Deren wichtigste Elemente werden nochmals verallgemeinert und dann in ihrem Kontext dargestellt.

2. Interdependenz

Aus der paradigmatischen Übereinstimmung der Subysteme wie aus der Ebenen-Affinität der Subsysteme ergibt sich eine Grundaussage: Gesellschaft, Wirtschaft, Staat können jeweils nicht völlig anders (sich „entgegengesetzt") konstruiert sein und handeln. Das muß nicht „Identität" und „Morphogenität" sein – wie

---

[21] *Roger Lewin,* Die Komplexitätstheorie. Wissenschaft nach der Chaosforschung, 1993, S. 440.

etwa im Verhältnis von Staat und Monopolen in der Theorie des staatsmonopolistischen Kapitalismus (Stamokap). Vielmehr handelt es sich um durchgängige Ähnlichkeiten (Fraktalismus) und um Wechselbeziehungen. Diese Art der Bedingungen für die Interdependenz ermöglicht erst die Ko-Evolution (Aneinanderentwicklung). Dabei kann eine weitere Ausdifferenzierung hilfreich sein; so, wenn beispielsweise ökologische, technologische, administrative und juristische Subsysteme in das Interdependenzraster eingebaut werden. Auch hierbei gilt bisher – zumindest für die Bundesrepublik – eine strenge Interdependenz.

3. Destabilisation

Die Entfaltung des Verhältnisses von Staat, Gesellschaft, Ökonomie scheint also tatsächlich einem bestimmten Entwicklungsmuster zu folgen, das zum einen durch Interdependenz der Subsysteme und zum anderen durch Phasen und Phasenübergänge bedingt ist. Die Anstöße zum Wandel sind allerdings selten eindeutig zu identifizieren; sie verstecken sich quasi hinter den Strukturen und den Phasenübergängen. Es läßt sich allerdings erkennen, daß Destabilisatoren wirken und innerhalb verschiedener Subsysteme erfolgreich („übermächtig") werden können. Das passiert vor allem dort, wo derzeit „unlösbare Probleme" auftreten (z. B. ökonomische Krise, technologische Defizite, soziale Akzeptanzmängel). Nur durch eine Ablösung des bisher geltenden – dann aber jeweils ungeeigneten – Problemlösungsmusters kann der evolutorische Prozeß erreicht und verträglich gehalten werden.[22] Die Initiativen zur Veränderung (Initiatoren) müssen zugleich die inhärenten Widerstände (Stabilisatoren) überwinden – also das alte „Immunsystem" durchbrechen. Mit dem dann einsetzenden Phasenübergang emergiert eine neue Entwicklungsebene mit neuen konstitutiven Eigenschaften, die dann – für einige Zeit – die geltende System-Lösung repräsentieren und quasi ein neues „Immunsystem" hervorbringen. Was dann auch paradigmatisch gesichert wird.

Wer jeweils als „Krisenlöser" und Initiator der neuen Handlungsweisen auftritt und dann auch Paradigmenwechsel fördert, ist offen, aber nicht beliebig. Vertraut man beispielsweise unter dem Paradigma des „Neoliberalismus" weitgehend auf die Selbststeuerungskräfte, so wird der Staat und mit ihm sein „Interventions"potential zum Initiator der Veränderung („wenn die Zeit gekommen ist"). Umgekehrt scheint nach einer Phase der staatlichen Intervention wieder eine Phase des gesellschaftlichen Laissez-faire die Oberhand zu gewinnen. Diesem Wechsel liegt jedoch keine simple Kreislaufvorstellung zugrunde, denn mit den Herausforderungen verändern sich die jeweiligen Paradigmen und Handlungsmuster im Prozeß des evolutorischen Lernens. Ähnliche Situationen wie Paradigmen kehren *nur* in

---

22 Vgl. auch das „Edmund-Burke-Kriterium": „Ein Staat, dem es an allen Mitteln zu einer Veränderung fehlt, entbehrt die Mittel zu seiner Erhaltung ... Beide Prinzipien, das Erhaltungs- und das Verbesserungsprinzip (wirken zusammen)." *Edmund Burke,* Betrachtungen über die französische Revolution, Berlin 1793/94, S. 26.

aufgeklärter Form zurück.[23] Sie integrieren jedoch relevante Erfahrungen in einem dialektischen Prozeß von Loslassen und Hinzufügen zugunsten des Werdens.

4. Dynamik: Evolvierendes System

a) Die Merkmale Interdependenz, Dynamik und Destabilisatoren finden sich verallgemeinert z.T. im Selbstorganisations-Paradigma. „Selbstorganisation" und Dynamik („Zeit") stehen für die Abfolge jeweils ganzheitlicher Systemzustände; das entspricht den Interdependenzebenen im Phasenübergang. Dynamische Systeme können als „gigantische Fluktuationen" verstanden werden (Erich Jantsch). Der Typus des evolvierenden Systems, das sich selbst in offener, oft diskontinuierlicher Abfolge zu ändern vermag, scheint ein übergreifendes („supradisziplinäres") Erklärungsmuster zu werden. Auch soziale Systeme befinden sich immer zwischen Stabilität und Wandel; die *Regeln* des Wandels können – ja müssen – selbst der Veränderung unterliegen. In der neuen Vorstellung des sich entwickelnden und dabei selbstorganisierenden Systems wird von der „Dialektik" nur zeitweise stabiler Strukturen und kohärenter Evolution *ein und desselben* Systems ausgegangen.

Solche Systeme stehen ihrerseits im Austausch (Innen-Außen-Beziehungen). Es kommt zur „Aneinanderentwicklung" (Koevolution); beispielsweise zwischen technologischem Wandel und ökologischer Entwicklung oder zwischen der Verbreitung der Informationstechniken in der Verwaltung und der Veränderung des Bundesangestelltentarifs.[24]

Die evolvierenden Systeme sind durch die Einheit von *Selbst*entwicklung und Entwickelt*werden* gekennzeichnet. Die dabei auftretenden Widerstände einer gegebenen Struktur, also ihr „Stabilisierungshang" wird irgendwann doch von machtvollen Fluktuationen (Destabilisatoren / Initiatoren) überwältigt und so in eine neue Struktur überführt: „Evolutionär sein heißt, sich in der Struktur der Gegenwart mit voller Ambition und ohne Reserve zu engagieren, und doch loszulassen und in eine neue Struktur zu fließen, wenn der Zeitpunkt dafür gekommen ist" (Jantsch). Um auch solchen Entwicklungsanforderungen zu entsprechen, müssen solche dynamischen Systeme befähigt sein, ständig offene Spielregeln zu entwickeln. Diese dritte Fähigkeit gehört – neben Strukturbildung und Dynamik – zu den generellen Bedingungen des evolvierenden Systems. All das entspricht auch dem flexiblen Verhält-

---

[23] Schon bei *Niccolo Machiavelli* findet sich eine ähnliche Denkfigur. In seiner Kreislauftheorie beschreibt er den Übergang von einer sich nach und nach stabilisierenden gesellschaftlichen Macht sowie den Prozeß des Machtzerfalls, der in Anarchie mündet, um dann wiederum eine neue Ordnung zu begründen. Hier wird eine „dynamische Zirkularität" angenommen, vergleichbar der „Zeithelix". Vgl. *Friedrich Cramer,* Der Zeitbaum, Leipzig 1993.

[24] Frühe Hinweise zur interdependenten Beziehung von Demokratie, Effizienz und gesellschaftlichem Evolutionsgrad bei *Carl Böhret:* Effizienz der Exekutive als Argument gegen Demokratisierung? in: Politische Vierteljahresschrift, 11. Jg., Sonderheft 1970, S. 243 ff.

nis von Destabilisatoren / Stabilisatoren und der Rolle des Initiators bei der evolutiven Regelentwicklung und Destabilisierung.

b) Die evolutorische Komplexitätstheorie erklärt darüber hinaus, wie sich Teilbereiche (Subsysteme) an den Rand ihrer Stabilität (Ordnung) drängen und zwar auf der relativen Suche nach höherer Leistungsfähigkeit (Fitneß) im Wettbewerb mit anderen. Dabei müssen hemmende „Landschaften" durchquert und neue Gipfel erklommen werden – ohne daß vollständige Information besteht. Dabei können sich unterschiedliche Zeitzyklen ergeben. Wenn gewichtige Defizite aufeinander treffen, erhöht sich die Wahrscheinlichkeit des Phasenübergangs. Veränderung erfolgt aus der „Netto"kraft von Destabilisatoren / Initiatoren und dem Erhaltungswiderstand (Stabilisatoren): Es bildet sich irgendwann ein hinreichend starkes funktionales Zentrum heraus, das den Phasenübergang stimuliert und dann auch vorübergehend zu steuern vermag. Dabei werden die Subsysteme vom „erfolgreichen" Destabilisator (z.B. Krise) und / oder vom innovativen Initiator (z.B. Staat) mitgerissen. „Es gibt keine externe Kraft, die das System erhält. Die Dynamik kommt aus dem System selbst".[25] War der Anstoß erfolgreich, kommt es zur Ko-Evolution (Aneinanderentwicklung), d. h. die Veränderung tritt allmählich und nacheinander, aber wegen der Interdependenz auf der ganzen Ebene ein. Chaostheoretisch wird temporär eine neue Ebene der Ordnung erreicht („bewegte Ordnung").

III. Fazit

Wir brauchen wohl immer einen verläßlichen Leitfaden, der uns hilft, die wirklichen Probleme zu erkennen und der dann zeigt, wie solche Probleme gelöst werden könnten (Descartes). Das gilt vorrangig für schwer zu durchschauende „bewegte Ordnungen" (evolvierende Systeme). Das Konzept der „dynamischen Interdependenz" bietet sich als ein solcher Leitfaden für makroskopische Beziehungen an. Die „dynamische Interdependenz" läßt sich als ein auf Gesellschaft / Staat konzentrierter Unterfall der Theorie der evolvierenden Systeme charakterisieren. Politisch-administratives Handeln wird dabei in einem bestimmten Kontext mit gesellschaftlichen und ökonomischen Entwicklungen (in „Fitneßlandschaften") erfaßt. Von hier aus lassen sich Ableitungen für eine *funktionale*, der Situation und ihren evolutorischen Möglichkeiten adäquaten Handlungsweise des Staates gewinnen. In der Übergangsphase zur transindustriellen Gesellschaft kommen dem Staat vor al-

---

[25] Vgl. *Stuart Kauffman* (FN 13) und *Roger Lewin* (FN 17; hier S. 235 und 365). „Die Evolution und Koevolution sämtlicher Organismen, Artefakte und Organisationen vollzieht sich auf zerklüfteten, sich verformenden Fitneßlandschaften. Alle komplexen Organismen, Artefakte und Organisationen unterliegen widerstreitenden (widerstrebenden?) Randbedingungen. Daher ist es nicht verwunderlich, wenn bei Versuchen, gute Kompromißlösungen und -entwürfe zu erzielen, Gipfel auf zerklüfteten Landschaften gesucht werden müssen. Und es kann auch nicht überraschen, daß menschliche Akteure mehr oder minder blind suchen müssen, da der Möglichkeitsraum in der Regel riesengroß ist ..."

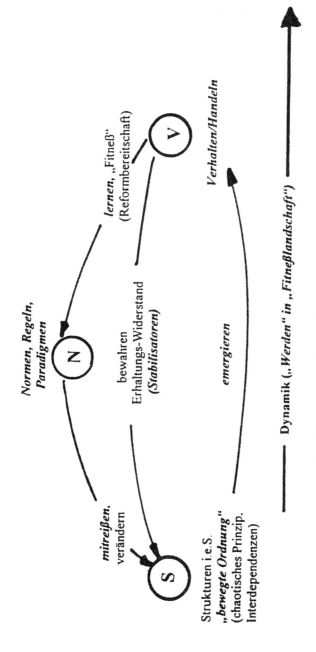

Abb. 5: Elemente einer Theorie der dynamischen Interdependenz

lem entwicklungssteuernde Funktionen zu. Aus der Betrachtung der bundesrepublikanischen Systemgeschichte konnte die empirische „Mustererkennung" weitgehend bestätigt werden. Die vorsichtige Verwertung der evolutorischen Systembetrachtung hat plausible Erklärungen für Zusammenhang und Entwicklung der Gesellschaft und des Staates erbracht. In Abb. 5 wird dieser Ansatz nochmals skizziert.

Es dürfte sich lohnen, das Konzept der dynamischen Interdependenz als Kern einer politisch-administrativen Theorie der Übergangsgesellschaft weiterzuentwickeln. Vor allem aber ist es erforderlich, zur Durchdringung der weiter zunehmenden Komplexität – einem anderen Ausdruck für den erhöhten Interdependenzgrad – einen theoretischen Bezugsrahmen zu liefern, der empirisch hinreichend gehaltvoll ist, einen interdisziplinären Bezug bietet, nicht ohne praktische Absicht ist und die Zukunftschancen nicht vergißt:

„Der Fortschritt ist nur eine Verwirklichung von Utopien".
(Oscar Wilde)

Das Berufsbeamtentum
als Element deutscher Rechtsstaatlichkeit

Von Detlef Merten

> Klaus: Revolution, reine Revolution!
> Emerenzia: Gott steh' uns bei! –
> Cäcilie: Wenn nur den Beamten nichts
> g'schieht! -
> *Nestroy*, Freiheit in Krähwinkel, I, 19

I. Einleitung

1. Das Berufsbeamtentum als Wiederkehrthema

In der verfassungspolitischen Diskussion treten zwischen die akuten Tages- und die permanenten Dauerthemen die periodischen Wiederkehrthemen, die die Öffentlichkeit in unregelmäßigen, mitunter auch regelmäßigen Abständen aufgreift, erörtert und ablegt, ohne daß jedoch die zugrundeliegenden Probleme gelöst werden. Auf diese Weise stapeln sich Ladenhüter des öffentlichen Interesses, die ein rühriges Politik-Entertainment bei Bedarf aus den Regalen der Geschichte holt, geschmäcklerisch verpackt und als Modeneuheit anpreist. Durch die Erörterung in Intervallen werden allerdings frühere Erfahrungen und Erkenntnisse vergessen oder verdrängt, weshalb die Diskussion eines wiederaufgegriffenen Themas mangels Kontinuität vielfach vordergründig und ohne Tiefgang bleibt. Denn wer nicht auf den Grund dringen kann, plätschert um so vernehmlicher an der Oberfläche. Zu den Wiederkehrthemen gehören neben anderen die Neugliederung des Bundesgebiets, das Parlamentswahlrecht, die Abgeordnetenimmunität, die Bestellung des Bundespräsidenten, aber auch das Berufsbeamtentum.

Dieses hatte nach dem Zusammenbruch auf den Prüfständen der Verfassunggebung gestanden und den 39. Deutschen Juristentag 1951 auf der Grundlage der Gutachten von *Grewe* und *Fischbach* beschäftigt. Knapp zwei Jahrzehnte später stellte sich der 48. Deutsche Juristentag 1970 zeitgeistgerecht die Frage, ob das Beamtenrecht „unter Berücksichtigung der Wandlungen von Staat und Gesellschaft" neu geordnet werden solle, beschloß dann aber nicht zuletzt unter dem Eindruck der brillanten Ausführungen *Quaritschs*[1] mit überwältigender Mehrheit, an der In-

---

[1] Verhandlungen des 48. Deutschen Juristentages, Bd. II, 1970, S. O34 ff.

stitution des Berufsbeamtentums festzuhalten. Hiervon ging auch die 1970 auf Ersuchen des Deutschen Bundestages vom Bundesminister des Innern eingesetzte Studienkommission für die Reform des öffentlichen Dienstrechts aus[2], deren Vorschläge weitaus überwiegend „bewährte Grundsätze des Berufsbeamtentums" fortentwickelten[3].

2. Finanznot und Beamtenrechtsreform

Zwei Jahrzehnte danach gerät das Berufsbeamtentum unter dem Druck von Haushaltsmisere und Sparzwang, Staatsverschuldung und Steuerlast erneut in die öffentliche Diskussion. Da (finanzielle) Not offenbar kein (Verfassungs-)Gebot kennt, tauchen allerorten Entwürfe und Empfehlungen auf, die die vom Grundgesetz begrenzte Gestaltungsfreiheit des Gesetzgebers ignorieren, dafür aber vielfach vor „Solidarität" und „Gleichbehandlung" tremolieren. So sollen Beamte auch gegen ihren Willen in den Bereich eines anderen Dienstherrn versetzt werden können[4], soll die Fortzahlung der Bezüge im Krankheitsfall gekürzt werden[5], sollen Besoldungs- und Versorgungsempfänger Beiträge zur Versorgung leisten, soll der Grundsatz der Versorgung aus dem letzten Amt trotz eindeutiger verfassungsgerichtlicher Rechtsprechung durchbrochen oder gleich zugunsten einer Versorgung nach dem Lebenseinkommen, gegebenenfalls mit einer Höchstgrenze (A 14)[6] aufgegeben werden, will man Führungspositionen auf Zeit sowie Teilzeitbeamte auf Dauer schaffen und klassische Beamtenberufe nur noch für Angestellte öffnen.

Dabei scheinen finanzielle Schwierigkeiten vielfach nicht Ursache und Grund, sondern Vorwand und Anlaß für einen Zugriff auf das Beamtenrecht zu sein, scheint der fiskalische Rotstift für ideologische Rötungen herhalten zu sollen, ist doch das Berufsbeamtentum (dienstrechtlichen) Einheitsfront-Kämpfern seit jeher ein Dorn im Auge. So wundert es nicht, daß in einem durch finanzielle Restriktionen aufgeheizten politischen Treibhausklima die Tilgung des Art. 33 Abs. 5, aber auch des Art. 33 Abs. 4 GG als eines „Bremsklotz(es) für notwendige Reformen"

---

[2] Bericht der Kommission, 1973, passim, insbes. S. 376 ff.

[3] AaO, S. 372 Rn. 977.

[4] Vgl. Art. 1 Nr. 7 (§ 18 Abs. 2 Satz 1 BRRG neu) des Entwurfs eines Gesetzes zur Reform des öffentlichen Dienstrechts (Reformgesetz), BR-Drucks. 499/96 vom 28. 6. 1996; siehe auch *Hellmuth Günther*, Anmerkungen zur Versetzung mit oktroyiertem Dienstherrenwechsel, ZBR 1996, S. 299 ff.

[5] Gesetzentwurf der Fraktionen der CDU/CSU und F.D.P. zur Begrenzung der Bezügefortzahlung bei Krankheit, BT-Drucks. 13/4613 vom 10. 5. 1996; siehe auch Beschlußempfehlung und Bericht des Innenausschusses (4. Ausschuß) zu diesem Gesetzentwurf, BT-Drucks. 13/5074 vom 26. 6. 1996; hierzu *Detlef Merten*, Alimentationsprinzip und Beamtengesetzgebung, ZBR 1996, S. 353 (359 ff.).

[6] Was laut Pressemeldungen die Abg. *Vollmer* (Die Grünen) vorschlägt.

mit der Begründung gefordert wird, ausreichender Gestaltungsspielraum für eine Neuordnung des öffentlichen Dienstes sei nur vorhanden, „wenn Art. 33 Abs. 5 GG nicht mehr als Zementierung alles Althergebrachten verstanden wird"[7].

Damit wird das Beamtenverfassungsrecht bewußt verzeichnet, um leichter dessen „Streichung" reklamieren und den „Widerstand" der „Vertreter der konservativen Interpretation"[8] leerlaufen lassen zu können. Denn nach wohl einmütiger Auffassung in Literatur und Rechtsprechung gehört eben „nicht schon jede überlieferte Einzelregelung" und damit auch nicht „alles Althergebrachte" zu den vom Gesetzgeber zu beachtenden oder zu berücksichtigenden hergebrachten Grundsätzen des Berufsbeamtentums[9], weshalb „eine ganze Reihe von Regelungen im Beamtenrecht" nicht den Schutz des Art. 33 Abs. 5 GG genießt und „jederzeit geändert" werden kann[10]. Fast gebetsmühlenartig verweist das *Bundesverfassungsgericht* auf den „weiten Ermessensspielraum"[11], den „weiten Gestaltungsspielraum"[12] bzw. die „weite Gestaltungsfreiheit"[13] des Bundesgesetzgebers, der die „Beamtengesetzgebung den Erfordernissen des freiheitlichen demokratischen Staates und seiner fortschrittlichen Entwicklung anpassen"[14] und „einer Versteinerung bestehender Rechtsstrukturen" entgegenwirken darf[15]. Hindert damit die grundgesetzliche Garantie des Berufsbeamtentums den Gesetzgeber nicht, veränderten Umständen Rechnung zu tragen, so bezeugt der Ruf nach Abschaffung des Art. 33 Abs. 4 und 5 GG, daß man nicht reformieren, sondern liquidieren will.

Ob das Grundgesetz unbeschadet möglicher Modifizierungen eine tiefgehende Änderung oder gar Eliminierung des Beamtenverfassungsrechts zuläßt, ist fraglich und fragwürdig. Sichert doch Art. 79 Abs. 3 GG einen unverfügbaren fundamentalistischen Verfassungskern[16] und hindert, daß Verfassungsstreichungen zum Verfassungsstreich geraten. Diese Unabänderlichkeitsgarantie läßt sich nicht mit der vordergründigen Diagnose beiseite schieben, daß Art. 33 Abs. 4 und 5 GG im Text

---

[7] So *Hans-Peter Bull*, Umsteuern im Beamtenrecht – aber wie?, DÖV 1995, S. 592 (596).

[8] *Bull*, aaO.

[9] BVerfGE 62, 374 (383); 71, 255 (268 sub C II 1 a); vgl. auch E 83, 89 (98); *Theodor Maunz*, in: Maunz/Dürig, Grundgesetz, Art. 33 Rn. 53, 58; *Carl Hermann Ule*, Die Institution des Berufsbeamtentums und der Gesetzgeber, 1958, S. 8.

[10] BVerfGE 44, 249 (263 sub C I 3); 71, 255 (268 sub C II 1 a); *Hermann v. Mangoldt/ Friedrich Klein*, Das Bonner Grundgesetz, Bd. II, 2. Aufl., 1964, Art. 33 Anm. VII 2, 3 a, b, S. 814 f.

[11] BVerfGE 8, 1 (16); 9, 268 (286); 11, 203 (215); 43, 242 (278); 44, 249 (273).

[12] BVerfGE 52, 303 (335); vgl. auch E 3, 58 (137); 7, 155 (162); 58, 45 (78); 64, 367 (379); ebenso *Ulrich Battis*, in: Michael Sachs (Hg.), Grundgesetz, 1996, Art. 33 Rn. 70.

[13] BVerfGE 56, 146 (161); ähnlich E 70, 69 (79).

[14] BVerfGE 8, 1 (16); 44, 249 (273); vgl. auch E 3, 58 (137); 7, 155 (162); 43, 242 (278); 52, 303 (336); zustimmend *Helmut Lecheler*, Der öffentliche Dienst, in: Isensee/Kirchhof (Hg.), Handbuch des Staatsrechts, Bd. III, 1988, Rn. 67.

[15] BVerfGE 70, 69 (79).

[16] Vgl. *Merten*, VVDStRL 55, 1996, S. 7 (38 f.).

des Art. 79 Abs. 3 GG fehlen und deshalb nicht in die Verfassungsewigkeit eingegangen sind. Denn die fortgeschrittene Verfassungsdogmatik ist über das Erfordernis einer unmittelbaren Verweisung hinausgelangt und begnügt sich mit mittelbaren Verweisungen. So gibt das *Bundesverfassungsgericht*[17] „grundlegende Gerechtigkeitspostulate", insbesondere den „Grundsatz der Rechtsgleichheit und das Willkürverbot" dem verfassungsändernden Gesetzgeber als Schranken vor, obwohl sie sich explizit weder in Art. 79 Abs. 3 noch in dem berufenen Art. 1 GG finden. Deshalb kann auch das Beamtenverfassungsrecht für Verfassungsänderungen nur insoweit offen sein, als es nicht zur Aufrechterhaltung einer dem Art. 20 GG entsprechenden Ordnung unerläßlich ist.

II. Die institutionelle Garantie des Berufsbeamtentums

1. Bewahrung wegen Bewährung

Mit der Aufnahme des Art. 33 Abs. 4 und Abs. 5 in das Grundgesetz geht es der Verfassung nicht um den einzelnen Beamten und dessen Rechte, sondern um das Berufsbeamtentum und dessen Institutionalisierung[18]. Wenn der Funktions- oder Beamtenvorbehalt des Art. 33 Abs. 4 GG gebietet, „die Ausübung hoheitsrechtlicher Befugnisse ... als ständige Aufgabe in der Regel Angehörigen des öffentlichen Dienstes zu übertragen, die in einem öffentlich-rechtlichen Dienst- und Treueverhältnis stehen", und sein Absatz 5 den Gesetzgeber zur Berücksichtigung der „hergebrachten Grundsätze des Berufsbeamtentums" verpflichtet, so wird damit in Form einer institutionellen Garantie[19] die „Einrichtung" oder „Institution" des Berufsbeamtentums[20], nicht aber wie noch in Art. 129 Abs. 1 Satz 3 der Weimarer Reichsverfassung[21] die Unverletzlichkeit der „wohlerworbenen Rechte der

---

[17] *E 84*, 90 (121); ferner *BVerfG* NJW 1997, S. 447 (448).

[18] Vgl. auch *BVerfGE 8*, 1 (12); *9*, 268 (286); *Maunz* (Fn. 9), Art. 33 Rn. 43.

[19] So ausdrücklich *BVerfGE 9*, 268 (285); *15*, 298 (301 f.); *43*, 154 (166); *61*, 43 (63); *Maunz* (Fn. 9), Art. 33 Rn. 63; *Philip Kunig*, in: v. Münch / Kunig, Grundgesetz-Kommentar, 3. Aufl., 1995, Art. 33 Rn. 39; *Franz Klein*, in: Schmidt-Bleibtreu / Klein, Kommentar zum Grundgesetz, 8. Aufl., 1995, Art. 33 Rn. 13; *Battis* (Fn. 12), Art. 33 Rn. 45; *Lecheler* (Fn. 14), Rn. 21; *Josef Isensee*, Öffentlicher Dienst, in: Benda / Maihofer / Vogel (Hg.), Handbuch des Verfassungsrechts, 2. Aufl., 1994, § 32 Rn. 71, S. 1562; *Wilhelm Grewe*, Verhandlungen des 39. Deutschen Juristentages, 1952, S. D 6; *Ule*, Die Institution des Berufsbeamtentums (Fn. 9), S. 8; vgl. ferner *RGZ 134*, 1 (13).

[20] *BVerfGE 3*, 58 (137); *3*, 288 (334); *8*, 1 (12); *9*, 268 (285); *11*, 203 (215); *56*, 146 (162); *62*, 374 (382 sub C I 1); *64*, 323 (351 sub C I 1); *64*, 367 (379); *70*, 69 (79); *Maunz* (Fn. 9) Art. 33 Rn. 63; *v. Mangoldt/Klein* (Fn. 10), Art. 33 Anm. II 3 e, S. 801 f.; *Klein* (Fn. 19), Art. 33 Rn. 10; *Ule*, Öffentlicher Dienst, in: Bettermann / Nipperdey (Hg.), Die Grundrechte, Bd. IV/2, 1962, S. 567; *Isensee*, aaO, § 32 Rn. 62, 65, S. 1556 f.; vgl. auch *RGZ 134*, 1 (11) hinsichtlich Art. 129 WRV.

[21] Ebenso Art. 115 Abs. 2 Satz 2 der saarländischen Verfassung.

Beamten" garantiert[22]. Demzufolge enthält das Beamtenverfassungsrecht keine originären Grundrechte des Beamten, die sich vielmehr nur derivativ und akzessorisch[23] aus der institutionellen Garantie ableiten lassen[24].

Mit ihr will das Staatsgrundgesetz den Beamten nicht einen Beruf sichern, sondern soll das Berufsbeamtentum die Staatsgrundsätze sicherstellen, weshalb es zu Recht als „Erscheinung von staatsgrundsätzlicher Bedeutung" apostrophiert wird[25]. Der Parlamentarische Rat hat am Staatsbeamten um des Staates, nicht um des Beamten willen[26], an den „hergebrachten Grundsätzen des Berufsbeamtentums" nicht zwecks musealer Bewahrung, sondern wegen erwiesener Bewährung festgehalten[27] und keinesfalls „im Zustand der Geistesabwesenheit"[28] gehandelt, wie hemdsärmeliger Gewerkschaftsjargon meint.

2. Geistlosigkeit des Zeitgeistes

Der Vorwurf, die Verfassungsväter wären mit der Verankerung der „hergebrachten Grundsätze" einem „vordemokratischen Leitbild" gefolgt[29], ist abwegig, weil diese ausweislich der Entstehungsgeschichte das Gegenteil bezweckten. Das öffentlich-rechtliche Beamtenverhältnis wurde wegen „seine(r) große(n) Bedeutung im Interesse der Stabilisierung des Staates"[30], wegen der „unabhängigen, für die

---

[22] *BVerfGE 3*, 58 (137); *8*, 1 (11 f.); 332 (343); *38*, 1 (11); *43*, 242 (278); *62*, 374 (382 f.); *64*, 323 (351); *67*, 1 (12); *70*, 69 (79).

[23] Was allerdings zufolge *BVerfGE 43*, 154 (167 f.) keinen minderen Rang bedeuten soll.

[24] Vgl. *BVerfGE 8*, 1 (17); *12*, 81 (87); *15*, 298 (301 f.); *43*, 154 (167); offengelassen in *E 4*, 205 (210).

[25] *Walter Leisner*, in: ders. (Hg.), Das Berufsbeamtentum im demokratischen Staat, 1975, S. 5 (Vorwort).

[26] Vgl. *BVerfGE 3*, 58 (137); *7*, 155 (162 f.); *8*, 332 (343); *9*, 268 (286); *11*, 203 (215); *Lecheler*, Die „hergebrachten Grundsätze des Berufsbeamtentums" in der Rechtsprechung des Bundesverfassungsgerichts und des Bundesverwaltungsgerichts, AöR 103, 1978, S. 349 (361); *dens.* (Fn. 14), Rn. 67.

[27] In diesem Sinne auch *Stern*, 48. DJT (Fn. 1), S. 061; *Lecheler* (Fn. 26), S. 353.

[28] So der seinerzeitige Vorsitzende der Gewerkschaft ÖTV, *Kluncker*, in: Der Deutsche Beamte 1970, S. 22; hiergegen *Ingo v. Münch*, Geistesschwache Verfassungsväter, JZ 1970, S. 332; *Quaritsch*, 48. DJT (Fn. 1), S. 035; *Stern*, ebenda, S. 060; *Ule*, in: *Forsthoff / v. Münch / Schick / Thieme / Ule / Mayer*, Verfassungsrechtliche Grenzen einer Reform des öffentlichen Dienstrechts. Studienkommission für die Reform des öffentlichen Dienstrechts, Bd. 5, 1973, S. 441 ff. (452); *ders.*, Die Bedeutung des Beamtenversorgungsrechts für die Erhaltung des Berufsbeamtentums, 1973, S. 12 f.; *Walter Rudolf*, VVDStRL 37, 1979, S. 194.

[29] So die Begründung des Antrags der Fraktion „Die Grünen" „Kein Berufsbeamtentum in einem vereinigten Deutschland" vom 1. 6. 1990, BT-Drucks. 11/7328, S. 1; gegen derartige „Killer-Phrasen" schon *Quaritsch* (Fn. 1), S. 035; zur „Idiosynkrasie der Gegner des Berufsbeamtentums" auch *Rudolf* aaO, S. 195.

[30] So der Vorsitzende des Zuständigkeitsausschusses des Parlamentarischen Rates *Wagner* (SPD) in der 12. Sitzung vom 14. 10. 1948, Sten.Prot. S. 23, jetzt abgedr. in: Hans-Peter Schneider (Hg.), Das Grundgesetz, Dokumentation seiner Entstehung, Bd. 10, 1996, S. 410.

Gesetzmäßigkeit der Verwaltung" sorgenden Amtsträger[31], wegen deren „Neutralität gegenüber den widerstreitenden Interessen"[32] und einer Verhinderung von „Parteipolitik" in der Verwaltung[33] in das Grundgesetz aufgenommen. Gerade durch die Verbannung des Einflusses demokratisch nicht legitimierter Verbände und Interessengruppen aus der Verwaltung ist der Verfassunggeber einem zutiefst demokratischen Leitbild gefolgt. Denn nur wenn „die Amtsträger im Auftrag und nach Weisung der Regierung – ohne Bindung an die Willensentschließung einer außer parlamentarischer Verantwortung stehenden Stelle – handeln ... und die Regierung damit in die Lage versetzen, die Sachverantwortung gegenüber Volk und Parlament zu übernehmen"[34], kann das deutsche Staatsvolk als Träger der Staatsgewalt einen effektiven Einfluß auf dessen Ausübung nehmen.

Im übrigen hatte *Quaritsch*[35] seinerzeit zu Recht darauf verwiesen, daß Einrichtungen wie „Habeas Corpus und Pressefreiheit, staatlicher Richter und Sozialversicherung", die nicht genuin demokratisch-republikanisch sind, deshalb noch nicht als „überholt" oder „schlicht gestrig" gelten können. Es ist das erprobte Mittel einer auf das Emotionale zielenden Diffamierung, unliebsame Institutionen oder Theorien mit dem für viele negativen Etikett des „Althergebrachten" oder „Gestrigen" zu versehen, während das oft ebenfalls betagte Genehme als „Errungenschaft" oder (erkämpfter) „Erfolg" propagiert wird. Dieser Taktik fällt es leicht, beispielsweise die Aussperrung als obrigkeitsstaatliches, kapitalistisches Relikt, den Streik dagegen als fortschrittliches, emanzipatorisches und partizipatives Herrschaftsinstrument zu etikettieren. In Wirklichkeit kann das „Ewig-Gestrige" genau so passend oder unpassend, angebracht oder unangebracht sein wie das Penetrant-Morgige oder das Dumpf-Heutige, und es sind meist ahistorische Zeitgeist-Fanatiker, die von der „Mottenkiste der Geschichte" sprechen[36]. Aber das Rad muß im demokratischen Staat nicht neu erfunden werden, um es von der Aura des „Vordemokratischen" zu befreien. Da die Kritik an den Berufsbeamten, die *Marx*[37] als „Staatsjesuiten und Staatstheologen" ansah, beinahe so alt wie dieses selbst ist, können Kopisten mit dem Hinweis auf die „obrigkeitsstaatliche" „Tradition des preußisch-deutschen Reiches"[38] keine Zukunftspalme erringen. Denn was könnte nach dem Säkularereignis der „Wende" verstaubter erscheinen als der Marxismus?

---

[31] Abg. Dr. *Strauß* (CDU), ebenda, Sten.Prot. S. 24, abgedr. bei Schneider, aaO.
[32] Abg. Dr. *Reif* (FDP), Sten.Prot. S. 28, abgedr. bei Schneider, aaO, S. 413.
[33] Abg. Dr. *Strauß*, aaO.
[34] BVerfGE 93, 37 (67 sub C I 2 a).
[35] (Fn. 1), S. O36.
[36] Vgl. auch *Friedhelm Hufen*, JuS 1996, S. 932 (933).
[37] Aus der Kritik der Hegelschen Rechtsphilosphie. Kritik des Hegelschen Staatsrechts, in: Marx / Engels, Werke, Bd. I, Berlin (Ost) 1961, S. 201, 248.
[38] So die Begründung des Antrags der Fraktion „Die Grünen" (Fn. 29).

III. Das Berufsbeamtentum als Garant für Legalität

Für die Staatsfundamentalgrundsätze des Art. 20 GG ist das Berufsbeamtentum (einschließlich des Berufsrichtertums) vor allem als Garant für die Legalität und Neutralität der Verwaltung und Rechtsprechung von Bedeutung.

1. Der Legalitätsgrundsatz als effektives Prinzip

Die Bindung von Verwaltung und Rechtsprechung an das Gesetz (einschließlich des Verfassungsgesetzes) nach Artt. 20 Abs. 3, 97 Abs. 1 GG gehört zum Kernbestand[39] des Rechts- und Verfassungsstaats. Für die rechtsstaatliche Nomokratie reicht freilich kein bloßes Lippenbekenntnis. Sie bedarf institutioneller und organisatorischer Sicherungen. Auf das Erfordernis effektiver Verfassungsrealisierung hat das *Bundesverfassungsgericht* wiederholt hingewiesen, indem es aus Art. 2 Abs. 1 GG in Verbindung mit dem Rechtsstaatsprinzip für die Rechtsschutzgarantie in zivilrechtlichen Streitigkeiten wie aus Art. 19 Abs. 4 GG für diejenige in öffentlich-rechtlichen Streitigkeiten jeweils das Gebot der Effektivität[40] und der Realisierbarkeit[41] des Rechtsschutzes, aus Art. 3 Abs. 1 GG nicht nur eine normative Besteuerungsgleichheit, sondern auch das Gebot der Gleichheit im tatsächlichen Belastungserfolg[42] ableitet und aus der staatlichen Schutzpflicht für das ungeborene Leben folgert, der Staat müsse ausreichende Maßnahmen normativer und tatsächlicher Art ergreifen, um einen „wirksamen" Schutz[43] und „effektive" Unterstützung[44] zu erreichen, wobei eine Beratungsregelung verlange, daß ein Angebot sozialer Hilfen „auch tatsächlich" bereitstehe[45].

Verfassungsnormen dürfen keine leges imperfectae bleiben, weshalb von Grundgesetzes wegen rechtliche Vorkehrungen für ihre Durchsetzung zu treffen sind[46]. Das rechtsstaatliche Prinzip der Gesetz- und Verfassungsmäßigkeit erschöpft sich nicht in einer formalen Regel, die theoretisch die Übereinstimmung der Einzelfallentscheidungen mit den generell-abstrakten Normen gebietet[47]. Vielmehr muß der Gesetzmäßigkeitsgrundsatz nicht nur normativ, sondern auch effektiv verbürgt,

---

[39] Vgl. *BVerfGE 30*, 1 (24 f.); *6*, 32 (43); *38*, 348 (368).
[40] *BVerfGE 35*, 263 (274); 382 (401); *40*, 272 (275); *77*, 275 (284); *84*, 34 (49); *59* (77) für Art. 19 Abs. 4 GG; *BVerfGE 88*, 118 (123); *BVerfG* (Kammer) NJW 1996, S. 2857 sub B II 1 und NJW 1997, S. 311 für zivilrechtliche Streitigkeiten.
[41] *BVerfG* (Kammer) NJW 1997, S. 311 (312).
[42] *BVerfGE 84*, 239 (271, 274).
[43] *BVerfGE 88*, 203 Leitsatz 6; vgl. auch S. 259, 261, 262, 281, 287, 296, 298.
[44] *BVerfGE 88*, 203 (285).
[45] *BVerfGE 88*, 203 (272).
[46] Vgl. *BVerfGE 84*, 239 (274).
[47] In diesem Zusammenhang *BVerfGE 35*, 263 (274); *40*, 272 (275).

nicht nur in der Verfassungsurkunde, sondern auch in der Verfassungswirklichkeit sichergestellt sein. Fordert der Rechtsstaat wirkungsvollen Rechtsschutz[48], so heischt er ebenfalls wirksame Rechtsanwendung, ist doch die rechtsstaatliche Ordnung eine auf „tatsächliche(n) Geltung abzielende(n) und verwiesene(n) normative(n) Ordnung"[49]. Entschieden Laien als Organwalter schwierige Rechtsfragen, hülfe dem Bürger das Verfassungsbekenntnis zur Gesetzeskonformität staatlichen Handelns wenig. Damit folgt das Erfordernis des Sachwissens und der fachlichen Leistung für die mit exekutiver oder judikativer Staatstätigkeit betrauten Amtsträger unmittelbar aus Art. 20 Abs. 3 GG, weil anders die Gesetzmäßigkeit in der Anwendungsrealität nicht sicherzustellen ist. „Rechtsstaat ohne rechtskundiges Personal ist undenkbar"[50]. Das rechtsstaatliche Verfassungsgebot des Art. 20 Abs. 3 GG ist änderungsresistent und reicht insoweit über Art. 33 Abs. 2 GG hinaus, der durch die Qualifikations-Trias von „Eignung, Befähigung und fachlicher Leistung" die Vergabe öffentlicher Ämter für die Besten reserviert[51] und damit die von § 70 II 10 des Preußischen Allgemeinen Landrechts[52] begonnene deutsche Beamtentradition bekräftigt.

2. Gesetzmäßigkeit des Staatshandelns und Unabhängigkeit des Staatsdieners

Wegen der Gesetzesgebundenheit von Exekutive und Judikative ist jeder Organwalter für die Gesetzmäßigkeit seiner Amtshandlung verantwortlich[53] und hat gegebenenfalls die Verfassungskonformität entscheidungsrelevanter Gesetze zu prüfen, weil Gesetzessubordination nur die Unterwerfung unter das geltende und das gültige Gesetz meint. Daher muß der Verwaltungsbeamte bei Bedenken gegen die Rechtmäßigkeit dienstlicher Anordnungen remonstrieren und in schwerwiegenden Fällen, in denen aufgetragenes Verhalten strafbar ist oder die Menschenwürde verletzt, opponieren, muß der Richter verfassungswidrige Normen endgültig oder

---

[48] *BVerfGE 88*, 118 (124).

[49] *BVerfGE 88*, 203 (253 sub D I 2 a).

[50] Zutreffend *Ernst Kern*, Die Institution des Berufsbeamtentums im kontinentaleuropäischen Staat, 1952, S. 35.

[51] Hierzu *BVerwGE 24*, 235 (239); vgl. auch *E 5*, 39 (43); *11*, 139 (141); *Ule*, Öffentlicher Dienst (Fn. 20), S. 588; *Isensee*, Der Zugang zum Öffentlichen Dienst, in: Verwaltungsrecht zwischen Freiheit, Teilhabe und Bindung, Festgabe aus Anlaß des 25jährigen Bestehens des Bundesverwaltungsgerichts, 1978, S. 337 (342); *Merten*, Das Recht des öffentlichen Dienstes in Deutschland, in: Magiera/Siedentopf (Hg.), Das Recht des öffentlichen Dienstes in den Mitgliedstaaten der Europäischen Gemeinschaft, 1994, S. 181 (200).

[52] „Es soll niemanden ein Amt aufgetragen werden, der sich dazu nicht hinlänglich qualificirt, und Proben seiner Geschicklichkeit abgelegt hat."

[53] Vgl. auch *Karl August Bettermann*, Die Unabhängigkeit der Gerichte und der gesetzliche Richter, in: Bettermann/Nipperdey/Scheuner, Die Grundrechte, Bd. III/2, 1959, S. 523 (575).

im Falle nachkonstitutioneller formeller Gesetze zumindest vorläufig verwerfen[54] und damit dem Parlament oder der Regierung inzident einen Verfassungsverstoß vorwerfen.

Diese Gesetzestreue der Exekutive und Judikative ist nur zu erreichen, wenn die Amtsträger rechtlich und wirtschaftlich so unabhängig gestellt sind, daß ihre rechtsstaatliche, (partei-)politisch aber nicht immer opportune Pflichterfüllung nicht zum Amtsverlust und damit zu einer schweren Bedrohung der eigenen Lebensgrundlage und des wirtschaftlichen Wohls der Angehörigen führen kann. Soll der Gesetzesvollzug nicht papierne Formel bleiben, müssen die Amtswalter in persönlicher Unabhängigkeit handeln. Deshalb weist auch das *Bundesverfassungsgericht* in ständiger Rechtsprechung auf die Interdependenz von „rechtlicher und wirtschaftlicher Unabhängigkeit" der Bediensteten einerseits und einer „stabile(n), gesetzestreue(n) Verwaltung" andererseits hin[55].

Die Bedeutung einer wirtschaftlichen Sicherung des Staatsdieners für Staat und Verwaltung hatte schon der aufgeklärte Absolutismus erkannt. Im Beamtenrecht fortschrittlicher als andere Staaten und insoweit konträr zum Feindbild des Beamtenrechts in der „Tradition des preußisch-deutschen Reiches"[56], hatte Bayern unter dem Einfluß *Montgelas'* in Art. X der Hauptlandespragmatik von 1805[57] dem Dienerstand außer im Falle eines richterlichen Spruchs „die unverletzliche Natur der Perpetuität" beigelegt. Wer diesen Lebenszeit-Status nun in Frage stellt, dreht das Rad der Geschichte um fast zweihundert Jahre zurück. Der Wechselbeziehung zwischen der Unabhängigkeit der Organwalter und dem Gesetzmäßigkeitsprinzip war sich, worauf das *Bundesverfassungsgericht* hinweist[58], auch der Parlamentarische Rat bewußt, dessen Vertreter im Zuständigkeitsausschuß den Gedanken „eines unabhängigen, für die Gesetzmäßigkeit der Verwaltung sorgenden Beamtentums"[59] als einer „Garantie des Rechtsstaates"[60] verfochten, weil ihnen das Prinzip der „Legalität der Verwaltung" nur dann „rein" durchführbar erschien, „wenn es von Männern ausgeübt wird, die das hauptberuflich tun und die eine gewisse innere Sicherheit und Unabhängigkeit besitzen"[61].

---

54 Überzeugend *Bettermann*, Die konkrete Normenkontrolle und sonstige Gerichtsvorlagen, in: Bundesverfassungsgericht und Grundgesetz, Festgabe aus Anlaß des 25jährigen Bestehens des Bundesverfassungsgerichts, Bd. I, 1976, S. 323 (326 f.).

55 *BVerfGE 8*, 1 (16); *11*, 203 (216 f.); *21*, 329 (345); *39*, 196 (201); *44*, 249 (265); *56*, 146 (162); *64*, 367 (379); *70*, 69 (80); *71*, 39 (60); siehe auch *RGZ 134*, 1 (14); *Ule* (FN 20), S. 453.

56 So der Antrag der Fraktion „Die Grünen" (Fn. 29).

57 Bayerische Hauptlandespragmatik vom 1. 1. 1805 (RBl. Sp. 225), auch abgedr. in: Rudolf Summer (Hg.), Dokumente zur Geschichte des Beamtenrechts, 1986, S. 114; siehe auch *Hans Hattenhauer*, Geschichte des deutschen Beamtentums, 2. Aufl., 1993, S. 195 ff. (200).

58 *BVerfGE 3*, 58 (137); *7*, 155 (163).

59 So der Abg. Dr. *Strauß* (Fn. 31).

60 Abg. Dr. *Reif* (Fn. 32).

61 Abg. Dr. *Strauß* (Fn. 31).

IV. Die Bedeutung der Neutralität der Beamtenschaft

1. Unabhängigkeit durch Gewaltentrennung

Während der Grundsatz der Verfassungs- und Gesetzmäßigkeit des Art. 20 Abs. 3 GG von einer schon der antiken Staatsphilosophie bekannten (Drei-)Teilung der Staatsgewalt ausgeht[62], enthält Art. 20 Abs. 2 Satz 2 GG zusätzlich das in der Neuzeit insbesondere von *Montesquieu* begründete Postulat einer Gewaltentrennung, die Machtmißbrauch im Interesse bürgerlicher Freiheit hindern soll. Sie ist für das Grundgesetz „tragendes Organisations- und Funktionsprinzip"[63], leugnet doch bereits Art. 16 der französischen Erklärung der Menschen- und Bürgerrechte von 1789 eine Verfassungsstaatlichkeit ohne Gewaltentrennung[64].

Nach dem Grundgedanken der Gewaltenseparation sollen die Gewalten einander hemmen, mäßigen und im Zaume halten, so daß eine der anderen widerstehen kann[65]. Allerdings propagiert das Grundgesetz nicht immer eine scharfe Scheidung der einzelnen Staatfunktionen, sondern bekennt sich an vielen Stellen zu Gewaltenverschränkungen und -balancierungen einschließlich gegenseitiger Kontrolle mit dem Ziel einer Zähmung und Zügelung der Staatsherrschaft[66], wobei jedoch keine Staatsgewalt ein verfassungsrechtlich nicht vorgesehenes Übergewicht über eine andere erhalten darf[67], der jeweilige Kernbereich unveränderbar und ein Entzug typischer Aufgaben ausgeschlossen ist[68].

Ordnet die Verfassung die Ausübung der Staatsgewalt durch „besondere Organe" der Gesetzgebung, der vollziehenden Gewalt und der Rechtsprechung an, so wird über die funktionale Gewaltenteilung (Gewaltenunterscheidung)[69] hinaus eine Gewaltentrennung in organisatorischer und personeller Hinsicht postuliert.

---

62 Vgl. *Aristoteles*, Politik, IV, 14, 1298 a.

63 *BVerfGE 34*, 52 (59); *BVerfG* vom 17. 7. 1996 – Südumfahrung Stendal –, DVBl. 1997, S. 42 (43 sub B II 1 a); siehe auch *E 3*, 225 (247); *67*, 100 (130); *Stern*, Das Staatsrecht der Bundesrepublik Deutschland, Bd. I, 2. Aufl., 1984, § 20 IV 3, S. 792 ff.; Bd. II, 1980, § 36, S. 511 ff.; *Theodor Maunz/Reinhold Zippelius*, Deutsches Staatsrecht, 29. Aufl., 1994, § 13 III 1, S. 89 ff.; *Konrad Hesse*, Grundzüge des Verfassungsrechts der Bundesrepublik Deutschland, 20. Aufl., 1995, Rn. 476 ff.; *Karl Doehring*, Staatsrecht der Bundesrepublik Deutschland, 3. Aufl., 1984, S. 197 ff.

64 "Toute société, dans laquelle la garantie des droits n'est pas assurée, ni la séparation des pouvoirs déterminée, n'a point de constitution."

65 *Montesquieu*, De l'esprit des lois", 1748, XI, 4; V, 14 a.E.

66 *BVerfGE 3*, 225 (247); *5*, 85 (199); *7*, 183 (188); *9*, 268 (279); *22*, 106 (111); *34*, 52 (59); *BVerfG* vom 17. 7. 1996 – Südumfahrung Stendal –, DVBl. 1997, S. 42 (43 sub B II 1 a); auch *E 49*, 89 (125).

67 Vgl. *BVerfGE 49*, 89 (124 ff.); *68*, 1 (87); *BVerfG* vom 17. 7. 1996 – Südumfahrung Stendal –, DVBl. 1997, S. 42 (43 sub B II 1 a); auch *E 9*, 268 (281).

68 *BVerfGE 9*, 268 (279 f.); *22*, 106 (111); *34*, 52 (59); *BVerfG* vom 17. 7. 1996 – Südumfahrung Stendal –, DVBl. 1997, S. 42 (43 sub B II 1 a); vgl. auch *E 67*, 100 (139); *68*, 1 (87).

69 Vgl. *Roman Herzog*, in: Maunz/Dürig, Grundgesetz, Art. 20 V Rn. 14.

Nicht nur die einzelnen Staatsfunktionen, sondern auch die jeweilige Organisation und das jeweilige Personal sollen voneinander separiert sein, was Independenz und Inkompatibilität bedingt[70]. Deswegen verbindet das Schrifttum das freie Mandat der Bundestagsabgeordneten (Art. 38 Abs. 1 Satz 2 GG) und die Unabhängigkeit der Richter (Art. 97 Abs. 1 GG) mit dem Gewaltentrennungsprinzip des Art. 20 Abs. 2 Satz 2 GG und läßt sie „an dessen von Art. 79 III verfügter Unantastbarkeit ... zweifellos teilhaben"[71].

Bei genauerem Hinsehen vermag indessen das Gewaltentrennungsgebot die Unabhängigkeit der Abgeordneten und Richter nicht als solche, sondern nur im Verhältnis zu den anderen Staatsgewalten zu sichern. Eine weitergehende Unabhängigkeit erga omnes kann nur aus anderen Verfassungsprinzipien folgen. So ergibt sich das freie Mandat der Abgeordneten aus der in Art. 20 Abs. 2 Satz 2 GG verankerten repräsentativen Demokratie[72], und wurzelt die richterliche Neutralität als „Unabhängigkeit von den Prozeßparteien, vom Staat und von den sozialen Gruppen"[73] im Wesen der „Rechtsprechung" und ist deshalb in diesem Begriff, wie ihn Art. 20 Abs. 2 und Abs. 3 GG verwendet, enthalten.

Die durch Art. 20 Abs. 2 Satz 2 bedingte Unabhängigkeit der einzelnen Staatsgewalten voneinander wird durch Art. 20 Abs. 3 GG nur beschränkt, nicht widerlegt. Zwar sind die zweite und dritte Gewalt wegen und im Rahmen ihrer Gesetzesbindung auch und in erster Linie dem Parlamentsgesetz unterworfen. Damit sind sie aber nur der lex, nicht der Legislative, nur dem Willen des Gesetzes, nicht dem des Gesetzgebers verpflichtet. Parlamentarische Entscheidungen sind für Verwaltung (im engeren Sinn[74]) und Rechtsprechung grundsätzlich nur in der Form des Parlamentsgesetzes, nicht aber als Resolutionen oder Proklamationen, als Beschlüsse und Entschließungen verbindlich. Sola lege auctoritas! Damit wird keinem Formalismus das Wort geredet, sondern das Verfassungswort ernst genommen. Denn nur des Gesetzes strenge Fessel bindet den Bundestag auf Grund föderalistischer Gewaltenteilung horizontal an die Mitwirkung des Bundesrates und vertikal an die Kompetenzen der Landtage. Hingegen ist das Parlament bei Beschlüssen freier gestellt, so daß entsprechende Anträge vom Bundestagspräsidenten nur zurückgewiesen werden, wenn sie offenkundig nicht ernst gemeint sind oder einen Straftatbestand erfüllen[75]. Da sich diesem Verfahren zudem die ordnen-

---

[70] Vgl. *Herzog*, aaO, Rn. 6 f., 11.

[71] *Herzog*, aaO, Rn. 7.

[72] Vgl. *Maunz*, in: Maunz/Dürig, Grundgesetz, Art. 38 Rn. 9; *Siegfried Magiera*, in: Sachs (Hg.), Grundgesetz, Art. 38 Rn. 4 ff., 45 ff.; *Stern* (Fn. 63), Bd. I, § 24 IV, S. 1069 f.

[73] *Karl August Bettermann*, Die Unabhängigkeit der Gerichte und der gesetzliche Richter, in: Bettermann/Nipperdey/Scheuner (Hg.), Die Grundrechte, Bd. III/2, 1959, S. 525.

[74] Siehe sub IV, 3.

[75] Vgl. *Rudolf Kabel*, Die Behandlung der Anträge im Bundestag: Rechte, Formen und Verfahren, in: Hans-Peter Schneider/Wolfgang Zeh (Hg.), Parlamentsrecht und Parlamentspraxis, 1989, § 31, Rn. 16, S. 888.

de Hand der Ministerialbürokratie entzieht, geraten Entschließungen leicht zu Deponien von Gemeinplätzen[76] mit gelegentlichem Stilblütenbefall[77], so daß mangels Regelung auch eine Bindung entfällt. Denn diese verlangt ein Normdiktat und versagt bei einem dictum de omni et nullo.

2. Gewaltenverschränkung im parlamentarischen Regierungssystem

Mangelt nach *Montesquieu*[78] Freiheit überhaupt, „lorsque dans la même personne ou dans le même corps de magistrature, la puissance législative est réunie à la puissance exécutrice", so setzt sich das parlamentarische Regierungssystem des Grundgesetzes scheinbar über diese Erkenntnis hinweg, gilt es doch als Schulbeispiel für eine Gewaltenverschränkung. Demzufolge fehlt es an personeller Gewaltentrennung, da die Kompatibilität von Regierungsamt und Abgeordnetenmandat „als Selbstverständlichkeit" verfassungsgewohnheitsrechtlich bejaht[79], inzwischen bundesverfassungsgesetzlich[80] anerkannt[81] und auch seit langem praktiziert wird. So sind zur Zeit alle Bundesminister gleichzeitig Bundestagsabgeordnete[82]. Für Parlamentarische Staatssekretäre, die die Mitglieder der Bundesregierung „bei der Erfüllung ihrer Regierungsaufgaben" unterstützen, ist eine Vereinbarkeit von Amt und Mandat nicht nur gestattet, sondern sogar gefordert[83]. Organisatorisch wird die Gewaltenverzahnung darin augenfällig, daß die Fraktionsvorsitzenden der Regierungsparteien an den Kabinettsitzungen teilnehmen und auch zu den Gesprächen

---

[76] Paradigmatisch der (sechsseitige) Entschließungsantrag „Bedeutung ehrenamtlicher Tätigkeit für unsere Gesellschaft", BT-Drucks. 13/6386 vom 3. 12. 1996, angenommen in der 145. Sitzung des Deutschen Bundestages vom 5. 12. 1996 (Sten.Ber., S. 13128).

[77] Vgl. die Entschließung „Bedeutung ehrenamtlicher Tätigkeit", aaO, S. 2 sub I: „Die Qualität und Vielfalt unseres Lebens hängt deshalb davon ab, daß seine Bürgerinnen und Bürger die Möglichkeit haben, Verantwortung zu übernehmen ...". Statt des Staatsbürgers nunmehr der „Lebensbürger" (und die „Lebensbürgerin"!)?

[78] (Fn. 65), XI, 6.

[79] *Hess.StGH* NJW 1977, S. 2065 (2068); *Gerd Sturm*, Die Inkompatibilität, 1967, S. 92; *Edzard Schmidt-Jortzig*, Das rechtliche Fundament der Ministerkompatibilität unter dem Grundgesetz, ZgesStW 130, 1974, S. 123 (140); vgl. ferner *Herzog*, in: Maunz/Dürig, Grundgesetz, Art. 66 Rn. 33; *v. Mangoldt/Klein* (Fn. 20), Art. 66 Anm. IV 1 a, S. 1287; *Hans Nawiasky*, Die Grundgedanken des Grundgesetzes für die Bundesrepublik Deutschland, 1950, S. 84, 104; *Otto Koellreutter*, Deutsches Staatsrecht, 1953, S. 185; *Ernst Friesenhahn*, Parlament und Regierung im modernen Staat, VVDStRL 16, 1958, S. 34 f.

[80] Nach Art. 108 Abs. 1 brem. Verf. und Art. 38 a hamb. Verf. dürfen Senatoren nicht der Bürgerschaft angehören.

[81] Arg. Art. 53 a Abs. 1 Satz 2, Halbs. 2; hierzu auch *Herzog*, aaO, Art. 66 Rn. 35; *Schmidt-Jortzig*, aaO, S. 125. Nach Art. 52 Abs. 1 nordrh.-westf. Verf. muß der Ministerpräsident dem Landtag angehören; Art. 64 Abs. 2 sachs.-anh. Verf. und Art. 91 Abs. 3 meckl.-vorp. Verf. sprechen sich im Umkehrschluß für eine Kompatibilität aus.

[82] Weitere statistische Angaben bei *Schmidt-Jortzig*, aaO, S. 124.

[83] § 1 Abs. 1 des Gesetzes über die Rechtsverhältnisse der Parlamentarischen Staatssekretäre vom 24. 7. 1974 (BGBl. I S. 1538).

über essentielle Fragen in kleinem Kreise (Bundeskanzler, Finanzminister, einzelne Ressortminister, Parteivorsitzende), nicht frei von momentaner Anzüglichkeit „Elefanten-Runden" genannt, herangezogen werden.

Trotz der dem parlamentarischen Regierungssystem eigenen Funktionenverbindung von Parlament und Regierung, die *Friesenhahn*[84] von einer „Staatsleitung ... gewissermaßen zur gesamten Hand" sprechen läßt, wird die Gubernative nicht auf einen parlamentarischen Exekutionsausschuß reduziert[85], sondern behält wegen des Gewaltentrennungsprinzips auch dem Parlament gegenüber unantastbare „zentrale Entscheidungsbefugnisse exekutivischer Natur"[86].

3. Zur Unterscheidung von Regierung und Verwaltung

Unbeschadet dessen verkürzt die Problematik einer Trennung zwischen erster und zweiter Gewalt, wer nur das Verhältnis von Parlament und Regierung ins Visier nimmt. Denn Regieren ist mit Verwalten nicht identisch[87], und die Gubernative stellt nur einen Teil der Exekutive dar[88]. In weiten Bereichen ist das Gesetz nicht Auftrag, sondern Schranke des Regierungshandelns[89], werden die Richtlinien der Politik nicht auf Grund, sondern im Rahmen der Gesetze bestimmt. Trotz hierarchischen Weisungsrechts und der Befugnis zum Erlaß konkretisierender Verwaltungsvorschriften wird grundsätzlich über eine Schülerversetzung im Lehrerzimmer, über einen baurechtlichen Dispens in der Amtsstube und über die Gefahrenabwehr bei Demonstrationen in der polizeilichen Einsatzleitung, nicht aber im Ministerzimmer entschieden. Die Vollziehung von Gesetzen im Einzelfall, wie ihn der Begriff der „vollziehenden Gewalt" in Art. 20 Abs. 2 Satz 2 GG im Auge hat[90], erfolgt durch die Verwaltung, nicht durch die Regierung, die sich aus praktischer, mitunter auch normativer Notwendigkeit auf die Richtungsbestimmung und Richtungskontrolle beschränken muß. Deshalb weisen viele Landesverfassungen der Regierung nicht schlechthin die Ausübung der vollziehenden Gewalt zu[91], sondern

---

[84] (Fn. 79), S. 38 oben; siehe auch S. 67 Leitsatz 13; vgl. auch *Magiera*, Parlament und Staatsleitung in der Verfassungsordnung des Grundgesetzes, 1979, S. 246 ff.

[85] Zutreffend *Stern* (Fn. 63), Bd. I, § 22 II 5 d, S. 966; *Hermann Heller*, Das Berufsbeamtentum in der deutschen Demokratie, jetzt in: *ders.*, Gesammelte Schriften, Bd. II, Leiden 1977, S. 371 (385 f.).

[86] *BVerfGE 68*, 1 (86 ff.); siehe auch *E 49*, 89 (124 ff.).

[87] *Stern* (Fn. 63), Bd. II, § 39 I 2, S. 679; dagegen leugnet *BVerwGE 4*, 24 (28) einen „grundsätzlichen und wesensmäßigen Unterschied zwischen Regieren und Verwalten".

[88] Vgl. *BVerfGE 30*, 1 (28 sub C II 3); *BVerfG* vom 17. 7. 1996 – Südumfahrung Stendal –, DVBl. 1997, S. 42 (43 sub B II 1 b).

[89] Vgl. in diesem Zusammenhang *Ulrich Scheuner*, Das Gesetz als Auftrag der Verwaltung, in: DÖV 1969, S. 585 (= Staatstheorie und Staatsrecht, 1978, S. 545 ff.).

[90] Vgl. *BVerfG* vom 17. 7. 1996 – Südumfahrung Stendal –, DVBl. 1997, S. 42 (43 sub B II 1 b).

[91] So jedoch Art. 45 bad.-württ. Verf. und Art. 28 Abs. 1 nieders. Verf. vom 19. 5. 1993.

betonen deren Spitzenstellung und Leitungsfunktion[92], wie auch das *Bundesverfassungsgericht*[93] die „Funktionenteilung zwischen der für die politische Gestaltung zuständigen parlamentarisch verantwortlichen Regierung und der zum Gesetzesvollzug verpflichteten Verwaltung" hervorhebt.

4. Gewaltentrennung zwischen Gesetzgebung und Verwaltung

a) Gewaltentrennung als Aufgabentrennung

Der Gegensatz von Regierung und Verwaltung wird bei der Gewaltentrennung deutlich. Nur das Regierungsamt, nicht das Verwaltungsamt ist mit dem Parlamentsmandat kompatibel. Die verfassungsrechtlich erforderlichen „besonderen Organe" der Gesetzgebung einerseits und der vollziehenden Gewalt andererseits schließen das Zusammentreffen von Exekutivamt und Abgeordnetenmandat aus. Niemand darf in einem Gemeinwesen gleichzeitig ein Amt innehaben und der Vertretungskörperschaft desselben Gemeinwesens als Mitglied angehören[94], wogegen das Grundgesetz auch in Art. 137 Abs. 1 Vorsorge getroffen hat.

Neben diese Unvereinbarkeit muß wie bei der Legislative und der Judikative die Unabhängigkeit der Organwalter gegenüber den anderen Staatsgewalten treten. Denn „besondere Organe" für die einzelnen Staatsfunktionen führen nur dann zu effektiver Gewaltentrennung, wenn die organisatorische und personelle Verselbständigung mit persönlicher und sachlicher Unabhängigkeit den anderen Staatsgewalten gegenüber einhergeht. Da das parlamentarische Regierungssystem schon die Gewaltentrennung zwischen Parlament und Regierung zu Gunsten einer Gewaltenverbindung aufgibt, ist eine Gewaltenhemmung zwischen Parlament und Verwaltung um so dringlicher, weil nur auf diese Weise der vom Grundgesetz auch für das Verhältnis von Legislative und Exekutive geforderten Gewaltenseparation genügt wird.

Der Legislative obliegt die Gesetzgebung, nicht aber die Gesetzesanwendung. Möglicherweise auch deshalb bindet der nicht exakt formulierte Art. 20 Abs. 3 GG nur die gesetzesanwendenden Staatsgewalten an „Gesetz und Recht", die „Gesetzgebung" in dieser Funktion aber nur an „die verfassungsmäßige Ordnung"[95]. Der

---

[92] Vgl. Art. Art. 43 Abs. 1 bayer. Verf.; Art. 118 Abs. 1 Satz 1 brem. Verf.; Art. 33 Abs. 1 Satz 2 hamb. Verf.; 41 Abs. 1 meckl.-vorp. Verf.; Art. 59 Abs. 1 sächs. Verf.; Art. 64 Abs. 1 sachs.-anh. Verf.; Art. 26 Abs. 1 Satz 1 schl.-holst. Verf.; Art. 70 Abs. 1 thür. Verf.

[93] *E 83*, 60 (72); *67*, 100 (130); vgl. auch *E 56*, 146 (164): „Unabhängigkeit der Verwaltung und Rechtsprechung".

[94] BVerfGE *18*, 172 (183); siehe auch *E 12*, 73 (77); anders und irrig *brandenb.VerfG* NVwZ 1996, S. 590 ff.; hiergegen zu Recht das Sondervotum des Richters *v. Arnim* aaO, S. 592 ff.

[95] Zur Bindung der Legislative auch an das Gesetz statt aller *Herzog* (Fn. 69), Art. 20 VI Rn. 23.

Gesetzgeber darf die Gesetzesanwendung zwar kontrollieren, aber nicht (unmittelbar) korrigieren oder durch eigene Entscheidungen substituieren. Selbst in Gesetzesform ist ihm die Einzelfallentscheidung bei grundrechtsbeschränkenden Akten untersagt (Art. 19 Abs. 1 Satz 1 GG), und bedarf er im übrigen, soweit es sich um übliche Verwaltungsentscheidungen handelt, für eigenes Tätigwerden „guter Gründe"[96]. Die spezielle Verfassungszulassung der Legalenteignung (Art. 14 Abs. 3 Satz 2 GG) hat das *Bundesverfassungsgericht*[97] aus verfassungssystematischen Gründen auf Ausnahmefälle mit der Begründung reduziert, „daß Enteignungsgesetzgebung und Enteignungsakt im typischen Fall in verschiedenen Händen ruhen" müssen.

Wird aber schon eine vom Grundgesetz vorgesehene Funktionenverbindung wegen der systemwidrigen Aufgabenvermengung von Gesetzgebung und Verwaltung restriktiv interpretiert[98], so muß im übrigen um so strikter an der verfassungsrechtlich verordneten Gewaltentrennung zwischen Gesetzgebung und Verwaltung festgehalten werden, die dem parlamentarischen Gesetzgeber „die grundlegenden und grundsätzlichen Entscheidungen" für das Gemeinwesen[99], Verwaltung und Rechtsprechung aber die Regelung und Beurteilung des Einzelfalls zuweisen.

Für die Gesetzesumsetzung fehlen den parlamentarischen Mandatsträgern nicht nur bereichsspezifische Eignung und Erfahrung[100], sondern vor allem rechtsstaatliche Kompetenz und demokratische Legitimation. Denn die Demokratie des Grundgesetzes ist keine absolute, sondern eine rechtsstaatlich gezähmte und „im Verhältnis der Staatsorgane zueinander vor allem eine *gewaltenteilende* Demokratie"[101]. Konsequenterweise ist deshalb die vom Staatsvolk seinen Repräsentanten durch Wahlen eingeräumte „Herrschaft auf Zeit" nur eine beschränkte Herrschaft auf Zeit, nicht nur temporär, sondern auch materiell limitiert. Allein deshalb kann das Abgeordnetenmandat nach politischem Gutdünken des Wählers und nicht wie das öffentliche Amt gemäß Art. 33 Abs. 2 GG nach Eignung und Befähigung des Bewerbers vergeben werden. Denn die Gewaltentrennung als staatliches Organisations- und Funktionsprinzip zielt auch darauf ab, daß staatliche Entscheidungen von den Organen getroffen werden, „die dafür nach ihrer Organisation, Zusammensetzung, Funktion und Verfahrensweise über die besten Voraussetzungen verfügen"[102].

---

[96] *BVerfG* vom 17. 7. 1996 – Südumfahrung Stendal, DVBl. 1997, S. 42, Leitsatz 2 (43 sub B II 1 d cc).
[97] *E* 24, 367 (402 f.); ebenso 45, 297 (331); vgl. auch *BVerfG* vom 17. 7. 1996 – Südumfahrung Stendal, DVBl. 1997, S. 42 (44 sub B III 1 b).
[98] *BVerfGE* 45, 297 (331).
[99] *BVerfGE* aaO.
[100] Vgl. auch *BVerfG* (Fn. 96), S. 43: erforderlicher „Verwaltungsapparat und Sachverstand" der Verwaltung.
[101] *BVerfGE* 68, 1 (87); vgl. auch *E* 2, 1 (13).
[102] *BVerfGE* 68, 1 (86); *BVerfG* vom 17. 7. 1996 – Südumfahrung Stendal –, DVBl. 1997, S. 42 (43 sub B II 1 a); *Fritz Ossenbühl*, Aktuelle Probleme der Gewaltenteilung, DÖV 1980, S. 545 (549).

b) Sachliche und persönliche Unabhängigkeit

Sachliche Unabhängigkeit der Verwaltung gegenüber der Gesetzgebung ist ohne persönliche Unabhängigkeit der Organwalter nicht effektiv gewährleistet. Wie die Legalität, so erfordert auch die Independenz der Verwaltung eine rechtliche und wirtschaftliche Sicherung, weil sich unzulässiger Einflußnahme nur widersetzen wird, wer nicht um die eigene Lebensgrundlage und die der Angehörigen fürchten muß. Persönliche und wirtschaftliche Abhängigkeit münden grundsätzlich in sachliche Abhängigkeit, und Sorge um die Sicherung der Existenz macht gefügig.

Führte ein Machtwechsel in Parlament und Regierung auch zu einem Stellungswechsel in Administration und Jurisdiktion, so bestünde die Gefahr, daß Organwalter bei ihren Entscheidungen beispielsweise über Verbote von Demonstrationen gegen die Regierung, in Strafverfahren (einschließlich des Antrags auf Aufhebung der Immunität) gegen führende Abgeordnete und Minister oder über die Verfassungsmäßigkeit politisch umstrittener Gesetze um der eigenen wirtschaftlichen Existenz willen den Machterhalt der jeweiligen Mehrheit bedenken. Ohne persönliche Unabhängigkeit der Organwalter ist gerade im parlamentarischen Regierungssystem zu befürchten, daß die zweite und dritte Gewalt nicht unparteilich und damit nicht unparteiisch handeln, weil die „Perpetuierung der Herrschaft einer bestimmten Mehrheit"[103] zugleich der Kontinuität des Personals dient. Aber der Austausch der Beamten mit jedem parteipolitischen Wechsel im Kabinett hieße nach *Hermann Heller*[104] „das Berufsbeamtentum glatt aufgeben und durch eine korrupte Dilettantenverwaltung ersetzen". Unter Hinweis auf die amerikanische „rotation in office" bezweifelte er, daß ein Staat von seinen Dienern fachliche Vorbildung, praktische Sachkenntnis oder Immunität gegen Bestechung verlangen könne, wenn er ihnen weder ökonomische Sicherung noch Gewähr für eine dauernde Stellung gebe, sondern sie alle paar Jahre, vielleicht alle paar Monate durch Angehörige einer anderen Partei ersetze, weshalb er sich dezidiert gegen das amerikanische Beutesystem aussprach[105].

Der insbesondere in der Weimarer Republik deutlich gewordenen Gefahr einer Parteipolitisierung der Verwaltung war sich auch der Parlamentarische Rat bewußt. Deshalb entschied er sich im Interesse einer „Stabilisierung des Staates"[106] für ein Berufsbeamtentum wegen dessen „Neutralität gegenüber den widerstreitenden Interessen"[107] und um zu verhindern, daß „Parteipolitik zu weitgehend auch in solche Verwaltungszweige getragen wird, wo das nicht am Platz ist"[108].

---

103 *BVerfGE 44*, 125 (142).
104 (Fn. 85), S. 386.
105 AaO.
106 Abg. *Wagner* (SPD), siehe Fn. 30.
107 Abg. Dr. *Reif* (FDP), siehe Fn. 32.
108 Abg. Dr. *Strauß* (CDU), siehe Fn. 31.

In Übereinstimmung hiermit und unter Hinweis auf die Entstehungsgeschichte[109] sieht das *Bundesverfassungsgericht* die Funktion des Berufsbeamtentums darin, daß es „eine stabile Verwaltung sichern und damit einen ausgleichenden Faktor gegenüber den das Staatsleben gestaltenden politischen Kräften" darstellen soll, wozu es rechtlicher und wirtschaftlicher Sicherung bedürfe[110]. Fast wortgleich lautet die spätere, in ständiger Rechtsprechung benutzte Formel, daß der Beamte „in rechtlicher und wirtschaftlicher Unabhängigkeit zur Erfüllung der dem Berufsbeamtentum vom Grundgesetz zugewiesenen Aufgabe, im politischen Kräftespiel eine stabile, gesetzestreue Verwaltung zu sichern", beitrage[111].

Auf das Gewaltentrennungsschema übertragen stellt die Verwaltung mit ihrer Stabilität und Neutralität das notwendige Gegengewicht zu der durch Wahlperiodizität und personeller wie sachlicher Diskontinuität gekennzeichneten Legislative und Gubernative dar. Diese Gewaltenbalance ist zwar kein expliziter, wohl aber inzidenter Bestandteil des Gewaltentrennungspostulats. Denn wenn die Wahrnehmung der Staatsgewalt durch besondere Organe der Gesetzgebung einerseits und der (aus Regierung und Verwaltung bestehenden) vollziehenden Gewalt andererseits im parlamentarischen Regierungssystem wegen der Verknüpfung von Legislative und Gubernative modifiziert wird, bleibt gleichsam mathematisch die Verfassungsforderung nach separaten Organen der Verwaltung gegenüber dem Gewaltenverbund von Parlament und Regierung übrig. Das Verfassungsgebot rechtlich und wirtschaftlich unabhängiger und neutraler Organwalter in Verwaltung und Rechtsprechung ankert damit in Art. 20 Abs. 2 Satz 2 GG und ergibt sich nicht erst aus der institutionellen Garantie des Berufsbeamtentums.

V. Das Berufsbeamtentum als Ausgleichsfaktor im „Parteienstaat"

1. Der Machtzuwachs der Parteien

Das Erfordernis von Gegengewalten und Balanceregelungen ist im demokratischen Verfassungsstaat nicht geringer, sondern größer geworden. Zielte die Forderung *Montesquieus*, die drei Staatsgewalten getrennten Organen zuzuweisen, noch auf reale politische Kräfte (Monarch, Adel, Bürger), deren Gegeneinander eine Machtbalance gewährleisten konnte, so ist dieses Kräftedreieck in einer egalitären Massendemokratie entfallen. Da das Volk als solches nicht effektiv herrschen, sondern nur Herrschaft legitimieren kann, wird es zur Zurechnungsgröße in der Staatstheorie und zum Gralshüter im Verfassungsrecht (Art. 20 Abs. 2 Satz 1 GG). Aber das „sola plebe" ist Axiom lediglich der Verfassung, nicht der Verfassungswirk-

---

[109] *BVerfGE 7*, 155 (163).
[110] *BVerfGE 7*, 155 (162); *8*, 1 (16); *11*, 203 (216 f.).
[111] *BVerfGE 21*, 329 (345); *39*, 196 (201); *44*, 249 (265); *56*, 146 (162); *64*, 367 (379); *70*, 69 (80).

lichkeit. Denn die Parteien sind aus der ihnen vom Grundgesetz zugedachten Rolle der „Mitwirkenden" längst in die der Hauptakteure geschlüpft und schicken sich nunmehr an, nach dem Szepter des allmächtigen Theaterfürsten zu greifen, was Pointierungen wie „Parteienstaat"[112] und „Demokratie ohne Volk"[113] illustrieren. Liegen die Parteien „wie ein Netz über der gesamten politischen Willensbildung"[114] und breitet sich ihr Einfluß „fettfleckartig über nahezu alle staatlichen Institutionen" aus[115], so ist eine Teilung und Trennung der Staatsgewalten in der Tat „unwirklich und fassadenhaft"[116]. Separate Portale für Legislative, Exekutive und Judikative täuschen nur noch staatsarchitektonisch einzelne Verfassungsräume vor, deren Trennmauern in Wirklichkeit verfallen.

Im Vergleich zu den politischen Parteien ist der Einfluß sonstiger Interessenverbände und Einflußgruppen im Schwinden begriffen. So nimmt die Bedeutung der Gewerkschaften, die vielfach schon eine Machtfusion mit politischen Parteien eingehen, mit sinkenden Mitgliederzahlen[117] ab, ist der Einfluß der Arbeitgeberverbände wegen fehlender Bataillone und der der Kirchen wegen gewandelter Werte gesunken. Damit entwickelt sich das Machtoligopol der Parteien allmählich zu einem Machtmonopol.

2. Erosionserscheinungen in Verwaltung und Rechtsprechung

Die faktische Alleinherrschaft der Parteien im parlamentarischen Regierungssystem, das seit langem keine parteilosen Bundesminister oder Bundestagsabgeordneten[118] kennt, greift immer stärker in die Verwaltung und Rechtsprechung über. Wählt das Parteienkartell seine Kontrolleure in Bundesverfassungsgericht und

---

[112] *Gerhard Leibholz*, Strukturprobleme der modernen Demokratie, 1974, S. 75, 93; *ders.*, Die Repräsentation in der Demokratie, 1973, S. 118 ff.

[113] So die gleichnamige Veröffentlichung *Hans Herbert von Arnims*, 1993.

[114] *Walter Schmitt Glaeser*, Die grundrechtliche Freiheit des Bürgers zur Mitwirkung an der Willensbildung, in: Isensee/Kirchhof (Hg.), Handbuch des Staatsrechts, Bd. II, 1987, § 31 Rn. 16, S. 58.

[115] *Richard v. Weizsäcker*, Wird uns unsere Parteiendemokratie überleben?, in: *ders.*, Die deutsche Geschichte geht weiter, 1983, S. 156 f.

[116] *Werner Weber*, Gewaltenteilung als Gegenwartsproblem, in: Festschrift für Carl Schmitt, 1959, S. 253 (260 sub II).

[117] So sank die Zahl der Mitglieder des Deutschen Gewerkschaftsbundes in der Zeit von Ende 1992 bis Ende 1996 von 11 015 612 auf 9 006 755; Quelle: Statistisches Bundesamt (Hg.), Statistisches Jahrbuch 1996 für die Bundesrepublik Deutschland, 1996, S. 726, sowie Angaben des DGB.

[118] Lediglich in der ersten Wahlperiode des Deutschen Bundestags konnten drei parteilose Abgeordnete einen Sitz erringen; Quelle: Kürschners Volkshandbuch Deutscher Bundestag, 13. Wahlperiode, 77. Aufl., 1996, Tab. 300. Nicht als parteilos werden Abgeordnete angesehen, die über die Liste einer Partei in den Bundestag gelangen, auch wenn sie nicht Mitglied sind, oder die nach Annahme der Wahl aus einer Partei ausscheiden.

Bundesrechnungshof ohnehin selber und werden die Präsidentenposten an Bundesgerichten schon offen als Erbhöfe bestimmter Parteien gehandelt, so läßt sich neuerdings die parteipolitische Mehrheit im Richterwahlausschuß, dem Gremium zur Kür der Richter der obersten Gerichtshöfe des Bundes, an der Coleur der Gewählten erkennen. Wenn von fünfzehn im März 1995 gewählten Bundesrichtern neun, also knapp zwei Drittel, über das Parteibuch der Ausschußmehrheit verfügen und man zudem den geringen Organisationsgrad von Richtern[119] in politischen Parteien bedenkt, so wird als Maxime offenkundig: fructus augent imperium[120].

In der Verwaltung offenbart sich parteilicher Einfluß und Anspruch zuoberst bei den euphemistisch so bezeichneten „politischen Beamten". Da jeder Beamte der polis zu dienen verpflichtet ist, können die ausdrücklich mit dem Etikett „politisch" Gezeichneten nur „parteipolitische" Amtsträger sein, die unter diesem Gesichtspunkt auch ernannt und zur Ruhe gesetzt werden. Der schleichenden Machtergreifung dient es, Spitzenpositionen für Beamte auf Zeit freizugeben, statt sie auf Lebenszeit zu besetzen. Denn mit steigender Besetzungshäufigkeit erhöht sich zum einen das Versorgungspotential für Gefolgsleute, und zum anderen bedingt berufliche Sicherheit lediglich auf Zeit Abhängigkeit und damit Willfährigkeit, was Reformern als „Flexibilität" erscheinen mag. Eher in der Stille wurden in jüngerer Zeit Rechnungsprüfer zu Beamten auf Zeit gemacht[121], was die Institution nicht stärkt, deren man sich an exponierter Stelle zum Nachweis korrekter Amtsführung offenbar ohnehin nicht bedienen will, da man auf Stellvertreter oder Personen des (politischen) Vertrauens ausweicht. Das Schicksal des Zeitlichen hat auch den Präsidenten und Vizepräsidenten der Bundesanstalt für Arbeit ereilt[122], die als Verkünder der Arbeitslosigkeit eingedenk des betriebswirtschaftlich einleuchtenden Unterschieds von roten und schwarzen Zahlen nun am engeren Zügel geführt werden.

---

[119] Er dürfte allerdings bei Bundesrichtern erheblich höher liegen. Nach den auf ungesicherten Quellen beruhenden und bestrittenen Angaben *Vultejus'* (DRiZ 1995, S. 393; vgl. *dens.*, DRiZ 1996, S. 39 f. sowie *Göhner*, ebenda, S. 21 f.) sollen 56 v.H. der Bundesrichter einer Partei angehören und nur 44 v.H. parteilos sein.

[120] In Abwandlung von Dig. 5, 3, 20 § 3 a.E. (*Ulpian*).

[121] Vgl. § 3 Abs. 2 des Gesetzes über den Bundesrechnungshof vom 11. 7. 1985 (BGBl. I S. 1445). Mußten die Mitglieder der obersten Rechnungsprüfungsbehörden der Länder bisher gemäß § 134 BRRG Beamte auf Lebenszeit sein, so können die von den Landesparlamenten gewählten Mitglieder nunmehr auch in ein Beamtenverhältnis auf Zeit berufen werden (§ 134 Satz 2 BRRG, eingefügt durch Art. 1 des Gesetzes zur Änderung des Beamtenrechtsrahmengesetzes vom 26. 3. 1993 [BGBl. I S. 391]). Letzteres ist bereits vorgesehen in § 4 meckl.-vorp. Landesrechnungshofgesetz vom 21. 11. 1991 (GVBl. S. 438); § 4 Abs. 1 des Gesetzes über den Niedersächsischen Landesrechnungshof vom 27. 11. 1991 (GVBl. S. 301); § 4 des Gesetzes über den Landesrechnungshof Schleswig-Holstein vom 2. 1. 1991 (GVBl. S. 3); § 5 des Gesetzes über den Thüringer Rechnungshof ... vom 31. 7. 1991 (GVBl. S. 282).

[122] Siehe § 210 Abs. 2 AFG (eingefügt durch Art. 1 Nr. 46 des Siebten Gesetzes zur Änderung des Arbeitsförderungsgesetzes vom 20. 12. 1985 [BGBl. I S. 2484]).

Die Achillesferse des Berufsbeamtentums stellen seit jeher Außenseiter dar[123], die als „andere Bewerber" auf Grund ihrer Berufs- oder gar „Lebenserfahrung" eingestellt werden können[124], was Vetternwirtschaft und Parteibuchpatronage erleichtert. Auf Grund beamtenrechtlicher Ausnahmetatbestände lassen sich Guilleaumes einschleusen, die zwar nicht die Laufbahnvoraussetzungen erfüllen, dafür aber in vielerlei Hinsicht nützlich sind. Nicht dem Laufbahnprinzip, sondern seiner Durchbrechung mangelt Transparenz. Weitere Ausnahmeregelungen öffnen Einfallstore für Einfallstoren.

Aber auch bei den üblichen Einstellungen und Beförderungen tritt das seit Jahren diskutierte und für Kenner der Verwaltung offenkundige Phänomen parteipolitischer Ämterpatronage auf, das mangels gesicherten Zahlenmaterials und wegen schwierigen Nachweises im Einzelfall nicht quantifizierbar ist. Es allerdings als „nicht vorhandenes Problem" mit der Behauptung abzutun, ein „parteipolitische(r) Zugriff auf öffentliche Ämter finde(t) nicht statt"[125], erscheint allzu naiv. Symptomatisch muß es daher wirken, wenn Parteien mit der „für die deutsche Vorstellung vom Berufsbeamtentum kennzeichnenden Auffassung"[126] brechen, der Beamte diene dem ganzen Volk und „nicht einer Partei". Diese aus der Weimarer Reichsverfassung (Art. 130 Abs. 1) überkommene Kombination von (positiver) Verpflichtung auf das Gesamtwohl und (negativem) Verbot der Parteiorientierung findet sich nicht nur im Beamtenbundesrecht[127], sondern weitaus überwiegend auch in den Landesbeamtengesetzen[128]. Wenn in Berlin die Mehrheitsfraktion gleichwohl

---

[123] Während der Weimarer Republik waren in der Provinz Sachsen im Zeitraum von 1923 bis 1930 von 39 Landratsposten 16 mit Außenseitern besetzt, wobei rd. zwei Drittel davon als Partei- und Gewerkschaftsfunktionäre übernommen worden waren und einer früher als Friseur tätig gewesen war; hierzu *Thomas Klein*, Zur Verwaltungsgeschichte der Provinz Sachsen, in: Oswald Hauser (Hrsg.), Vorträge und Studien zur preußisch-deutschen Geschichte, 1983, S. 251 ff. (313).

[124] Vgl. §§ 7 Abs. 1 Nr. 3 lit. b), 4 Abs. 4 BRRG.

[125] So die Antwort der Bundesregierung vom 30. 4. 1987, BT-Drucks. 11/209, S. 3 zu Nr. 8 und S. 2 zu Nr. 1 auf die Kleine Anfrage des Abg. *Häfner* und der Fraktion Die Grünen (BT-Drucks. 11/164). Hiergegen zu Recht *v. Arnim*, Demokratie ohne Volk, S. 100.

[126] *Maunz* (Fn. 9), Rn. 73.

[127] §§ 52 Abs. 1 Satz 1 BBG, 35 Abs. 1 Satz 1 BRRG.

[128] Art. 62 Abs. 1 Satz 1 bayer. BG i.d.F. vom 11. 5. 1987 (GVBl. S. 150); § 18 Abs. 1 Satz 1 brandenb. BG vom 24. 12. 1992 (GVBl. I S. 506); § 53 Abs. 1 Satz 1 brem. BG i.d.F. vom 15. 9. 1995 (GBl. S. 387); § 67 Abs. 1 Satz 1 hess. BG i.d.F. vom 11. 1. 1989 (GVBl. I S. 26); § 57 Abs. 1 Satz 1 meckl.-vorp. BG vom 28. 6. 1993 (GVBl. S. 577); § 61 Abs. 1 Satz 1 nieders. BG i.d.F. vom 11. 12. 1985 (GVBl. S. 258); § 55 Abs. 1 Satz 1 nordrhein-westf. BG i.d.F. vom 1. 5. 1981 (GVBl. S. 234); § 63 Abs. 1 Satz 1 rh.-pf. LBG i.d.F. vom 14. 7. 1970 (GVBl. S. 242); § 67 Abs. 1 Satz 1 saarl. BG i.d.F. vom 25. 6. 1979 (ABl. S. 570); § 69 Abs. 1 Satz 1 sächs. BG vom 16. 6. 1994 (GVBl. S. 1153); § 52 Abs. 1 Satz 1 sachs.-anh. BG i.d.F. vom 14. 5. 1991 (GVBl. S. 61); § 56 Abs. 1 Satz 1 thür. BG vom 10. 6. 1994 (GVBl. S. 589); anders nur § 70 Abs. 1 Satz 1 bad.-württ. LBG i.d.F. vom 19. 3. 1996 (GBl. S. 285); § 18 Abs. 1 Satz 1 Berl. LBG i.d.F. vom 20. 2. 1979 (GVBl. S. 368); § 57 Abs. 1 Satz 1 hamb. BG i.d.F. vom 29. 11. 1977 (GBl. S. 367); § 65 Abs. 1 Satz 1 schl.-holst. BG i.d.F. vom 2. 6. 1991 (GVBl. S. 276).

die Absage an einen Parteidienst der Beamten aus der Regierungsvorlage[129] mit der Begründung gestrichen hat, der Satzteil sei „überflüssig" und „diskriminierend"[130], so zeigt sich, daß die früher als selbstverständlich[131] angesehene Mißbilligung parteiwohlorientierter Amtsführung nunmehr in einer Werteumkehrung ihrerseits als anstößig empfunden wird.

3. Neutralität versus Totalität

Dennoch wird trotz vieler Erosionserscheinungen das Berufsbeamtentum (einschließlich des Berufsrichtertums) wegen seiner Neutralität als notwendiges Gegengewicht in der parteienstaatlichen Demokratie und als Barriere gegen eine gefährliche Machtkonzentration in der Hand der politischen Parteien angesehen[132]. Höbe man die ohnehin nach einer Seite neigende Machtbalance zwischen den das parlamentarische Regierungssystem beherrschenden politischen Kräften und dem ausgleichenden Faktor des gesetzes- und gemeinwohlorientierten Sachverstands in Verwaltung und Rechtsprechung auf, so wäre das grundgesetzliche Gewaltentrennungs- und Gewaltenhemmungssystem im Kern getroffen.

Es ist gerade das Kennzeichen totalitärer Staaten und Ideologien, die persönliche Sicherung der Staatsbediensteten, insbesondere deren Unabsetzbarkeit und Unabhängigkeit, zu beseitigen[133], um sie auf diese Weise zu „einfachen Vollstreckern" einer Klassen- und Parteiherrschaft, zu „absetzbaren, bescheiden bezahlten ‚Aufsehern und Buchhaltern'" zu machen[134]. *Marx*[135] propagierte sogar eine Laienverwaltung mit absetzbaren, aus dem Volke auszuwählenden und gegen Arbeiterlohn tätigen Amtsträgern. Um den Staatsapparat zum Herrschaftsinstrument zu machen, wurde das Berufsbeamtentum in der sowjetisch besetzten Zone abgeschafft; um diese Entwicklung zu verhindern, wurde es unter dem Grundgesetz beibehalten,

---

[129] Vgl. § 18 Abs. 1 Satz 1 des Entwurfs eines Landesbeamtengesetzes i.d.F. vom 1. 9. 1960, Drucks. des Abgeordnetenhauses von Berlin, III. WP, Nr. 424 vom 15. 1. 1960, S. 4.

[130] Vgl. hierzu die Ausführungen des Berichterstatters Dr. *Waltzog* (CDU) sowie des Abg. *Striek* (SPD) in der 41. Sitzung des Abgeordnetenhauses vom 23. 6. 1960, Sten.Ber. S. 277 (278 r.Sp.) und S. 286 r.Sp.

[131] *Gerhard Anschütz*, Die Verfassung des Deutschen Reichs vom 11. August 1919, 14. Aufl., 1933, Art. 130, Anm. 1, S. 603 oben.

[132] *Stern* (Fn. 63), Bd. II, § 36 IV 4 b, S. 539; *Konrad Hesse*, Grundzüge des Verfassungsrechts der Bundesrepublik Deutschland, 20. Aufl., 1995, Rn. 170; *Maunz/Zippelius* (Fn. 63), § 12 III, S. 84 und § 36 II 2 a, S. 301 f.; grundlegend *Leisner* (Fn. 25), S. 138 ff.; *Ernst Forsthoff*, DÖV 1951, S. 460; vgl. auch *Zippelius*, Geschichte der Staatsideen, 8. Aufl., 1991, S. 125.

[133] *Klaus Stelter*, Das Wesen der Rechtsverhältnisse der Staatsfunktionäre in der Deutschen Demokratischen Republik, in: Bönninger/Such/Arzinger (Hg.), Festschrift für Erwin Jacobi, Berlin (Ost) 1957, S. 428, 432, 434.

[134] *Lenin*, Staat und Revolution, in: *ders.*, Werke, Bd. 25, Berlin (Ost) 1960, S. 439.

[135] (Fn. 37), S. 253.

und wegen des Bekenntnisses der Vertragspartner zur freiheitlichen demokratischen Grundordnung im Sinne des Grundgesetzes hat man „die in Artikel 33 GG vorgegebenen Strukturen des öffentlichen Dienstes" nach Überwindung totalitärer Parteiherrschaft im beitrittswilligen Teil Deutschlands wieder eingeführt[136].

VI. Zur Garantie der rechtsstaatlichen Identität Deutschlands

Die Frage, ob das Berufsbeamtentum liquidiert werden darf, ist im Lichte des Art. 20 GG mit dem Hinweis auf die Abänderbarkeit des Art. 33 Abs. 4 und 5 GG durch Verfassungsänderung nicht beantwortet, sondern erst gestellt. Und sie ist neu zu stellen, weil die Bedeutung effektiver und nicht nur normativer Verfassungsherrschaft im Verfassungsstaat in jüngerer Zeit deutlicher als früher gesehen wird.

Das rechtsstaatliche Gesetzmäßigkeitsprinzip erschöpft sich nicht darin, daß es Exekutive und Judikative an das Gesetz bindet. Denn unausgebildete und unerfahrene, parteilich orientierte und deshalb lenkbare, jederzeit absetzbare und daher abhängige Staatsfunktionäre könnten und würden diesem Verfassungspostulat in praxi nicht nachkommen, auch wenn man sie auf das Gesetz verpflichtete. Wie für das Demokratie-, so reicht auch für das Rechtsstaatsprinzip eine „formale Wahrung" nicht aus[137]. Auswahl und Ausbildung, Rechtsstellung und Rechtsauffassung, Loyalität und Staatsgesinnung der Staatsbediensteten müssen gewährleisten, daß diese bei ihrer Aufgabenerfüllung die Verfassungs- und Gesetzesbindung auch effektiv beachten.

In diesem Zusammenhang sind der obligate Hinweis auf den Status des öffentlichen Dienstes in anderen Staaten und die verfängliche Frage, ob man den Rechtsstaatscharakter von Staaten ohne Berufsbeamtentum verneinen sollte, von vornherein unschlüssig. Denn es geht nicht um Rechtsstaatlichkeit als Universalprinzip, sondern um die durch Art. 79 Abs. 3 in Verbindung mit Art. 20 GG garantierte Rechtsstaatlichkeit Deutschlands.

Kein Staat entbehrt Demokratie, wenn er sich zu unmittelbarer Volksherrschaft statt zur repräsentativen Demokratie des Grundgesetzes bekennt, und keinem Gemeinwesen fehlt Freiheitlichkeit nur deshalb, weil sein Freiheitskatalog mit den deutschen Grundrechten nicht deckungsgleich ist, aber es mangelt an der freiheitlichen demokratischen Grundordnung des deutschen Verfassungsstaates. Deshalb reicht es umgekehrt nicht, einem Staat abstrakte, nach welchen Kriterien auch immer bemessene „Rechtsstaatlichkeit" zu attestieren, um sodann dessen öffentlichen

---

[136] Vgl. die Denkschrift zum Vertrag über die Schaffung einer Währungs-, Wirtschafts- und Sozialunion zwischen der Bundesrepublik Deutschland und der Deutschen Demokratischen Republik, BT-Drucks. 11/7350, S. 111, auch abgedr. in: Klaus Stern/Bruno Schmidt-Bleibtreu (Hg.), Staatsvertrag zur Währungs-, Wirtschafts- und Sozialunion, 1990, S. 137.

[137] Vgl. *BVerfGE 93*, 37 (74).

Dienst als grundgesetzlich genügend darzustellen, weil bei dieser Ableitung unmerklich die Begriffe vertauscht werden. Darüber hinaus erfordert eine Gegenüberstellung gesicherte Kenntnis von Verfassung und Recht, Kultur und Tradition der Vergleichsobjekte und darf sich nicht mit vordergründigen Parallelen begnügen. Ohnehin ist der Rechtsstaat als ein historisch geprägter Begriff eine typische Erscheinungsform des deutschen Sprachraums und deutscher Verfassungsgeschichte[138], so daß sein Inhalt nicht rechtsvergleichend, sondern binnenrechtlich zu ermitteln ist. Da die rechtsstaatlichen Subprinzipien der Gesetzmäßigkeit von Verwaltung und Rechtsprechung und der Gewaltentrennung expressis verbis in Art. 20 GG gründen, erübrigt sich die Frage, ob der Rechtsstaatsgrundsatz als solcher von dieser Verfassungsbestimmung geschützt wird, was im übrigen aus systematischen Gründen, insbesondere naheliegender Rückspiegelung aus Art. 28 Abs. 1 Satz 1 und nunmehr auch aus Art. 23 Abs. 1 Satz 1 GG zu bejahen ist[139]. Um des Rechtsstaats willen hat der Parlamentarische Rat, wie dargelegt, das Berufsbeamtentum im Grundgesetz institutionalisiert, weshalb es als „bedeutsames Element" der Staatsorganisation[140] auch des Schutzes rechts-staatlicher Identität in Art. 79 Abs. 3 GG teilhaftig werden muß[141], weil seine Preisgabe schwerwiegende Folgen für die Struktur des Staatswesens hätte[142].

Ebenso wie über Art. 1 GG elementare, wenn auch nicht marginale Freiheitsrechte in ihrer Grundstruktur abgesichert sind[143], muß Art. 20 GG als Korrelat zur freiheitlichen eine institutionelle Kerngarantie enthalten, die die unerläßlichen institutionellen und verfahrensrechtlichen Sicherungen zur Aufrechterhaltung fundamentaler Verfassungsprinzipien gegen Änderung und Abschaffung schirmt. Damit wird freilich nicht Art. 33 Abs. 4 und 5 GG in toto, wohl aber der elementare Kern des Berufsbeamtentums erfaßt, soweit er unerläßlich für Gesetzmäßigkeit und Gewaltentrennung ist. Hierzu gehören insbesondere die persönliche und (gegenüber anderen Staatsgewalten) sachliche Unabhängigkeit der Organwalter, deren hinreichende Eignung und Ausbildung, (partei-)politische Neutralität und Streikverbot, rechtsstaatliche Gesinnung sowie persönliche Verantwortlichkeit, so daß sich letztlich der Kern der hergebrachten Grundsätze des Berufsbeamtentums jeder Verfassungsänderung entzieht. Damit entlarvt sich der Streit um die verfassungsrechtliche Ewigkeitsgarantie für das Berufsbeamtentum als Scheinkampf. *Stern* hat zutreffend darauf verwiesen, daß auch ein neues Dienstrecht nach einmütiger Auffassung „nicht wesentlich anders strukturiert sein könne(n) als das derzeitige

---

138 Vgl. *Merten*, Zum Rechtsstaat des Grundgesetzes, in: Peter Haungs u. a. (Hg.), Civitas, Widmungen für Bernhard Vogel zum 60. Geburtstag, 1992, S. 255 (260).
139 *Merten*, aaO, S. 256 mit weiteren Nachweisen.
140 Vgl. *BVerfGE 4*, 115 (136).
141 Zum Meinungsstand vgl. *Kunig* (Fn. 19) Rn. 41; *Schmidt-Bleibtreu* (Fn. 19) Rn. 10.
142 So *Ule*, DVBl. 1970, S. 644.
143 Zur Verankerung der Schutzpflicht für das (auch werdende) Leben in Art. 1 GG *BVerfGE 39*, 1 (41, 42); *46*, 160 (164); *88*, 203 Leitsatz 1.

Beamtenrecht"[144]. Wer sich anschickt, dessen Kern zu zertrümmern, schafft einen anderen Staat[145] – in den Worten moderner National-Staatsphobie „eine andere Republik" – und will es wohl auch.

---

[144] Berufsbeamtentum – gestern, heute, morgen. Art. 33 Grundgesetz und sein verfassungsrechtlicher Kontext, in: Öffentlicher Dienst, Festschrift für Carl Hermann Ule zum 70. Geburtstag, 1977, S. 193 (210).

[145] Vgl. auch *Forsthoff* (Fn. 132), S. 462: „Mit dem Berufsbeamtentum steht und fällt auch der Rechtsstaat".

Die öffentlich-rechtliche Verwahrung

Von Helmut Quaritsch

I. Anwendungsbereich und Rechtsgrundlagen

Das Institut der öffentlich-rechtlichen Verwahrung wurde in Analogie zu den bürgerlich-rechtlichen Vorschriften entwickelt, um für eine besondere Rechtslage den Privaten gegenüber der öffentlichen Hand eine sachadäquate Rechtsstellung zu verschaffen[1]. Der Schadensersatzanspruch wegen Amtspflichtverletzung schützt den Privaten vor Vermögensverletzungen durch den Staat nur unzulänglich, weil der Kläger das Verschulden der Behörde an der Unmöglichkeit der Herausgabe schwer oder überhaupt nicht nachweisen kann[2]. Zunächst nahmen die Gerichte ein vertragloses *zivilrechtliches* Verwahrungsverhältnis an. So verfuhr das *Oberappellationsgericht Dresden,* als es am 26. Juli 1851 über den Rückgabe- und Schadensersatzanspruch der Eigentümer von Schußwaffen entschied, die nach dem Aufstand im Mai 1849 abgeliefert werden mußten und teilweise nicht mehr vorhanden waren[3]. Diese zivilrechtliche Auffassung gab das *Reichsgericht* erst 1924 endgültig auf[4]. Für das nunmehr als öffentlich-rechtlich begriffene Verwahrungsverhältnis wendete es die Vorschriften der §§ 688 ff. BGB analog und selektiv als „öffentlich-rechtliche Rechtsgrundsätze" an. Gleichwohl betrachteten sich die Zivilgerichte kraft überkommener Auslegung von § 13 GVG (sog. Traditionsrechtsprechung) weiterhin als zuständig[5]; auf diese Weise blieb der staatliche Gerichtsschutz auch zwischen 1933 und 1945 erhalten[6]. Seit Einführung der verwaltungsgerichtlichen Generalklausel und Geltung des Art. 19 IV 1 GG war der „innere

---

[1] *Friedrich Schack,* RVBl. 1935, S. 189 ff.; *Hans-Jürgen Papier,* Die Forderungsverletzung im Öffentlichen Recht, 1970, S. 40 ff.; ausführlich *Ruth Büllesbach,* Die öffentlich-rechtliche Verwahrung, 1994.

[2] Anschaulich der Fall RGZ 166, 224 ff.

[3] Wochenblatt für merkwürdige Rechtsfälle 1851, Nr. 46, S. 364 f. = Seufferts Archiv, Bd. 5, S. 159. In jener Zeit präsentierte das Gericht zunächst die für die unentgeltliche sowie die entgeltliche Verwahrung (depositum) geltenden Digesten des klassischen römischen Rechts. Die eigentliche Begründung fiel denkbar knapp aus: „Der Fall, wo jemand den anderen nöthiget, ihm eine Sache zur zeitweiligen Aufbewahrung zu übergeben, steht dem wenigstens gleich."

[4] Nachweise bei den in Fn. 1 zit. Autoren.

[5] Seufferts Archiv, Bd. 80, S. 142; *RGZ 115,* S. 419.

[6] *RGZ 166,* 233 / 34; die zu Recht berühmte Entscheidung erging am 10. März 1941.

Grund" für diese Auslegung des § 13 GVG entfallen[7]. Die Gerichte aber fühlten sich der „Tradition" verpflichtet, und der Bundestag normativierte die Tradition 1960 mit der neuen Verwaltungsgerichtsordnung. So mutierte die Zuständigkeit der Zivilgerichte kraft Tradition in eine Zuständigkeit kraft gesetzlicher Zuweisung. Mittlerweile ist die analoge, wenn auch im einzelnen modifizierte Anwendung der Vorschriften der §§ 688-699 BGB gewohnheitsrechtlich anerkannt; die Rechtswegverweisung in § 40 II 1 VwGO setzt die Existenz dieses verwaltungsrechtlichen Schuldverhältnisses als gegeben voraus.

II. Entstehung und Ende des Verwahrungsverhältnisses

Das Verwahrungsverhältnis entsteht durch den tatsächlichen Akt der Inbesitznahme einer beweglichen Sache durch eine Behörde in Erfüllung öffentlich-rechtlicher Pflichten. Notwendig ist eine bewußte Inbesitznahme. Daran fehlt es, wenn ein Waggon ohne Zutun und ohne Anweisung der Zöllner auf dem Bahnanschlußgleis der Zollstelle abgestellt (und dort von Dieben bestohlen) wird. Die Ladung wird in einem solchen Fall nicht öffentlich-rechtlich verwahrt[8]. Die Behörde nimmt in Besitz, wenn sie z.B. im Rahmen eines strafrechtlichen Ermittlungsverfahrens eine Sache beschlagnahmt[9]. Ebenso entsteht ein öffentlich-rechtliches Verwahrungsverhältnis, wenn dem Bundeswehr-Reservisten die Grundausstattung an Bekleidung und Ausrüstung aufgrund des Wehrpflichtgesetzes zur Aufbewahrung übergeben wird (§ 3 I 2, § 24 VI Nr. 4, § 45 I Nr. 6 WehrpflichtG). Gegen die öffentlich-rechtliche Verwahrung durch einen Privaten wird eingewendet, das Institut sei zum Schutze des Bürgers eingeführt worden, der die Art der Verwahrung und besonders deren Sicherung nicht beeinflussen könne[10]. Das gilt aber umgekehrt ebenso. Es ist schlechterdings nicht einzusehen, weshalb die Bundeswehrverwaltung in eine schwierige Beweislage gegenüber sorglosen Reservisten geraten soll. Die rechtliche Interessenlage ist exakt dieselbe, ob der Private kraft öffentlichen Rechts eine dem Staat gehörende Sache verwahrt oder der Staat eine Sache des Privaten. Dieses materiellrechtlich eindeutige Resultat wird von der ständigen Rechtsprechung der Verwaltungsgerichte ausgeblendet, um der ungeliebten Rechtswegzuweisung des § 40 II 1 VwGO zu entgehen; auch sind sie in Angelegenheiten des Wehrrechts ohnehin allgemein zuständig.

Für die Entstehung des Verwahrungsverhältnisses sind Einverständniserklärungen nicht konstitutiv, schließen es aber auch nicht aus. Eine öffentlich-rechtliche

---

[7] *Carl Hermann Ule*, Die neue Verwaltungsgerichtsbarkeit und das Verhältnis von Justiz und Verwaltung, 1949, S. 11 f.; *Peter Lerche*, Ordentlicher Rechtsweg und Verwaltungsrechtsweg, 1953, S. 65 ff., 72 ff.; *Friedrich Klein*, Untersuchungen zur sachlichen Zuständigkeit der Zivilgerichte im öffentlich-rechtlichen Bereich, 1954, S. 37 ff.

[8] *BGH*, MDR 1975, S. 212 f.

[9] *Hans. OLG Hamburg*, MDR 1974, S. 510 f.

[10] *OVG NRW*, MDR 1978, S. 170 f.; *Büllesbach* (Fn. 1), S. 8 f.

Verwahrung ist dann anzunehmen, wenn mit der Verwahrung öffentlich-rechtliche Pflichten erfüllt werden und der „Hinterleger" an eigenen Obhuts- und Sicherungsmaßnahmen gehindert ist[11]. Dazu ein Beispiel: Der Soldat S bittet seinen Feldwebel, 750 DM aufbewahren zu lassen, die er demnächst für eine Autoreparatur benötige, aber nicht im Spind liegen lassen wolle. F legt das Geld in einem Umschlag in den Panzerschrank zu den Zweitschlüsseln der Waffenkammern. Hier ist zu Recht öffentlich-rechtliche Verwahrung angenommen worden, weil mit ihr ein Vertreter des Dienstherrn eine aus dem Wehrdienstverhältnis resultierende Fürsorgepflicht erfüllte. In diesem Rahmen reicht die freiwillige Übernahme einer konkreten Pflicht aus[12]. – Hängt Schlachter S. seine Schweinehälften im Kühlhaus des Städtischen Schlachthofes auf, liegt die Sache anders. S ist nur beim Schlachten zur Benutzung des Schlachthofes öffentlich-rechtlich verpflichtet. Das Fleisch wird im Kühlhaus entweder aufgrund privatrechtlichen Vertrages verwahrt, oder es handelt sich um privatrechtliche Raummiete oder Raumleihe[13]. Für einen verwaltungsrechtlichen Vertrag spricht wenig, er bedürfte auch der Schriftform (§ 57 VwVfG). Das *Landgericht Wiesbaden* konnte in diesem Fall die Frage nach dem öffentlich-rechtlichen Verwahrungsverhältnis und seinen vertraglichen Grundlagen dahinstehen lassen, weil es für das zivilrechtliche Schuldverhältnis ohnehin, für das öffentlich-rechtliche gem. § 40 II 1 VwGO zuständig ist[14]. Allerdings richtet sich die instanzielle Zuständigkeit allein nach dem Streitwert; für die öffentlich-rechtliche Verwahrung gilt nicht die erstinstanzliche Zuständigkeit des Landgerichts, wie sie für die Amtshaftung § 71 II 2 GVG festlegt[15]. - Stellt hingegen nach einem Großbrand die Gemeinde eine Turnhalle für die vorläufige Unterstellung des geretteten Hausrats zur Verfügung, so wird dieser öffentlich-rechtlich verwahrt; die staatliche Pflicht ist aus dem allgemeinen Polizeirecht, hilfsweise aus dem Sozialstaatsprinzip abzuleiten[16].

Unerheblich ist der Wille des Verwahrers, die Sache für den Eigentümer oder sonst berechtigten Besitzer verwahren zu wollen. Auch wenn eine Sache beschlagnahmt wird, um sie später einzuziehen (§ 94 StPO), entsteht bis zur rechtskräftigen Entscheidung ein Verwahrungsverhältnis[17]. Stets aber muß es sich um die verwahrte Sache selbst handeln. Werden nicht bestimmte Geldscheine verwahrt, sondern bestimmte Geldbeträge von der Verwaltung einbehalten, handelt es sich nicht um eine „Verwahrung", und der Rechtsweg für die Rückforderung führt jedenfalls vor das Verwaltungsgericht[18].

---

[11] *RGZ 115*, 419; *BGHZ 5*, 299.
[12] *BVerwGE 52*, 254.
[13] *OLG Hamm*, Urt. v. 28. 11. 1985, VersR 1987, S. 789 f.
[14] NVwZ 1983, S. 179.
[15] *BGHZ 1*, 369-383.
[16] Vgl. *BGHZ 4*, 194.
[17] *RGZ 166*, 222; a. A. *HessVGH*, DÖV 1963, S. 389, betr. Führerschein.
[18] *BGHZ 34*, 349; ebenso *BGH,* Urt. v. 27. 4. 1989, BGHR-Nebengesetze, Bd. 20, zu § 40 Abs. 2 Satz 1 VwGO.

Für die Entstehung des Verwahrungsverhältnisses ist es ohne Belang, ob die amtliche Besitzergreifung rechtmäßig, rechtswidrig oder nichtig ist. Es kommt eben nicht auf das Recht zum Besitz an, sondern auf die tatsächliche amtliche Besitzherrschaft. Die Entstehung des Verwahrungsverhältnisses darzulegen und notfalls zu beweisen hat derjenige, der die Sache zurückfordert. Das kann für den Kläger schwierig werden, wenn beispielsweise die Parteien darüber streiten, ob die zurückgegebenen Edelsteine diejenigen sind, die bei dem Kläger beschlagnahmt wurden[19]. Die Umkehr der Beweislast (§ 282 BGB) gilt nur für die Frage, ob die Unmöglichkeit der Rückgabe die Folge eines von dem Verwahrer zu vertretenden Umstandes ist.

Wie im bürgerlichen Recht kann auch die öffentlich-rechtliche Verwahrung gekoppelt sein an ein anderes Rechtsverhältnis, aus dem Obhutspflichten für bewegliche Sachen folgen. Ob solche Obhutspflichten bestehen, ist nach dem Rechtsverhältnis und den Umständen zu entscheiden. So werden die dem Kranken in einer Heilanstalt abgenommenen Sachen öffentlich-rechtlich verwahrt[20], ebenso die eingebrachten Sachen, die der Strafgefangene nicht in Gewahrsam haben darf (§ 83 II 1 StrafvollzugsG), und das verwahrte Zollgut (§ 8 I 2 ZollG). Verneint wird die öffentlich-rechtliche Verwahrung hinsichtlich der Kleidung und anderen Sachen von Schülern, Studenten und Beamten in Schule, Universität und Diensträumen; nach herrschender Meinung wird hier nicht eine Obhutspflicht übernommen, sondern Raum zur Ablage geboten[21]. Das entspricht der zivilrechtlichen Auffassung über die Haftung für Garderobe in Gastwirtschaften und in Wartezimmern von Ärzten. Diese Auffassung ist problematisch in jenen Fällen, in denen Verwaltungsvorschriften den Privaten zur Besitzentäußerung zwingen: wenn Schüler ihre Mäntel nicht in die Klassenräume und Studenten ihre Taschen nicht in den Lesesaal der Bibliothek mitnehmen dürfen. Hier muß ein Verwahrungsverhältnis für die Dauer des Unterrichts bzw. Aufenthalts im Hör- oder Lesesaal dann angenommen werden, wenn gesicherte Garderoben, Fächer und dergleichen zur Verfügung gestellt werden; Schüler und Studenten sind während des Unterrichts bzw. Aufenthalts in der Bibliothek von der Sachherrschaft ausgeschlossen. Evtl. kommt allerdings auch ein Amtshaftungsanspruch wegen Nichtgewähr ausreichender Verwahrung in Betracht.

Das Verwahrungsverhältnis endet erst mit der tatsächlichen Rückgabe der Sache, nicht schon mit der amtlichen Freigabe. Die Vorschriften über das Eigentümer-Besitzer-Verhältnis (§§ 989, 990 BGB) werden deshalb nicht für Verlust

---

[19] *BGH,* Urt. v. 21. 4. 1988, BGHR-Nebengesetze, Bd. 19, Verwaltungsrecht, Allg. Grundsätze - Verwahrung 2.

[20] *RG,* JW 1919, S. 574.

[21] Zuletzt *OLG Köln,* NVwZ 1994, S. 618, für den Fall des Lehrers, dem in der Schule während eines Umzuges Videokassetten abhanden kamen, die er für den Unterricht benutzte. Kritisch *Hartmut Maurer,* JuS 1994, S. 1014 ff., der im übrigen meint, die Verletzung der beamtenrechtlichen Fürsorgepflichten könnte bei Beamten regelmäßig das öffentlich-rechtliche Verwahrungsverhältnis ersetzen.

oder Beschädigung der Sache nach Freigabe, aber vor tatsächlicher Rückgabe angewendet[22].

III. Abwicklung des Verwahrungsverhältnisses

1. Rückforderung

Der Anspruch auf jederzeitige Herausgabe ist entgegen gelegentlichen Äußerungen[23] nicht stets ausgeschlossen, nämlich dann nicht, wenn das amtliche Verwahrungsverhältnis auf Antrag des Hinterlegers enden soll: der durch den Großbrand obdachlose E nimmt seine Möbel aus der Turnhalle wieder heraus[24], der Soldat benötigt die im Panzerschrank aufbewahrten 750 DM, um die Autoreparatur zu bezahlen[25]. Wurde hingegen das Verwahrungsverhältnis unabhängig von der Einwilligung des Eigentümers begründet, kann erst zurückgefordert werden, wenn die Entscheidung über die Verwahrung wieder aufgehoben oder sonst weggefallen ist. Die Beschlagnahme durch die Staatsanwaltschaft muß vorher gerichtlich aufgehoben oder sonstwie erledigt sein, z.B. durch Einstellung des Verfahrens. Erst dann kann Herausgabe verlangt und durch das Zivilgericht zugesprochen werden.

§ 695 BGB ist also für das öffentlich-rechtliche Verwahrungsverhältnis dieser Art so zu lesen: Der Berechtigte kann die verwahrte Sache jederzeit zurückfordern, wenn der Rechtsgrund der Verwahrung entfallen ist. Das ordentliche Gericht prüft das Bestehen dieses Grundes als Vorfrage. Die Auffassung, es müßte der Folgenbeseitigungsanspruch geltend gemacht werden[26], trifft nicht zu. Der analog angewendete Herausgabeanspruch gem. § 695 BGB gehört mit seinen Surrogaten seit jeher zum Institut der öffentlich-rechtlichen Verwahrung[27]; zusätzlicher (neuer) Ansprüche bedarf es daher nicht, zumal sich der Folgenbeseitigungsanspruch bei Unmöglichkeit der Herausgabe nach herrschender Ansicht nicht in einen Folgenentschädigungsanspruch wandelt und im Verwaltungsrechtsweg geltend zu machen ist.

2. Haftung des Verwahrers

Die Haftungsmilderung des § 690 BGB beruht auf der Erwägung, daß bei der Gefälligkeitsverwahrung nicht die durchschnittliche „im Verkehr erforderliche Sorgfalt" verlangt werden kann (§ 276 BGB), vielmehr nur die in eigenen Angele-

---

[22] *BGH* LM Nr. 7 zu § 688 BGB.
[23] *H. J. Wolf,* JZ 1951, S. 637; *Klaus Stern,* JuS 1965, S. 358.
[24] *BGHZ 4,* 194.
[25] *BVerwGE 52,* 254.
[26] *Papier* (Fn. 1), S. 145; *Gunther Schwerdtfeger,* Das Öffentliche Recht in der Fallbearbeitung, 9. Aufl. 1993, S. 110, Rdnr. 261.
[27] Vgl. *RGZ 166,* 218.

genheiten angewendete Sorgfalt; allerdings ist auch dann die Haftung für grobe Fahrlässigkeit nicht ausgeschlossen (§ 277 BGB). Die öffentlich-rechtliche Verwahrung in Wahrnehmung staatlicher Pflichten ist keine Gefälligkeitsverwahrung. Daher wird nach allg. Meinung § 690 BGB nicht analog angewendet[28]. Es kann allerdings sein, daß die Behörde in ihren eigenen Angelegenheiten ein höheres Maß an Sorgfalt aufwendet, als es sonst im Verkehr erforderlich und üblich wäre. Dann gilt dieser besondere Maßstab. So verwahrt und verwaltet die Bundeswehr Geld nach besonders strengen Sicherheitsbestimmungen. Wird Geld eines Wehrpflichtigen nicht nach diesen Regeln, sondern (nur) wie eine Verschlußsache im Panzerschrank mit den Schlüsseln zur Waffenkammer verwahrt, zu dem mehrere Soldaten Zugang haben, ist die in eigenen Angelegenheiten angewendete Sorgfalt verletzt und löst deshalb die Haftung gem. §§ 690, 280 BGB auf Schadensersatz aus[29].

Ist die Herausgabe unmöglich, haftet der Verwahrer entsprechend den Vorschriften der §§ 275 ff. BGB. Bei nicht zu vertretender Unmöglichkeit ist der Verwahrer befreit (§ 275 BGB), hat er die Unmöglichkeit zu vertreten, ist er zum Schadensersatz verpflichtet (§ 280 BGB). Anspruchsmindernd kann sich ein Mitverschulden des Rückgabeberechtigten auswirken (§ 254 BGB), so z.B., wenn schon der Verlust der Sache auf Unachtsamkeit des Verlierers beruht, wenn bei wiederholten Erkundigungen nach dem Verbleib der verlorenen Sache die Behörde nicht auf deren besonderen Wert hingewiesen oder wenn nach dem Verbleib einer wertvollen Sache nicht weiter nachgeforscht wird. Ein so oder so verursachtes Mitverschulden mindert allerdings nicht den Schadensersatzanspruch, wenn der Rückgabeberechtigte darlegen und beweisen kann, daß Beamte des öffentlichen Verwahrers die verlorene Sache unterschlagen haben[30].

Eines der wichtigsten Motive für die analoge Anwendung der bürgerlich-rechtlichen Vorschriften auf die amtliche Verwahrung war und ist die Beweislastregel des § 282 BGB. Der Verwahrer muß beweisen, daß er die Unmöglichkeit der Herausgabe nicht zu vertreten hat. Für den konkurrierenden Amtshaftungsanspruch trägt der Private grundsätzlich die Beweislast für die schuldhafte Amtspflichtverletzung. Da dem Privaten der Einblick in den Behördenbetrieb verwehrt ist, kann dieser Nachweis in den Verwahrungsverhältnissen nur schwer geführt werden[31]. Dasselbe gilt umgekehrt für den Nachweis des Verschuldens des Bundeswehr-Reservisten, dem die Grundausstattung ganz oder teilweise abhanden gekommen ist.

Für Beschädigungen der verwahrten Sache müßte der Verwahrer wegen positiver Forderungsverletzung haften. In Anlehnung an die Umkehr der Beweislast durch § 282 BGB hat der zur Herausgabe verpflichtete Schuldner darzulegen und notfalls zu beweisen, daß er die Beschädigungen der Sache nicht zu vertreten hat,

---

[28] *BGHZ 4*, 192.
[29] *BVerwGE 52*, 254.
[30] *BGH*, NJW 1990, S. 1230 f.
[31] Instruktiv *RGZ 166*, 218.

wenn er nämlich objektiv seine Obhutspflichten verletzte oder die Schadensursache in sonstiger Weise aus seinem Verantwortungsbereich hervorgegangen ist[32]. Diese Grundsätze auf die öffentlich-rechtliche Verwahrung zu übertragen, erscheint nur auf den ersten Blick plausibel. Das OLG Celle jedenfalls ging in einem Allerweltsfall einen anderen Weg[33]: Die Polizei beschlagnahmte einen Sportwagen, nachdem die Werkstatt bei einer Reparatur festgestellt hatte, daß die Nummern von Fahrgestell und Motor nicht zueinander paßten. Das Fahrzeug wurde vorerst in eine verschlossene Halle verbracht, die auch der Unterstellung von Polizeifahrzeugen diente. Während der Unterstellung wurde der Wagen von unbekannt gebliebenen Einbrechern beschädigt. Da die Behörde ihrer Pflicht zu sorgfältiger Verwahrung nachgekommen war, gelang ihr der Entlastungsbeweis. Das Gericht hielt das Ergebnis aber für unbillig. Wäre nämlich wegen der vermutlichen Fälschung der Motornummern ein strafrechtliches Ermittlungsverfahren gegen den Besitzer eröffnet worden, hätte dieser nach Einstellung des Verfahrens einen Anspruch auf Ersatz des Schadens gem. § 2 Nr. 4 des Gesetzes über die Entschädigung für Strafverfolgungsmaßnahmen (StrEG) geltend machen können. Dieser Anspruch setzt ein Verschulden der Behörde im Zusammenhang mit „anderen Maßnahmen der Strafverfolgung" nicht voraus, begründet also eine verschuldensunabhängige Staatshaftung[34]. Gegen den PKW-Besitzer, der den Wagen gebraucht und ahnungslos gekauft hatte, war aber ein Ermittlungsverfahren gar nicht erst eröffnet worden.

Es hätte nahegelegen, im Wege der Gesetzesanalogie § 2 Nr. 4 StrEG auch auf diesen Fall anzuwenden. Davor schreckte das Gericht offenbar zurück, weil die Fälle der Gefährdungshaftung Ausnahmen sind und gesetzlicher Zulassung bedürfen. Statt dessen berief es sich auf die ohnehin umstrittene Rechtsprechung des Bundesgerichtshofs zur „Rechtsfigur des enteignenden Eingriffs" – gemeint war wohl: „enteignungsgleichen Eingriffs" – und sprach dem Kläger eine Entschädigung „wegen Enteignung" zu. Auch wenn dem Gericht noch in der Annahme gefolgt werden kann, daß die Ansammlung von Kraftfahrzeugen Straftäter besonders reizt, kann der staatlichen Behörde ein unabwendbarer Schaden durch kriminelle Dritte nicht analog Art. 14 III GG zugerechnet werden. Hier ist auch der letzte Schein von einem staatlichen, den Schaden verursachenden „Eingriff" verblaßt. Soll dem Eigentümer geholfen werden, dann böte sich der von Ernst Forsthoff in allen Auflagen seines Lehrbuchs mit zwingender Logik entfaltete Anspruch aus „öffentlich-rechtlicher Gefährdungshaftung" an; dieser sollte eingreifen, wenn von hoher Hand Gefahrenlagen geschaffen werden, denen sich der einzelne nicht entziehen kann und der in dieser Gefahrenlage erlittene Schaden nicht auf einen Ein-

---

[32] Zusammenfassend *Palandt/Heinrichs,* Kommentar zum BGB, 55. Aufl. 1996, § 282 Rz. 7-9 mit Nachweisen.
[33] Niedersächsische Rechtspflege 1986, S. 38-41.
[34] *BGHZ 72,* 306, mit dem Kommentar von *Karlheinz Boujong,* NJW 1979, S. 425: Anspruchskonkurrenz zur Amtshaftung (Art. 34 GG, 839 BGB) und zur öffentlich-rechtlichen Verwahrung.

griff der Verwaltung selbst zurückzuführen ist[35]. – Im Revisionsverfahren machte der Bundesgerichtshof mit der Konstruktion des OLG Celle wahrhaft kurzen Prozeß: Die von der Sache her angezeigte Beschlagnahme gehöre „zu den Belastungen, denen in einem Rechtsstaat alle betroffenen Bürger im Interesse des Allgemeinwohls in gleicher Weise unterworfen sein können". Es habe sich in diesem Fall eine Gefahr verwirklicht, die nicht schon in der Sicherstellung und Verwahrung selbst angelegt sei, also nicht aus deren Eigenart folge[36]. So richtig und einleuchtend diese Erwägungen sind: Der Kläger blieb auf seinem Schaden von über 18.000 DM sitzen, und zwar deshalb, wie ihm sein Anwalt erklärt haben wird, weil er ein rechtschaffener Mann ist und unverdächtig war. Wäre er ein windiger Bursche und als Dieb und Hehler von KFZ-Diebstählen polizeibekannt gewesen, hätte die Staatsanwaltschaft gegen ihn ein Ermittlungsverfahren eröffnet. Dann hätte er einen Anspruch auf Ersatz seines PKW-Schadens gem. § 2 Nr. 4 StrEG geltend machen können. – Das Resultat verletzt das Rechtsempfinden auch von Juristen. Geboten wäre entweder die Anerkennung eines Anspruchs aus „öffentlich-rechtlicher Gefährdungshaftung" oder eine gesetzesanaloge Anwendung des § 2 Nr. 4 StrEG im Wege des hier jedenfalls zulässigen „erst recht"-Schlusses. Es hängt schließlich von Zufällen ab, ob gegen den Besitzer eines verdächtigen Kraftfahrzeugs ein Ermittlungsverfahren eröffnet wird oder nicht.

Ob die Behörde die Haftung beschränken kann, hängt von der Begründung des Verwahrungsverhältnisses ab. Ist die öffentlich-rechtliche Verwahrung zwangsweise, besonders gegen den Willen des Berechtigten begründet worden, kann die Haftung auch für leichte Fahrlässigkeit nicht ausgeschlossen werden; sonst würde das öffentlich-rechtliche Verwahrungsverhältnis, das dem Berechtigten einen durchsetzbaren Anspruch neben der Amtshaftung gewähren soll, zu sehr an Bedeutung verlieren. Anders liegt es bei Einverständnis des Berechtigten mit der Verwahrung oder einer Begründung der Verwahrung durch öffentlich-rechtlichen Vertrag. Ist die öffentlich-rechtliche Verwahrung akzessorisch zu einem anderen öffentlich-rechtlichen Schuldverhältnis, so gelten die im Hauptverhältnis zulässigen Regeln[37]. So kann im Anstaltsnutzungsverhältnis die Haftung auf Vorsatz und grobe Fahrlässigkeit beschränkt werden, soweit sachlich gerechtfertigt, erforderlich und verhältnismäßig[38]. Unter diesen Bedingungen ist dann auch die Haftung im angekoppelten öffentlich-rechtlichen Verwahrungsverhältnis beschränkbar.

Die Ansprüche aus öffentlich-rechtlicher Verwahrung stehen selbständig neben dem etwa konkurrierenden Amtshaftungsanspruch[39]. Aus Verwahrung wird primär gehaftet (anders § 839 I 2 BGB), die aus ihr resultierenden Schadensersatzansprü-

---

[35] Lehrbuch des Verwaltungsrechts, S. 360, sowie das Vorwort zur 10. Aufl. 1973.
[36] *BGHZ 100,* 335, 338 f.
[37] Vgl. *Staudinger/Reuter,* Kommentar zum BGB, 13. Bearb., 1993, Vorbem. zu § 688 Rdnr. 56.
[38] *BGHZ 61,* 13 für städtischen Schlachthof.
[39] *BGH,* NJW 1952, S. 931.

che sind keine anderweitigen Ansprüche im Sinne von § 839 I 2 BGB[40], sie verjähren nicht wie der Amtshaftungsanspruch in drei Jahren (§ 852 BGB), sondern nach der Regel des § 195 BGB in 30 Jahren[41]. Schließlich kann dem Ausländer, der gegen eine deutsche Behörde einen Schadensersatzanspruch aus öffentlich-rechtlicher Verwahrung geltend macht, nicht - wie bei der Amtshaftung – entgegengehalten werden, die Gegenseitigkeit sei nicht verbürgt[42].

Die Anspruchskonkurrenz gilt nur, wenn die Ansprüche gegen dieselbe juristische Person gerichtet sind. Übernimmt der Staat wegen fehlender Gegenseitigkeit nicht die Amtshaftung gem. Art. 34 GG, würde also der Beamte nach § 839 BGB selbst haften, dann allerdings kann er den klagenden Ausländer gem. § 839 I 2 BGB von vornherein auf den gegen das Land zu richtenden Anspruch aus öffentlich-rechtlicher Verwahrung verweisen[43]. – Lagert der Gerichtsvollzieher bei der Zwangsräumung die nicht der Vollstreckung unterliegenden beweglichen Sachen des Räumungsschuldners bei einem Lagerhalter ein (§ 885 III ZPO), dann schließt er mit dem Lagerhalter einen privatrechtlichen Lagervertrag. Kommen Sachen abhanden, dann kann der Gerichtsvollzieher gem. § 839 I 2 BGB den Räumungsschuldner auf anderweitige Ersatzansprüche gegen den Lagerhalter verweisen, und zwar aus dem Lagervertrag selbst, weil dieser Schutzwirkung zugunsten des Räumungsschuldners entfaltet[44].

3. Ansprüche des Verwahrers

Der nach § 689 BGB als stillschweigend vereinbart geltende Anspruch auf Vergütung kann nicht ohne weiteres auf die öffentlich-rechtliche Verwahrung übertragen werden. Grundsätzlich ist eine „Vergütung" nur in der Form der Gebühr möglich, die in einem öffentlich-rechtlichen Rechtssatz vorgesehen ist. § 689 BGB kann nur auf die öffentlich-rechtliche Verwahrung angewendet werden, die durch öffentlich-rechtlichen Vertrag begründet worden ist. Das dürfte aber selten sein. Ein häufiger Fall: Die Polizei läßt einen verbotswidrig geparkten PKW abschleppen; sie verlangt von dem Halter nicht nur die Abschleppkosten, sondern auch ein „Standgeld" von 10 DM für jeden Tag der „Verwahrung" beim Abschleppunternehmer. Zu Recht, da z.B. § 24 III 1 PolG NRW einen Anspruch auf Erstattung der Kosten für die Zeit rechtmäßiger Verwahrung einräumt. Der PKW muß auch nicht vor Zahlung oder Hinterlegung der Kosten herausgegeben werden; § 24 III 3 PolG NRW begründet ein öffentlich-rechtliches Zurückbehaltungsrecht[45]. Ohne

---

[40] *BGH*, NJW 1962, S. 791.
[41] *RGZ 166*, 240.
[42] *OLG Zweibrücken*, Urteil v. 12. 7. 1993, NJW-CoR 1994, Nr. 6, S. 377.
[43] *OLG Köln*, VersR 1990, S. 898 f.
[44] *OLG Köln*, VersR 1995, S. 574 f.
[45] *OVG NRW*, DVBl. 1983, S. 1074.

diese Vorschrift wäre § 273 BGB auf das Verwahrungsverhältnis entsprechend anzuwenden.

Den Anspruch des Verwahrers auf Erstattung von Aufwendungen, „die er den Umständen nach für erforderlich halten darf", kann entsprechend § 693 BGB auch die Verwaltung geltend machen, z. B. Fütterungskosten für den entlaufenen, im städtischen Tierasyl abgelieferten und dort verwahrten Hund.

IV. Rechtsweg

Die Ansprüche aus öffentlich-rechtlicher Verwahrung sind gem. ausdrücklicher Zuweisung (§ 40 II 1 VwGO) im Zivilrechtsweg geltend zu machen; damit sollte verhindert werden, daß für die häufig nebeneinander bestehenden Ansprüche aus öffentlich-rechtlicher Verwahrung und Amtshaftung verschiedene Gerichtsbarkeiten zuständig sind. Denn vor dem für die Amtshaftung stets in erster Instanz zuständigen Landgericht (§§ 71 II Nr. 2, 17 II 2 GVG) kann der Verwahrungsanspruch auch dann geltend gemacht werden, wenn der Streitwert nur für das Amtsgericht reicht, gegenwärtig also die Grenze von 10.000 DM nicht übersteigt (§ 23 I Nr. 1 GVG); der Rechtsstreit über denselben prozessualen Anspruch kann nicht nach den materiellrechtlichen Anspruchsgrundlagen auf instanziell verschiedene Gerichte desselben Rechtszuges verteilt werden, Vorrang hat stets die besondere Zuständigkeit für die Amtshaftung.

Die Rechtswegzuweisung des § 40 II 1 VwGO soll dann nicht gelten, wenn die Behörde gegen den Privaten Ansprüche aus einem öffentlich-rechtlichen Verwahrungsverhältnis erhebt, z.B. auf Schadensersatz wegen Unmöglichkeit der Rückgabe, wie im Reservistenfall[46], auf Aufwendungsersatz oder Lagerkosten; in diesen und ähnlichen Fällen griffe die allgemeine Zuständigkeit der Verwaltungsgerichte gem. § 40 I 1 VwGO ein[47]. Rechtswegzuweisungen sind als Ordnungsnormen eigentlich strikt zu interpretieren. Jenes Motiv könnte allenfalls dann Gewicht erlangen, würde bei der Klage der Behörde gegen den Bürger umgekehrt das eintreten, was die Zuweisung der Klage des Bürgers gegen die Behörde an die Zivilgerichte gerade verhindern soll. Eine solche Aufspaltung des Rechtsweges tritt aber dann nicht ein, erhebt die Behörde Ansprüche aus öffentlich-rechtlicher Verwahrung vor dem Zivilgericht, z.B. auf Erstattung von Aufwendungen (§ 693 BGB), die sie nicht im Wege der Verwaltungsvollstreckung selbst durchsetzen kann, wie z. B. satzungsgemäße Gebühren für die Verwahrung. Etwa konkurrierende Ansprüche aus unerlaubter Handlung (§ 823 BGB) müßten auf jeden Fall vor dem Zivilgericht erhoben werden.

---

[46] *OVG NRW,* MDR 1978, S. 170 f.

[47] *Staudinger/Reuter* (Fn. 37), Vorbem. 46 zu § 688 mit teilw. unzutreffenden Nachw.; allgemein vgl. *BGHZ 43,* 277 f., für Schadensersatzansprüche aus der Verletzung öffentlich-rechtlicher Pflichten, die der Staat gegen einen Privaten geltend macht, sowie die außerordentlich scharfe Kritik am Gesetzgeber des § 40 II 1 VwGO durch *BVerwGE 37,* 235 ff.

Vermutlich sind für die Umgehung des § 40 II 1 VwGO einige andere Gründe maßgeblich, die unausgesprochen bleiben. Für die klagende Behörde sind die Verwaltungsgerichte aus mehreren Gründen attraktiver: Die Verfahrenskosten sind eindeutig niedriger. In Wehrrechtsstreitigkeiten sind die Behörden den Gang zum Verwaltungsgericht auch gewohnt. Selbst wenn die Behörde der Bundeswehrverwaltung wegen „verlorengegangener" Teile des Kleidersacks, also wegen 100 DM Schadensersatz klagt, steht ihr in erster Instanz eine Kammer mit drei Berufsrichtern und zwei ehrenamtlichen Richtern gegenüber. Bei den ordentlichen Gerichten würde ein Amtsrichter im vereinfachten Verfahren nach § 495 a ZPO entscheiden, eine mündliche Verhandlung bedarf des Antrages, das Urteil keines Tatbestandes, „Entscheidungsgründe braucht das Urteil nicht zu enthalten, wenn ihr wesentlicher Inhalt in das Protokoll aufgenommen worden ist" (§ 495 a II ZPO). Im übrigen entscheidet das Amtsgericht rechtskräftig, weil in so gut wie allen Fällen dieser Art der Wert des Beschwerdegegenstandes 1.500 DM nicht übersteigt (§ 511 I 1 ZPO). Welche Behörde möchte sich schon in dieser Weise abfertigen lassen? Auch genießt das vereinfachte Verfahren nach § 495 a ZPO keinen besonders guten Ruf[48].

Vergleicht man allerdings den ungewöhnlich robusten Umgang mit der Rechtswegzuweisung des § 40 II 1 VwGO mit der Scheu vor der gesetzesanalogen Anwendung des § 2 Nr. 4 StrEG[49], dann bleibt dem Berichterstatter nur die Feststellung, daß dieser richterliche Respekt gegenüber dem Gesetzestext den von vornherein unverdächtigen Kläger 18 000 DM kostete, und die beklommene Frage, ob der alte Grundsatz „ius est ars boni et aequi" nur noch in den Festreden der Juristen gilt.

---

[48] Die Presseerklärung der Bundesrechtsanwaltskammer vom 28. März 1996 warf der amtsgerichtlichen Handhabung des § 495 a ZPO vor, sie arte zunehmend in Willkür aus; vgl. auch *Konrad Redeker,* NJW 1996, S. 1870-1872 m. weit. Nachw.

[49] Vgl. vorn bei Fn. 33-36.

Gesetzgebung als Prozeß von Öffentlichkeit

Von Waldemar Schreckenberger

I. Einleitung und Grundbegriffe

Fragen der Gesetzgebung gehören heute zu den herausragenden Themen der wissenschaftlichen und politischen Erörterung. Es will aber bisher nicht so recht gelingen, einen gemeinsamen theoretischen Rahmen für die unterschiedlichen Fragestellungen zu finden. Im Vordergrund stehen verständlicherweise praktische Probleme. Sie erscheinen so dramatisch, daß bekanntlich von einer schweren Krise der Gesetzgebung die Rede ist. Indikatoren sind vor allem die wachsende Zahl der Gesetze, ihre oft unerwünschten sozialen Wirkungen und die unverständliche Rechtssprache. Trotz zahlreicher Bemühungen um punktuelle Verbesserungen steht ein durchgreifender Erfolg aus.[1] Förderlicher könnte es daher sein, den Blick auf einige Gesamtzusammenhänge zu richten, die für die Gesetzgebung grundlegend sind. Es wird daher aus der Sicht der Rechtsrhetorik in den Grundzügen ein Modell vorgestellt, das die Gesetzgebung als einen öffentlichen Kommunikations- und Entscheidungsprozeß ausweist, der unterschiedlichen strukturellen Bedingungen unterliegt.[2]

Die Begriffe der „Öffentlichkeit", der „Kommunikation" und die Verfahrensverfaßtheit von Entscheidungen gehören inzwischen -in vielfältigen Bedeutungen – zum tragenden Bestand rechts- und sozialwissenschaftlicher Theorien, so daß ihre Einführung keiner Erläuterung bedarf. Einschränkend ist allerdings zu sagen, daß sich mit dem Begriff der Öffentlichkeit keine normativen Vorgaben im Blick auf gemeinsame gesellschaftliche Ziele oder Werte verbinden. „Kommunikationen" sind – ohne Rücksicht auf ihre Bewertung nach rationalen Kriterien – alle sprachlichen Formen der sozialen Einflußnahme sowie der sprachlichen und nichtsprachlichen Verständigung.[3]

---

[1] Vgl. Überblick bei *Wolfgang Mantl*, Aufriß der Problemlage, in: ders. (Hrsg.), Effizienz der Gesetzesproduktion – Abbau der Regelungsdichte im internationalen Vergleich, 1995, S. 17 ff., 38 ff.; *Markus Lammer*, Internationaler Vergleich, in: Wolfgang Mantl (Hrsg.), S. 93 ff.; vgl. zu Bemühungen der Rechtsvereinfachung *Klaus König*, Prozeduale Rationalität – Zur kontraktiven Aufgabenpolitik der Achtziger Jahre, in: Verwaltungsarchiv 1995, S. 1 ff., 17 ff.

[2] Vgl. zum Prozeßcharakter parlamentarischer Gesetzgebung unter verfassungsrechtlichen Gesichtspunkten *Helmuth Schulze-Fielitz*, Theorie und Praxis parlamentarischer Gesetzgebung: bes. des 9. Dt. Bundestages (1980-1983), 1988, insb. S. 255 ff.

Wir unterscheiden die „allgemeine Öffentlichkeit" als gesellschaftliches Forum der Kommunikation von den verselbständigten, „besonderen Formen der Öffentlichkeit" und den „Fachöffentlichkeiten", die mit dem allgemeinen Forum unmittelbar oder mittelbar kommunikativ in Verbindung stehen. Besondere Formen der Öffentlichkeit sind im staatlichen Entscheidungsbereich gemäß der Gewaltenteilung Parlament, Regierung / Administration und Gerichtsbarkeit sowie, davon abgehoben, die Entscheidungspraxis des Bundesverfassungsgerichts. Einen besonderen rhetorischen Rang unter den Fachöffentlichkeiten nimmt wegen ihrer fachlichen Nähe zum staatlichen Entscheidungsbereich die wissenschaftlich organisierte Rechtsdogmatik ein.

Gesetzgebung ist ein Prozeß der Meinungsbildung und Entscheidungsfindung, an dem die verschiedenen Formen der Öffentlichkeit beteiligt sind. Es ist dies eine Arbeitshypothese, die in erster Linie der Beschreibung von rhetorischen Strukturen und Funktionen sowie von Kommunikationsbewegungen öffentlicher Prozesse dient. Schwierigkeiten können sich in Hinsicht auf das normative Bild der Bundes- und Länderverfassungen ergeben, welche die Gesetzgebung einem Teilbereich der Staatsgewalt anvertrauen. Es sind dies methodische Probleme, die sich stets bei grenzüberschreitenden Fragen der rechtswissenschaftlichen Grundlagenforschung ergeben: Die normative Orientierung kann den Blick auf die beschreibbaren Realitäten verstellen, die bloße Beschreibung den öffentlichen Sinn von Rechtseinrichtungen verfehlen. Es gilt, in kritischer Sicht Norm und Realität aneinander zu messen.

Das verfassungsrechtliche Staatsverständnis geht im Sinne der in der Aufklärung entwickelten Rechtsstaatskonzeption von der grundsätzlichen Trennung von Staat und Gesellschaft aus.[4] Der fundamentale Bezug von Gesellschaft und Staat findet seinen programmatischen Ausdruck in dem Verfassungsgrundsatz, wonach alle Staatsgewalt vom Volke ausgeht (Art. 20 Abs. 2, Satz 1 GG). Und daß dieser Zusammenhang nicht auf bloße Wahlen und Abstimmungen beschränkt ist, hat das Bundesverfassungsgericht schon seit den Anfängen mit Nachdruck betont und in den Mittelpunkt der „lebendigen Demokratie" den „ständigen Prozeß der politischen Meinungsbildung" gerückt.[5] Auch die verfassungsrechtliche Gewaltenteilungslehre bildet kein unüberwindbares Hindernis. Sie ist als historische Doktrin zwar im Zusammenhang mit Fragen der politischen Macht und schließlich der staatlichen Machtbalance entstanden. Da politische Macht und Kommunikation eng miteinander verbunden sind, ist der jeweilige Sprach- und Entscheidungsstil

---

[3] Vgl. zur Verbindung von Öffentlichkeit und Kommunikation *Friedhelm Neidhardt*, Öffentlichkeit, öffentliche Meinung, soziale Bewegungen, in: ders. (Hrsg.), Öffentlichkeit, öffentliche Meinung, soziale Bewegungen, 1994, S. 7 ff.

[4] Vgl. *Waldemar Schreckenberger*, Der Nationalstaat und die Rechtsstaatsidee, in: Hans Martin Pawlowski / Gerd Roellecke, Der Universalitätsanspruch des demokratischen Rechtsstaates, ARSP-Beiheft 65, 1996, S. 71 ff.

[5] Vgl. z. B. BVerfGE 14, 121, 132; 20, 56, 98 f.; 24, 300, 360.

für die Analyse des Gesetzgebungsprozesses aufschlußreicher als Kompetenzfragen.

II. Dimensionen der allgemeinen Öffentlichkeit

Die gesellschaftliche Öffentlichkeit kennzeichnet gleichsam den Urgrund der staatlichen Gewalt. Das Bundesverfassungsgericht stellt zwar auf den politischen Meinungsbildungsprozeß ab; aber dieser ist eingebunden in ein dichtes Netz von allgemeinen öffentlichen Meinungen, von öffentlich geäußerten Vorstellungen und sozial erheblichen Handlungen von Einzelnen und Gruppen. Es handelt sich nicht um bloße kontingente Ereignisse, sondern sie weisen gewisse gemeinsame Grundstrukturen auf, die für die Gesetzgebung von herausragender Bedeutung sind. Sie erlauben die Frage, inwieweit Gesetzgebung soziale Kommunikationsstrukturen widerspiegelt, sie stützt oder sie gleichsam als Störfaktor verfehlt.

Die allgemeine Öffentlichkeit stellt sich unter dem Aspekt von Kommunikation als „lebenspraktischer sozialer Erfahrungsraum" dar. Dieses Schema ist dem Begriff der "Lebenswelt" nachgebildet, den Husserl in seinem Spätwerk aufgegriffen hat.[6] Das Schema verweist auf die enge Beziehung, die zwischen Sprache und dem jeweiligen Kontext, sei es als sozialer Handlungs- oder als kognitiver Erfahrungszusammenhang, besteht. Es steht insoweit dem Begriff der „Lebensform" in der späten Philosophie Wittgensteins nahe, welche bekanntlich die pragmatische Wende in der Sprachphilosophie eingeleitet hat und die auch eine erhebliche Stütze für die Rhetorische Rechtstheorie bietet.[7] Die Lebenswelt wird von Husserl als ein einheitlicher Erfahrungsmodus vorgestellt, der sich scharf von den modernen Wissenschaften abgrenzt. Der Gewinn einer neuen universalen Erfahrungs- und Geltungsdimension, die der begrenzten wissenschaftlichen Welterkenntnis vorausgeht, sollte nicht davon ablenken, daß die lebenspraktische Welt als soziale Handlungs- und Sinnwelt unterschiedliche Strukturen und Erfahrungsweisen kennt.

Es empfiehlt sich, wenigstens zwei Dimensionen der allgemeinen Öffentlichkeit zu unterscheiden: Die „(lebenspraktische) Alltagswelt" und die „organisierte soziale Lebenswelt", kurz: „organisierte Öffentlichkeit".[8] Die Alltagswelt ist als soziale Wirklichkeit unmittelbar, d. h. ohne theoretische Vorgabe, erfahrbar. Ihren deutlichsten Ausdruck finden die beiden Dimensionen in unterschiedlichen

---

[6] *Edmund Husserl*, Krisis der europäischen Wissenschaften und die transzendentale Phänomenologie, Gesammelte Schriften, Bd. 8, hrsg. von Elisabeth Ströker, 1992, S. 105 ff., 126 ff.; s. dazu *Elisabeth Ströker*, Husserls Werk, 1992, S. 105 ff.

[7] *Ludwig Wittgenstein*, Philosophische Untersuchungen, 1960, Nr. 23, S. 300; vgl. *Theodor Viehweg*, Rhetorik, Sprachpragmatik, Rechtstheorie (1978), in: ders., Rechtsphilosophie und Rhetorische Rechtstheorie, Gesammelte kleine Schriften, hrsg. von Heino Garrn, 1995, S. 206 ff.

[8] Vgl. zu den verschiedenen Konzeptionen von „Alltagswelt" *Bernhard Waldenfels*, In den Netzen der Lebenswelt, 2. Aufl., 1994, insb. S. 79 ff.

Sprechweisen. Im ersten Fall ist Kommunikationsmedium die Alltagssprache, die konventionell standardisierte Gemeinsprache, im zweiten Fall die Gemeinsprache in Verbindung mit unterschiedlichen Sonder- und Fachsprachen, die meist mit einem hohen Rationalitätsanspruch auftreten.[9] Die Alltagswelt stiftet gleichsam die unabweisbare Grundform sozialen Lebens. Sie wird oft gegenständlich verstanden, indem man sie vor allem auf soziale Beziehungen der Familie, der Nachbarschaft oder der Freizeit des Einzelnen und von Gruppen erstreckt. Sie durchdringt aber auch den Bereich religiöser Erfahrungen und die Berufswelt und macht auch vor den Fachöffentlichkeiten selbst der Wissenschaften nicht halt.[10] Sie stellt sich daher als eine allgemeine, personenbezogene Erfahrungs- und Sprachdimension der Gesellschaft dar. Die organisierte Öffentlichkeit umfaßt vor allem die sozialen Beziehungen der bürokratisch verfaßten beruflichen Welt, von öffentlichen Einrichtungen, von funktional organisierten Gruppen, wie politischen Parteien, Verbänden und Kirchen, sowie die Kommunikationsbezüge der Massenmedien. Zwischen der Erfahrungsdimension der Alltagswelt und der organisierten sozialen Lebenswelt gibt es trotz fließender Übergänge unter den gegebenen kulturellen Bedingungen prinzipiell unaufhebbare Spannungen.[11]

Es stellt sich allerdings die Frage, ob sich die Alltagswelt gegenüber dem Sprach- und Handlungsdruck der organisierten Öffentlichkeit behaupten kann. Immer tiefer dringen Sprache und Handlungsmuster der Berufswelt, aber auch der Fachöffentlichkeiten unauffällig in den Alltag und die Gemeinsprache ein. Die oft aufdringliche Sprache der Massenmedien und die appelative Werbesprache überfluten das tägliche Geschehen. Es liegt daher nahe, in den Alltagsvorstellungen, den öffentlichen Alltagsmeinungen, nur noch Sedimente der Meinungsbildung einer organisierten Öffentlichkeit zu sehen. Die relative Beständigkeit der Alltagssprache und der unmittelbaren Erfahrungen der lebenspraktischen Alltagswelt, der Rückzug in die schützende „private Sphäre" des Alltags sowie der persönliche, soziale Rollen durchdringende Handlungsstil zeigen doch einige stabile Strukturen an.

---

[9] Vgl. zu den verschiedenen Sprachtypen *Hans-R. Fluck*, Fachsprachen, 1976, insb. S. 34 ff., 160 ff.; *Els Oksaar*, Alltagssprache, Fachsprache, Rechtssprache, in: Zeitschrift für Gesetzgebung, 1989, S. 210 ff., 218 ff.; *Walter Otto*, Die Paradoxie einer Fachsprache, in: Sprache des Rechts und der Verwaltung, bearb. von Ingulf Radtke, 1981, S. 44 ff.

[10] Vgl. dazu *Bernhard Waldenfels*, insb. S. 153 ff.

[11] Vgl. zur Entkoppelung von Lebenswelt und organisierter Systemwelt kritisch *Jürgen Habermas*, Theorie des kommunikativen Handelns, Bd. 2, Zur Kritik der funktionalistischen Vernunft, 1981, insb. S. 268 ff.

III. Allgemeine Strukturen der Öffentlichkeit

1. Alltagswelt

Um den hohen Rang der Alltagswelt für die Gesetzgebung zu verdeutlichen, müssen wir auf einige fundamentale Strukturen der Alltagswelt und ihrer Sprache eingehen. Haben wir größte Schwierigkeiten, ein Gesamtbild der Gesellschaft sei es aus theoretischen oder praktischen Erwägungen zu entwerfen, so ist für die Alltagswelt die soziale Gesamtorientierung, der Aufbau eines holistischen Erfahrungsrahmens konstitutiv. Er korrespondiert einer gewissen Konstanz von sozialen Erfahrungen, die den Alltag als Welt des Selbstverständlichen, des Vertrauten, die Sicherheit gewährt, erscheinen lassen. Die Orientierung stützt sich wesentlich auf die als „normal" oder „natürlich" empfundene soziale oder naturgegebene Umwelt.[12] Das Maß der sozialen Vertrautheit und die Identifikationsmöglichkeiten, die durch soziale Kommunikation vermittelt werden, trennt die Welterfahrung in eine „Eigen"- und „Fremdwelt", in eine Welt der Sicherheit und Unsicherheit. Diese sind wichtige Parameter für die Bejahung oder Ablehnung staatlichen Handelns, für die Akzeptanz sozialer Einrichtungen.

Der Alltag zeichnet sich nicht gerade, was oft kritisch vermerkt wird, durch ein hohes Reflexionsniveau aus. Die kommunikative Ebene ist das Meinungsmäßige, das Handeln im Rahmen konventioneller normativer Erwartungen. Ein wesentliches Element ist die individuelle Kompetenz zur Gemeinsamkeit.[13] Dem Kritiker erscheint Alltagskommunikation eher als das Feld schwer erschütterbarer Vorurteile.[14] Richtig ist, daß die Alltagswelterfahrung die unverfügbare Basis für soziale Verständigung, für Grundregeln des Zusammenlebens bildet. Sie sind zwar den steten Einflüssen der öffentlichen Meinungsbildung ausgesetzt. Auch nehmen sie teil an der allgemeinen sozialen Dynamik. Die tieferen Schichten der Alltagswelt unterliegen, um im Bild zu bleiben, aber anderen Veränderungsrhythmen. Die Gemeinsprache ist zwar ein offenes, vielen Abwandlungen zugängliches Zeichensystem, aber Traditionen und Zwang zur allgemeinen Verständigung in Situationen, denen sich der Einzelne nicht entziehen kann, schränken den Veränderungsspielraum ein. Eine besondere Rolle spielt die individuelle private Erfahrung. Es gibt keine Öffentlichkeit ohne „Privatheit". Sie äußert sich leichter in sozial vertrauten Situationen der praktischen Alltagswelt, die weniger der Kontrolle der organisierten Öffentlichkeit unterliegen.

---

12 Vgl. dazu *Alfred Schütz/Thomas Luckmann*, Strukturen der Lebenswelt, 1975, insb. S. 25 f.

13 *Feilke* spricht aus linguistischer Sicht von einer common sense-Kompetenz, die gemeinsame Kontexte für Meinen und Verstehen erzeugt: *Helmut Feilke*, Common Sense-Kompetenz, Überlegungen zu einer Theorie „sympathischen" und „natürlichen" Meinens und Verstehens, 1994, insb. S. 269 ff., 361 ff.

14 S. zur sozialen Funktion von Vorurteilen (Stereotyp) *Henry Tayfel*, Gruppenkonflikt und Vorurteil, 1982, S. 239.

Auf erhebliche Schwierigkeiten stößt die Lösung größerer Konflikte. Einerseits stören sie einen mehr auf Harmonie, persönliches Vertrauen und gegenseitige Achtung zielenden Umgang, der versucht, Konflikte möglichst zu vermeiden oder mit Hilfe von Kompromissen beizulegen; andererseits können die Polarisierung von Standpunkten oder die Spannung zwischen der „Eigen-" und „Fremdwelt" eine Lösung von Konflikten erschweren oder gar vereiteln. Hier zeigt sich deutlich die Grenze der Alltagswelt. Sie kann stabile Formen des Zusammenlebens und der lebenspraktischen Kommunikation nur sichern, indem sie alltagsweltlich nicht lösbare Probleme in die organisierte soziale Welt verweist. Dies setzt sie aber der prinzipiell unaufhebbaren Spannung zwischen Alltagswelt und organisierter Lebenswelt aus. So können gerichtliche Verfahren individuelle Auseinandersetzungen durch die vorgegebene und kontrollierte Rollenverteilung emotional entlasten, aber im Falle des Zwangs zu Alles-oder-Nichts-Entscheidungen, die nur Gewinner oder Verlierer kennen, neue persönliche Gräben aufreißen.

2. Organisierte Öffentlichkeit
– Zur gesellschaftlichen Paradoxie von Konvergenz und Divergenz –

Die heute bevorzugten systemtheoretischen Sozialtheorien verstehen die organisierte Form von Konfliktbewältigung als Ausdifferenzierung von Problemlagen in sozialen Subsystemen.[15] Die hochentwickelte, problemadäquat sich verhaltende Gesellschaft gliedert sich danach in eine Vielzahl von funktionsorientierten Kommunikationseinheiten. Dieses Sozialmodell geht von der idealisierten Voraussetzung aus, daß alle Subsysteme im Ergebnis – sich selbst regulierend und regenerierend – sowohl spezielle als auch gesamtgesellschaftliche Funktionen wirksam wahrnehmen. Die tägliche Praxis lehrt jedoch, daß hochregulierte kommunikative Einheiten, wie Wirtschaft, Recht, Politik oder Wissenschaft oder auch betriebliche Organisationen, der steten Gefahr ausgesetzt sind, sich gegenüber der jeweiligen öffentlichen Umwelt abzuschotten und ein verselbständigtes Eigenleben zu führen. Eine Folge sind erhebliche Kommunikationsstörungen, die nur schwer behebbar sind. Eine homogene, alle Lebensbereiche erfassende Öffentlichkeit, welche die notwendige soziale Integration zustande bringt, ist in einer hochorganisierten lebenspraktischen Welt nicht zu erwarten. Sie ist vielmehr durch eine paradoxe Lage gekennzeichnet: durch Tendenzen der gesellschaftlichen Divergenz und Konvergenz. Die gesellschaftliche Stabilität ist gleichsam ein Balanceakt zwischen konvergenten und divergenten sozialen Tendenzen. Sie werden im sozialen Verhalten und in Strömungen der öffentlichen Meinungsbildung sichtbar. Sie äußern sich aber auch strukturell in der Isolierung und Verfestigung von Kommunikationsprozessen der organisierten Öffentlichkeit.

---

[15] S. dazu führend *Niklas Luhmann*, Das Recht der Gesellschaft, 1993, insb. S. 38 ff.

Sieht man in Gesetzen ein ausgezeichnetes Instrument der sozialen Orientierung und Integration, so wird deutlich, daß sie in einer engen Beziehung sowohl zur organisierten Öffentlichkeit als auch zur Alltagswelt stehen. Zurecht wird kritisiert, daß die Gesetzgebung zu wenig die selbststeuernden Leistungen der Gesellschaft berücksichtige.[16] Die soziale Selbstregulation ist ein allgemeines Element sowohl der organisierten Öffentlichkeit als auch der Alltagswelt. Die Gesetzgebung kann sie stärken, aber durch Fehl- und Übersteuerung auch erheblich schwächen. Um angemessen zu handeln, ist ein gründliches Umdenken erforderlich, das die Eigendynamik von Öffentlichkeit zur Kenntnis nimmt und als eine Chance der sozialen Integration begreift. Auch sollte die Einsicht Raum gewinnen, daß Gesetzgebung als Prozeß von Öffentlichkeit nur Teilfunktionen der organisierten Öffentlichkeit wahrnimmt und auf deren Orientierungsleistungen nicht verzichten kann. Die legislatorische Integrationsfunktion gebietet aber auch, Kommunikationsausfälle und Fehlleistungen, die sich aus den Isolierungstendenzen der organisierten Welt ergeben, zu korrigieren. Da der Gesetzgebungsprozeß selbst als Teil der organisierten Öffentlichkeit dieser Tendenz unterliegt, muß die Korrektur am Gesetzgebungsverfahren selbst beginnen.

IV. Alltagswelt und Gesetzgebung

Im folgenden werden wir uns näher mit der Alltagswelt und ihrem Verhältnis zur Gesetzgebung beschäftigen. Für die Gesetzgebung sind vor allem zwei eng miteinander verbundene rhetorische Momente von Bedeutung: die Teilhabe der Alltagswelt am allgemeinen Prozeß der öffentlichen Meinungsbildung und das Verhältnis der alltagsweltlichen Gemeinsprache zur Gesetzes- und Rechtssprache.

1. Alltagswelt und öffentliche Meinung

Die allgemeine Meinungsbildung lebt von öffentlichen Äußerungen, von Rede und Gegenrede, von öffentlichen Fragen und Antworten. Die Alltagswelt zeichnet sich aber gerade durch das Selbstverständliche aus, durch Überzeugungen und Verhaltensorientierungen, wie Grunderfahrungen der Gerechtigkeit, die nicht prinzipiell in Frage gestellt werden. Als öffentlicher Gegenstand bedürfen sie der Thematisierung. Dies kann leicht den Eindruck erwecken, als seien Alltagsthemen lediglich ein Reflex von öffentlichen Meinungen der organisierten Öffentlichkeit (Öffentlichkeitsmeinungen), die notwendig an ein aktuelles Thema gebunden sind,

---

[16] S. dazu *Gunther Teubner*, Reflexives Recht, Entwicklungsmodelle des Rechts in vergleichender Perspektive, in: ARSP 1982, S. 13 ff., 25; s. zur Steuerung durch das Recht *Ernst-Hasso Ritter*, Das Recht als Steuerungsmedium im kooperativen Staat, in: Dieter Grimm / u.a. (Hrsg.), Wachsende Staatsaufgaben – Sinkende Steuerungsfähigkeit des Rechts, 1990, S. 69 ff., 83.

oder ein Echo der Massenmedien. Die Lage ist komplizierter. Im öffentlichen Meinungsmarkt kann sich nur behaupten, wie die Theorie der Schweigespirale lehrt, wer sich exponiert.[17] Die Stärke der Alltagswelt besteht aber nicht in erster Linie in öffentlich gestützten Tagesüberzeugungen; sie liegt in einer tieferen, genuinen Erfahrungsschicht, die gleichsam gesellschaftliches Vorwissen als Erfahrungshorizont und als topischen Orientierungsrahmen speichert. Sie bildet als lebensweltliche Alltagsmeinung einen situativ nicht verfügbaren und meist ungefragten pragmatischen Kontext zur organisierten öffentlichen Meinungsbildung.

Es bedarf keines Hinweises auf das Demokratieprinzip, um zu erkennen, daß eine Gesetzgebung, welche die Überzeugungen und Grundorientierungen der Alltagswelt verfehlt, oder sie gar beinträchtigt, erhebliche soziale Kommunikationsstörungen auslöst. Dies mag im Einzelfall weniger ins Gewicht fallen. Auf Dauer wird dies jedoch zu einem schweren gesellschaftlichen Legitimationsproblem führen. Gerechtigkeit ist nicht nur eine Frage der Gesetzgebung, wie die europäische Kodifikationsidee nahelegt. Der Einzelne bezieht seine Rechtsvorstellungen und Gerechtigkeitserwartungen doch zu einem erheblichen Teil aus seiner Alltagswelt. Soweit sich Grundüberzeugungen zum lebensweltlichen Vorwissen verdichtet haben, sind sie in einer freiheitlichen Rechtsordnung ein unverzichtbares Element des gesellschaftlichen Grundkonsenses, der in der Verfassung seinen normativen Höhepunkt findet. Allerdings sollte man nicht der Versuchung erliegen und die methodisch schwer faßbare Alltagswelt zu einem universellen Gesellschaftssubstrat oder einem Mythos der Lebenswelt überhöhen.[18] Auch Alltagsüberzeugungen unterliegen der Erosion durch öffentliche Meinungsströme und Bewegungen des Zeitgeistes. Das davon weniger berührte tieferreichende fundamentale Handlungswissen ist schließlich eingebunden in den universalen Prozeß der Welterfahrung.

Für den konkreten Gesetzgebungsprozeß ergibt sich aus den methodischen Schwierigkeiten ein Erkenntnisproblem. Alltagsweltliche Überzeugungen sind meist kein öffentlicher Gegenstand, der ein Für und Wider erlaubte. Die wichtigste Erkenntnisgrundlage ist die unmittelbare, personengebundene Teilhabe am Alltagsleben. Sie erfordert für die Verfahrensbeteiligten ein erhebliches Maß an persönlicher Selbsterfahrung und eine intuitive Sensibilität für Alltagsbedingungen des sozialen Zusammenlebens. Im Routinebetrieb des Gesetzgebungsverfahrens müssen soziale Probleme zu „Gegenständen" verkürzt werden, die verhandelbar sind. Es ist aber schwierig, lebenspraktische Überzeugungen ohne Verdacht der unreflektierten Ideologisierung zu thematisieren und sie im Kampf organisierter Gruppenmeinungen zur Geltung zu bringen. Eine praktische Hilfe gegen Überforderung der Routine könnten sozialwissenschaftliche Erhebungen bieten. Es müßte allerdings gelingen, über den bloßen Ausweis von Mehrheits- oder Minderheits-

---

[17] S. *Elisabeth Noelle-Neumann*, Öffentliche Meinung – Die Entdeckung der Schweigespirale, 1989, insb. S. 86 ff.

[18] Vgl. dazu *Hubert Rottleuthner*, Volksgeist, gesundes Volksempfinden und Demoskopie in: Kritische Vierteljahresschrift, (2), 1987, S. 28 ff.

meinungen hinaus Indikatoren für lebenspraktisches Hintergrundwissen und latente Alltagsmotive verläßlich zu ermitteln. Die bisherigen Untersuchungen, insbesondere zur Rechtsakzeptanz, stecken noch in den Anfängen. Sie versprechen aber, mit verfeinerten Methoden Fortschritte zu erzielen.[19]

2. Alltagswelt, Gesetzessprache und juristische Argumentation
– Zur kommunikativen Paradoxie von Gemein- und Fachsprache und ihre Transformationsprobleme –

Eng verwandt mit Fragen der alltagsweltlichen Meinungsbildung sind sprachliche Probleme. Sie sind zu einem zentralen Thema geworden, mit dem sich sowohl Juristen als auch Linguisten vor allem im Blick auf Fragen der Gesetzesanwendung befassen.[20] Ein Kernstück ist die Forderung nach einer einfachen und verständlichen Gesetzessprache.[21] Weit verbreitet ist die Auffassung, daß den Bemühungen um Vereinfachung der Gesetzessprache enge Grenzen gesetzt sind. Denn eine allgemein verständliche Sprache würde dem juristischen Erfordernis nach Präzision widersprechen.[22] Dies wäre allerdings nur der Fall, wenn die Gesetzessprache eine der Allgemeinheit nur schwer zugängliche Fachsprache wäre. Das Verhältnis von Gesetzessprache und Gemeinsprache (Umgangssprache) ist historisch schon lange ein Problem.[23] Fragt man nach der gesetzlichen Terminologie, so enthält sie Ausdrücke sowohl der alltagsweltlichen Gemeinsprache als auch Fachausdrücke, insbesondere abstrakte Termini, die meist aus dem juristischen Sprachgebrauch, der Amtssprache der Verwaltung aber auch, je nach Regelungsbereich, aus anderen Fachbereichen (z.B. Technik, Wirtschaft, Wissenschaft) stammen. Die Gesetzessprache bevorzugt syntaktisch im Unterschied zum alltagsweltlichen Ver-

---

[19] S. *Johannes W. Pichler / Karin J. Giese*, Rechtsakzeptanz – Eine empirische Untersuchung zur Rechtskultur aus dem Blickwinkel der Ideen, Werte und Gesinnungen. Dargestellt am Beispiel einer österreichischen Demoskopie, 1993, insb. S. 347 ff.; *Elisabeth Noelle-Neumann*, Das neue Scheidungsrecht befremdet die Bevölkerung, in: FAZ vom 26. 2. 1980 mit Dokumentation des Instituts für Demoskopie Allensbach, 1980.

[20] S. Untersuchungen zur Rechtslinguistik – Interdisziplinäre Studien zu praktischer Semantik und Strukturierender Rechtslehre in Grundfragen der juristischen Methodik, hrsg. von *Friedrich Müller*, 1989; Die Sprache des Rechts und der Verwaltung, bearb. von *Ingulf Radtke*, 1981.

[21] S. *Els Oksaar*, S. 223 ff.; *Dolf Sternberger*, Staatliche Zwangsgewalt und bürgerliche Kommunikation. Eine Notiz zum Generalthema, in: Die Sprache des Rechts und der Verwaltung, S. 16 ff.; zum verfassungsrechtlichen „Bestimmtheitsgebot" s. *Ulrich M. Gassner*, Gesetzgebung und Bestimmtheitsgrundsatz, in: Zeitschrift für Gesetzgebung, 1996, S. 37 ff., 51 ff.

[22] S. dazu *Max Baumann*, Recht – Sprache – Medien oder Die Notwendigkeit der interdisziplinären Öffnung der Rechtswissenschaft, in: Gesetzgebung heute, (3), 1995, 1996, S. 14 ff.; s. auch *Dietrich Busse*, Juristische Semantik, 1993, S. 13, 55.

[23] S. dazu *Reinhard Lorenz*, Recht – Sprache – Begriff, in: Eckert / Hattenhauer (Hrsg.), Sprache – Recht – Geschichte, 1991, S. 295 ff.

balstil passivische Satzformen und einen ausgeprägten Nominalstil. Dies allein genügt jedoch nicht, die Gesetzessprache als eine Fachsprache auszuweisen. Umgangssprachlich versteht man darunter häufig eine Sprechweise, die von der Gemeinsprache abweichende Satzformen und Spezialausdrücke verwendet. Dies ist die syntaktische und semantische Seite der Sprache. Maßgeblich ist aber der Kreis der Benutzer, der eine bestimmte Sprechweise zur Verständigung über gemeinsame Themen pflegt. Sie ist nur im Rahmen des jeweiligen fachlichen Vorwissens und Deutungssystems der Beteiligten voll verstehbar. Dies ist der pragmatische Aspekt. Er weist die Fachsprache als eine spezielle Sprache von Fachleuten aus. Demnach ist die Gesetzessprache keine Fachsprache. Eine Unterstützung findet diese Auffassung im Verfassungsrecht, wonach Adressat der Gesetze nicht nur die juristische Fachwelt, d. h. vor allem Gerichte und Verwaltungen, ist. Gesetze richten sich in erster Linie an die Allgemeinheit, d. h. die allgemeine Öffentlichkeit oder je nach Inhalt an Teile der Öffentlichkeit[24]; die Allgemeinheit bleibt als gesellschaftliches Forum stets Adressat. Die Sprache der Allgemeinheit ist primär die Gemeinsprache. Es ist jedoch zu berücksichtigen, daß die Gesetzessprache in einem engen rhetorischen Zusammenhang mit der juristischen Sprache, der Sprache der Rechtsdisziplin, steht. Diese ist gewiß eine Fachsprache. Eine Hauptbeschäftigung des Juristen ist die Interpretation von Gesetzestexten. Sie bringt zur korrekten Handhabung des Gesetzestextes einen meist umfangreicheren „Metatext" hervor, der mit unterschiedlichen Verbindlichkeiten die sprachlichen Gebrauchsregeln bereit hält. Für den rechtserheblichen Umgang mit dem Gesetzestext bedeutet dies, daß er gemäß den Regeln des Metatextes zu lesen ist. Danach hat die Gesetzessprache fachsprachlichen Charakter, d. h., sie ist nur von Fachleuten voll verstehbar. Verbinden wir die normativen Aspekte mit der tatsächlichen Praxis, so ist die Gesetzessprache eine Sondersprache, die aus einer Verbindung von Gemeinsprache und juristischer Fachsprache besteht.[25]

Die Gesetzgebung stößt auf ein schweres kommunikatives Problem. Das Gesetz soll als Text für die allgemeine Öffentlichkeit für alle verstehbar sein. Das heißt, der allgemeine Adressat soll den Zweck des Textgebers kognitiv nachvollziehen, die Bedeutung des Textes möglichst im Gedächtnis festhalten und sich regelgemäß praktisch verhalten können. Aber ohne fachliche Hilfe wird ihm dies oft nicht gelingen. Dieses Dilemma tritt nicht nur in der Welt des Rechts auf. Es ist ein allgemeines Problem der modernen Zivilisation. Die Dynamik der Gesellschaft schafft immer neue Probleme, über die sich eine Gesellschaft verständigen, d. h. in einen öffentlichen Diskurs mit dem Ziel gemeinsamer Orientierung eintreten muß. Sie muß angesichts der Komplexität der Probleme eine Vielzahl von komplizierten

---

[24] S. zur Frage der Allgemeinheit von Gesetzesadressaten aus dogmatischer Sicht *Christian Starck*, Der Gesetzesbegriff des Grundgesetzes, 1970, § 49, S. 234 f.

[25] S. dazu *Rudolf Wassermann*, Sprachliche Probleme von Rechtspolitik und Rechtsverwirklichung, in: Zeitschrift für Rechtspolitik, 1981, S. 258 f., spricht von einer „fachlichen Umgangssprache"; s. zum Charakter der Rechtssprache und zur Übersetzung aus der Rechtssprache in die Alltagssprache *Els Oksaar*, S. 223 ff.

Fachsprachen aufbauen. Diese sind aber nicht mehr allgemein verständlich. Eine verläßliche Transformation zwischen Fach- und Gemeinsprache begegnet erheblichen Übersetzungsproblemen. Die Gesellschaft ist in vielen Lebensbereichen auf die Kompetenz von Experten angewiesen, deren Sprache sie nicht versteht. Dies bedeutet: gesellschaftliche Verständlichkeit durch öffentliche Unverständlichkeit herzustellen. Der sozialen Paradoxie der hochorganisierten Öffentlichkeit tritt die „kommunikative Paradoxie" von öffentlicher Gemeinsprache und speziellen Fachsprachen zur Seite.

Dies kann aber im Recht nicht das letzte Wort sein. Die Forderung nach verständlichen Gesetzen findet eine einzigartige Stütze im verfassungsrechtlichen Grundverständnis von Staat und Gesellschaft, das sich in den obersten Verfassungsprinzipien, aber auch in den Grundüberzeugungen der lebenspraktischen Alltagswelt ausdrückt. Hinter der Forderung nach einfachen Gesetzen steht letztlich der Wunsch nach einem allgemein verstehbaren Recht. Die Gesetzessprache allein wird diese Erwartungen nicht erfüllen können. Einen wichtigen Zugang zu dieser Frage eröffnet das Rechtsverständnis, das sich in den Kommunikationsprozessen des staatlichen Entscheidungsbereichs und der Rechtsdisziplin als besonderen Formen von Öffentlichkeit herausgebildet hat. Sie stiften den Orientierungshorizont der fachdogmatischen Rechtswelt. Die Gesetzessprache ist gewiß nach rechtsstaatlichen Prinzipien eine maßgebliche Vorgabe für Rechtsentscheidungen und juristische Argumentationen. Es zeigt sich aber rasch, daß die informative Leistung der Gesetzessprache erheblich überschätzt wird. Die begrifflich höchst anspruchsvolle juristische Interpretation überschreitet bei weitem die allgemeinen semantischen Regeln des Sprachgebrauchs, die meist auf historisch gewachsene sprachliche Konventionen zurückgehen. Zwar sind Wortlaut, Grammatik und Textzusammenhänge wichtige Auslegungskriterien, aber operative Regeln, wie „logisch-systematische", „generative" oder „teleologische" Auslegungen, gewähren einen weiten Interpretationsrahmen, der nahezu jedes wünschbare Ergebnis zu rechtfertigen scheint. Die linguistische Kritik an der gänzlich überforderten Gesetzessprache hilft aber nicht weiter.[26]

Schafft schon die abstrakte Gesetzessprache eine Verständigungsdistanz zur Kommunikation der Alltagswelt, so wird sie durch eine komplizierte Rechtsdogmatik noch vergrößert.[27] Sie beschränkt sich nicht auf die punktuelle Erörterung von einzelnen Gesetzestexten, sondern stellt einen Gesamtzusammenhang, ein System von Rechtsregeln und juristischen Argumentationen her. Sie erhält ein besonderes Gewicht durch Seins- und Wesensaussagen über das Recht. Sie baut gleichsam eine eigenständige Rechtswelt auf. Der dogmatische Anspruch auf Gesamtorientierung entspricht strukturell durchaus dem holistischen Charakter der Alltagswelt. Allerdings bewegen sich beide auf gänzlich anderen Ebenen. Versucht

---

[26] S. *Max Baumann*, S. 15 ff.

[27] *Busse* stellt einen semantischen Bezug der dogmatischen Gesetzesauslegung zur Alltagswelt überhaupt in Frage: *Dietrich Busse*, S. 282 ff.

die Dogmatik ein konsistentes und sprachlich präzises, d. h. ein syntaktisches Regelsystem vorzustellen, so folgt die Alltagswelt der pragmatischen Orientierung an praktischen Leit- und Vorbildern. Die Verselbständigung des Rechts zu einer syntaktischen Einheit kommt dem elementaren Bedürfnis nach Herstellung eines Sinn- und Lebenszusammenhangs entgegen. Sie erlaubt es, durch die Distanz zur allgemeinen Öffentlichkeit, zur lebensweltlichen Erfahrung, den Argumentationsaufwand auf einen begrenzten Bestand an sprachlich verfügbaren Argumenten zu verkürzen.

Die Forderung nach einem durchgängig systematisch geordneten Begriffsgefüge des Rechts geht auf das moderne Wissenschaftsverständnis zurück, das mit der europäischen Aufklärungsphilosophie Einzug hielt. Die grundlegenden Unterschiede zwischen einer theoretischen Welterkenntnis und der wissenschaftlichen Theorien nur begrenzt zugänglichen Handlungswelt wurden eingeebnet und die aristotelische Tradition der politischen und juristischen Meinungsbildung, der Rhetorik, aus dem Gesichtsfeld verbannt.[28] Diese Tradition wurde für die Juristen erst wieder in diesem Jahrhundert durch Theodor Viehweg aufgegriffen.[29]

Die Präzisierung der juristischen Begriffsbildung erleichtert gewiß die Verständigung unter Fachleuten. Sie unterliegt aber, wenn sie nicht maßvoll gehandhabt wird, entsprechend dem wissenschaftlichen Ideal vollständiger Erkenntnis dem Zwang zur fortschreitenden Verfeinerung und Vernetzung. Die Rechtssprache wird zu einem Problem selbst für Juristen und zu einer ständigen Quelle für dogmatische Streitigkeiten und für Spitzfindigkeiten der Praxis. Das Recht trägt gleichsam zur Produktion von Rechtsstreitigkeiten bei. Das dogmatische Wissenschaftsverständnis bestimmt auch die Einstellung zum Recht. Es lenkt den Blick weg von der lebensweltlichen Erfahrung auf eine davon abgehobene Begriffswelt, die sich selbst generiert. Die lebenspraktische Welt kommt nur noch in starker Verkürzung als normativer Anwendungsfall, als juristisch zugeschnittener Sachverhalt in den Blick. Die Lösung von Rechtsproblemen wird zu der Aufgabe verkürzt, dogmatisch gespeicherte Daten, wie die unterschiedlichen Bedingungen von Rechtsregeln, typische Rechtsfälle und juristische Argumentationsmuster in Verbindung mit Daten des Sachverhalts zu verarbeiten. Da dies nach strengen Maßstäben oft die kognitive Kapazitäten des Fallbearbeiters überfordert, erscheint die Forderung durchaus konsequent, „intelligentere" Computer mit einem vielfach größeren operativen Gedächtnis zu entwickeln.[30] Angesichts der sprichwörtlichen Abneigung der Juristen gegen das „Rechnen" verspricht dieser Weg ungeachtet der Legitimationsprobleme wenig Erfolg.

---

[28] Vgl. *Waldemar Schreckenberger*, Die Gesetzgebung der Aufklärung und die europäische Kodifikationsidee, in: Kodifikation gestern und heute, hrsg. von Detlef Merten / Waldemar Schreckenberger, 1995, S. 87 ff., 99 ff.

[29] *Theodor Viehweg*, Topik und Jurisprudenz, 5. Aufl., 1974; *Waldemar Schreckenberger*, Rhetorik, Politik und Recht, in: Der Staat, 1994, S. 595 ff.

[30] S. dazu *Fritjof Haft*, Rhetorik und Computer, in: (I), NJW-CoR 2/89, S. 21 ff.; (II), NJW-CoR 3/89, S. 14 ff.

Die juristische Alltagspraxis und die sie begleitende Dogmatik versuchen gleichsam einen mittleren Weg. Die einheitsstiftenden Systemzusammenhänge werden auf das Niveau von Fallgruppen einzelner Rechtsgebiete verkürzt. Dies geschieht aber mit einem hohen theoretischen Anspruch. Rechtsdoktrin, aber auch Rechtspraxis haben inzwischen, wie schon ein Blick in Kommentare und Lehrbücher lehrt, eine unübersehbare Zahl von dogmatischen Auslegungskonzepten, von „Theorien", hervorgebracht. Dies hängt nicht allein von komplizierten Gesetzestexten ab. Die Strafrechtsdogmatik ist besonders theorienfreundlich, obgleich viele Strafrechtstatbestände eine vergleichbar einfache Struktur aufweisen.[31] Der Gesetzestext wird gleichsam von einer Theorieschicht überlagert. Zitiert werden die Theorien nach dem Grundgedanken, von dem sie ausgehen. Ein Bezug zu dem in Frage stehenden Sachverhalt wird immerhin insoweit hergestellt, als man häufig die jeweiligen „Fälle" nach Stichworten – als eine Art Gedächtnisstütze – benennt. Ein präjudizieller Anspruch ist damit nicht verbunden. Die Theorien versuchen, über den Einzelfall hinaus eine generelle Regel mit allgemeinem Geltungsanspruch aufzustellen. Bevorzugt werden Sachzusammenhänge, deren einsehbare Zwangsläufigkeit schwerer widerlegbar erscheint. Die dogmatische Kritik befaßt sich theoriegemäß meist mit Fragen der mangelnden Konsistenz oder der unzulänglichen Reichweite, die nicht alle einschlägigen Fälle erfasse. Das Ergebnis ist – ganz im Stil wissenschaftlicher Auseinandersetzung – meist eine weitere Theorie. So fügt sich Theorie an Theorie. Schwerwiegender ist allerdings, wenn solchen Konzepten vorgeworfen wird, daß sie die jeweils tragenden Bewertungen des Gerichts oder des Autors verdecken. In einer Lehrbuchempfehlung wird zu einem bestimmten Rechtsgebiet geraten, sich für eine der verschiedenen einschlägigen Theorien zu entscheiden oder alle Theorien je nach der Fallsituation nach dem Vorbild des Bundesgerichtshofs zu kombinieren.[32] Hier kommt vollends der topische Argumentationsstil zum Vorschein, der sich an Problemstellungen orientiert und versucht, generelle Gesichtspunkte aus der Rechtsdogmatik oder der lebensweltlichen Erfahrung zu finden.[33] In der theoretischen Verhüllung der Sprache bleibt die Argumentation auf die fachliche Verständigung beschränkt. Eine offene Argumentationsstruktur würde jedoch die Chance erhöhen, die juristische Erörterung auch der Alltagswelt zugänglich zu machen. Die offene und klare Darstellung der topischen Argumentation würde keineswegs die Überzeugungskraft der juristischen Fallösung schmälern. Sie wäre vielmehr geeignet, die höchst bedenkliche Distanz zwischen der juristischen Kommunikation und der alltagsweltlichen Öffentlichkeit durch ein lebensnäheres Recht zu verkürzen. Denn das unverständliche Recht erscheint aus der Sicht der Alltagswelt als eine fremde, anonyme Macht, welche das

---

[31] Vgl. zu „einfachen" Strukturen im Strafrecht *Fritjof Haft*, Falldenken statt Normdenken. Einige Bemerkungen und „Normempfehlungen" zur juristischen Sprachverwendung, in: Die Sprache des Rechts und der Verwaltung, S. 153 ff.
[32] S. *Ulrich Battis*, Allgemeines Verwaltungsrecht, 1985, S. 293 Tzn. 455 f.
[33] S. zur topischen Argumentation in der Rechtsprechung *Wolfgang Bayer*, Moderne Rechtsanwendung und Antike Rhetorik, in: Rechtstheorie, 1994, S. 219 ff.

Vertrauen, das die Bevölkerung im allgemeinen den staatlichen Institutionen entgegenbringt, gefährdet.

Die Alltagswelt gewinnt den Zugang zum Recht vor allem über Fragen der Gerechtigkeit; sie haben noch nicht die strenge Trennung von Recht und Moral vollzogen. Sie liefern trotz des holistischen Erfahrungsrahmens kein homogenes Vorstellungsbild. Einheitsstiftend ist vielmehr die Grundüberzeugung: Es soll in der Welt gerecht zugehen.[34] Im Mittelpunkt steht auf der Grundlage selbständigen Handelns die normative Erwartung der Gleichheit, sei es als „gleiche Behandlung" durch Gerichte und Behörden, als „angemessenes Verhältnis" von Schaden und Schadensersatz, von Straftat und Strafe, von Schuld und Sühne, von Preis und Ware, von Leistung und Entgelt, von Leistung und Leistungsbewertung. Die Anforderungen an Handlungsbeziehungen drücken sich oft stärker in der negativen Reaktion auf „ungerechtes" Verhalten aus.[35] Eine zentrale Frage ist auch die Verteilung von sozialen Gütern. Sie hängt von situativen Bedingungen ab, insbesondere von persönlichen Bindungen, aber auch von der Einstellung zu gesellschaftspolitischen Programmen. Ausgeprägt ist auch der ökonomische Sinn für das Verhältnis von Aufwand und Nutzen, der sich auch in Gerechtigkeitsvorstellungen findet. Eine große Rolle spielen die Gesichtspunkte des Ausgleichs bei widerstreitenden Anliegen, des Abwägens von Vor- und Nachteilen, des Mehr oder Weniger bei Beurteilungen. Dazu kommen Impulse der sozialen Hilfe und Mithilfe, vor allem im persönlichen Bereich, und nicht zuletzt das Bestreben, zu gemeinsamen Lebensgestaltungen beizutragen, mit denen sich der Einzelne identifizieren kann.

Es handelt sich bei den Grundorientierungen gleichsam um kategoriale Strukturen der lebenspraktischen Alltagswelt. Davon zu unterscheiden ist die Frage der aktuellen Bewertung von Regelerfordernissen oder von Rechtsfällen. Hier gibt es Mehr- und Minderheitsmeinungen, die an aktuellen Prozessen der öffentlichen Meinungsbildung teilnehmen.

Die normative Alltagsorientierung zeigt beträchtliche Übereinstimmungen mit den Strukturen der Rechtsdogmatik. Dies gilt vor allem für die topische Argumentation. Sie kann umso mehr mit allgemeiner Zustimmung rechnen, als sie sich in der lebenspraktischen Welt, sei es in der Sprache oder in materiellen Erwägungen, wiederfindet. Wie die Beispiele zeigen, haben wichtige Argumentationsfiguren der Rechtsprechung einen lebensweltlichen Hintergrund. Eine kommunikative Schranke setzt der imperativische Stil der Gesetze, die als normative Regeln hauptsächlich Gebote und Verbote verwenden, die in der Entscheidungssituation kontradiktorische Argumente des Entweder Oder erfordern. Nicht minder wichtig ist aber

---

[34] S. zu alltagsweltlichen Gerechtigkeitserwartungen *Lutz Huth*, Situationen und Aufgaben der Vermittlung, in: Recht und Sprache, hrsg. von der Bundeszentrale für politische Bildung, 1983, S. 98 ff., 103.

[35] S. hierzu die empirische Untersuchung von *Gerold Mikula / Birgit Petri / Norbert Tanzer*, What people regard as unjust: Types and structures of everyday experiences of injustice, in: European Journal of Social Psychology, Vol. 20, 1990, p. 133-149.

der komparative Stil der Alltagswelt, der problemorientiert Entscheidungen als Ergebnis von Abwägungen, des Ausgleichs von Interessen versteht.[36] Es ist kein Gewinn, die Figur der Abwägung neben den Geboten und Verboten als besondere Norm auszuweisen.[37] Man verhüllt damit ihre allgemeine heuristische Funktion. Das Abwägungsprinzip mildert die negatorische Sicht des modernen Legalismus. Dieser beschränkt sich wesentlich auf sanktionsbewehrte Gebote und Verbote, die alltagsweltlich in der Regel einer frühen Stufe der Persönlichkeitsentwicklung vorbehalten sind.[38] Das legalistische Denken sieht im Gesetz in erster Linie den Schutz vor Schäden oder sonstigen sozialen Benachteiligungen. Das abwägende Handeln verweist aber auf positive Handlungsziele und auf die Notwendigkeit, diese im Konfliktfall zu koordinieren. Der Koordinationsgedanke ist fruchtbarer als der bloße Gesichtspunkt der Schadensabwendung; er macht auf das Zentrum der lebenspraktischen Welt aufmerksam, das im vielfältigen Zusammenspiel von sozialen Kommunikationen besteht.

Es wäre für das lebensweltliche Verständnis der Rechtspraxis von größter Bedeutung, wenn sich Gesetzgebung und Rechtsprechung von klaren und einfachen Grundsätzen, und von allgemeinen, konsensfähigen Gesichtspunkten leiten ließen.[39] In der Rechtsprechung, insbesondere des Bundesverfassungsgerichts, ist die Zahl der Grundsätze aber derart angestiegen, daß sie eher zur Komplizierung beiträgt. Die topische Argumentation erhöht ihre Überzeugungsleistung, je mehr es ihr gelingt, den Zusammenhang mit fundamentalen Leitideen des Rechts herzustellen. Dies geschieht in der Regel über allgemeine Rechts- oder Verfassungsgrundsätzen. Nach den bisherigen Erfahrungen muß man aber dringend vor einer bloßen „Etikettierungspraxis" warnen, die doch rasch als bloße Zitatkonvention durchschaut würde.

Für die topische Argumentation ist die jeweilige Öffentlichkeit ein konstitutives Element, denn sie reflektiert und äußert sich im Blick auf Vorwissen und Erwartungen des jeweiligen Adressaten. Dies ist, wie dargestellt, neben der Fachwelt auch die allgemeine Öffentlichkeit. Die heute vorherrschende Argumentation bezieht sich aber vorwiegend auf das Fachpublikum. Sie muß aber stärker den allgemeinen öffentlichen Adressaten einbeziehen, wenn sie letztlich ihre Aufgabe, Rechtsfrieden zu stiften, nicht verfehlen will.

---

[36] S. zur Bedeutung von „beweglichen Abwägungs- und Bewertungsgesichtspunkten" für die der richterlichen Situation angemessene Formulierung von Normen *Rudolf Westerhoff*, Gesetzgebung und Methodik, in: Zeitschrift für Gesetzgebung, 1994, S. 97 ff., 123.

[37] S. *Jan-Reinard Sieckmann*, Regelmodelle und Prinzipienmodelle des Rechtssystems, 1990, insb. S. 250 f., in kritischer Fortführung von Alexys Prinzipientheorie, die von einem „Abwägungsgesetz" spricht: *Robert Alexy*, Theorie der Grundrechte, 1985, S. 146 ff.

[38] S. dazu *Nicolai Hartmann*, Ethik, 4. Aufl., 1962, S. 422 f.: „Solche Festlegungen und solcher Zwang widerspricht dem Sinn der Sittlichkeit, deren Wesen ja eben in der Freiheit der Erfüllung und im schöpferischen Finden des Richtigen von Fall zu Fall besteht."

[39] *Franz Bydlinski*, Fundamentale Rechtsgrundsätze – Zur rechtsethischen Verfassung der Sozietät, 1988, insb. S. 96 ff. weist zurecht auf die Bedeutung von Grundsätzen hin, verkennt aber ihren topischen Charakter.

Die Forderung nach einfachen und klaren Gesetzen ist letztlich die Forderung nach einem einfachen, für den Einzelnen verständlichen Recht. Um diesem Ziel näher zu kommen, bedarf es erheblicher Anstrengungen nicht nur der Gesetzgebung, sondern auch der Rechtsprechung und der Rechtslehre. Es ist nicht nur die strukturelle Anpassung an die lebenspraktische Öffentlichkeit notwendig. Es müssen auch ständig erhebliche Transformationsleistungen erbracht werden, um die paradoxe Lage zwischen der Gemeinsprache und der juristischen Fachsprache mit ihren unterschiedlichen Deutungssystemen zu entspannen.[40] Heute obliegt es vor allem den persönlichen Kompetenzen von Anwälten und rechtserfahrenen Beratern sowie von Richtern der Tatsacheninstanzen, die Rechtssprache an das Publikum zu vermitteln. Angesichts der Bedeutung und Schwierigkeiten dieser Transformationsaufgabe ist es höchst wünschenswert, sie in den juristischen Lehrbetrieb aufzunehmen.

3. Verfehlte Vereinfachung und „common-sense"

Die Forderung nach einer einfachen Sicht der Welt hat heute über das Recht hinaus einen allgemeinen kulturellen Rang erlangt. Die Fachwissenschaften haben nicht nur über die Komplexität der Gesellschaft aufgeklärt, sondern Teilstücke von komplizierten Weltsichten geliefert, die sich nicht zu einem sinngebenden Ganzen zusammenfügen lassen. In sozialen Systemtheorien wird letztlich auf die Sinnfrage verzichtet, indem sie diese in die strukturelle Vereinfachung der Welt, die Reduktion von Komplexität, verlegen. Die „Vereinfachung" ist nicht die letzte Antwort auf unsere Gesellschaftsprobleme. Rasche soziale und technische Veränderungen mit globalen Perspektiven erschweren überdies ein klares Bild. In dieser Lage der Unsicherheit ist die Versuchung groß, einfache Konzepte anzubieten. Die „großen Vereinfacher" beherrschen das öffentliche Meinungsbild der organisierten Öffentlichkeit. Wir finden sie vor allem in den Massenmedien, aber auch im Meinungsfeld der politischen Auseinandersetzungen. Sie sind für die Bemühungen um ein allgemein verständliches Recht wenig hilfreich.

Der publizistische und ökonomische Druck auf die Massenmedien, ein möglichst breites Publikum zu erreichen, könnte zwar dem Bedürfnis nach allgemeiner Orientierung entgegenkommen. Das Medienbild spiegelt in der Tat ein Stück Alltagserfahrung wider und umgekehrt. Der Alltagswelt näher scheinen die zahlreichen Gesprächssendungen mit dem Publikum zu stehen. Die nach Themenwahl und Redeniveau auf bloße Unterhaltung zielenden Veranstaltungen geben meist aber nur ein Zerrbild des Alltags wieder. Das Alltägliche ist als Normalität zu wenig attraktiv. Im Vordergrund stehen das Ungewöhnliche, eine Welt des Schreckens, dramatische Ereignisse[41], herausragende Personen und zum Trost eine un-

---

[40] Zu den notwendigen Transformationsleistungen von Kommunikation s. *Klaus Mudersbach*, Kommunizieren als Übersetzungsproblem, in: Kommunikation und Kooperation, hrsg. von Frank Liedtke / Rudi Keller, 1987, S. 37 ff.

wirkliche Glanzwelt. Das Ganze steht unter dem Diktat unentwegter Unterhaltung. Das Ergebnis ist eine Welt des Beliebigen.

Im Feld politischer Kommunikation ist es für die Medien schwieriger, durch Diskussionen mit kritischer Distanz zur Aufklärung von Öffentlichkeit beizutragen als an Meinungsbewegungen teilzuhaben oder diese als Akteure zu initiieren, zu verstärken oder zu schwächen. Der Meinungsjournalismus, auch wenn er heute mehr versucht, sich diskret darzustellen, tritt zwangsläufig in das vereinfachende Konfliktschema des öffentlichen Meinungsstreits und des politischen Meinungskampfes ein, das mit operativen Strategien der Harmonisierung und der Kontrastierung arbeitet.[42]

In der politischen Auseinandersetzung herrscht die kontrastreiche, polarisierende Sprache vor. Sie beschränkt die Welt auf einen einfachen Dualismus, der möglichst durch Personen repräsentiert wird. Die Polemik als kommunikatives Leitmuster ist wenig geeignet, zur Information beizutragen; sie verstärkt vielmehr polarisierende Vereinfachungstendenzen der Lebenswelt. Die Argumentation verkümmert rasch zur Agitation, d. h. zur Motivierung ohne zureichende Information. In den „öffentlichen Meinungen" (Öffentlichkeitsmeinungen) verdichten sich Meinungskämpfe und Meinungsbewegungen zur thematischen Meinungsmacht. Der soziale Konformitätsdruck, den sie auf den Einzelnen ausüben, ist geblieben, nur ihre Geltungskraft als verbindliche Orientierung ist verblaßt.[43] Umso wichtiger ist es, daß die Meinungskämpfe die Verbindung zur Alltagswelt, zum lebenspraktischen „common sense" nicht vollends verlieren.[44]

V. Besondere Formen von Öffentlichkeit im staatlichen Entscheidungsbereich

1. Parlament

Für die Erörterung des Gesetzgebungsverfahrens im staatlichen Entscheidungsbereich empfiehlt es sich, zunächst vom normativen Verfassungsbild der Gesetzgebung auszugehen. Maßgeblich ist die Frage der Kommunikationsbedingungen der staatlichen Teilgewalten als „besonderen Formen" von Öffentlichkeit. In einem

---

[41] Vgl. zur Skandalberichterstattung der Medien *Hans Mathias Kepplinger/Uwe Hartung*, Am Pranger, Eine Fallstudie zur Rationalität öffentlicher Kommmunikation, S. 110 ff.: Massenmedien tendieren generell dazu, negative Ereignisse zu dramatisieren.

[42] S. zu solchen Strategien *Waldemar Schreckenberger*, Rhetorische Semiotik, 1978, insb. S. 309 ff.; zur politischen Sprache s. *Wolfgang Bergsdorf*, Herrschaft und Sprache, 1983, insb. S. 50 ff.

[43] Vgl. dazu *Jürgen Habermas*, Strukturwandel der Öffentlichkeit (1962), Nachdruck 1990, insb. S. 267 ff.

[44] Vgl. zur analogen Unterscheidung von „öffentlicher Meinung" und Bevölkerungsmeinung *Friedhelm Neidhart*, S. 7 ff., 15 ff.

knappen Überblick, der sich auf einige Gesichtspunkte beschränken muß, zeigt sich bereits, daß sie bezüglich der Informationsbeschaffung und -verarbeitung komplementäre Formen aufweisen, die sich zu einem vollständigen Prozeß der Rechtsetzung vereinigen können.

Am weitesten ist der Handlungsspielraum des Parlaments. Der Zugang zur allgemeinen Öffentlichkeit ist unbegrenzt; gewisse Schranken bestehen im Hinblick auf die gegen Indiskretionen geschützten Entscheidungsbereiche der anderen Teilgewalten. Generelle Informationssteuerungen ergeben sich aus internen Regelungen der Geschäftsordnung, aus der Gliederung in regierungsunterstützende Fraktionen und Opposition, aus den zahlreichen Arbeitseinheiten wie Ausschüssen, Gremien oder Arbeitskreisen der Fraktionen und parlamentarischen Gruppen, aber auch aus informellen Fraktionszwängen und Hierarchien.

Selektive Informationsfaktoren sind vor allem die unterschiedliche berufliche Vorbildung und Tätigkeit der Abgeordneten, auch wenn der Beruf wegen der parlamentarischen Arbeit nicht mehr ausgeübt wird. Einschränkende Regelungen gibt es nicht. Spezielles Fach- und Vorwissen und berufliche Erfahrungen sind von herausragender Bedeutung für die subjektive Wahrnehmung der Berufswelt, welche als Teil der organisierten Öffentlichkeit die allgemeine Meinungsbildung erheblich beeinflußt. Das allgemeine Wahrnehmungsfeld wird allerdings durch die zunehmende Professionalisierung der Abgeordnetentätigkeit eingeschränkt, zumal oft eine berufliche Parteikarriere vorausgeht und das oberste Berufsziel ein Regierungsamt ist.[45] Die beruflichen Tätigkeiten der Abgeordneten des Deutschen Bundestages weichen deutlich von der durchschnittlichen Berufsverteilung in der Bevölkerung ab; dies gilt vor allem für die hohe Zahl der juristischen Berufe.[46] Es dient dies immer wieder als Vorwurf für eine unterschiedliche parlamentarische Interessenwahrnehmung. Die Berufszugehörigkeit ist wegen der unterschiedlichen Distanz der Berufe zur Alltagswelt auch für die Alltagserfahrung von Bedeutung; wird die Politik gar zum Berufsbild, so wächst die Gefahr, über den Themen des politischen Meinungskampfes die Alltagswelt aus dem Blick zu verlieren.

Spezielle Informations- und Einflußfaktoren sind vor allem die Einrichtungen der organisierten Öffentlichkeit, insbesondere Parteien, Vereinigungen und Interessenverbände, deren Informationen das Parlament auf verschiedenen Wegen und mit sehr unterschiedlicher Intensität erreichen.

Das Parlament hat auf der Grundlage der zahlreichen kommunikativen Steuerungsfaktoren einen eigenständigen Entscheidungs- und Argumentationsstil entwickelt. Dieser errichtet eine kommunikative Grenze zu den anderen Formen von

---

[45] Vgl. dazu *Kerstin Burmeister*, Die Professionalisierung der Politik – am Beispiel des Berufspolitikers im Parlamentarischen System der Bundesrepublik Deutschland, 1993, insb. S. 64 ff.

[46] Vgl. dazu *Adalbert Hess*, Sozialstrukturen des 13. Deutschen Bundestages – Berufliche und fachliche Entwicklungslinien, in: Zeitschrift für Parlamentsfragen, 1995, S. 567 ff., 579 f.

Öffentlichkeit. Um sie zu überwinden, sind je nach Öffentlichkeit besondere Transformationsleistungen zu erbringen.

Das hervorstechendste Merkmal des Parlaments ist die besondere Nähe zur allgemeinen Öffentlichkeit. Zwar folgt das Parlament vor allem in den öffentlichen Sitzungen weitgehend der Sprache der allgemeinen politischen Auseinandersetzung, in der das Konfliktschema vorherrscht.[47] Es wird aber sprachlich oft differenziert und mit fachlichen Gesichtspunkten angereichert. Die Sprechweise, meist hoch redundant, geht eine Verbindung von Gemeinsprache und je nach Thema mit Termini und Begriffen der jeweiligen Fachsprache ein, wobei der Gebrauch juristischer Ausdrücke überwiegt. Die rhetorische Situation ist ambivalent: Publikum ist sowohl die Parlamentsöffentlichkeit als auch die allgemeine Öffentlichkeit. Zwischen Parlament und allgemeiner Öffentlichkeit besteht ein wechselseitiger Bezug. Die parlamentarische Auseinandersetzung reflektiert teils öffentliche Meinungsbewegungen, teils versucht sie, öffentliche Meinungen für oder gegen eine politische Entscheidung zu beeinflussen. Die Diskussion kennt sehr unterschiedliche Argumentationsformen, die vom sachorientierten Diskurs bis zu Strategien der Machterhaltung und Machtsteigerung reichen. Fach- und Machtkompetenz sind institutionell miteinander verbunden. In den meist nichtöffentlichen Ausschußsitzungen tritt in der Regel die polemische hinter die fachliche Auseinandersetzung zurück. Hier kann es am ehesten gelingen, ein der Verständigung förderliches Klima kritischer Vertrautheit mit einem kollegialen Jargon zu erzeugen.

2. *Regierung und Regierungsadministration*

Den größten Einfluß üben Regierung und Regierungsadministration auf den parlamentarischen Entscheidungsstil aus. Die verfassungsrechtliche Kompetenz der Gesetzesinitiative der Bundesregierung beherrscht weitgehend die Gesetzgebung. Im Durchschnitt gehen im Deutschen Bundestag bisher etwa drei Viertel der Initiativen auf Vorlagen der Regierung zurück.[48] Die Regierung bewegt sich im parlamentarischen Regierungssystem gleichsam an der Grenzlinie von allgemeiner Öffentlichkeit, Parlament und Regierungsadministration. Die Richtlinienpolitik des Regierungschefs ist heute im wesentlichen auf die – allerdings äußerst schwierige – Aufgabe der Koordination von Regelungsinteressen beschränkt. Sie erstreckt sich inzwischen auf Regelungsgebiete aus fast allen Bereichen der Öffentlichkeit. Gesprächspartner sind in erster Linie die Koalitionsparteien im Rahmen der Koalitionsgremien, aber auch Vertreter gesellschaftlicher Interessen im Vorfeld staatlicher Entscheidungen (z. B. „Bündnis für Arbeit"). Die Koordinationsaufgabe ist zu

---

[47] S. zur mediengerechten Plenardebatte *Heinz Bäuerlein*, Damit sich der Bürger ein Bild machen kann. Wie sich der Deutsche Bundestag auf Fernsehübertragungen einstellt, in: Zeitschrift für Parlamentsfragen (2) 1992, S. 216 ff.
[48] S. dazu *Peter Schindler*, Deutscher Bundestag 1976 – 1994: Parlaments- und Wahlstatistik, in: Zeitschrift für Parlamentsfragen, 1995, S. 551 ff., 561.

einem zentralen Instrument der sozialen Konvergenz geworden. Die Übernahme von Parteitagsbeschlüssen oder Vereinbarungen, an denen das Parlament allenfalls fragmentarisch beteiligt ist, schaffen, unterstützt von den Medien, Festlegungen, die das Parlament gegen den öffentlichen Meinungsdruck nur schwer korrigieren oder gar aufheben kann.[49] Wesentliche Teile der Gesetzgebung haben sich zunehmend in den Entscheidungsbereich von Regierung und Regierungskoalition verlagert.

Einen maßgeblichen Einfluß üben die Regierungsressorts, neben der Filter- und Verstärkerfunktion für öffentliche Regelungsvorschläge, auf die Konzeption und die sprachliche Gestaltung von Gesetzentwürfen aus. Wesentliche Entscheidungsfaktoren sind auch hier die kommunikativen Bedingungen der Organisation. Die berufliche Vorbildung ist für höhere Positionen – von Ausnahmen abgesehen – streng geregelt. Die Argumentation stützt sich im Rahmen grundsätzlicher politischer Vorgaben auf dem Hintergrund von Fachöffentlichkeiten vorwiegend auf fachliche Gesichtspunkte und auf eine möglichst stringente Darlegung der Erwägungen. Sie folgt im Unterschied zur pragmatisch-topischen Argumentation des parlamentarischen Meinungskampfes gleichsam einer fachbezogenen Semantik. Die Verständigung unter verschiedenen Fachvertretern ist oft schwierig. Sie hängt von der jeweiligen sprachlichen Vermittlungskompetenz ab. Dies gilt auch für den Umgang mit der politischen Leitung, die meist auf eine stark verkürzte Darstellung möglichst im vereinfachten Stil von Gesetzesbegründungen dringt. Auf besondere Schwierigkeiten können die Gutachten von externen Experten treffen. Es ist ein verbreiteter Behelf, die Beurteilung auf das Ergebnis zu beschränken, ob das Gutachten das eigene Konzept bestätigt oder nicht. In den Parlamentsberatungen trägt die Auswahl der Experten den unterschiedlichen Meinungslagen Rechnung.

Im Bereich der Regierungsadministration herrscht eindeutig eine Art juristischer Amtssprache vor. Für die Erarbeitung der Gesetzesentwürfe spielt allerdings neben der inhaltlichen Konzeption die juristische Fachsprache und die Einordnung der beabsichtigten Vorschriften in das Regelungssystem der Rechtsdogmatik die entscheidende Rolle.

Wenngleich Gesetze zu den fundamentalen Regelungen des positiven Rechts zählen, ist der Handlungsspielraum für neue Kodifikate durch den vorhandenen Regelungsbestand und die geltende Rechtsdogmatik erheblich eingeschränkt. Es bedarf schon besonderen rechtspolitischen Muts, um größere dogmatische Veränderungen wirksam durchzusetzen. Dies gilt auch für die vielberufene Rechtsvereinfachung durch „Entfeinerung" insbesondere im Abgaben- und Leistungsrecht. Denn der Grad der Differenzierung läßt sich nicht ohne weiteres verändern, ohne Gerechtigkeitsprobleme aufzuwerfen. Ein geringeres Risiko geht ein, wer den Rahmen bestehender Strukturen nicht verläßt. Hieraus ergeben sich Spannungen zwi-

---

[49] S. dazu *Wolfgang Zeh*, Impulse und Initiativen zur Gesetzgebung, in: Aktuelle Probleme der Gesetzgebungslehre, Speyer, (in Vorbereitung); s. zu Impulsen der Gesetzgebung auch *Helmuth Schulze-Fielitz*, S. 266 ff.

schen einer juristischen Einstellung, die in der Regel den sicheren Weg vorzieht, und den Bemühungen von Fachleuten oder Politikern, die stärker auf soziale Veränderungen mit weitergehenden Rechtsfolgen dringen. Andererseits gibt es, wie die Arbeit der Kommission für Rechtsvereinfachung zeigt, genügend Regelungen, die juristisch entbehrlich erscheinen, aber aus Gewöhnung oder Nützlichkeitserwägungen verteidigt werden. Oft kann eine Einigung erst durch die Ressortabstimmungen, in seltenen Fällen erst im Kabinett erzielt werden. Eine herausgehobene Stellung hat das Justizressort durch die Kompetenz zur „rechtsförmlichen Prüfung", die mit der Kompetenz des Innenressorts für Verfassungsfragen konkurriert. Von besonderer Bedeutung ist für die Entwicklung von Konzepten und für die Textgestaltung von Gesetzentwürfen die jeweils berührte Fachöffentlichkeit.

Die Verlagerung der Gesetzesvorbereitung in gemischte Gruppen von Vertretern der regierungsunterstützenden Fraktionen und der Regierungsadministration stellt die Vorzüge in Frage, die sich aus den unterschiedlichen Kommunikationsbedingungen für Regierung und Parlament ergeben.[50] Es ist in diesem Fall schwieriger, ein Gesamtkonzept, das sich der Fachdiskussion stellen kann, zu entwickeln. Solche Schwierigkeiten zu vermeiden, ist auch der Sinn des verfassungsrechtlich geschützten Diskretionsraumes der Regierung.

Die formalen Organisationsstrukturen verweisen auf komplementäre Beziehungen zwischen Parlament und Regierungsadministration. Die Parlamentsöffentlichkeit mit dem stärkeren Außenaspekt zur allgemeinen Öffentlichkeit und der administrative Binnenaspekt zur Fachöffentlichkeit könnten sich wechselseitig ergänzen und korrigieren. Die Praxis geht jedoch oft andere Wege. Es sind vor allem die Ausschußberatungen, in denen das Parlament mit den Vertretern der Regierung und Regierungsadministration in einen Dialog eintritt. Durch die vorparlamentarischen politischen Festlegungen sind allerdings die Chancen, den Inhalt von Regierungsvorlagen maßgeblich zu verändern, gering. Umso näher läge es, auf Textgestaltungen, Gesetzessprache oder Regelungsdichte von Vorschriften Einfluß zu nehmen.[51] Dies geschieht auch immer wieder. Doch diese Aufgabe liegt nicht auf der Linie des politischen Gestaltungswillens. Meist nehmen Ausschüsse eher die Zerstückelung einer Gesetzesvorlage in inkohärente Teile in Kauf, als auf die Chance eines inhaltlichen Kompromisses in Detailfragen zu verzichten. Für die Nachbearbeitung der Vorlage fehlt meist die Zeit. Das gleiche gilt für die Arbeit des Vermittlungsausschusses von Bundestag und Bundesrat. Fragen der Textgestaltung oder der Rechtsvereinfachung werden oft als nachrangige Detail- oder Formfragen abgehandelt, für welche in erster Linie die Regierung verantwortlich ist, die während der Beratungen oder bei Gesetzentwürfen der regierungsunterstützenden

---

50 S. dazu *Waldemar Schreckenberger*, Informelle Verfahren der Entscheidungsvorbereitung zwischen Bundesregierung und den Mehrheitsfraktionen. Koalitionsgespräche und Koalitionsrunden, in: Zeitschrift für Parlamentsfragen, (3) 1994, S. 329 ff.

51 Vgl. dazu *Herbert Helmrich*, Politische Grundsatzdiskussion oder Verbesserung der Regelungstechnik als Aufgabe der Bundestagsausschüsse, in: Zustand und Perspektiven der Gesetzgebung, hrsg. von Hermann Hill, 1989, S. 149 ff., 172 f.

Fraktionen im Wege der „Formulierungshilfe" tätig wird. Das Vertrauen in die juristische Fachkompetenz der Administration ist kaum zu überbieten. Selbst der Rechtsausschuß hat juristische Fachfragen und Fragen der sprachlichen Vereinfachung von Regelungen im Rahmen der „rechtsförmlichen Prüfung" an das Bundesjustizministerium delegiert. Eine nennenswerte parlamentarische Kontrolle oder Korrektur findet insoweit nicht statt.

Die laufende Gesetzgebungspraxis trägt zur Zeit wenig zur Rechtsvereinfachung bei. Dies gilt nicht nur für die Gesetzessprache, sondern auch für die stark gestiegene Zahl der Gesetze. Gesetzgebung ist ein eingefahrener Routinebetrieb, der sich selbst trägt und steigert. Denn für alle Beteiligte ist der Ausstoß von Gesetzen ein Nachweis für erfolgreiche Tätigkeit. Auch knapper werdende Finanzmittel versprechen wenig Abhilfe. Wenn Geld als Steuerungsfaktor ausfällt, müssen mögliche Regelungslücken ausgefüllt werden. Nachteilig wirkt sich auf die Gesetzgebung auch die unzulängliche Prüfung der Implementation von Gesetzen aus. Da diese meist in die Länderzuständigkeit fällt, sind die Ressorts auf Länderberichte angewiesen. Eine Erkenntnisquelle vermitteln über die Entscheidungen des Bundesrates hinaus die Ausschußberatungen des Bundesrates, in denen unter Fachleuten oft eingehend Praxisprobleme von Gesetzen erörtert werden. Da die Bundesressorts meist nicht unmittelbar betroffen sind und Rechtsänderungen häufig schwierige Korrekturen erfordern, muß schon ein erheblicher politischer Druck ausgeübt werden, um Veränderungen in Gang zu setzen.

Mehr Erfolg ist zu erwarten, wenn Gesetzessprache und Rechtsvereinfachung zu einem wahlbeeinflussenden Thema würden. Weitreichende Systemfragen erlangen erst einen tagespolitischen Rang, wenn sich Konflikte dramatisch zuspitzen. So ist es auch zu erklären, daß die massive Kritik an der Gesetzgebung die Parlamente – von Ausnahmen abgesehen – bisher wenig berührt. Dies schmälert aber nicht den Rang der Aufgabe. Sie ist mehr als ein ästhetisches Problem der aktuellen Politik. Sie erfordert nicht weniger als eine Reform unserer Rechtskultur. Die hohe Regelungsdichte und die Probleme der Gesetzessprache stehen in einem unlösbaren Zusammenhang mit der juristischen Rechtswelt im Spannungsfeld von Fachöffentlichkeit und allgemeiner Öffentlichkeit. Eine Reform muß daher dort ansetzen, wo die juristische Alltagsarbeit im staatlichen Entscheidungsbereich und in der Rechtslehre zu leisten ist. Nur wenn es gelingt, die Fachleute der Gesetzesvorbereitung, von Rechtsprechung und Rechtslehre für diese Aufgabe zu gewinnen, ist auch mit einem nachhaltigen Erfolg zu rechnen. Kommissionen können gewiß nützliche Anstöße geben, Textregelungen vorschlagen und nicht zuletzt das Problembewußtsein schärfen. Normprüfstellen oder sonstige Gremien mit Koordinationsfunktionen erlangen in der Regierungsadministration nur dann Gewicht, wenn man ihnen gleichsam Kabinettsrang einräumt, um dem Druck der Alltagsarbeit, dem Kampf der Ressorts um Ressourcenanteile standzuhalten.

3. Rechtsprechung (Gerichtsbarkeit)

Mit der Rechtsprechung als besonderer Form von Öffentlichkeit verlassen wir zwar den engeren Bereich der Gesetzesvorbereitung. Sie hat aber, wie schon dargelegt, über die bloße Gesetzesanwendung hinaus eine maßgebliche Bedeutung für die Gesetzgebung. Für ihren spezifischen Entscheidungs- und Sprachstil sind ebenfalls die kommunikativen Verfahrensbedingungen charakteristisch. Die Informationsbeschaffung und -bewertung ist im gerichtlichen Verfahren streng geregelt. Das gleiche gilt für die berufliche Vorbildung. Maßgebliches Medium ist die juristische Fachsprache, die auch die juristische Fachöffentlichkeit vermittelt. Die stets verfügbaren abstrakten Regeln einer relativ verselbständigten Rechtsdogmatik stiften gleichsam eine von der lebenspraktischen Situation losgelöste, syntaxorientierte Argumentation. Beträchtliche Übersetzungsleistungen sind im gerichtlichen Verfahren bezüglich der juristisch nicht vorgebildeten Beteiligten, Zeugen und Sachverständigen erforderlich. Ihr Erfolg hängt von persönlichen Geschicklichkeiten ab; eine Schulung, wie dargelegt, gibt es nicht. Die Sprache der Instanzenzüge bestimmt zwar ein autoritativer Monolog, aber es scheint doch immer wieder ein auf Verständigung zielender Dialog durch.

Gerichtliche Entscheidungen sind auch wichtige Faktoren für die Gesetzgebung. Sie geben immer wieder Anlaß, eine bewährte Entscheidungspraxis in allgemeine gesetzliche Regelungen zu überführen. Umgekehrt unterbinden Gesetze in Einzelfällen eine unerwünschte gerichtliche Entscheidungspraxis. So findet eine Art wechselseitiger Rückkoppelung von Gesetzgebung und Rechtsprechung statt. Sie bedarf aber noch erheblicher Verbesserung. Denn Beachtung finden meist nur solche Entscheidungen, die eine öffentliche Diskussion auslösten oder offensichtlich gesetzgeberischen Ressortinteressen zuwider laufen. Ertragreicher wäre es, wenn die Ressorts obergerichtliche Entscheidungen – unter Federführung des Justizressorts – planmäßig auf ihre gesetzgebungspolitische Relevanz überprüften.

Berücksichtigt man den weiten Spielraum, den Gesetze oft einräumen oder den sich die Gerichte zumessen, so erscheint die Rechtsprechung als eine Art justizieller Rechtsetzung, die – gleichsam in Arbeitsteilung – die Gesetzgebung, über den Fall der Untätigkeit des Gesetzgebers hinaus, entlasten kann.

Wichtiger als wechselseitige Korrekturen von Entscheidungen ist aber die Argumentationsstruktur der Rechtsprechung, die in Verbindung mit der Rechtslehre wesentlich die Rechtsdogmatik und damit das juristische Weltbild prägt, das für die Gesetzgebung von überragender Bedeutung ist. Als besonderes Hindernis für die Rechtsvereinfachung haben sich eine übersteigerte Fachsprache und eine theoretisierende Argumentationsstruktur, ein Mangel an allgemeiner Öffentlichkeit und an Rücksicht auf die lebenspraktische Alltagswelt erwiesen. Jede gerichtliche Entscheidung, so sehr sie auch im Blick auf die juristische Fachöffentlichkeit zustande kommt, ist auch Teil der allgemeinen Öffentlichkeit.

Vergleichen wir aus normativer Sicht alle drei Teilgewalten, so stellen sie sehr unterschiedlich differenzierte Formen von Öffentlichkeit dar. Sie beschreiben alle semiotischen Dimensionen, die sich zu einer vollständigen Kommunikationshandlung vereinigen. Sie reichen von der „Pragmatik" des Parlaments, über eine fachbezogene „Semantik" der Regierungsadministration bis zur „Syntax" einer verselbständigten Rechtsdogmatik in der Gerichtsbarkeit. Die unterschiedlichen kommunikativen Akzente der einzelnen Entscheidungsbereiche bieten die Chance für eine möglichst vollständige Rechtsetzung. Die besonderen Formen von Öffentlichkeit stehen in einer unterschiedlichen pragmatischen Distanz zur allgemeinen Öffentlichkeit. Je größer die Distanz, umso strenger ist der Entscheidungsprozeß fachlich organisiert. Wir finden die bekannte Paradoxie: Je größer die Distanz zur allgemeinen Öffentlichkeit, umso höher die Gewähr, juristische Probleme im vorgegebenen Rahmen zu lösen, aber umso größer die Gefahr, soziale Wirklichkeit zu verfehlen.

VI. Rechtsprechung des Bundesverfassungsgerichts als besondere Form von Öffentlichkeit

Der hohe Rang des Bundesverfassungsgerichts ergibt sich nicht nur aus seinen weitreichenden Kompetenzen, sondern auch aus seiner fundamentalen Kommunikationsfunktion als besondere Form von Öffentlichkeit. Das Gericht trägt – im ganzen gesehen – entscheidend zur Konvergenz der gesellschaftlichen Meinungsbildung und zur Kohärenz öffentlicher Sprechweisen bei. Die maßgeblichen Faktoren hierfür sind: ein dialogisch orientierter Verfahrensstil, eine anschauliche und flexible Sprache, die ein breites öffentliches Publikum versteht, ein Argumentationsstil, der sowohl durch die Stabilisierung fundamentaler Überzeugungen (Festigung der Basisdoktrin des positiven Rechts) als auch durch die situative Argumentation der „Abwägung" von Werten und Interessen die lebenspraktische Alltagswelt erreicht.[52] In jüngster Zeit haben einige Entscheidungen des Bundesverfassungsgerichts zu öffentlichen Irritationen geführt.[53] Es erscheint jedoch zu früh, daraus auf eine mehr emanzipatorisch orientierte Richtungsänderung der Rechtsprechung zu schließen.

Das Bundesverfassungsgericht zögert nicht, seine Vorstellungen in den Entscheidungen nachhaltig zur Geltung zu bringen. Bei Fragen zum Gesetzgebungsverfahren oder zur Gesetzessprache hält sich das Gericht bisher zurück.[54] Da die

---

[52] Nähere Ausführungen hierzu vgl. *Waldemar Schreckenberger*, Verfassungsgerichtsbarkeit als Konvergenz von Öffentlichkeit, in: Constitutional Review, Verfassungsgerichtsbarkeit, Theoretical and Comparative Perspectives, hrsg. von Bert van Roermund, Deventer/Boston 1993, S. 13 ff.

[53] S. dazu *Renate Köcher*, Hüter oder Herrscher? Die öffentliche Wahrnehmung des Bundesverfassungsgerichts verändert sich. Eine Dokumentation des Beitrags in der Frankfurter Allgemeinen Zeitung, Nr. 248, vom 25. 10. 1995, Institut für Demoskopie Allensbach, 1995.

[54] Vgl. dazu *Detlef Merten*, Verfassungsrechtliche Anforderungen an Stil und Methode der Gesetzgebung im modernen Sozialstaat, in: Probleme sozialpolitischer Gesetzgebung, hrsg. von Bernd v. Maydell, 1991, S. 51 ff., 57.

Kommunikationsbedingungen von Verfahren oft auch Veränderungen der politischen Machtmechanik ausdrücken, deren Korrekturmöglichkeiten schwer einschätzbar sind, kann man das Bundesverfassungsgericht allenfalls dazu ermutigen, die Reformbestrebungen zur Rechtsvereinfachung mehr als bisher durch deutliche Hinweise zu unterstützen. Denn sie berührt nicht nur die Geltung einzelner Gesetze, sondern in längerer Sicht die Grundlagen des sozialen Lebens.

VII. Gesetzgebung als obligatorische Gesamtveranstaltung der Gesellschaft

Die Gesetzgebung ist als Prozeß von Öffentlichkeit eine Gesamtveranstaltung der Gesellschaft, für die alle Beteiligte nach Maßgabe ihrer unterschiedlichen Kompetenzen verantwortlich sind. Sie gibt ein signifikantes Bild vom normativen Status einer Gesellschaft, von der sozialen Dynamik, aber auch von der gesellschaftlichen Bereitschaft, sich einer gewaltbewehrten Außensteuerung zu unterwerfen. Die vielbeklagte „Flut der Gesetze" oder die „Hektik der Gesetzgebung" stehen in einem unübersehbaren Zusammenhang mit den steigenden gesellschaftlichen Anforderungen an staatliche Leistungen.[55] Der Zustand der Gesetzgebung zeigt, daß diesen Anforderungen auch kommunikative Grenzen gesetzt sind. Eine Reform bedarf auch der Unterstützung der allgemeinen Öffentlichkeit. Die verbreitete pauschale Kritik genügt nicht. Es muß vielmehr gelingen, differenziertere öffentliche Erörterungen zu führen, die auch die Überforderung der Gesetzgebung und ihre Folgen verdeutlichen. Hier ist der allgemeinen Publizistik eine wichtige Aufgabe erwachsen.

Die verschiedenen staatlichen Entscheidungsbereiche sind verfassungsgemäß organisiert. Die Praxis weist aber erhebliche Mängel und Verfahrensprobleme auf. Die Rechtsvereinfachung wird als eine ständige Aufgabe des laufenden Gesetzgebungsprozesses weitgehend verfehlt. Kritischer Punkt sind vor allem eine überdifferenzierte Rechtsdogmatik und Rechtssprache, welche die notwendige Verbindung zur allgemeinen Öffentlichkeit und zum einzelnen Rechtsadressaten vermeidbar erschweren. Schließlich scheint die Paradoxie von Gemeinsprache und Fachsprache ein unüberwindbares Hindernis zu sein. Hier ist vor allem die Fachdiskussion gefordert. Denn mit einigen Anstrengungen läßt sich dieses Spannungsverhältnis erheblich mindern. Dazu gehören auch die linguistischen Bemühungen um eine verständliche Gesetzessprache. Zu Recht wird eine interdisziplinäre Zusammenarbeit von Juristen und Linguisten gefordert. Wir brauchen angesichts der Transformationsprobleme vorrangig den juristisch und linguistisch gebildeten „Vermittlungsexperten". Seine Arbeitsgebiete sind vor allem die beratende Mitarbeit bei der Textherstellung von Rechts- und Verwaltungsvorschriften und die Beratung im Rahmen der juristischen Aus- und Fortbildung.

---

[55] S. dazu kritisch *Helmut Klages*, Häutungen der Demokratie, 1993, S. 111 ff.

VIII. Schluß: Empfehlung der holistischen Methode zur Konstruktion und Rekonstruktion von juristischen Vorschriften

Nach der dargelegten rhetorischen Theorie der Gesetzgebung als Prozeß von Öffentlichkeit empfehlen sich für die kontrollierte Textherstellung auf der Grundlage der „holistischen Methode zur Konstruktion und Rekonstruktion von juristischen Vorschriften" zwei Wege:

– Die juristische Fach- und die Gemeinsprache werden auf der Grundlage kohärenter fach- und lebensweltlicher Erfahrungsstrukturen in einen „Gesamttext" integriert.

– Von einem Normenkonzept werden je nach pragmatischer Lage der Adressaten unterschiedliche Textfassungen hergestellt oder ein vorhandener Text wird in mehrere Textfassungen übertragen.

In beiden Fällen findet die notwendige Transformation auf methodischer Grundlage und mit Hilfe einer Datenbank statt. Maßgeblich für die Textfassungen sind die jeweiligen Adressatengruppen, die sich durch unterschiedliche Eigenschaften auszeichnen, wie Informationsinteresse, Vorwissen oder situative Handlungserwartungen. Die Adressaten finden als pragmatischer Kontext Eingang in den operativen Sinn einer Vorschrift.

Werden mehrere Textfassungen für unterschiedliche Adressaten hergestellt, so sollte der zentrale semantische Regelungsinhalt nicht verändert werden, um die Interpretationstoleranz zwischen den Texten möglichst gering zu halten. Eine Lösung bietet eine holistische Methode an: Juristische Vorschriften werden in ihrer Gesamtheit als eine typische Kommunikationsform betrachtet. Konstitutives Element der jeweiligen Vorschrift ist der Zweck, der die funktionale Einheit des Textes stiftet. Sie erlaubt es, Teilregelungen einer Vorschrift unter einheitlichen Gesichtspunkten zu ordnen. Die Vorschrift kann jede Textgestalt annehmen, die den kommunikativen Zweck erfüllt. Diese Methode kommt der heute vorherrschenden rechtstheoretischen Auffassung entgegen, die zwischen Normen und ihrem sprachlichen Ausdruck unterscheidet und im Zweck eine notwendige Eigenschaft der Rechtsetzung sieht.

Um fachliche Interpretationsschwierigkeiten zu vermeiden, sollte allerdings in gerichtlichen Konfliktsfällen letzte Verbindlichkeit nur der juristische Fachtext haben. Gesetzestechnisch empfiehlt es sich, das federführende Ressort in geeigneten Fällen zu ermächtigen, verschiedene Textfassungen anzufertigen, sei es als alternative Fassung für die jeweilige Adressatengruppe oder als Informations- oder Erläuterungstext zum juristischen Fachtext.

Um Textbeurteilungen zu erleichtern, sollten die wichtigsten Teile der Begründung eines Gesetzentwurfs nach Maßgabe des Beratungsergebnisses in verständlicher Weise veröffentlicht werden. In der Verwaltungspraxis sollte man einführen, Verwaltungsvorschriften mit informeller Außenwirkung auch in einer allgemein verständlichen Sprache zu verfassen und zu veröffentlichen.

Die am Forschungsinstitut bei der Hochschule entwickelte holistische Methode zur Konstruktion und Rekonstruktion von juristischen Vorschriften ist an Beispieltexten bereits erprobt.[56] Die praktische Umsetzung wird zunächst ungewohnt sein. Durch die Zusammenarbeit mit einem Vermittlungsexperten kann sie aber erheblich erleichtert werden. Ebenso wichtig ist die Zusammenarbeit in der Aus- und Fortbildung. Denn hier werden die Grundlagen für die künftige Praxis vermittelt.

---

[56] S. *Klaus Mudersbach*, Die juristische Vorschrift als holistischer Text, Speyerer Forschungsbericht Nr. 161, 1996.

IV. Staat und Wirtschaft

Liberalisierung des Strommarktes als Organisationsproblem

Von Eberhard Bohne

I. Problemstellung

Seit Ende der 80er Jahre hat eine weltweite Liberalisierungswelle die monopolistisch strukturierten Strommärkte zahlreicher Staaten in Europa, Nord- und Südamerika, in Australien, Neuseeland und Japan erfaßt.[1] Mehr Wettbewerb im Strommarkt erscheint vielerorts als das Gebot der Stunde, um die Leistungsfähigkeit der nationalen Industrien zu stärken, technische Innovationen zu stimulieren, Produktionskosten zu senken und insgesamt die Volkswirtschaften für die Herausforderungen des nächsten Jahrhunderts zu rüsten.

Auch die Bundesrepublik Deutschland wird sich trotz der heftigen Widerstände betroffener Interessengruppen dieser Entwicklung aus wirtschaftspolitischen Gründen nicht entziehen können. Zu den wirtschaftlichen Zwängen kommen der europapolitische Druck und die EG-vertragliche Verpflichtung (Art. 7 a EG-Vertrag) hinzu, einen europäischen Binnenmarkt für Energie zu schaffen. Im Jahre 1992 wurden von der Europäischen Kommission zwei Richtlinienvorschläge betreffend gemeinsame Vorschriften für den Elektrizitätsbinnenmarkt[2] und den Erdgasbinnenmarkt[3] vorgelegt. Nach Änderung der Richtlinienentwürfe[4] durch die Kommission im Jahr 1993 hat der Richtlinienvorschlag für den Binnenmarkt Elektrizität im Sommer 1996 den Status eines Gemeinsamen Standpunktes des Rates erreicht,[5] so daß nach Zustimmung des Europäischen Parlaments Anfang 1997 mit dem Inkrafttreten der Richtlinie zu rechnen ist. Sie muß dann bis Anfang 1999 in deutsches Recht umgesetzt sein. Zum Gas-Richtlinienentwurf strebt die Europäische Kommission die Verabschiedung eines gemeinsamen Standpunktes für die erste

---

[1] Siehe die Übersicht über den weltweiten Stand der Liberalisierung der Strommärkte in: *Central Research Institute of Electric Power Industry*, Deregulation of the Electricity Supply Industry – International Status of Deregulatory Reforms – CRIEPI REPORT, Tokyo, September 1995, S. 22 ff.

[2] Richtlinienvorschlag vom 24. 02. 1992, KOM (91) 548 endg., BR-Drs. 160 / 92, S. 1 ff.

[3] A.a. O. (Fn. 2), S. 56 ff.

[4] Abgeänderter Richtlinienvorschlag vom 07. 12. 1993, KOM (93) 643 endg.

[5] Gemeinsamer Standpunkt des Rates vom 25. 07. 1996 im Hinblick auf den Erlaß der Richtlinie des Europäischen Parlaments und des Rates betreffend gemeinsame Vorschriften für den Elektrizitätsbinnenmarkt, Ratsdokument 8811 / 2 / 96, Rev. 2 (abgedruckt in: RdE 1996, Sonderbeilage EG-Richtlinie für den Elektrizitäts-Binnenmarkt, S. 3-12).

Hälfte 1997 an. Zur Umsetzung dieser Richtlinien in deutsches Recht sind grundlegende Änderungen des Energiewirtschaftsgesetzes (EnWG) und des Gesetzes gegen Wettbewerbsbeschränkungen (Kartellgesetz – GWB –) erforderlich, die im wesentlichen den energierechtlichen Ordnungsrahmen für die monopolistisch strukturierte Elektrizitäts- und Gasversorgung in der Bundesrepublik Deutschland bilden.

Im Herbst 1996 hat die Bundesregierung als Maßnahme im Rahmen ihres Aktionsprogramms für Investitionen und Arbeitsplätze und im Vorgriff auf künftige EG-rechtliche Liberalisierungsverpflichtungen einen Gesetzentwurf[6] zur Novellierung der genannten Gesetze vorgelegt. Außer der rechtsstaatlichen Modernisierung des Energiewirtschaftsgesetzes aus dem Jahr 1935 sieht der Gesetzentwurf den Abbau staatlicher Interventionsrechte in die Strom- und Gasversorgung und die Beseitigung der kartellrechtlichen Legalisierung der Versorgungsmonopole vor. Die politische Bedeutung der Liberalisierung der Strom- und Gasmärkte reicht weit über die hiermit angestrebte Senkung der Strom- und Gaspreise hinaus, die im Vordergrund der öffentlichen Diskussion steht.

Gas und Strom sind Schlüsselenergien der modernen Volkswirtschaften. Insbesondere Strom ist Voraussetzung für Entwicklung und Einsatz von Informations-, Kommunikations- und Computertechnologien sowie Grundlage zahlreicher Produktionsprozesse und technischer Anwendungen in Wissenschaft, Medizin und im täglichen Leben. Viele halten Strom wegen seiner universalen Einsatzmöglichkeiten für die bedeutsamste wissenschaftlich-technische Entdeckung der Menschheit.[7]

Allerdings verursachen Stromerzeugung und Stromtransport erhebliche Umweltbeeinträchtigungen.[8] Kraftwerke auf fossiler Brennstoffbasis trugen im Jahre 1994 bundesweit zur Jahresemission an CO_2 zu 36,7 %, von SO_2 zu 40 % und von NO_x zu 18,5 % bei.[9] Hinzu kommen Abwärmebelastungen der Gewässer und Abfälle. Der Kohlebergbau, insbesondere der Braunkohlentagebau, verursacht vielfältige Beeinträchtigungen von Wasser, Boden, Luft und Landschaft. Die Stromerzeugung auf Kernenergiebasis ist mit erheblichen nuklearen Sicherheits- und Entsorgungsrisiken verbunden. Nicht zuletzt durchschneidet ein dichtes Netz von Stromleitungen weiträumig das dichtbesiedelte Bundesgebiet.

Vor diesem wirtschafts- und umweltpolitischen Problemhintergrund gehört die anstehende Strukturreform der Stromversorgung sicherlich zu den wichtigsten, aber auch umstrittensten Gesetzesvorhaben seit Bestehen der Bundesrepublik Deutschland.

---

[6] Gesetz zur Neuregelung des Energiewirtschaftsrechts, BR-Drs. 806/96 vom 8. 11. 1996.

[7] *Clark W. Gellings*, Utility Marketing Strategies: Competition and the Economy, 1994, S. 6.

[8] Dazu: *William Ramsay*, Unpaid Costs of Electrical Energy, 1978; SRU, Energie und Umwelt, 1981, Rdnr. 231 ff., 257 ff.

[9] *Bundesregierung*, 6. Immissionsschutzbericht vom 29. 05. 1996, BT-Drs. 13/4825, S. 100 f.

Der Gesetzentwurf der Bundesregierung enthält eine auf den ersten Blick bestechend einfache und elegante gesetzliche Lösung zur Liberalisierung des Strommarktes, indem er sich im wesentlichen auf die Aufhebung verschiedener, wettbewerbsverhindernder Vorschriften im Energiewirtschaftsgesetz und im Kartellgesetz beschränkt. An die Beseitigung dieser Vorschriften wird die Erwartung geknüpft[10], daß sich die Energieversorgungsunternehmen (EVU) nunmehr gegenseitig die Kunden abjagen, indem sie zusätzliche Stromleitungen bauen oder die Durchleitung von Strom zu neu gewonnenen Kunden mit dem Netzeigentümer vereinbaren (Durchleitungsmodell), dem sie möglicherweise gerade Kunden weggenommen haben. Dieser Wettbewerb soll zum Sinken der Strompreise führen und technische Innovationen fördern, die zugleich mit Emissionsminderungen und Energieeinsparungen verbunden sind, die der Umwelt zugute kommen.

Diese Annahmen widersprechen jeder Lebenserfahrung.

Daher hatte das Bundesumweltministerium (BMU) bereits im Jahre 1992 Reformvorschläge vorgelegt[11], die eine am britischen Poolmodell orientierte, börsenähnliche Umorganisation des Strommarktes vorsehen und von ökologischen Rahmenregelungen zur Förderung einer umweltschonenderen Stromerzeugung flankiert sind. Diese Vorschläge wurden von der Umweltministerkonferenz[12] (UMK) im Jahr 1993 im Prinzip unterstützt und von Bundesumweltministerin Dr. Merkel im Jahre 1995 nochmals zur Diskussion gestellt.[13] Obwohl eine am Poolmodell orientierte Strukturreform des Strommarktes nach herrschender Meinung in der Wirtschaftswissenschaft[14] einen wesentlich wirksameren Wettbewerb als das Durchleitungsmodell erwarten läßt, obwohl diese Lösung mit wettbewerbskonformen Umweltrahmenregelungen verbunden werden kann, die – wie Simulationsrechnungen[15] für das BMU-Modell zeigen – eine umweltschonendere Stromerzeu-

---

[10] Amtliche Begründung des Gesetzentwurfs (Fn. 6), S. 17 ff.

[11] *BMU*, Zur Novellierung des Energiewirtschafsgesetzes – Defizitanalyse und Reformkonzeption aus umweltpolitischer Sicht vom 30. 03. 1992 (Z II 5 - 40105 - 2/1); *Eberhard Bohne*, Grundzüge einer wettbewerbs- und umweltorientierten Reform des energierechtlichen Ordnungsrahmens der Stromwirtschaft, in: *Wolfgang Hoffmann-Riem / Jens-Peter Schneider* (Hrsg.), Umweltpolitische Steuerung in einem liberalisierten Strommarkt, 1995, S. 140-206.

[12] Auswirkungen des Elektrizitätsbinnenmarktes auf die Umwelt, Bericht der Arbeitsgruppe Energie und Umwelt für die 40. UMK am 05./06. 05. 1993, in: Umwelt 9/1993, Sonderteil.

[13] *Angela Merkel*, Umwelt- und wirtschaftsverträgliche Energiepolitik für den Standort Deutschland, in: *Jürgen F. Baur* (Hrsg.), Energierecht und Energiepolitik heute, 1996, S. 17, 28 ff.

[14] Dazu: *Thomas Klopfer / Walter Schulz*, Märkte für Strom, 1993, S. 11 ff.; *Monopolkommission*, Mehr Wettbewerb auf allen Märkten, Zehntes Hauptgutachten 1992/1993, Hauptband 1994, Rdnr. 806 ff., 862.

[15] *Thomas Klopfer / Peter Kreuzberg / Walter Schulz / Frank Starrmann / Oliver Werner*, Das Pool-System in der Elektrizitätswirtschaft – Möglichkeiten einer umweltorientierten Gestaltung von Poolregeln, 1996.

gung fördern werden, und obwohl EG-rechtliche[16] und verfassungsrechtliche[17] Einwände widerlegt werden konnten, wurden diese Vorschläge bisher in keiner Phase der Gesetzgebungsarbeiten ernsthaft in Erwägung gezogen. Offizieller Grund hierfür ist die derzeit populäre Deregulierungsphilosophie, daß die schlichte Beseitigung von Rechtsvorschriften das wirksamste Mittel zur Verbesserung der Wettbewerbsfähigkeit der deutschen Wirtschaft sei. Tatsächlicher Grund dürfte jedoch die Angst der Politik vor dem Konflikt mit den betroffenen Interessengruppen sein, die Änderungen des Status quo in der Stromversorgung so gering wie möglich halten möchten.

Im Sommer 1996 haben das BÜNDNIS 90/DIE GRÜNEN die Poolvorschläge aufgegriffen und einen Gesetzesentwurf vorgelegt[18], der allerdings einseitig auf die Verwirklichung kommunaler und ökologischer Belange abzielt. Unter der Bezeichnung „Strompool" soll eine rechtsfähige Bundesanstalt des öffentlichen Rechts eingerichtet werden, der das ausschließliche Recht zum Erwerb von Strom von den Stromerzeugern und zum Weiterverkauf an Stromversorgungsunternehmen und Großabnehmer in der Bundesrepublik Deutschland zustehen soll (§§ 19, 20 des Entwurfs). Dieser sog. „Strompool" weist daher mehr Ähnlichkeit mit dem französischen Monopolunternehmen „Electricité de France" als mit einer Wettbewerbsordnung des Strommarktes auf. Seine Verwirklichung hieße „den Teufel mit Beelzebub austreiben".

Allerdings wird das Reformziel mit dem Regierungsentwurf ebenfalls verfehlt, der sich am besten durch das Motto „Wasch mir den Pelz, aber mach mich nicht naß" charakterisieren läßt.

Im folgenden soll daher in konzeptioneller Hinsicht und am Beispiel von Poolmodell und Durchleitungsmodell untersucht werden[19], wie eine wirksame, wettbewerbs- und umweltorientierte Liberalisierung des Strommarktes organisiert werden

---

[16] Siehe: *Hans D. Jarass*, Europäisches Energierecht, 1996, S. 145 ff.

[17] *Hans-Joachim Koch*, Verfassungsrechtlicher Bestandsschutz als Grenze der Deregulierung und der umweltpolitischen Steuerung im Bereich der Elektrizitätswirtschaft?, DVBl. 1994, S. 804 ff.; *Monopolkommission* (Fn. 13), Rdnr. 812; *Edmund Brandt/Matthias Albrecht/Kristina Köster/Herbert Ristau*, Umwelt- und wettbewerbsorientierte Weiterentwicklung des Energierechts, 1996, S. 144 ff., 334 ff. Die Verfassungswidrigkeit einer Poollösung vertreten: *Jürgen F. Baur/Markus Moraing*, Rechtliche Probleme einer Deregulierung der Elektrizitätswirtschaft, 1994, S. 37 ff., 56.

[18] Entwurf eines Gesetzes zur Neuordnung der Energiewirtschaft (EnergieG), BT-Drs. 13/5352.

[19] Das Modell der Ausschreibung von Stromerzeugung oder Versorgungsgebieten und das Alleinabnehmersystem, das von Frankreich in den Richtlinienverhandlungen durchgesetzt wurde, werden aus Gründen der Stoffbegrenzung im folgenden nicht behandelt, da sie wegen ihrer geringen Wettbewerbswirkungen in der deutschen Diskussion bislang nur eine untergeordnete Rolle spielten; siehe: *Monopolkommission* (Fn. 14), Rdnr. 790 ff. Neuerdings fordert allerdings der *Verband kommunaler Unternehmen (VKU)* das Alleinabnehmersystem für die Endverteilerstufe, um die kommunalen Versorgungsmonopole aufrechterhalten zu können (Das Alleinabnehmersystem in der Stromversorgung, Anlage zum VKU-Nachrichtendienst Januar 1997).

könnte. Dies ist eine primär verwaltungswissenschaftliche Perspektive, die in der von technischen, wirtschafts- und rechtswissenschaftlichen Argumenten beherrschten Diskussion vernachlässigt wird.

II. Wettbewerb aus organisationstheoretischer Sicht

Die Stromversorgung galt jahrzehntelang als Standardbeispiel für ein „natürliches Monopol", das wegen der Leitungsgebundenheit und der Nichtspeicherbarkeit von Strom dem Wettbewerb nicht zugänglich sei.[20] Daher reibt man sich doch etwas verwundert die Augen, wenn diese Besonderheiten der Stromversorgung gleichsam über Nacht jede praktische Bedeutung verloren zu haben scheinen und hieran anknüpfende, besondere Wettbewerbsregeln (z. B. ein Durchleitungstatbestand) von Vertretern der Energiewirtschaft als „extensives Sonderrecht" abgelehnt werden; denn es gelte, „den Strommarkt in die Normalität des Wettbewerbs zu überführen."[21]

Dieser radikale Sinneswandel entbehrt bislang jeder theoretischen Begründung. Ohne theoretische Orientierung läuft die Politik jedoch Gefahr – wovor ein führender Praktiker[22] der sozialen Marktwirtschaft gewarnt hat –, „im Dschungel der Problemstellungen unterzugehen". Liberalisierungsvorschläge für den Strommarkt setzen daher eine Rückbesinnung auf die wesentlichen theoretischen Grundlagen der Wettbewerbsordnung in der sozialen Marktwirtschaft voraus.

1. Wettbewerbsordnung als staatliche Aufgabe

Unter Theoretikern[23] und Praktikern[24] der sozialen Marktwirtschaft besteht im Grundsatz Einigkeit, daß Wettbewerb kein naturgesetzliches, von selbst entstehendes Ereignis ist, sondern eine vom Staat geschaffene und garantierte Rahmenord-

---

[20] Dazu zwei führende Vertreter der RWE AG:
Günther Klätte, Mehr Wettbewerb in der Elektrizitätsversorgung durch Aufhebung der Demarkationen und Verpflichtung zur Durchleitung – geht das oder führt das im ersten Schritt zum Verlust der Versorgungssicherheit und im zweiten Schritt zur Verstaatlichung?, ET 1979, S. 131 ff. und *ders.*, Wettbewerb und EG-Binnenmarkt, ET 1988, S. 412 ff.;
Ulrich Büdenbender, Die Kartellaufsicht über die Energiewirtschaft, 1995, S. 292 ff.

[21] So *Walter Hohlefelder*, Generalbevollmächtigter der VEBA AG, zitiert in: *Jürgen Schürmann*, Stromwettbewerb auf allen Stufen, Handelsblatt vom 10. 09. 1996, S. 16.

[22] So der ehemalige Staatssekretär im Bundeswirtschaftsministerium *Otto Schlecht*, Grundlagen und Perspektiven der Sozialen Marktwirtschaft, 1990, S. 101.

[23] Siehe: *Leonhard Miksch*, Wettbewerb als Aufgabe, 1947, S. 10 ff.; *Erich Hoppmann*, Wirtschaftsordnung und Wettbewerb, 1988, S. 298 ff.; *Walter Eucken*, Grundsätze der Wirtschaftspolitik, 6. Aufl., 1990, S. 14, 325, 373 f.; *Jörn Altmann*, Volkswirtschaftslehre, 4. Aufl., 1994, S. 138 ff.; *Bruno Molitor*, Wirtschaftspolitik, 5. Aufl., 1995, S. 47 ff.

[24] Siehe: *Alfred Müller-Armack*, Wirtschaftsordnung und Wirtschaftspolitik, 1966, S. 243 ff. und *ders.*, Genealogie der Sozialen Marktwirtschaft, 1974, S. 164 f.; *Schlecht* (Fn. 22), S. 21 ff., 64 ff.

nung als Funktionsbedingung voraussetzt. Um die soziale Marktwirtschaft von einer Zentralverwaltungswirtschaft abzugrenzen und zu betonen, daß der Staat in der sozialen Marktwirtschaft dem Wettbewerb keine konkreten Ziele und Handlungsweisen vorschreibt, sondern nur die Spielregeln des Wettbewerbs festlegt, wird die Wettbewerbsordnung verschiedentlich auch als eine „gewachsene" Ordnung[25] bezeichnet, die der Staat nicht oktroyiert, sondern mit der er zur Geltung bringt, „was sonst durch andere Tendenzen zurückgedrängt würde". Das sind eher semantische Feinheiten, die hier auf sich beruhen können. Angesichts aktueller, z. T. undifferenzierter Deregulierungsforderungen verdient jedoch Hervorhebung, daß auch Vertreter des Begriffs der „gewachsenen" Ordnung darauf hinweisen, daß ein „ärgeres Mißverständnis" als die verbreitete Auffassung kaum möglich sei, „der Schutz der Wettbewerbsfreiheit bedeute die Niederlegung sämtlicher Schranken für Unternehmen."[26] Vielmehr wird ein „starker Staat"[27] als Garant der Wettbewerbsfreiheit gefordert. Der Staat dürfe nicht „aus falsch verstandenem Liberalismus vor notwendigen Regelungen zurückschrecken."[28] In dem skizzierten Sinn und als unbestritten staatliche Aufgabe ist die Wettbewerbsordnung von frühen Verfechtern der sozialen Marktwirtschaft sogar als „staatliche Veranstaltung"[29] gekennzeichnet worden. Weniger angreifbar formulieren heutige Marktwirtschaftler[30]: „Freiheit ist nicht Folge staatlicher Abstinenz, sondern ein Produkt sorgfältiger Organisation" [durch den Staat].

Unbestritten sind auch die Hauptelemente der marktwirtschaftlichen Ordnung[31]: Privateigentum an Gütern und Produktionsmitteln, Vertragsfreiheit, freier Marktzugang (Gewerbe- und Berufsfreiheit), Geldwährung und generell-abstrakte Verbote wettbewerbsbeschränkenden Verhaltens (Kartellrecht). Zum Ordnungsrahmen der sozialen Marktwirtschaft gehören[32] weiterhin das Tarif-, Betriebsverfassungs-, Arbeits- und Sozialrecht sowie das Stabilitätsgesetz, das den Staat verpflichtet, durch globale Steuerungsmaßnahmen zu Preisstabilität, hohem Beschäftigungsstand, außenwirtschaftlichem Gleichgewicht und angemessenem Wirtschaftswachstum beizutragen. Schließlich zählt das Umweltrecht zum Ordnungsrahmen der sozialen Marktwirtschaft.

Allerdings ist umstritten, nach welchen Kriterien im einzelnen wettbewerbskonforme staatliche Regelungen und Maßnahmen von wettbewerbswidrigen staatlichen Interventionen abzugrenzen sind. Der Versuch, zwischen einer zulässigen Ge-

---

[25] *Eucken* (Fn. 23), S. 374; *Hoppmann*, (Fn. 23), S. 62.

[26] *Hoppmann* (Fn. 23), S. 300.

[27] *Schlecht* (Fn. 22), S. 64; *Molitor* (Fn. 23), S. 9.

[28] *Schlecht* (Fn. 22), S. 81.

[29] *Miksch* (Fn. 23), S. 11.

[30] *Wolfram Engels*, Die Rolle des Staates in der Wirtschaftsordnung, in: Staat und Wirtschaft, Schriften des Vereins für Socialpolitik, NF 102 (1979), S. 46.

[31] Siehe: *Herbert Giersch*, Allgemeine Wirtschaftspolitik, Bd. 1, 1961, S. 183 ff.; *Hoppmann* (Fn. 23), S. 298 ff.; *Eucken* (Fn. 23), S. 254 ff.; *Molitor* (Fn. 23), S. 20 ff.

[32] Siehe: *Müller-Armack*, 1974 (Fn. 24), S. 164 f.; *Altmann* (Fn. 23), S. 139.

staltung der *Ordnungsformen* der Wirtschaft (z. B. Gewerbeordnung) und einer unzulässigen Lenkung des *Wirtschaftsprozesses* durch den Staat zu unterscheiden[33], führt weder zu handhabbaren Abgrenzungskriterien, noch begründet er die Wettbewerbskonformität oder Wettbewerbswidrigkeit staatlicher Maßnahmen.[34]

Auch die ökonomischen Theorien des Marktversagens und des Staatsversagens,[35] die zur Rechtfertigung oder Kritik staatlicher Regulierungsmaßnahmen herangezogen werden,[36] liefern keine brauchbaren Abgrenzungskriterien. Meist laufen die Rechtfertigungen staatlicher Regulierungsmaßnahmen mit der Theorie des Marktversagens und die Forderung nach Deregulierungsmaßnahmen mit der Theorie des Staatsversagens auf Zirkelschlüsse hinaus, da im konkreten Fall häufig unklar bleibt, ob der Markt oder der Staat versagt haben.[37]

Im Ergebnis ist daher (zumindest) „für Nicht-Ökonomen nicht immer ganz durchsichtig", unter welchen Voraussetzungen staatliche Regulierungsmaßnahmen wettbewerbskonforme Rahmenregelungen oder unzulässige Interventionen darstellen.[38] Diese Undurchsichtigkeit ist vor allem darauf zurückzuführen, daß den Abgrenzungsversuchen ausgesprochen oder unausgesprochen idealistische Leitbilder[39] des Wettbewerbs zugrunde liegen, die für didaktische Zwecke oder bestimmte theoretische Problemstellungen von Nutzen sein mögen, die aber wegen ihrer Empirieferne der praktischen Politik keine konkrete Handlungsanleitung zu geben vermögen. Hierzu gehören das Wettbewerbsmodell der „vollständigen Konkurrenz" (Polypol)[40], aber auch die Modelle des „funktionsfähigen Wettbewerbs" (workable competition)[41], des „freien Wettbewerbs"[42] oder der „optimalen Wettbewerbsintensität"[43], die bereits von den realitätsfernen Anforderungen „vollständiger Konkurrenz" Abstriche machen.

---

33 Siehe: *Eucken* (Fn. 23), S. 336.

34 So lassen sich Produktionsverbote lebensgefährlicher Stoffe sowohl als Gestaltung der Wirtschaftsordnung als auch als Lenkung wirtschaftlicher Produktionsprozesse interpretieren. An ihrer Wettbewerbskonformität besteht jedenfalls kein Zweifel.

35 Dazu der Überblick bei *Burkhard Bartholomé*, Die Entstaatlichungs- bzw. Deregulierungskontroverse als Reflex konkurrierender wirtschaftstheoretischer Ansätze, 1989, S. 8 ff., 108 ff.

36 Siehe: *Angelika Benz*, Regulierung, Deregulierung und Reregulierung – Staatsentlastung?, in: *Joachim Beck* u. a. (Hrsg.), Arbeitender Staat, 1995, S. 45 ff.

37 Ein Beispiel hierfür ist die Dauerkontroverse zwischen den Verfechtern ordnungsrechtlicher Instrumente im Umweltschutz (wegen Marktversagens) und den Befürwortern von handelbaren Verschmutzungsrechten (wegen Staatsversagens).

38 So: *Fritz W. Scharpf*, Die Rolle des Staates im westlichen Wirtschaftssystem: Zwischen Krise und Neuorientierung, in: Staat und Wirtschaft, Schriften des Vereins für Socialpolitik, NF 102 (1979), S. 20 Fn. 16.

39 Siehe hierzu die Kritik von *Scharpf* (Fn. 38), S. 22.

40 Dafür: *Eucken* (Fn. 23), S. 246; *Altmann* (Fn. 23), S. 153.

41 Dazu: *Hoppmann* (Fn. 23), S. 179 ff.

42 Siehe: *Hoppmann* (Fn. 23), S. 235 ff.; *Molitor* (Fn. 23), S. 50 f.

43 *Erhard Kantzenbach*, Die Funktionsfähigkeit des Wettbewerbs, 1966.

Auf die verschiedenen Wettbewerbsmodelle braucht hier nicht näher eingegangen zu werden. Ihr gemeinsamer Mangel besteht darin, was als „Verlust der organisatorischen Fragestellung in der Volkswirtschaftslehre"[44] bezeichnet worden ist. Damit ist gemeint: In den herkömmlichen Wettbewerbsmodellen sind der Staat auf eine monolithische, zentralistische Interventionsbürokratie und die Unternehmen auf nutzen-optimierende Akteure geschrumpft, die rational auf Preissignale und andere relevante Informationen reagieren und sich beständig an verändernde Rahmenbedingungen anpassen. Demgegenüber gehört zu den Grundeinsichten der Organisationswissenschaft[45] und auch zur alltäglichen Lebenserfahrung in Politik, Verwaltung und Wirtschaft, daß das Verhalten staatlicher und privater Organisationen durch dezentrale, inkrementelle und an institutionellen Bestandsinteressen orientierte Entscheidungsprozesse wesentlich geprägt wird, die angesichts begrenzter Rationalität der Entscheider eher auf „brauchbare" als auf „optimale" Problemlösungen abzielen. Die Besinnung auf die „organisatorische Fragestellung der Volkswirtschaftslehre" bedeutet, diese Grundeinsichten für die Wettbewerbspolitik zu nutzen und organisationstheoretische Ansätze zur Entwicklung konkreter Wettbewerbskonzepte wie der Liberalisierung des Strommarktes heranzuziehen.

2. Wettbewerb und Organisationsverhalten

a) Organisatorische Fragestellung

Aus organisationstheoretischer Sicht besteht die wettbewerbliche Organisationsaufgabe des Staates – allgemein gesprochen – darin, durch rechtliche und administrative Maßnahmen sicherzustellen, daß

(1) die Tauschbeziehungen zwischen Anbietern und Nachfragern von Gütern und Dienstleistungen ungehindert stattfinden können (offene Märkte),[46]

(2) Angebot und Nachfrage über das Preissystem abgestimmt werden[47] und

(3) die wesentlichen Funktionen des Wettbewerbs erfüllt werden.

---

[44] So: *Engels* (Fn. 30), S. 62; ebenfalls kritisch: *Scharpf* (Fn. 38), S. 27 ff.; Zu einem Versuch, organisationstheoretische Ansätze für die Volkswirtschaftslehre zu nutzen, siehe: *Reinhard Blum*, Organisationsprinzipien der Volkswirtschaft, 1983, S. 220 ff.

[45] Siehe: *Richard M. Cyert / James G. March*, A Behavioral Theory of the Firm, 1963, S. 114 ff.; *Charles E. Lindblom*, The Intelligence of Democracy, 1965, S. 21 ff.; *Herbert A. Simon*, Entscheidungsverhalten in Organisationen, 3. Aufl., 1981, S. 115 ff.; *Wilhelm Hill / Raymond Fehlbaum / Peter Ulrich*, Organisationslehre 1, 4. Aufl., 1989, S. 56 ff.; *Gary Johns*, Organizational Behavior, 4. Aufl., 1996, S. 380 ff.

[46] Siehe: *Schlecht* (Fn. 22), S. 72 f.

[47] Dazu: *Wilhelm Henrichsmeyer / Oskar Gans / Ingo Evers*, Einführung in die Volkswirtschaftslehre, 9. Aufl., 1991, S. 22 ff.

Funktionen des Wettbewerbs[48] sind vor allem
- die Kostenkontrollfunktion, d. h. der effiziente Einsatz knapper Ressourcen,
- die Innovationsfunktion, d. h. die Entwicklung neuer Produkte und Produktionsverfahren,
- die Entmachtungsfunktion[49], d. h. die Begrenzung oder Auflösung wirtschaftlicher Machtgruppen.

Bei der Wahrnehmung dieser allgemeinen staatlichen Organisationsaufgabe sind zwei Maßnahmenbereiche zu unterscheiden. Zum einen gibt es staatliche Maßnahmen, die unmittelbar die Einrichtung oder Gewährleistung von Wettbewerb bezwecken. Beispiele sind die vorgeschlagenen gesetzlichen Regelungen zur Liberalisierung der leitungsgebundenen Energieversorgung. Zum anderen gibt es staatliche Maßnahmen, die auf die Verwirklichung bestimmter materieller Ziele gerichtet sind, z. B. Umweltschutz. Wettbewerbliche und materielle politische Zielsetzungen können in einem Maßnahmenpaket zusammentreffen. Nach dem verfassungsrechtlichen Grundsatz der Verhältnismäßigkeit müssen die staatlichen Maßnahmen zur Erreichung der jeweiligen wettbewerblichen und materiellen politischen Zielsetzung geeignet und erforderlich sein. Ferner müssen wettbewerbliche Maßnahmen im Hinblick auf andere betroffene öffentliche Belange sowie sonstige politische Maßnahmen im Hinblick auf wettbewerbliche Belange verhältnismäßig sein. Letzteres erfordert eine Abwägung der jeweils betroffenen Belange.

Generell läßt sich die Einrichtung und Aufrechterhaltung der Wettbewerbsordnung als eine Aufgabe staatlicher Verhaltenssteuerung kennzeichnen, deren Adressaten die anbietenden und nachfragenden Individuen und erwerbswirtschaftlichen Organisationen (Unternehmen) sind. Zu den Faktoren, die die Wirksamkeit der wettbewerbsbezogenen Verhaltenssteuerung beeinflussen, gehören aus organisationstheoretischer Sicht vor allem Merkmale
- der Problemsituation,
- des rechtlichen oder administrativen Steuerungsprogramms,
- der staatlichen Stellen, die für die Durchführung des Steuerungsprogramms zuständig sind (Implementationsstruktur), und
- der Marktteilnehmer als Adressaten des Steuerungsprogramms.

Da das Verhalten der Marktteilnehmer im Sinne eines freien Wettbewerbs beeinflußt werden soll,[50] bildet dieser Faktorenkomplex den Ausgangspunkt der Organisationsanalyse.

---

[48] Siehe: *Schlecht* (Fn. 22), S. 62 ff.; *Molitor* (Fn. 23), S. 19 f.

[49] *Eucken* (Fn. 23), S. 334: „Die Politik des Staates sollte darauf gerichtet sein, wirtschaftliche Machtgruppen aufzulösen oder ihre Funktionen zu begrenzen." Ebenso: *Schlecht* (Fn. 22), S. 64, 69; *Molitor* (Fn. 23), S. 20.

[50] Methodisch handelt es sich um die abhängigen Variablen im Rahmen des Steuerungssystems.

Zu den Marktteilnehmern gehören – jedenfalls auf der Anbieterseite – regelmäßig[51] Organisationen im organisationstheoretischen Sinn, d. h. Personenmehrheiten, die auf Dauer ein Ziel verfolgen und eine formale Struktur aufweisen, mit deren Hilfe die Aktivitäten der Organisationsmitglieder auf das verfolgte Ziel ausgerichtet werden sollen.[52] Der Wettbewerb ist Teil der Außenbeziehungen dieser Organisationen zu ihrer sozialen Umwelt[53], die – soweit sie mehrere Organisationen betreffen – Gegenstand der Interorganisationsanalyse[54] und bei besonders komplexen Interaktionsbeziehungen der Netzwerkorganisationsanalyse[55] sind.

Ziel der Organisationsanalyse ist

(1) die Ermittlung, Beschreibung und Erklärung

- wettbewerbsbehindernder und wettbewerbsfördernder Verhaltensmuster und Organisationsstrukturen der Marktteilnehmer,
- der Zusammenhänge, insbesondere der Abhängigkeitsverhältnisse zwischen den Verhaltensmustern und Strukturen der Marktteilnehmer einerseits und den Merkmalen der jeweiligen Problemsituation, des staatlichen Steuerungsprogramms und der staatlichen Implementationsstruktur andererseits,

(2) die Bewertung der Untersuchungsergebnisse im Hinblick auf die skizzierte Aufgabe des Staates, eine funktionsfähige Wettbewerbsordnung, insbesondere die Erfüllung der genannten Kostenkontroll-, Innovations- und Entmachtungsfunktionen des Wettbewerbs sicherzustellen, und

(3) die Entwicklung von wettbewerbspolitischen Konzepten und Maßnahmen.

Angesichts der Komplexität, Dynamik und Verschiedenartigkeit der Märkte können Untersuchungen dieser Art nur marktspezifisch erfolgen und zu keinen allgemeingültigen wettbewerblichen Organisationskonzepten führen. Aussagen sind daher stets zeit- und situationsbedingt.[56] Diese Feststellung gilt generell für die Organisationsanalyse auch in anderen Bereichen[57].

---

[51] Märkte, auf denen ausschließlich Einzelpersonen auf der Anbieter- und Nachfragerseite auftreten, sind, falls es sie in der modernen Industriegesellschaft überhaupt gibt, von wirtschaftlich untergeordneter Bedeutung und bleiben hier außer Betracht.

[52] Siehe: *Alfred Kieser/Herbert Kubicek*, Organisation, 3. Aufl., 1992, S. 4.

[53] Dazu: *Kieser/Kubicek* (Fn. 52), S. 366 ff.; *Hill/Fehlbaum/Ulrich* (Fn. 45), S. 336 ff.; *Johns* (Fn. 45), S. 525 ff. Der Begriff der Umwelt ist zur Bezeichnung des Außenverhältnisses von Organisationen üblich und ist von der natürlichen „Umwelt" im Sinne des Umweltschutzes zu unterscheiden. Zur Vermeidung von Mißverständnissen wird dem Umweltbegriff im folgenden das Adjektiv „sozial" beigefügt, wenn er in einem organisatorischen Zusammenhang verwendet wird.

[54] Siehe: *William M. Evan*, Organization Theory, 1976, S. 148 ff.

[55] Dazu: *Johns* (Fn. 45), S. 509 f., 540.

[56] So auch *Schlecht* (Fn. 22), S. 75.

[57] Sog. „situativer Ansatz" der Organisationsanalyse, vgl. *Alfred Kieser*, Der situative Ansatz, in: *ders.* (Hrsg.), Organisationstheorien, 2. Aufl., 1995, S. 155 ff.

Für den Strommarkt fehlen Organisationsuntersuchungen dieser Art. Daher können im folgenden nur beispielhaft einige typische Verhaltensmuster von Organisationen dargestellt werden, die aufgrund zahlreicher anderer Organisationsuntersuchungen allgemein anerkannt sind und die nach der Lebenserfahrung auch für das Verhalten der Akteure im Strommarkt kennzeichnend sein dürften. Auf dieser Grundlage ist unter Berücksichtigung der Leitungsgebundenheit der Stromversorgung und der überkommenen Versorgungsstrukturen (Problemsituation) sowie der staatlichen Implementationsstrukturen zu prüfen, inwieweit das von der Bundesregierung vorgeschlagene Durchleitungsmodell und am Poolmodell orientierte Gegenvorschläge geeignet sind, einen brancheninternen Wettbewerb unter Beachtung von Umweltbelangen im Strommarkt sicherzustellen.

b) Typische interorganisatorische Verhaltensmuster

Organisationsstrukturen und Entscheidungsprozesse von Unternehmen haben zwei allgemeine Funktionen: Verwirklichung der (formalen)[58] Unternehmensziele, insbesondere der Gewinnerzielung, und Sicherung des eigenen Überlebens (Bestandssicherung)[59]. Je nach Wirtschaftsbereich ist die soziale Umwelt eines Unternehmens gekennzeichnet durch mehr oder weniger[60]

- Komplexität und Verschiedenartigkeit,
- Dynamik der Veränderungen und
- Abhängigkeiten des Unternehmens von anderen Akteuren, z. B. Lieferanten, Abnehmern.

Die hieraus resultierenden Umwelteinflüsse stellen eine potentielle Bedrohung für die Verwirklichung der Unternehmensziele und das Überleben des Unternehmens dar. Diese Bedrohung wächst mit der Zahl der Konkurrenten und der Intensität des Wettbewerbs. Unternehmen sind daher bestrebt, die Bedrohung durch Einflüsse aus ihrer sozialen Umwelt zu vermeiden und zu vermindern. Diesem Zweck dienen vielfältige organisationsstrukturelle und entscheidungsprozessuale Maßnahmen der Unternehmen, die

- die Entscheidungsunsicherheit infolge komplexer und heterogener organisationsexterner Faktoren reduzieren,
- die Beziehungen zu anderen Akteuren stabilisieren und verstetigen (Reduzierung der sozialen Umweltdynamik) und
- die Abhängigkeit von anderen Akteuren (z. B. Lieferanten) abbauen.

---

[58] Die Zielformalisierung erfolgt z. B. in Gesellschaftsverträgen, Satzungen oder in anderen Grundsatzdokumenten eines Unternehmens.
[59] Siehe: *Hill/Fehlbaum/Ulrich* (Fn. 45), S. 154; *Johns* (Fn. 45), S. 526 ff.
[60] Vgl. *Kieser/Kubicek* (Fn. 52), S. 369, 371.

Typische Verhaltensmuster in diesem Sinne sind die Integration[61] von Lieferanten und Abnehmern in die Unternehmensorganisation durch Übernahme oder Fusion, um die von diesen Akteuren ausgehenden Entscheidungsunsicherheiten und Abhängigkeiten auszuschalten. Die gleichen Funktionen haben organisatorische, kapitalmäßige und personelle Verflechtungen des Unternehmens mit anderen Organisationen (z. B. durch Besetzung von Aufsichtsräten). Langfristige Verträge reduzieren ebenfalls Entscheidungsunsicherheit und stabilisieren die Beziehungen zu anderen Akteuren. Es besteht eine Tendenz bei Unternehmen, „kooperative bis symbiotische Beziehungen" zu ihrer sozialen Umwelt einzugehen.[62] Eine besonders wirksame Stabilisierung der sozialen Umweltbeziehungen ist gegeben, wenn es Unternehmen oder ihren Interessenverbänden gelingt, möglichst hohe Markteintrittsbarrieren (z. B. technische, berufsständische oder sonstige Anforderungen an den Marktzugang) zu errichten, um die Zahl der Konkurrenten niedrig zu halten.

Schließlich kann die sozio-kulturelle Umgebung[63] eines Unternehmens – d. h. herrschende Verhaltensgewohnheiten, Normen und gemeinsame Wertsysteme – wesentlich zur Reduzierung von Entscheidungsunsicherheit und zur Stabilisierung interorganisatorischer Beziehungen beitragen.

Gemeinsames Merkmal der verschiedenartigen Organisationsstrategien zur Vermeidung und Verminderung von Bedrohungen aus der sozialen Umwelt ist ihr potentiell wettbewerbsbeschränkender Charakter. Hierdurch werden diese Strategien nicht von vornherein mit dem Makel der Wettbewerbswidrigkeit versehen. Sie resultieren im Prinzip aus objektiven Organisationsbedürfnissen und sind daher unvermeidbar. Allerdings muß der Staat ihre Existenz bei wettbewerbspolitischen Maßnahmen in Rechnung stellen und unter Berücksichtigung der Besonderheiten des jeweiligen Marktbereichs Maßnahmen ergreifen, die einen angemessenen Ausgleich zwischen organisatorischen Bedürfnissen der Unternehmen und dem gesamtwirtschaftlichen Interesse an einem wirksamen Wettbewerb gewährleisten.

3. Interorganisationsbeziehungen im Strommarkt

Der Strommarkt liefert reiches Anschauungsmaterial für die skizzierten interorganisatorischen Schutzstrategien. Sie haben dort zu privaten Stromversorgungsmonopolen geführt. Der energierechtliche Ordnungsrahmen hat die Monopolentwicklung zwar nicht gesetzlich vorgeschrieben, sie aber gezielt begünstigt, insbesondere durch staatliche Marktzugangskontrollen[64] von „Newcomern" in der öffentlichen Stromversorgung nach § 5 EnWG sowie durch die Freistellung der EVU von

---

[61] Dazu: *Kieser/Kubicek* (Fn. 52), S. 376 f.; *Sayan Chatterjee/Michael Lubatkin/Timothy Schoenecker*, Vertical Strategies and Market Structure: A Systematic Risk Analysis, Organization Science, Vol. 3, 1992, S. 138 ff.

[62] So: *Hill/Fehlbaum/Ulrich* (Fn. 45), S. 341.

[63] Siehe: *Hill/Fehlbaum/Ulrich* (Fn. 45), S. 360; *Kieser/Kubicek* (Fn. 52), S. 118 ff.

[64] Siehe: *Büdenbender* (Fn. 20), S. 23.

den allgemeinen kartellrechtlichen Verboten wettbewerbswidrigen Verhaltens in § 103 GWB. Ziel dieser Regelungen ist es, „volkswirtschaftlich schädliche Auswirkungen des Wettbewerbs zu verhindern" (vgl. Präambel vor § 1 EnWG). Schließlich wurde die Monopolbildung in der Stromversorgung auch dadurch gefördert, daß Bau und Betrieb der Leitungsnetze wegen der großen Kapitalintensität und des erheblichen Raumbedarfs als natürliches Monopol gelten.

Die Hauptakteure auf dem deutschen Strommarkt sind die EVU[65] mit einem Anteil an der Inlandstromerzeugung im Jahr 1994 von ca. 86%; auf industrielle Eigenerzeuger entfielen etwas über 12% der Stromerzeugung, der Rest auf die Deutsche Bahn AG.[66] Unter den knapp 930 EVU dominieren 9 Verbund-EVU, deren Kraftwerke etwa 82% der öffentlichen Stromerzeugung produzieren. Die restliche Stromerzeugung verteilt sich auf rd. 70 regionale EVU und ca. 850 kommunale EVU der lokalen Versorgungsebene.[67] Die Leitungen für den großräumigen Stromtransport (Übertragungsnetz aus 220/380 KV-Leitungen) werden zu 90% von den Verbund-EVU betrieben. Der Betrieb der restlichen 10% liegt bei vier regionalen EVU und einem großen Stadtwerk.[68] Die Verteilungsnetze werden zu ca. 30% von Verbund-EVU und im übrigen von regionalen und lokalen EVU betrieben.

Innerhalb der Gruppe der Verbund-EVU nimmt die RWE Energie AG eine herausragende Stellung ein mit einem Anteil von knapp 27% an der Netto-Stromerzeugung der Verbundunternehmen.[69]

Die EVU haben vielfältige Strategien entwickelt, um ihre Beziehungen zu anderen EVU, Kunden, staatlichen Stellen und sonstigen Marktteilnehmern zu stabilisieren, Abhängigkeiten so gering wie möglich zu halten und Entscheidungsunsicherheiten zu reduzieren. Im Ergebnis wird hierdurch ein brancheninterner Wettbewerb auf dem Strommarkt ausgeschlossen.

Es sind vor allem folgende Schutzstrategien[70] anzutreffen:

(1) Konzessionsverträge zwischen EVU und Gemeinden begründen für EVU das ausschließliche Recht, gegen Zahlung der Konzessionsabgabe öffentliche

---

[65] Das sind gemäß § 2 Abs. 2 EnWG alle Unternehmen und Betriebe ohne Rücksicht auf Rechtsform und Eigentumsverhältnisse, die andere mit elektrischer Energie oder Gas versorgen.

[66] *Bundesministerium für Wirtschaft*, Energiedaten '95, Tabelle 19.

[67] *Monopolkommission* (Fn. 14), Rdnr. 70; *Walter Schulz*, Liberalisierung des Strommarktes: Erfahrungen im Ausland und Möglichkeiten in Deutschland, in: *Wolfgang Hoffmann-Riem/Jens-Peter Schneider* (Hrsg.), Umweltpolitische Steuerung in einem liberalisierten Strommarkt, 1995, S. 118.

[68] *Klopfer/Schulz*, (Fn. 14), S. 428.

[69] *Monopolkommission* (Fn. 14), Rdnr. 711.

[70] Siehe: *Monopolkommission*, Mehr Wettbewerb ist möglich, Hauptgutachten 1973/1975, 2. Aufl. 1977, Rdnr. 713-719, 735, 736, 739-745 und *Monopolkommission* (Fn. 14), Rdnr. 709-712, 727-729; *Hans-Ulrich Evers*, Das Recht der Energieversorgung, 2. Aufl., 1983, S. 194 ff., S. 199 ff.

Wege zur Verlegung von Leitungen zu benutzen und das Gemeindegebiet mit Strom zu versorgen.

(2) Demarkationsverträge zwischen EVU verpflichten diese, die Stromversorgung im Versorgungsgebiet des Vertragspartners zu unterlassen.

(3) Verbundverträge zwischen EVU verpflichten diese, bestimmte Versorgungsleistungen ausschließlich einem EVU zur Durchführung der öffentlichen Versorgung zur Verfügung zu stellen.

(4) Verträge zwischen Verbund-EVU und Verteiler-EVU binden Verteiler-EVU an bestimmte Preise und Versorgungsbedingungen im Verhältnis zu ihren Abnehmern (vertikale Preisbindung).

(5) Langfristige Bezugsverträge der EVU mit Brennstofflieferanten (z. B. Kohlebergbau) sowie langfristige Lieferverträge mit Weiterverteilern, Zwischenhändlern und Großverbrauchern von Strom schaffen Planungs- und Investitionssicherheit.

(6) Vereinbarungen zwischen den Verbänden der Elektrizitätswirtschaft und der industriellen Kraftwirtschaft über einheitliche Grundsätze und Entgelte für die Einspeisung von Überschußstrom in die EVU-Leitungsnetze vermindern Konflikte zwischen Industrie und Elektrizitätswirtschaft, stellen aber faktisch Wettbewerbsbarrieren für potentielle „Abweichler" dar.

(7) Vertikale Integration der Erzeugung, Übertragung und Verteilung von Strom bei den Verbund-EVU bewirkt, daß die Stromversorgung eines Gebietes insgesamt in einer Hand bleibt.

(8) Kapitalverflechtungen der Verbund-EVU untereinander sowie mit regionalen und lokalen EVU ermöglichen ein abgestimmtes Verhalten und eine Marktkontrolle über das eigene Versorgungsgebiet hinaus.

(9) Personelle Verflechtungen bestehen zwischen Geschäftsleitungen und Aufsichtsorganen der Verbund-EVU untereinander und mit anderen EVU. Personelle Verflechtungen der EVU bestehen auch mit Regierungsorganen und Vertretungskörperschaften auf Bundes-, Landes- und kommunaler Ebene. Man kann daher vielfach von „symbiotischen" Verbindungen der EVU mit einflußreichen Akteuren ihrer sozialen Umwelt sprechen.

(10) Die Deutsche Verbundgesellschaft (DVG) ist ein Zusammenschluß der Verbund-EVU, die gemeinsame Aufgaben durchführt und gemeinsame Interessen der Verbund-EVU wahrnimmt.

(11) Die Ausdehnung der Geschäftsaktivitäten über die Stromversorgung hinaus in andere Wirtschaftsbereiche (z. B. Entsorgung, Chemie, Maschinen- und Anlagenbau, Telekommunikation etc.), die im Rahmen von Holding-Gesellschaften (z. B. RWE AG) oder über Kapitalbeteiligungen erfolgt, vermindert die energiepolitischen Risiken der Unternehmen in der Stromversorgung und erstreckt zugleich ihre monopolgesicherte Wirtschaftsmacht auf andere Wettbewerbsbereiche.

Die skizzierten Schutzstrategien werden von der Stromwirtschaft mit den Erfordernissen einer sicheren und preisgünstigen Stromversorgung gerechtfertigt; sie sind Ausdruck einer „Organisationskultur", in der – zum Teil historisch bedingt – Wettbewerb in der Stromversorgung prinzipiell für volkswirtschaftlich schädlich gehalten wird.[71]

III. Liberalisierungsmodelle für den Strommarkt

1. Wettbewerb und Umweltschutz

Jede Wettbewerbsordnung für den Strommarkt muß aus wirtschafts- und umweltpolitischen Gründen so konzipiert sein, daß die sozialen Kosten der Umweltbelastungen, die durch Stromerzeugung, Stromtransport und Stromverbrauch verursacht werden, möglichst weitgehend den Verursachern angelastet und nicht auf Dritte oder die Allgemeinheit abgewälzt werden. Soweit der Kosten- und Innovationsdruck des Wettbewerbs zum Bau neuer emissionsärmerer und energiesparenderer Kraftwerke führt, kommt dies auch dem Umweltschutz zugute. Allerdings ist dieser „Mitnahmeeffekt" des Wettbewerbs für den Umweltschutz keineswegs gesichert, da sich der Wettbewerb an den betriebswirtschaftlichen Kosten, nicht an den sozialen Kosten der Stromversorgung orientiert. Letztere werden für Investitionsentscheidungen der Unternehmen nur relevant, wenn umweltrechtliche Rahmenregelungen sicherstellen, daß Umweltbelastungen als Kostenfaktor in die betriebswirtschaftlichen Kalkulationen der Unternehmen eingehen (sog. Internalisierung der sozialen Kosten negativer externer Umwelteffekte). Der Wettbewerb im Strommarkt muß also durch Umweltrahmenregelungen flankiert werden.[72]

Das geltende Umweltrecht reicht als Rahmenregelung aus rechtsstrukturellen Gründen nicht aus, da es erst im Genehmigungsverfahren für Energieanlagen eingreift. Zu diesem Zeitpunkt sind die Grundsatzentscheidungen des Investors über Standort, Technologie, Brennstoff und Dimensionierung der Anlage längst getroffen. Demzufolge müssen Umweltbelange im energierechtlichen Ordnungsrahmen für die Stromwirtschaft berücksichtigt werden.

Hierdurch wird kein Sonderrecht für die Energiewirtschaft geschaffen, wie ihre Vertreter immer wieder behaupten.[73] Vielmehr wird der Leitungsgebundenheit der Stromversorgung Rechnung getragen, die eine objektive Marktzugangsschranke

---

[71] Siehe die Präambel vor § 1 EnWG und beispielhaft die Ausführungen von *Klätte* (Fn. 20).

[72] Dieser Auffassung war früher auch das Bundeswirtschaftsministerium und befürwortete eine CO_2-/Energiesteuer als Flankierung eines brancheninternen Wettbewerbs im Strommarkt: *Martin Cronenberg*, Notwendigkeit der Liberalisierung des Strommarktes aus der Sicht des Bundeswirtschaftsministeriums, in: *Wolfgang Hoffmann-Riem / Jens-Peter Schneider* (Hrsg.), Umweltpolitische Steuerung in einem liberalisierten Strommarkt, 1995, S. 137.

[73] *Joachim Grawe*, Umweltschutz und Energiepolitik, RdE 1993, S. 85.

darstellt und in anderen Wirtschaftsbereichen fehlt. Denn wer über keinen Netzzugang verfügt, kann am Strommarkt nicht teilnehmen, selbst wenn er wettbewerbsfähige und umweltschonende Stromerzeugungsanlagen betreiben oder als Stromerzeuger oder Stromlieferant Energiesparmaßnahmen verwirklichen will, die die Stromnachfrage begrenzen. Demzufolge müssen umweltbezogene Rahmenregelungen für den brancheninternen Wettbewerb in der Stromversorgung bereits beim Zugang zum Strommarkt und bei der Strompreisbildung ansetzen. Dagegen sind bei Märkten für nichtleitungsgebundene Güter und Dienstleistungen (z. B. Produktion und Handel von Autos, Maschinen, Chemikalien etc.) umweltbezogene Marktzugangsregelungen nicht erforderlich, weil keine vergleichbaren objektiven Marktzugangsschranken wie beim Strommarkt bestehen. Wer z. B. ein Drei-Liter-Auto produzieren will, braucht für Herstellung und Verkauf der Autos keine eigenen Straßenzugangsrechte.

Die für den Strommarkt vorgeschlagenen Liberalisierungsmodelle des energierechtlichen Ordnungsrahmens sind daher unter den Gesichtspunkten der Wettbewerbswirksamkeit und eines wirksamen Umweltschutzes zu beurteilen.

2. Ungeregelte Durchleitung und freier Leitungsbau

a) Wesentlicher Inhalt des Gesetzentwurfs zur Neuregelung des Energiewirtschaftsrechts

Kern des Gesetzentwurfs zur Neuregelung des Energiewirtschaftsrechts[74] ist die Aufhebung des § 103 GWB für Strom und Gas, so daß diese Versorgungsbereiche nunmehr den allgemeinen kartellrechtlichen Verboten wettbewerbswidrigen Verhaltens und der allgemeinen Kartellaufsicht unterliegen, Art. 2 § 103 b RegE. Danach sind Demarkations- und Verbundverträge sowie die Ausschließlichkeitsbindung in Konzessionsverträgen und vertikale Preisbindungen künftig rechtlich unwirksam.

Ferner werden die Kontrollbefugnisse der Energieaufsichtsbehörden eingeschränkt. Insbesondere entfällt die Investitionsaufsicht des geltenden § 4 EnWG.

Umweltbelange werden im Gesetzentwurf viermal angesprochen:

– in der Zweckbestimmung, Art. 1 § 1 RegE,
– bei der Befreiung von Anlagen zur Nutzung erneuerbarer Energien und von Kraft-Wärme-Kopplungsanlagen vom Genehmigungserfordernis des Art. 1 § 3 Abs. 1 Satz 1 RegE im Falle der erstmaligen Aufnahme der Energieversorgung von Nicht-Tarifabnehmern, Art. 1 § 3 Abs. 1 Satz 2 RegE,

---

[74] Der Gesetzentwurf (Fn. 6) enthält in Art. 1 das „Gesetz über die Elektrizitäts- und Gasversorgung (Energiewirtschaftsgesetz-EnWG)" und in Art. 2 das Änderungsgesetz zum GWB.

– bei der Fortgeltung der allgemeinen Anschluß- und Versorgungspflicht der EVU gegenüber Tarifabnehmern, die den Eigenbedarf aus kleinen Kraft-Wärme-Kopplungsanlagen bis 30 KW elektrische Leistung und aus erneuerbaren Energien decken, Art. 1 § 4 Abs. 2 Satz 3 RegE,

– in der Ermächtigungsgrundlage für die Bundestarifordnung Elektrizität im Hinblick auf die Anerkennungsfähigkeit von Aufwendungen eines EVU im Rahmen der Tarifgenehmigung, sofern die Aufwendungen Maßnahmen zur sparsamen und rationellen Verwendung von Elektrizität bei den Abnehmern betreffen, Art. 1 § 5 Abs. 1 Satz 3 RegE.

Schließlich wird für die Errichtung und Änderung von Freileitungen mit einer Nennspannung ab 110 KV ein Planfeststellungsverfahren eingeführt, Art. 1 § 6 RegE.

b) Wettbewerbswirkungen

Durch die Aufhebung des § 103 GWB werden die rechtlichen Hindernisse für die Durchleitung von Strom durch fremde Netze und für den freien Leitungsbau beseitigt. Dies soll nach Auffassung des Regierungsentwurfs[75] künftig zu einem brancheninternen Wettbewerb der EVU untereinander und mit industriellen Stromerzeugern führen. Spezielle Regelungen für Stromdurchleitungen werden nicht für erforderlich gehalten (sog. ungeregelte Durchleitung). Notfalls soll der Wettbewerb von den Kartellbehörden mit den Instrumenten der allgemeinen Mißbrauchs- und Behinderungsaufsicht gegenüber marktbeherrschenden Unternehmen nach § 22 Abs. 4 und § 26 Abs. 2 GWB und von den Gerichten erzwungen werden.[76]

Allerdings geht der Regierungsentwurf davon aus, daß kurz- und mittelfristig bei der Versorgung privater sowie kleinerer und mittlerer gewerblicher Verbraucher „aus tatsächlichen Gründen" kein Wettbewerb entstehen wird.[77] D. h.: Der Regierungsentwurf rechnet auf absehbare Zeit selbst nur mit einem Wettbewerb bei der Versorgung von Großabnehmern.

Aber auch diese Prognose erscheint zweifelhaft, wenn man die Steuerungswirksamkeit des skizzierten Regelungsprogramms im Hinblick auf die oben[78] dargelegte, wettbewerbliche Organisationsaufgabe des Staates sowie unter Berücksichtigung der Leitungsgebundenheit und Nichtspeicherbarkeit von Strom (Problemsituation), der bestehenden wettbewerbsbehindernden Schutzstrategien[79] und der behördlichen Aufsichtsinstrumente abschätzt.

---

[75] Amtliche Begründung (Fn. 6), S. 19 ff., 51 ff.
[76] Amtliche Begründung (Fn. 6), S. 20 ff., 55 ff.
[77] Amtliche Begründung (Fn. 6), S. 56.
[78] Abschnitt II 2 a.
[79] Abschnitt II 3.

aa) Problemangemessenheit

Die Leitungsgebundenheit und Nichtspeicherbarkeit von Elektrizität unterscheidet die Stromversorgung von allen Gütern und Dienstleistungen. Dieser Problemlage muß jedes Liberalisierungskonzept Rechnung tragen. Dieses Erfordernis soll als „Problemangemessenheit" bezeichnet werden.

Unter der Durchleitung von Strom wird gemäß § 103 Abs. 5 Satz 2 Nr. 4 GWB die Einspeisung von Strom in ein Versorgungsnetz und eine damit verbundene Entnahme verstanden. Die Stromdurchleitung erfaßt also mindestens drei Akteure: ein stromdurchleitendes Unternehmen (Durchleitungsunternehmen), einen Stromabnehmer und den Netzeigentümer, dessen Netz für die Durchleitung in Anspruch genommen wird.[80]

Es ist unstreitig[81], daß der Durchleitungsbegriff im Widerspruch zu dem netzphysikalischen Sachverhalt steht, den die Stromeinspeisung in ein Netz und die zeitgleiche Entnahme von Strom aus dem Netz darstellen. Denn Strom kann in einem Leitungsnetz, das mehrere Erzeuger und Abnehmer über verschiedene Leitungen miteinander verbindet (vermaschtes Netz), aus physikalischen Gründen nicht zielgerichtet von einem Einspeisungspunkt X zu einem Entnahmepunkt Y geleitet werden. Vielmehr verteilt sich der Strom aus allen Einspeisungen nach dem Gesetz des geringsten Widerstandes im gesamten Netz. Stromeinspeisungen der Erzeuger, Lastflüsse in den Leitungen und Stromentnahmen der Abnehmer lassen sich einander nicht zuordnen. Physikalisch gesehen gibt es also in vermaschten Netzen keine Stromdurchleitung. Der Begriff der Durchleitung beruht auf einer Fiktion. Die durch diesen Begriff ausgedrückte unmittelbare Verbindung von Stromeinspeisern und Stromabnehmern ist ein ökonomisch-rechtliches Konstrukt.

Hieraus ergeben sich vielfältige praktische Schwierigkeiten für die Verwirklichung des Durchleitungsmodells.

In ökonomischer Hinsicht[82] ist das Durchleitungsmodell durch hohe Transaktionskosten gekennzeichnet. Denn die Stromdurchleitung besteht nicht nur in der Netzbenutzung durch das Durchleitungsunternehmen, sondern ist mit zahlreichen Zusatzleistungen des Netzeigentümers verbunden, die vertraglich festgelegt werden müssen. Hierzu gehören Vereinbarungen über die Lieferung von Zusatzstrom[83], Reservestrom[84] und über die Abnahme und Vergütung von Überschuß-

---

[80] Von der Durchleitung ist die hier nicht erörterte Einspeisung von Überschußstrom in ein Netz zu unterscheiden, die nur zwei Akteure umfaßt: das stromeinspeisende Unternehmen und den Netzeigentümer, der den eingespeisten Strom abnimmt und vergütet.

[81] Siehe den Überblick bei *Klätte* 1988 (Fn. 20) und *Büdenbender* (Fn. 20), S. 298 ff.

[82] Dazu: *Schulz* (Fn. 67), S. 112.

[83] Die Lieferung von Zusatzstrom durch den Gebietsversorger wird erforderlich, wenn der Kunde des Durchleitungsunternehmens dem Netz vorübergehend mehr Strom entnimmt als das Durchleitungsunternehmen einspeist.

[84] Reservestrom muß vom Gebietsversorger geliefert werden, wenn das Kraftwerk des Durchleitungsunternehmens wegen Revision oder Betriebsstörungen ausfällt.

strom[85]. Diese Zusatzleistungen des Netzeigentümers entfallen lediglich dann, wenn die Stromdurchleitung der Versorgung eines Abnehmers außerhalb des Versorgungsgebietes dient (Stromtransit).

Die Berechnung wirtschaftlich angemessener Durchleitungsentgelte ist bei den verschiedenen, komplexen Fallkonstellationen höchst schwierig und beruht – wie das Durchleitungsmodell – letztlich ebenfalls auf Fiktionen.[86]

Im Ergebnis stellt daher die individualisierende Verknüpfung von Stromeinspeisungen und Stromentnahmen im Durchleitungsmodell keine Grundlage für Regelungen dar, die der technisch-ökonomischen Problemlage in vermaschten Netzen angemessen Rechnung tragen.

bb) Netzzugang

Aus der Leitungsgebundenheit der Stromversorgung ergibt sich, daß der Zugang zum Strommarkt vom Zugang zu den Leitungsnetzen abhängt. Wettbewerb im Strommarkt setzt einen diskriminierungsfreien Zugang potentieller Wettbewerber zu den Netzen voraus.

Das Durchleitungsmodell geht von der Priorität der Netznutzung durch die Netzeigentümer aus. Demzufolge kommt ein Netzzugang für Wettbewerber nur in Betracht, soweit freie Kapazität im Netz für Stromdurchleitungen Dritter vorhanden ist. Das Durchleitungsmodell ist somit auf einen Wettbewerb um freie Netzkapazität beschränkt.

Es fragt sich, ob die Zulassung einer Stromdurchleitung ausschließlich im Ermessen des Netzeigentümers stehen soll, das lediglich durch die kartellrechtlichen Mißbrauchsregelungen begrenzt wird, oder ob für diese Entscheidung allgemeine Spielregeln festzusetzen sind.

Der Regierungsentwurf hält Durchleitungsregeln mit Rücksicht auf die vorhandenen kartellrechtlichen Aufsichtsinstrumente für nicht erforderlich.

Hält man sich hingegen die Interessenlage der Netzeigentümer und die überkommene, den Wettbewerb in der Stromversorgung eher ablehnende Organisationskultur der EVU vor Augen, so ist nicht ersichtlich, welche Gründe die Netzeigentümer veranlassen sollen, Stromdurchleitungen zuzulassen und freiwillig bisherige oder neue Kunden an konkurrierende Durchleitungsunternehmen abzugeben. Zwar können Stromdurchleitungen nicht mehr durch Gebietsschutzverträge ver-

---

[85] Für den Fall, daß das Durchleitungsunternehmen mehr Strom in das Netz einspeist, als sein Kunde entnimmt, muß die Vergütung des Überschußstroms durch den Gebietsversorger geregelt werden.
[86] Siehe: *Walter Schulz,* Stellungnahme für die öffentliche Anhörung des Ausschusses für Wirtschaft des Deutschen Bundestages am 03. 06. 1992 zu energiepolitischen Vorlagen, Ausschußdrucksache 127/12, S. 5.

hindert werden. Die Aufhebung des § 103 GWB und damit der Wegfall der oben[87] aufgeführten Schutzstrategien 1 - 4 verhindert jedoch nicht, daß mit Hilfe der übrigen, weiterhin zulässigen Schutzstrategien Durchleitungen unterbunden werden. Die vertikale Integration von Erzeugung, Übertragung und Verteilung von Strom, Kapitalverflechtungen, personelle Verflechtungen, langfristige Stromlieferverträge und sonstige Kooperationsvereinbarungen bieten vor allem den Verbund-EVU, aber auch anderen größeren EVU vielfältige Möglichkeiten, Stromdurchleitungen zu verhindern. Schließlich werden sich angesichts der technisch-ökonomischen Komplexität von Stromdurchleitungen häufig plausible Gründe finden lassen, Durchleitungsbegehren abzulehnen. Dies gilt vor allem gegenüber Durchleitungsbegehren auf der Übertragungsnetzebene, weil dort die Feststellung freier Netzkapazität wegen komplizierter Lastflüsse wesentlich schwieriger ist als auf der Verteilungsnetzebene.[88]

cc) Freier Leitungsbau

Als zweiter Motor des Wettbewerbs in der Stromwirtschaft soll nach den Intentionen des Gesetzentwurfs der freie Leitungsbau fungieren, da die Gemeinden künftig ihre öffentlichen Verkehrswege diskriminierungsfrei für die Verlegung und den Betrieb von Leitungen zur Verfügung stellen müssen, Art. 1 § 8 Abs. 1 RegE. Darüber hinaus wird erwartet, daß die Drohung mit dem Bau einer neuen Stromleitung widerstrebende Netzeigentümer dazu bewegt, Durchleitungsbegehren nachzukommen.

Gegen diese Annahmen spricht die hohe Kapitalintensität und der erhebliche Flächenbedarf des Leitungsbaus. Wegen dieser Eigenschaften gilt der Bau und Betrieb von Stromleitungen als ein „natürliches Monopol". Ferner stellt der Leitungsbau wegen der langen Bauzeiten auch kein geeignetes Mittel für Stromerzeuger und Stromabnehmer dar, um flexibel auf Marktveränderungen zu reagieren und sich den jeweils günstigsten Vertragspartner auszuwählen.

Schließlich bestehen rechtliche Bedenken gegen den freien Leitungsbau als Instrument des Wettbewerbs. Gemäß Art. 1 § 6 Abs. 1 Satz 1 RegE bedarf die Errichtung einer Freileitung mit einer Nennspannung ab 110 KV der Planfeststellung. Diese setzt vor dem Hintergrund einer möglichen Enteignung von Grundeigentümern nach Art. 1 § 7 RegE voraus, daß für den Bau der Leitung die Anforderungen der Planrechtfertigung erfüllt sind. Das heißt: Der Leitungsbau muß nach den Zielen des einschlägigen Fachplanungsgesetzes „vernünftigerweise geboten" sein.[89] Ziel des Energiewirtschaftsgesetzes sind jedoch nach Art. 1 § 1 RegE nur die Sicherheit, Preisgünstigkeit und Umweltverträglichkeit der Energieversorgung, nicht aber die Ermöglichung von Wettbewerb. Wenn also die Planfeststellung einer Frei-

---

[87] Abschnitt II 3.
[88] *Monopolkommission* (Fn. 14), Rdnr. 801.
[89] BVerwGE 71, 168; 85, 51.

leitung ab 110 KV Nennspannung begehrt wird, weil der Gebietsversorger die Durchleitung von Strom trotz freier Netzkapazität ablehnt, so dürfte für diesen Leitungsbau die Planrechtfertigung im Sinne des Planfeststellungsrechts fehlen. An dieser rechtlichen Beurteilung dürfte sich auch dann nichts ändern, wenn das Durchleitungsunternehmen neben wettbewerblichen Gründen zusätzlich Argumente der Preisgünstigkeit der Stromversorgung ins Feld führt. Denn der Leitungsbau erfolgt im privaten Interesse von Durchleitungsunternehmen und seinem Kunden, nicht im öffentlichen Interesse. Soweit in diesem Fall eine privatnützige Planfeststellung zulässig ist, entfällt aber die Möglichkeit der Enteignung von Grundstücken, die für den Leitungsbau benötigt werden.[90] Das bedeutet, daß die Planfeststellung aus rechtlichen Gründen als Instrument des Wettbewerbs ausscheidet, wenn für den Bau einer Leitung Grundstücke enteignet werden müßten. Im übrigen zeigen diese Überlegungen, daß zwischen der Funktion der Planfeststellung als typischem Instrument zur Durchsetzung öffentlicher Infrastrukturmaßnahmen.[91] und der Absicht des Gesetzentwurfs, sie als Motor des privaten Wettbewerbs zu nutzen, ein unlösbarer konzeptioneller Widerspruch besteht.

Der freie Leitungsbau erscheint daher eher als „Papiertiger" denn als Motor des Wettbewerbs im Strommarkt.

dd) Kartellaufsicht

Der Gesetzentwurf verzichtet auf spezielle Durchleitungsregelungen, weil er auf die Wirksamkeit der allgemeinen kartellrechtlichen Aufsichtsinstrumente vertraut, insbesondere auf die Mißbrauchs- und Behinderungsaufsicht nach § 22 Abs. 4 und § 26 Abs. 2 GWB.

Die Anwendung dieser Vorschriften erfordert die Konkretisierung einer Vielzahl unbestimmter Gesetzesbegriffe für den Einzelfall, wie z. B. mißbräuchliche Ausnutzung marktbeherrschender Stellung, Beeinträchtigung von Wettbewerbsmöglichkeiten ohne sachlich gerechtfertigten Grund (§ 22 Abs. 4 GWB) oder unbillige Behinderung im Geschäftsverkehr (§ 26 Abs. 2 GWB). Ferner können zur Beurteilung unternehmerischer Verhaltensweisen vielfach nur fiktive Vergleichsmärkte herangezogen werden. Nicht zuletzt stellt diese Regelung hohe Informationsanforderungen an die Kartellbehörden. Vieles läßt sich im Verdachtsfall nicht beweisen. Meist enden kartellrechtliche Verfahren daher ohne förmliche Verfügung. Die Erfolgsquote des kartellrechtlichen Instrumentariums ist daher recht bescheiden, insbesondere in der leitungsgebundenen Energieversorgung.[92]

---

[90] Siehe: *Rainer Wahl*, Entwicklung des Fachplanungsrechts, NVwZ 1990, S. 426 ff., 430.

[91] Vgl. *Rudolf Steinberg*, Neue Entwicklungen in der Dogmatik des Planfeststellungsrechts, DVBl. 1992, S. 1501 ff., 1503. Der *Bundesrat* kritisiert daher in seiner Stellungnahme zum Regierungsentwurf die vorgesehene Regelung als „verfassungsrechtlich problematisch", BR-Drs. 806/96 (Beschluß) vom 19. 12. 1996, S. 6.

[92] Siehe die Erfahrungsberichte von *Monopolkommission* (Fn. 14), Rdnr. 496 ff., 520 ff. und *Kurt Markert*, Die Rolle des Bundeskartellamtes bei der „Regulierung" der deutschen

In der Wirtschaftswissenschaft halten manche sogar die Gefahr ökonomisch falscher Aufsichtsentscheidungen für größer als die Chance, mit diesem Instrumentarium wettbewerbswidrige Praktiken zu unterbinden, und plädieren daher für die Abschaffung der Mißbrauchsaufsicht.[93]

Wie dem auch sei. Fest steht jedenfalls, daß die Anwendung der kartellrechtlichen Vorschriften auf Durchleitungsbegehren jahrelange Gerichtsprozesse und höchstrichterliche Klärungen erfordert, bis sie in der Praxis vollziehbar werden. Der Regierungsentwurf verlagert mit dem Verzicht auf Durchleitungsregelungen die Liberalisierung des Strommarkts auf Kartellbehörden und Gerichte. In letzter Konsequenz fällt damit dem Bundesgerichtshof die Aufgabe zu, zum Motor der Liberalisierung des Strommarktes zu werden. Dies ist eine Konsequenz, die dem Ziel der Effizienzsteigerung in der Stromversorgung diametral zuwiderläuft.

c) Wirtschafts- und umweltpolitische Risiken

Die Prognose,[94] daß der Regierungsentwurf kaum zu mehr Wettbewerb im Strommarkt beitragen wird, bedeutet nicht, daß die vorgesehenen Regelungen wirkungslos bleiben werden. Vielmehr sind mit ihrer Einführung wirtschafts- und umweltpolitische Risiken verbunden.

aa) Wirtschaftspolitische Risiken

Die Elektrizitätswirtschaft befürchtet,[95] daß EVU aus Mitgliedsstaaten der EU, die die Monopolstruktur ihrer Stromversorgung im wesentlichen beibehalten (z. B. Frankreich), unfaire Wettbewerbsvorteile gegenüber deutschen Stromversorgern durch den Regierungsentwurf erhalten. Denn die ausländischen EVU hätten in ihrem Land einen „monopolistischen Ruheraum" zur Absicherung der festen Kosten der Stromerzeugung und wären in der Lage, auf dem deutschen Strommarkt mit

---

Strom- und Gasversorgung, in: *Roland Sturm / Stephen Wilks* (Hrsg.), Wettbewerbspolitik und die Ordnung der Elektrizitätswirtschaft in Deutschland und Großbritannien, 1996, S. 281 ff.

[93] So: *Molitor* (Fn. 23), S. 66 - 70.

[94] Ähnlich skeptisch beurteilt die *Monopolkommission* (Fn. 14), Rdnr. 866, das Modell der ungeregelten Durchleitung. Optimistischer ist dagegen die Prognose der Monopolkommission für den Fall, daß ein spezieller Durchleitungstatbestand eingeführt wird. Der *Bundesrat* (Fn. 91), S. 2, 5 f., bezeichnet den Regierungsentwurf als „wettbewerbspolitisch und umweltpolitisch unzulänglich" und fordert u. a., „die Netzzugangsvoraussetzungen möglichst eindeutig zu regeln" sowie „Vorrangregelungen für die Einspeisung und Vergütung von Strom aus erneuerbaren Energien und aus Kraft-Wärme-Kopplung" vorzusehen.

[95] *VDEW*, Wettbewerb braucht faire Rahmenbedingungen, Stellungnahme der Vereinigung Deutscher Elektrizitätswerke – VDEW – e. V. zum Entwurf des Bundeswirtschaftsministeriums für ein Gesetz zur Neuregulierung des Energiewirtschaftsrechts, ARGUMENTE vom 22. 05. 1996, S. 5.

kurzfristigen Grenzkosten auf der Grundlage lediglich der beweglichen Kosten zu konkurrieren. Dem könnten deutsche Stromversorger auf Dauer nichts entgegensetzen. Die deutsche Elektrizitätswirtschaft fordert daher eine Schutzklausel gegen ausländische Konkurrenz.

Eine solche Entwicklung erscheint jedenfalls für kleinere deutsche Stromversorger nicht ausgeschlossen, da ihnen das oben dargestellte Arsenal von Schutzstrategien (vertikale Integration, organisatorische, kapitalmäßige und personelle Verflechtungen) zur Abwehr ausländischer Konkurrenz nicht zur Verfügung steht.

Allerdings befinden sich diese Versorger in einer ähnlichen Situation auch gegenüber deutschen Konkurrenten, die aus den „Ruheräumen" vertikaler Integration und Marktbeherrschung in die Versorgungsgebiete kleinerer EVU eindringen und z. B. gezielt lukrative gewerbliche Kunden aus der Kundschaft dieser EVU herausbrechen („Rosinenpicken"). Gegen das „Rosinenpicken" ist zwar aus wettbewerbspolitischer Sicht grundsätzlich nichts einzuwenden, wenn alle EVU dem gleichen Preiswettbewerb ausgesetzt wären. Dies ist jedoch im ungeregelten Durchleitungsmodell – wie dargelegt – nicht der Fall. Daher läge es in der Logik der elektrizitätswirtschaftlichen Forderung nach einer Schutzklausel gegen ausländische Konkurrenz, eine Schutzklausel für kleinere EVU – das sind meist kommunale EVU – gegen die Konkurrenz von Verbund-EVU einzuführen. Dies würde jedoch den Liberalisierungsansatz des Durchleitungsmodells vollends ad absurdum führen.

bb) Umweltpolitische Risiken

Auf kommunaler Ebene erfolgt die Stromversorgung vielfach aus stromgeführten Kraft-Wärme-Kopplungsanlagen. Die Aufrechterhaltung dieser umweltpolitisch wünschenswerten Energieversorgung wird durch das Abwerben lukrativer Stromkunden gefährdet. Zwar gilt der Grundsatz, daß Umweltbelange keinen absoluten Vorrang gegenüber Wettbewerbsbelangen genießen und keine Bestandsgarantie für unwirtschaftliche Kraft-Wärme-Kopplungsanlagen begründen. Aber die Verwirklichung dieses Grundsatzes setzt ebenfalls einen gleichen Preiswettbewerb für alle Stromerzeuger voraus.

Diese Risiken werden nicht dadurch ausgeglichen, daß Kraft-Wärme-Kopplungsanlagen im Rahmen des Genehmigungserfordernisses für die erstmalige Aufnahme der Energieversorgung nach Art. 1 § 3 Abs. 1 Satz 2 RegE sowie durch die Fortgeltung des Versorgungsanspruchs gegen den Gebietsversorger im Falle der Eigenversorgung nach Art. 1 § 4 Abs. 2 Satz 3 RegE privilegiert sind. Diese Regelungen sind ebenso wie die Aufnahme der Umweltverträglichkeit in die Zweckbestimmung des Art. 1 § 1 RegE von untergeordneter praktischer Bedeutung.

Schließlich ist die uneingeschränkte Freigabe des Leitungsbaus umweltpolitisch bedenklich. Falls die Errichtung einer Freileitung ab 110 KV Nennspannung keine Grundstücksenteignungen erforderlich macht, könnte ein planfestgestelltes Vorhaben nach dem Gesetzentwurf grundsätzlich verwirklicht werden, selbst wenn für die beabsichtigte Stromversorgung freie Kapazität in vorhandenen Leitungen zur Verfügung stünde.

Angesichts des ungebrochenen Trends wachsenden Landschaftsverbrauchs durch Siedlungs- und Verkehrsflächen[96] kann es sich die Bundesrepublik Deutschland, die zu den am dichtesten besiedelten Staaten der Welt gehört, nicht leisten, Flächen für Freileitungen in Anspruch zu nehmen, obwohl dies zur Stromversorgung eigentlich nicht erforderlich wäre. Freileitungen ab 110 KV Nennspannung haben die gleichen landschaftszerschneidenden Effekte wie mehrspurige Straßen. Die Eingriffsregelung des § 8 BNatschG bietet wegen der Abwägungsklausel des Absatzes 3 keine wirksame Handhabe gegen den Bau von Freileitungen im Falle verfügbarer freier Netzkapazität. Denn in diesem Falle sollte in der dicht besiedelten Bundesrepublik Deutschland die Errichtung von Freileitungen prinzipiell unterbleiben. Aus umweltpolitischer Sicht empfiehlt es sich daher, die Planfeststellungsvorschrift des Art. 1 § 6 RegE durch eine Regelung zu ergänzen, nach der die Planfeststellung bei verfügbarer Netzkapazität zu versagen ist.

Angesichts der vielfältigen wirtschafts- und umweltpolitischen Bedenken gegen den Regierungsentwurf fragt sich, welche Alternativen es für eine Liberalisierung des Strommarktes gibt.

3. Strombörse mit Umweltinstrumenten

In Abkehr von der individualisierenden Betrachtungsweise der Stromversorgung im Durchleitungsmodell wird die Einrichtung eines Großhandelsmarktes für Strom nach dem Pool-Modell vorgeschlagen,[97] auf dem das gesamte Stromangebot und die gesamte Stromnachfrage eines Gebietes gebündelt („gepoolt") und durch einen einheitlichen Strompreis ausgeglichen wird. Die Liberalisierung des Strommarktes wurde nach diesem Modell in England, Wales und Norwegen durchgeführt und in verschiedenen anderen Ländern in Angriff genommen.

Es gibt unterschiedliche Möglichkeiten, einen Strompool zu organisieren. Da die Strompreisbildung im Pool funktional der Bildung eines Börsenpreises entspricht, wurde an anderer Stelle[98] das Modell einer Strombörse mit Umweltinstrumenten nach den Organisationsgrundsätzen der deutschen Wertpapierbörsen ent-

---

[96] Siehe: *SRU,* Umweltgutachten 1987, BT-Drs. 11/1568, Rdnr. 419 ff., und Umweltgutachten 1996, BT-Drs. 13/4108, Rdnr. 224 ff. Auch der *Bundesgerichtshof* hält die Errichtung paralleler Leitungsnetze aus der Sicht der Allgemeinheit nicht für wünschenswert, Beschluß vom 15. 11. 1994, RdE 1995, S. 123 ff., 126. Der *Bundesrat* (Fn. 91), S. 6, fordert „den Vorrang von bedarfsgerechten Gebietsnetzen zur Durchleitung vor dem Bau von Leitungen für einzelwirtschaftliche Lieferinteressen".

[97] Ausführliche Darstellungen finden sich bei *Klopfer/Schulz* (Fn. 14) und *Monopolkommission* (Fn. 14) sowie *Klopfer/Kreuzberg/Schulz/Starrmann/Werner* (Fn. 15), S. 3 ff.

[98] *Bohne* (Fn. 11).

wickelt. Hieran knüpft die folgende Darstellung an, ohne jedoch auf Einzelheiten einzugehen. Sie beschränkt sich auf die wettbewerbsbegründenden und umweltschützenden Elemente des Strombörsenmodells.

a) Konzeption

Die Schaffung einer Wettbewerbsordnung für den Strommarkt nach dem Börsenmodell fordert drei grundsätzliche Veränderungen des für die Stromversorgung geltenden Ordnungsrahmens:

– Beseitigung der Gebietsmonopole, d. h. Aufhebung des § 103 GWB wie im Durchleitungsmodell,
– Einführung eines allgemeinen Zugangsrechts für Stromerzeuger und Stromabnehmer zu den Leitungsnetzen, sog. Third Party Access (TPA),
– Aufhebung der vertikalen Integration von Stromerzeugung, Netzbetrieb und Stromhandel (Verkauf), sog. Unbundling, zumindest in der Form einer getrennten internen Buchführung für diese Unternehmensbereiche, vgl. Art. 14 Abs. 3 des EG-Richtlinienvorschlags.

Börsenteilnehmer sind alle Stromerzeuger und alle Stromabnehmer, die an das Leitungsnetz angeschlossen sind, über das der Stromgroßhandel abgewickelt wird. Theoretisch kommen für den Strombörsenhandel Übertragungs- und Verteilungsnetze in Betracht. Wegen des hiermit verbundenen Veränderungsaufwandes erscheint es aus praktischen Gründen jedoch zweckmäßiger, die Strombörse zunächst auf das bundesweite Übertragungsnetz (überwiegend 220/380 KV-Leitungen) zu begrenzen. Hierdurch würden über 80% des in der Bundesrepublik Deutschland verbrauchten Stroms erfaßt. In der gleichen Größenordnung (über 70%) liegt der Kostenanteil des Stromgroßhandels (Erzeugung und Übertragung) an den Gesamtkosten der deutschen Stromversorgung. Die Börsenpreise für den Stromhandel über das Übertragungsnetz hätten also auch entscheidenden Einfluß auf die Preisentwicklung für den Stromhandel auf anderen Netzebenen. Börsenteilnehmer sind somit alle Stromerzeuger (EVU, Industrie) und Stromabnehmer (Verteiler-EVU, Stromhändler, Großverbraucher), die an das Übertragungsnetz angeschlossen sind.

Der Börsenpreis für den gehandelten Strom wird in der Weise gebildet, daß alle angeschlossenen Stromerzeuger ihre Angebote mit Mengen- und Preisangaben und alle angeschlossenen Stromabnehmer die nachgefragten Strommengen für bestimmte kurze Zeitintervalle (z. B. im englisch-walisischen Pool jeweils täglich für 1/2-Stunden-Perioden) der Börse melden. Auf der Grundlage von Angebot und Nachfrage wird mit Hilfe computergestützter Verfahren der Strompreis für jedes Zeitintervall ermittelt, der den größtmöglichen Ausgleich von Gesamtangebot und Stromnachfrage ermöglicht. Börsenpreis ist damit der Angebotspreis des teuersten, zur Deckung der Nachfrage gerade noch benötigten Kraftwerks.

Die zur Nachfragedeckung erforderlichen Kraftwerke werden nach ihren Geboten geordnet und entsprechend dieser „merit order" vom Netzbetreiber zur Stromeinspeisung in das Netz abgerufen. Kraftwerke, deren Angebotspreise über dem Börsenpreis liegen, kommen nicht zum Einsatz.

Der Strombezugspreis für die Stromabnehmer besteht aus dem Börsenpreis zuzüglich einer Reihe von Zuschlägen, die je nach Sachlage für die Bereitstellung von Hilfsdiensten, für Reservestellung etc. zu zahlen sind. Die Strombezugspreise werden periodenweise über die Börse als Inkassostelle zwischen Stromerzeugern und Stromabnehmern abgerechnet.

Es ist zu betonen, daß die Strombörse nicht selbst Strom kauft und verkauft, sondern sich auf die Börsenpreisermittlung und Zahlungsabwicklung beschränkt.[99] Im Gegensatz hierzu soll der Strompool nach dem Gesetzentwurf von BÜNDNIS 90/ DIE GRÜNEN (§ 20 Abs. 1)[100] das ausschließliche Recht auf Erwerb und Veräußerung von Strom besitzen. Dieses Recht würde die Strombörse von einem „Markt par excellence"[101] in einen Monopolisten „par excellence" verwandeln und keine Liberalisierung des Strommarktes bewirken.

b) Organisation

Träger der Strombörse in organisatorischer Hinsicht könnte ein eingetragener Verein oder eine Gesellschaft des privaten Rechts mit der Aufgabe sein, die erforderlichen personellen und administrativen Mittel für die Einrichtung und den Betrieb der Strombörse bereitzustellen. Mitglieder des Trägervereins oder Gesellschafter der Trägergesellschaft wären Unternehmen, die am Börsenhandel teilnehmen. Der privatrechtliche Träger bedürfte für den Börsenbetrieb der Genehmigung durch das Sitzland. Er würde durch die Genehmigung mit der Wahrnehmung dieser Aufgabe öffentlich-rechtlich beliehen, so daß die Strombörse – ähnlich wie eine Wertpapierbörse – als eine nicht-rechtsfähige Anstalt des öffentlichen Rechts anzusehen wäre. Die Strombörse besäße das Recht der Selbstverwaltung unter staatlicher Rechtsaufsicht. Ihre Organe würden vor allem die Preisbildungsregeln auf der Grundlage gesetzlicher Vorgaben festlegen sowie die Börsenpreisermittlung und Zahlungsabwicklung durchführen.

Der Abruf der Kraftwerke nach der „merit order" setzt eine zentrale Laststeuerung aller an das Übertragungsnetz angeschlossenen Kraftwerke voraus. Ferner müssen ein sicherer Netzbetrieb, einschließlich Unterhaltung, ein bedarfsgerechter Netzausbau sowie ein diskriminierungsfreier Zugang zum Übertragungsnetz sichergestellt werden. Die Wahrnehmung dieser Aufgaben erfordert ein koordinier-

---

[99] So auch: *Monopolkommission* (Fn. 14), Rdnr. 814; *Schulz* (Fn. 67), S. 114.

[100] A. a. O. (Fn. 18).

[101] So die allgemeine Kennzeichnung der Börse durch *Wilhelm Röpke,* Der „Markt par excellence", Kreditwesen 1964, S. 104 ff.

tes Handeln der Eigentümer des Übertragungsnetzes. Da sich das deutsche Übertragungsnetz weitgehend im Eigentum der 9 Verbund-EVU befindet, könnten diese Koordinierungsaufgaben von der Deutschen Verbundgesellschaft (DVG) übernommen werden, in der sich die Verbund-EVU zusammengeschlossen haben. Denkbar wären auch andere Organisationsmodelle, z. B. die Gründung einer neuen bundesweiten Netzgesellschaft, deren Gesellschaftsanteile den bisherigen Netzeigentümern gehören, oder die Gründung einer Netzbetreibergesellschaft ohne Änderung der Eigentumsverhältnisse am Übertragungsnetz oder die Bildung einer Arbeitsgemeinschaft der Netzeigentümer, die die erforderlichen Koordinierungsaufgaben durchführt. Nach Art. 7 Abs. 1 des EG-Richtlinienvorschlags reicht es aus, daß der Mitgliedsstaat einen für den Betrieb des Übertragungsnetzes verantwortlichen Netzbetreiber benennt.

Hervorzuheben ist, daß sich aus den genannten Koordinierungsaufgaben eines einheitlichen Netzbetriebs – entgegen anderen Stimmen[102] – nicht die Notwendigkeit einer gegebenenfalls staatlich erzwungenen Neugründung einer bundesweiten Netzgesellschaft ergibt.[103]

Schließlich müssen – ähnlich wie im Durchleitungsmodell – Spielregeln für diskriminierungsfreie Netzbenutzungsbedingungen und Entgelte entwickelt werden. Letzteres erfolgt am zweckmäßigsten durch ein Tarifsystem.

Da Bau und Betrieb der Leitungsnetze ein natürliches Monopol darstellen, unterliegen sie auch im Strombörsenmodell – wie in jedem anderen Liberalisierungsmodell – der staatlichen Aufsicht.

c) Wettbewerbswirkungen

Das Strombörsenmodell trägt der physikalischen Tatsache Rechnung, daß in vermaschten Netzen kein physischer Zusammenhang zwischen einer bestimmten Stromeinspeisung und einer bestimmten Stromentnahme besteht. Vielmehr bilden die an das Netz angeschlossenen Stromerzeuger und Stromabnehmer zwei Handlungskollektive, die jeweils Strom in das Netz einspeisen und aus diesem entnehmen. Strompreisbildung und Kraftwerkseinsatz nach der „merit order" sind standardisierte Kollektivgeschäfte, die diesen netzphysikalischen Sachverhalt widerspiegeln. Das Börsenmodell ist daher in seinen konzeptionellen Grundlagen problemangemessener als das Durchleitungsmodell.

Darüber hinaus konkurrieren alle angeschlossenen Kraftwerke nach denselben Börsenbedingungen gegeneinander. Die Kraftwerke der bisherigen Gebietsversorger genießen keine bevorzugte Stellung gegenüber den Kraftwerken anderer Stromerzeuger. Ferner bezieht sich der Wettbewerb auf die gesamte Stromnachfra-

---

[102] *Baur/Moraing* (Fn. 17), S. 17, 19.
[103] So auch *Jarass* (Fn. 16), S. 147.

ge und nicht nur auf denjenigen Teil der Nachfrage, für den freie Netzkapazität zur Verfügung steht.

Aufgrund des freien Netzzugangs steht der Stromgroßhandelsmarkt für jeden Stromerzeuger und jeden Stromabnehmer offen, der die allgemeinen Netzbenutzungsbedingungen erfüllt.

Die Beseitigung der bestehenden vertikal integrierten Unternehmensstrukturen durch (zumindest funktionale) Trennung von Stromerzeugung, Netzbetrieb und Stromhandel (Verkauf) überwindet eine der wesentlichen organisatorischen Schutzstrategien, mit deren Hilfe sich Unternehmen gegen Wettbewerb abschotten. Auch die übrigen, oben[104] dargestellten Schutzstrategien – wie langfristige Kooperationsvereinbarungen oder personelle und kapitalmäßige Verflechtungen – büßen aufgrund dieser „Entbündelung" und des standardisierten Preisbildungsverfahrens der Strombörse an wettbewerbsbeschränkender Wirksamkeit ein.

Freilich werden sich auch in einem Strombörsenmodell Bietstrategien nicht vollständig ausschalten lassen, die auf eine Verminderung der Wettbewerbsintensität gerichtet sind. Diese sind – aus organisationstheoretischer Sicht – im Prinzip unvermeidbarer Bestandteil der Überlebensstrategie von Unternehmen. Die „Entmachtungsfunktion" des Wettbewerbs dürfte sich jedoch besser im Börsenmodell als in jedem anderem Liberalisierungsmodell für den Strommarkt verwirklichen lassen.

Der Preiswettbewerb auf der Übertragungsnetzebene wird sich auch auf die Preisentwicklung in regionalen und lokalen Versorgungsbereichen auswirken, die (zunächst) nicht von der Strombörse unmittelbar erfaßt sind. Denn der Börsenpreis wird für diese Bereiche zum Referenzpreis und die Gefahr von Preismißbräuchen wesentlich vermindern, nicht zuletzt deshalb, weil er die behördliche Preisaufsicht erleichtert.

Schließlich dürfte der Strombörsenhandel zusätzliche Informationen für den Ausbau der Leitungsnetze offenlegen.[105] Diese werden die Investitionsentscheidungen der Netzbetreiber erleichtern, aber auch die Wirksamkeit der staatlichen Netzaufsicht erhöhen.

d) Umweltbelange

Das Strombörsenmodell bietet verschiedene Ansatzpunkte[106] für Umweltrahmenregelungen, die den Wettbewerb im Strommarkt flankieren. Am wirksamsten dürfte ein allgemeines Preisabschlagssystem[107] sein, das das Bietverhalten der

---

[104] Abschnitt II 3.
[105] Siehe: *Schulz* (Fn. 67), S. 116.
[106] Siehe zu den Möglichkeiten börsenbezogener Umweltinstrumente: *Bohne* (Fn. 11), S. 193 ff. und zur unterschiedlichen Steuerungswirksamkeit dieser Instrumente: *Klopfer / Kreuzberg / Schulz / Starrmann / Werner* (Fn. 15), S. 37 ff.

Stromerzeuger beeinflußt und umweltschonende Kraftwerke im Preiswettbewerb begünstigt. Das Preisabschlagssystem beruht auf folgenden Grundgedanken:

Ausgehend von den umweltpolitischen Zielsetzungen der Bundesregierung, die CO_2-Emission in der Bundesrepublik Deutschland bis zum Jahr 2005 um 25 % im Vergleich zu 1990 zu vermindern und knappe Energieressourcen zu schonen, wird für jedes an der Strombörse mitbietende Kraftwerk ein allgemeiner Preisabschlag von x Pf/KWh aus den jeweiligen kraftwerkspezifischen CO_2-Emissionen und dem spezifischen Energieverbrauch berechnet.[108] Die von einem Kraftwerk in das Netz eingespeiste Strommenge wird nun nicht mit dem Börsenpreis entgolten; vielmehr wird der Börsenpreis um den Betrag des kraftwerkspezifischen Preisabschlags reduziert. Der Differenzbetrag stellt das Einspeisungsentgelt für das Kraftwerk dar.

Dieses Preisabschlagssystem hat zur Folge, daß der Stromerzeuger seinen Angebotspreis um den Preisabschlag erhöhen muß, damit sein Einspeisungsentgelt die kurzfristigen Grenzkosten überschreitet. Im Ergebnis werden durch das Preisabschlagssystem Kraftwerke mit niedrigeren spezifischen CO_2-Emissionen und niedrigerem spezifischen Energieverbrauch (d. h. mit höherem Wirkungsgrad) im Preiswettbewerb gegenüber Kraftwerken mit höheren spezifischen CO_2-Emissionen und höherem spezifischen Energieverbrauch begünstigt. Das bedeutet: Die Einsatzreihenfolge der Kraftwerke ändert sich zugunsten umweltschonender Kraftwerke.

Vereinfachte Simulationsrechnungen[109] für den bestehenden, an das Übertragungsnetz angeschlossenen Kraftwerkspark, die den Zeitraum 1993–2005 umfassen, zeigen vor allem kurz- und mittelfristige Steuerungseffekte des Preisabschlagssystems im Hinblick auf die Verminderung von CO_2-Emissionen und Energieverbrauch. Allerdings sind diese Effekte eher geringfügig, weil in einem bestehenden

---

[107] Von den verschiedenen Möglichkeiten, ein Preisabschlagssystem zu konzipieren, wird hier nur diejenige Systemvariante behandelt, die sich auf alle an das Übertragungsnetz angeschlossenen Kraftwerke bezieht. Das dargestellte Preisabschlagssystem entspricht funktional dem Preiszuschlagssystem bei *Bohne* (Fn. 11), S. 195 ff.

[108] Dazu im einzelnen: *Klopfer/Kreuzberg/Schulz/Starrmann/Werner* (Fn. 15), S. 60 ff. Die spezifischen CO_2-Emissionen eines Kraftwerks pro Einheit erzeugter Arbeit (t CO_2/GWh) wird mit einem Bewertungssatz von x DM/t CO_2 multipliziert. Dieser Bewertungssatz ist vom Staat festzulegen. In der genannten Untersuchung ist ein Bewertungssatz von 20 DM/t CO_2 gewählt. In der gleichen Weise wird bei der Berechnung des Energiepreisabschlags verfahren. Der kraftwerksspezifische Energieverbrauch pro Einheit erzeugter Arbeit (GJ/GWh) wird mit einem Bewertungssatz – hier von 1,50 DM/GJ – multipliziert. Die Summe aus CO_2-orientiertem Preisabschlag und energieverbrauchsorientiertem Preisabschlag ist der hier erörterte allgemeine Preisabschlag.

[109] Siehe: *Klopfer/Kreuzberg/Schulz/Starrmann/Werner* (Fn. 15), S. 75 ff. Es handelt sich um die bisher einzige quantitative Abschätzung der Wettbewerbswirkungen eines Liberalisierungsmodells für den deutschen Strommarkt. Die Studie wurde für das Strombörsenmodell im Auftrag des BMU durchgeführt und erfaßt 482 Kraftwerksblöcke; das sind rd. 95% der öffentlichen Stromerzeugung (S. 151 f.).

Kraftwerkspark nur die Einsatzweise der Kraftwerke, nicht ihre technischen Eigenschaften an die Strompreisentwicklung angepaßt werden können.

Demgegenüber zeigen Simulationsrechnungen[110] für neue Kraftwerke, daß ihre Wirtschaftlichkeit durch das Preisabschlagssystem deutlich beeinflußt wird. Die Wirtschaftlichkeit neuer umweltschonender Steinkohlekraftwerke wird merklich verbessert. Verbesserungen der Wirtschaftlichkeit erzielen auch neue Erdgaskraftwerke. Dagegen verschlechtert sich die Wirtschaftlichkeit von neuen Braunkohlenkraftwerken wegen der vergleichsweise hohen CO_2-Emissionen.

Etwa 20 % der Kraftwerkskapazität, die an das Übertragungsnetz angeschlossen ist, verfügt über die Möglichkeit der Wärmeauskopplung.[111] Für diese Kraft-Wärme-Kopplungsanlagen (KWK-Anlagen) konnten bislang keine Simulationsrechnungen durchgeführt werden, da die öffentlich verfügbaren Daten zur tatsächlichen Wärmeauskopplung hierfür nicht ausreichen. Darüber hinaus besteht die Schwierigkeit, daß das skizzierte Preisabschlagssystem nur die Stromerzeugung betrifft und daher für KWK-Anlagen durch Wärmegutschriften für die Wärmeerzeugung ergänzt werden müßte, um die umweltschonende Wirkung dieser Anlagen voll zu erfassen.

Es konnten daher lediglich Simulationsrechnungen für zwei neue KWK-Anlagen auf Erdgas- und Steinkohlenbasis durchgeführt werden, um eine grobe Abschätzung der Auswirkungen des dargelegten Preisabschlagssystems auf die Wirtschaftlichkeit von KWK-Anlagen zu ermöglichen. Dabei wurden im Rahmen des Preisabschlagssystems der Brennstoffausnutzungsgrad, nicht aber Wärmegutschriften für KWK-Anlagen berücksichtigt.

Nach der Studie sind im Normalfall (ohne umweltorientierte Preisabschläge) neue KWK-Anlagen auf Steinkohlebasis reinen Kondensationskraftwerken auf Steinkohlebasis wirtschaftlich überlegen, während die Wirtschaftlichkeit neuer KWK-Anlagen auf Erdgasbasis und reiner Erdgas-GuD-Kraftwerke keine nennenswerten Unterschiede aufweist.

Die Simulationsrechnungen zeigen, daß die umweltorientierten Preisabschläge die Wirtschaftlichkeit neuer erdgasbefeuerter und steinkohlebefeuerter KWK-Anlagen gegenüber reinen Kondensationskraftwerken verbessern würde. Bei Berücksichtigung von Wärmegutschriften dürften KWK-Anlagen an der Strombörse weitere Wettbewerbsvorteile gegenüber konventionellen Kraftwerken erhalten.

Daher erscheint es nicht sinnvoll, die Stromerzeugung aus KWK-Anlagen und erneuerbaren Energien generell aus dem Wettbewerb herauszunehmen, wie dies § 21 des Gesetzentwurfs von BÜNDNIS 90/DIE GRÜNEN vorsieht. Denn die

---

[110] Siehe: *Klopfer/Kreuzberg/Schulz/Starrmann/Werner* (Fn. 15), S. 63 ff., 80 ff., 142. Es wurde ein Kraftwerkspark aus jeweils 5 neuen Kraftwerken auf der Basis Kernkraft, Braunkohle, Steinkohle, schweres Heizöl und Erdgas (insgesamt 25 Kraftwerke) gebildet.

[111] Siehe: *Klopfer/Kreuzberg/Schulz/Starrmann/Werner* (Fn. 15), S. 147 ff.

Wirtschaftlichkeit umweltfreundlicher Stromerzeugungstechnologien ist höchst unterschiedlich. Umweltfreundlichkeit ist kein Freibrief für Unwirtschaftlichkeit. Daher sollten umweltfreundliche Stromerzeugungsanlagen ebenfalls dem Wettbewerb ausgesetzt und lediglich durch umweltorientierte Rahmenregelungen begünstigt werden.

Schließlich mildert das umweltorientierte Preisabschlagssystem die Auswirkungen von Wettbewerbsverzerrungen ab, die sich im europäischen Binnenmarkt aus unterschiedlichen, umweltrechtlichen Anforderungen in den Mitgliedstaaten der EU ergeben und die nie vollständig zu beseitigen sind. Denn ausländische Börsenteilnehmer mit Kraftwerken, die höhere spezifische CO_2-Emissionen und einen höheren spezifischen Energieverbrauch als die Anlagen deutscher Stromerzeuger aufweisen, müssen auch entsprechend höhere Preisabschläge hinnehmen, was ihre Stellung im Wettbewerb verschlechtert. Diese Regelung steht in Einklang mit Art. 8 Abs. 2 des EG-Richtlinienvorschlags.[112]

Die dargestellten Steuerungseffekte des Preisabschlagssystems hängen entscheidend von dem gewählten monetären Bewertungssatz ab. Seine Wahl beruht auf einer politischen Entscheidung. Diese Schwierigkeit ist jedoch keine Besonderheit des Strombörsenmodells mit Preisabschlagssystem, sondern stellt sich bei der CO_2-/Energiesteuer ebenso wie bei allen anderen Abgabenlösungen (z. B. Abwasserabgabe). Diese politische Entscheidung muß getroffen werden, wenn das Ziel der Internalisierung der sozialen Kosten negativer Umwelteffekte erreicht werden soll. Das Strombörsenmodell bietet hierfür einen Regelungsansatz, der wettbewerbskonformer ist als alle übrigen, bisher vorliegenden Liberalisierungsmodelle.

4. Übergangslösung: Umweltorientierte Durchleitungsregeln

Trotz der unbestrittenen wettbewerbspolitischen Vorzüge einer Liberalisierung des Strommarktes nach dem Börsenmodell schrecken viele vor den hiermit verbundenen wirtschaftlichen und politischen Veränderungswiderständen zurück und befürworten daher eine Energierechtsreform nach dem Durchleitungsmodell, getreu dem Motto „lieber der Spatz in der Hand als die Taube auf dem Dach". Diese Haltung wird mit der Hoffnung verknüpft, daß sich das Durchleitungsmodell in Zukunft einmal zu einem Strompool weiterentwickeln lasse.[113]

Allerdings ist zu vermuten, daß diese Hoffnung die Handlungsfähigkeit des politischen Systems überschätzt. Denn wenn der Gesetzentwurf zur Neuregelung des Energiewirtschaftsrechts verabschiedet ist, wird niemand mehr den hieraus resultierenden wirtschaftlichen und politischen Machtausgleich so bald wieder in Frage stellen. Nimmt man die Reform des Energiewirtschaftsgesetzes von 1935 als Maß-

---

[112] So auch *Jarass* (Fn. 16), S. 151, 161.

[113] So: *Monopolkommission* (Fn. 14), Rdnr. 871; amtliche Begründung des Gesetzentwurfs (Fn. 6), S. 23.

stab, so wäre eine Poolreform frühestens in der übernächsten Menschengeneration zu erwarten.

Wer gleichwohl die theoretische Chance einer evolutionären Weiterentwicklung der Durchleitungsregelung zu einer am Börsenmodell orientierten Wettbewerbsordnung im Strommarkt wahren will, muß wettbewerbs- und umweltbezogene Elemente des Strombörsenmodells in die Durchleitungsregelung aufnehmen. Mit anderen Worten: Ein späterer Übergang von der Durchleitungsregelung zu einer börsenorientierten Wettbewerbsordnung muß bereits heute im Reformgesetz angelegt sein. Diesem Ziel dienen die abschließenden Überlegungen zu umweltorientierten Durchleitungsregelungen.

a) Konzeption

Die systemimmanenten Schwächen des Durchleitungsmodells, die in der fiktiven Verknüpfung individueller Stromeinspeisungen mit Stromentnahmen sowie in der Beschränkung des Wettbewerbs auf die freie Netzkapazität bestehen, lassen sich auch durch spezielle Durchleitungsregeln nicht aufheben, sondern nur in ihren wettbewerbsbeschränkenden Wirkungen abmildern. Ausgehend von den oben[114] dargelegten wettbewerbs- und umweltpolitischen Mängeln des ungeregelten Durchleitungsmodells sollten Durchleitungsregeln so konzipiert werden, daß sie

– die Entscheidungsunsicherheit über das „ob" und über die Bedingungen des Netzzugangs für die Durchleitungsbeteiligten soweit wie möglich reduzieren,
– einspeisende Kraftwerke nach dem Grad der umweltschonenden Stromerzeugung begünstigen (Internalisierungsfunktion), und
– den Einfluß wettbewerbsbehindernder Schutzstrategien zurückdrängen.

Diese Ziele lassen sich nicht mit einer Beweislastregelung zu Lasten des Leitungsbetreibers in § 103 Abs. 1 GWB erreichen, die ein früherer Gesetzentwurf des Bundeswirtschaftsministeriums aus dem Jahre 1994 vorsah und die von manchen[115] befürwortet wird. Nach dieser Beweislastregelung soll die Verweigerung einer Durchleitung unbillig und damit kartellrechtswidrig sein, wenn nicht der Leitungsbetreiber nachweist, daß durch die Durchleitung die sichere, preisgünstige und umweltverträgliche Versorgung der übrigen Kunden zu zumutbaren Bedingungen unmöglich wird.

Diese Beweislastregelung würde die Ablehnung von Durchleitungsbegehren zwar erschweren. Sie ändert jedoch nichts an der Tatsache, daß die Zulassung einer Durchleitung letztlich im Ermessen des Netzeigentümers steht. Zahlreiche unbestimmte Gesetzesbegriffe geben dem Netzeigentümer hinreichend Spielraum, um seine Interessen gegenüber Durchleitungsunternehmen durchzusetzen und Durchleitungsbegehren notfalls abzulehnen.

---

[114] Abschnitt III 2 b, c.
[115] So z. B.: *Monopolkommission* (Fn. 14), Rdnr. 866.

Hinzu kommt, daß das Kartellrecht nach seiner bisherigen fachpolitisch neutralen, allein wettbewerbsorientierten Grundkonzeption und die Kartellbehörden nach ihrer fachlichen und personellen Ausrichtung ungeeignet sind,[116] um komplizierte energiewirtschaftliche und ökologische Fragen bestimmter Stromerzeugungstechnologien zutreffend beurteilen sowie energie- und umweltpolitische Zielkonflikte angemessen lösen zu können. Gesetzlicher Standort einer Durchleitungsregelung sollte daher das Energiewirtschaftsgesetz, nicht das Kartellgesetz sein.

b) Regelungsmöglichkeiten

Um die erforderliche Kalkulierbarkeit von Durchleitungsvorhaben für Investoren zu gewährleisten, müssen das Ermessen des Leitungsbetreibers bei der Entscheidung über ein Durchleitungsbegehren durch eine Anspruchsregelung ersetzt und klare Entscheidungskriterien für die Verteilung knapper Netzkapazität festgelegt werden, wenn diese zur Erfüllung mehrerer Durchleitungsbegehren nicht ausreicht. Schließlich ist an eine Regelung zu denken, die unter bestimmten Voraussetzungen die Beschaffung fehlender Netzkapazität für Durchleitungen ermöglicht.

aa) Recht auf Netzzugang

In Anlehnung an § 14 AEG, der den ähnlich gelagerten Fall des Rechts auf Zugang zu den Eisenbahnnetzen regelt, könnte ein Netzzugangsrecht für den Strommarkt wie folgt geregelt werden:

§ X EnWG
Recht auf Netzzugang

(1) Jeder hat das Recht, die Leitungsnetze der öffentlichen Elektrizitätsversorgung diskriminierungsfrei für die Einspeisung von Elektrizität und eine damit verbundene Entnahme (Durchleitung) zu benutzen. Dieses Recht besteht nicht, soweit
1. die erforderliche Netzkapazität für die geplante Durchleitung fehlt oder
2. die Netzsicherheit durch die geplante Durchleitung gefährdet wird.

(2) Einzelheiten des Netzzugangs, insbesondere hinsichtlich des Zeitpunktes und der Dauer der Durchleitung, sowie das zu entrichtende Entgelt und die sonstigen Nutzungsbedingungen, einschließlich der der Netzsicherheit dienenden Bestimmungen, sind zwischen dem Netzeigentümer und dem Durchleitungsunternehmen zu vereinbaren.

(3) Kommt eine Vereinbarung nach Absatz 2 nicht zustande, so entscheidet auf Antrag die zuständige Behörde. Soweit Angelegenheiten des Umweltkoeffizienten von Elektrizitätserzeugungsanlagen im Rahmen von Entscheidungen nach § Y berührt werden, ist das Einvernehmen der Umweltbehörde erforderlich. Die Aufgaben und Zuständigkeiten der Kartellbehörden nach dem Gesetz gegen Wettbewerbsbeschränkungen bleiben unberührt.

---

[116] Daher ablehnend: *Ernst Niederleithinger*, Kartellrechtliche Rahmenbedingungen einer Regulierung des Strommarktes, in: *Wolfgang Hoffmann-Riem / Jens-Peter Schneider* (Hrsg.), Umweltpolitische Steuerung in einem liberalisierten Strommarkt, 1995, S. 246.

Das Recht auf Netzzugang nach § X Abs. 1 Satz 1 ist Ausdruck der allgemeinen Gewerbefreiheit und damit Grundvoraussetzung für einen brancheninternen Wettbewerb im Strommarkt. Dabei ist zwischen Netzanschluß und Stromeinspeisung bzw. Stromentnahme zu unterscheiden. Im Strombörsenmodell besteht ein allgemeines Netzanschlußrecht für Stromerzeuger und Stromabnehmer. Ein Stromeinspeisungsrecht ist aber nur gegeben, soweit ein Kraftwerk im Preiswettbewerb in die „merit order" fällt und vom Netzbetreiber zur Stromeinspeisung abgerufen wird. Im Durchleitungsmodell fallen Netzanschlußrecht und Stromeinspeisungs- bzw. Stromentnahmerecht zusammen, da eine Stromdurchleitung definitionsgemäß voraussetzt, daß der Stromerzeuger einen bestimmten Kunden als Stromabnehmer besitzt. Ungeschriebenes Tatbestandsmerkmal des Netzzugangsrechts nach § X Abs. 1 Satz 1 ist also das Vorhandensein eines Kunden, an den das Durchleitungsunternehmen liefert.

Nach § X Abs. 1 Satz 2 entfällt das Netzzugangsrecht nur aus den dort genannten Gründen fehlender Netzkapazität und fehlender Netzsicherheit. Es handelt sich um eine Einrede des Netzeigentümers, für die er die Beweislast trägt, weil die relevanten Informationen über die Netzauslastung und die Sicherheit des Netzbetriebs in seinem Herrschaftsbereich liegen.

Nach § X Abs. 2 sind die Einzelheiten der Durchleitungsmodalitäten in einem privatrechtlichen Vertrag zwischen Durchleitungsunternehmen und Netzeigentümer zu regeln. Hierzu gehören Bestimmungen über erforderliche Versorgungsleistungen des Netzeigentümers (z. B. Lieferung von Zusatz- und Reservestrom) sowie über die Abnahme und Vergütung von Überschußstrom. Ferner sind die Netzbenutzungsbedingungen und das Durchleitungsentgelt vertraglich festzulegen. Zur Minimierung von Rechtsstreitigkeiten empfiehlt es sich, allgemeine Kriterien für Netzbenutzung und Durchleitungsentgelt durch das Gesetz in Verbindung mit einer Rechtsverordnung zu regeln. Art. 17 Abs. 4 des EG-Richtlinienvorschlags sieht diese Möglichkeit ausdrücklich vor. Zumindest aber sind nach Art. 17 Abs. 3 des EG-Richtlinienvorschlags Vorschriften für die Veröffentlichung von Netzbenutzungsentgelten durch die Netzeigentümer erforderlich.

§ X Abs. 3 soll die Transaktionskosten des Durchleitungsmodells durch Einschaltung eines behördlichen Konfliktregelungsmechanismus vermindern. Hierdurch können gerichtliche Verfahren vermieden oder ihr Streitgegenstand begrenzt und ihre Dauer verringert werden.

bb) Verteilung knapper Netzkapazität

Solange die Netzkapazität zur Erfüllung von Durchleitungsbegehren ausreicht, besteht ein Durchleitungsanspruch. Gesichtspunkte wirtschaftlicher Unzumutbarkeit und sonstige Belange können vom Netzeigentümer zur Verhinderung von Durchleitungen nicht geltend gemacht werden. Die Wahrung dieser Belange muß sich im Preis für die Durchleitung niederschlagen.

Allerdings bedarf es einer gesetzlichen Konfliktregelung, wenn die vorhandene Netzkapazität zur Erfüllung mehrerer Durchleitungsbegehren oder zur Versorgung konkreter neuer Kunden des Netzeigentümers (künftiger Eigenbedarf) bei gleichzeitiger Erfüllung von Durchleitungsbegehren objektiv nicht ausreicht. Die Festlegung eindeutiger Entscheidungsregeln für die Verteilung knapper Netzkapazität ist eine wesentliche Voraussetzung für die Wettbewerbswirksamkeit des Durchleitungsmodells. Für eine entsprechende Entscheidungsregel können theoretisch verschiedene Gesichtspunkte herangezogen werden. Der Regelungsvorschlag in § Y beruht auf dem Konzept des umweltorientierten Preisabschlagssystems, das für die Strombörse beschrieben wurde.[117] Die knappe Netzkapazität ist nach diesem Vorschlag vorrangig auf umweltschonende Kraftwerke zu verteilen.

§ Y EnWG
Reihenfolge mehrerer Netzbenutzungen bei nicht ausreichender Netzkapazität

(1) Wenn die vorhandene freie Netzkapazität zur Erfüllung eines Durchleitungsbegehrens wegen eines konkreten Eigenbedarfs des Netzeigentümers oder wegen anderer Durchleitungsbegehren nicht ausreicht, erfolgt die Verteilung der freien Netzkapazität auf Netzeigentümer und Durchleitungsunternehmen im Rahmen der zu treffenden Vereinbarungen in der Reihenfolge aufsteigender Umweltkoeffizienten der Elektrizitätserzeugungsanlagen, aus denen Elektrizität in das Netz eingespeist werden soll. Bei geplanten Einspeisungen eines Unternehmens aus mehreren Erzeugungsanlagen ist für die Verteilung der freien Netzkapazität der Mittelwert der Umweltkoeffizienten der Erzeugungsanlagen dieses Unternehmens maßgebend.

(2) Die Verteilung der freien Netzkapazität auf Unternehmen, die Elektrizität aus Erzeugungsanlagen mit gleichen Umweltkoeffizienten in das Netz einspeisen wollen, erfolgt anteilig im Verhältnis der von einem Unternehmen begehrten Netzkapazität an der von allen Unternehmen insgesamt benötigten Netzkapazität. Die Umweltkoeffizienten von zwei Elektrizitätserzeugungsanlagen gelten als gleich, wenn der höhere den niedrigeren Umweltkoeffizienten um weniger als X % übersteigt.

(3) Der Netzeigentümer kann die Verteilung der freien Netzkapazität abweichend von Absatz 1 und 2 vereinbaren, wenn alle Unternehmen zustimmen, deren Netzzugangsrechte hierdurch betroffen werden.

(4) Die Bundesregierung wird ermächtigt, Kriterien und Methoden zur Berechnung des Umweltkoeffizienten durch Rechtsverordnung zu regeln, die sich an der spezifischen CO_2-Emission und am spezifischen Energieverbrauch der Kraftwerke orientieren.

Der Umweltkoeffizient richtet sich nach den kraftwerksspezifischen CO_2-Emissionen und nach dem spezifischen Energieverbauch. Er wird wie der Preisabschlag im Strombörsenmodell berechnet.[118] Anstelle des monetären Bewertungssatzes kann ein anderer quantitativer Bewertungssatz gewählt werden. Denn der Umweltkoeffizient dient der Festlegung der Rangfolge, nicht der Beeinflussung des Ange-

---
[117] Abschnitt III 3 d.
[118] Siehe Fn. 108.

botspreises konkurrierender Kraftwerke. Einzelheiten, einschließlich der Berücksichtigung der Besonderheiten von KWK-Anlagen, sind von der Bundesregierung durch Rechtsverordnung zu regeln.

Da neue Kraftwerke in der Regel niedrigere Umweltkoeffizienten als bestehende Anlagen aufweisen, besteht die Chance, daß die Kombination von Durchleitungsanspruch nach § X EnWG und Verteilung knapper Netzkapazitäten nach § Y EnWG zu einem nicht unerheblichen Modernisierungsdruck zugunsten umweltschonender Anlagen führt. Allerdings dürfte der Einfluß des Preiswettbewerbs auf diese Entwicklung geringer als im Strombörsenmodell sein. Denn die Strompreise im Durchleitungsmodell richten sich definitionsgemäß nach den individuellen Vereinbarungen zwischen Stromerzeugern und Stromabnehmern und beruhen nicht auf einem Ausgleich des gesamten Stromangebots und der gesamten Stromnachfrage nach der „merit order". Dies ist ein Mangel des Durchleitungsmodells, nicht der vorgeschlagenen Entscheidungsregel.

cc) Beschaffung fehlender Netzkapazität

Die Beschränkung des Wettbewerbs im Durchleitungsmodell auf die freie Netzkapazität läßt sich in ihrer wettbewerbsverhindernden Wirkung dadurch abmildern, daß die Beschaffung neuer Netzkapazität unter bestimmten Voraussetzungen ermöglicht wird. Hierzu ist die Einführung von gesetzlichen Kündigungsrechten erforderlich, mit deren Hilfe längerfristige Stromlieferverträge gekündigt werden können, wenn günstigere Stromerzeugunsmöglichkeiten zur Verfügung stehen. § Z EnWG beruht auf dem Grundgedanken, daß nach Ablauf eines bestimmten Zeitraums das Allgemeininteresse am Einsatz moderner, umweltschonender Kraftwerke höher zu bewerten ist als der Schutz langfristiger Vertragsbeziehungen, die veraltete Kraftwerke betreffen.

§ Z EnWG
Beschaffung von Netzkapazität

(1) Der Abnehmer von Elektrizität kann einen Elektrizitätsliefervertrag nach Ablauf von X-Jahren mit einer Frist von Y-Monaten kündigen, wenn er einen neuen Elektrizitätsliefervertrag mit einem anderen Unternehmen abschließt, das zur Erfüllung dieses Vertrages Elektrizität aus einer Anlage in das Netz einspeist oder einspeisen will, deren Umweltkoeffizient mindestens X-Prozent niedriger ist als der Umweltkoeffizient der ins Netz einspeisenden Anlage des bisherigen Vertragspartners. Bei Einspeisungen eines Unternehmens aus mehreren Elektrizitätserzeugungsanlagen ist der Mittelwert der Umweltkoeffizienten der einzelnen Erzeugungsanlagen maßgebend.

(2) Der Netzeigentümer kann einen Durchleitungsvertrag nach Ablauf von X-Jahren mit einer Frist von Y-Monaten in dem Umfang kündigen, in dem er freie Netzkapazität zur Erfüllung des Durchleitungsbegehrens eines anderen Unternehmens benötigt, das Elektrizität aus einer Anlage in das Netz einspeisen will, deren Umweltkoeffizient mindestens X-Prozent niedriger ist als der Umweltkoeffizient der ins Netz einspeisenden Anlage des bisherigen Durchleitungsunternehmens. Absatz 1 Satz 2 gilt entsprechend. Bei einer nur teilweisen Kün-

digung des Durchleitungsvertrages durch den Netzeigentümer kann das Durchleitungsunternehmen den Vertrag im vollen Umfang kündigen.

(3) Ein Durchleitungsunternehmen kann vom Netzeigentümer verlangen, daß dieser fehlende Netzkapazität nach Maßgabe des Absatz 2 Satz 1 und 2 beschafft. Dieser Anspruch besteht nicht im Falle des Absatz 2 Satz 3.

§ Z Abs. 1 EnWG erweitert die Wahlmöglichkeit von Stromabnehmern, sich preisgünstigere und umweltschonendere Stromlieferanten zu suchen.

§ Z Abs. 2 EnWG betrifft den Sonderfall, daß der Netzeigentümer ein Durchleitungsbegehren aus umweltschonenden Anlagen ablehnen muß, weil er an einen längerfristigen Vertrag gebunden ist, der Durchleitungen aus weniger umweltschonenden Anlagen zum Gegenstand hat. In diesem Fall erhält der Netzeigentümer ein Kündigungsrecht, dessen Ausübung gemäß § Z Abs. 3 von dem Durchleitungsunternehmen mit umweltschonenderen Anlagen erzwungen werden kann.

5. Gesamtwürdigung

Seit jeher gehören zu den Standardargumenten gegen neue Wettbewerbsregelungen für den Strommarkt die Vorwürfe des Bürokratismus und der Verfassungswidrigkeit.[119]

Die Analyse des Modells der ungeregelten Durchleitung hat gezeigt, daß die Leitungsgebundenheit und Nichtspeicherbarkeit von Strom und die historisch verfestigten, monopolistischen Strukturen der Stromversorgung keinen „Spontan-Wettbewerb" zulassen. Vielmehr setzt ein wirksamer branchentinterner Wettbewerb im Strommarkt problem- und marktspezifische Wettbewerbsregelungen voraus. Diese könnten am besten durch eine Wettbewerbsordnung nach dem Strombörsenmodell verwirklicht werden. Der hiermit verbundene Regelungsaufwand steht in vollem Einklang mit den Grundsätzen der sozialen Marktwirtschaft. So ist noch niemand auf die Idee gekommen, den Regelungsaufwand für die Wertpapierbörsen vom Grundsatz her als bürokratisch zu verwerfen. Daher könnte man den „marktwirtschaftlichen Spieß" auch umdrehen und den Bürokratiekritikern entgegenhalten, daß wettbewerbliche Placebo-Regelungen erst recht den Grundsätzen der sozialen Marktwirtschaft widersprechen.

Das Verdikt der Verfassungswidrigkeit gegen Börsenmodell und Durchleitungsrechte aus Art. 14 GG beruht im Kern auf der Überlegung, daß es doch nicht rechtens sein könne, wenn ein Netzeigentümer gezwungen wird, die Nutzung seines Eigentums zugunsten von Konkurrenten aufzuopfern.[120] Ohne hier auf Einzelhei-

---

[119] In diese Richtung zielt z. B. die Ablehnung des Pool-Modells in der amtlichen Begründung des Regierungsentwurfs (Fn. 6), S. 22.

[120] So z. B. *Baur/Moraing* (Fn. 17), S. 36; *Büdenbender* (Fn. 20), S. 328 ff.; *Matthias Schmidt-Preuß*, Die Gewährleistung des Privateigentums durch Art. 14 GG im Lichte aktueller Probleme, AG 1996, S. 6.

ten der verfassungsrechtlichen Diskussion[121] eingehen zu können, sei nur auf die zentrale Schwäche des verfassungsrechtlichen Verdikts hingewiesen.

Die Nutzung des Leitungsnetzes zur Stromeinspeisung setzt technisch einen Kunden voraus, der zeitgleich Strom dem Netz entnimmt. Ohne Kunden ist die Netzbenutzung faktisch unmöglich. Wenn also im Strombörsenmodell das Kraftwerk des Netzeigentümers wegen eines den Börsenpreis übersteigenden Angebots nicht abgerufen wird oder wenn im Durchleitungsmodell einem Netzeigentümer der Kunde davonläuft, weil er einen preisgünstigeren Stromerzeuger gefunden hat, dann hat der Netzeigentümer nicht das Recht zur Nutzung seines Eigentums, sondern schlicht Kunden im Wettbewerb verloren. Art. 14 GG schützt jedoch nicht vor Kundenverlusten im Wettbewerb.

Die verfassungsrechtliche Problematik reduziert sich damit auf die Frage, ob dem Netzeigentümer ein durch Art. 14 GG geschütztes Recht zur Nichtbenutzung des Netzeigentums zusteht, wenn er keine Stromkunden findet. Diese Frage wird – soweit ersichtlich – von niemandem bejaht.

Schwerwiegender als die eigentumsrechtlichen Bedenken gegen eine Liberalisierung des Strommarktes erscheint unter der Geltung des Art. 20 a GG der Verzicht des Gesetzentwurfs auf Umweltrahmenregelungen zur Flankierung des Wettbewerbs. Nach Art. 20 a GG ist der Gesetzgeber zwar nur verpflichtet, bei gesetzlichen Maßnahmen im Rahmen der verfassungsmäßigen Ordnung zwischen gefährdeten Umweltgütern und anderen, kollidierenden Belangen abzuwägen und einen verhältnismäßigen Ausgleich zwischen den betroffenen Schutzgütern herzustellen.[122] Hierbei steht ihm ein weiter Abwägungsspielraum zu. Ihn trifft allerdings eine Begründungspflicht.[123] Angesichts des verfassungsrechtlichen Gewichts, das der Umweltschutz durch Art. 20 a GG erlangt hat, sind Umweltbeeinträchtigungen ohne hinreichend gewichtige Rechtfertigungsgründe verfassungswidrig.[124]

Wenn nun der Gesetzgeber – entsprechend der Begründung des vorliegenden Regierungsentwurfs – Deregulierungsmaßnahmen beschließen würde, ohne die ökologischen Risiken dieser Maßnahmen und umweltschonendere Alternativmaßnahmen überhaupt in Erwägung zu ziehen, dann dürften Abwägungsdefizit und Begründungsmangel mit Rücksicht auf Art. 20 a GG die Verfassungswidrigkeit der getroffenen Regelungen zur Folge haben. Sonst bleibt diese Staatszielbestimmung nur Verfassungssymbolik.

---

[121] Dazu ausführlich: *Brandt* u. a. (Fn. 17).

[122] Siehe: *Dieter Hömig*, in: *Karl-Heinz Seifert / Dieter Hömig* (Hrsg.), Grundgesetz, Kommentar, 5. Aufl., 1995, Art. 20 a GG, Rdnr. 4.

[123] So: *Dietrich Murswiek*: in: *Michael Sachs* (Hrsg.), Grundgesetz, Kommentar, 1996, Art. 20 a GG, Rdnr. 76.

[124] Vgl. *Dieter Schmalz*, Staatsrecht, 3. Aufl., 1996, Rdnr. 228.

Innovationen im öffentlichen Rechnungswesen

Von Klaus Lüder

I. Status quo

Das öffentliche Rechnungswesen in Deutschland ist seit dem Erlaß des Haushaltsgrundsätzegesetzes 1969 für alle Gebietskörperschaften weitgehend einheitlich rechtlich normiert. Die einschlägigen Bestimmungen finden sich in der Bundeshaushaltsordnung, den Landeshaushaltsordnungen, den Gemeindehaushaltsverordnungen und in den Verwaltungsvorschriften dazu.

Das Grundgesetz und die Bundeshaushaltsordnung enthalten vier konzeptionelle Prinzipien, denen Rechnungssystem und Rechnungslegung genügen sollen:

- Nach Art. 114 (1) GG hat der Bundesminister der Finanzen dem Parlament „über alle Einnahmen und Ausgaben sowie über das Vermögen und die Schulden im Laufe des nächsten Rechnungsjahres ... Rechnung zu legen." Der zweite Teil dieser Vorschrift hat aber weder zur Folge, daß der Bund über sein gesamtes Vermögen noch daß er über seine gesamten Schulden wertmäßig Rechnung legt. Für das Sachvermögen werden seit 1956/1979 nur noch Bestandsverzeichnisse geführt. Da das öffentliche Rechnungswesen keine Inventur kennt, verdienen sie diese Bezeichnung jedoch in der Regel nicht. Als Schulden i. S. von Art. 114 GG gelten nur Geldschulden.

- Nach Art. 115 (1), Satz 2, 1. Halbsatz GG dürfen die Einnahmen aus Krediten grundsätzlich „die Summe der im Haushaltsplan veranschlagten Ausgaben für Investitionen nicht überschreiten". Dem liegt die Vorstellung der intergenerativen Lastverteilung zugrunde: Da allenfalls von investiven Ausgaben künftig Nutzen erwartet werden können, erscheint die Übertragung von mit der Kreditfinanzierung verbundenen Belastungen auf die Zukunft auch nur für solche Ausgaben gerechtfertigt.

  Die Praxis der Umsetzung dieser Verfassungsbestimmung wird der Idee der intergenerativen Lastverteilung aus vielerlei Gründen nicht gerecht,[1] u.a. deshalb, weil die Nettokreditaufnahme durch die Bruttoinvestitionen und nicht durch die

---

[1] Zu Einzelheiten siehe z.B. *Klaus Lüder,* Die zentrale Rolle des Rechnungskonzeptes für die Ausgestaltung des öffentlichen Rechnungswesens, in: Helmut Brede/Ernst Buschor (Hrsg.), Das Neue Öffentliche Rechnungswesen, 1993, S. 29–74, hier S. 67 ff. und die dort angegebene Literatur.

Nettoinvestitionen begrenzt wird, was seinen Grund wiederum nicht zuletzt darin hat, daß das öffentliche Rechnungswesen keine Abschreibungen kennt und somit die Nettoinvestitionen nicht ermittelt werden können.

- § 71 BHO sieht seit 1969 eine Buchführung „über eingegangene Verpflichtungen sowie über Geldforderungen des Bundes" nach „Richtlinien des Bundesministeriums der Finanzen" vor. 1993 schließlich ist eine Richtlinie über die Verbuchung von Verpflichtungen erlassen worden, mit der eine Integration der Haushaltsüberwachungslisten in die Buchführung erfolgte: Die zuvor außerhalb der Buchführung geführten Haushaltsüberwachungslisten wurden in die Buchführung integriert.

  Damit ist jedoch der Vorschrift des § 71 BHO noch immer nicht Genüge getan. Zum einen sind große Verpflichtungsblöcke von der Buchführungspflicht ausgenommen (z.B. Verpflichtungen aus Geldleistungsgesetzen; Verpflichtungen, die innerhalb von drei Monaten zu Ausgaben führen) und zum zweiten wird weiterhin nicht über die Geldforderungen (Zahlungsansprüche) Buch geführt.

- Nach § 73 (2) BHO ist die Buchführung über die Einnahmen und die Ausgaben mit der Buchführung über das Vermögen und die Schulden zu verbinden. Eine Anwendung dieser Bestimmung ist in den nahezu 30 Jahren seit der Haushaltsreform nie auch nur versucht worden.

Zusammenfassend läßt sich feststellen, daß Rechnungssystem und Rechnungslegung des Bundes und mit gewissen Einschränkungen auch der Länder und Kommunen mindestens nicht den Intentionen der dazu erlassenen Rechtsvorschriften genügen.

Die *aktuelle Rechnungslegung* der Gebietskörperschaften umfaßt die folgenden Bestandteile:

- Die *Haushaltsrechnung* als titelweise Gegenüberstellung von veranschlagten Einnahmen / Ausgaben und Ist-Einnahmen / -Ausgaben mit
  - dem kassenmäßigen Abschluß (Jahresergebnis und Gesamtergebnis)[2] und
  - dem rechnungsmäßigen Abschluß (Jahresergebnis und Gesamtergebnis).[3]

  Der rechnungsmäßige Abschluß unterscheidet sich vom kassenmäßigen Abschluß dadurch, daß die Haushaltsreste (Gesamtergebnis) bzw. die Änderung der Haushaltsreste (Jahresergebnis) in die Betrachtung einbezogen werden (sog. Soll-Abschluß).

- Die *Finanzierungsrechnung*[4] als aggregierte Zahlungsrechnung. Von den Gesamteinzahlungen wird die Nettokreditaufnahme abgesetzt. Man erhält so die Nichtkrediteinzahlungen. Davon abgezogen werden sodann die Gesamtauszah-

---

[2] Vgl. Anlage I.
[3] Vgl. Anlage II.
[4] Vgl. Anlage III.

lungen, was zwingend wiederum zur Nettokreditaufnahme als Saldo der Finanzierungsrechnung führt.

– Die *Vermögensrechnung*,[5] in der im wesentlichen das Finanzanlagevermögen und die langfristigen Geldschulden aufgelistet sind. Einige Bundesländer geben darüber hinaus den Wert des unbeweglichen Sachvermögens an (so z.B. NRW). Die Gemeinden im badischen Landesteil des Landes Baden-Württemberg führen – historisch bedingt – überwiegend eine kameralistische Voll-Vermögensrechnung.

II. Probleme und Schwachstellen

Die Diskussion um die Reformbedürftigkeit des öffentlichen Rechnungswesens in Deutschland wurde im wesentlichen ausgelöst durch die finanzielle Lage der Gebietskörperschaften, insbesondere der Kommunen, seit Beginn der 90er Jahre; durch die zur gleichen Zeit auch in Deutschland an Boden gewinnende New Public Management-Verwaltungsreformbewegung und durch internationale Entwicklungen auf dem Gebiet des öffentlichen Rechnungswesens, beginnend mit der Einführung des schweizerischen Neuen Rechnungsmodells der Kantone und Gemeinden (ab 1978) und ähnlichen Rechnungswesenreformen in inzwischen einer Vielzahl europäischer und außereuropäischer Länder (z.B. Frankreich, Großbritannien, Schweden, Spanien, Kanada, Australien, Neuseeland).

Schwachstellen des gegenwärtig in Deutschland praktizierten kameralistischen Rechnungswesens werden insbesondere gesehen

– in der Unvollständigkeit und fehlenden Transparenz der Rechnungslegung: Sie ist insgesamt „... ein Werk aus Tausenden von Zahlen, die nur noch Spezialisten überblicken können, jeden anderen aber irritieren";[6]

– in der fehlenden Verrechnung von Ressourcenverbrauch (Aufwand) und der Beschränkung auf die Verrechnung von Geldverbrauch (Auszahlungen): Die Aufwandsverrechnung ist aber unabdingbare Voraussetzung für die unbestritten notwendigen Kostenrechnungen in öffentlichen Verwaltungen und für eine periodengerechte Verteilung von Lasten, insbesondere von Versorgungslasten;

– in der Fragmentierung der öffentlichen Rechnungssysteme als Folge der organisatorischen Fragmentierung durch wirtschaftliche und/oder rechtliche Ausgliederung einer zunehmenden Zahl von Aufgabenkomplexen und der daraus resultierenden Unmöglichkeit, eine Gebietskörperschaft insgesamt angemessen finanziell zu steuern und ein Gesamtbild der Finanz- und Vermögenslage zu gewinnen.

---

[5] Vgl. Anlage IV.

[6] *Eberhard Munzert*, Öffentliches Rechnungswesen in Deutschland: Bestandsaufnahme und Bewertung aus der Sicht eines Landesrechnungshofes, in: Klaus Lüder (Hrsg.), Öffentliches Rechnungswesen 2000, 1994, S. 85–94, hier S. 88.

III. Reformstrategien

Die Initiativen zur Reform des öffentlichen Rechnungswesens in Deutschland setzten in den Jahren 1993/94 ein, wobei die Kommunen die Entwicklung vorantreiben, während die staatlichen Gebietskörperschaften nur zögernd folgen.

In der insgesamt stark diversifizierten Reformlandschaft lassen sich vier unterschiedliche Strategie-Typen identifizieren, die zur vollständigen oder wenigstens teilweisen Behebung der oben genannten Schwachstellen verfolgt werden. Es sind dies:

— Die verstärkte Umwandlung geeigneter Behörden in verselbständigte Einrichtungen, bei denen dann regelmäßig die kaufmännische doppelte Buchführung zur Anwendung kommt.[7] Eine Gebietskörperschaft umgibt sich also zunehmend mit Satellitenorganisationen, die ein „kaufmännisches" Rechnungswesen besitzen. Dies bewahrt zwar zunächst vor der Umstellung des Rechnungssystems der Kernverwaltung. Man kann aber vermuten, daß die Probleme des Führens von zwei oder mehr nicht miteinander kompatibler Rechnungssysteme und das sukzessive Schrumpfen der Kernverwaltung auf längere Sicht die Anpassung des Rechnungswesens der Kernverwaltung an das der Satelliten unvermeidlich macht.

— Das Anhängen einer Kostenrechnung an das kameralistische Rechnungswesen (erweiterte oder neuerdings sog. optimierte Kameralistik). Wenn eine Kostenrechnung im eigentlichen Sinne aufgebaut werden soll, d. h. eine Rechnung, die den Ressourcenverbrauch erfaßt, und nicht nur eine Auszahlungsstellen- und Auszahlungsträgerrechnung, dann ist zusätzlich zur kameralistischen Zahlungsrechnung eine ganze Reihe von Nebenrechnungen zu führen (z.B. über das Sachanlagevermögen, über Vorräte, über Kreditoren und Debitoren). Dies macht das Rechnungswesen kompliziert, fehleranfällig und dabei nicht weniger aufwendig als eine doppische Finanzbuchhaltung mit integrierter Kostenrechnung. Darüber hinaus können die aus der Fragmentierung der Rechnungssysteme resultierenden Probleme mit diesem Ansatz nicht beseitigt werden. Darauf gründet sich die Vermutung, daß es auch in diesem Fall auf längere Sicht zu einer Änderung des Rechnungswesens der Kernverwaltung durch Ablösung des kameralistischen durch ein doppisches Rechnungswesen kommen wird.

— Die weitgehend unveränderte Übernahme des handelsrechtlichen Rechnungswesens für die gesamte Verwaltung. Diese Strategie erscheint nicht nur deshalb unzweckmäßig, weil öffentliche Verwaltungen durch ihnen eigene und sie von Unternehmen unterscheidende finanzielle Transaktionen gekennzeichnet sind, sondern auch, weil nicht alle Regelungen für das handelsrechtliche Rechnungs-

---

[7] Vgl. Länderarbeitsgruppe, Bericht zum Thema „Möglichkeiten einer leistungsfördernden Verbesserung des Rechnungswesens im staatlichen Bereich der Öffentlichen Verwaltung", Transkript 1995, S. 49 f.

wesen im öffentlichen Bereich Gültigkeit haben oder haben sollten, wie etwa der Einfluß des Steuerrechts, das Vorsichtsprinzip und die große Zahl von Ansatz- und Bewertungswahlrechten.

– Schließlich wird der Versuch unternommen, ein Rechnungswesen auf doppischer Grundlage für öffentliche Verwaltungen neu zu konzipieren. In der Tendenz wird dieses Rechnungswesen dem kaufmännischen Rechnungswesen näher sein als die Kameralistik – es wird sich aber in Inhalt und Aussagefähigkeit aufgrund der Besonderheiten öffentlicher Verwaltungen vom kaufmännischen Rechnungswesen auch weiterhin deutlich unterscheiden. Dies erscheint der längerfristig einzig erfolgversprechende Weg zur Behebung aller Schwachstellen des gegenwärtig praktizierten öffentlichen Rechnungswesens zu sein.

IV. Ein doppisches Rechnungssystem für die öffentliche Verwaltung (Speyerer Verfahren)[8]

Die Konturen eines neuen öffentlichen Rechnungssystems in wissenschaftlicher Sicht leiten sich wesentlich aus dem Prinzip der intergenerativen Gerechtigkeit ab. Ein öffentliches Rechnungswesen, das die Beachtung dieses Prinzips sicherstellen soll, muß den Verbrauch sächlicher und finanzieller Ressourcen, ihre Restitution durch Abgaben und andere Zuflüsse finanzieller Ressourcen sowie schließlich deren Saldo, d. h. den Nettoressourcenkonsum bzw. die Nettoressourcenersparnis messen. Dies geschieht mit Hilfe einer Ergebnisrechnung, in die der wertmäßige Ressourcenverbrauch als Aufwand und das wertmäßige Ressourcenaufkommen als Ertrag eingehen. Daraus folgt auch, daß in einem auf dem Nettoressourcenkonsum-Konzept (Ressourcenverbrauchskonzept) aufbauenden Rechnungswesen die Ergebnisrechnung die zentrale Rechnung ist. Hinzukommen muß eine vollständige Vermögensrechnung, die den Bestand des Bruttovermögens, der Schulden und deren Saldo (Nettoposition, Reinvermögen) nachweist. Der Zusammenhang zwischen Ergebnisrechnung und Vermögensrechnung ist derart, daß der Saldo der Ergebnisrechnung mit der Änderung des Saldos der Vermögensrechnung zwischen zwei aufeinanderfolgenden Bilanzstichtagen übereinstimmt und daß die Ergebnisrechnung das Zustandekommen der Saldoänderung der Vermögensrechnung erklärt. Als dritte Komponente des Rechnungssystems ist eine Finanzrechnung (Zahlungsrechnung) unverzichtbar, in der die Einzahlungen und Auszahlungen und damit die Änderung des Zahlungsmittelbestandes erfaßt werden. Das Rechnungssystem des neuen öffentlichen Rechnungswesens besteht also aus drei Hauptrechnungen: einer Ergebnisrechnung, einer Vermögensrechnung und einer Finanzrechnung (Drei-Komponenten-Rechnungssystem). Alle drei Rechnungen sind systematisch miteinander verbunden (vgl. Abb. 1).

---

[8] Vgl. zu Einzelheiten insbes. *Klaus Lüder*, Konzeptionelle Grundlagen des Neuen Kommunalen Rechnungswesens (Speyerer Verfahren), Stuttgart 1996.

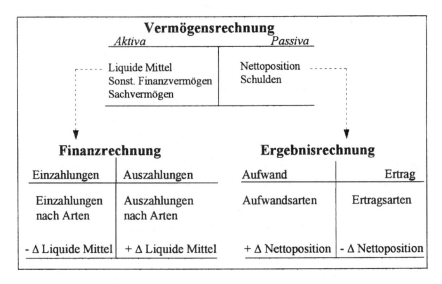

Abb. 1: Drei-Komponenten-Rechnungssystem

Das Rechnungssystem des neuen öffentlichen Rechnungswesens mit seinen drei Hauptrechnungen entspricht einer, um die Finanzrechnung erweiterten Finanzbuchhaltung (genauer: Hauptbuchhaltung). Zur Führung eines solchen Systems verbundener Rechnungen ist die doppelte Buchführung besonders geeignet:

– Die doppelte Buchführung führt die einzelnen Rechnungen des Verbundes in einem geschlossenen System mit eingebautem (quasi automatischem) Kontrollmechanismus. Aus diesem Grunde garantiert die doppelte Buchführung ein hohes (formales) Zuverlässigkeitsniveau der Rechnungen. Dies ist wohl auch der Grund dafür, daß trotz der Fortschritte in der Datenverarbeitung die doppelte Buchführung noch immer als notwendig zur Erfüllung des „Grundsatzes des systematischen Aufbaus der Buchhaltung" von Unternehmen angesehen wird.[9] Wegen der hohen Anforderungen an die Zuverlässigkeit der Finanzrechnung als Haushaltsrechnung oder Bestandteil der Haushaltsrechnung einer Gebietskörperschaft sollte sie in den doppischen Verbund einbezogen werden.

– Gegenüber der kameralistischen (einfachen) Buchführung, mit deren Hilfe – mindestens theoretisch – ein Rechnungsverbund ebenfalls geführt werden kann, besitzt die Doppik den Vorteil der Einfachheit, vor allem bei der Verbuchung von nicht-zahlungswirksamen Transaktionen.

Besondere Merkmale des skizzierten neuen öffentlichen Rechnungssystems auf doppischer Grundlage, die es grundlegend vom handelsrechtlichen Rechnungswesen unterscheiden, sind:

---

[9] Vgl. *Michael Heinhold,* Der Jahresabschluß, 3. Aufl., 1995, S. 45.

- Die „dynamische Bilanzauffassung", d. h. Hauptanliegen des Rechnungssystems ist die Ermittlung des Periodenergebnisses. Der Vermögensrechnung kommt demzufolge primär die Funktion einer (Perioden-) Abgrenzungsrechnung zu.

- Das Führen einer Finanzrechnung als originäre Rechnung und ihre Integration in das doppische Rechnungssystem.

- Die Strukturierung und Bewertung des Vermögens: Es werden zwei Vermögensklassen unterschieden, das Verwaltungsvermögen und das realisierbare Vermögen. Verwaltungsvermögen ist das der Wahrnehmung der öffentlichen Aufgaben gewidmete Vermögen. Zum realisierbaren Vermögen gehören demgegenüber finanzielle Ressourcen und (kurzfristig) in finanzielle Mittel konvertierbare sächliche Ressourcen. Verwaltungsvermögen wird mit dem Anschaffungswert – sofern abnutzbar abzüglich Abschreibungen – bewertet, realisierbares Vermögen mit dem realisierbaren Wert (Veräußerungswert).

- Die genuinen Positionen in den Rechnungen: das Infrastrukturvermögen (Vermögen im Gemeingebrauch), die Transfererträge (Transferforderungen) und die Transferaufwendungen (Transferverbindlichkeiten). Letztere entstehen aufgrund einseitiger Ansprüche gegenüber Dritten oder von Dritten.

- Die Art der Ergebnisspaltung: Die Ergebnisrechnung sieht eine Ergebnisspaltung nach dem betriebswirtschaftlichen Erfolgsspaltungskonzept in ein ordentliches Ergebnis und ein außerordentliches Ergebnis vor.[10] Zu den ordentlichen Erträgen gehören die regelmäßig wiederkehrenden, periodenbezogenen, zur Finanzierung gewöhnlicher staatlicher oder kommunaler Tätigkeiten bestimmten Erträge, also insbesondere Steuern, Zuweisungen sowie Gebühren und Beiträge. Ihnen werden die ordentlichen Aufwendungen gegenübergestellt. Das sind die regelmäßig wiederkehrenden, periodenbezogenen, planbaren Aufwendungen. Das außerordentliche Ergebnis umfaßt[11]

  - außergewöhnliche (ungewöhnliche, selten vorkommende) Aufwendungen und Erträge,
  - periodenfremde Aufwendungen und Erträge (z.B. nachgeholte Rückstellungen),
  - Aufwendungen und Erträge aus der Veräußerung von Vermögensgegenständen und Erträge aus der Herabsetzung von Schulden,
  - Erträge und Aufwendungen aus der Neubewertung von Vermögensgegenständen am Abschlußstichtag.

- Der Ausweis der Nettogesamtschulden. Dies ist die Differenz zwischen realisierbarem Vermögen und Schulden. Sie gibt nicht nur die Schuldendeckung

---

[10] Vgl. *Adolf G. Coenenberg,* Jahresabschluß und Jahresabschlußanalyse, 15. Aufl., 1994, S. 279.

[11] Vgl. *Adolf G. Coenenberg,* S. 601.

durch realisierbares Vermögen an, sondern auch den Anteil der Verschuldung, der der Finanzierung „rentierlichen Vermögens" dient.

V. Implementationsprobleme und Implementationschancen

1. Das Kontingenz-Modell[12]

Mit Hilfe des Kontingenz-Modells wird versucht, die in einem Land vorherrschenden politisch-administrativen Rahmenbedingungen zu spezifizieren, zu typisieren und ihren Einfluß auf die Einführung eines konzeptionell weiterentwickelten, informativeren öffentlichen Rechnungswesens zu analysieren. Damit soll insbesondere ein Beitrag zur Erklärung des Phänomens geleistet werden, daß sich derartige Innovationen in einigen (westlichen) Industrieländern durchsetzen konnten, in anderen hingegen nicht.

Die Strukturierung des Modells orientiert sich insbesondere an den Modellen der – um eine personalistische Komponente oder Verhaltenskomponente erweiterten – organisatorischen Kontingenztheorie (= situativer Ansatz der Organisationstheorie).[13] Damit können sowohl institutionelle Rahmenbedingungen als auch kollektive Verhaltensweisen als Determinanten des Prozeß-Ergebnisses „informativeres öffentliches Rechnungswesen" erfaßt werden. Die Gesamtheit der institutionellen Rahmenbedingungen (= Kontextvariablen) wird entsprechend ihrer primären Funktion im Innovationsprozeß untergliedert in:

– *Stimuli*[14]: Das sind in der Ausgangssituation auftretende Ereignisse, die bei den Nutzern von Rechnungslegungsinformationen einen Bedarf an verbesserten Informationen auslösen und die bei den Informationsproduzenten die Bereitschaft zur Lieferung solcher Informationen erhöhen.

– *Strukturvariablen:* Sie beschreiben gesellschaftliche Merkmale und Merkmale des politisch-administrativen Systems, die die grundlegenden Einstellungen ei-

---

[12] Vgl. dazu insbes. *Klaus Lüder,* A Contingency Model of Governmental Accounting Innovations in the Political-Administrative Environment, in: Chan, James L. / Patton, J. M. (eds.), Research in Governmental and Nonprofit Accounting, Vol. 7, Greenwich / CT, 1992, S. 99–122, insbes. S. 108 ff. und *Klaus Lüder,* The ‚Contingency Model' Reconsidered: Experiences from Italy, Japan and Spain, in: Ernst Buschor / Kuno Schedler (eds.), Perspectives on Performance Measurement and Public Sector Accounting, Bern / Stuttgart / Vienna 1994, S. 1–15.

[13] Vgl. dazu insbes. *Pradip N. Khandwalla,* Design of Organizations, New York u.a. 1977, S. 270 ff.; *Alfred Kieser / Herbert Kubicek,* Organisation, 2. Aufl., 1983, S. 355 ff.; *Georg Schreyögg,* Der Organisationsumwelt-Zusammenhang in neueren organisationstheoretischen Ansätzen, in: Klaus Lüder (Hrsg.), Betriebswirtschaftliche Organisationstheorie und öffentliche Verwaltung – Einige neuere Erkenntnisse und Entwicklungen der Organisationstheorie mit besonderer Berücksichtigung ihrer Bedeutung für Verwaltungsorganisationen, Speyerer Forschungsberichte Nr. 46, Speyer 1985, S. 51–78, hier S. 60 f.

[14] Vgl. *Herbert A. Simon,* Entscheidungsverhalten in Organisationen, 1981 (dt. Übers. nach der 3. Aufl. von Administrative Behavior), S. 126 ff.

nerseits von Informationsnutzern und andererseits von Informationsproduzenten zu einem informativeren öffentlichen Rechnungswesen beeinflussen.

- *Implementationsbarrieren:* Diese implementationshemmenden administrativen Rahmenbedingungen erschweren die Realisierung des im Prinzip gewollten informativeren Rechnungswesens, ja sie können sie im Extremfall sogar verhindern.

Der institutionelle Teil des Modells besteht somit aus vier Modulen: dem Stimuli-Modul, dem Strukturvariablen-Modul der Informationsproduzenten, dem Strukturvariablen-Modul der Informationsnutzer und dem Implementationsbarrieren-Modul. Auf dieser Grundlage werden die folgenden Zusammenhänge postuliert (Basis-Modell):

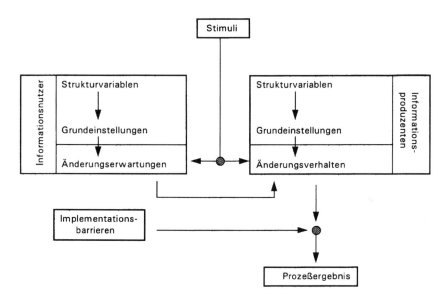

Abb. 2: Kontingenzmodell – Basismodell

2. Situationsmuster

Durch die Kombination unterschiedlicher Ausprägungen der institutionalen Module des Kontingenz-Modells lassen sich (grobe) Situationsmuster (Muster der politisch-administrativen Rahmenbedingungen) gewinnen. Geht man von der einfachst-möglichen Annahme aus, daß jedes Modul in zwei Ausprägungen auftreten kann, so erhält man bei vier Modulen $2^4 = 16$ voneinander verschiedene Situationsmuster. Sie bringen zum Ausdruck, wie günstig/ungünstig die Umweltsituation für die Einführung eines informativeren öffentlichen Rechnungswesens ist. Die beiden Extremsituationen sind dadurch gekennzeichnet, daß in einem Fall die Ausprägung aller Module, im anderen Fall die Ausprägung keines Moduls für die Einführung eines informativeren Rechnungswesens günstig erscheint.

Die Unterscheidung zwischen günstig (+) und ungünstig (–) bei den einzelnen Modulen beruht auf den folgenden Überlegungen:

- Die Ausprägung des Stimuli-Moduls ist „günstig", wenn mindestens ein Stimulus existiert.
- Die Ausprägung des Moduls der gesellschaftlichen Strukturvariablen ist „günstig", wenn entweder ein relativ hoher sozio-ökonomischer Status oder eine „offene" politische Kultur angenommen werden und wenn ferner von starker politischer Konkurrenz ausgegangen werden kann.
- Die Ausprägung des Moduls der Strukturvariablen des politisch-administrativen Systems ist „günstig", wenn entweder
  - die (rechnungswesenbezogenen) Inhalte der Personalausbildung überwiegend dem privatwirtschaftlichen Rechnungswesen zuzurechnen sind oder
  - die Verwaltungskultur als offen *und* die politische Konkurrenz als stark einzuschätzen sind.

  Hierin kommt eine unterschiedliche Gewichtung der Modul-Komponenten durch den Autor zum Ausdruck. Sie wird vor allem damit begründet, daß politische Konkurrenz nur im Zusammenwirken mit den Änderungserwartungen der Informationsnutzer wirksam wird.
- Die Ausprägung des Moduls der Implementationsbarrieren ist „günstig", wenn Implementationsbarrieren nicht existieren.

In Abbildung 3 sind die in die Untersuchung einbezogenen Gebietskörperschaften den definierten Situationsmustern zugeordnet. Diese Zuordnung erfolgt entweder auf der Grundlage der bei Durchführung der empirischen Untersuchungen zwischen 1987 und 1992 in den einzelnen Gebietskörperschaften angetroffenen politisch-administrativen Rahmenbedingungen oder – nämlich falls zu diesem Zeitpunkt ein Innovationsprozeß bereits eingeleitet war – auf der Grundlage der bei Einleitung des Innovationsprozesses bestehenden politisch-administrativen Kontextsituation. Was die Teilstaaten (US-Bundesstaaten, kanadische Provinzen) anbetrifft, erfolgt eine zusammenfassende Zuordnung, da sicher vorhandene Differenzen in den politisch-administrativen Rahmenbedingungen im Rahmen der Grobklassifizierung nicht bedeutsam erscheinen.

Die zusammenfassende Beurteilung der Vorteilhaftigkeit der politisch-administrativen Rahmenbedingungen für die Einführung eines informativeren öffentlichen Rechnungswesens in den einzelnen Gebietskörperschaften läßt sich wohl am besten mit den Worten von Khandwalla als Aussage „... on the basis of research results and/or informed speculation"[15] charakterisieren.

---

[15] *Pradip N. Khandwalla*, a.a.O., S. 279.

Innovationen im öffentlichen Rechnungswesen

Modul	Stimuli		Gesellschaftl. Strukturvariablen		Strukturvariablen d. politisch-admin. Systems		Implementationsbarrieren		Zusammenfassende Beurteilung	
Ausprägung	(+)	(−)	(+)	(−)	(+)	(−)	(+)	(−)	(+)	(−)
CAN (Bund und Provinzen)	x			x	x		x		x	
D		x		x		x		x		x
DK	x			x	x		x		x	
E	x			x	x		x		x	
EU	x		x			x		x		x
F		x		x		x		x		x
I	x			x		x		x		x
J		x		x		x		x		x
S	x			x	x		x		x	
UK	x			x		x	x	x		x
USA (Bund)	x		x		x			x	x	
USA (Staaten)	x		x		x		x		x	

(+): günstig = vorteilhaft für die Einführung eines informativeren öffentlichen Rechnungswesens
(−): ungünstig

Abb. 3: Klassifikation der Gebietskörperschaften

Aufgrund der für die einzelnen Gebietskörperschaften festgestellten Situationsmuster lassen sich folgende Hypothesen formulieren:
- Die politisch-administrativen Rahmenbedingungen für die Einführung eines informativeren öffentlichen Rechnungswesens sind in Kanada, Dänemark, Spa-

nien, Schweden und in den USA vergleichsweise vorteilhaft. In diesen Ländern kann am ehesten erwartet werden, daß Innovationen des öffentlichen Rechnungswesens erfolgt sind oder erfolgen.

- Die politisch-administrativen Rahmenbedingungen für die Einführung eines informativeren öffentlichen Rechnungswesens sind in der Bundesrepublik Deutschland, in Frankreich, in Italien und in Japan vergleichsweise ungünstig. Für die EU (wegen Stimulus und Einflußmöglichkeiten der Informationsnutzer) und Großbritannien (wegen Stimulus und schwacher Implementationsbarrieren) gilt dies nur eingeschränkt. In Deutschland, Frankreich, Italien und Japan sind deshalb Innovationen im öffentlichen Rechnungswesen eher unwahrscheinlich.

3. Implementationschancen in Deutschland

Wie die empirische Untersuchung gezeigt hat, waren die Implementationschancen für Innovationen im öffentlichen Rechnungswesen in Deutschland am Ende der 80er Jahre gering.

Nur schwach ausgeprägte änderungsfördernde strukturelle Faktoren in Verbindung mit bedeutsamen implementierungshemmenden Faktoren schafften eine für die Fortentwicklung des öffentlichen Rechnungswesens ungünstige kontextuale Situation. Dies war insbesondere zurückzuführen auf:

- Schwache politische Konkurrenz (keine Elemente der direkten Demokratie, fehlende Konkurrenz zwischen Parlament und Exekutive, Parteienidentität von Regierung und parlamentarischer Mehrheit).

- Geringer Einfluß berufsständischer Organisationen auf das öffentliche Rechnungswesen.

- Mit dem privatwirtschaftlichen Rechnungswesen nicht oder nur schwach vertrautes Rechnungswesenpersonal.

- Keine finanzielle Problemsituation.

- Keine Kapitalmarktanreize.

- Relativ umfassende und detaillierte, mit Hilfe des Haushaltsgrundsätzegesetzes weitgehend harmonisierte Rechtsvorschriften für das öffentliche Rechnungswesen.

- Institutionell bedingtes Fehlen von Fachpromotoren.

Während der letzten fünf Jahre hat sich das politisch-administrative Umfeld in Deutschland allerdings in mindestens drei Punkten geändert.

- Insbesondere als Folge der deutschen Vereinigung sind die Finanzen von Bund, Ländern und den meisten Gemeinden heute in einem desolaten Zustand. Die finanziellen Engpässe bestimmen weitgehend die politischen Entscheidungen.

- Die bisher vor allen Dingen im angelsächsischen Raum vertretene Doktrin des New Public Management wurde inzwischen auch in Deutschland aufgenommen und hat ein unerwartet starkes Echo gefunden.
- Kommerzielle Organisationen, insbesondere Beratungsunternehmen und Software-Hersteller haben den öffentlichen Bereich als neuen Markt mit beträchtlichem Potential entdeckt. Sie fördern u.a. Änderungen des Rechnungswesens dadurch, daß sie ihre für den privatwirtschaftlichen Bereich entwickelten Produkte und Lösungen nur leicht modifiziert für den öffentlichen Bereich anbieten.

Das hat dazu geführt, daß inzwischen auch in Deutschland die Notwendigkeit von Innovationen im öffentlichen Rechnungswesen weitgehend unbestritten ist und daß mit Neuerungen mindestens experimentiert wird. Schwerpunkt dabei ist die kommunale Ebene, deren (relativ innovationsfreundliche) kontextuale Situation in Abb. 4 auf Seite 262 zusammenfassend dargestellt ist.

- Dominierende Doktrin ist der Managerialismus. Das ist das in Deutschland so genannte Neue Steuerungsmodell, das insbesondere mit Unterstützung der KGSt und der Bertelsmann-Stiftung über die Niederlande nach Deutschland importiert wurde. Nicht zuletzt durch die Ausgestaltung und Vergabe des Carl-Bertelsmann-Preises 1993 erhielt die kommunale Verwaltungsreform auf Basis der Ideen des New Public Management einen deutlichen Anstoß.
- Als institutionelle Fachpromotoren betätigen sich derzeit insbesondere der Deutsche Städtetag, die Städtetage einiger Bundesländer, insbesondere der Städtetag Baden-Württemberg und der Bund der Steuerzahler. Ihre Forderungen zielen in erster Linie auf eine effizientere und effektivere Kommunalverwaltung ab.
- Nachdem die Diskussion um die kommunale Verwaltungsreform eine gewisse Breite erreicht hatte und die Reformrichtung abzusehen war, manifestierte sich auch das kommerzielle Interesse von Beratungsunternehmen und Software-Herstellern am öffentlichen Bereich im allgemeinen und am Kommunalbereich im besonderen. Dies verstärkte und beschleunigte den Reformprozeß.
- Die Kommunale Gemeinschaftsstelle für Verwaltungsvereinfachung (KGSt) kann als eine Institution gesehen werden, die ähnliche Aufgaben wahrnimmt wie die Normsetzungsorganisationen für das öffentliche Rechnungswesen im angelsächsischen Raum. Die Existenz einer solchen Organisation und ihrer Reformvorstellungen förderte zweifellos das Vorankommen der kommunalen Verwaltungsreform und in deren Rahmen auch der Reform des Rechnungswesens in Deutschland entscheidend.
- Die Kommunalverwaltung in Deutschland ist gekennzeichnet durch das Vorhandensein einer Kernverwaltung, die von verselbständigten organisatorischen Einheiten umgeben ist. Diese Organisationen des peripheren Verwaltungsbereichs sind traditionell stärker nach privatwirtschaftlichen Vorbildern organisiert, und sie wenden privatwirtschaftliche Managementtechniken an. Dies erleichtert die unmodifizierte oder modifizierte Übernahme solcher Techniken auch in die Kernverwaltung.

- Zu beobachten ist schließlich ein Wechsel der Einstellungen vieler öffentlicher Bediensteter hinsichtlich des Einsatzes privatwirtschaftlicher Managementmethoden und -instrumente im öffentlichen Bereich. Die Mitarbeiter streben ganz bewußt eine Verbesserung ihres Images in der Öffentlichkeit an: Sie wollen als mindestens ebenso modern, zukunftsorientiert und innovativ gelten, wie die Mitarbeiter von Unternehmen. Der New Public Management-Ansatz der Führung einer Verwaltung in ähnlicher Weise wie der eines Unternehmens unterstützt dieses Streben nach Imageverbesserung.

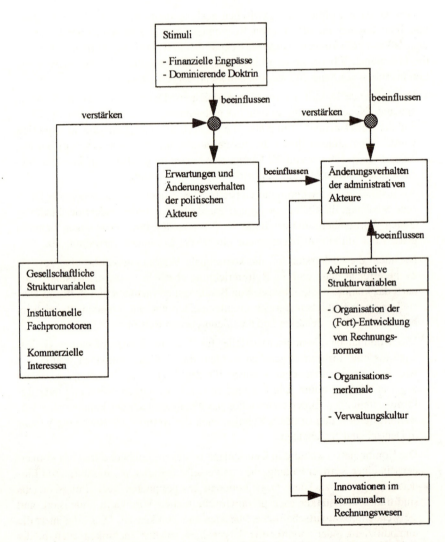

Abb. 4: Der Innovationsprozeß im kommunalen Rechnungswesen in Deutschland

4. Fazit

Zusammenfassend läßt sich festhalten, daß die Reform des öffentlichen Rechnungswesens in Deutschland im Vergleich zu anderen Industrieländern spät in Angriff genommen wurde, daß sie inzwischen aber mindestens auf der kommunalen Ebene konkrete Formen angenommen hat. Vorausgesetzt, die Krise der öffentlichen Finanzen bleibt noch einige Jahre erhalten, wird diese Entwicklung irreversibel sein. Die Hoffnung ist, daß die Neugestaltung des öffentlichen Rechnungswesens von der kommunalen Ebene auf die Ebenen der staatlichen Gebietskörperschaften diffundiert. Neben der Finanzlage werden gleichlaufende internationale Entwicklungen, insbesondere in Verbindung mit der Errichtung der Europäischen Währungsunion diese Diffusion befördern. Wenn der Diffusionsdruck dennoch nicht ausreichend sein sollte, wird der gegenwärtig hohe Harmonisierungsgrad des öffentlichen Rechnungswesens in Deutschland vermutlich aufgegeben. Das bedeutet: Auf den verschiedenen Verwaltungsebenen werden unterschiedliche Rechnungssysteme implementiert, so wie das beispielsweise seit Einführung des Neuen Rechnungsmodells auch in der Schweiz der Fall ist.

Anlagen

Anlage I: Kassenmäßiger Abschluß des Bundes nach § 82 Nr. 1 BHO für das Rechnungsjahr 1994

Kassenmäßiges Jahres- und Gesamtergebnis

a)	Summe der Ist-Einnahmen	471 768 594 133,17
b)	Summe der Ist-Ausgaben	471 768 594 133,17
c)	Kassenmäßiges Jahresergebnis 1	
	- Unterschied aus Buchst. a) und Buchst. b) -	-
d)	Haushaltsmäßig noch nicht abgewickelte kassenmäßige Jahresergebnisse früherer Jahre	-
e)	Kassenmäßiges Gesamtergebnis	
	- Summe Buchst. c) und d) -	-

Anlage II: Haushaltsmäßiger Abschluß des Bundes nach § 82 Nr. 2 BHO für das Rechnungsjahr 1994

Haushaltsabschluß

a)	Kassenmäßiges Jahresergebnis	- DM	
b)	Kassenmäßiges Gesamtergebnis		
a)	Aus dem Vorjahr übertragene Haushaltsreste		
	- Einnahmereste	0,00 DM	
	- Ausgabereste	9.588.079.534,38 DM	
	Summe	9.588.079.534,38 DM	
b)	In das folgende Haushaltsjahr übertragbare Mittel		
	- Einnahme	0,00 DM	
	- Ausgaben	10.214.386.735,93 DM	
	Summe	10.214.386.735,93 DM	
c)	Unterschied aus Buchst. a) und b)1)	- 626.307.201,55 DM	
d)	Rechnungsmäßiges Jahresergebnis	- 626.307.201,55 DM	
e)	Rechnungsmäßiges Gesamtergebnis		10.214.386.735,93

1) + = Verminderung, des Restbestandes;   - = Erhöhung, des Restbestandes

Anlage III: Finanzierungsrechnung des Bundes nach § 82 Nr. 2 BHO für das Rechnungsjahr 1994

Finanzierungsrechnung

a)	Summe der Ist-Einnahmen		471 768 594 133,17
	davon ab		
	- Einnahmen aus Krediten vom Kreditmarkt (Kap. 3201 Tit. 325 11 und 325 13)		
	Krediteinnahmen	139 163 760 355,55 DM	
	Tilgungen	89 090 316 795,78 DM	
	Nettokreditaufnahme	50 073 443 559,77 DM	
	- Entnahmen aus Rücklagen	- DM	
	- Einnahmen aus kassenmäßigen Überschüssen	- DM	
	- Münzeinnahmen	514 309 261,04 DM	50 587 752 820,81
	Summe		421 180 868 312,36
b)	Summe der Ist-Ausgaben		471 768 594 133,17
	- Ausgaben zur Schuldentilgung am Kreditmarkt 1)	- DM	
	- Zuführungen an Rücklagen	- DM	
	- Ausgaben zur Deckung eines kassenmäßigen Fehlbetrages	- DM	471 768 594 133,17
c)	Finanzierungssaldo (Finanzierungsdefizit)		50 587 752 820,81

Anlage IV: Gesamtvermögensrechnung des Bundes nach §§ 73 / 86 BHO für das Rechnungsjahr 1994 (Kurzfassung)

Bezeichnung	Bestand am 1. Jan. 1994 Mio DM	Bestand am 31. Dez. 1994 Mio DM	Bestandsveränd. im Haushaltsjahr 1994 Zugang Mio DM	Bestandsveränd. im Haushaltsjahr 1994 Abgang Mio DM
1	2	3	4	5
Vermögen				
Vermögen der Bundesanstalten	-	-	-	
Betriebsvermögen	16 942	12 619	6 773	11 096
Allgemeines Kapital- und Sachvermögen, Treuhandvermögen	163 530	156 551	8 795	15 774
Vermögen insgesamt	180 472	169 170	15 568	26 870
Schulden				
Finanzkredite	708 934	734 830	37 555	11 659
Kassenverstärkungskredite	-	-	-	
Andere Schulden	216	220	5	1
Schulden insgesamt	709 150	735 050	37 560	11 660

1) Die Zahlen sind gerundet.

Bei den im Haushaltsjahr 1994 eingetretenen Vermögenszugängen beläuft sich die Höhe der auf haushaltsmäßigen Zahlungen beruhenden Wertzugänge auf 10 266 Millionen DM.

Von den vermögenswirksamen Haushaltsausgaben entfallen im wesentlichen auf

Investitionen in Wirtschaftsbetriebe	- Mio DM,
das Beteiligungsvermögen	66 Mio DM,
Anteile an internationalen Einrichtungen	1 610 Mio DM,
Forderungen aus der Hingabe von Darlehen	986 Mio DM,
die sonstigen geldwerten Rechte (Sonstige Geldforderungen, Wertpapiere)	7 604 Mio DM,
Investitionen in Treuhandvermögen	- Mio DM.

Anlage V: Neues Öffentliches Rechnungswesen – Struktur der Ergebnisrechnung

Ergebnisrechnung
+ Steuern und andere Abgaben + Zuweisungen und Beiträge + Sonstige Transfererträge + Gebühren, Beiträge + Privatrechtliche Leistungsentgelte + Erträge aus Kostenerstattungen, Kostenumlagen + Finanzerträge + Aktivierte Eigenleistungen + Sonstige ordentliche Erträge (+ Verrechnete kalkulatorische Kosten)
= Ordentliche Erträge
− Personalaufwendungen − Versorgungsaufwendungen − Sachaufwendungen − Planmäßige Abschreibungen − Zinsen und ähnliche Aufwendungen − Transferaufwendungen − Sonstige ordentliche Aufwendungen (− Kalkulatorische Kosten)
= Ordentliches Jahresergebnis
+ a. o. Ergebnis { + realisiertes a. o. Ergebnis { + realisierte a. o. Erträge / − realisierte a. o. Aufwendungen } / + Bewertungsergebnis { + Werterhöhungen von Gegenständen des realisierbaren Vermögens / − Wertminderungen von Gegenständen des realisierbaren Vermögens } }
= Jahresergebnis

Anlage VI: Neues Öffentliches Rechnungswesen – Struktur der Vermögensrechnung

	Vermögensrechnung	
A.	Schulden	
	+ Geldschulden + Transferverbindlichkeiten + Verbindlichkeiten aus Leistungen + Sonstige Verbindlichkeiten + Pensionsrückstellungen + Sonstige Rückstellungen	
	Schulden insgesamt	
B.	Realisierbares Vermögen	

	+ Sachvermögen
	+ Finanzvermögen
	  • Finanzanlagen
	  • Transferforderungen
	  • Forderungen aus Leistungen
	  • Sonstige Forderungen
	  • Liquide Mittel
	  • Sonstiges Finanzvermögen	

	Realisierbares Vermögen insgesamt	
	Nettogesamtschulden (A. – B.)	
C.	Verwaltungsvermögen	

	+ Immaterielles Vermögen
	+ Sachvermögen
	  • Gewöhnliches Sachanlagevermögen
	  • Sachanlagevermögen im Gemeingebrauch
	  • Vorräte
	+ Finanzanlagen	

	Verwaltungsvermögen insgesamt	
D.	Abgrenzungsposten	
	+ Aktive Rechnungsabgrenzung + Abgrenzungsposten für geleistete Investitionszuschüsse – Passive Rechnungsabgrenzung	
	Abgrenzungsposten insgesamt	
E.	Nettoposition (B. + C. + D. – A.)	

	• Basis–Reinvermögen
	• Rücklagen
	  •• Rücklagen aus Überschüssen des ordentlichen Ergebnisses
	  •• Rücklagen aus Überschüssen des realisierten a.o. Ergebnisses
	  •• Bewertungsrücklage
	  •• Sonstige Rücklagen
	• Ergebnisvortrag in Folgejahr
	• Sonderposten für Investitionszuweisungen und -beiträge	

Anlage VII: Neues Öffentliches Rechnungswesen – Struktur der Finanzrechnung

Finanzrechnung
+ Ordentliche ertragswirksame Einzahlungen − Ordentliche aufwandswirksame Auszahlungen
= Cash Flow I   (Zahlungsüberschuß/-defizit aus gewöhnlicher Geschäftstätigkeit im Rechnungsjahr)
+ Außerordentliche ertragswirksame Einzahlungen − Außerordentliche aufwandswirksame Auszahlungen
= Cash Flow II   (Zahlungsüberschuß/-defizit aus Geschäftstätigkeit im Rechnungsjahr)
+ Einzahlungen aus laufender Geschäftstätigkeit − Auszahlungen aus laufender Geschäftstätigkeit
= Cash Flow III   (Zahlungsmittelüberschuß/-defizit aus lfd. Geschäftstätigkeit)

+ Empfangene Investitionszuweisungen und -beiträge
   (f. abnutzbare Sachanlagen)
+ Einzahlungen aus Desinvestitionen
   ▪ Sachanlagevermögen
   ▪ Finanzanlagevermögen
   ▪ Sonstige Einzahlungen aus Desinvestitionen
− Investitionsauszahlungen
   ▪ Investitionen in Sachanlagevermögen
   ▪ Investitionen in Finanzanlagevermögen
   ▪ Sonstige Investitionsauszahlungen

= Finanzmittelüberschuß/-fehlbedarf
+ Aufnahme von Geldschulden − Tilgung von Geldschulden
= Änderung des Bestandes an liquiden Mitteln

Duale Umweltverantwortung von Staat und Wirtschaft

Verwaltungsrechtliche Gestaltungsprobleme der Zusammenarbeit
im „schlanken" Staat am Beispiel des Zulassungs- und Aufsichtssystems
für Umweltgutachter nach dem Umweltauditgesetz

Von Rainer Pitschas

A. Grundlegung

I. Kooperative Umweltverantwortung in der Bundesrepublik Deutschland

In der Bundesrepublik Deutschland entstand einst der Umweltschutz als Protest gegen die Lebensform der Industriegesellschaft und gegen den Staat, der diese Form protegierte. Mittlerweile haben sich die Verhältnisse grundlegend gewandelt. Heute wird der Umweltschutz als Wegweiser zu neuen ökonomischen und sozialen Chancen begriffen[1]; vom „Umweltstandort" Deutschland profitieren Natur- und Lebensqualität insgesamt – sowie neue Produkte, Berufe und Arbeitsplätze.[2]

Auch der Staat hatte Anteil an diesem Wandel. Umweltschutz wurde im Laufe der Jahre zur Staatsaufgabe erklärt[3] und schließlich als Staatsziel mit dem 42. Gesetz zur Änderung des Grundgesetzes[4] in Art. 20 a der Verfassung verankert. Die umfassende Geltung des Umweltschutzprinzips für Gesetzgebung, Verwaltung und Rechtsprechung sieht sich auf diese Weise von Verfassungs wegen als verbindlich vorgegeben, um die Integrität der Lebensgrundlagen „in Verantwortung für die künftigen Generationen" effektiv zu wahren. Der Umfang dieses verfassungsrechtlichen Schutzauftrags richtet sich u. a. auf das Verbot der Förderung von Umweltbeeinträchtigungen, mithin auf die konsequente Durchsetzung des Verursacher- und Kooperationsprinzips. Die weitere Konkretisierung des Schutzniveaus aus Art. 20 a GG ist allerdings in die Hand der zuständigen Staatsorgane gelegt; in erster Linie ist der Gesetzgeber zum Handeln berufen.[5]

---

[1] Zu der tatsächlichen und wirtschaftlichen Bedeutung des Umweltrechts und Immissionsschutzes siehe z.B. *Helmuth Schulze-Fielitz*, Recht des Immissionsschutzes, in: Reiner Schmidt (Hrsg.), Öffentliches Wirtschaftsrecht, Besonderer Teil 1, 1995, Rdn. 1 ff., 5.

[2] Dazu beispielhaft BASF Aktiengesellschaft (Hrsg.), Umweltbericht 1995, 1996.

[3] *Axel Murswiek*, in: Michael Sachs (Hrsg.), Grundgesetz, 1996, Art. 20a Rdn. 14; *Dietrich Rauschning*, Staatsaufgabe Umweltschutz, in: VVDStRL 38 (1980), S. 167 ff.

[4] Vom 27. 10. 1994 (BGBl. I S. 3146).

[5] *Murswiek* (Fn. 3), Rdn. 48, 57.

Dessen „Prägung" (P. Lerche) des Art. 20 a GG wird erhebliche Zielkonflikte mit den anderen Staatszielbestimmungen hervorrufen. Doch bilden diese mit dem Auftrag der Verfassung zum Schutz der natürlichen Lebensgrundlagen in ihrem Zusammenwirken eine *Harmonisierungsgesamtheit*, die aufgibt nach Wegen zu suchen, allfällige Auseinandersetzungen um einen sozialverträglichen Umweltschutz bzw. eine umweltverträgliche Ökonomie zu reduzieren. Zu diesen Suchpfaden zählt in konsequenter Ausdeutung des Verursacher- und Kooperationsprinzips die in den letzten Jahren eingeleitete Berufung der *Eigenverantwortung* von umweltrelevanten Wirtschaftsunternehmen für den Umweltschutz. Zugleich wird die mögliche Beteiligung gesellschaftlicher Gruppen bei der Konzeption und Durchsetzung umweltpolitischer Zielsetzungen angestrebt.[6] So räumt z.B. das Kreislaufwirtschafts- und Abfallgesetz[7] den Abfallerzeugern und -besitzern die Möglichkeit ein, die auferlegten Entsorgungspflichten eigenverantwortlich wahrzunehmen und Dritte, Verbände oder Einrichtungen der Wirtschaft einzuschalten. Die bisher vorherrschende öffentliche Abfallentsorgung tritt damit gegenüber den Verursacherpflichten subsidiär in den Hintergrund.

Diese Politik der umweltrechtlichen „Deregulierung" und Staatsentlastung im kooperativen Umweltstaat deckt sich mit dem gegenwärtig allgemeinen Übergang zum „schlanken" Staat. In seinem Grundgedanken spiegeln sich zugleich Ansätze zur Staatsreform i. S. einer Stärkung der individuellen und gesellschaftlichen Umweltverantwortungen sowie Überlegungen zu einer ökologischen Reform des Verwaltungsrechts.[8]

II. Ökologische Eigenverantwortung der Wirtschaft als Ziel europäischer Umweltpolitik

Auch die Europäische Union (EU) hat diese Steuerungsoption gewählt. Sie verfügt spätestens seit der Änderung des EWG-Vertrages durch die Einheitliche Europäische Akte[9] in den Art. 130 r – 130 t EGV über eine breite Rechtsgrundlage für eine europaweite Umweltpolitik in Gestalt des Erlasses von europäischem Sekundärrecht.[10] Zentrale Ziele dieser Rechtsetzung sind der Schutz der menschlichen

---

[6] *Schulze-Fielitz* (Fn. 1), Rdn. 193; *Rolf Stober*, Wirtschaftsverwaltungsrecht, 10 Aufl. 1996, § 4 IV 2.

[7] Gesetz zur Förderung der Kreislaufwirtschaft und Sicherung der umweltverträglichen Beseitigung von Abfällen vom 27. 9. 1994 (BGBl. I S. 2705).

[8] *Rainer Pitschas*, Verwaltungsmodernisierung und Verwaltungsrecht im „schlanken Staat", Verwaltung und Management 2 (1996), S. 4 ff., 83 ff., 163 ff.; *Schulze-Fielitz* (Fn. 1), Rdn. 193.

[9] Vom 28. 2. 1986 (BGBl. II S. 1102; ABl EG L 169, S. 1).

[10] Dazu die kritische Zwischenbilanz von *Rüdiger Breuer*, Entwicklungen des europäischen Umweltrechts – Ziele, Wege und Irrwege, 1993, S. 22 ff.; *Matthias Ruffert*, Subjektive Rechte im Umweltrecht der Europäischen Gemeinschaft, 1996, S. 71 ff., 83 ff., 145 ff.

Gesundheit, die Erhaltung, der Schutz und die Qualitätsverbesserung der Umwelt sowie eine umsichtige und rationelle Verwendung der natürlichen Ressourcen (Art. 130 r Abs. 1 EGV). Angestrebt wird der „bestmögliche Umweltschutz".[11] Das europäische Umweltrecht offenbart sich auf diese Weise als ein komplexer Entwicklungsprozeß rechtlicher Grundlagen, in dessen Verlauf die von den Grundfreiheiten des Unionsvertrags geprägte Idee einer ökologisch-sozialen Marktwirtschaft mit den ökonomischen Eigeninteressen und der umweltbezogenen Eigenverantwortung der Wirtschaftsunternehmen in den Mitgliedstaaten der Union gekoppelt wird.

Ein konkretes und signifikantes Beispiel hierfür bilden zum einen die Überlegungen der Europäischen Kommission und von Wirtschaftsverbänden, inwieweit sog. Umweltvereinbarungen gegenüber herkömmlichen hoheitlichen Rechtsbefehls- und Rechtskontrollakten ein geeignetes vorzugswürdiges Instrument der Umweltvorsorge darstellen könnten. Die Frage wird besonders im Hinblick auf eine Verminderung der Schwefeldioxid- und der Stickstoffoxidemissionen diskutiert. Zum anderen finden sich immer häufiger Steuerungsansätze der Umweltpolitik, die angelsächsische Steuerungsmechanismen übernehmen und diese in die fachgesetzlichen Strukturen des deutschen Umweltrechts einfügen. Sie schaffen, wie etwa die Umweltverträglichkeitsprüfung, neuen Raum für die Steuerung von Umweltrisiken[12], oder sie lassen in der Umweltpolitik das informationelle Staatshandeln an Gewicht gewinnen, wie dies die europäische Umweltinformationspolitik belegt.[13]

III. Insbesondere: Das europäische Gemeinschaftssystem für Umweltmanagement und Umweltbetriebsprüfung

In diesen Kontext gehört auch das europäische Gemeinschaftssystem für Umweltmanagement und Umweltbetriebsprüfung, das der Rat der Europäischen Gemeinschaften (EG) am 29. Juni 1993 auf der Grundlage einer Verordnung „über die freiwillige Beteiligung gewerblicher Unternehmen an einem Gemeinschaftssystem für das Umweltmanagement und die Umweltbetriebsprüfung" (sog. Öko-Audit-Verordnung) erlassen hat.[14] Auch diese Verordnung konkretisiert die Ziele und Grundsätze der Umweltpolitik der Gemeinschaft, die vertraglich festgelegt und im übrigen durch verschiedene Ratsentschließungen und Programme der Gemein-

---

[11] *Manfred Zuleeg*, Umweltschutz in der Rechtsprechung des Europäischen Gerichtshofs, NJW 1993, S. 31 (33 f.).

[12] Vgl. nur *Matthias Schmidt-Preuß*, Der verfassungsrechtliche Charakter der Umweltverträglichkeitsprüfung, DVBl. 1995, S. 485 ff.

[13] *Rainer Pitschas*, Allgemeines Verwaltungsrecht als Teil der öffentlichen Informationsordnung, in: Wolfgang Hoffmann-Riem / Eberhard Schmidt-Aßmann / Gunnar Folke Schuppert (Hrsg.), Reform des Allgemeinen Verwaltungsrechts, 1993, S. 219 (297 f.); *Arno Scherzberg*, Freedom of information – deutsch gewendet: Das neue Umweltinformationsgesetz, DVBl. 1994, S. 733 ff.

[14] Verordnung (EWG) Nr. 1836 vom 29. Juni 1993 (ABl. Nr. L 168 v. 10. 7. 1993), S. 1 ff.

schaft zur Umweltpolitik verfestigt sind. Daran anschließend unterstreicht die Verordnung die Rolle und die Verantwortung der *Unternehmenswirtschaft* für den Schutz der Umwelt in der Gemeinschaft.

Die gewerbliche Wirtschaft wird dadurch und gemeinsam mit den Mitgliedstaaten in einen Verantwortungszusammenhang für die Bewältigung der Umweltfolgen ihrer Tätigkeit einbezogen. Staatliche und gesellschaftliche Verantwortung begegnen sich insofern und auf der Ebene des präventiven Umweltschutzes in der Form besonderer Kooperation. So entsteht eine spezifisch ökologische „Verantwortungsgemeinschaft" bzw. *duale Umweltverantwortung*[15] von Verwaltung und Wirtschaft.

1. Das Umweltpolitische Mitwirkungsverhältnis

Die Berufung dieser Verantwortung konstituiert ein *Umweltpolitisches Mitwirkungsverhältnis* (UPMV) zwischen Staat und Wirtschaft, das in seinem Deutungsgehalt an das ehedem von *H. Krüger* entfaltete Wirtschaftspolitische Mitwirkungsverhältnis anzuknüpfen vermag.[16] In seiner Grundstruktur liegt das UPMV darin begründet, daß die Öko-Audit-Verordnung von den Unternehmen die Festlegung und Umsetzung von Umweltpolitik, -zielen und -programmen sowie die Einrichtung wirksamer Managementsysteme verlangt. Diese Verankerung einer rechtlich strukturierten Selbststeuerung privater Unternehmen wird durch eine staatliche Kontrolle zum Schutz der Allgemeinheit ergänzt. Im Kern geht es also um die rechtliche Steuerung von Selbststeuerung. Diese Grundstruktur führt zurück auf Art. 130 s EGV, der i. V. m. Art. 3 lit. k und Art. 130 r Abs. 2 EGV der entsprechenden Verwirklichung des UPMV auch kompetenziell und organisatorisch Raum gibt. Das Leitbild der ökologischen „Verantwortungsgemeinschaft" muß deshalb auch die in der Öko-Audit-Verordnung vorgesehene freiwillige Beteiligung gewerblicher Unternehmen am Gemeinschaftssystem bis hin zu der konkreten Gestaltung des betrieblichen Umweltschutzes prägen. Nicht von ungefähr findet sich deshalb in der Verordnung die Aussage, daß die Unternehmen „ermutigt werden (sollen), sich auf freiwilliger Basis an einem solchen System zu beteiligen" (Erwägungsgründe) und gleichermaßen nicht von ungefähr legt der Rat Wert auf die Beteiligung kleiner und mittlerer Unternehmen an dem Gemeinschaftssystem (Art. 13 Öko-Audit-VO).[17]

Die in Verfolg dieser *dualen Umweltverantwortung* von den Unternehmen einzuleitenden eigenen umweltschützenden Strategien bzw. Maßnahmen müssen nach Ansicht der Gemeinschaft bezüglich ihrer Transparenz und Glaubwürdigkeit durch

---

[15] *Rainer Pitschas*, Verwaltungsverantwortung und Verwaltungsverfahren, 1990, S. 275; *Michael Kloepfer*, Umweltinformationen durch Unternehmen, NuR 1993, S. 353.

[16] *Herbert Krüger*, Das Wirtschaftspolitische Mitwirkungsverhältnis, 1974.

[17] *Beate Maiwald*, Anmerkungen zum Entwurf eines Umweltgesetzbuches – Allgemeiner Teil – aus der Sicht kleiner und mittlerer Unternehmen, GewArch 1993, S. 318 ff.

die Tätigkeit zugelassener *Umweltgutachter* gestärkt werden. Diesen fällt die Aufgabe zu, „die Umweltpolitik, -programme, -managementsysteme und -betriebsprüfungsverfahren sowie die Umwelterklärungen der Unternehmen auf ihre Übereinstimmung mit den einschlägigen Anforderungen dieser Verordnung hin (zu) prüfen und die Umwelterklärungen der Unternehmen für gültig (zu) erklären" (Erwägungsgründe). Demgemäß übernehmen die Umweltgutachter für den von der Öko-Audit-Verordnung angestrebten gesamtheitlichen bzw. integrierenden Ansatz des Umweltschutzes an dem Standort eines Unternehmens spezifische Sicherstellungs- und Gewährleistungsfunktionen. Ihrer Bestellung und Aufsicht kommt daher im UPMV wesentliche Bedeutung zu.[18]

2. Die Zuständigkeit zur Zulassung von Umweltgutachtern und zur Aufsichtsführung

a) Das Zulassungssystem nach der Öko-Audit-Verordnung

Die hierfür in der Öko-Audit-Verordnung enthaltenen Regelungen wollen, wie dies Art. 2 lit. n zum Ausdruck bringt, für die Zulassung der Umweltgutachter und die Aufsicht über sie ein „System" errichten, d. h. das betriebliche Umweltschutzmanagement mit externer (gesellschaftlicher) Kontrolle strukturell koppeln. In diesem Sinne will Art. 6 Öko-Audit-Verordnung Zulassung und Aufsicht geregelt wissen. So können die Mitgliedstaaten für die Zulassung unabhängiger Umweltgutachter und die Aufsicht über ihre Tätigkeit entweder bestehende Zulassungsstellen oder die in Art. 18 Öko-Audit-VO genannten zuständigen Stellen heranziehen oder aber andere Stellen mit einer geeigneten Rechtsstellung benennen oder schaffen. Gleichwie, für welche Alternative sich die Mitgliedstaaten entscheiden, haben sie eine unabhängige und neutrale Aufgabenwahrnehmung sicherzustellen und zu gewährleisten, daß die gewählte Variante mit ausreichenden Mitteln und fachlichen Qualifikationen ausgestattet ist, um die festgelegten Aufgaben wahrnehmen zu können (Art. 2 lit. n, Art. 6 Öko-Audit-VO). Zusätzlich gelten für die Zulassung der Umweltgutachter und die Aufsicht über ihre Tätigkeit die Anforderungen des Anhangs III der Verordnung. Ferner und unabhängig davon haben die Mitgliedstaaten „zuständige Stellen" zu bestimmen, die für die Durchführung der Verordnung und dabei u. a. für die „Listung" der zugelassenen Umweltgutachter (Art. 7 Öko-Audit-VO) verantwortlich sind (Art. 18 Abs. 1 Öko-Audit-VO).

Die skizzierten Regelungen sind *ordnungsrechtlicher* Natur, werden aber in das umweltpolitische Kooperationsverhältnis von Staat und Unternehmen eingebettet. Die Zulassung unabhängiger Umweltgutachter bzw. die Aufsicht über ihre Tätigkeit darf daher nicht einseitig-hoheitlicher Regulierung unterliegen. Zwar dürfen

---

[18] *Kloepfer* (Fn. 15), S. 355; *Joachim Scherer*, NVwZ 1993, S. 11 (16); *Siegfried Waskow*, Betriebliches Umweltmanagement. Anforderungen nach der Audit-Verordnung der EG, 1994, S. 17, 69.

auch die Mitgliedstaaten jeweils selbst eine „zuständige Stelle" schaffen (Art. 6 Abs. 1, 18 Abs. 1 Öko-Audit-VO). Doch ändert dies nichts an der prinzipiellen Aussage des europäischen Verordnungsrechts, wonach das Zulassungssystem „von einer unparteiischen Stelle oder Organisation betrieben wird, die von einem Mitgliedstaat benannt oder geschaffen wurde und ausreichende Mittel und fachliche Qualifikationen sowie über geeignete förmliche Verfahren verfügt, um die in dieser Verordnung für ein solches System festgelegten Aufgaben wahrnehmen zu können" (Art. 2 lit. n Öko-Audit-VO).

b) Zulassung und Aufsicht als komplexe Regelungsaufgabe

Die gewählte Formulierung macht deutlich, daß auch im Hinblick auf das „Zulassungssystem" der Grundsatz der ökologischen Verantwortungsgemeinschaft von Verwaltung und Wirtschaft gelten soll. Die *externe* und *einseitig-staatliche* Steuerung des betrieblichen Öko- und Risikokontrollings durch hoheitliche Ausgestaltung des Zulassungssystems würde dagegen allzu leicht parteiischen Charakter annehmen. Sie drohte, in einen Zielkonflikt zwischen eigenverantwortlichem betrieblichen Umweltmanagement und entsprechender Umweltbetriebsprüfung einerseits sowie der staatlichen Steuerung dieses „Controllings" qua Zulassungssystem andererseits zu führen.[19]

Dies zu vermeiden, ist in den Mitgliedstaaten der Union eine Aufgabe der Erstreckung dualer Umweltverantwortung auf die Strukturen der Prüfung bzw. Zulassung von Umweltgutachtern sowie der Aufsicht über sie. Es verwundert im Hinblick auf diese komplexe rechtliche Gestaltungsaufgabe und -situation nicht, daß die Entwicklung der organisationsrechtlichen Strukturen der Zulassung von Umweltgutachtern und der Aufsicht über ihre Tätigkeit in der Bundesrepublik Deutschland – und dabei in Konkurrenz zu bemerkenswerten Organisationsschöpfungen in Dänemark, Frankreich und Großbritannien[20] – dem Gesetzgeber eine gewisse Kreativität abgefordert hat.

Der Grund hierfür liegt letztlich darin, daß die Aufgabe der Zulassung und Aufsicht organisatorisch und kompetenziell in Deutschland dem Grunde nach weder dem Staat noch der Wirtschaft eindeutig zuzuordnen ist. Sie bewegt sich vielmehr in einem zunehmend ausdifferenzierten Übergangsbereich staatlicher und wirtschaftlicher Kooperationsverhältnisse[21], ohne daß für dessen (verwaltungs-)rechtli-

---

[19] *Kloepfer* (Fn. 15), S. 357.

[20] Vgl. etwa „Danish Agency for Development of Trade and Industry's Statutory Order No. 643 of 7 July 1994 on Accreditation for Certification of Environmental Management Systems and Environmental Verification" (Typoscript); *Dieter Sellner/Jörn Schnutenhaus*, NVwZ 1994, S. 928 (933 m. Fn. 78).

[21] Dazu sehr klar *Rupert Scholz/Josef Aulehner*, Grundfragen zum Dualen System. Verfassungsprobleme und Erneuerung, BB 1993, S. 2250 (2251 ff.); *Christian Koenig*, Internalisierung des Risikomanagements durch neues Umwelt- und Technikrecht?, NVwZ 1994, S. 937 (939 f.).

che Formung klare Vorgaben und kalkulierbare Rechtsfolgen durch die Europäische Gemeinschaft vorab definiert werden konnten.[22]

IV. Das deutsche Umweltauditgesetz

1. Der Streit um die Organisationsstruktur dualer Umweltverantwortung

Es mag daran gelegen haben, daß die Organisations- und Verfahrensregelungen des deutschen Gesetzes „zur Ausführung der Verordnung (EWG) Nr. 1836 / 93 des Rates vom 29. Juni 1993 über die freiwillige Beteiligung gewerblicher Unternehmen an einem Gemeinschaftssystem für das Umweltmanagement und die Umweltbetriebsprüfung (Umweltauditgesetz – UAG)" vom 7. 12. 1995[23] so wenig präzise und fast schon diffus geraten sind, was die Zulassung von Umweltgutachtern und Umweltgutachterorganisationen sowie die Aufsicht hierüber anbelangt. Gleichwohl stellt das Gesetz einen Meilenstein auf dem Weg dar, die gewollte und europarechtlich vorgegebene, über Art. 23 Abs. 1 GG verfassungsrechtlich zu akzeptierende duale Umweltverantwortung von Staat und Wirtschaft in rechtliche Formen „zu gießen" und dabei das in Übereinstimmung mit Art. 20 a GG zur Schadensverhütung notwendige Maß an öffentlicher Steuerung (Kontrolle) dennoch zu bewahren.

Im Gegensatz dazu versuchte der in der Phase der Gesetzwerdung vom Bundesverband der deutschen Industrie in Zusammenarbeit mit dem Deutschen Industrie- und Handelstag und dem Zentralverband des deutschen Handwerks vorgelegte dezentrale Umsetzungsvorschlag zur europäischen Öko-Audit-Verordnung ausschließlich die wirtschaftliche Selbstverwaltung zu aktivieren.[24] Ein alternativ dazu vorgeschlagenes „staatliches" Umsetzungsmodell wurde dagegen abgelehnt.[25] In der Ablehnung lag die Antwort auf das ursprüngliche „Beleihungsmodell" der Umweltverwaltung: Der Bundesminister für Umwelt, Naturschutz und Reaktorsicherheit hatte zu Beginn des Jahres 1994 „Eckpunkte" für ein Gesetz über die Zulassung von Umweltgutachtern und über die Registrierung geprüfter Standorte – Umweltgutachter - und Standortregistrierungsgesetz (USG)[26] – vorgelegt, die im Hinblick auf die Zulassung von Umweltgutachtern und die Aufsicht über diese eine Arbeitsteilung zwischen dem Umweltbundesamt (UBA) und einer sog. „wirtschaftsnahen Institution" vorsahen:

---

[22] Speziell zur Öko-Audit-VO (Fn. 14) auch die zutr. Kritik von *Waskow* (Fn. 18), S. 69.
[23] BGBl. I S. 1591.
[24] Vgl. *Rolf Stober*, Die Zulassung von Umweltgutachtern nach der Öko-Audit-VO, in: Jörn Ipsen u. a. (Hrsg.), Verfassungsrecht im Wandel, 1995, S. 639 (640 ff.).
[25] *Stober* (Fn. 24), S. 648 f.
[26] Typoskript (22. Februar 1994); siehe auch den Entwurf eines Umweltgutachterzulassungs- und Standortregistrierungsgesetzes der BReg, BT-Drs. 13 / 1359, 13 / 1687.

„Bei der Zulassung von Umweltgutachtern prüft die wirtschaftsnahe Institution die Fachkunde des Antragstellers. Sie setzt zur Durchführung der Fachkundeprüfung Prüfungsausschüsse ein; die Prüfer werden aus einer Prüferliste des Umweltgutachterausschusses ausgewählt. Das Umweltbundesamt (UBA) prüft die Zuverlässigkeit und Unabhängigkeit des Antragstellers und trifft unter Zugrundelegung der Fachkundefeststellungen der wirtschaftsnahen Institution die Zulassungsentscheidung. Bei der Aufsicht über das Fortbestehen der Zulassungsanforderungen und über die Qualität der vorgenommenen Begutachtungen prüft die wirtschaftsnahe Institution das Fortbestehen der Fachkundeanforderungen des Umweltgutachters anhand der Qualität der Begutachtungen; das UBA prüft das Fortbestehen der Anforderungen an Zuverlässigkeit und Unabhängigkeit und erläßt erforderlichenfalls Aufsichtsverfügungen.

Zur Unterstützung des UBA und der wirtschaftsnahen Institution wird ein Umweltgutachterausschuß eingerichtet".[27]

Vor dem Hintergrund der dargestellten Grundzüge des geplanten"Beleihungsmodells" der Umweltverwaltung stieß das „Kammermodell" der Wirtschaft zumindest teilweise – z.B. im Hinblick auf die Dezentralisierung und die Konzentration auf eine Bundesgeschäftsstelle – auf verwaltungsseitige Ablehnung.[28] Doch wurde von behördlicher Seite konzediert, daß die Errichtung des „Zulassungssystems" für Umweltgutachter prinzipiell in den Aufgabenkreis der wirtschaftlichen Selbstverwaltung falle und sich auch darauf die freiwillige Selbstverpflichtung der Wirtschaft zum Umweltschutz erstrecke.[29]

2. Gutachterzulassung und Aufsichtsführung „zwischen" Staat und Wirtschaft

a) „Offene" rechtliche Vorgaben des Umweltauditgesetzes

Dies leitet zurück auf den kooperativen Grundansatz des Umweltauditgesetzes. Es knüpft an die (europa-)rechtliche Steuerung der unternehmerischen Umweltpolitik durch Selbststeuerung an, wobei allerdings das deutsche Durchführungsrecht die Ansprüche an die Umweltgutachter hinsichtlich ihrer Voraussetzungen zur Prüfung des Ergebnisses der Eigenverantwortlichkeit der Wirtschaft und deren freiwilliger Selbstverpflichtung verhältnismäßig hoch placiert: ordnungsrechtliche Qualitätsstandards für umweltgutachterliche Tätigkeiten – z.B. die „unparteiische Aufgabenwahrnehmung" (§ 6 Abs. 1 UAG) – sowie die kontrollfähige Verpflichtung der Wirtschaft auf ein wirtschaftsseitiges Risikocontrollingsystem (§ 1 UAG) konstituieren dadurch unter Herstellung von Marktöffentlichkeit ein „offenes" *Modell* der Umweltgutachtertätigkeit. Diese wird zudem von einer der Beteiligung der

---

[27] A.a. O. (Fn. 12), S. 2 f.
[28] Presseerklärung des Bundesministeriums für Umwelt, Naturschutz und Reaktorsicherheit vom 27. 10. 1994.
[29] Vgl. *Th. Fröhlich*, Kurswechsel in der Umweltpolitik, in: Südd. Zeitung v. 23. 11. 1994, S. 4.

Wirtschaft geöffneten hoheitlichen Kontrolle begleitet, wie sie in den Abschnitten 2 – 4 des Gesetzes verankert ist.[30]

Deren Ausgestaltung wie auch die Zulassung der Umweltgutachter werfen im Geflecht der beteiligten Interessen schwierige Rechtsprobleme auf. So führt das UAG den neuen Beruf des *Umweltgutachters* ein, der nach seiner individuellen Zulassung die unternehmensinternen Vorsorge- und Abwehranstrengungen gegenüber Umweltschäden, die der Produktion entspringen (könnten), zertifizieren soll. Verbindliche Richtlinien hierfür und für die Gutachterzulassung durch die „Zulassungsstelle" (§ 28 UAG), die von *beliehenen* juristischen Personen des Privatrechts geführt wird, setzt der neu errichtete *Umweltgutachterausschuß* (§§ 21 ff. UAG) als ein pluralistisch strukturiertes Entscheidungsgremium „zwischen" Staat und Gesellschaft. Ihm fallen weitere Aufgaben zu.

Die *Rechtsfolgen* dieser gesetzgeberischen Organisationsentscheidungen verlaufen sich einstweilen noch im Dunkeln. Beispielsweise spricht § 4 UAG davon, daß die Tätigkeit der Umweltgutachter „keine gewerbsmäßige Tätigkeit" sei. Zweifelhaft bleibt aber, wie dann der berufliche Status einzuordnen ist und ob damit ein Grundstein für die Entwicklung als *Freier Beruf* gelegt wird.[31] Die entscheidende Frage ist allerdings die nach der *Rechtsform* für das Zusammenwirken von Wirtschaft und gesellschaftlichen Gruppen bei der Formierung und Implementation des Begutachtungssystems. Die dazu in den §§ 21 ff. UAG vom deutschen Gesetzgeber vorgehaltenen Möglichkeiten folgen einem Strukturtypus (§§ 22 f., 28 UAG), der einer rechtsförmigen pluralen Kooperation von Wirtschafts- und Umweltverwaltung, Wirtschaft und gesellschaftlichen Interessengruppen in Gestalt des Umweltgutachterausschusses und der Gutachterzulassung sehr viel Raum gibt. Die nicht ganz atypische Konstruktion, die einen „Ausschuß" pluralistisch besetzt und mit Entscheidungskompetenzen ausstattet, daneben aber noch mit dem Instrument der „Beleihung" bei der Gutachterzulassung arbeitet (§ 28 UAG), gibt keine Antwort auf die Frage, wieviel Verantwortung für die Zulassung und Qualifikation von Umweltgutachtern sowie für die Aufsicht einerseits der Wirtschaft und gesellschaftlichen Gruppen zufällt und wieviel andererseits noch dem (zergliederten) Staat verbleibt.

b) Verwaltungsrechtliches „Strukturgerüst"

Insgesamt scheint es so, daß künftig die Umweltprüfung von der Rolle der Privaten auf der öffentlichen Bühne des Umweltschutzes bestimmt werden, dem Staat indessen eine geringfügige Mitwirkung zugestanden bleiben soll.

---

[30] Siehe auch *Dieter Sellner / Jörn Schnutenhaus*, Umweltmanagement und Umweltbetriebsprüfung („Umwelt-Audit") – ein wirksames, nicht ordnungsrechtliches System des betrieblichen Umweltschutzes?, NVwZ 1993, S. 928 ff.

[31] Siehe auch die Erwägungen bei *Stober* (Fn. 24), S. 652 f.; näher hierzu noch *Rainer Pitschas*, Freie Berufe, in: Reiner Schmidt (Fn. 1), Besonderer Teil 2, 1996, Rn. 30.

Die Verwaltungsrechtsdogmatik hat durch die Ausformung einer Reihe *organisatorischer Rechtsfiguren* die in dieser Rollenverteilung liegende und manchmal nur schwer konturierbare Verselbständigung von Verwaltungsträgern und Ausdifferenzierung kooperativer Handlungssysteme freiheitlich aufgenommen und rechts- wie demokratiestaatlich diszipliniert; gleiches gilt für die Entwicklung eines Spektrums rechtlicher Handlungsformen durch das Verwaltungsrecht.[32] Richtet sich somit der Blick auf die verwaltungsrechtlich verfügbaren Strukturformen dualer Umweltverantwortung, so fällt er einerseits auf die bewährte Formentypik der Mitwirkung Privater an der (schlicht) hoheitlichen Verwaltung, wie sie sich in den Rechtsfiguren der Beleihung, Verwaltungshilfe, Indienstnahme und Beauftragung verkörpert.[33] Jenseits davon und andererseits könnte allerdings die Verantwortungsgemeinschaft von Staat, Wirtschaft und gesellschaftlichen Gruppen im (präventiven) Umweltschutz künftig einer funktional selbständig begründeten neuen Formgebung kooperativer Umweltverantwortung für die Zulassung von Umweltgutachtern und die Aufsicht über deren Tätigkeiten bedürfen. Diese dann im Begriff der „Verwaltungspartnerschaft" aufgehobene gesellschaftliche Mitwirkungszuständigkeit für den Umweltschutz gibt als „neue" Handlungsform sowohl der staatlichen als auch der wirtschaftsgesellschaftlichen Kompetenz zur kooperativen Umweltvorsorge hinreichend Ausdruck.

Als weitere Handlungsform hierfür kommt allerdings ebenso die Verwaltungssubstitution i.e.S.[34] neben der privatautonomen Verwaltungspartnerschaft[35] in Betracht. Alle denkbaren Kooperationen von Staat und Wirtschaft bei Errichtung und Betrieb eines Zulassungs- und Aufsichtssystems für Umweltgutachter und auch die Regelungen der §§ 21 ff. UAG bewegen sich im Rahmen dieser zweigliedrigen Formentypik.

---

[32] *Rainer Pitschas*, Entwicklung der Handlungsformen im Verwaltungsrecht – Vom Formendualismus des Verwaltungsverfahrens zur Ausdifferenzierung der Handlungsformen, in: Willi Blümel/Rainer Pitschas (Hrsg.), Reform des Verwaltungsverfahrensrechts, 1994, S. 229 (249 ff.).

[33] Allgemein dazu *Udo Steiner*, Öffentliche Verwaltung durch Private, Berlin 1975; *Matthias Jestaedt*, Demokratieprinzip und Kondominialverwaltung, 1993, S. 58 ff.; zuvor schon *Hans Peter Ipsen*, Festgabe für E. Kaufmann, 1950, S. 141 ff.; *Gunnar Folke Schuppert*, Die Erfüllung öffentlicher Aufgaben durch verselbständigte Verwaltungseinheiten, 1981; speziell mit Bezug auf die „Selbstregulierung" siehe noch *Wolfgang Hoffmann-Riem*, Vom Staatsziel Umweltschutz zum Gesellschaftsziel Umweltschutz, in: DVerw. 28 (1995), S. 425 ff.

[34] Dazu näher *Sibylle von Heimburg*, Verwaltungsaufgaben und Private, 1982, S. 139 ff.

[35] Grundlagen dazu bei *Pitschas* (Fn. 15), S. 275 ff.

B. Organisationsrechtliche Strukturformen umweltbezogener Zusammenarbeit von Staat und Wirtschaft

I. Der Formenkreis des Verwaltungsrechts

1. Überkommene Formentypik

Für die Ausgestaltung der Zusammenarbeit von Staat (Verwaltung) und Wirtschaft bei der Errichtung des Zulassungs- und Aufsichtssystems für Umweltgutachter stellt das Verwaltungsrecht somit an sich ein breites Spektrum von Rechtsformen zur Verfügung. Darin spiegelt sich eine funktional begründete allgemeine Formentypik des Zusammenwirkens Privater und staatlicher Hoheitsträger wider.[36] Diese geht auf der einen Seite – gleichsam entlang eines gedachten Kontinuums graduell differenzierter umweltpolitischer Mitwirkung voranschreitend – von einer Heranziehung Privater zu behördlichen Tätigkeiten in unterschiedlichem Ausmaß aus. Auf der anderen Seite und jenseits einer wirtschaftlichen bzw. umweltbezogenen Selbstverwaltung mündet die Formenvielfalt in die „Entstaatlichung" der Umweltverantwortung durch ein ausschließlich betriebliches System der Zulassung und Beaufsichtigung von Gutachtern ein.[37]

Im einzelnen rechnen der erwähnten Formentypik die Rechtsfiguren der Beleihung, Verwaltungshilfe, Indienstnahme und Beauftragung diesseits der wirtschaftlichen Selbstverwaltung und Entstaatlichung zu.[38] Das oben skizzierte Kammermodell der Wirtschaft[39] beruhte insofern auf dem Selbstverwaltungsprinzip, während das ehemalige Modell der Umweltverwaltung Elemente einer „Beleihung" aufwies und dadurch „staatsnäher" ausgestaltet war.[40]

2. Beteiligung Privater an öffentlichen Aufgaben

Diese Feststellung führt auf die Frage nach den Unterscheidungskriterien für die einzelnen Formen der Mitwirkung Privater an der Umweltverwaltung zurück. Im Vordergrund steht dabei und zunächst die *Beleihung*. Abzugrenzen sind von ihr in der überkommenen Formentypik der Beteiligung Privater an öffentlichen Aufgaben die *Verwaltungshilfe, Indienstnahme* und die *Beauftragung*.

---

[36] *Josef Isensee*, Gemeinwohl und Staatsaufgaben im Verfassungsstaat, in: ders./Paul Kirchhof (Hrsg.), HdbStR, Bd. III, 1988, § 57 Rdnr. 139.

[37] Dazu die Hinweise bei *Jürgen Fluck*, Praktische Aspekte des Verwaltungsverfahrens aus der Sicht eines Großunternehmens, in: Willi Blümel/Rainer Pitschas (Hrsg.), Verwaltungsverfahren und Verwaltungsprozeß im Wandel der Staatsfunktionen, 1997 (i. Ersch.), zu Ziff. 8.

[38] A. a. O. (Fn. 33).

[39] A. a. O. (Fn. 24 und 28).

[40] *Waskow* (Fn. 18), S. 70.

a) Beleihung

Bei der Beleihung handelt es sich um eine traditionelle Organisationsform des Verwaltungsrechts, bei der einzelnen juristischen Personen des öffentlichen oder auch des Privatrechts von Staats wegen die Zuständigkeit eingeräumt wird, bestimmte einzelne hoheitliche Kompetenzen im eigenen Namen wahrzunehmen.[41] Insoweit dient sie dem Zweck, die öffentliche Verwaltung zu dezentralisieren und dieser private Initiative, privates Verwaltungspotential und wirtschaftliche (oder auch umweltbezogene) Sachkenntnis nutzbar zu machen.

Für die Abgrenzung gegenüber anderen Formen der Einschaltung Privater in das Staatshandeln ist bei der Beleihung vor allem dessen organisatorische Eingliederung in das System einer Verwaltungskörperschaft, verbunden mit der Übertragung originärer Hoheitsbefugnisse, entscheidend.[42] Damit einher geht das Recht des Privaten, diese Hoheitsbefugnisse wahrzunehmen. Beleihung ist auf diese Weise ein bestimmte Form der Wahrnehmung *staatlicher* Aufgaben durch Teilhabe an der exekutivischen Organgewalt, wobei danach zu differenzieren ist, ob der Beliehene im Außenverhältnis selbständig mit hoheitlichen Befugnissen auftritt, oder ob er an Handlungen beteiligt ist, die von der Verwaltung nach außen in eigenem Namen wahrgenommen werden.[43] Rein begutachtendes Handeln des Privaten (z. B. hinsichtlich der körperlichen und geistigen Eignung eines Führerscheinbewerbers oder hinsichtlich der Betriebserlaubnis für Einzelfahrzeuge) enthält allerdings keine hoheitlichen Tätigkeiten.[44] Denn hier macht sich die Behörde nur die Sachkunde zunutze, trifft aber selber – und nicht zwingend mit dem Sachverständigengutachten übereinstimmend – die Entscheidung.

Eben diese Aufgabenteilung sieht § 9 Abs. 1 i. Verb. mit § 28 UAG für die Zulassung als Umweltgutachter vor. Die Zulassungsstelle prüft den Antragsteller auf seine Zuverlässigkeit und Unabhängigkeit. Sie trifft zugleich unter Zugrundelegung der Fachkundefeststellungen die Zulassungsentscheidung. Darüber hinaus erteilt die Zulassungsstelle gem. § 10 UAG die Zulassung als Umweltgutachterorganisation. Jeweils aber bleibt ihr Handeln unselbständig. Die Umweltverwaltung macht sich also die Hilfe zunutze, behält aber selbst die volle Entscheidungsfreiheit. Gegenüber den Antragstellern bzw. zuzulassenden Gutachtern tritt auch nur sie selbst als Entscheidungsträgerin auf.

---

[41] *Hans J. Wolff / Otto Bachof / Rolf Stober*, Verwaltungsrecht II, 5. Aufl. 1987, § 104 Rdnr. 3.

[42] *Wolfgang Martens*, Öffentlich als Rechtsbegriff, 1969, S. 133.

[43] *Hans J. Wolff / Otto Bachof / Rolf Stober* (Fn. 41), § 104 Rdnr. 5 (Buchst. h).

[44] *Hans J. Wolff / Otto Bachof / Rolf Stober* (Fn. 41), § 104 Rdnr. 10 a. E.; zu den Beispielen im Text siehe ferner *Rüdiger Michaelis*, Der Beliehene, Diss. Münster 1969, S. 97.

b) Verwaltungshilfe und andere Beteiligungsformen

Dennoch liegt keine bloße *Verwaltungshilfe* vor. Diese stellt zwar ebenfalls eine Form der institutionellen Verbindung privater Tätigkeit mit Staatsaufgaben dar. Dabei stützt sich die Verwaltung auf den Privaten als mehr oder weniger technischen Erfüllungshilfen. Er übernimmt die unselbständige (technische) Ausführung staatlicher Tätigkeiten und stellt sein Wissen der Verwaltung als „Verwaltungshelfer" zur Verfügung. Umgekehrt macht sich die Behörde seine Hilfe zunutze, behält aber selbst die volle Entscheidungsfreiheit. Ersichtlich verzichtet aber § 28 UAG auf diese Form der Einschaltung Privater in das staatliche Verfassungshandeln.

Ebenso scheidet die gesetzliche *Indienstnahme* Privater für Verwaltungsaufgaben oder auch deren *Beauftragung* im vorliegenden Kontext als Beteiligungsform aus. Denn hiermit werden Vorgänge bezeichnet, bei denen der Staat in Ermangelung bzw. zur Schonung verwaltungseigener Mittel die persönlichen oder sächlichen Kräfte Privater kraft Gesetzes oder – im Falle der Beauftragung – durch Vertrag in Anspruch nimmt, um durch sie öffentliche Aufgaben erledigen zu lassen.[45] Bei alledem stehen Indienstgenommene bzw. Beauftragte zwar in einem (öffentlich-rechtlichen) Rechtsverhältnis zum Staat. Ihnen sind aber nur Aufgaben zur Erfüllung, keine Kompetenzen zur Wahrnehmung übertragen. Die bislang erörterten Kompetenzen Privater im Rahmen des Zulassungs- und Aufsichtssystems für Umweltgutachter sowie die von der Öko-Audit-Verordnung entfalteten Anforderungen an die Systemgestaltung sind mit diesen beiden Rechtsfiguren nicht zu erfassen.

3. Wirtschaftliche Selbstverwaltung

Der Rückgriff auf die überkommene Formentypik des Verwaltungsrechts bei der Heranziehung Privater zur Erfüllung von Verwaltungsaufgaben im Umweltrecht erweist sich allerdings für die Suche nach geeigneten Struktur- bzw. Rechtsformen der Zusammenarbeit von Wirtschaft und Verwaltung bei der Errichtung eines Zulassungs- und Aufsichtssystems für Umweltgutachter nur bedingt als hilfreich, wie die Regelungen der §§ 21 ff. UAG zum *Umweltgutachterausschuß* zeigen. Denn die erörterten Typen der Aufgabenbeteiligung sind einerseits viel zu stark durch den Aspekt der Kompetenz-Kompetenz des Staates, (öffentliche) Aufgaben an sich zu ziehen, geprägt. Auf der anderen Seite, obschon im Zusammenhang damit, rückt der Gesichtspunkt einer „Privatisierung" von Staatsaufgaben jedenfalls im Umweltschutzbereich allzusehr in den Vordergrund. So kommt es dazu, daß die skizzierte Formentypik die Eigentümlichkeit des „kooperativen" Umweltstaates, wie ihn neuerdings auch Art. 20a GG als Staatszielbestimmung verankert[46], vernachlässigt. Allerdings ist festzustellen, daß auch das *umweltverfassungsrechtliche*

---

[45] *Hans J. Wolff / Otto Bachof / Rolf Stober* (Fn. 41), § 104 Rdnr. 5 (Buchst. j).
[46] Dazu *Klaus Meyer-Teschendorf*, ZRP 1994, S. 73 ff.

Kooperationsprinzip noch keine festen Konturen aufweist. Diese gilt es zunächst herauszuarbeiten, bevor tiefer noch in die Formendiskussion im Verhältnis der Zulassung der Umweltgutachter zur Tätigkeit des Gutachterausschusses eingetreten wird.

a) Umweltpolitisches Mitwirkungsverhältnis

Versucht man, die rechtliche Struktur des Kooperationsprinzips nach Maßgabe des verfassungsrechtlichen Staatszieles „Umweltschutz" näher auszuformen, so bietet sich hierfür das Institut des „Umweltpolitischen Mitwirkungsverhältnisses" an. Ausgehend von dem Zweck der umweltbezogenen Kooperation, daß nämlich weder Staat noch Gesellschaft (Bürger) die Aufgaben des Umweltschutzes allein erfüllen können oder wollen, sondern beide – jeweils nach ihren Kräften und auf ihre Eigenart – den Umweltschutzzweck tragen und verfolgen, gründet das Handeln beider Träger von Umweltbelangen auf einer *gemeinsamen ökologischen Verantwortung*. Diese konstituiert eine Form von Gesellschaftsverhältnis ähnlich dem, das schon *H. Krüger* für die Kooperation zwischen Staat und Wirtschaft vorgeschlagen hat.[47] Allerdings ist es nicht nur bilateral gestaltet, insofern auch weitere gesellschaftliche und nicht nur ökonomische Umweltinteressen daran teilhaben.

Aus dieser mehrpoligen verfassungsgeleiteten Interessenverknüpfung ergibt sich für die Rechtsfolgen aus der Kooperation von Staat und Privaten (Wirtschaft) im Umweltbereich ein Netzwerk von (auch drittbezogenen) Mitwirkungspflichten und -rechten an der Gestaltung des Umweltschutzes, in das unmittelbare Gegenleistungen beider Verantwortungsträger untereinander einbezogen sind. Denn sie schulden sich als Inhaber einer dualen Umweltverantwortung gegenseitig bestimmte Pflichten zur Rücksichtnahme; sie bilden insoweit und ferner in bezug auf Dritte hinsichtlich der Zweckerreichung eine ökologische Pflichten- und Risikogemeinschaft.[48]

Auf der Grundlage eines solchermaßen gestalteten *Umweltpolitischen Mitwirkungsverhältnisses* der Privaten einschließlich der Wirtschaft wird die letztere nicht nur zum „Sachwalter" umweltpolitischer Belange, sondern es steht jedem privaten Wirtschaftsunternehmen zu, in Eigenverantwortung für die Bewältigung der Umweltfolgen seiner Tätigkeiten an der Festlegung und Umsetzung von Umweltpolitik, -zielen und -programmen durch die Entwicklung eines wirksamen Umweltmanagements und entsprechender Umweltbetriebsprüfung teilzuhaben. Dies hat die Öko-Audit-Verordnung zu recht erkannt.[49] Der deutsche Gesetzgeber hat sich diese Position, wie eingangs dargelegt, zu eigen gemacht. Freilich entspricht der skizzierten Eigenverantwortung zugleich eine Verpflichtung auf das öf-

---

[47] A. a. O. (Fn. 16), S. 40.

[48] In dieser Richtung auch *Ernst-Hasso Ritter*, Der kooperative Staat, in: AöR 104 (1979), S. 389 (396); siehe ferner *Eberhard Bohne*, Aktuelle Ansätze zur Reform umweltrechtlicher Zulassungsverfahren, in: Blümel / Pitschas (Fn. 32), S. 67.

[49] Zu eng insoweit *Waskow* (Fn. 18), S. 16 f.

fentliche Interesse – und dies meint auch Einschränkungen der Privatautonomie. M.a.W. hat das umweltrechtliche Kooperationsprinzip ein Miteinander, ein Aufeinander-angewiesen-sein von Staat und Privaten (Wirtschaft) im Bereich des Umweltschutzes zur Folge, das einerseits eine möglichst weitgehende Beteiligung aller gesellschaftlichen Gruppen bei der Konzeption und Durchsetzung umweltpolitischer Zielsetzungen gewährleistet, andererseits aber durchweg den Staat als *Partner* in die Kooperationsvorgänge einbezieht.

b) Selbstverwaltung der Wirtschaft

Folgt man diesem gedanklichen Ansatz einer *mediatisierten Verantwortungspartnerschaft* auch für die Umsetzung der EG / Öko-Audit-Verordnung durch die §§ 21 ff., 28 UAG, so könnte dies einen Zwang zur Verbindung (nicht aber: Übertragung) der Zulassung und Aufsicht über Umweltgutachter mit der *wirtschaftlichen Selbstverwaltung* bedeuten.

Die Selbstverwaltung der Wirtschaft steht organisatorisch neben der staatlichen und kommunalen Wirtschaftsverwaltung bzw. -förderung. In einem strengen Sinne rechnen ihr nur diejenigen Institutionen zu, die in öffentlich-rechtlicher Organisationsform staatliche oder öffentliche Verwaltungsaufgaben für bestimmte private Wirtschaftszweige erledigen. Insbesondere handelt es sich dabei um die Industrie- und Handelskammern sowie um die Handwerkskammern.[50]

Eine solche Kennzeichnung der wirtschaftlichen Selbstverwaltung entspricht der Tradition dieses Rechtsinstituts. Allerdings ist der Begriff „Selbstverwaltung der Wirtschaft" normativ weder vorgeprägt noch konkretisiert. Vor allem institutionelle Überlegungen, die sich aus den Anforderungen einer modernen Wirtschaftspolitik in ihren industrie-, regional-, sozial- und seit geraumer Zeit auch umweltpolitischen Zusammenhängen ergeben, fordern dazu auf, den Begriffsinhalt weiter zu fassen. Dies betrifft zum einen die Wahrnehmung einer spezifischen *umweltpolitischen Verantwortung*. Insofern sich nämlich die offene Wirtschaftsverfassung des Grundgesetzes nunmehr durch die Verankerung des zu den weiteren Staatszielbestimmungen gleichrangigen Umweltschutzziels in eine Verfassung der sozial-ökologischen Marktwirtschaft transformiert sieht, erweitert sich auch der Aufgaben- und Verwaltungskreis der wirtschaftlichen Selbstverwaltung: Die *umweltwirtschaftliche Selbstverwaltung* (durch Kammern) ist als konsequente Umsetzung der verfassungsstaatlichen Geltung des Umweltschutzprinzips anzusehen. Es liegt auf dieser Linie, innerhalb des Rahmens der „Selbstverwaltung" auch die Zusammenarbeit von Kammern mit privaten Umweltschutzorganisationen wie der TGA als Public-Private-Partnership nicht nur als zulässig, sondern sogar als verfassungsrechtlich legitim und gefordert einzuordnen.[51]

---

[50] *Reiner Schmidt*, Öffentliches Wirtschaftsrecht, AT, 1990, S. 410 ff., 413 f.
[51] Vgl. zurückhaltender *Stober* (Fn. 24), S. 660.

Zum anderen und ergänzend hierzu erweitert sich der Begriffsgehalt der wirtschaftlichen Selbstverwaltung in Bezug auf die Reichweite der instrumentell unterlegten Verbandskompetenz von Selbstverwaltungsträgern – hier: der Industrie- und Handelskammern bzw. der Handwerkskammern. Zwar bleiben von diesen nach wie vor die rechtlichen Grenzen einzuhalten, die sich aus dem überkommenen Aufgabenbestand der Kammern und aus dem gesetzlich vorgeformten Typ der wirtschaftlichen Selbstverwaltung ergeben. Weder darf die Substanz des Selbstverwaltungsrechts ohne hinreichende sachliche Begründung ausgehöhlt, noch darf es über alle Maßen auf fremde Aufgaben ausgedehnt werden. Diese Grenzen sind vor allem dort zu berücksichtigen, wo Tätigkeiten in wirtschaftliche Selbstverwaltung genommen werden sollen, die typischerweise – wie die Aufsicht über Freie Berufe – nicht zu den Selbstverwaltungsaufgaben der genannten Kammern gehören würden.[52] Der Sachzusammenhang mit dem Aufgabenbereich der *umweltbezogenen* Wirtschaft bleibt es letztlich, der die Reichweite der Verbandskompetenz von wirtschaftlicher Selbstverwaltung auch auf dem Gebiet der Zulassung von Gutachtern bzw. der Berufszulassung insgesamt legitimiert.[53]

Im Ergebnis bildet sonach die wirtschaftliche Selbstverwaltung im engeren wie im weiteren Sinne einen integrierten Bestandteil der partnerschaftlichen Umweltverantwortung von Staat und Wirtschaft. Sie erfüllt in bezug hierauf und materiell die „Gemeinschaftsaufgabe" der Umweltsteuerung in eigener Zuständigkeit. Die Grenzen ihres Mandats zur Eigensteuerung liegen dann – von der behördlichen Gutachterzulassung gem. § 28 UAG bzw. zur Aufsichtsführung einmal abgesehen – dort, wo die der Eigenverantwortung immanente Pflicht zur Rücksichtnahme auf andere Partialinteressen innerhalb und außerhalb der Wirtschaft aktualisiert wird (z. B. Aufstellung von Prüferlisten gem. § 21 Abs. 1 Ziff. 2 UAG, Einbezug der Vertreter anderer Umweltinteressen gem. § 22 Abs. 1 UAG etc.).

Mit dieser Maßgabe kann die wirtschaftliche Selbstverwaltung im Bereich des Gemeinschaftssystems für Umweltmanagement und Umweltbetriebsprüfungen in erheblichem Ausmaß das unmittelbare staatliche Handeln ersetzen. Dementsprechend wird sie als eine Art von „Verwaltungssubstitut" tätig: Der Staat organisiert das betriebliche Umweltmanagement in *der* Form, daß er seine eigenen Kompetenzen zurücknimmt und diesen Anteil durch die Tätigkeit der Träger wirtschaftlicher Selbstverwaltung ersetzt.[54] Gewendet auf das System für die Zulassung und Beaufsichtigung von Umweltgutachtern und für die Registrierung geprüfter Standorte in der Bundesrepublik Deutschland bedeutet dies dreierlei: Da die Öko-Audit-Verordnung die Eigenverantwortung der Unternehmen hervorhebt und zugleich die Beteiligung kleiner und mittlerer Unternehmen fördern will, ist es richtig und für den Vollzug vorrangig, daß die Selbstverwaltung der Wirtschaft in die Zulassung von Umweltgutachtern und die Registrierung der ihnen ohnehin anvertrauten Unter-

---

[52] *Stober* (Fn. 6), § 43 II.
[53] *Schmidt* (Fn. 50), S. 406, 412.
[54] Vgl. auch *Koenig* (Fn. 21), S. 939.

nehmen eingeschaltet wird. Insofern die Verordnung andererseits die unverückbare Letztverantwortung der Mitgliedstaaten nicht nur nicht in Frage stellt, sondern unterstreicht, bleibt nach der *kondominialen Organisation* der Umsetzung im deutschen Umweltauditgesetz zu fragen. Und schließlich sagt die Verwaltungssubstitution durch wirtschaftliche Selbstverwaltung noch nichts über die einzelnen Befugnisse und Pflichten aus, die sich hieraus für die Selbstverwaltungsorganisation ergeben. Diese lassen sich erst aus der Entscheidung für eine spezifische rechtliche *Strukturform der kondominialen Verantwortung* entnehmen.

c) Betriebliche Gutachterbestellung und -aufsicht

Wirtschaftliche Selbstverwaltung i. d. S. dient der Reduzierung staatlicher Einflußnahme auf das betriebliche Umweltmanagement und der Zulassung von Umweltgutachtern zugunsten stärkerer Eigenverantwortlichkeit der Wirtschaft und weiterer gesellschaftlicher Instanzen. Insoweit sieht sich auch die Einschaltung Privater in die Umsetzung der Gemeinschaftsvorschriften zur betrieblichen Umweltprüfung durch den Bestand einer sowohl staatlichen als auch gesellschaftlichen Aufgabe und dementsprechend von einer Verpflichtung zur Selbstverwaltung geprägt. Allerdings verweist solche duale Umweltverantwortung noch auf eine weitere *und neben* dieser bestehenden Verantwortungsqualität, nämlich auf die unmittelbar umweltpflichtige *Selbstverantwortung* der Unternehmen. Es handelt sich insofern um eine wirtschaftsgesellschaftliche Eigenkompetenz für das Umweltmanagement und die Umweltbetriebsprüfung, die durch das Element der „Selbstverwaltung" der Wirtschaft zwar überformt, aber nicht aufgezehrt wird. Die spezifische Unternehmensverantwortung für Umweltmanagement und Umweltbetriebsprüfung existiert weiterhin.

Diese unternehmensbezogene Eigenkompetenz für die Bewältigung der Umweltfolgen – wie sie auch die Öko-Audit-Verordnung betont – fußt, was bspw. den Einsatz interner Sachverständiger bei der sog. „Technischen Anlagenüberwachung" in der Bundesrepublik Deutschland anbelangt, auf langjähriger rechtlicher Anerkennung. So sind etwa in chemischen Großunternehmen eigene Betriebsangehörige als amtlich anerkannte Sachverständige im Sinne des Gerätesicherheitsgesetzes (GSG)[55] mit der Prüfung von überwachungsbedürftigen Anlagen nach § 2 Abs. 2a GSG – ehemals § 24 GewO –, nämlich von Druckbehältern, Rohrleitungen, Behältern zum Transport verdichteter oder verflüssigter Gase, Anlagen zum Lagern und Abfüllen von brennbaren oder wassergefährdenden Flüssigkeiten sowie von Aufzugsanlagen, elektrischen Anlagen in explosionsgefährdeten Bereichen sowie mit der Prüfung aufgrund von berufsgenossenschaftlichen Unfallverhü-

---

[55] Zu dessen jüngster Änderung unter der Maßgabe der einschlägigen EG-Maschinenrichtlinie (89/391/EWG) und der Änderungsrichtlinie (91/368/EWG) vgl. *Bernd Kaufmann*, DB 1994, S. 1033 (1036 f.).

tungsvorschriften befaßt.⁵⁶ Vorgehalten wird dadurch eine *wirksame* betriebliche Umweltschutzorganisation, die durch die Überwachung seitens solcher Sachverständiger gewährleistet wird, die als Betriebsangehörige vollständig mit dem Betrieb vertraut sind.

Ganz entsprechend dieser Überlegung dürfen auch heute und z. B. gem. § 1 Abs. 3 Buchst. e der rheinland-pfälzischen Landesverordnung über die Organisation der technischen Überwachung solche geeigneten Ingenieure als Sachverständige anerkannt werden, die „einem Unternehmen angehören, das bei Inkrafttreten dieser Verordnung Mitglied der Vereinigung der Technischen Überwachungsvereine ist und an deren Erfahrungsaustausch teilnimmt".⁵⁷ Ebenso sieht etwa § 31 Abs. 1 Nr. 3 der Druckbehälterverordnung vor, daß Mitarbeiter eines Unternehmens als Sachverständige für die Prüfung der in diesem Unternehmen betrieben Behälter anerkannt werden können.⁵⁸ Und nach § 29a Abs. 1 BImSchG⁵⁹ kann die Behörde es zulassen, daß bestimmte angeordnete Untersuchungen vom betrieblichen Störfallbeauftragten statt von externen Sachverständigen durchgeführt werden können. M. a. W. stellt der Gesetzgeber im Bereich des Anlagenzulassungsrechts die besonders organisierte *Eigenüberwachung* durch das Unternehmen der staatlichen Überwachung gleich.⁶⁰

Daran anknüpfend bleibt zu überlegen, ob nicht i. S. des § 28 UAG Großunternehmen als juristische Personen des Privatrechts unmittelbar und jenseits der vermittelten Teilhabe qua wirtschaftlicher Selbstverwaltung in die Zulassung von Umweltgutachtern direkt eingebunden und als „Zulassungsstelle" tätig werden könnten. Die langjährigen Erfahrungen mit der fachkundigen, objektiven, integren und offenkundig keinerlei kommerziellen Druck ausgesetzten betrieblichen Eigenüberwachung in den voraufgehend erwähnten Bereichen belegen, daß die Anforderungen des Gemeinschaftssystems für das Umweltmanagement und die Umweltbetriebsprüfung an eine „unabhängige und neutrale Aufgabenwahrnehmung" (Art. 6 Abs. 2, Anhang III Öko-Audit-VO) der auf bestimmte Großunternehmen zu beschränkenden Errichtung eines solchen *privatautonomen Zulassungssystems* nicht entgegenstehen müßten. Die Befürchtung eventueller Abhängigkeiten solcherart bestellter Gutachter vom Großunternehmen liegt im Hinblick auf § 6 Abs. 2 Ziff. 1 lit. b UAG zwar nahe, muß aber nicht durchschlagen. Denn auch bei der Errich-

---

56 Vgl. für das Beispiel der BASF näher *Fluck* (Fn. 37).

57 Zul. geändert durch VO vom 29. 10. 1969 (GVBl. S. 190).

58 Siehe ferner den Vorschlag für eine RiL des Rates zur Angleichung der Rechtsvorschriften der Mitgliedstaaten über Druckgeräte (93/C 246/01), ABl. Nr. C vom 9. 9. 1993, S. 1 ff. (Art. 5 mit Anhang V: „Zulassung von Abnehmerprüfstellen").

59 In der Fassung der Bekanntmachung vom 14. Mai 1990 (BGBl. I S. 880).

60 *Udo Steiner*, Technische Kontrolle im privaten Bereich – insbesondere Eigenüberwachung und Betriebsbeauftragte, in: Rüdiger Breuer / Michael Kloepfer / Peter Marburger / Meinhard Schröder (Hrsg.), Technische Überwachung im Umwelt- und Technikecht, UTR Bd. 4, 1989, S. 19 (27).

tung eines vom Unternehmen getrennten Systems für die Zulassung und Beaufsichtigung von Umweltgutachtern werden diese von den zu prüfenden Unternehmen für ihre Prüfungstätigkeiten bezahlt. Auch dies schafft Abhängigkeiten, z. B. soweit es um Folgeaufträge, das vertragliche Verhältnis mit dem Unternehmen (Anhang III B. 2. der Verordnung) u. a. m. geht. Im übrigen bietet die Regelannahme des § 6 Abs. 2 UAG genügend Spielraum für Ausnahmeentscheidungen der Zulassungsstelle und entsprechende Vorgaben des Gutachterausschusses nach § 21 Abs. 1 Ziff. 1 UAG.

II. Auswahl verantwortungsgerechter Kooperationsformen

1. Formenwahl als Konfliktentscheidung

Der Blick auf das Tableau der insgesamt verfügbaren rechtlichen Strukturformen einer Zusammenarbeit von Wirtschaft und Verwaltung bei der Errichtung des Zulassungs- und Aufsichtssystems für Umweltgutachter dokumentiert die Möglichkeiten der Gestaltung, die dem deutschen Gesetzgeber offenstanden. Die Frage, wie die Zulassung von Umweltgutachtern und die Aufsicht über sie durchzuführen und die geprüften Standorte zu registrieren waren, galt es deshalb im Wege einer entsprechenden *Wahlentscheidung* zu beantworten.

Diese ist allerdings, wie bereits die anfänglichen Erörterungen zu den von Wirtschaft und Verwaltung entwickelten „Zulassungsmodellen" gezeigt haben, nicht unproblematisch. Denn in der gewählten Strukturform spiegelt sich die grundsätzliche Entscheidung über die Reichweite wider, die der freiwilligen Selbstverpflichtung und Eigenverantwortlichkeit der Wirtschaft im Umweltsektor zukommen soll. Die Wahl der rechtlichen Strukturform für das Zulassung- und Aufsichtssystem stellt sich somit als eine *Konfliktentscheidung* dar. Sie ergeht vor dem Hintergrund einer Spannungslage zwischen der Einordnung des Umweltschutzes als eine „staatlichen Veranstaltung", in deren Dienst nach verbreiteter Ansicht auch die Öko-Audit-Verordnung stehen soll[61], und dem Verständnis eines wirksamen Umweltschutzes als (auch) wirtschaftsgesellschaftliche Aufgabe, die zumindest eine *kondominiale* Zuständigkeit der wirtschaftlichen Selbstverwaltung für die innerstaatliche Errichtung des Zulassungs- und Aufsichtssystems und zur Benennung der Registrierungsstelle zu begründen vermag.[62] Dementsprechend verkörperten die ehemals im Gesetzgebungsprozeß diskutierten „Modelle" entweder – wie das „Beleihungsmodell" der Umweltverwaltung – eine zwar kooperative, aber doch staatsnahe Lösung[63], oder sie waren – wie das „Kammermodell" – Ausdruck des Bemü-

---

[61] Siehe dazu auch die Kritik von *Kloepfer* (Fn. 15), S. 357 („Öko-Audit als quasi-staatliches Instrument").

[62] Zu Begriff und Reichweite „kondominialer" Strukturen einer „Kooperationsverwaltung" vgl. *Jestaedt* (Fn. 33), S. 61 ff., 76 ff.

[63] Siehe auch *Jestaedt* (Fn. 33), S. 59; *Waskow* (Fn. 18), S. 70.

hens um eine ausschließlich von der Wirtschaft selbst verwaltete Einrichtung des Zulassungs- und Aufsichtswesens.

2. Auswahl- und Gestaltungsermessen des Gesetzgebers

Nach alledem erwies sich für den deutschen Gesetzgeber die Wahl der rechtsförmigen Struktur des Zulassungs- und Aufsichtssystems als ein komplexes, mehrdimensionales Entscheidungsproblem.[64] Zu dessen Lösung war aus verfassungsrechtlichen Gründen, auf die hier nicht näher eingegangen werden kann, der *Gesetzgeber* berufen.[65] Dieser verfügte über ein breites Auswahl- und Gestaltungsermessen[66], das freilich nicht unbegrenzt ist und prinzipiellen Maßstabsdirektiven kooperativer Umweltvorsorge unterliegt.

In diesem Rahmen konnte der Gesetzgeber die Zulassung der und die Aufsicht über die Umweltgutachter entweder auf das Umweltbundesamt übertragen („Behördenmodell"), die Öko-Audit-Durchführung an die Länder weitergeben oder sie aus der unmittelbaren Staatsverwaltung ausgliedern („Selbstverwaltungsmodell"). Denkbar war auch, wie dargestellt, eine privatautonome Verwaltungspartnerschaft. Diesen Gestaltungsentscheidungen standen solche gegenüber, die eine Mischung von staatlichen und wirtschaftsgesellschaften Kompetenzen anstreben und *Kooperationsmodellen* – ggf. in Vermischung mit Selbstverwaltung – den Vorzug geben wollten. Diese entstehen entweder durch die vertragliche Beteiligung Privater an einem staatlichen Zulassungs- und Aufsichtssystem oder im Wege der staatlichen Beteiligung an der gesellschaftlichen Kompetenzausübung („Kondominium").

a) Formenwahl als kategoriales Maßstabs- und Entscheidungsproblem

Vor diesem Hintergrund stellte sich die gesetzgeberische Wahl zwischen den alternativen Strukturformen zunächst als ein *Bewertungsproblem* dar. Es mußten meßbare Kriterien herangezogen werden, anhand derer die Wahlentscheidung plausibel getroffen und ihre Wirkung beurteilt werden konnte.

Die Entscheidungsdeterminanten finden sich im Maßstabscharakter des Umweltpolitischen Mitwirkungsverhältnisses zum einen und zum anderen in der europäischen Errichtungsvorgabe eines Zulassungs- und Aufsichtssystems verankert. Hiervon ausgehend, mußte sich die Wahl zwischen den alternativen Möglichkeiten der Strukturgestaltung dieses Systems an dem Beitrag orientieren, den die jeweili-

---

[64] So im Ergebnis auch *Scherer* (Fn. 18), S. 16; *Sellner/Schnutenhaus* (Fn. 30), S. 933; *Gertrude Lübbe-Wolff*, DVBl. 1994, S. 361 (366 ff.).

[65] *Stober* (Fn. 24), S. 648 f.; siehe ferner *Waskow* (Fn. 18), S. 71.

[66] So die st. Verfassungsrechtsprechung, an deren Beginn z.B. BVerfGE 15, 235 ff. steht; siehe auch BVerwGE 23; 304 (306).

ge rechtliche Strukturform zu dessen Maßstabsgerechtigkeit sowie zur Zielerreichung und Zweckerfüllung zu leisten vermag.

b) Maßstabwirkung des Umweltpolitischen Mitwirkungsverhältnisses

Eine maßgebliche Direktive für die Wahl der „richtigen" Strukturform des Zulassungs- und Aufsichtssystems für Umweltgutachter erteilt das Umweltpolitische Mitwirkungsverhältnis. Ihm erfließt der Auftrag zu einer *dualen Umweltvorsorge*.[67] Staat und Wirtschaft teilen sich dabei in die Bemühungen, solche Rahmenbedingungen zu schaffen, die sich auf das Umweltverhalten der Industrie und das einzurichtende Gemeinschaftssystem für das Umweltmanagement und die Umweltbetriebsprüfung positiv auswirken.

Darin liegt keine ausschließlich hoheitliche Aufgabe, wie schon festgestellt wurde. Der Staat darf deshalb die mit dem Gemeinschaftssystem zusammenhängenden Aufgaben nicht nur nicht selbst erledigen – insofern hätte er die Möglichkeit, sich neben der juristischen Personen des öffentlichen Rechts auch solcher des Privatrechts zu bedienen –; die Beteiligung Privater an dem Gemeinschaftssystem folgt vielmehr einem anderen Grundmuster. Die Funktionsfähigkeit des betrieblichen Umweltmanagements und der Umweltbetriebsprüfung zu sichern, erweist sich nämlich auch und gleichermaßen als eine originär *gesellschaftliche Aufgabe*.

Zwar ist die *staatliche* Kompetenz zur Regulierung des Zulassungs- und Aufsichtssystems nicht prinzipiell zu bestreiten. Es handelt sich diesbezüglich um eine im Umweltstaat legitime und besonders wichtige staatliche Aufgabe, in deren Wahrnehmung die öffentliche Hand das Ziel verfolgt, den Umweltschutz zu erhalten und zu steigern. In diesem umweltstaatlichen Funktionsbezug konkretisiert sich die grundgesetzliche und europarechtliche Verpflichtung des Staates zur einer fördernden Umweltpolitik in Gestalt spezifischer Umweltvorsorge. Folgerichtig steht es im Dafürhalten des Staates, kraft seiner Kompetenz-Kompetenz die Aufgabenwahrnehmung *insoweit* auch an sich zu ziehen. Umgekehrt liegt es im gesetzgeberischen Ermessen zu entscheiden, welche Zulassungs- bzw. Aufsichtsaufgaben der Staat nicht durch seine Behörden, sondern durch wirtschaftliche Selbstverwaltung oder auf anderem Wege erfüllen will. Es kann ihm auch nicht verwehrt sein, sich bei der Erfüllung dieser Aufgaben der Hilfe von Organen zu bedienen, die er – auf gesetzlicher Grundlage – aus der Wirtschaft selbst heraus zur Bildung gelangen läßt und die ihm durch ihre Sachkunde in Zulassungs- bzw. Aufsichtsentscheidungen zur Seite stehen. Dies mag dann letztlich in Form der Nutzung bzw. Fortentwicklung wirtschaftlicher Selbstverwaltung bei der Umweltgutachterzulassung bzw. -aufsicht oder gar in „privatautonomer" Form geschehen.

---

[67] Vgl. dazu die Ausführungen oben im Text zu B. I. 3. a).

Doch zeigt sich gerade im Feld des Umweltmanagements und der Umweltbetriebsprüfung, daß *neben* dieser staatlichen Kompetenz eigenständige Formen privater Mitwirkung *ohne* Kompetenzenübertragung seitens des Staates auf alleiniger Grundlage wirtschaftsgesellschaftlicher Selbsthilfe bestehen. Ob darin ausschließlich eine „materielle Privatisierung" von Umweltaufgaben zu erkennen wäre, soweit typische Aufgabenpartien parallel zum Staat auch von Privaten erledigt werden, scheint mir fraglich. Eine solche Betrachtungsweise folgt mir zu stark einem statisch-traditionellen Modellverständnis, demzufolge stets der Staat seine Aufgaben überträgt und sein Aufgabenvolumen aus einer *staatlichen Bedingtheit* aller gesellschaftlichen Aufgaben bestimmt wird. Doch dürfen gerade der Umweltstaat und umweltstaatliche Hoheitsausübung nicht als etwas Vorfindliches vorausgesetzt werden. Ein am übergreifenden Ziel des politischen Gemeinwesens auf Umweltschutz ausgerichtetes und daher dynamischen Wandlungen unterworfenes Verständnis von „staatlichen" Aufgaben muß im Gegenteil den durch das Grundgesetz objektiv-rechtlich ausgeformten Vorbehaltsbereichen gesellschaftlicher Betätigung Rechnung tragen. Für diese formulieren die Grundrechte in Verbindung mit dem umweltstaatlichen Prinzip maßgeblich das Ausmaß des öffentlichen Interesses, das die jeweilige Aufgabenzuweisung festlegt, und die Grenze der hoheitlichen Kompetenz-Kompetenz.

Im Zusammenhang der sich formierenden *Umweltverfassung* mit der Zentralnorm des Art. 20a GG folgt daraus – und gestützt auf Art. 2 Abs. 1, 12 Abs. 1 und 14 Abs. 1 GG in Verbindung mit dem Rechts- und Sozialstaatsprinzip – die originäre Kompetenz der Gesellschaft, aus eigener Kraft das verfassungsrechtliche Schutzgut der Umweltvorsorge zu „aktualisieren". Diese Kompetenz zur gesellschaftlichen Selbstregulierung bildet ein Element jenes Wirkens *gesellschaftlicher Selbsthilfe* in der Zwischenschicht staatlicher Zuständigkeit und gesellschaftlicher Eigenordnung, das sich innerhalb des umweltwirtschaftlichen Bezuges materiell und prozedural zu legitimieren hat und dazu einer (gelungenen) gesellschaftlichen Selbstorganisation bedarf.

c) Zielorientierung des Zulassungs- und Aufsichtssystems

In diesem Sinne die Zulassung der und die Aufsicht über Umweltgutachter einer Selbstregulierung durch wirtschaftliche Selbstverwaltung (Kammern) zu überlassen oder – weitergehend – die Eigenverantwortung der wirtschaftliche Unternehmen und anderer Interessenorganisationen der Wirtschaft zur Selbsthilfe in noch zu begründender anderer Organisationsform zu berufen, darf freilich nicht den völligen Rückzug der öffentlichen Hand aus der eigenen staatlichen Kompetenz zur Folge haben. Auch in selbstregulatorischen Prozessen hat der Staat Mißbrauchsgefahren vorzubeugen – und dies nicht nur durch Rechtsaufsicht. Insofern steht ihm gegenüber den gesellschaftlichen Selbststeuerungskräften die Befugnis zu, den notwendigen Gemeinwohlbezug sicherzustellen. Dieser gerät nämlich bei der gesellschaftlichen Quasi-Normierung allzuleicht aus dem Blickfeld. Privatautonome Steuerung weist stets eine gefährdete Distanz zu den formulierten Partialinteressen auf. Auf staatliche Rahmenregelungen, Beteiligungen, Kontrollen und Qualitätssicherung kann deshalb auch bei der wirtschaftsgesellschaftlichen Verantwortung für Umweltmanagement und Umweltbetriebsprüfung nicht ganz verzichtet werden. Zu garantieren bleibt überdies im Feld der gesellschaftlichen Eigenregulierung eine ausgewogene Entscheidungsfindung unter angemessener Beteiligung außerhalb der Wirtschaft stehender Interessengruppen und hinreichende Distanz zur Verfolgung einseitiger Interessen privater Selbststeuerung.

Die Nutzung der „Freiräume" grundrechtlich und umweltstaatlich legitimierter Eigenverantwortung verschränkt sich deshalb mit dem umweltstaatlichen Verfassungsauftrag und dem rechtsstaatlichen Distanzschutz zu einer arbeitsteiligen *Gemeinschaftsaufgabe* von Umweltpolitik und handelnden Privaten. Umweltmanagement und Umweltbetriebsprüfung dürfen deshalb weder im Sinne eines staatlichen Monopols noch im Sinne der Auslieferung an die Wirtschaftsgesellschaft mißverstanden werden. Sie sind vielmehr Ausdruck einer *kooperativen Umweltvorsorge*, die von der Existenz eines „autonomen Sektors" der Gesellschaft auszugehen hat, in dem sich der Staat dann zurückhalten kann und muß, wenn die Wirtschaft und andere Interessengruppen mit ihren in der Regel dezentral ausgerichteten Selbstverwaltungsorganisationen bzw. privaten Selbstregulierungskräften selbst tätig sind oder selbst tätig werden wollen. Dies läßt sich als *Gebot staatlicher Zurückhaltung und Kooperation* im Bereich des Gemeinschaftssystems für das Umweltmanagement und die Umweltbetriebsprüfung zusammenfassen.

d) Verwaltungssubstitution als Auswahl- und Gestaltungsdirektive

Das Auswahl- und Gestaltungsermessen des Bundesgesetzgebers bei der Errichtung des Zulassungs- und Aufsichtssystems für Umweltgutachter verengte sich vor dem dargestellten Hintergrund einer spezifischen Verantwortungskooperation von Staat und Wirtschaftsgesellschaft beträchtlich. Aus der Perspektive der ökologischen Verantwortungsgemeinschaft formt sich nämlich die umweltstaatliche Schutzzuständigkeit zu der Verpflichtung aus, Strategien der wirtschaftsgesellschaftlichen Aktivierung zu entwerfen. Deren Kern besteht darin, die Verpflichtung der Unternehmen zur Einhaltung des Umweltrechts zu sichern, selbstaktive Felder zugunsten der eigenen Umweltpolitik zu gewährleisten und eine entsprechende gesellschaftliche Eigenverantwortung sicherzustellen. Hieraus resultiert die grundsätzliche Aufforderung an die öffentliche Hand, im Rahmen der innerstaatlichen Umsetzung der Öko-Audit-Verordnung in „Verantwortungspartnerschaft" mit der Wirtschaft und anderen gesellschaftlichen Bereichen bzw. Interessengruppen gemeinsam zu bestimmen, daß

– keine staatliche Stelle die Zulassung von Umweltgutachtern durchführen soll,
– dies in kooperativen Verfahren zu geschehen hat,

– die Zulassung von Umweltgutachtern vor allem pluralistisch formulierten Anforderungen ausgesetzt sein soll und
– keine nur staatliche Stelle die geprüften Standorte registriert.

In diesen Maßgaben dokumentiert sich das Funktionsprinzip kooperativer Umweltvorsorge, nämlich der Rücknahme einer unmittelbar staatlichen Regulierung zugunsten selbstregulativer Steuerung des Umweltschutzes durch die Wirtschaft.

C. Die Organisationsentscheidung des Umweltauditgesetzes für die Gutachterzulassung

I. Verdeckte Verwaltungssubstitution

Die „Entstaatlichung" des Gemeinschaftssystems für das Umweltmanagement und die Umweltbetriebsprüfung, wie sie in der Bundesrepublik Deutschland vom Bundesgesetzgeber im Zusammenhang der Ausfüllung des europäischen Verordnungsrechts als Wahlentscheidung getroffen wurde, hatte zunächst und zwangsläufig den Verzicht auf rein staatliche Lösungen bei der Errichtung des Zulassungs- und Aufsichtssystems über Umweltgutachter zur Folge. Der Staat durfte nämlich auch infrastrukturell-organisatorisch nicht die gesellschaftliche Mitverantwortung für den betrieblichen Umweltschutz unterlaufen. Weitergehend schied auch eine Umsetzung der Öko-Audit-Verordnung in Deutschland durch Formen einer entsprechend „staatsnahen" Gestaltung des Zulassungs- und Aufsichtssystems aus. Weder eine Umweltverwaltung durch bloße Beleihung, noch eine solche im Wege der Verwaltungshilfe bzw. hoheitlichen Indienstnahme kamen in Betracht: Der Grundsatz *kondominialer Strukturorganisation* verlangte vielmehr nach einer entsprechenden Verwaltungssubstitution. Diese knüpft nunmehr – und gegenläufig zu den Formen der Heranziehung Privater zum *staatlich* dirigierten Umweltmanagement – an die kombinierte privat-öffentliche Kompetenz zur Umweltvorsorge an. Ausdruck hierfür ist die Verbindung der Beleihungsregelung des § 28 UAG mit den Regelungen des Gesetzes über die Befugnisse des Umweltgutachterausschusses (§ 21 ff. UAG).

Die rechtlichen Konsequenzen dieser spezifischen Verknüpfung sind freilich, wie oben schon angedeutet, noch in mancherlei Hinsicht unklar. Fest steht lediglich, daß es sich bei der Mitwirkung wirtschaftsgesellschaftlicher Selbstverwaltung bzw. privater Unternehmensverbände und anderer umweltpolitischer Interessengruppen am Ausschuß *nicht* um die Einschaltung Privater als ein Akt der *Organisationsprivatisierung* handelt. Denn dieser zufolge entledigt sich der Träger öffentlicher Verwaltung keineswegs einer bestimmten Aufgabe, sondern er bedient sich zu deren Wahrnehmung allein der Formen des Privatrechts. Der Staat behält also die Tätigkeit, die öffentliche Aufgabe als solche, bei. Privatisiert wird nur die Organisation (sog. formelle Privatisierung). Ebensowenig handelt es sich um eine *materielle* Privatisierung. Denn bei ihr wird die Aufgabe als solche aufgegeben, der Bereich öffentlicher Verwaltung wird reduziert. Der Staat entlastet sich in diesem Fall von der gesamten Aufgabe, was allerdings die Überformung der anschließenden Aufgabenwahrnehmung durch steuernde und kontrollierende Rechtsvorschriften nicht ausschließt. Auch dies ist jedoch bei dem gegenwärtigen Zulassungs- und Aufsichtssystem für Umweltgutachter nicht der Fall, denn die Zulassungs- und Aufsichtsaufgabe entfällt nicht als solche.[68]

Strukturleitend ist statt dessen die kombinierte privat-öffentliche Kompetenz, deren Wahrnehmung eine *verdeckte Verwaltungssubstitution* zur Folge hat. Deren wesentlicher Inhalt besteht darin, daß der deutsche Gesetzgeber für die verwaltungsrechtliche Konstruktion der Gutachterzulassung in Anerkennung der dualen Umweltverantwortung von Staat und (Wirtschafts-)Gesellschaft auf die überkommene Rechtsfigur der „Beleihung" zurückgegriffen hat. Zugleich bindet er aber die Zulassungsentscheidungen der „Beliehenen" rechtlich an voraufgehende „Grundsatzentscheidungen", an denen sowohl die staatliche Verwaltung als auch – und mehrheitlich – gesellschaftliche Repräsentanten beteiligt sind. Dadurch wird die öffentliche Hand zum „Juniorpartner" im System und die ursprünglich den „Beliehenen" eingeräumte Befugnis zur Wahrnehmung staatlicher Aufgaben und zur Entscheidung mit hoheitlicher Wirkung anstelle öffentlich-rechtlicher Instanzen zweckentleert. Der herkömmliche Gehalt der „Beleihung" verändert sich nämlich qualitativ: Sie wird inhaltlich von Dritten vorgeformt, ist also nicht mehr ausschließlich vom Beliehenen selbst bestimmt, und sie erweist sich als „pluralisiert", d. h. aus der von der Form her hoheitlichen Prägung der Zulassung wird durch Einfügung in ein zweistufiges System der Erzeugung von Umweltverantwortung und Entscheidungslegitimation eine „gemischte" Gutachterzulassung auf der Basis zugleich staatlicher wie selbstverwalteter Entscheidungsbildung. Die Gutachterzulassung ist m. a. W. eben nicht mehr ausschließlich staatliche Aufgabe; die „Beleihung" kann ihren „Auftrag" – wie er in der Form geborgen ist – nicht mehr erfüllen.[69]

II. Berufung gesellschaftlicher Selbstverwaltung

Im Ergebnis überträgt der Umweltstaat im Bereich des unternehmerischen Umweltschutzes also nicht im Wege der „Beleihung" eine Aufgabe auf Private zur hoheitlichen Gutachterzulassung, sondern die Gestaltung dieser Aufgabe erweist sich – wie z.B. die sachkundige Gutachterauswahl – teilweise selbst als (wirtschafts-)gesellschaftlich verankert. *Beide*, Staat und Wirtschaft, tragen und verfolgen in der konkreten Zulassungsentscheidung den fraglichen Vorsorgezweck zusammen mit Dritten, jeweils in ihrer Weise, aber *gemeinsam zu zweit* bzw. *zu dritt*. Und es ist der Zweck dieser ökologischen Verantwortungsgemeinschaft und -kooperation

---

[68] *Lübbe-Wolff* (Fn. 64), S. 372 f.
[69] Zur Kritik auch *Gertrude Lübbe-Wolff*, Das Umweltauditgesetz, NuR 1996, S. 217 (220 f.).

bei der Gutachterzulassung, daß weder der eine noch der andere die Umweltbetriebsprüfung allein dirigieren können soll. M. a. W. handelt es sich im Kern nicht um „Beleihung", sondern um die verdeckte Handlungsform der „Verwaltungspartnerschaft".

Beispiele für eine solche „Verwaltungspartnerschaft" finden sich auch sonst und vor allem im Bereich des Subventionswesens.[70] Im einzelnen braucht hier auf sie nicht näher eingegangen zu werden. Ihre Struktur ist jedenfalls weitgehend einheitlich: Der Staat erfüllt gemeinsam mit Privaten die anstehende Aufgabe; die Kompetenz hierfür ist *Gemeinschaftskompetenz*. Insoweit enthält er sich jedes unmittelbaren Eingreifens und er wird auch nicht selbst tätig, wenn der Private nicht handelt. Es fehlt daher insoweit auch an einer *staatlichen* Instanz bei der Aufgabenwahrnehmung.

III. Beleihungsregelung als Formenmißbrauch

Gerade deshalb erscheint freilich die im Umweltauditgesetz gewählte Konstruktion bedenklich: Der Sache nach erscheint die Beleihungsregelung als ein Formenmißbrauch. Die strenge hoheitlich-rechtsstaatliche Form der „Beleihung" wird in § 28 UAG mittels vorgeschalteter kooperativer Entscheidungsbindung gem. § 21 f. UAG ausgehöhlt. Dort, wo der Staat in der Richtliniengebung nicht mehr maßgeblich auftritt, fehlt er auch als Vermittler der staatlichen Aufgabenwahrnehmung an den Beliehenen. Dies jedoch widerspricht der rechtsstaatlichen Formenbindung des Verwaltungsrechts.[71]

Darüber hinaus verstößt die „Selbstverwaltung" der Aufsicht über die Gutachterzulassung und deren Vor-Entscheidung durch Repräsentanten (auch) der Beliehenen gegen die vom europäischen Recht bezweckte Kontrolle der unternehmerischen Umweltverantwortung durch unabhängig bestellte Gutachter. Insoweit zeigt sich, daß die deutsche Selbstverwaltungsidee in die Entwicklung des europäischen Verwaltungsrechts nur bedingt einzufließen vermag. Einen Ausweg aus dieser verwaltungsrechtlichen Gestaltungsproblematik würde gedanklich der Aufbau von „agencies" (Agenturen / verwaltungsfernen Kompetenzträgern) darstellen, wie sie in den der Bundesrepublik Deutschland benachbarten Mitgliedstaaten der EU existieren (u. a. Dänemark, Großbritannien). Diese jedoch weisen kein Selbstverwaltungselement auf. Mit Blick auf die *deutsche Verwaltungsrechtskultur* bliebe deshalb zu prüfen, ob nicht im Wege der Reform des Umweltauditrechts die Zulassungs- und Aufsichtsaufgaben auf eine gesondert einzurichtende *Bundeskörperschaft* zu übertragen wären.

---

[70] *Jestaedt* (Fn. 33), S. 59 m. w. Nachw.

[71] Zu dieser m. w. Nachw. *Pitschas* (Fn. 15), S. 617 ff.; die „Korporatisierung der Richtliniensetzung" rügt *Lübbe-Wolff* (Fn. 69), S.221.

V. Staat und Kommunen

Auf dem Weg zur optimalen Gemeindeverfassung?*

Von Hans Herbert von Arnim

I. Reform des scheinbar Unreformierbaren

1. Ausgangspunkt: Fehlende Reformbereitschaft

Bis zum Ende der 80er Jahre gab es große Unterschiede in den Gemeindeverfassungen[1] der acht westdeutschen Flächenstaaten und des Stadtstaats Bremen. Man unterschied die sogenannte Süddeutsche Ratsverfassung (Baden-Württemberg und Bayern), die sogenannte Bürgermeisterverfassung (Saarland, Rheinland-Pfalz und Landgemeinden in Schleswig-Holstein), die sogenannte Magistratsverfassung (Hessen, Städte in Schleswig-Holstein, Bremerhaven) und die sogenannte Norddeutsche Ratsverfassung (Niedersachsen und Nordrhein-Westfalen). Sie waren teils seit Jahrhunderten historisch gewachsen, teils nach dem Zweiten Weltkrieg unter dem Einfluß der Besatzungsmächte eingerichtet worden. Das Gemeinderecht wurde im Laufe der folgenden Jahrzehnte zwar häufig geändert, besonders im Detail; die Landesparlamente machten vom Gemeinderecht (und vom Kommunalrecht überhaupt) als einem ihrer wichtigsten landesgesetzgeberischen Kompetenzen fast zu exzessiven Gebrauch. Die Strukturmerkmale der Gemeindeverfassungen aber schienen auf ewig fortzugelten. Es gab zwar auch damals bereits vergleichende Untersuchungen über die kommunalpolitischen Vorzüge und Nachteile der unterschiedlichen Verfassungen, und der Deutsche Juristentag hatte sich bereits 1972 mit der Frage befaßt, ob dem Bund eine Rahmenkompetenz für das Gemeinderecht gegeben werden solle.[2] Von einer auch nur annäherungsweise abzusehen-

---

* Diese Abhandlung baut teilweise auf dem Beitrag des Verfassers auf „Die neue Gemeindeverfassung von Rheinland-Pfalz", in: Carl Böhret / Matthias Nowak (Hg.), Festschrift für Christian Roßkopf zum 65. Geburtstag, 1995, 69 ff. – Der Verfasser dankt Frau Ass. jur. *Regine Schunda* für wertvolle Hilfe bei der Beschaffung des Materials, der redaktionellen Durchsicht des Manuskripts und für die Erstellung der Tabellen im Anhang.

[1] Die folgenden Ausführungen beschränken sich auf *Gemeinde*verfassungen, obwohl sich bei *Kreis*verfassungen häufig parallele Fragen stellen. Auch insoweit kann natürlich nur eine Auswahl von Fragen behandelt werden. Im übrigen werden im vorliegenden Zusammenhang bestimmte Fragen als vorgegeben behandelt, insbesondere die Gebietsgröße, die Verteilung der Kompetenzen innerhalb der verschiedenen Ebenen der „kommunalen Familie" und im Verhältnis zum Land und die Finanzverfassung.

[2] Vgl. *Püttner*, Empfiehlt es sich, durch Einführung einer Ziffer 6 in den Art. 75 des Grundgesetzes dem Bund die Befugnis zum Erlaß von Rahmenvorschriften im Gemeinde-

den Konvergenz der Auffassungen oder gar einer praktischen Annäherung der Gemeindeverfassungen war man lange jedoch weit entfernt. Jedes Land hatte sich an seine Gemeindeverfassung gewöhnt und wollte daran festhalten. Bei länderübergreifenden kommunalpolitischen Diskussionen pflegten deshalb Kommunalpolitiker jeweils die Vorzüge ihres Heimatsystems hervorzukehren, so daß Reformen in Richtung auf ein einheitliches System nicht in den praktischen Blick kamen.

2. Umschlag Ende der 80er Jahre

Das änderte sich Ende der 80er Jahre schlagartig. Was vorher utopisch erschienen war, rückte plötzlich zum Greifen nahe heran: die annähernde Einigung auf bestimmte Strukturmerkmale eines „bestmöglichen" Gemeindeverfassungsmodells und die Durchsetzung der entsprechenden Gesetzesänderungen in den betroffenen Bundesländern. Dabei gingen wichtige Impulse auch von den fünf neuen Ländern aus. Die Erfahrungen der Basisgruppen 1989/90 und die daraus erwachsene hohe Bewertung der Bürgermitwirkung an der Politik strahlten auch auf Westdeutschland aus. Im Westen leisteten zwei Länder Vorreiterdienste: Rheinland-Pfalz und Hessen. Die Gründe, warum grundlegende Reformen in jenen beiden Ländern möglich wurden, in anderen, wie Nordrhein-Westfalen, aber zunächst scheiterten, sind deshalb von besonderem praktischen Interesse, weil sie Fingerzeige geben, unter welchen Umständen Reformen zustande kommen können und bei welchen Konstellationen mit Reformblockaden zu rechnen ist.

3. Rolle der F.D.P. in Rheinland-Pfalz

In Rheinland-Pfalz waren es der Verlust der absoluten Mehrheit durch die CDU bei den Landtagswahlen 1987 und die daraus folgende Notwendigkeit, mit der F.D.P. eine Koalition einzugehen, die dazu führten, daß die schon früher eingeführte Möglichkeit des Kumulierens bei der Wahl des Gemeinderats erweitert und auch das Panaschieren ermöglicht wurde. Zugleich wurden die Weichen für spätere Reformen gestellt (Volkswahl der Bürgermeister, Bürgerentscheid und einige weitere Merkmale der baden-württembergischen Gemeindeverfassung). Teile davon hatte die rheinland-pfälzische F.D.P. zu ihrem Programm gemacht[3] und es bei den

---

wesen zu verleihen?, Gutachten für den 49. Deutschen Juristentag, in: Ständige Deputation des Deutschen Juristentags (Hg.), Verhandlungen des neunundvierzigsten Deutschen Juristentages in Düsseldorf 1972, Bd. I (Gutachten) Teil F, München 1972, S. F 1 (14 ff., 37 ff.).

[3] Das Programm der Liberalen Rheinland-Pfalz 1987, S. 48 f. – *Derlien*, Der Landkreis 1995, 232 (233), weist darüber hinaus darauf hin, daß die F.D.P. sich, „gleichgültig wo und in welcher Koalition", konsequent für mehr Bürgereinfluß eingesetzt habe. „Denn natürlich versprechen sich kleine Parteien von der Persönlichkeitswahl in Gestalt der Direktwahl des Bürgermeisters (oder der Einführung von Kumulieren und Panaschieren im Wahlrecht) Chancen für ihre Exponenten, die bei Listenwahl und indirekter Bürgermeister-Wahl nie gegeben wären."

Koalitionsverhandlungen mit der CDU in später ausgebauten Ansätzen als Reformpunkte durchsetzen können;[4] ähnlich hatte sich auch die seit 1991 bestehende SPD/F.D.P.-Koalition ausgerichtet,[5] wobei der schließliche Durchbruch zur Direktwahl von Bürgermeistern und Landräten, die durch eine Änderung der Landesverfassung ermöglicht wurde, auch von der Entwicklung in Hessen mitbeeinflußt worden war.

4. Volksentscheid in Hessen

In Hessen war es eine vom damaligen Ministerpräsidenten Wallmann, der CDU und der F.D.P. betriebene Volksabstimmung vom 20. Januar 1991, die im Wege der Verfassungsänderung die Direktwahl der Bürgermeister und Landräte eingeführt[6] und damit das Signal zu einer Umbildung der Gemeinde- und Landkreisverfassung gesetzt hatte.[7] Das Bemerkenswerte lag nicht nur im Ergebnis der Abstimmung, sondern auch im Ausmaß der Mehrheit: 82 Prozent der Abstimmenden hatten sich für die Direktwahl ausgesprochen. Es gab in der Bevölkerung in diesem Punkt also fast so etwas wie einen Konsens, und das, obwohl die SPD und DIE GRÜNEN opponiert hatten und auch die CDU durchaus nicht mit ganzem Herzen dabeigewesen war. Das Ergebnis der Abstimmung hat auch in anderen Ländern hellhörig gemacht. Schlagartig wurde deutlich, welche Meinung die breite Mehrheit des Volkes in dieser Sache hat und daß die Gemeindeverfassungen vieler Länder davon in zentralen Punkten[8] abwichen. Damit war aber ihre Legitimation erschüttert, auch wenn die „politische Klasse"[9] sich bemühte, die hessische Abstimmung möglichst

---

4 Koalitionsvereinbarung zwischen der CDU und der F.D.P. von Rheinland-Pfalz für die 11. Legislaturperiode des rheinland-pfälzischen Landtages vom 15. 6. 1987, S. 19.

5 *Rudolf Scharping*, Reformen in Deutschland – Erweiterung der Bürgerrechte in Rheinland-Pfalz. Die neue Kommunalverfassung, in: Festschrift für Christian Roßkopf (Fußnote *), 47 (48 f.).

6 Verfassungsänderungen kommen in Hessen dadurch zustande, daß der Landtag das verfassungsändernde Gesetz (Gesetzentwurf der Fraktionen der CDU und der F.D.P. für ein Gesetz zur Änderung der Verfassung des Landes Hessen vom 28. 8. 1990, Hessische Landtags-Drs. 12/7217) mit mehr als der Hälfte der gesetzlichen Zahl seiner Mitglieder beschließt und das Volk der Verfassungsänderung in einer Volksabstimmung zustimmt. Gesetz zur Änderung des Artikels 138 und zur Ergänzung der Verfassung des Landes Hessen vom 20. 3. 1991, GVBl. 101.

7 Gesetz zur Änderung kommunalrechtlicher Vorschriften vom 20. 5. 1992, GVBl. S. 170.

8 Zwar hatte der Volksentscheid nur in Hessen stattgefunden, und er hatte nur die Direktwahl von Bürgermeistern und Landräten betroffen. Doch man ging – wohl nicht zu Unrecht – davon aus, daß ähnliche Ergebnisse auch in anderen Bundesländern zustande kämen, und zwar auch dann, wenn das Wahlrecht zum Gemeinderat (kumulieren und panaschieren statt starrer Liste) oder die Einführung von Bürgerbegehren und Bürgerentscheid zur Abstimmung ständen, eine Auffassung, die hinsichtlich des letzten Punktes im Herbst 1995 durch den Volksentscheid in Bayern bestätigt wurde.

9 Der schon von *Gaetano Mosca*, Die herrschende Klasse, 1. Aufl. 1985, hier herangezogen die deutsche Übersetzung der 4. Aufl. (1947) durch Borkenau, 1950, 53 ff., 271 ff., 321 ff., verwendete Begriff der „politischen Klasse" erlebt jüngst auch im deutschen politik-

nicht zum öffentlichen Thema werden zu lassen. Verfassungen verlieren in der Demokratie ihre Legitimation, wenn sie in zentralen Punkten und auf Dauer nicht mehr von der Mehrheit des Volkes, von dem alle Staatsgewalt ausgeht, getragen werden. Das gilt mutatis mutandis auch für Gemeindeverfassungen. Und ebendieses Abweichen der Verfassung vom Volkswillen war durch die Volksabstimmung in einem zentralen Punkt in so krassem Ausmaß zu Tage getreten, daß es unmöglich wurde, etwa nur von einem „vorübergehenden Stimmungsbild eines wankelmütigen Volkswillens" zu sprechen. Zugleich wurde – angesichts der Tatsache, daß fast alle Landesverfassungen Volksbegehren und Volksentscheid auf Landesebene zulassen – auch deutlich, welches politische Potential in der Möglichkeit liegt, das Volk sprechen und den Gordischen Knoten pluralistischer Blockierung durchhauen zu lassen. Damit wurde die hessische Erfahrung zu einem wichtigen Motor für die durchgreifenden Reformen der Gemeindeverfassungen in der ersten Hälfte der 90er Jahre.

5. Lösung der Reformblockade in Nordrhein-Westfalen

Auch in dem Land, in dem die Reform zunächst blockiert schien, trug das hessische Beispiel dazu bei, sie schließlich doch wieder flott zu bekommen: in Nordrhein-Westfalen mit seinen vielen großen und wichtigen Städten. Über die Reformnotwendigkeit der nordrhein-westfälischen Gemeindeverfassung bestand in jüngerer Zeit zunehmend Übereinstimmung unter Kommunalwissenschaftlern[10] und Praktikern; man lese die beschwörenden Reden nordrhein-westfälischer Oberstadtdirektoren[11] oder die Vorträge des seinerzeitigen Vorstands der Kommunalen Gemeinschaftsstelle für Verwaltungsvereinfachung, Gerhard Banner.[12] Geschehen war in Nordrhein-Westfalen gleichwohl lange nichts. Es schien so, als ob nicht einmal die sogenannte Zweiköpfigkeit der Gemeindespitze, bestehend aus Stadtdirektor als Chef der Verwaltung und Bürgermeister als Vorsitzendem des Rates, die häufig eine „hinderliche Führungskonkurrenz" zwischen beiden begünstigte und

---

wissenschaftlichen Schrifttum eine Renaissance. Vgl. z. B. *Leif/Legrand/Klein*, Die politische Klasse in Deutschland, 1992; *Klaus von Beyme*, Die politische Klasse im Parteienstaat, 1993; *Borchert/Golsch*, Die politische Klasse in westlichen Demokratien: Rekrutierung, Karriereinteressen und institutioneller Wandel, Politische Vierteljahresschrift 1995, 609 ff. Der Begriff „politische Klasse" umfaßt Berufspolitiker und bringt zum Ausdruck, daß sie einerseits „eigene Partikularinteressen" haben, andererseits als „Agenten in eigener Sache" besonders großen „Einfluß auf die Ausgestaltung des eigenen Umfeldes" besitzen. Dazu gehören auch Bürgermeister und Stadtdirektoren. Das heben *Borchert/Golsch* (S. 613 f.) ausdrücklich hervor, von denen auch die vorgenannten Zitate stammen (S. 614, 615 und 623).

[10] Übersichtliche Darstellung durch *Dirk Ehlers*, Reform der Kommunalverfassung in Nordrhein-Westfalen, Nordrhein-Westfälische Verwaltungsblätter 1991, 397 ff.

[11] Beispiele in: Peter Michael Mombaur (Hg.), Neue Kommunalverfassung für Nordrhein-Westfalen?, 1988, 48 ff.

[12] Z.B. *Banner*, Kommunalverfassungen und Selbstverwaltungsleistungen, in: Dieter Schimanke (Hg.), Stadtdirektor oder Bürgermeister, 1983, 37.

die „Regierungsfähigkeit" in Frage stellte,[13] beseitigt werden könnte, ganz zu schweigen von der Einführung der Direktwahl des Bürgermeisters oder des Kumulierens oder Panaschierens bei der Ratswahl. Der Hagener Parteitag der nordrhein-westfälischen SPD hatte den Reformern in der eigenen Landesregierung, besonders dem Innenminister Schnoor, Ende 1991 eine Abfuhr erteilt.[14] Damit drohte die nordrhein-westfälische Gemeindeverfassung zu einem Symbol parteipolitisch bedingter Politikblockade zu werden und dafür, daß selbst dringende Reformen in unserem Lande unrealisierbar zu sein scheinen, wenn dadurch Positionen wegfallen und Personen befürchten müssen, ihre Ämter zu verlieren.[15] Der damalige Bundespräsident sprach von einem „klassische(n) Fall der Machtbehauptung von Parteizentralen und der Abschreckung der Bevölkerung".[16] „Amts- und Mandatsträger stellen sich", wie der damalige Speyerer Oberbürgermeister und Vorsitzende des Städtetages Rheinland-Pfalz, Christian Roßkopf, formulierte, „ungern selbst in Frage und finden im Gegenteil viel lieber Gründe, den herrschenden Zustand möglichst wenig zu verändern".[17] Die Blockade ließ sich nur dadurch aufbrechen, daß die nordrhein-westfälische CDU als Oppositionspartei ein dahingehendes Volksbegehren einbrachte, was die SPD wiederum veranlaßte, einen Sonderparteitag anzuberaumen, auf dem der Hagener Beschluß revidiert und die Einführung der Direktwahl beschlossen wurde, wodurch dann die Gesetzesberatungen in Nordrhein-Westfalen allerdings unter erheblichen Zeitdruck gerieten.[18]

6. Dominanz der Bürgerperspektive über die der „politischen Klasse"

Es handelt sich bei den Präferenzen für und gegen die Direktwahl der Bürgermeister – entgegen dem ersten Anschein – nicht nur und vielleicht nicht einmal in

---

[13] Zur – entsprechenden – Strukturschwäche der niedersächsischen Kommunalverfassung *Jörn Ipsen*, Die neue Niedersächsische Kommunalverfassung, NdsVBl. 1996, 97 (103); *H.-H. Eilers*, in: J. Ipsen, Kontinuität oder Reform, 1990, 27 ff.

[14] Hagener Parteitag der nordrhein-westfälischen SPD vom 14./15. 12. 1991, Frankfurter Allgemeine Zeitung vom 16. 12. 1991. Dort wurde sowohl die Direktwahl als auch die Beseitigung der Doppelspitze mehrheitlich abgelehnt. Es sollte lediglich ein Verfahren des Bürgerbegehrens und des Bürgerentscheids eingeführt werden.

[15] Vgl. auch *Ehlers*, a. a. O., 398: „Mitentscheidend (für das bisherige Scheitern der Reform der Gemeindeverfassung in Nordrhein-Westfalen) dürften jedoch auch Fragen der persönlichen und parteipolitischen Machterhaltung sein, da eine Konzentration der Kompetenzen auf eine Person eine Halbierung der Führungspositionen mit sich bringen wird."

[16] *Richard von Weizsäcker* im Gespräch mit Gunter Hofmann und Werner A. Perger, 1992, 153.

[17] *Christian Roßkopf*, Deutschland braucht kräftige Gemeinden als tragfähiges Fundament für Europa, Handelsblatt vom 28. 7. 1992, S. 5.

[18] *Janbernd Oebbecke*, Die neue Kommunalverfassung in Nordrhein-Westfalen, Die Öffentliche Verwaltung 1995, 701 (702). Die gesetzgeberische Entscheidung zugunsten des Übergangs zur „eingleisigen" Kommunalverfassung und zur Direktwahl des Bürgermeisters wurde nicht auf der Grundlage eines sorgfältig vorbereiteten Regierungsentwurfs getroffen, sondern anhand von Änderungsanträgen der Mehrheitsfraktion des Landtags.

erster Linie um Unterschiede der politischen Parteien in dem Sinne, daß die CDU aufgrund einer Vorliebe für „exekutive Führerschaft" für die Direktwahl, die SPD dagegen aufgrund einer Vorliebe für die „Parlamentarisierung der Kommunalpolitik" für die Beibehaltung der indirekten Wahl durch den Rat wäre.[19] Mochte dieses Tendenzurteil *Derliens* auch nicht ganz unzutreffend sein, so verlief die eigentliche Front doch eher zwischen den Funktionären *beider* großen Parteien einerseits, die, wenn auch mit unterschiedlichem Nachdruck, überwiegend für die mittelbare Wahl und die daraus folgende Bewahrung ihrer parteipolitischen Posten und Machtpositionen eintraten,[20] und der großen Mehrheit der Bürger andererseits, die möglichst direkten Einfluß auf die Auswahl ihrer Repräsentanten wollen. So ergab sich die Gefahr, daß in der politischen Diskussion „nicht in erster Linie die Meinungen und Belange der Bürger zu Wort kommen, sondern Meinungen und Belange von Funktionären"[21] und deshalb durchgreifende bürgerorientierte Reformen der Gemeindeverfassungen zu scheitern drohten. Es ging darum, welche Perspektive sich durchsetzte, die der Bürger oder die der Regierenden, die des civis ex populo oder die des an Macht und Eigeninteressen orientierten Politikers,[22] oder, wie der Politikwissenschaftler *Wilhelm Hennis* einmal provozierend formuliert hatte, die des Opfers oder die des Täters.[23] An den Gemeindeverfassungsreformen war auch demokratietheoretisch und praktisch so spannend, ja geradezu aufregend, daß sich hier auf einem wichtigen Feld die Perspektive und die Belange der Bürger in hohem Maße durchsetzen konnten. Das lag ganz wesentlich daran, daß mit dem Volksbegehren und dem Volksentscheid auf Landesebene Alternativverfahren zur Verfügung stehen, die es erlauben, der Perspektive der Bürger, ihren mehrheitlichen Interessen und Wünschen in letzter Konsequenz auch gegen den Widerstand der „po-

---

[19] So aber *Hans-Ulrich Derlien*, Kommunalverfassungen zwischen Reform und Revolution, in: Gabriel/Voigt (Hg.), Kommunalwissenschaftliche Analysen, 1993, 47 (66); *ders.*, Über Beurteilungskriterien der Gestaltung von Kommunalverfassungen, Der Landkreis 1995, 232 (233).

[20] Daß auch die CDU zunächst Schwierigkeiten hatte, sich für die Einführung der Direktwahl zu entscheiden, zeigte sich an vielen Stellen: In Rheinland-Pfalz war es eher der Druck der Koalitionspartei F.D.P. und der Volksentscheid im Nachbarland Hessen, der die Einführung der Direktwahl förderte (oben I.3.), in Hessen beruhte die Initiative zum Volksentscheid auf einem Alleingang des Ministerpräsidenten Wallmann, dem die CDU zunächst durchaus reserviert gegenüberstand (oben I.4.). Auch in Nordrhein-Westfalen und Niedersachsen fiel es den CDU-Vorsitzenden *Norbert Blüm* und *Christian Wulff* nicht leicht, eine Aussage ihrer Partei für die Direkwahl zu erreichen und im Wege eines ernsthaft angedrohten Volksbegehrens auch politischen Druck dahin zu entfalten.

[21] *Christian Roßkopf*, Handelsblatt vom 28. 7. 1992.

[22] Beides könnte idealiter zwar konvergieren und sogar übereinstimmen, weil es in der repräsentativen Demokratie ja die Menschen selbst sind, die ihre „Herrscher" wählen. Aus einer Vielzahl von Gründen fehlt es aber oft an einer Übereinstimmung. Sachrichtigkeit und machtpolitische Opportunität können unterschiedliche Anforderungen stellen und zu unterschiedlichen Ergebnissen führen.

[23] Zu dieser Grundfrage, bezogen auf die Perspektive der Politik*wissenschaft, von Arnim*, Zur normativen Politikwissenschaft. Versuch einer Rehabilitierung, Der Staat 1987, 477.

litischen Klasse"[24] zum Durchbruch zu verhelfen, und daß dies am Beispiel der Volksabstimmung in Hessen für alle Beobachter unübersehbar geworden war.

Die Vorgänge in Hessen und Nordrhein-Westfalen machten in anderen Bundesländern Schule. So wurde auch im Saarland der Beschluß des Landtags von 1994, die Direktwahl der Bürgermeister und Landräte sowie des Präsidenten des Stadtverbandes Saarbrücken einzuführen, vor dem Hintergrund eines eingeleiteten Volksbegehrens getroffen. Ebenso hatte die Opposition in Schleswig-Holstein und Niedersachsen jeweils durch Androhen eines Volksbegehrens oder einer Volksbefragung politischen Druck in Richtung Direktwahl und damit den Regierungsparteien Beine gemacht.[25] Ähnlich hatte sich in Brandenburg im Herbst 1992 zunächst ein SPD-Landesparteitag gegen die Direktwahl ausgesprochen, bevor es schließlich gelang, sie doch noch durchzusetzen.

Doch hatte dieses Verfahren zur Konsequenz, daß die Mehrheitsparteien und -landtagsfraktionen oft nicht voll hinter den ihnen gewissermaßen aufgezwungenen Reformen standen. Sie schienen deshalb am Erfolg der Gesetzesvorhaben nicht wirklich politisch interessiert und versuchten im Gegenteil nicht selten, an der bisherigen Gemeindeverfassung soweit wie möglich festzuhalten und von ihrem politischen Einfluß soviel wie möglich zu bewahren, auch wenn dadurch teilweise inkonsequente und innerlich widersprüchliche Gebilde zustande kamen, an deren Funktionsgerechtigkeit von Anfang an Zweifel bestanden, wie besonders in Hessen deutlich wurde (Näheres unter VII.1. und VII.2.).

II. Die baden-württembergische Gemeindeverfassung als Modell

Will man die neuen Gemeindeverfassungen mit einem Satz charakterisieren, so kann man von einer gewissen Annäherung an die Grundsätze der Süddeutschen Ratsverfassung nach baden-württembergischer Prägung sprechen.[26] Die baden-württembergische Gemeindeverfassung hat einen regelrechten Siegeszug durch alle anderen Bundesländer gehalten. Viele ihrer Elemente wurden, wenn auch mit mehr oder weniger großen Abstrichen und Ergänzungen da und dort, inzwischen in allen westlichen und östlichen Flächenländern eingeführt.

---

[24] Zu diesem Begriff oben Fußnote 9.

[25] Siehe *Willi Blümel*, Neuere Entwicklungen im Kommunalrecht der deutschen Länder, in: Festschrift für Christian Roßkopf (Fußnote *), 89 (94 f.); *Heinrich Siedentopf*, Gedanken zum kommunalverfassungsrechtlichen „Puzzle" in Niedersachsen – Anmerkungen zum Regierungsentwurf, Informationen des Niedersächsischen Landkreistags, Dezember 1995, 4 (6 f.). Letzterer steht der Entwicklung allerdings sehr reserviert gegenüber.

[26] So z. B. auch für Nordrhein-Westfalen *Oebbecke* (Fußnote 18), 701 (704), und für Niedersachsen *Ipsen* (Fußnote 13), 97 (100).

1. Strukturmerkmale der baden-württembergischen Gemeindeverfassung

Die baden-württembergische Gemeindeverfassung hat fünf Strukturmerkmale:

(1) Der Bürgermeister ist alleiniger Gemeindevorsteher, nicht primus inter pares in einem kollektiven Gemeindevorstand wie in der Magistratsverfassung. Beigeordnete unterstehen dem Bürgermeister.

(2) Der Bürgermeister ist nicht nur der Chef der Verwaltung, sondern kraft Amtes auch Vorsitzender des Gemeinderats und aller seiner Ausschüsse, deren Beschlüsse er auch vorbereitet und ausführt. Es besteht also „Einköpfigkeit" der Gemeindespitze – im Unterschied zur früheren Norddeutschen Ratsverfassung und zur Magistratsverfassung, die als weiteres Amt einen – vom Gemeindevorstand verschiedenen – Vorsitzenden des Gemeinderats hatten.

(3) Der Bürgermeister wird direkt durch das Volk gewählt, nicht wie früher in den Ländern der Bürgermeisterverfassung, der Norddeutschen Ratsverfassung und der Magistratsverfassung durch den Gemeinderat.

(4) Bei der Wahl der Gemeindevertretung sind die Bürger nicht darauf beschränkt, starre, von den Parteien aufgestellte Listen anzukreuzen, sondern können einzelne Kandidaten aus den Vorschlagslisten streichen und andere mit bis zu drei Stimmen hervorheben (kumulieren). Jeder Wähler hat insgesamt soviele Stimmen wie Ratsmitglieder gewählt werden sollen, und kann damit auch Bewerber verschiedener Listen ankreuzen (panaschieren).

(5) Die Bürger können über wichtige Gemeindeangelegenheiten durch Bürgerentscheid abschließend entscheiden und solche Entscheidungen im Wege von Bürgerbegehren auch selbst initiieren und an sich ziehen.

2. Zurückdrängen der politischen Parteien auf ihre legitimen Funktionen

Die baden-württembergische Gemeindeverfassung mit ihren unmittelbaren Einflußmomenten für die Bürger bildet eine natürliche Sperre gegen die ansonsten zu beobachtende Neigung der Parteien, die politische Macht auch in den Gemeinden ausschließlich unter sich aufzuteilen. In einer Zeit der Parteien- und Politikerverdrossenheit gewinnt das baden-württembergische Gemeindesystem sicher einen Teil seines politischen Charmes auch daraus, daß es institutionell so konstruiert ist, daß die Parteien kaum über ihre im Grundgesetz niedergelegte Rolle, an der politischen Willensbildung des Volkes lediglich *mit*zuwirken (Art. 21 I GG),[27] hinausgehen können. So wird, um nur einige Gesichtspunkte zu nennen, durch die Zurückdrängung der Parteien (1) die Gefahr eines neuen, nämlich parteipolitischen, Zentralismus' verringert, die dem Gedanken der gemeindlichen Selbstverwaltung zuwiderläuft.[28] (2) Erfahrungen in Baden-Württemberg zeigen, daß in kleineren

---

[27] Dazu *Richard von Weizsäcker*, Gesprächsbuch (Fußnote 16), 139 f.
[28] *Knemeyer/Jahndel*, Parteien in der kommunalen Selbstverwaltung, 1991, 3, 26.

Gemeinden auch Kandidaten kleinerer Parteien oder von Wählergemeinschaften und parteilose Kandidaten eine Chance haben und Kandidaten mit einer relativ unabhängigen Position gegenüber ihrer Partei auch in Städten gewählt und wiedergewählt werden können.[29] In Baden-Württemberg ist, gehäuft in den kleineren Gemeinden, die Hälfte der Bürgermeister parteilos.[30] (3) Das wirkt sich auch bei der Personalpolitik aus. Parteipolitische „Ämterpatronage" (Theodor Eschenburg) ist zwar im Regelfall verfassungswidrig (Art. 33 II GG) und markiert, da sie trotzdem häufig erfolgt, mit den treffenden Worten von Bundespräsident Herzog einen der „gewichtigste(n) und zugleich wundeste(n) Punkte in der Diskussion um den Parteienstaat."[31] Parteipolitische Ämterpatronage ist nun aber gerade in baden-württembergischen Städten, wie Gerhard Banner[32] und Wehling[33] übereinstimmend berichten, weniger verbreitet als in anderen Ländern. Und das hat auch institutionelle Gründe: Da der Bürgermeister nicht auf die Wiederwahl durch die Ratsfraktionen angewiesen ist, braucht er auch ihren Patronagewünschen nicht zu entsprechen, und er wird dies auch kaum tun, da ihm solche Patronage, die doch meist bekannt wird, in den Augen seiner Wähler böse angekreidet wird. (4) Das personenbezogene Wahlrecht bei den Ratswahlen erleichtert „Seiteneinsteigern" ohne große parteipolitische Hausmacht den Schritt in die Gemeindepolitik. (5) Mit Bürgerbegehren und Bürgerentscheid können mehrheitliche Bürgeranliegen zum kommunalen Thema gemacht und – im Extremfall auch an den Ratsfraktionen vorbei – durchgesetzt werden.

3. Beurteilungskriterien

Das baden-württembergische Modell muß als Ganzes, als System, gesehen und gewürdigt werden. Insgesamt ist es dadurch gekennzeichnet, daß es dem Bürger relativ großen Einfluß gibt, sowohl auf die Wahl der Repräsentanten (Direktwahl des Bürgermeisters und unmittelbarer Einfluß des Wählers auf die personelle Zusammensetzung des Gemeinderats), als auch dadurch, daß der Bürger wichtige Sachentscheidungen an sich ziehen kann (Bürgerbegehren und Bürgerentscheid). Die baden-württembergische Gemeindeverfassung ist von größerer Durchlässigkeit für den Common sense der Bürger, als andere Gemeindeverfassungen lange waren, und erst recht als die Staatsverfassungen des Bundes und der Länder, ohne aber andererseits zu einer Stimmungsdemokratie zu entarten. Vielmehr ermöglicht die starke Stellung, die Baden-Württemberg dem Bürgermeister gibt, eine zielorientierte, am Wohl der ganzen Gemeinde ausgerichtete Politik und verbindet so Bürgermitwirkung *und* Regierungsfähigkeit miteinander. Das Bestehende am ba-

---

[29] Das begrüßt auch *Ehlers* (Fußnote 10), 399 m.w.N.

[30] *Wehling / Siewert,* Der Bürgermeister in Baden-Württemberg, 1984, 71.

[31] *Roman Herzog,* Verfassungsrechtliche Grundlagen des Parteienstaates, 1993, 34.

[32] *Banner,* Kommunale Steuerung zwischen Gemeindeordnung und Parteipolitik, DÖV 1984, 364 (369).

[33] *Wehling,* Der Bürgermeister und „sein" Rat, Politische Studien 1984, 27 (34).

den-württembergischen Modell besteht darin, daß dem Mehr an echter politischer Partizipation nicht ein Weniger an inhaltlicher Qualität der gemeindlichen Willensbildung gegenübersteht, sondern es sich umgekehrt mit verstärkter gemeindepolitischer Handlungsfähigkeit verbindet. Der ansonst häufig bestehende Gegensatz zwischen Demokratie und Effizienz liegt hier also nicht vor.

Die vorstehenden Feststellungen leiten über zur Frage nach den relevanten Kriterien, die für die Beurteilung von Gemeindeverfassungen als gültig zugrunde zu legen sind.[34] Ihre Anerkennung, ja bereits ihre bloße Ermittlung und Herausarbeitung wird allerdings dadurch erschwert, daß „handfeste politische Interessen" (Schmidt-Aßmann), wie sie oben unter I.4.-6. angesprochen wurden, den politischen Raum und damit auch einen guten Teil der öffentlichen Diskussion beherrschen.[35] Dabei braucht man eigentlich gar nicht weit zu greifen. Geht man mit dem berühmten Wort des früheren amerikanischen Präsidenten Abraham Lincoln davon aus, daß Demokratie Herrschaft *durch* das Volk und Herrschaft *für* das Volk ist,[36] so hat man zwei zentrale Kriterien: Mitentscheidung der Bürger und inhaltliche Ausgewogenheit („Richtigkeit").[37] Von beiden Prinzipien sichert die baden-

---

34 *Schmidt-Aßmann* hat die grundlegende Bedeutung unterstrichen, die die Festlegung der Kriterien besitzt, ohne aber selbst die Frage nach den Kriterien zu beantworten. *Schmidt-Aßmann*, Hat die Postmoderne das Kommunalverfassungsrecht erfaßt?, Der Landkreis 1995, 231.

35 Siehe *Hans-Ulrich Derlien* (Fußnote 19), Der Landkreis 1995, 232. *Derlien* hat aber selbst keine Beurteilungskriterien entwickelt, sondern im Gegenteil die wissenschaftliche Ermittelbarkeit solcher Kriterien von vornherein in Abrede gestellt (insofern ist der Titel seines Aufsatzes mißverständlich). Nach *Derliens* Auffassung ist der Sozialwissenschaftler darauf beschränkt, machtpolitisch nachzuvollziehen, welche Präferenzen und Motive die Regierungsparteien in den betreffenden Landtagen zu den jeweiligen Regelungen bewegt haben. Doch müssen Politikwissenschaft und Verwaltungswissenschaft sich fragen, ob sie mit solchem bloßen Nachvollzug nicht das Wichtigste aus dem Blick verlieren. Eine Staatslehre kann, wie schon *Hermann Heller* betont hat, nur eine auch wertende, kritisierende und verbessernde sein *(Hermann Heller*, Staatslehre, 6. revidierte Auflage, Tübingen 1983, 12 ff. Vergleiche auch *von Arnim*, Ist Staatslehre möglich?, in: Peter Haungs [Hg.], Wissenschaft, Theorie und Philosophie der Politik. Konzepte und Probleme, 1990, 309 ff., vorabgedruckt in: Juristenzeitung 1989, 157 ff.). Das gilt natürlich auch für die *Kommunal*wissenschaften. Im Gegensatz zum sozialwissenschaftlichen Positivismus *Derliens* hat denn auch *Schmidt-Aßmann* dazu aufgefordert, vor der Aufgabe, Kriterien zu entwickeln, nicht zu kapitulieren. Siehe Fußnote 34.

36 *Abraham Lincoln*, Gettysburger Adress, übersetzt und kommentiert von *Krippendorff*, 1994.

37 *von Arnim*, Gemeindliche Selbstverwaltung und Demokratie, Archiv des öffentlichen Rechts 1988, 1 (11 - 14). Ausdrücklich zustimmend *Gerhard Banner*, Kommunalverfassungen und Selbstverwaltungsleistungen, in: Dieter Schimanke (Hg.), Stadtdirektor oder Bürgermeister, 1989, 37 (41 ff.). Zur Bedeutung des Kriteriums „Richtigkeit" insgesamt im staatlichen Bereich *Konrad Hesse*, Die verfassungsrechtliche Stellung der Parteien im modernen Staat, VVDStRL 17, 11 (19 f.); *ders.*, Grundzüge des Verfassungsrechts der Bundesrepublik Deutschland, 20. Aufl., 1995, Randnummern 60 ff.; *Martin Kriele*, Das demokratische Prinzip im Grundgesetz, VVDStRL 29, 46 (60); *Roman Herzog*, in: Maunz / Dürig / Herzog, Kommentar zum Grundgesetz, Art. 20 Abschn. II Randnummer 46.

württembergische Gemeindeverfassung, obwohl auch sie durchaus noch verbesserungsfähig ist,[38] ein in Deutschland einmalig hohes Maß. Darin liegt der innere Grund für die unerhörte Wucht, mit der sich wichtige Elemente der baden-württembergischen Gemeindeverfassung in wenigen Jahren in Deutschland ausgebreitet haben.[39] Der Verfasser hatte die Überlegenheit der baden-württembergischen Gemeindeverfassung anhand der relevanten Kriterien im Jahre 1989 in einem programmatischen Vortrag dargestellt und empfohlen, auch andere Bundesländer sollten die drei Formen unmittelbarer Gemeindedemokratie übernehmen: die Direktwahl des Bürgermeisters, das Kumulieren und Panaschieren bei der Wahl des Gemeinderates und den Bürgerentscheid mit Bürgerbegehren, wobei letzterer noch weiter erleichtert werden sollte.[40] Rückblickend ist es erstaunlich, in welchem Umfang der seinerzeitige Vortrag tatsächlich den weiteren Gang der Entwicklung der Gemeindeverfassungen in Deutschland vorgezeichnet hat.

III. Zur Stellung des Bürgermeisters

1. Vorzüge der Direktwahl

Kernstück der Reform war überall die Wahl des Bürgermeisters direkt durch das Gemeindevolk (siehe Tabelle auf S. 32, Spalte 6). Gewählt ist, wer mehr als die Hälfte der gültigen Stimmen erhält. Gegebenenfalls findet ein zweiter Wahlgang statt, in dem die relative Mehrheit entscheidet. Die Direktwahl des Bürgermeisters weist – jedenfalls, wenn sie mit der starken sonstigen Stellung des Bürgermeisters in Baden-Württemberg verbunden ist – (neben der schon erwähnten Verhinderung einer Monopolstellung der politischen Parteien) mehrere Vorzüge auf:[41]

---

[38] Beispiele für mögliche Verbesserungen betreffend den Bürgerentscheid und das Bürgerbegehren werden unter VI.3. genannt. Ein weiteres Beispiel: Bewerber um die Bürgermeisterwahl sollten in Zukunft auch in Baden-Württemberg eine Mindestzahl von Unterschriften, die ihre Kandidatur unterstützen, beibringen müssen, damit verhindert wird, daß auch „Juxkandidaten" auf die Wahlzettel gelangen und diese schon von der großen Zahl der Bewerber her an Übersichtlichkeit verlieren. Vgl. *Jürgen Hermann*, Wider die Inflation der „Juxkandidaten". Baden-Württemberg: Auch in Zukunft endlose OB-Listen?, in: Das Parlament vom 22./29. 11. 1996, S. 20.

[39] Sicher hat auch die zunehmende Parteien- und Politikerverdrossenheit hier mitgespielt (oben II.2.). Doch liegen deren Gründe nicht zuletzt in mangelnder Problemlösungsfähigkeit „der Politik" und fehlenden Einflußmöglichkeiten der Bürger, also genau in den beiden zentralen Punkten, in denen die baden-württembergische Gemeindeordnung Verbesserungen verspricht? Dazu *von Arnim*, Demokratie vor neuen Herausforderungen, Zeitschrift für Rechtspolitik 1995, 340 (351).

[40] *Hans Herbert von Arnim*, Möglichkeiten unmittelbarer Demokratie auf Gemeindeebene, Vortrag auf einem Symposium des Instituts für Kommunalrecht der Universität Osnabrück am 14. 9. 1989, in: Jörn Ipsen (Hg.), Kontinuität oder Reform – die Gemeindeverfassung auf dem Prüfstand, 1990, 57 ff.; vorabgedruckt in: Die Öffentliche Verwaltung 1990, 85 ff. Methodisch vorbereitet wurden die Ausführungen jenes Vortrages durch die Abhandlung *von Arnim*, Gemeindliche Selbstverwaltung und Demokratie (oben Fußnote 37).

- Die Direktwahl gibt dem Bürger bei der Besetzung des wichtigsten Amtes in der Gemeinde die Auswahl zwischen verschiedenen kandidierenden Personen und stärkt dadurch sein politisches Selbst- und Mitbestimmungsrecht und zugleich die demokratische Legitimation des Gewählten.

- Die Direktwahl, verbunden mit der starken Stellung des baden-württembergischen Bürgermeisters, reizt fähige, verantwortungsbereite und tatkräftige Leute, die sich etwas zutrauen, dafür aber auch Wert auf politischen Spielraum legen, zur Bewerbung. Die Befürchtung, die Volkswahl würde Demagogen, „Rattenfänger" und „Freibier-Bürgermeister" begünstigen, ist in Baden-Württemberg und Bayern nachweisbar nicht eingetreten.[42] Das Gegenteil ist der Fall. Die Volkswahl fördert einen Persönlichkeitstyp, der das Gute am Verwaltungsfachmann und am Politiker vereint, Sachverstand, Integrationskraft und politische Ausstrahlung,[43] ohne daß natürlich eine Gewähr dafür bestände, daß im Einzelfall tatsächlich stets solche Personen gewählt werden.

- Die starke Stellung des Bürgermeisters erleichtert ihm die politische Repräsentation der Gemeinde. Dies ist für die Gesunderhaltung der Institution „gemeindliche Selbstverwaltung" insgesamt wichtig. Die starke Stellung des Bürgermeisters kommt auch zum Tragen, wenn die Gemeinde mit anderen Gemeinden oder mit Bund und Ländern verhandelt, wie dies bei Planungen, finanziellen Zuschüssen etc. vielfach der Fall ist; gleiches gilt für Verhandlungen mit Unternehmen über Ansiedlungen u. a.

- Die Direktwahl erleichtert es dem Bürgermeister, rechtswidrige Beschlüsse des Gemeinderates zu beanstanden. Dazu ist er in den Gemeindeordnungen zwar ausdrücklich verpflichtet (siehe Tabelle S. 32, Spalte 13). Gleichwohl fiel es ratsgewählten Gemeindevorstehern in der Praxis oft schwer, dieser Rechtspflicht zu genügen, weil die Gemeinderäte im Vorwurf rechtswidrigen Verhaltens leicht einen Affront sahen und der Gemeindevertreter auf ihr Wohlwollen angewiesen war, wenn er wiedergewählt werden wollte. Für das in vielen Ländern bestehende Recht des Gemeindevorstehers, gemeinwohlwidrigen Beschlüssen des Rates zu widersprechen (siehe Tabelle S. 32, Spalte 14), gilt Entsprechendes.

Als Haupteinwand gegen die Direktwahl galt lange die damit verbundene Schwächung der Gemeindevertretung. In der Tat wird es dem Rat erleichtert, sich auf die maßgeblichen Entscheidungen zu beschränken, und ein Hineinregieren in alle Details der Gemeindeverwaltung wird erschwert. Aber genau *das* entspricht ja einer vernünftigen Arbeits- und Verantwortungsteilung zwischen Gemeinderat und Bürgermeister, erleichtert die Aufrechterhaltung des ehrenamtlichen Status der Ge-

---

[41] Siehe auch *Rudolf Scharping*, Festschrift für Christian Roßkopf (Fußnote 5), 47 (49 f.).

[42] Eine Untersuchung für Baden-Württemberg hat ergeben, daß 83,7 v.H. der direkt von den Bürgern gewählten Bürgermeister zuvor einen Beruf in der Verwaltung ausgeübt hatten. *Wehling*, Der Bürgermeister, in: Pfizer/Wehling, Kommunalpolitik in Baden-Württemberg, 1985, 143 (148).

[43] *Wehling/Siewert*, a. a. O. durchgehend.

meinderatsmitglieder und kommt auch den Grundgedanken eines New Public Management entgegen. Darauf wird unter IV.4. noch einzugehen sein. In der Konzentration auf das strategisch Wichtige braucht im übrigen keine Schwächung, sondern kann umgekehrt eine wesentliche Stärkung des Gemeinderats liegen.

Die starke Stellung des direkt gewählten Bürgermeisters verlangt Gegengewichte, die vor allem in der Kontrolle durch den Gemeinderat, der Möglichkeit von Bürgerbegehren und Bürgerentscheid (unten VI.), in den Wahlen nach Ablauf der Amtszeit des Bürgermeisters und der Rechtsaufsicht bestehen. Darüber hinaus sehen viele Gemeindeverfassungen auch die Möglichkeit einer vorzeitigen Abwahl vor (unten III.3.).

2. Unterschiede zu Bayern

In Baden-Württemberg ist die Stellung des Bürgermeisters stärker als in Bayern. Dies hat drei Gründe, die auch mit der größeren Unabhängigkeit des baden-württembergischen Bürgermeisters von den politischen Parteien zusammenhängen:

- In Baden-Württemberg wird der Bürgermeister auf 8 Jahre gewählt, in Bayern auf 6 Jahre. In Bayern fällt die Wahl des Bürgermeisters deshalb grundsätzlich mit der Wahl des Gemeinderats zeitlich zusammen, der ebenfalls auf 6 Jahre (in Baden-Württemberg auf 5 Jahre) gewählt wird, und gerät deshalb stärker in den Sog der meist mehr parteipolitisch orientierten Gemeinderatswahlen.
- In Bayern ist der Vorschlag einer Partei oder einer anderen Gruppierung erforderlich. In Baden-Württemberg müssen sich dagegen Einzelpersonen als solche bewerben; die Parteizugehörigkeit darf nicht genannt werden. Das fördert in Baden-Württemberg die Tendenz, daß viele Bürgermeister keiner politischen Partei angehören oder ein doch recht unabhängiges Verhältnis zu ihrer Partei haben.
- Hinzu kommt, daß der Bürgermeister in Baden-Württemberg bei der Bestellung von Beigeordneten und der Frage ihrer Kompetenzen eine stärkere Stellung besitzt und auch die Vorsitzenden der Gemeinderatsausschüsse in Bayern vom Gemeinderat bestimmt werden können und nicht wie in Baden-Württemberg der Bürgermeister den Ausschußvorsitz innehat.

Der frühere weitere Unterschied, daß bayerische Gemeinden Bürgerbegehren und Bürgerentscheid nicht kannten, es diese vielmehr ursprünglich allein in Baden-Württemberg gab, ist seit kurzem entfallen (Näheres unter VI.4.).

3. Vorzeitige Abwahl des Bürgermeisters

Während in den Mutterländern der Direktwahl des Bürgermeisters, Baden-Württemberg und Bayern, nach wie vor keine vorzeitige Abwahl vorgesehen ist, man dort den Bürgermeister während seiner Amtszeit also nur mit disziplinarischen Mitteln wieder loswerden kann, erlaubt das Gesetz in allen anderen Bundesländern eine Abwahl hauptberuflicher Bürgermeister auch während der Amtszeit (Tabelle S. 32, Spalte 8). Sie kann angesichts der Bestellung durch das Volk aber auch wieder nur durch das Volk vorgenommen werden. Um Beschädigungen des Bürgermeisters möglichst zu vermeiden, sind für den Antrag und für die Abstimmung hohe Hürden errichtet. So bedarf es z. B. in Rheinland-Pfalz zur Einleitung des Abwahlverfahrens eines von mindestens der Hälfte der gesetzlichen Zahl der Mitglieder des Gemeinderats gestellten Antrags und eines mit der Mehrheit von zwei Dritteln der gesetzlichen Zahl gefaßten Beschlusses. Erst danach ist der Bürger aufgerufen zu entscheiden. Die Abwahl kommt zustande, wenn die Mehrheit der gültigen Stimmen auf Abwahl lautet, wobei diese Stimmen mindestens 30 Prozent der Abwahlberechtigten ausmachen müssen.

Inwieweit die Möglichkeit der Abwahl die Bürgermeister verunsichert und ihre Repräsentationsfunktion ungebührlich schwächt,[44] wird mangels bisher vorliegender Erfahrungen die weitere Entwicklung zeigen müssen.

IV. Gemeinderat und Bürgermeister

1. Verteilung der Kompetenzen

Die formale Kompetenzverteilung zwischen Gemeinderat und Bürgermeister ist klar: Der Gemeinderat ist für die wichtigen Entscheidungen zuständig. Alle Gemeindeordnungen behalten dem Gemeinderat ausdrücklich einen Katalog von Entscheidungen vor, die er nicht auf andere, etwa auf beschließende Ausschüsse oder auf den Bürgermeister, übertragen kann. Dieser Vorbehalt entspricht auf Staatsebene der vom Bundesverfassungsgericht entwickelten „Wesentlichkeitstheorie", wonach das Parlament wesentliche Entscheidungen selbst zu treffen hat.[45]

Demgegenüber ist der Bürgermeister Chef der Gemeindeverwaltung, wozu zumeist auch die Auswahl der öffentlichen Bediensteten gehört (Tabelle S. 32, Spalte 16), und für die laufenden Angelegenheiten zuständig. Darüber hinaus bereitet er, jedenfalls nach der Süddeutschen Ratsverfassung, die Verhandlungen des Gemeinderats vor, die er auch leitet (Tabelle, Spalte 9) und deren Tagesordnung er aufstellt. Ferner führt er die Entscheidungen des Gemeinderats aus. Rechtswidrige Entscheidungen hat er zu beanstanden (Spalte 13), gemeinwohlwidrigen kann er in vielen Ländern widersprechen (Spalte 14). Er repräsentiert die Gemeinde politisch (Spalte 11), vertritt sie rechtlich nach außen (Spalte 12) und hat einige Entscheidungen anstelle des Rates zu treffen (Spalte 15).

Der Bürgermeister ist also zuständig für Routineentscheidungen und die Leitung der Verwaltung, der Gemeinderat dagegen für grundlegende Entscheidungen und

---

[44] Bedenken bei *Franz Knemeyer*, Bürgerbeteiligung und Kommunalpolitik, 1995, 100.

[45] *Hans Herbert von Arnim*, Zur „Wesentlichkeitstheorie" des Bundesverfassungsgerichts – Einige Anmerkungen zum Parlamentsvorbehalt, Deutsches Verwaltungsblatt 1987, 1241 ff.

die Kontrolle des Bürgermeisters; dazu hat der Gemeinderat das Budgetrecht und die Finanzkontrolle, die er mit Hilfe von Organen der örtlichen und überörtlichen Rechnungsprüfung ausübt, sowie Auskunfts- und Untersuchungsrechte.

2. Politische Initiative und Kompromißfähigkeit

Da der süddeutsche Bürgermeister nicht nur Chef der Verwaltung ist, sondern auch die Sitzungen des Gemeinderats vorbereitet, leitet und die Tagesordnung aufstellt, verfügt er über die institutionellen Voraussetzungen, um gemeindepolitische Initiativen zu entfalten und eine längerfristige Programmatik zu entwickeln, wozu er aufgrund seiner Direktwahl auch durchaus legitimiert ist. Doch *entscheiden* tut der Gemeinderat, und zwar grundsätzlich in öffentlichen Verhandlungen. Dadurch wird auch eine zentrale Aussage über das *Wie* der Entscheidungen getroffen. Sie sollen nämlich möglichst öffentlich und bürgernah erfolgen.

Der Gefahr einer Blockierung, die etwa daher rühren kann, daß Bürgermeister und Rat mehrheitlich von verschiedenen politischen Parteien gestützt werden, wird auf mehrere Weisen entgegengewirkt: einmal dadurch, daß der Bürgermeister auch Vorsitzender des Rates und der Ratsausschüsse ist, weiter aber auch dadurch, daß der Einfluß der politischen Parteien auf verschiedene Weise relativiert wird (oben II.2.), so daß die Gefahr parteipolitischer Blockaden vermindert und die Chance von sachorientierten Kompromissen erhöht wird.

3. Ehrenamtlichkeit der Ratsmitglieder

Der ehrenamtliche Status der Mitglieder des Gemeinderats gehört zum überkommenen Bestand des deutschen Gemeindeverfassungsrechts[46] und ist möglicherweise auch grundgesetzlich verankert (Art. 28 II GG). Eine Professionalisierung der Stadträte wäre nicht nur kaum zu bezahlen, sondern würde vor allem ihre Bürgernähe und damit eine zentrale Funktion der bürgerschaftlichen Selbstverwaltung schwer gefährden. Andererseits wird die Ehrenamtlichkeit durch zunehmenden Zeitbedarf der Ratstätigkeit allmählich in Frage gestellt. Die Ratstätigkeit erstreckt sich auf immer zahlreichere Spezialmaterien. In manchen Bundesländern kann der Gemeinderat sogar in die Geschäfte der laufenden Verwaltung, die herkömmlicherweise dem Bürgermeister vorbehalten sind, intervenieren (unten VII. 1.a und VII.2.b). Die bekannte Attraktivität des Einzelfalles, des Persönlichen und Anschaulichen führt nicht selten dazu, daß die Gemeinderäte und ihre Ausschüsse sich in Kleinigkeiten verzetteln. Dann bleibt einerseits die Bestimmung der großen Linie und damit die eigentliche Funktion des Rates häufig auf der Strecke. Andererseits schreckt die hohe Belastung viele Berufsgruppen von der Bewerbung um

---

[46] Politik und Selbstverwaltung, Bericht des Sachverständigenrats zur Neubestimmung der kommunalen Selbstverwaltung bei der Konrad-Adenauer-Stiftung, 1984, 7 ff., 34 ff.

ein Mandat ab, so daß andere, die durch weitgehende Freistellungen privilegiert sind, wie Verbandsvertreter und öffentliche Bedienstete des Bundes, der Länder oder anderer Kommunen, einen weit überproportionalen Anteil stellen, wodurch die Repräsentation und Legitimität des Gemeinderats zunehmend in Frage gestellt wird. Derartige Gefahren hatte bereits der Sachverständigenrat zur Neubestimmung der kommunalen Selbstverwaltung bei der Konrad-Adenauer-Stiftung in seinem berühmten Bericht von 1984 dargelegt.[47] Auch hier besitzt die baden-württembergische Gemeindeverfassung den wichtigen Vorzug, daß sie es den Gemeinderatsmitgliedern erleichtert, sich auf Grundfragen zu konzentrieren und sich nicht in arbeitsaufwendigen Einzelheiten zu verausgaben.

4. Neues Steuerungsmodell

Ähnliche Überlegungen werden in der Diskussion um die Einführung eines neuen Steuerungsmodells zum Beispiel von den Berichten der Kommunalen Gemeinschaftsstelle für Verwaltungsvereinfachung vorgetragen.[48]

Ausgangspunkt der Reformen sind anreizbedingte Leistungsdefizite der bisherigen Kommunalverwaltung,[49] die durch eine grundlegende Erneuerung der Verwaltung und ihrer Anreizstruktur pariert werden sollen: einen Übergang von der bisherigen Inputsteuerung zur Outputsteuerung, eine Zusammenführung der Kosten- und Leistungsverantwortung in dezentralen Entscheidungseinheiten und eine flächendeckende Kosten- und Leistungsrechnung.[50] Die politische und die fachliche Verantwortung soll in der Art aufgeteilt werden, daß die Politik grundsätzlich über das *Was* der Produktion, die Administration über das *Wie* entscheidet.

Nun ist das Steuerungsmodell nicht unumstritten[51] und hat seine Bewährungsprobe noch vor sich. So fragt sich z. B., wie die Gesamtverantwortung des Verwaltungschefs gesichert werden kann. Vor allem überrascht die mangelnde Integration

---

[47] Politik und Selbstverwaltung, 1984, 7 ff.

[48] KGSt-Bericht 12/1991: Dezentrale Ressourcenverantwortung. Überlegungen zu einem neuen Steuerungsmodell; KGSt-Bericht 5/1993: Das neue Steuerungsmodell. Begründung, Konturen, Umsetzung.

[49] *Gerhard Banner*, Von der Behörde zum Dienstleistungsunternehmen, VOP 1991, 6 (7): Das System der Willensbildung in den deutschen Kommunen sei ein „System organisierter Unverantwortlichkeit".

[50] *Hermann Hill*, VOP 1994, 301; *Helmut Klages*, Die neue Verwaltung 1994, 17; *Heinrich Reinermann*, Die Krise als Chance: Wege innovativer Verwaltungen 1994.

[51] Kritik z. B. bei *Eberhard Laux*, Über kommunale Organisationspolitik, Archiv für Kommunalwissenschaften 1995, 229 ff.; *Klaus König*, „Neue" Verwaltung oder Verwaltungsmodernisierung: Verwaltungspolitik in den 50er Jahren, Die Öffentliche Verwaltung 1995, 349 ff.; *Hans-Ulrich Derlien*, Verwaltungsmodernisierung: modern, modernistisch oder postmodern? in: GfP, Schlanker Staat. Zwischen Paradigmen und Pragmatismus, 1996, 103 ff. Siehe auch *Klaus Lüder*, Triumpf des Marktes im öffentlichen Sektor?, Die Öffentliche Verwaltung 1996, 93 ff.

des Wirtschaftlichkeitsaspekts in vielen bisherigen Ansätzen.[52] Es kann bei diesem Stand nicht darum gehen, die Gemeindeverfassung bedingungslos nach den neuen Modellen auszurichten. Doch sei der Hinweis gestattet, daß das baden-württembergische Modell auch den Anforderungen des neuen Steuerungsmodells besonders gut entspricht.[53]

V. Wahlrecht zum Gemeinderat

1. Starre oder flexible Wahllisten

Die meisten Bundesländer haben inzwischen das süddeutsche Wahlrecht mit flexiblen Listen und der Möglichkeit des Kumulierens und Panaschierens übernommen (Tabelle S. 32, Spalte 3). Dadurch erhält der Bürger mehr Einfluß auf die personelle Zusammensetzung des Gemeinderats, und das Monopol der Parteien wird zugunsten der Bürger aufgelockert, die die Möglichkeit erhalten, die von den Gremien der Parteien oder anderer Gruppierungen vorgegebene Plazierung der Kandidaten auf den Listen wesentlich zu modifizieren. Das zwingt die Mitglieder des Gemeinderates quasi institutionell in den Bürgerkontakt. Während starre Listen eine Binnenorientierung der Ratsmitglieder fördern, weil es für ihre Wiederwahl auf die Partei, die die Listen aufstellt und damit die parteiinternen Kontakte ankommt, wird bei der vom Wähler veränderbaren Liste das Gewicht der Bürger erhöht; das veranlaßt die Mitglieder des Rats, wollen sie wiedergewählt werden, Kontakt zu den Wählern zu halten. Das neue Wahlrecht ist also ein wichtiges Instrument zur Sicherung der Bürgernähe der Gemeindepolitik.[54]

Dabei gibt es derzeit zwei Varianten der flexiblen Kommunalwahl: Entweder hat der Bürger soviel Stimmen wie Ratsmitglieder zu wählen sind. Dies ist das Wahlsystem von Baden-Württemberg und Bayern (oben II.1.[4]), dem sich Rheinland-Pfalz angeschlossen hat (oben I.3.). Oder der Wähler hat insgesamt lediglich drei Stimmen, die er wiederum kumulieren und / oder panaschieren kann. Dieses Wahlsystem, das dem Wähler eine noch viel stärkere Gewichtung erlaubt als das süddeutsche, gilt in Niedersachsen und wurde von dort – über das DDR-Wahlgesetz von 1990 – in die Kommunalwahlgesetze der fünf neuen Länder übernommen.

---

[52] Vergleiche auch *Georg Werner*, Forderungen zur Verwaltungsreform, 1995 (Stellungnahmen des Karl-Bräuer-Instituts des Bundes der Steuerzahler), 21 ff.

[53] *Gerhard Banner*, Effiziente Verwaltung – Anforderungen an die Verwaltungsspitze, Der Landkreis 1995, 361 (363 f.); *Gernot Korthals*, Die Steuerungsfunktion des Kreistages und seiner Ausschüsse, Der Landkreis 1995, 265 ff.

[54] Grundlegend Sachverständigenrat zur Neubestimmung der kommunalen Selbstverwaltung beim Institut für Kommunalwissenschaften der Konrad-Adenauer-Stiftung, Politik und kommunale Selbstverwaltung, 1984, 11 f., 27 f.

2. Systemwidrigkeit der starren Listenwahl

In einigen Ländern besteht dagegen nach wie vor ein starres Listenwahlrecht (Bremerhaven, Hessen und Saarland)[55] oder es existieren Einerwahlkreise mit Verhältnisausgleich wie in Nordrhein-Westfalen und Schleswig-Holstein (siehe Tabelle S. 32, Spalte 3). Ein solches Wahlrecht gibt nicht nur den Bürgern weniger Einfluß, sondern ist auch aus Gründen der Systematik problematisch.[56]

Insbesondere die Direktwahl des Bürgermeisters verlangt auch die Anpassung und Änderung des Wahlrechts zum Gemeinderat, wenn man nicht eine Verschlechterung des Gesamtsystems und Gefährdung des Zusammenspiels der Gemeindeorgane riskieren will.

Für eine Anpassung des Wahlrechts des Gemeinderats spricht zunächst der einfache Grund der demokratischen Symmetrie. Hält man an der *starren Listenwahl* der Ratsmitglieder fest, so droht ein Ungleichgewicht in der demokratischen Legitimation. Der direkt in Persönlichkeitswahl gewählte Bürgermeister steht dann einem zwar *formal* von den Bürgern gewählten, in Wahrheit aber überwiegend von der Parteien Gnaden berufenen Gemeinderat gegenüber. Denn mit der Festsetzung der Listen durch die Parteigremien steht für die Inhaber „sicherer Listenplätze" fest, daß sie in den Gemeinderat gelangen, und das ist regelmäßig der ganz überwiegende Teil der Gemeinderatsmitglieder. Die eigentliche Wahl ist für sie nur noch Formsache. Dieses demokratische Legitimationsdefizit der Ratsmitglieder kann nur durch stärkere Einflußmöglichkeiten der Wähler durch Ermöglichen des *Kumulierens* und *Panaschierens* beseitigt werden.

Dafür spricht auch ein weiterer, nicht weniger wichtiger Grund: Gegen die Direktwahl der Bürgermeister wird häufig angeführt, sie könne leicht zu einer gegenseitigen Blockierung von Bürgermeister und Rat führen, die die Gemeinde handlungsunfähig machen könnte. Würden beide von unterschiedlichen Parteien getragen – und dazu kann es bei Direktwahl des Bürgermeisters leicht kommen –, könnte der Rat kein Interesse an einem Erfolg des Bürgermeisters haben und diesem in destruktiver Weise sein Amt erschweren, im Extrem bis zur praktischen Unmöglichkeit der Ausübung. Der Einwand ist nicht unberechtigt – dies aber nur unter der Voraussetzung, daß es bei der bisherigen Gemeinderatswahl mit starren Listen bleibt. Denn dieses Wahlsystem begünstigt stark parteigebundene Kandidaten, die eher machtpolitisch denken und zu parteipolitischer Konfrontation neigen. Wird dagegen durch Kumulieren und Panaschieren die Persönlichkeitswahl gefördert, tritt die Bedeutung der parteipolitischen Zugehörigkeit zurück, wird eine mehr sachorientierte Politik und eine Zusammenarbeit von Bürgermeister und Rat

---

[55] Dies gilt jedenfalls beim Vorliegen von zwei oder mehr Wahlvorschlägen, also dem Regelfall. Liegt bloß ein Wahlvorschlag vor, wird nach Grundsätzen der Mehrheitswahl abgestimmt.

[56] Zu auch verfassungsrechtlichen Bedenken gegen starre Listenwahl unter den Gesichtspunkten der Unmittelbarkeit und Freiheit der Wahl *von Arnim*, Staat ohne Diener, 1993 (überarbeitete Taschenbuchausgabe 1995), Kapitel 2 IV.

auch über Parteigrenzen hinweg erleichtert. Parteipolitisch motivierte Blockadestrategien werden unwahrscheinlicher.

Die Einführung der Direktwahl *ohne* gleichzeitige Änderung des Wahlrechts für Gemeinderatswahlen in Hessen, Nordrhein-Westfalen, im Saarland, in Schleswig-Holstein und Bremen stellt somit ein erhebliches Risiko dar.[57] Man kann sicher Kumulieren und Panaschieren einführen ohne gleichzeitige Direktwahl des Bürgermeisters, kaum aber umgekehrt Direktwahl ohne Kumulieren und Panaschieren. Ein derartiges Vorgehen ist zudem völlig unnötig, weil der Einbau von Elementen der Persönlichkeitswahl, wie dargelegt, auch aus anderen Gründen der starren Listenwahl vorzuziehen ist. Hier zeigt sich, daß es geradezu gefährlich sein kann, einzelne Teile des baden-württembergischen Systems zu übernehmen, im übrigen aber alles beim alten zu lassen, eine Feststellung, die auch in anderen Zusammenhängen bestätigt werden wird.

3. Zur Fünfprozentklausel

In neun Bundesländern gibt es auch auf Gemeindeebene Sperrklauseln bei den Wahlen der Volksvertretungen. Die Sperre beträgt 5 Prozent, in Rheinland-Pfalz wurde sie auf 3,03 Prozent herabgesetzt. Dagegen kommen drei westliche Länder schon lange ohne Sperrklausel aus: Baden-Württemberg, Bayern und Niedersachsen. Ihnen haben sich von den neuen Ländern angeschlossen: Brandenburg, Sachsen und Sachsen-Anhalt (siehe Tabelle S. 32, Spalte 4).

Durch Sperrklauseln wird die Offenheit und Chancengleichheit des politischen Wettbewerbs eingeschränkt, die für die Legitimation der Demokratie und ihre Reaktionsfähigkeit auf neue Herausforderungen von zentraler Bedeutung ist. Dies erscheint gerade auf gemeindlicher Ebene mißlich, weil sich hier neue Herausforderer-Parteien, die die alten und etablierten Parteien auf Trab zu bringen geeignet sind, zuerst entwickeln können. Die Legitimation eines demokratischen Systems wird in besonderem Maße beeinträchtigt, wenn ausgerechnet das Wahlrecht selbst es ist, das die erfolgreiche Neugründung von Parteien ohne Not behindert.

Das Bundesverfassungsgericht hat die Fünfprozentklausel bisher auch für Gemeindewahlen als verfassungsmäßig angesehen. Sie beeinträchtige zwar die Grundrechte gleicher Wahl und gleicher Wählbarkeit der Bürger, der Parteien und Wählergruppen. Eine solche Beeinträchtigung sei aber „unter dem Gesichtspunkt der Bekämpfung von Splitterparteien in engen Grenzen" gerechtfertigt.[58] Doch sind die Landesgesetzgeber gehalten, sehr sorgfältig zu prüfen, ob die Sperrklauseln jetzt, nach der umfassenden Neugestaltung der Gemeindeverfassungen, wirklich noch zu halten sind. Bedenken ergeben sich vor allem unter folgenden Gesichtspunkten:

---

[57] So für Hessen schon *von Arnim*, Reform der Gemeindeverfassung in Hessen, DÖV 1992, 330 (335).
[58] Seit BVerfGE 6, 104 (112) ständige Rechtsprechung.

Die Länder, in denen die Gemeinderatsmitglieder im Wege flexibler Listen gewählt werden und die Bürger das Recht haben, ihre Stimmen zu kumulieren und zu panaschieren, werden sich überlegen müssen, ob ein solches Wahlsystem sich noch mit der Fünfprozentklausel verträgt. Rheinland-Pfalz hat dies, wie in den Parlamentsverhandlungen nachzulesen, ausdrücklich verneint und deshalb die Sperrklausel auf 3,03 Prozent abgesenkt. Dagegen haben Mecklenburg-Vorpommern und Thüringen trotz Kumulierens und Panaschierens bei der Ratswahl die Fünfprozentklausel beibehalten.

Von noch größerem Gewicht ist die Frage, ob für Sperrklauseln noch Raum bleibt, nachdem in allen Flächenländern die Direktwahl der Bürgermeister durch die Bürger eingeführt worden ist. Denn jetzt bedarf es jedenfalls für die wichtigste Wahl, die Wahl des Bürgermeisters, offensichtlich keiner Mehrheit mehr im Gemeinderat. In Bayern, wo bis 1952 ebenfalls eine Sperrklausel auf Gemeindeebene bestand, hat der dortige Verfassungsgerichtshof die Klausel denn auch schon früh für verfassungwidrig erklärt.[59] Jüngst hat auch der Verfassungsgerichtshof Nordrhein-Westfalen aus ähnlichen Erwägungen nachdrückliche Bedenken geäußert[60] und damit nicht nur dem nordrhein-westfälischen Gesetzgeber einen unübersehbaren Schuß vor den Bug gesetzt.

Ob sich diese verfassungsrechtlichen Bedenken gegen die Fünfprozentklausel definitiv zur Verfassungswidrigkeit verdichten, bedarf einer ausführlicheren Untersuchung, als sie im vorliegenden Rahmen möglich ist. Man wird jedoch sagen können, daß nach den jahrzehntelangen Erfahrungen in Baden-Württemberg, Bayern und Niedersachsen, denen sich drei neue Länder angeschlossen haben, jedenfalls kommunal*politisch* auch für die anderen Länder die Zeit gekommen ist, die Klausel abzuschaffen.

4. Vereinbarkeit von Amt und Mandat?

Die Unvereinbarkeit von Amt und Mandat als Barriere gegen Interessenverquikkungen und Verfilzungen gehörte bisher in allen Bundesländern zum Stand gesicherter politisch-institutioneller Kultur: Beamte und Angestellte der Gemeindeverwaltung dürfen nicht gleichzeitig dem Gemeinderat angehören, dessen Aufgabe die Kontrolle eben jener Verwaltung ist. Dieser Stand ist jüngst durch ein Urteil des Landesverfassungsgerichts Brandenburg in Frage gestellt worden, nach dessen Begründung Unvereinbarkeitsvorschriften in Brandenburg gegen die Landesverfassung verstoßen.[61] Die Zuerkennung des passiven Wahlrechts an jeden 18jährigen Bürger durch Art. 22 I der Landesverfassung Brandenburg schließe die Anwendbarkeit des Art. 137 I GG, der unter anderem den Landesgesetzgeber zum Er-

---

[59] Urteil vom 18. 3. 1952, VerfGH 5, 66.
[60] Urteil vom 29. 9. 1994, DVBl. 1995, 153.
[61] Urteil vom 25. 1. 1996, DVBl. 1996, 363.

laß von Unvereinbarkeitsvorschriften auf Kommunalebene ermächtigt, aus. Anders wäre es nach Auffassung des Gerichts nur, wenn die Landesverfassung die Anwendbarkeit des Art. 137 I GG ausdrücklich bejaht hätte. Damit fehlt es nach Auffassung des Gerichts in Brandenburg an der erforderlichen Einschränkungsermächtigung, so daß Unvereinbarkeitsvorschriften gegen das Grundrecht der gleichen Wählbarkeit verstoßen.

Träfe dieses Urteil zu, könnte es auch auf andere Länder Einfluß gewinnen: Dreiviertel der Bundesländer haben wie Brandenburg keine Ermächtigung entsprechend Art. 137 I GG in ihren Landesverfassungen. Das Recht der gleichen Wählbarkeit ist in den dortigen Landesverfassungen ebenso unbedingt garantiert wie in Brandenburg, so daß, die Rechtsauffassung des Landesverfassungsgerichts Brandenburg zugrunde gelegt, Art. 137 I GG gleichfalls nicht als Ermächtigung zur Einschränkung der gleichen Wählbarkeit in Betracht käme, ihre Unvereinbarkeitsvorschriften also ebenfalls verfassungswidrig sein müßten. Diese Rechtsauffassung würde im kleinräumigen gemeindlichen Bereich zu besonders mißlichen Zuständen führen. Wenn Gemeindebedienstete sich unter Beibehaltung ihres Berufs in die gemeindlichen Vertretungen wählen lassen könnten, wäre – angesichts der Attraktivität eines solchen Mandats gerade für sie – zu erwarten, daß die „Verbeamtung" der Volksvertretungen sprunghaft zunähme. Wie aber soll eine zum großen Teil aus Verwaltungsangehörigen bestehende Gemeindevertretung die Verwaltung noch kontrollieren? Solche Verquickungen würden auch in der Gemeindeverwaltung selbst zu unerträglichen Zuständen führen. Wie soll ein Bürgermeister sich als Verwaltungschef noch gegenüber seinen Bediensteten durchsetzen, wenn diese zugleich Mitglieder des Gemeinderats, etwa als Fraktionsvorsitzende, sind und in dieser Eigenschaft ihrerseits den Bürgermeister zu kontrollieren haben? Wer gleichzeitig Mitglied der Gemeindevertretung ist, würde kraft dieser Stellung auch in der Verwaltung eine dominierende Position bekommen. Das würde aller Voraussicht nach die Parteipolitisierung der gesamten Gemeindeverwaltung fördern, also einer Entwicklung weiter Vorschub leisten, vor der schon jetzt vielfach und mit guten Gründen gewarnt wird (oben II.2.).

Es gab für das Landesverfassungsgericht m.E. keine methodische Notwendigkeit für ein solches Ergebnis, im Gegenteil: durch Anwendung der normalen Auslegungsregeln wäre das Gericht zwanglos dazu gelangt, daß die Einschränkungsermächtigung des Art. 137 I GG auch in Brandenburg gilt und die Unvereinbarkeitsvorschriften dort wie in anderen Bundesländern verfassungsgemäß sind. Das hat der Verfasser in einem Sondervotum zu jenem Urteil, dem sich die Richterin Harms-Ziegler angeschlossen hat, im einzelnen dargetan.[62] Brisant ist das Urteil,

---

[62] DVBl. 1996, 367 ff. Zustimmend *Horst Sendler*, (Un)vereinbarkeit von Amt und Mandat, Neue Justiz 1996, 225: Auf die weit über den Entscheidungsanlaß hinausgehende Begründung „ist von Arnim in seiner abweichenden Meinung ausführlich eingegangen. Die Argumente, die die Auffassung des Gerichts widerlegen und mich insgesamt überzeugen ..." *Joachim Linck*, Gestaltungsrahmen des Gesetzgebers zur Unvereinbarkeit von Amt und Man-

weil dahinter ein tiefergehendes Problem steckt, das *Linck* in seiner Urteilskritik angedeutet hat.[63] In Brandenburg hat bisher keine Gemeindegebietsreform stattgefunden, so daß es nach wie vor sehr viele Gemeinden gibt und ein besonders großer Bedarf an Kandidaten für Kommunalmandate besteht, der aber nur schwer befriedigt werden kann. Denn einige politische Parteien sind in Brandenburg derart schwach an Mitgliedern und Kandidaten für die Volksvertretungen, daß sie bei Kommunalwahlen oft nicht einmal die Wahllisten der Volksvertretungen der vielen Gemeinden voll besetzen können. So hat zum Beispiel die SPD Brandenburgs sehr viel weniger Mitglieder als ihre Landesverbände in westlichen Ländern vergleichbarer Größe. Vor diesem Hintergrund mag man nachvollziehen, wie verführerisch es für manche Parteien sein mag, der Kandidatenknappheit dadurch abzuhelfen, daß allen Gemeindebediensteten der Weg in die Gemeinderäte eröffnet wird und daß ähnliche Versuchungen sich möglicherweise auch in anderen Ländern stellen könnten. Daß ausgerechnet ein Gericht hier den Weg eröffnet, gibt dem Urteil seine Brisanz und war Anlaß für den Verfasser, den Landtagspräsidenten gemäß § 6 Verfassungsgerichtsgesetz Brandenburg um seine Entlassung zu bitten. Angesichts der knappen Mitgliederzahlen der Parteien in Brandenburg ist es zwar zu fördern, wenn Versuche unternommen werden, das politische Engagement der Bevölkerung zu erhöhen – aber keinesfalls auf eine Weise, die der Aufhebung der Gewaltenteilung und der Interessenverquickung Vorschub leisten muß. Eine solche Entwicklung wäre kein Schritt in Richtung einer optimalen Gemeindeverfassung, sondern würde von ihr wegführen. Dies sieht auch der Landtag Brandenburg so. Sein Hauptausschuß hat einstimmig eine Ergänzung der Landesverfassung empfohlen, die den Gesetzgeber ausdrücklich zum Erlaß von Unvereinbarkeitsvorschriften ermächtigt.[63a]

---

dat, Zeitschrift für Gesetzgebung 1996, 181 (182): „Die Urteilsbegründung ist von v. Arnim in einem Sondervotum, dem sich die Richterin Harms-Ziegler angeschlossen hat, eingehend und überzeugend widerlegt worden." *Klaas Engelken*, Verfassungsmaßstäbe für Unvereinbarkeits- und andere Hinderungsvorschriften bei kommunalen Mandaten, Die Öffentliche Verwaltung 1996, 853 (857), spricht von „Fehlleistungen des Urteils". Im Ergebnis ebenso *Jörg Menzel*, Unvereinbarkeit von Amt und Mandat in den Ländern nach Art. 137 Abs. 1 GG und Landesverfassungsrecht, Die Öffentliche Verwaltung 1996, 1037. – Der m.W. einzige Versuch, das Urteil des Verfassungsgerichts Brandenburg zu verteidigen, stammt von dem wissenschaftlichen Mitarbeiter des Gerichts, der die Vorlagen für die Berichterstatter entworfen hatte! *Hans-Georg Kluge*, Verfassungs-Wortlaut als Kompetenzgrenze. Zur Inkompatibilitätsentscheidung des Brandenburgischen Verfassungsgerichts, Neue Justiz 1996, 356.

[63] *Linck* (Fußnote 62), 181: „Es waren weniger der Tenor dieser Entscheidung, als die Urteilsgründe, die in der Öffentlichkeit große Überraschung und Verwunderung und auf politischer Ebene hektische Betriebsamkeit ausgelöst haben – bei einigen Parteien darüber hinaus höchste Befriedigung, da nunmehr auch ihre in den Kommunalverwaltungen beschäftigten Mitglieder in die kommunalen Vertretungskörperschaften einziehen können. Es war insbesondere für die neu gegründete, mitgliederschwache SPD ein Problem, bei Kommunalwahlen ausreichend kompatible Kandidaten aus den eigenen Reihen aufzustellen. Ihr Einfluß war daher groß, Brandenburg zur ‚inkompatibilitätsfreien Zone' zu erklären."

[63a] Landtag Brandenburg, Beschlußempfehlung und Bericht des Hauptausschusses vom 10. 2. 1997, Drucksache 2/3752.

VI. Bürgerbegehren und Bürgerentscheid

1. Vorgeschichte

Auf gemeindlicher Ebene gab es im Nachkriegsdeutschland lange nur in Baden-Württemberg Bürgerbegehren und Bürgerentscheid, mit denen die Bürger außerhalb von Wahlen Sachentscheidungen an sich ziehen konnten. In den anderen Ländern waren nur unechte Formen der Gemeindedemokratie vorgesehen, die dem Gemeindevolk keine verbindlichen Entscheidungen übertrugen, sondern lediglich die Möglichkeit, Anregungen oder Initiativen zu unterbreiten, über die andere Organe verbindlich zu entscheiden hatten. Diese Befugnisse, die in den siebziger Jahren durch sogenannte Demokratisierungsnovellen der Bundesländer in die Gemeindeordnungen eingefügt (oder verstärkt) worden waren, um dem Partizipations- und Demokratisierungsdruck jener Jahre einigermaßen Rechnung zu tragen, stellten jedoch häufig kaum mehr als eine Art Kollektivpetition dar, die kraft der Bundes- und Landesverfassungen aber ohnehin zulässig war; sie waren halbherzig, vielfach wurde ihnen eine bloße Alibifunktion zugeschrieben. Echte Entscheidungskompetenzen wurden den Gemeindebürgern jedenfalls nicht gegeben. Gerade solche Entscheidungskompetenzen sind aber wichtig, um eine wirkliche Partizipationsmöglichkeit zu schaffen. Zugleich kann dadurch ein zentraler Mangel von Bürgerinitiativen relativ einfach bekämpft werden: Untersuchungen über Bürgerinitiativen stimmen darin überein, daß sich in ihnen weniger artikulationsschwache Interessenten und Gruppen äußern als vielmehr solche, die sich ohnehin ausreichend artikulieren und zur Geltung bringen können.[64] Allgemeine Abstimmungen, bei denen nicht nur „selbsternannte Engagierte"[65] das Wort führen, sondern jeder Bürger eine Stimme besitzt, können dagegen ein wirklich demokratisches Gegengewicht gegen Partikularismen bilden.[66]

2. Unterschiede zum Bund

Im Bund ist die Einführung von Volksbegehren und Volksentscheid bekanntlich höchst umstritten. Das geht auf die „Volksphobie" des Parlamentarischen Rats zurück. Kennzeichnend für die Einstellung des Parlamentarischen Rats waren die Äußerungen von *Theodor Heuss:* „Ich warne davor, mit dieser Geschichte die

---

[64] Z.B. *Max Kaase,* Politische Beteiligung und politische Ungleichheit, in: Albertin/Link (Hg.), Politische Parteien auf dem Weg zur parlamentarischen Demokratie in Deutschland, 1981, 363 (377).

[65] *Hans Zacher,* Veröffentlichungen der Vereinigung Deutscher Staatsrechtslehrer, Bd. 33, S. 275.

[66] *Hans Herbert von Arnim,* Der Einfluß der Interessengruppen auf die Verwaltung, in: Bulling (Hg.), Verwaltung im Kräftespiel der politischen und gesellschaftlichen Institutionen, Schriften der Deutschen Sektion des Internationalen Instituts für Verwaltungswissenschaften, Bd. 12, 1985, 79 (96 f.) m.w.N.

künftige Demokratie zu belasten. Das Volksbegehren, die Volksinitiative, in den übersehbaren Dingen mit einer staatsbürgerlichen Tradition wohltätig, ist in der Zeit der Vermassung und Entwurzelung in der großräumigen Demokratie die Prämie für jeden Demagogen und die dauernde Erschütterung des mühsamen Ansehens, worum sich die Gesetzgebungskörper, die vom Volk gewählt sind, noch werden bemühen müssen ..."[67] Inwieweit diese Äußerungen nicht heute auch für den Bundesbereich überdacht werden müssen, mag hier dahinstehen. Für die gemeindliche Ebene galt jedenfalls schon immer Besonderes. Selbst Heuss hatte sie von seinem Verdikt ausgenommen. In der Gemeinde kennen die Bürger die Verhältnisse und Probleme eher aus eigener Anschauung; das fördert das politische Interesse und, sofern nicht individuelle Eigenbelange auf dem Spiel stehen, auch das abgewogene Urteil. Im örtlichen Bereich der Gemeinde sind deshalb die Voraussetzungen für unmittelbare Entscheidungen der Bürger von vornherein besser als in der Massendemokratie moderner Territorialstaaten. Davon geht auch das Grundgesetz aus, indem sein Art. 28 Abs. 1 Satz 3 auf Gemeindeebene sogar die Gemeindeversammlung als Versammlung der Gemeindebürger, die an die Stelle der gewählten Gemeindevertretung tritt, als weitreichendste Form von Direktentscheidungen der Bürger zuläßt (wenn diese praktisch auch keine Rolle mehr spielt). Um so mehr erstaunt es dann allerdings, daß in der Bundesrepublik die meisten Landesverfassungen für die staatliche Willensbildung lange erheblich mehr echte direkte Demokratie ermöglichten, als die meisten Gemeindeordnungen dies für die gemeindliche Willensbildung taten. Wenn die Gemeindeselbstverwaltung sich aus dem Mehr an Bürgermitwirkung legitimiert, das sie im Vergleich zur staatlichen Demokratie ermöglicht, so erschien es schon auf den ersten Blick inkonsequent, wenn dem Bürger gleichwohl auf Gemeindeebene weniger direkte Mitwirkung an Sachentscheidungen gegeben wurde als auf Staatsebene.

3. Die Reformwelle

Die Einführung des Bürgerentscheids auf Gemeindeebene war also längst überfällig. Schleswig-Holstein und die neuen Länder haben dies im Gefolge der friedlichen demokratischen Revolution von 1989 als erste erkannt, den baden-württembergischen Bürgerentscheid auf ihre Gemeinden übertragen und dabei die Zulassungsvoraussetzungen erleichtert. Inzwischen sind mit der einen Ausnahme des Saarlandes alle anderen Länder gefolgt; auch in Bremerhaven stehen den Bürgern nun Begehren und Entscheid offen (siehe Tabelle S. 32, Spalte 18). In Baden-Württemberg, Bayern, Bremerhaven, Schleswig-Holstein, Mecklenburg-Vorpommern, Sachsen und Sachsen-Anhalt können neben den Bürgern auch die jeweiligen Volksvertretungen einen Bürgerentscheid herbeiführen (Tabelle, Spalte 18).

---

[67] *Theodor Heuss*, Parlamentarischer Rat, Stenographische Berichte der 2. Sitzung, S. 25 (linke Spalte).

Damit hat die Diskussion beinahe über Nacht ihre Richtung grundlegend verändert. Ging es vor kurzem noch um die Frage des *Ob*, so wird inzwischen nur noch über die Frage des *Wie* diskutiert. Heute ist anerkannt, daß die Einführung direktdemokratischer Elemente die repräsentative Willensbildung nicht ersetzt, sondern lediglich ergänzt. Solche direktdemokratischen Ergänzungen sind auch keineswegs verfassungswidrig, wie noch bis vor gar nicht langer Zeit auch von Staatsrechtslehrern vertreten wurde. Direktdemokratische Elemente führen vielmehr wegen des Mehrs an Bürgerpartizipation grundsätzlich zu einem demokratischen Mehrwert.[68]

Umstritten ist die Ausgestaltung im einzelnen. Der Verfasser hatte 1989 an den restriktiven Voraussetzungen der baden-württembergischen Regelungen Kritik geübt und insbesondere in folgenden Punkten für Erleichterungen plädiert:

– die Absenkung des 30-Prozent-Quorums beim Bürgerentscheid,
– die Übertragung der Entscheidung betreffend die Zulässigkeit eines Bürgerentscheids auf die Rechtsaufsichtsbehörde, von der mehr Distanz erwartet werden darf als vom „betroffenen" Gemeinderat, und
– die Ausweitung des Positiv- und Einschränkung des Negativkatalogs für mögliche Gegenstände des Bürgerentscheids unter Einbeziehung auch von Entscheidungen über Abgaben.[69]

Den ersten beiden Empfehlungen entsprachen die Länder Schleswig-Holstein und viele andere, die auch die erforderlichen Unterschriften für Bürgerbegehren auf maximal 10 Prozent herabsetzten. Andere wie Bremerhaven, Rheinland-Pfalz und Sachsen-Anhalt halten an dem 30-Prozent-Quorum für den Bürgerentscheid fest oder verlangen wie Thüringen für das Bürgerbegehren gar 20 Prozent an Unterschriften (siehe Tabelle S. 32, Spalte 18).

4. Bayern

Besonders weitgehende Erleichterungen enthalten die durch Volksbegehren und Volksentscheid im Freistaat Bayern mit Wirkung vom 1. 11. 1995 eingeführten Regelungen.[70] Sie verlangen Unterschriften von höchstens 10 Prozent der Wahlberechtigten für das Bürgerbegehren. Für den Bürgerentscheid reicht die Mehrheit der Abstimmenden; ein Quorum ist nicht vorgesehen. Gegenstand des Bürgerentscheids kann der gesamte Kompetenzbereich der Gemeinde sein. Dazu gehören auch Abgabensatzungen. Ausgenommen sind nur Angelegenheiten, die kraft Ge-

---

[68] *Hans Herbert von Arnim*, Gemeindliche Selbstverwaltung und Demokratie, Archiv des öffentlichen Rechts 1988, 1 (8 ff., 29 f.); *ders.*, Möglichkeiten unmittelbarer Demokratie auf Gemeindeebene, DÖV 1990, 85 (91, 93).

[69] *von Arnim* (Fußnote 68), 93.

[70] Dazu *Franz Knemeyer*, Bürgerbeteiligung und Kommunalpolitik. Eine Einführung in die Mitwirkungsrechte von Bürgern auf kommunaler Ebene, 1995, 111 ff.; *ders.*, Bürgerbegehren und Bürgerentscheid, BayVBl. 1996, 545 ff.

setzes dem ersten Bürgermeister obliegen, Fragen der inneren Organisation der Gemeindeverwaltung, die Rechtsverhältnisse der Gemeinderatsmitglieder, der Bürgermeister und der Gemeindebediensteten und die Haushaltssatzung.[71] Nach wie vor aber entscheidet der Gemeinderat über die rechtliche Zulässigkeit eines Bürgerbegehrens.

Die Durchsetzung der bayerischen Regelung ist das Verdienst einer großangelegten staatsbürgerlichen Gruppierung, des Vereins „Mehr Demokratie",[72] die – wie der Volksentscheid in Hessen, nur diesmal nicht auf Initiative der Regierung, sondern auf Begehren „von unten" – gezeigt hat, daß mittels Volksbegehrens und Volksentscheids auf Landesebene, notfalls auch an den herrschenden Parteien vorbei, durchgreifende Änderungen durchgesetzt werden können.

Umstritten an der Neuregelung ist vor allem der Wegfall eines Mindestquorums für den Bürgerentscheid, das Fehlen eines in Baden-Württemberg und anderen Ländern vorgesehenen Finanzierungsvorschlags und die Sperrwirkung, die das im Gang befindliche Bürgerbegehren bereits dann entfaltet, wenn ein Drittel der erforderlichen Unterschriften vorliegen. Die Neuerung hat in bayerischen Kommunen zu einer Fülle von Initiativen ermutigt.[73] Für eine abschließende Beurteilung wird man die weitere Entwicklung abwarten und weitere Erfahrungen sammeln müssen. Doch scheint mir die Richtung der Entwicklung insgesamt zu stimmen.

VII. Unvollständige Reformen

Während Länder wie Sachsen die baden-württembergische Gemeindeverfassung fast komplett übernahmen, fühlten die Parteien sich in mehreren anderen Ländern zu Reformen der Gemeindeverfassung, insbesondere zur Einführung der Direktwahl des Bürgermeisters, durch andernfalls drohende Volksentscheide gedrängt und reagierten darauf nicht selten mit einer Art hinhaltendem Widerstand (oben I.2.). Dies äußerte sich darin, daß bisweilen die vollen Konsequenzen aus der Direktwahl nicht gezogen wurden. Ein besonders augenfälliges Beispiel bietet Hessen.

---

[71] Art. 18 a III BayGO.

[72] Dazu die zahlreichen Veröffentlichungen, die die Initiative begleitet haben, z. B. *Carsten Nemitz*, Stellungnahme zum Entwurf eines Gesetzes zur Reform des niedersächsischen Kommunalverfassungsrechts: Stärkung der Bürgerbeteiligung durch Bürgerbegehren und Bürgerentscheid vom 7. 2. 1996 (Typoskript) mit Nachweisen.

[73] *Ralph Kampwirth*, Die Bayern begehren fleißig, Zeitschrift für Direkte Demokratie 1996/1, S. 20 f.; *Thomas Mayer*, Weniger Ohnmacht, mehr Engagement, Zeitschrift für Direkte Demokratie 1996/3, S. 26 ff.

1. Volkswahl des Bürgermeisters und Magistratsverfassung in Hessen

In Hessen wurde zwar die Direktwahl der Bürgermeister eingeführt. Doch wurde gleichzeitig der kollektive Gemeindevorstand (Magistrat) erhalten, so daß der direkt gewählte Bürgermeister in den im übrigen vom Gemeinderat gewählten Gemeindevorstand eingebunden bleibt. Das führt aber zwangsläufig dazu, daß der Bürgermeister im *nicht-öffentlich* verhandelnden Gemeindevorstand von den ratsgewählten Beigeordneten überstimmt werden kann und dann die Mehrheit – entgegen der eigenen Überzeugung – nach außen vertreten muß. Diese Konstellation ist mit der Volkswahl des Bürgermeisters schwer vereinbar. Die demokratische Wahl ist eine Rechenschaftslegung für die vergangene politische Tätigkeit und beruht auf dem Vertrauen in ein Programm für die Zukunft. Rechenschaft für die Vergangenheit setzt Transparenz des politischen Handelns und der politischen Verantwortung voraus. Das bedeutet: Es muß für den Wähler erkennbar bleiben, wie der Bürgermeister politisch gehandelt hat, wofür er die Verantwortung trägt und inwieweit er das Programm, mit dem er angetreten ist, verwirklicht hat.

Bei Einbindung des Bürgermeisters in die Mehrheitsentscheidung der Beigeordneten wird aber die erforderliche Transparenz verhindert, und die zurechenbare Verantwortung gegenüber den Wählern wird unmöglich, weil dann nicht erkennbar ist, ob der Bürgermeister als Vorsitzender des Gemeindevorstands seine eigene politische Linie vertritt oder nur die ihm mehrheitlich aufgedrängten Entscheidungen des Vorstands. Dieser Konstruktionsmangel ist auch nicht dadurch behoben worden, daß der Bürgermeister die Befugnis erhielt, seine von der Mehrheit des Vorstandes abweichende Auffassung in den Sitzungen der Gemeindevertretung und ihrer Ausschüsse zu äußern. Diese Befugnis berücksichtigt nämlich die spezifische Zwangslage nicht, in der der hessische Bürgermeister steht. Die Darlegung eines direkt gewählten Bürgermeisters, in dem die Bürger ihren Repräsentanten sehen, daß er von den Beigeordneten überstimmt worden ist, wäre ein Eingeständnis seiner politischen Schwäche; zumindest muß er befürchten, daß dies in der Öffentlichkeit so aufgefaßt wird. Ein solches Eingeständnis wird er möglichst zu vermeiden suchen. Die genannte Vorschrift gibt dem Bürgermeister, genaugenommen, also nur die Wahl zwischen Scylla und Charybdis. Das Problem wird dadurch noch verschärft, daß Hessen bisher an der *starren Listenwahl* der Ratsfraktionen festhält (oben V.2.), dadurch die parteipolitische Ausrichtung der Beigeordneten fördert und die Gefahr erhöht, daß es zu machtpolitisch motivierten Versuchen, den direkt gewählten Bürgermeister zu demontieren, kommt.

Da die gespaltene Legitimation des Kollektivorgans Gemeindevorstand beinahe zwangsläufig Mängel und Ungereimtheiten nach sich ziehen muß,[74] kann wirkliche Abhilfe nur durch eine grundlegend neue Konstruktion geschaffen werden:

---

[74] So schon *von Arnim* (Fußnote 57), 335 f. Ebenso *Hans Meyer*, Kommunalrecht, in: Hans Meyer / Michael Stolleis (Hg.), Staats- und Verwaltungsrecht für Hessen, 3. Aufl., 1994, 149 (174).

den Übergang zum monokratischen System. Wird ein Repräsentant vom Volk gewählt, muß er auch eine abgrenzbare Verantwortung gegenüber dem Volk tragen, will er sich nicht in einen politischen Schleudersitz begeben, für den hochqualifizierte Bewerber sich nur zögernd zur Verfügung zu stellen bereit sind.[75] Die Volkswahl folgt eigenen Gesetzlichkeiten, denen die unterschiedlichen Legitimations- und Rechtfertigungsstränge der verschiedenen Mitglieder des Gemeindevorstandes nicht gerecht werden. Die strukturelle Unvereinbarkeit der Urwahl des Bürgermeisters mit der kollegialen Magistratsverfassung galt in der kommunalwissenschaftlichen Literatur denn auch bisher als Selbstverständlichkeit.[76]

Daß die hessische Gemeindeverfassung innerlich derart unstimmig und funktionswidrig ist, läßt sich nur aus der Entstehungsgeschichte heraus erklären. Die Volksabstimmung über die Direktwahl der Bürgermeister (und Landräte) erfolgte am selben Tag wie die Landtagswahl. Die Einführung der Direktwahl geschah auf Initiative des seinerzeitigen Ministerpräsidenten *Wallmann*, der sie auch als Wahlkampfschlager gegen die SPD und die Grünen einsetzen wollte. Da Wallmann die Landtagswahl verlor und auch die CDU nicht mit ganzem Herzen für die Einführung der Direktwahl eingetreten war,[77] gab es niemanden, der ein wirkliches politisches Interesse daran hatte, die Einführung der Direkwahl zum kommunalpolitischen Erfolg zu machen, was konsequente Folgeänderungen, insbesondere die Abschaffung des kollektiven Gemeindevorstandes, verlangt hätte.

Dagegen hat Schleswig-Holstein, das in seinen Städten bislang ebenfalls eine Magistratsverfassung hatte, diese mit Einführung der Direktwahl des Bürgermeisters abgeschafft, eben weil beide unvereinbar sind.[78] Der schleswig-holsteinische Gesetzesbeschluß sollte auch für Hessen Anlaß sein, seine verunglückte Konstruktion zu überdenken.

---

[75] Der frühere hessische Ministerpräsident Osswald beklagte, daß man aus den direkt gewählten Bürgermeistern „Eunuchen gezimmert" habe. Hinweis bei *Blümel* (Fußnote 25), 100.

[76] Statt vieler *Michael Borchmann*, Die Reform der Kommunalverfassung, Frankfurter jur. Diss. 1975, 369: „So läßt sich die Urwahl beispielsweise kaum in eine kollegiale Magistratsverfassung integrieren. Sie verlöre ihren Sinn, wenn der (Ober-)Bürgermeister in jeder wichtigen Verwaltungsangelegenheit überstimmt werden könnte."

[77] Nach Angabe von Hans Meyer hatte Wallmann sich vor seiner Initiative mit der CDU, also seiner eigenen Partei, nicht verständigt. *Hans Meyer*, Diskussionsbeitrag, in: Huber/Mößle/Stock, Zur Lage der parlamentarischen Demokratie, Symposium zum 60. Geburtstag von Peter Badura, 1995, 159 (163).

[78] So führte der Abgeordnete *Dr. Ottfried Hennig* (CDU) am 6. 12. 1995 bei der zweiten Lesung des schleswig-holsteinischen Gesetzes im Landtag aus: „Wir wollen die Direktwahl nicht auf die bestehende Kommunalverfassung aufpfropfen, denn es sind natürlich begleitende Änderungen notwendig, die sich als logische Konsequenz aus der Direktwahl ergeben. So kann es keinen Magistrat als verwaltungsleitendes Organ geben. Diese Funktion muß der Bürgermeister in seiner Funktion vereinigen." Abgedruckt in: Die Gemeinde Schleswig-Holstein 1996, 118 (120).

2. Weitere unvollendete Reformen[79]

a) Nordrhein-Westfalen

Auch in Nordrhein-Westfalen[80] wurden nicht die vollen Konsequenzen aus der Einführung der Direktwahl des Bürgermeisters gezogen. *Oebbecke* hat nicht zu Unrecht bemerkt, wichtige Mängelpunkte aus der Sicht des Hauptverwaltungsbeamten beständen unverändert fort.[81] So besitzt der Bürgermeister keine originären Entscheidungszuständigkeiten. Selbst Angelegenheiten der laufenden Verwaltung kann der Rat jederzeit zurückholen, der durch Festlegung der Dezernatsverteilung auch auf die Organisationsbefugnis des Bürgermeisters zugreifen und ihn sogar von Personalentscheidungen ausschließen kann. Auch seinen Stellvertreter kann er nicht selbst bestimmen.

Im übrigen findet die Wahl des Bürgermeisters zugleich mit der Wahl des Rates statt. Diese sogenannte verbundene Bürgermeisterwahl wird damit begründet, sie solle eine hohe Wahlbeteiligung und möglichst den „parteipolitischen Gleichklang" zwischen Bürgermeister und Rat sichern. Doch fragt sich, ob das überhaupt ein vernünftiges Ziel sein kann oder ob der Gesetzgeber bei seiner Argumentation nicht vielleicht noch eine Art parlamentarisches System vor Augen hatte, obwohl dies nach Einführung der Direktwahl des Bürgermeisters nicht mehr besteht. Die Zweifel, ob politischer Gleichklang im Sinne einer Dominanz der gleichen politischen Partei(en) in beiden Organen, Rat und Bürgermeister, in einem zweipoligen System überhaupt noch als sinnvolles Ziel anerkannt werden kann, bestätigt das Beispiel der USA und die Vorliebe der Wähler für „divided government".[82] Es muß vielmehr darauf ankommen, die institutionellen Gegebenheiten so zu gestalten, daß es auch und gerade bei unterschiedlichen parteipolitischen Kräften im Rat und in der Verwaltungsspitze zu Kompromissen kommen kann, also die Kompromißfähigkeit auch institutionell gefördert wird. Das verlangt aber, daß der Einfluß der rein machtpolitischen Momente der politischen Parteien zurückgedrängt wird. Diese Konzeption hat vor allem Konsequenzen für das Wahlrecht (die in Nordrhein-Westfalen mit seinem Festhalten am starren Listenwahlrecht bisher nicht gezogen worden sind, siehe oben V.2.) und würde im übrigen gerade umgekehrt für ein zeitliches Entkoppeln der Wahltermine sprechen (siehe oben III.2.). Dann könnte auch die merkwürdige Regelung entfallen, daß eine Neuwahl des Bürgermeisters zwischen den Wahlterminen *durch den Rat* erfolgt.

---

[79] Hier ist keine flächendeckende Untersuchung beabsichtigt. Es sollen vielmehr nur drei erörterungsbedürftige Beispiele herausgegriffen werden.

[80] *Johannes Rau*, Reform der Kommunalverfassung in Nordrhein-Westfalen, in: Festschrift für Christian Roßkopf (Fußnote *), 35 ff.

[81] *Oebbecke* (Fußnote 18), 701 (704). Vgl. auch *Achim Nendza*, Die Stellung des alten Gemeindedirektors und des neuen Bürgermeisters als Leiter der Verwaltung nach der alten und neuen Gemeindeordnung NW – ein Vergleich, Verwaltungsrundschau 1996, 289 ff.

[82] *Morris Fiorina*, Divided Government, second edition 1996.

b) Brandenburg

Auch in Brandenburg wurden nicht die vollen Konsequenzen aus der Einführung der Direktwahl des Bürgermeisters, jedenfalls so wie sie in Süddeutschland üblich sind, gezogen. Die daraus resultierende Schwäche des Bürgermeisters könnte sich, wie *Nierhaus* festgestellt hat, „als *die* Schwachstelle der ansonsten ‚gelungenen' Gemeindeordnung Brandenburg erweisen."[83] So ist der Bürgermeister nicht auch Ratsvorsitzender und wird überdies an mehreren Stellen durch Rückkoppelung an diesen geschwächt. Die Gemeindevertretung kann wie in Nordrhein-Westfalen die Geschäfte der laufenden Verwaltung „im Einzelfall" an sich ziehen, jenen Geschäftsbereich also, der traditionell dem Bürgermeister zugewiesen ist. Darüber hinaus kann sie sich in der Hauptsatzung die Beschlußfassung auch für „bestimmte Gruppen" von Geschäften der laufenden Verwaltung vorbehalten. Auch der Hauptausschuß übernimmt herkömmlicherweise dem Bürgermeister zustehende Aufgaben wie die Koordination der Arbeit der Ausschüsse und, sofern die Hauptsatzung das vorsieht, die Vorbereitung der Beschlüsse der Gemeindevertretung, ohne daß der Bürgermeister kraft Gesetzes Vorsitzender des Hauptausschusses wäre, wie dies noch die DDR-Kommunalverfassung vorgesehen hatte. Die Gemeindevertretung kann die Geschäftsverteilung der Gemeindeverwaltung auch abweichend vom Vorschlag des Bürgermeisters festsetzen.

c) Schleswig-Holstein

In schleswig-holsteinischen Städten wurde die bisher bestehende Magistratsverfassung wegen Unvereinbarkeit mit der Direktwahl (die allerdings nur für hauptamtliche, nicht auch für ehrenamtliche Bürgermeister eingeführt wird) abgeschafft.[84] Die stattdessen eingeführten hauptamtlichen Stadträte unterliegen konsequenterweise den Weisungen des direkt gewählten Bürgermeisters. Seine Stellung ist aber dadurch geschwächt, daß er nicht auch den Ratsvorsitz innehat. Auch dem Hauptausschuß sitzt ein anderer vor; wählbar sind nur Mitglieder des Gemeinderats, nicht auch der Bürgermeister. Entscheidungen hinsichtlich leitender Angestellter kann der Gemeinderat nach entsprechender Festlegung in der Hauptsatzung ohne den Bürgermeister treffen.

---

[83] *Michael Nierhaus*, Die Gemeindeordnung des Landes Brandenburg, LKV 1995, 5 (12).
[84] *Klaus-Dieter Dehn*, Die Kommunalverfassungsnovelle 1995, Die Gemeinde Schleswig-Holstein 1996/4, S. 106 ff.; *Hans-Günter Henneke*, Das kommunalverfassungsrechtliche Reformmodell Schleswig-Holstein, Der Landkreis 1996, 516.

Gemeindeordnungen in Deutschland

(Stand: Oktober 1996)

Baden-Württemberg:	GemO i.d.F. vom 3. 10. 1983 (GBl. S. 578, ber. S. 720), zuletzt geändert durch Gesetz vom 18. 12. 1995 (GBl. 1996, S. 29).
Bayern:	GO i.d.F. der Bekanntmachung vom 6. 1. 1993 (GVBl S. 65), zuletzt geändert durch Gesetz vom 24. 7. 1996 (GVBl. S. 289).
Brandenburg:	Kommunalverfassung vom 15. 10. 1993 (GVBl. I S. 398), zuletzt geändert durch Gesetz vom 30. 6. 1994 (GVBl. I S. 230).
Bremerhaven:	Verfassung für die Stadt Bremerhaven i.d.F. vom 13. 10. 1971 (Brem.GBl. S. 243), zuletzt geändert durch Gesetz vom 5. 9. 1996 (Brem.GBl. S. 325).
Hessen:	HGO i.d.F. der Bekanntmachung vom 1. 4. 1993 (GVBl. I 1992, S. 534), zuletzt geändert durch Gesetz vom 17. 10. 1996 (GVBl. I S. 456).
Mecklenburg-Vorpommern:	Kommunalverfassung vom 18. 2. 1994 (GVOBl. S. 249), zuletzt geändert durch Gesetz vom 13. 11. 1995 (GVOBl. S. 537).
Niedersachsen:	NGO i.d.F. der Bekanntmachung vom 22. 8. 1996 (Nds.GVBl. S. 382); Gesetz zur Reform des niedersächsischen Kommunalverfassungsrechts vom 1. 4. 1996 (Nds.GVBl. S. 82, 227), zuletzt geändert durch Gesetz vom 22. 10. 1996 (Nds.GVBl. S. 431).
Nordrhein-Westfalen:	GO i.d.F. der Bek. vom 14. 7. 1994 (GV. NW. S. 666), zuletzt geändert durch Gesetz vom 20. 3. 1996 (GV.NW. S. 124).
Rheinland-Pfalz:	GemO i.d.F. der Bek. vom 31. 1. 1994 (GVBl. S. 153), zuletzt geändert durch Gesetz vom 12. 3. 1996 (GVBl. S. 152).
Saarland:	KSVG (Kommunalselbstverwaltungsgesetz) i.d.F. der Bekanntmachung vom 22. 6. 1994 (Amtsbl. S. 1077), zuletzt geändert durch Gesetz vom 24. 4. 1996 (Amtsbl. S. 623).
Sachsen:	GO i.d.F. vom 21. 4. 1993 (GVBl. S. 301, ber. S. 445), zuletzt geändert durch Gesetz vom 22. 7. 1996 (GVBl. S. 281).
Sachsen-Anhalt:	GO vom 5. 10. 1993 (GVBl. S. 568), zuletzt geändert durch Gesetz vom 6. 11. 1995 (GVBl. S. 314).
Schleswig-Holstein:	GO i.d.F. der Bekanntmachung vom 23. 7. 1996 (GVOBl. S. 529); Gesetz zur Änderung des kommunalen Verfassungsrechts 1995 vom 22. 12. 1995 (GVOBl. 1996 S. 33).
Thüringen:	ThürKO (Kommunalordnung) i.d.F. vom 16. 8. 1993 (GVBl. S. 501), geändert durch Gesetz vom 8. 6. 1995 (GVBl. S. 200).

Gemeindeverfassungen in Deutschland

Land	Gemeinderat			Gemeindevorstand											Elemente direkter Demokratie A=Bürgerantrag B=Bürgerbegehren R=Ratsbegehren E=Bürgerentscheid
	Wahlperiode in Jahren	Wahlsystem	Sperrklausel	Name	Wahlmodus	Amtszeit in Jahren	Abwählbarkeit	Vorsitz im Rat	Vorsitz in Ratsausschüssen	Polit. Repräsentation	Vertretung nach außen bei Verpflichtungsgeschäften	Beanstandung von Rats- o. Ausschußbeschlüssen		Eilentscheidungsrecht	Rekrutierung des Verwaltungspersonals		Abschluß n. Außen	Quoren für B u. E
												wg. Rechtswidrigkeit	wg. Gemeinwohlverstoßes		innere Willensbildung		
1	2	3	4	5	6	7	8	9	10	11	12	13	14	15	16	17	18
Baden-Württemberg	5	kumulieren panaschieren[1]	nein	(Ober-)Bürgermeister	Volkswahl	8	nein	ja	ja	ja	ja	ja	ja	ja	Bgm. mit Rat	Bürgermeister	A, B, R, E B: 15%[2]; E: 30%[3]
Bayern	6	kumulieren panaschieren[1]	nein	Erster oder Oberbürgerm.	Volkswahl	6	nein	ja	ja	ja	ja	ja	ja	ja	Rat	Rat	B[1], R, E B: 10%[2]; E: -
Brandenburg	5	kumulieren panaschieren[5]	nein	(Ober-)Bürgermeister	Volkswahl	5/8[8]	ja	nein	nein	ja	ja	ja	nein	Bgm. mit Ratsvors.	Hauptausschuß	Bürgermeister	A, B, E B: 10%[2]; E: 25%[3]
Bremerhaven	4	starre Liste	5 %	Magistrat mit Oberbgm.	Ratswahl	8	ja	nein	nein	Ratsvors. u. Oberbgm.	ja	ja	nein	Oberbgm. für den Magistrat	Magistrat	Magistrat	A, B, R, E B: 10%[2]; E: 30%[3]
Hessen	4	starre Liste	5 %	Gemeindevorstand (Bgm. u. Beigeordnete)	Volkswahl	6	ja	nein	nein	Ratsvors.	Bgm. u. anderes Mitglied des Gemeindevorstands	ja	ja	Bürgerm. für den Vorstand	Gemeindevorstand	Gemeindevorstand	B, E B: 10%[2]; E: 25%[3]
Mecklenburg-Vorpommern	5	kumulieren panaschieren[5]	5 %	(Ober-)Bürgermeister	Volkswahl[8]	5/7-9[9]	ja	ja	ja	Bgm. u. Ratsvors.	Bürgermeister mit Stellvertr.	ja	ja	bei großer Dringlichk.	Bgm. oder Hauptausschuß	Bürgermeister	A, B, E B: 10%[2]; E: 25%[3]
Niedersachsen	5	kumulieren panaschieren[5]	nein	(Ober-)Bürgermeister	Volkswahl	5	ja	ja	nein	ja	ja	ja	nein	Verwaltungsausschuß	Bgm. mit Rat oder mit Verwaltungsausschuß	Bürgermeister	A, B, E B: 10%[2]; E: 25%[3]
Nordrhein-Westfalen[10]	5	Einerwahl mit Verhältnisausgleich	5 %	(Ober-)Bürgermeister	Volkswahl	5	ja	ja	ja	ja	Bürgermeister mit Beamtem	ja	ja	mit einem Ratsmitglied	Bürgermeister	Bürgermeister	A, B, E B: 10%[2]; E: 25%[3]
Rheinland-Pfalz	5	kumulieren panaschieren[1]	3,03 %	(Ober-)Bürgermeister	Volkswahl	5/8[8]	ja	ja	ja	ja	ja	ja	ja	Benehmen m. Beigordneten	Bgm., ggf. mit Rat[11]	Bürgermeister	A, B, E B: 15%[2]; E: 30%[3]
Saarland	5	starre Liste	5 %	(Ober-)Bürgermeister	Volkswahl	8	ja	ja	ja	ja	ja	ja	ja	ja	Bgm. u. Rat	Bürgermeister	A
Sachsen	5	kumulieren panaschieren[5]	nein	(Ober-)Bürgermeister	Volkswahl	7	ja	ja	ja	ja	ja	ja	ja	ja	Rat u Bgm.	Bürgermeister	A, B, R, E B: 15%[12]; E: 25%[3]
Sachsen-Anhalt	5	kumulieren panaschieren[5]	nein	(Ober-)Bürgermeister	Volkswahl	7	ja	nein	ja	ja	ja	ja	ja	ja	Rat u Bgm.	Bürgermeister	A, B, R, E B: 15%[2]; E: 30%[3]

328   Hans Herbert von Arnim

Auf dem Weg zur optimalen Gemeindeverfassung?

Land	Gemeinderat							Gemeindevorstand									Elemente direkter Demokratie
	Wahl-perio-de in Jah-ren	Wahlsystem	Sperr-klau-sel	Name	Wahl-modus	Amts-zeit in Jah-ren	Ab-wähl-bar-keit	Vorsitz im Rat	Vorsitz in Rats-aus-schüs-sen	Polit. Re-präsen-tation	Vertretung nach außen bei Ver-pflichtungs-geschäften	Beanstandung von Rats- o. Ausschuß-beschlüssen	Eilentschei-dungsrecht	Rekrutierung des Verwaltungspersonals		A=Bürgerantrag B=Bürgerbegehren R=Ratsbegehren E=Bürgerent-scheid
1	2	3	4	5	6	7	8	9	10	11	12	13	14	15	16	17	18
Schleswig-Holstein (Landgem.)[13]	5	Mehrheitsw. mit Verhält-nisausgleich	5 %	Bürgermeister	Volks-wahl[14]/ Ratswahl	5	ja	ja	nein	ja	ja	ja	ja	Bgm. für den Rat	Rat	Bürger-meister	A, B, R, E B: 10%[7]; E: 25%[3]
Schleswig-Holstein (Städte)[16]	5	Mehrheitsw. m. Verhält-nisausgleich	5 %	(Ober-)Bürgermeister	Volks-wahl[14]/ Ratswahl	6-8[17]	ja	nein	nein	ja	ja	ja	ja	Bgm. für den Rat	Bgm.	Bürger-meister	A, B, R, E B: 10%[7]; E: 25%[3]
Thüringen	5	kumulieren panaschieren[5]	5 %	(Ober-)Bürgermeister	Volks-wahl	6/5[18]	ja	ja[19]	ja	ja	ja	ja	nein	ja	Bgm., ggf. mit Rat[11]	Bürger-meister	A, B, E B: 20%[7]; E: 25%[3]

[1] Jeder Wähler hat soviele Stimmen wie Ratssitze zu besetzen sind. Dabei kann er bis zu drei Stimmen einem Bewerber geben (kumulieren) oder seine Stimmen auf einzelne Bewerber verschiedener Wahlvorschläge verteilen (panaschieren).
[2] Quorum beim Bürgerbegehren: Ein bestimmter Mindestprozentsatz der Stimmberechtigten muß das Bürgerbegehren unterzeichnen, die höchstens erforderliche Stimmenzahl ist jedoch nach der Einwohnerzahl der Gemeinden gestaffelt, so daß sich für größere Gemeinden niedrigere Quoren ergeben als hier angegeben.
[3] Quorum beim Bürgerentscheid: Die Mehrheit der abgegebenen gültigen Stimmen muß zusätzlich einen Mindestprozentsatz der Stimmberechtigten ausmachen.
[4] In Bayern gibt es keinen Bürgerantrag. Dafür müssen Empfehlungen der Bürgerversammlungen innerhalb einer Frist von drei Monaten vom Gemeinderat behandelt werden.
[5] Jeder Wähler hat insgesamt drei Stimmen, mit denen er kumulieren und panaschieren kann.
[6] Die Amtszeit des ehrenamtlichen Bürgermeisters beträgt 5 Jahre, die des hauptamtlichen Bürgermeisters 8 Jahre. Die Angaben in dieser Zeile beziehen sich auf die Rechtsstellung hauptamtlicher Bürgermeister.
[7] Festes Quorum beim Bürgerbegehren (ohne Staffelung nach der Einwohnerzahl der Gemeinden).
[8] Bis zu den Kommunalwahlen im Jahr 1999 Ratswahl des (Ober-)Bürgermeisters
[9] Die Wahlzeit des ehrenamtlichen Bürgermeisters beträgt 5 Jahre. Für den hauptamtlichen Bürgermeister legt die Hauptsatzung eine Wahlzeit zwischen 7 und 9 Jahren fest
[10] Aufgrund von Übergangsregelungen kann bis 1999 das alte System der norddeutschen Ratsverfassung beibehalten werden. Urwahl der hauptamtlichen Bürgermeister erstmals mit den Kommunalwahlen 1999.
[11] Für Personalentscheidungen in Bezug auf Beamte im höheren und gehobenen Dienst und vergleichbare Angestellte bedarf der Bürgermeister der Zustimmung des Rats.
[12] Festes Quorum von 15% beim Bürgerbegehren. Die Hauptsatzung kann ein geringeres Quorum, jedoch nicht weniger als 5%, festsetzen.
[13] Inkrafttreten am 1.4. 1998, vorher altes System der Bürgermeisterverfassung.
[14] Der ehrenamtliche Bürgermeister wird vom Rat gewählt, der hauptamtliche Bürgermeister vom Volk. Ehrenamtlich verwaltet werden bei den Landgemeinden amtsangehörige Gemeinden, Gemeinden mit weniger als 2000 Einwohnern und sonstige Gemeinden bis zu 5000 Einwohnern, außer die Hauptsatzung sieht die hauptamtliche Verwaltung vor. Die Angaben in dieser Zeile beziehen sich auf die Stellung des ehrenamtlichen Bürgermeisters. Zur Stellung des hauptamtlichen Bürgermeisters vergleiche die folgende Zeile betreffend die Stadtverfassung in Schleswig-Holstein.
[15] Inkrafttreten für kreisfreie Städte am 1.1.1997, sonst am 1.4.1998; vorher Magistratsverfassung mit Ratswahl des Gemeindevorstands.
[16] Nur der hauptamtliche Bürgermeister wird vom Volk gewählt. Städte werden hauptamtlich verwaltet, außer die Hauptsatzung sieht in einer Stadt bis zu 5000 Einwohnern die ehrenamtliche Verwaltung vor. Die folgenden Angaben beziehen sich auf hauptamtliche Bürgermeister. Die Rechtsstellung des ehrenamtlichen Bürgermeisters in Städten gleicht der des ehrenamtlichen Bürgermeisters in Landgemeinden.
[17] Die nähere Regelung der Amtszeit trifft die Hauptsatzung.
[18] Die Amtszeit des hauptamtlichen Bürgermeisters beträgt 6 Jahre, die des ehrenamtlichen Bürgermeisters 5 Jahre. Die Angaben in dieser Zeile betreffend die Rechtsstellung des Bürgermeisters beziehen sich auf die hauptamtlichen Bürgermeister.
[19] Die Hauptsatzung kann zu Beginn der Amtszeit des Gemeinderats bestimmen, daß den Vorsitz im Gemeinderat ein vom Gemeinderat gewähltes Gemeinderatsmitglied führt.

Mitwirkung der kommunalen Gebietskörperschaften und ihrer Spitzenverbände an der Gesetzgebung

Von Willi Blümel

I. Einführung

Das Thema einer ausreichenden Mitwirkung der kommunalen Gebietskörperschaften und der kommunalen Spitzenverbände an der Gesetzgebung sowie an sonstigen politischen Entscheidungsprozessen auf Bundes- und Landesebene beschäftigt Gesetzgebung, Schrifttum und Verbände seit dem Entstehen der Länder bzw. der Bundesrepublik Deutschland immer wieder aufs Neue[1]. Vor allem seit der Wiedervereinigung bemühen sich die kommunalen Spitzenverbände auf Bundesebene um eine Verbesserung des institutionalisierten Beteiligungsverfahrens an der Bundesgesetzgebung (Steuer- und Leistungsgesetze) sowie an Rechtsakten der Europäischen Union[2]. Auf Landesebene haben die entsprechenden Bemühungen zu sehr unterschiedlichen Regelungen des Anhörungsrechts der kommunalen Spitzenver-

---

[1] Vgl. dazu aus jüngster Zeit ausführlich (jeweils m.w.N.) *Manfred Riederle*, Kommunale Spitzenverbände im Gesetzgebungsverfahren (Ihre rechtliche Stellung am Beispiel des Freistaats Bayern), 1995; *Franz-Ludwig Knemeyer*, Bayerisches Kommunalrecht, 9. Aufl. 1996, S. 283 ff. (288 ff.; Rdnrn. 356 ff., 367 ff.); *Hubert Meyer*, Beteiligung der Kommunen an kommunalrelevanten Rechtsetzungsakten von Bund und Ländern, ZG 1994, S. 262 ff. Vgl. im übrigen: *Wolfgang Roters*, Kommunale Mitwirkung an höherstufigen Entscheidungsprozessen, 1975; *ders.*, Die Beteiligung der Kommunen an höherstufigen Entscheidungsprozessen, in: Püttner (Hrsg.), HdBKWP, Bd. 1, 2. Aufl. 1981, § 16 (S. 289 ff.); *Willi Blümel*, Gemeinden und Kreise vor den öffentlichen Aufgaben der Gegenwart, VVDStRL 36 (1978), S. 232 ff., 263 f., 273; *ders.*, Die Rechtsgrundlagen der Tätigkeit der kommunalen Selbstverwaltungskörperschaften, in: Püttner (Hrsg.), HdBKWP, Bd. 1, 2. Aufl. 1981, § 14 (S. 229 ff., 262 f.); *Albert von Mutius*, Sind weitere rechtliche Maßnahmen zu empfehlen, um den notwendigen Handlungs- und Entfaltungsspielraum der kommunalen Selbstverwaltung zu gewährleisten?, Gutachten E zum 53. DJT 1980, S. 167 f.; *Bruno Weinberger*, Der Deutsche Städtetag, in: Püttner (Hrsg.), HdBKWP, Bd. 2, 2. Aufl. 1982, § 41 A (S. 474 ff., 480 ff.); *Peter Michael Mombaur*, Der Deutsche Städte- und Gemeindebund, ebenda, § 41 C (S. 491 ff., 492 f.,); *Hans J. Wolff / Otto Bachof / Rolf Stober*, Verwaltungsrecht II, 5. Aufl. 1987, § 86 XI (S. 92 f., Rdnr. 198), § 89 XI (S. 146, Rdnr. 43); *Jürgen Lämmle*, Die Beteiligung der Gemeinden an der Gesetzgebung, DÖV 1988, S. 916 ff.; *Alfons Gern*, Sächsisches Kommunalrecht, 1994, S. 377 f. (Rdnrn. 1066 ff.); *ders.*, Kommunalrecht Baden-Württemberg, 6. Aufl. 1996, S. 451 ff. (Rdnrn. 500 ff.); *Rolf Stober*, Kommunalrecht in der Bundesrepublik Deutschland, 3. Aufl. 1996, S. 96 ff. (§ 7 III a); ferner die Nachweise in Fn. 4.

[2] Vgl. dazu unten unter III 1.

bände für den Bereich der Gesetz- und Verordnungsgebung geführt[3]. Dagegen sind bisher alle – schon in der Weimarer Zeit und dann wieder nach dem Krieg – gestarteten Initiativen der kommunalen Spitzenverbände zur Einrichtung von Kommunalkammern in den Ländern gescheitert[4]. Das gilt für die früheren[5] und neueren Vorstöße in Baden-Württemberg[6], Hessen[7] und Rheinland-Pfalz[8] ebenso wie für die Versuche[9], in den Verfassungen der neuen Bundesländer Brandenburg[10], Sachsen und Sachsen-Anhalt die Einrichtung von Kommunalkammern (Gemeindekammern) zu verankern. Auch in den Staatsvertrag der Länder Berlin und Brandenburg über die Bildung eines gemeinsamen Bundeslandes (Neugliederungs-Vertrag[11]) waren Vorschriften über die in Brandenburg diskutierte Kommunalkammer nicht aufgenommen worden[12].

---

[3] Vgl. dazu unten unter III 2.

[4] Hierzu und zum Folgenden vgl. vor allem (jeweils m.w.N.): *Gerd Schmidt-Eichstaedt*, Die Gemeinden als Gesetzgeber?, AfK 1972, S. 124 ff.; *Blümel*, Gemeinden (Fn. 1), S. 233 f.; *Lämmle* (Fn. 1), S. 917 ff.; *Holger Kremser*, Bundesverfassungsrechtliche Zulässigkeit von Landeskommunalkammern in Gestalt eines Zweikammersystems, in: Hoffmann/Kromberg/Roth/Wiegand (Hrsg.), Kommunale Selbstverwaltung im Spiegel von Verfassungsrecht und Verwaltungsrecht, 1995, S. 161 ff.; *Riederle* (Fn. 1), S. 147 f.; *Gern*, Kommunalrecht BW (Fn. 1), S. 453 (Fn. 502). – Zum Vorschlag der Einrichtung einer „Dritten Kammer" (Kommunalkammer) auf parlamentarischer Ebene vgl. auch die öffentliche Anhörung des Innenausschusses des Deutschen Bundestages am 24. 6. 1996; dazu unten im Text (m. Fn. 16) sowie Fn. 33.

[5] Für Nordrhein-Westfalen vgl. *Kremser* (Fn. 4), S. 161 (m. Fn. 5).

[6] Vgl. dazu (m.w.N.) *Schmidt-Eichstaedt* (Fn. 4), S. 129 ff.; *Kremser* (Fn. 4), S. 161 (m. Fn. 3); *Klaus Engelken*, Änderung der Landesverfassung unter der Großen Koalition, VBlBW 1995, S. 217 ff. (219, unter 1.3.5); Städtetag Baden-Württemberg, Rohentwurf für ein Gesetz zur Errichtung einer Kommunalkammer in Baden-Württemberg (Vorlage D 381/1994), abgedruckt bei *Kai Fuhrmann*, Errichtung einer Kommunalkammer auf Landesebene – Möglichkeiten und Grenzen –, Magisterarbeit Speyer, März 1995, S. 29 f.

[7] Vgl. dazu *Schmidt-Eichstaedt* (Fn. 4), S. 130 f.; *Kremser* (Fn. 4), S. 161 (m. Fn. 4); Hessischer Städte- und Gemeindebund, Entwurf eines Gesetzes zur Errichtung einer Gemeindekammer in Hessen (1994), HStGZ 1994, S. 126 ff. (129), 218 ff.; *Fuhrmann* (Fn. 6), S. 8, 30 f. Vgl. auch Art. 155 der Verfassung des Landes Hessen.

[8] Städtetag Rheinland-Pfalz, Infodienst Nr. 7/8 - 1994: Kommunalkammer – Wiedererweckung eines alten Vorschlags des Städtetages. Vgl. im übrigen unten unter II.

[9] Vgl. dazu *Kremser* (Fn. 4), S. 162.

[10] Vgl. dazu *Peter Häberle*, Die Verfassungsbewegung in den fünf neuen Bundesländern, JöR N.F. 41 (1993), S. 69 ff. (89, 111); ferner *Wolfgang Theune*, Länderreport: Brandenburg, LKV 1991, S. 264 ff. (264).

[11] GVBl. I 1995, S. 151 = GVBl. Berlin 1995, S. 489 = Beilage zu LKV Heft 10/1995.

[12] Vgl. dazu Landtag Brandenburg, Ausschußprotokoll 1/972 vom 4. 3. 1994 über die öffentliche Anhörung am 25. 2. 1994 zum Thema: Errichtung einer Kommunalkammer in einem gemeinsamen Bundesland Brandenburg-Berlin – Für und Wider, mit schriftlichen Stellungnahmen u. a. von *Gunnar Folke Schuppert* (Anlage 2) und *Jost Pietzcker* (Anlage 4); *Klaus Grupp*, in: Miegel/Arras/Grupp, Brandenburg und Berlin – Kooperation oder Fusion?, Gutachten im Auftrag des Ministeriums für Umwelt, Naturschutz und Raumordnung des Landes Brandenburg, 15. März 1995, Maschinenschrift (n.v.), S. 25 ff. (Institutionelle Sicherung der Interessen der Brandenburger Bevölkerung/Zweikammer-System).

Sieht man von den Besonderheiten in den neuen Bundesländern ab, dann war und ist jeweils auslösendes Moment für die gleichsam in Wellen erhobene Forderung nach verstärkter Mitwirkung der Kommunen und ihrer Spitzenverbände insbesondere an der Gesetzgebung des Bundes und der Länder die ungelöste Frage einer aufgabengerechten Finanzausstattung der Gemeinden, Städte und Kreise. Das war schon in den 70er Jahren so[13]. Auch die Diskussion in den 90er Jahren[14] ist vor diesem Hintergrund zu sehen. Wie prekär die kommunale Finanzsituation inzwischen geworden ist, verdeutlicht etwa die am 27. 9. 1996 vom Bundesrat[15] gefaßte „Entschließung zur Einsetzung einer Gemeinsamen Kommission zur Reform der Gemeindefinanzen", die wie folgt lautet:

„I.

Die Finanzsituation der kommunalen Gebietskörperschaften hat sich in den letzten Jahren dramatisch verschlechtert. 1995 bestand in den alten Ländern ein Finanzierungsdefizit der Städte und Gemeinden von über 10 Milliarden DM, in den neuen Ländern von 3 Milliarden DM. Immer mehr Kommunen sehen sich außerstande, ihre laufenden Ausgaben und den Schuldendienst aus laufenden Einnahmen zu finanzieren und veräußern in dieser Notsituation Vermögen.

Vor dem Hintergrund dieser Finanzkrise können zunehmend mehr Kommunen dem öffentlichen Auftrag und den an sie gestellten Ansprüchen nicht mehr voll gerecht werden und laufen Gefahr, ihre politischen Steuerungsinstrumente vollends zu verlieren.

II.

Die Krise der kommunalen Finanzen kann nur von Bund, Ländern und Kommunen gemeinsam bewältigt werden. Der Bundesrat hält eine Reform der Gemeindefinanzen für notwendig. Die finanzielle Lage der Kommunen darf nicht durch weitere Lastenverlagerung ohne finanziellen Ausgleich verschärft werden. Gesetzliche Aufgabenbegründung und Finanzverantwortung der Gebietskörperschaften müssen zusammengeführt werden. Ziel der Reform muß es sein, eine aufgabengerechte Finanzausstattung der Gemeinden

---

13 Vgl. dazu z. B. *Schmidt-Eichstaedt* (Fn. 4), S. 126 f.; *Blümel*, Gemeinden (Fn. 1), S. 198 ff., 227 f., 272; *Rolf Grawert*, Gemeinden und Kreise vor den öffentlichen Aufgaben der Gegenwart, VVDStRL 36 (1978), S. 277 ff. (295 ff., 334 f.).

14 Vgl. etwa *Horst Zimmermann*, Die Finanzen der Gemeinde -Anforderungen und Entwicklungslinien, in: Blümel/Hill (Hrsg.), Die Zukunft der kommunalen Selbstverwaltung, 1991, S. 113 ff.; *Friedrich Schoch / Joachim Wieland*, Finanzierungsverantwortung für gesetzgeberisch veranlaßte kommunale Aufgaben, 1995; *Thilo Marauhn*, Selbstverwaltungsrechte und aufgabenangemessene Finanzausstattung kommunaler Gebietskörperschaften in Europa, in: Hoffmann/Kromberg/Roth/Wiegand (Fn. 4), S. 71 ff. Vgl. auch das Gutachten von *Ferdinand Kirchhof* und die Referate von *Otto-Erich Geske*, *Georg Milbradt* und *Jochen Dieckmann* auf dem 61. DJT Karlsruhe 1996 zu dem Thema „Empfiehlt sich Maßnahmen, um in der Finanzverfassung Aufgaben- und Ausgabenverantwortung von Bund, Ländern und Gemeinden stärker zusammenzuführen?"; Dazu 61. DJT, Thesen der Gutachter und Referenten, S. 41 ff.; Der Landkreis 1996, S. 469 f. (Beschlüsse der Abteilung Verfassungsrecht des 61. DJT).

15 BR-Drucks. 679/96 (Beschluß). Zu dem entsprechenden Antrag der SPD-Fraktion im Deutschen Bundestag (BT-Drucks. 13/5760) vgl. wib 17/96 (vom 16. 10. 1996), S. 31 und wib 18/96 (vom 23. 10. 1996), S. 34. Vgl. auch unten in Fn. 16.

im Sinne des Art. 28 II GG zu gewährleisten, insbesondere ihre originäre Steuerkraft zu stärken.

III.

Der Bundesrat schlägt die Einsetzung einer gemeinsamen Kommission von Bundestag und Bundesrat vor, die, unter Beteiligung der kommunalen Spitzenverbände und unter Hinzuziehung von Vertretern aus der Wissenschaft, den gesetzgebenden Körperschaften Vorschläge zu einer Reform der Gemeindefinanzen unterbreitet."

Zuvor hatte sich schon der Innenausschuß des Deutschen Bundestages in einer öffentlichen Anhörung über „Strukturfragen der finanziellen Sicherung der kommunalen Finanzen" am 24. 6. 1996[16] vor dem Hintergrund der unzureichenden Finanzausstattung der Kommunen mit den Beteiligungsmöglichkeiten der kommunalen Spitzenverbände an der Gesetzgebung befaßt.

II. Kommunaler Rat in Rheinland-Pfalz

Bisher haben die Forderungen der kommunalen Spitzenverbände nach verbesserten Mitwirkungsmöglichkeiten der Kommunen und ihrer Spitzenverbände auf Landesebene allein in Rheinland-Pfalz zu einer Reaktion des Landesgesetzgebers geführt. Zwar konnten sich die kommunalen Spitzenverbände mit ihrem Begehren auf Einrichtung einer Kommunalkammer als zweiter Kammer nicht durchsetzen[17]. Jedoch wurde von der Landesregierung Rheinland-Pfalz der schon im Zweiten Zwischenbericht der Arbeitsgruppe „Novellierung der Kommunalverfassung" vom 13. 4. 1992[18] enthaltene Vorschlag der Einrichtung einer „Kommunalen Kommission" in ihrem Gesetzentwurf zur Änderung kommunalrechtlicher Vorschriften vom 20. 9. 1995[19] aufgegriffen und modifiziert. Während der Gesetzesberatungen wurde lediglich die Bezeichnung „Kommunale Kommission" durch die Bezeichnung „Kommunaler Rat" ersetzt[20]. Maßgebliche Rechtsgrundlagen für die Tätigkeit dieses neuartigen Gremiums sind das – gegen das Votum der CDU-Landtagsfraktion verabschiedete[21] – Landesgesetz über den Kommunalen Rat vom 22. 12. 1995 (GVBl. S. 521, 523) sowie die Landesverordnung zur Ausführung des Landesgesetzes über den Kommunalen Rat (LVO) vom 18. 6. 1996 (GVBl. S. 236)[22].

---

[16] Vgl. dazu wib 13/1996 (vom 3. 7. 1996), S. 8; Dokumentation, StT 1996, S. 517 ff.

[17] Vgl. oben unter I (m. Fn. 8).

[18] S. 20 ff. (27). Der Zwischenbericht ist insoweit abgedruckt bei *Riederle* (Fn. 1), S. 25.

[19] LT-Drucks. 12/7293, S. 1, 2, 15, 29 f.

[20] Vgl. die Beschlußempfehlung des Innenausschusses des Landtags Rheinland-Pfalz, LT-Drucks. 12/7668.

[21] StAnz. Nr. 48 vom 27. 12. 1995, S. 7. Vgl. auch unten im Text (m. Fn. 30).

[22] Hierzu und zum Folgenden vgl. auch *Michael Reitzel*, Kommunaler Rat in Rheinland-Pfalz, Die Neue Verwaltung (DNV) 1996, S. 18 f.; Bericht „Kommunaler Rat in Rheinland-Pfalz", Niedersächsischer Städtetag (NST) 1996, S. 217.

Der mit Wirkung zum 1. 9. 1996 gebildete und am 16. 9. 1996 zu seiner konstituierenden Sitzung[23] zusammengetretene Kommunale Rat wirkt nach § 1 Abs. 1 des Landesgesetzes bei der Ausgestaltung der kommunalen Selbstverwaltung in Rheinland-Pfalz mit. Er berät die Landesregierung in allen Angelegenheiten, die für die Gemeinden und Gemeindeverbände von Bedeutung sind. Er kann in diesen Angelegenheiten jederzeit Empfehlungen an den Landtag Rheinland-Pfalz und an die Landesregierung richten. Im übrigen geben gemäß § 1 Abs. 2 des Landesgesetzes die Landesregierung und die obersten Landesbehörden dem Kommunalen Rat Entwürfe von Rechtsvorschriften und allgemeinen Verwaltungsvorschriften im Sinne des § 129 GO und des § 72 LKO[24] gleichzeitig mit der Zuleitung an die kommunalen Spitzenverbände zur Kenntnis.

Der Kommunale Rat hat 28 Mitglieder (§ 2 des Landesgesetzes, § 1 Abs. 1 Satz 2 LVO). Ihm gehören je neun die drei kommunalen Spitzenverbände (Gemeinde- und Städtebund Rheinland-Pfalz, Städtetag Rheinland-Pfalz und Landkreistag Rheinland-Pfalz) vertretende stimmberechtigte Mitglieder und ein das fachlich (für das Kommunalrecht) zuständige Ministerium (Innenministerium) vertretendes Mitglied – Innenminister oder die von ihm betraute Person – ohne Stimmrecht an, das den Vorsitz führt. Zu den 27 stimmberechtigten Mitgliedern gehören die Vorsitzenden der drei kommunalen Spitzenverbände und deren Stellvertreter sowie 21 weitere Mitglieder, von denen je sieben von den drei kommunalen Spitzenverbänden für eine Amtszeit von fünf Jahren benannt werden. Nach § 2 Abs. 2 des Landesgesetzes sollen mehr als die Hälfte der stimmberechtigten Mitglieder des kommunalen Rates gewählte Mitglieder einer kommunalen Vertretungskörperschaft oder kommunale Ehrenbeamte sein. § 1 Abs. 1 Satz 2 Nr. 5 LVO nennt außerdem noch hauptamtliche Beigeordnete oder hauptamtliche Kreisbeigeordnete. Die kommunalen Spitzenverbände sollen nach § 1 Abs. 3 LVO bei der Benennung der weiteren Mitglieder und stellvertretenden Mitglieder jeweils das zusammengefaßte und gewichtete Ergebnis der Wahlen zu den Stadträten der kreisfreien und großen kreisangehörigen Städte, den Kreistagen, den Verbandsgemeinderäten sowie zu den Stadt- und Gemeinderäten der verbandsfreien Städte und Gemeinden berücksichtigen. Sie sollen ferner darauf hinwirken, daß dem Kommunalen Rat je zur Hälfte Frauen und Männer angehören. Nach Maßgabe dieser Regelungen entfallen für den ersten Kommunalen Rat auf SPD und CDU je 8 Sitze, ein Sitz auf die FDP, zwei Sitze auf Bündnis 90 / Die Grünen und zwei Sitze auf die Wählergruppen[25].

Die stimmberechtigten Mitglieder des Kommunalen Rates üben ihr Amt ehrenamtlich aus; Mitglieder des Landtags Rheinland-Pfalz können dem Kommunalen Rat als stimmberechtigte Mitglieder nicht angehören (§ 2 Abs. 3 und 4 des Landesgesetzes).

---

[23] StAnz. Nr. 31 vom 2. 9. 1996, S. 1; Nr. 34 vom 23. 9. 1996, S. 1.
[24] Vgl. dazu unten unter III 2a (m. Fn. 60).
[25] StAnz. Nr. 20 vom 17. 6. 1996, S. 1.

Die Sitzungen des Kommunalen Rates sind grundsätzlich öffentlich (§ 3 Abs. 1 LVO). Soweit ein Beratungsgegenstand den Geschäftsbereich einer obersten Landesbehörde betrifft, können im Einvernehmen mit dem vorsitzenden Mitglied Vertreter dieser Behörde an den Sitzungen des Kommunalen Rates mit beratender Stimme teilnehmen (§ 3 Abs. 2 LVO).

Der Kommunale Rat tagt mindestens einmal halbjährlich (§ 2 Abs. 1 Satz 1 LVO). Schon zu Beginn seiner Tätigkeit zeichnete sich jedoch ab, daß die Sitzungen des Kommunalen Rates häufiger stattfinden werden. Da man sich in der konstituierenden Sitzung am 16. 9. 1996 nicht über den Erlaß der Geschäftsordnung des Kommunalen Rats einigen konnte, wurde die zweite Sitzung bereits für den 26. 11. 1996 einberufen[25a]. Hintergrund dieser Vertagung der Beschlußfassung über die Geschäftsordnung ist das sich schon jetzt abzeichnende verkehrte Rollenverständnis einiger stimmberechtigter Mitglieder des Kommunalen Rates. Da nach § 2 Abs. 2 Satz 2 LVO ein Antrag auf Aufnahme von Beratungsgegenständen auf die Tagesordnung der nächsten Sitzung von mindestens drei stimmberechtigten Mitgliedern gestellt sein muß, reichen die zwei Stimmen der Vertreter von Bündnis 90/Die Grünen allein nicht aus; ein Umstand, der sich schon in der ersten Beratung über die Geschäftsordnung (§ 7 LVO) niederschlug. Die kommunalen Spitzenverbände können jedoch kein Interesse an einem – statt von kommunalpolitischen – von parteipolitischen Gesichtspunkten geprägten Abstimmungsverhalten der Mitglieder des Kommunalen Rates haben. Ein solches Abstimmungsverhalten ist allerdings vorprogrammiert, weil bei der Benennung der weiteren Mitglieder des Kommunalen Rates durch die drei kommunalen Spitzenverbände die Ergebnisse der unmittelbar vorangegangenen Kommunalwahlen zu berücksichtigen sind (§ 1 Abs. 3 Satz 1 LVO). Man wird abwarten müssen, ob die Regelungen über die Beschlußfassung bei wichtigen Angelegenheiten (§ 4 Abs. 3 LVO) eine Abstimmung nach „Fraktionen" erschweren. Denn danach ist eine Mehrheit von zwei Dritteln der stimmberechtigten Mitglieder (= 18 Stimmen) u. a. erforderlich für die Beschlußfassung über Empfehlungen an den Landtag Rheinland-Pfalz oder die Landesregierung, über Stellungnahmen zu Entwürfen von Rechtsvorschriften und allgemeinen Verwaltungsvorschriften sowie über die Geschäftsordnung des Kommunalen Rates.

Für das Gesamtbild des Kommunalen Rates bedeutsam sind schließlich die Regelungen der §§ 5, 6 LVO. Danach unterrichtet das für das Kommunalrecht zuständige Mitglied der Landesregierung – also der Innenminister – den Ministerrat über wesentliche Beschlüsse des Kommunalen Rates und über den Gang der hierzu in öffentlicher Sitzung erfolgten Beratungen. Die Geschäftsstelle für den Kommunalen Rat wurde beim Innenministerium eingerichtet.

Eine Bewertung der politischen Bedeutung des Kommunalen Rates fällt derzeit schwer. Seine Einrichtung wurde mit vielen Vorschußlorbeeren bedacht[26]. Über-

---

[25a] StAnz. Nr. 42 vom 18. 11. 1996, S. 1 (Bek. mit umfangreicher Tagesordnung).

blickt man die maßgeblichen Regelungen und folgt man der Gesetzesbegründung[27], dann kommt dem Kommunalen Rat (lediglich) eine beratende Funktion, allerdings in allen kommunalrelevanten Angelegenheiten, zu. Ergänzend zu dem allein reaktiven Beteiligungsrecht der kommunalen Spitzenverbände nach § 129 GO und § 72 LKO[28] tritt nunmehr ein rechtlich abgesichertes initiatives Beteiligungsrecht der Kommunen, das sich vor allem durch ein – über eine interne Befassungskompetenz hinausgehendes – ausdrückliches Äußerungsrecht gegenüber dem Landtag Rheinland-Pfalz und der Landesregierung auszeichnet. Insoweit wird man allerdings abwarten müssen, welche Beachtung die Empfehlungen und Stellungnahmen des Kommunalen Rates bei Landtag und Landesregierung finden werden.

Auch wenn das Land Rheinland-Pfalz mit der Errichtung des Kommunalen Rates in der Bundesrepublik Deutschland wieder einmal Neuland beschritten hat[29], kann die getroffene Regelung wohl kaum die optimale und letzte Antwort auf die Forderung nach verstärkter Mitwirkung der Kommunen in allen die kommunale Selbstverwaltung betreffenden Angelegenheiten sein. So stimmten denn auch der Städtetag Rheinland-Pfalz und die CDU-Landtagsfraktion[30] in einem im Oktober 1996 stattgefundenen Gespräch[31] darin überein, daß der Kommunale Rat zwar einen ersten Schritt in die richtige Richtung darstelle, aber nicht weit genug gehe. Vielmehr müsse der Kommunale Rat fortentwickelt[32] werden. Was heißt aber Fortentwicklung?

III. Verbesserung der Beteiligungsrechte der kommunalen Spitzenverbände

Diese Frage stellt sich natürlich nicht nur in Rheinland-Pfalz. Da sich auch in allen übrigen eingangs genannten Ländern gezeigt hat, daß die Forderung nach Einrichtung von Kommunalkammern (Gemeindekammern) mit (mindestens)

---

[26] Z.B. von Ministerpräsident *Beck*; vgl. StAnz. Nr. 34 vom 23. 9. 1996, S. 1. Vgl. auch *Reitzel* (Fn. 22).

[27] Vgl. Fn. 19.

[28] Vgl. dazu unten unter III 2 a (m. Fn. 60).

[29] Ministerpräsident *Beck* (Fn. 26); NST 1996, S. 217 (oben Fn. 22).

[30] Zu deren Haltung vgl. bereits oben im Text (m. Fn. 21).

[31] Vgl. StAnz. Nr. 37 vom 17. 10. 1996, S. 4. – Zur ablehnenden Haltung des Gemeinde- und Städtebundes Rheinland-Pfalz vgl. Gemeindetag Baden-Württemberg, Mitwirkung der Kommunen beim Gesetzgebungsverfahren in einzelnen Bundesländern und auf Bundesebene, Maschinenschrift (Az. Tr/es – 15. 10. 1996; n.v.), S. 2 f.

[32] Am 20. 6. 1996 hat der Landtag Rheinland-Pfalz eine Enquete-Kommission „Parlamentsreform" eingesetzt, die unter anderem Empfehlungen vorlegen soll, wie die Mitwirkungsrechte der Kommunen bei der Gesetzgebung effektiver gestaltet werden können. Vgl. Plenarprotokoll 13/5, S. 230, 264 ff. (276); LT-Drucks. 13/108. StAnz. Nr. 22 vom 1. 7. 1996, S. 3, 4. Die Staatskanzlei Rheinland-Pfalz hat im Juli 1996 die Festschreibung einer generellen Anhörungsfrist abgelehnt. Vgl. dazu Gemeindetag Baden-Württemberg (Fn. 31), S. 3.

einem Initiativrecht im Gesetzgebungsverfahren politisch kaum durchsetzbar ist[33] – und die Einrichtung einer Kommunalkammer auf Bundesebene von vornherein ausscheidet[34] –, müssen andere Lösungen zur Verbesserung der kommunalen Mitwirkungsmöglichkeiten insbesondere an der Gesetzgebung des Bundes und der Länder gefunden werden.

1. Bundesgesetzgebung und Rechtsakte der Europäischen Union

a) Auf Bundesebene sind allerdings bisher alle Vorschläge der kommunalen Spitzenverbände abgelehnt worden, für die Bundesgesetzgebung ein qualifiziertes Anhörungsrecht im Grundgesetz durch Ergänzung des Art. 28 Abs. 2 GG zu verankern. Eine solche Grundgesetzänderung wurde schon von der Enquete-Kommission Verfassungsreform des Deutschen Bundestages in ihrem Schlußbericht von 1976[35] nicht empfohlen. Zur Begründung[36] wurde damals geltend gemacht, daß die Rechtsstellung des kommunalen Bereichs im Grundgesetz bereits ausreichend abgesichert und zudem die Gefahr nicht auszuschließen sei, daß auch andere Korporationen ähnliche Forderungen erheben würden.

Aus den gleichen Gründen ist 1993 die Gemeinsame Verfassungskommission[37] einem entsprechenden Vorschlag der kommunalen Spitzenverbände nicht gefolgt. Außerdem wurde eingewendet, daß durch die Verankerung im Geschäftsordnungsrecht (Gemeinsame Geschäftsordnung der Bundesministerien, Geschäftsordnung des Deutschen Bundestages) „das Anhörungsrecht der Kommunen ausreichende Rechtsgrundlagen erhalten habe. Das Geschäftsordnungsrecht sei auch der angemessene Ort für eine solche Regelung. Eine Aufnahme derartiger prozeduraler Vorschriften in die Verfassung würde eine Überbewertung der Anhörungsrechte und eine Überfrachtung des Grundgesetzes darstellen." Daß diese Argumentation allerdings nicht stimmig ist, zeigen die einschlägigen Vorschriften in den Landesverfassungen von Baden-Württemberg (Art. 71 Abs. 4), Brandenburg (Art. 97 Abs. 4), Sachsen (Art. 84 Abs. 2) und Thüringen (Art. 91 Abs. 4)[38].

---

[33] Vgl. oben unter I (m. Fn. 4 ff.). Zu den unterschiedlichen Stellungnahmen zur Frage der Einrichtung einer Dritten Kammer in der Anhörung des Innenausschusses des Deutschen Bundestages am 24. 6. 1996 (oben unter I m. Fn. 16), vgl. wib 13/96, S. 8; Dokumentation, StT 1996, S. 520.

[34] Vgl. dazu bereits *Blümel*, Gemeinden (Fn. 1), S. 233 f.; ferner *Lämmle* (Fn. 1), S. 917, 919 f.; *Meyer* (Fn. 1), S. 268 f.; *Stober* (Fn. 1), S. 97.

[35] BT-Drucks. 7/5924 = Zur Sache 3/76 und 2/77.

[36] BT-Drucks. 7/5924, S. 225 (Tz. 6.5) = Zur Sache 2/77, S. 227. Kritisch hierzu *Meyer* (Fn. 1), S. 267, 270; *Riederle* (Fn. 1), S. 35 ff., 143 ff.

[37] Vgl. Bericht der Gemeinsamen Verfassungskommission, BT-Drucks. 12/6000 = BR-Drucks. 800/93, jeweils S. 48, 141. Auch hierzu kritisch *Meyer* (Fn. 1), S. 269 f.; *Riederle* (Fn. 1), S. 39 f., 143.

[38] Vgl. dazu auch unten unter III 2 a (m. Fn. 54 f.).

Angesichts der massiven Widerstände gegen eine entsprechende Änderung des Art. 28 GG wird man davon ausgehen müssen, daß den erneuten Vorstößen der kommunalen Spitzenverbände bei der Anhörung des Innenausschusses des Deutschen Bundestages am 24. 6. 1996[39] ebenfalls kein Erfolg beschieden sein wird.

b) Auch die umstrittene, von der Enquete-Kommission Verfassungsreform schon 1976[40] empfohlene Verankerung des Anhörungsrechts der kommunalen Spitzenverbände bei Gesetzesvorlagen des Bundesrates in dessen Geschäftsordnung ist bisher nicht erfolgt. Nach wie vor beharrt der Bundesrat auf dem Standpunkt, daß die Interessen der kommunalen Gebietskörperschaften durch die Länder hinreichend gewahrt würden.

Kaum durchsetzbar erscheint die wiederholt erhobene Forderung, eine Vorschrift über das Anhörungsrecht der kommunalen Spitzenverbände in die Gemeinsame Geschäftsordnung des Bundestages und des Bundesrates für den Ausschuß nach Art. 77 GG (Vermittlungsausschuß) einzufügen. Die ablehnende Auffassung der Enquete-Kommission Verfassungsreform wurde seinerzeit damit begründet[41], daß das Verfahren vor diesem Ausschuß erst einsetze, wenn der Gesetzesbeschluß bereits gefaßt sei; es müsse deshalb mit besonderer Beschleunigung abgewickelt werden. Vor allem aber müsse das Verfahren in besonderem Maße kompromißoffen gehalten werden. Eine Beteiligung über die verfassungsgesetzlich vorgesehene Zusammensetzung hinaus sei aus beiderlei Sicht für die Funktion des Vermittlungsausschusses abträglich. Auch wenn man dieser Begründung folgt, kann doch nicht übersehen werden, daß in Zeiten der politischen Instrumentalisierung des Bundesrates – wie in der gegenwärtigen Legislaturperiode – die im Vermittlungsausschuß gefundenen Kompromisse nicht selten zu Lasten der Kommunen gehen[42].

c) Zum Teil erfolgreich waren die kommunalen Spitzenverbände auf Bundesebene bei ihren 1994/95 ergriffenen Initiativen zur Verbesserung ihres in der Gemeinsamen Geschäftsordnung der Bundesministerien, Besonderer Teil (GGO II)[43] geregelten Beteiligungsrechts. Zusätzlich zu den bereits bestehenden Regelungen in §§ 25, 40 Abs. 3 Satz 2 GGO II[44] wurde im Mai 1995 ein neuer § 85d (Unterrichtung der kommunalen Spitzenverbände bei Vorhaben der Europäischen Union) in die GGO II eingefügt, der wie folgt lautet:

---

[39] Dokumentation, StT 1996, S. 518 (oben Fn. 16).
[40] BT-Drucks. 7/5924, S. 225 (Tz. 6.6) = Zur Sache 2/77, S. 228. Vgl. dazu bereits *Blümel*, Gemeinden (Fn. 1), S. 232 f.; *ders.*, Rechtsgrundlagen (Fn. 1), S. 262; ferner *Riederle* (Fn. 1), S. 36.
[41] BT-Drucks. 7/5924, S. 225 (Tz. 6.6) = Zur Sache 2/77, S. 228.
[42] Ebenso *Meyer* (Fn. 1), S. 270.
[43] In der Fassung der Bekanntmachung vom 15. 10. 1976 (GMBl. S. 550), zuletzt geändert durch Rundschreiben des BMI vom 25. 3. 1996 (GMBl. S. 449).
[44] Vgl. dazu bereits *Blümel*, Gemeinden (Fn. 1), S. 232; *ders.*, Rechtsgrundlagen (Fn. 1), S. 262; ferner *Meyer* (Fn. 1), S. 267 f.; *Riederle* (Fn. 1), S. 29 f.

„Vorschläge für Rechtsakte der Europäischen Union, durch die unmittelbar Belange der Gemeinden und Gemeindeverbände berührt werden, sollen von dem in der Sache federführenden Ministerium den auf Bundesebene bestehenden kommunalen Spitzenverbänden zugeleitet werden."

Dagegen wurde der insbesondere Steuer- und Leistungsgesetze betreffende Vorschlag der kommunalen Spitzenverbände zur Änderung des § 25 GGO II mit der Begründung zurückgewiesen, daß die kommunalen Spitzenverbände gegenüber Regelungsentwürfen der Bundesregierung, die erhebliche finanzielle Auswirkungen auf die Gemeinden und Gemeindeverbände erwarten ließen, bereits jetzt die Möglichkeit hätten, eine Berechnung von Einnahmeverlusten oder zusätzlichen Ausgaben darzulegen. Eine solche Meinungsäußerung sei gerade der Sinn der Beteiligungsvorschrift der GGO II.

d) Im Anschluß an die Einfügung des § 85d in die GGO II dürfte auch eine entsprechende Ergänzung der Geschäftsordnung des Deutschen Bundestages zu erreichen sein. Nach der gegenwärtigen Regelung in § 69 Abs. 5 der Geschäftsordnung[45] soll den auf Bundesebene bestehenden kommunalen Spitzenverbänden vor Beschlußfassung in einem Ausschuß des Deutschen Bundestages Gelegenheit zur Stellungnahme gegeben werden, wenn der Ausschuß eine ihm überwiesene Vorlage berät, durch die wesentliche Belange von Gemeinden und Gemeindeverbänden berührt werden. Dies gilt insbesondere bei Entwürfen von Gesetzen, die ganz oder teilweise von den Gemeinden oder Gemeindeverbänden auszuführen sind, ihre öffentlichen Finanzen unmittelbar betreffen oder auf ihre Verwaltungsorganisation einwirken. Davon kann bei Regierungsvorlagen abgesehen werden, wenn aus der Begründung der Vorlagen die Auffassungen der kommunalen Spitzenverbände ersichtlich sind. Von dieser Regelung unberührt bleiben die Rechte des Ausschusses, gemäß § 70 Abs. 1 der Geschäftsordnung zur Information über einen Gegenstand seiner Beratung öffentliche Anhörungen von Sachverständigen, Interessenvertretern und anderen Auskunftspersonen vorzunehmen.

e) Über die tatsächliche Beteiligung der kommunalen Spitzenverbände auf Bundesebene am Gesetzgebungsverfahren gibt es unterschiedliche Aussagen[46]. So wurde z. B. vom Deutschen Städtetag anläßlich der bereits erwähnten[47] Anhörung des Innenausschusses am 24. 6. 1996 zu der einschlägigen Frage ausgeführt[48], daß die Unterrichtung der kommunalen Spitzenverbände durch die Bundesressorts (§§ 25, 85d GGO II) höchst unterschiedlich sei[49]. Sie reiche von frühzeitiger Be-

---

[45] Zum früheren § 73a GeschO BT vgl. bereits *Blümel*, Gemeinden (Fn. 1), S. 232; *ders.*, Rechtsgrundlagen (Fn. 1), S. 262; *Meyer* (Fn. 1), S. 267 f. Vgl. im übrigen (auch zu § 66 Abs. 2 GeschO BT) *Riederle* (Fn. 1), S. 28 f., 30.

[46] Vgl. dazu bereits (m.w.N.) *Blümel*, Gemeinden (Fn. 1), S. 232 f. (Fn. 304); ferner *Meyer* (Fn. 1), S. 268, 276 f.; *Riederle* (Fn. 1), S. 29 f.

[47] Vgl. oben unter I (m. Anm. 16).

[48] Dokumentation, StT 1996, S. 519.

[49] Besonders kritisch *Jochen Dieckmann*, Kommunale Selbstverwaltung vor dem Ende?, StT 1996, S. 515 f. (515).

teilung mit Einflußmöglichkeiten im ersten Entwurfsstadium über eine meist formelhafte, im Ergebnis unergiebige Diskussion bereits fertiggestellter Entwürfe bis zur krassen Nichtbeteiligung. Auch in den Ausschüssen des Deutschen Bundestages (§ 69 Abs. 5 GeschO BT) sei die Praxis unterschiedlich. Oft würden die kommunalen Spitzenverbände nur gemeinsam mit zahlreichen sonstigen Verbänden angehört. *Dieckmann*[50] beklagt sogar, daß der Bundestag wiederholt seine eigene Geschäftsordnung nicht beachtet habe[51].

Wenn dieser Befund richtig ist, dann kann es – da eine Grundgesetzänderung nicht in Sicht ist – nur darum gehen, die Einhaltung der Vorschriften der Geschäftsordnungen der Bundesministerien und des Deutschen Bundestages ständig anzumahnen.

2. Landesgesetzgebung

Auf Landesebene hat sich an der schon vor 20 Jahren vom Verfasser[52] beklagten unterschiedlichen Rechtslage nicht viel geändert. Nach wie vor fehlen in einigen Bundesländern Vorschriften über die Beteiligung der kommunalen Spitzenverbände am Gesetzgebungsverfahren überhaupt oder die vorhandenen Regelungen sind unzureichend ausgestaltet[53]. Indessen mehren sich seit etwa 1994 die Vorstöße der kommunalen Spitzenverbände zur Verbesserung der Beteiligungsmöglichkeiten in einzelnen Bundesländern.

a) Nach geltendem Recht ist die Beteiligung der kommunalen Spitzenverbände, wie bereits erwähnt[54], nur in 4 Bundesländern, nämlich in Baden-Württemberg (Art. 71 Abs. 4 LV)[55], Brandenburg (Art. 97 Abs. 4 LV), Sachsen (Art. 84 Abs. 2 LV) und Thüringen (Art. 91 Abs. 4 LV) verfassungsrechtlich abgesichert[56]. Hinzu tritt die Regelung des Art. 35 der Bayerischen Verfassung, wonach dem aus 60 Mitgliedern bestehenden Senat 6 Vertreter der Gemeinden und Gemeindeverbände angehören, die von den kommunalen Spitzenverbänden benannt werden[57].

---

[50] StT 1996, S. 515.

[51] Zur Folgenlosigkeit einer unterbliebenen, nur geschäftsordnungsmäßig vorgeschriebenen Anhörung vgl. *Hans Schneider*, Gesetzgebung, 2. Aufl. 1991, S. 69 (Rdnr. 104); *Meyer* (Fn. 1), S. 268, 272 ff.

[52] *Blümel*, Gemeinden (Fn. 1), S. 233; ferner *ders.*, Rechtsgrundlagen (Fn. 1), S. 262. Zur gegenwärtigen Rechtslage vgl. den Überblick bei *Riederle* (Fn. 1), S. 13 ff., 17 ff. (teilweise ungenau).

[53] Vgl. dazu auch *Meyer* (Fn. 1), S. 270 ff., 276 f.

[54] Vgl. oben unter III 1 (m. Fn. 38).

[55] Vgl. ferner § 55a GeschO LT.

[56] Vgl. dazu näher *Meyer* (Fn. 1), S. 270 f.; *Riederle* (Fn. 1), S. 17 ff., 20, 26 (ohne Thüringen); Dokumentation, StT 1996, S. 519, 526.

[57] Vgl. dazu zuletzt *Meyer* (Fn. 1), S. 270; *Kremser* (Fn. 4), S. 1 (m. Fn. 2); *Riederle* (Fn. 1), S. 13, 53, 56 f., 83, 142; *Knemeyer* (Fn. 1), S. 290 f. (Rdnr. 374).

Einfachgesetzlich – wenn auch unterschiedlich – geregelt ist die Beteiligung der kommunalen Spitzenverbände am Rechtsetzungsverfahren in 6 Bundesländern[58]. Dazu gehören Brandenburg (§ 7 GO, § 7 LKO), Hessen (§ 147 GO)[59], Mecklenburg-Vorpommern (§§ 6, 93 KV), Rheinland-Pfalz (§ 129 GO, § 72 LKO[60]; Landesgesetz über den Kommunalen Rat), Schleswig-Holstein (§ 132 GO, § 71 LKO)[61] und Thüringen (§§ 126, 127 KO)[62]. Dies bedeutet, daß nur in Brandenburg und in Thüringen die Beteiligungsrechte der kommunalen Spitzenverbände sowohl verfassungsrechtlich als auch einfachgesetzlich abgesichert sind.

In allen zuvor nicht genannten Bundesländern (Flächenstaaten)[63] – also Niedersachsen, Nordrhein-Westfalen[64], Saarland[65], Sachsen-Anhalt[66] – beruht die Beteiligung dagegen immer noch allein auf Vorschriften in den Geschäftsordnungen der Ministerien und / oder der Landtage bzw. auf Zusagen (Beschlüssen) der Landesregierungen oder des Landtagspräsidenten (Nordrhein-Westfalen). Da in Niedersachsen die Forderung von zwei der drei kommunalen Spitzenverbänden (Städtetag, Städte- und Gemeindebund) nach Einrichtung einer Kommunalkammer kaum durchsetzbar ist, wird dort an die Gründung einer Niedersächsischen Kommunalkammer als Mitgliederversammlung der drei kommunalen Spitzenverbände gedacht[67].

b) Auch in einigen anderen Bundesländern liegen neuerdings (unterschiedliche) Vorschläge zur Verbesserung der Beteiligungsmöglichkeiten der kommunalen Spitzenverbände auf dem Tisch. So hat der Städtebund Schleswig-Holstein im Juni 1996 dem Landtag und der Landesregierung den Entwurf eines „Gesetzes zur Sicherung und Stärkung der kommunalen Selbstverwaltung in Schleswig-Holstein" zugeleitet, der zahlreiche Einzelregelungen enthält[68]. Nachdem der Hessische Städte- und Gemeindebund mit seinem 1994 vorgelegten Gesetzentwurf zur Errichtung einer Gemeindekammer gescheitert war[69], wurden von den Fraktionen der F.D.P. und der CDU im Dezember 1995 und 1996 einschlägige Gesetzentwürfe

---

[58] Vgl. *Meyer* (Fn. 1), S. 271 f.; *Riederle* (Fn. 1), S. 20 ff., 24 f., 27 f.; Dokumentation, StT 1996, S. 519, 526.

[59] Vgl. ferner § 21 GeschO LT.

[60] Vgl. ferner § 79 Abs. 3 GeschO LT (1992) und §§ 11, 16 GGO der Landesministerien und der Staatskanzlei. Im Oktober 1996 wurde vom Landtag Rheinland-Pfalz eine Änderung seiner Geschäftsordnung beschlossen; vgl. StAnz. Nr. 38 vom 21. 10. 1996, S. 3, 4.

[61] Vgl. ferner § 25 GeschO LT.

[62] Vgl. ferner § 79 Abs. 2 GeschO LT und § 11 GGO der Landesministerien.

[63] Vgl. dazu *Meyer* (Fn. 1), S. 272; *Riederle* (Fn. 1), S. 22 f., 25 f., 27; Dokumentation, StT 1996, S. 526.

[64] Vgl. § 84 Abs. 3 GGO für die Ministerien des Landes.

[65] Vgl. § 15 GeschO der Landesregierung.

[66] Vgl. Nr. 2.1.5 GeschO der Landesregierung.

[67] Vgl. Gemeindetag Baden-Württemberg (Fn. 31), S. 7.

[68] Vgl. Gemeindetag Baden-Württemberg (Fn. 31), S. 6.

[69] Vgl. oben unter I (m. Fn. 7).

mit unterschiedlichen Regelungsgehalten in den Hessischen Landtag eingebracht[70]. Während der F.D.P.-Entwurf sich an dem rheinland-pfälzischen Modell orientiert und die Errichtung einer kommunalen Kommission vorsieht, beschränkt sich der CDU-Entwurf auf Einzelregelungen des Beteiligungsrechts der kommunalen Spitzenverbände.

Schließlich halten auch in Baden-Württemberg die kommunalen Landesverbände die derzeitigen Rechtsgrundlagen (Art. 71 Abs. 4 LV, § 50a GeschO LT)[71] nicht für ausreichend. Da die entsprechenden Vorstöße vom Januar 1995[72] (Schaffung einer Kommunalkammer nach Maßgabe einer Verfassungsänderung, Ergänzung des neuen Art. 34a LV – EU-Vorhaben – um ein kommunales Anhörungsrecht entsprechend Art. 71 Abs. 4 LV[73], Änderung der Geschäftsordnung des Landtages) in der abgelaufenen Legislaturperiode erfolglos blieben, präzisierten die kommunalen Landesverbände unter dem 3. 4. 1996[74] ihre Forderungen und Vorschläge gegenüber dem neuen Landtag und der neuen Landesregierung u. a. wie folgt:

„Mitwirkung der Kommunalen Landesverbände

Bei Gesetzentwürfen, die die kommunalen Interessen berühren, sind die Kommunalen Landesverbände zu beteiligen. In der Geschäftsordnung des Landtags sollten folgende Grundregeln für jedes Gesetzgebungsverfahren verankert werden:
– eine gesetzlich geregelte Anhörungsfrist zu Gesetzesvorhaben von 2 Monaten
– eine präzise Abschätzung der Kostenfolgen von Gesetzentwürfen (Personalaufwand, direkte Kosten und Finanzierung)
– ein Mitberatungs- und Rederecht der Kommunen in den Ausschüssen des Landtags auch in nichtöffentlicher Beratung
– bleiben die kommunalen Einwände gegen Gesetzentwürfe bestehen, beschließt darüber das Plenum des Landtags förmlich.

Es würde der Partnerschaft zwischen Land und Kommunen sowie der Abklärung von Sachfragen dienen, wenn bereits im Vorfeld von Gesetzesberatungen in den Arbeitskreisen der Landtagsfraktionen kommunalrelevante Angelegenheiten dargelegt werden könnten."

Über diese Forderungen wurde am 22. 10. 1996 im Geschäftsordnungsausschuß des Landtags unter Hinzuziehung von Vertretern der kommunalen Landesverbände beraten[75].

---

[70] Vgl. dazu Gemeindetag Baden-Württemberg (Fn. 31), S. 4 f.

[71] Vgl. oben im Text (m. Fn. 55).

[72] Schreiben der Kommunalen Landesverbände an den Landtagspräsidenten vom 16. 1. 1995. Vgl. ferner das Schreiben des Gemeindetages Baden-Württemberg vom 1. 2. 1995.

[73] Vgl. dazu *Engelken* (Fn. 6), S. 219, 221, 222 ff.

[74] Forderungen und Vorschläge der Kommunalen Landesverbände an den neuen Landtag und die neue Landesregierung von Baden-Württemberg für die 12. Legislaturperiode vom 3. 4. 1996; vgl. auch Gemeindetag Baden-Württemberg (Fn. 31), S. 9.

[75] Auskunft des Gemeindetages Baden-Württemberg.

IV. Ausblick

Das Fazit der vorstehenden Untersuchung ist unbefriedigend. Auf Bundesebene ist zwar das Beteiligungsrecht der kommunalen Spitzenverbände auch ohne verfassungsgesetzliche Absicherung in der Gemeinsamen Geschäftsordnung der Bundesministerien und in der Geschäftsordnung des Deutschen Bundestages ausreichend geregelt. Zu bemängeln ist jedoch, daß, abgesehen von der fehlenden Verankerung des Beteiligungsrechts in der Geschäftsordnung des Bundesrates, die tatsächliche Anwendung der einschlägigen Vorschriften – selbst angesichts der schwierigen Lage der öffentlichen Finanzen in Bund, Ländern und Kommunen – häufig zu wünschen übrig läßt.

Auf Landesebene, wo das Beteiligungsrecht recht unterschiedlich ausgestaltet ist und praktiziert wird, erscheint die Forderung der kommunalen Spitzenverbände nach Einrichtung von Kommunalkammern nirgends politisch durchsetzbar. Der Kommunale Rat in Rheinland-Pfalz sollte nicht als zweitbestes Modell dienen, solange positive Erfahrungen nicht vorliegen. Angesichts dieser Sachlage kann es in den Ländern nur darum gehen, die Beteiligung der kommunalen Spitzenverbände am Rechtsetzungsverfahren durch konkrete Einzelregelungen in den Kommunalgesetzen sowie in den Geschäftsordnungen der Landesregierungen und der Landtage weiter zu verbessern.

Das nächste Jahrhundert – Ein Jahrhundert der Kommunen

Von Hermann Hill

I. Kommunaler Handlungsspielraum gefährdet

Betrachtet man die aktuelle Situation der Kommunen in Deutschland, so hat man nicht den Eindruck, daß das nächste Jahrhundert ein Jahrhundert der Kommunen werden könnte. Vielmehr ist der kommunale Handlungsspielraum aufs schwerste gefährdet, der Deutsche Städtetag warnt vor einer finanziellen Auszehrung und der Präsident des Städtetages, der Karlsruher Oberbürgermeister *Seiler*, befürchtete kürzlich sogar, daß langfristig Staatskommissare in vielen Kommunen regierten.[1]

Die Zahl der Gemeinden, die ihre Haushalte nicht ausgleichen können und Haushaltssicherungskonzepte aufstellen müssen, ist bundesweit beängstigend angestiegen.[2] 1995 waren es im Schnitt rund 40 %. Wenn man diejenigen Gemeinden, die nur durch den Verkauf des noch wenigen „Tafelsilbers" oder durch Rücklagenentnahmen ihren Haushalt ausgleichen können, dazu zählt, ist die Zahl der Gemeinden mit strukturell unausgeglichenem Haushalt wesentlich höher anzusiedeln. Das Ziel des Haushaltsausgleichs ist damit für die meisten Städte und Gemeinden in weite Ferne gerückt.

Die Defizite der Verwaltungshaushalte erreichen mittlerweile beängstigende Dimensionen. Viele Gemeinden haben die Schuldengrenze überschritten, sind nicht mehr in der Lage, ihre laufenden Ausgaben in den Bereichen Soziales, Personal- und Sachkosten durch Steuern und Gebühreneinnahmen zu decken. Vielfach muß notgedrungen der Weg beschritten werden, teilweise bereits Gehälter oder auch Zinsleistungen für längerfristige Kredite durch Kassenkredite zu finanzieren. Selbst drängendste kommunale Aufgaben können nicht mehr oder nur noch völlig unzulänglich wahrgenommen werden. Die Gemeinden leben also zwangsläufig über ihre Verhältnisse, gezwungenermaßen von der Substanz.

Die Schere zwischen Einnahmen und Ausgaben klafft weiter auseinander. Im Jahre 1995 war ein Minus bei den Steuereinnahmen mit 4,3 % zu verzeichnen. Dabei fiel vor allem der drastische Einbruch bei den Gewerbesteuereinnahmen mit -11,8 % ins Gewicht. Die Gewerbesteuer ist damit schon im dritten Jahr in Folge rückläufig und mittlerweile sogar unter das Niveau des Jahres 1989 gesunken.

---

[1] FAZ vom 5. August 1996, S. 5

[2] Die folgenden Angaben stammen von *Bernd Jürgen Schneider*, Der Gemeindehaushalt 1996, 173; vgl. noch *Hanns Karrenberg / Engelbert Münstermann*, Der Städtetag 1996, 119

Auch bei ihrem zweiten finanziellen Standbein, dem Gemeindeanteil an der Einkommensteuer, sahen sich die Städte und Gemeinden, wie schon im Jahr zuvor auch, in ihren Erwartungen enttäuscht. Die Einnahmen aus der Lohnsteuer, der Einkommensteuer und dem Zinsabschlag waren 1995 – entgegen des ursprünglich prognostizierten Wachstums von 4 % – mit - 0,9 % erneut rückläufig. Die Gebühreneinnahmen der westdeutschen Gemeinden sind in 1995 gegenüber 1994 fast konstant geblieben. Dabei ist zu berücksichtigen, daß in zunehmendem Umfang Gebühreneinrichtungen verselbständigt wurden. Ohne die Verselbständigung von Gebührenhaushalten wären die Gebühreneinnahmen um rund 6 % gestiegen, so daß sich die Gemeinden gegen den in der Öffentlichkeit mehrfach laut gewordenen Vorwurf eines kommunalen Gebührenfiskalismus zur Wehr setzen.

Trotz eines starken Anstiegs der sozialen Leistungen um 6 % haben die westdeutschen Kommunen ihr Ausgabenwachstum im Jahre 1995 auf +0,9 % begrenzt. Dabei stiegen die Personalausgaben um +2,4 %, was im Hinblick auf die Steigerungen der Personalkosten im tariflichen Bereich als auch im Bereich der Lohnnebenkosten nur durch eine Verringerung des Personalbestandes erreicht werden konnte. Die Aufwendungen für den Sachaufwand erhöhten sich um 0,7 %. Beängstigend ist dabei, daß die Sachinvestitionen mit - 6,1 % weiter deutlich zurückgingen, womit der negative Trend der letzten Jahre perpetuiert wurde. Die Fähigkeit der Gemeinden, als Nachfrager von Bau- und Investionsleistungen der Wirtschaft zusätzliche konjunkturelle Impulse zu geben, nimmt damit kontinuierlich ab.

Geradezu besorgniserregend ist indes die Entwicklung bei den Sozialhilfekosten. Sie entwickeln sich immer mehr zu einem finanzpolitischen Sprengsatz in den kommunalen Haushalten. Seit 1980 haben sie sich mehr als verdreifacht. Ein Vergleich mit den Sachinvestitionen der Gemeinden verdeutlicht die äußerst kritische Entwicklung: Während 1980 die Sachinvestitionen mit 39,5 Milliarden DM noch knapp dreimal so hoch waren wie die Ausgaben im Sozialhilfebereich, hat sich mittlerweile die Entwicklung genau umgekehrt. 1994 überragten die Sozialhilfeausgaben die Sachinvestitionen um rund 6 Milliarden DM; 1995 waren es bereits knapp 12 Milliarden DM. Der Anteil der Sozialhilfeausgaben am Verwaltungshaushalt stieg von 13,7 % in 1982 auf mittlerweile 21,3 % im Jahre 1995. Die Dramatik dieser Entwicklung wird erst recht deutlich, wenn man bedenkt, daß 1995 bis auf 15 Milliarden DM sämtliche Steuereinnahmen der Gemeinden aus den Bereichen Gewerbesteuer und Einkommensteuer mittlerweile von der Sozialhilfe regelrecht aufgefressen werden und dies mit steigender Tendenz.

Möglicherweise ist ein Teil dieser dramatischen Finanzsituation auch hausgemacht. Sicher haben manche Kommunen in den guten Jahren auch teilweise etwas über ihre Verhältnisse gelebt, was etwa die Übernahme von Aufgaben, die Schaffung neuer Einrichtungen mit erheblichen Folgelasten oder die Einstellung von Personal angeht. Auch gibt es allgemeine gesellschaftliche Entwicklungen, die als Ursache für gewachsene Aufgaben und Ausgaben herangezogen werden können. Dazu zählt etwa die Veränderung der Bevölkerungsstruktur durch Aussiedler und

Flüchtlinge, die gestiegene Zahl der Scheidungsquoten und Alleinerziehenden, die zu einem großen Teil von den Kommunen als Sozialhilfeträger mit finanziert werden müssen, oder auch die gewachsenen Ansprüche mancher Bürger. Trotz dieser hausgemachten und allgemeinen gesellschaftlichen Entwicklungen scheint indes die Hauptursache für die eklatante Finanznot der Kommunen die wachsende Belastung durch Aufgabenübertragungen und Kostenverlagerungen durch Bund und Länder zu sein.

So können etwa als Ursache für die Dynamik der Sozialhilfelasten[3] ausgemacht werden: Die Begründung neuer Rechtsansprüche zu Lasten der Kommunen, wie etwa des Rechtsanspruchs auf einen Kindergartenplatz, die Verlagerung von Kosten für die Unterbringung von Asylbewerbern sowie die Aufnahme und Versorgung von Bürgerkriegsflüchtlingen oder auch die sog. Kommunalisierung der Arbeitslosigkeit, nach der bei ca. 4 Millionen offiziell gemeldeten Arbeitslosen in Deutschland heute rund 1/3 der Kosten dieser Arbeitslosigkeit und damit zweistellige Milliardenbeträge durch die Sozialhilfe getragen werden. In Zentren hoher Arbeitslosigkeit sowie in den neuen Ländern sind sogar ca. 50 % der Sozialhilfeempfänger Arbeitslose. Die Kommunen wehren sich daher zu Recht gegen diese teilweise funktionswidrigen Belastungen der Sozialhilfe durch gesamtstaatliche Aufgaben bzw. ihre Heranziehung anstelle vorrangiger Sozialleistungsträger.

Ebenso wie beim Rechtsanspruch auf einen Kindergartenplatz beschließt der Bund teilweise auch im Umweltbereich Wohltaten, deren Kosten den Kommunen zur Last fallen. Teilweise sind diese Regelungen auch durch EU-Vorschriften vorprogrammiert. Zu nennen sind etwa die 17. Verordnung zur Durchführung des Immissionschutzgesetzes, die dritte Reinigungsstufe bei den Klärwerken, die Überwachung der Bodenschutzgesetze oder die Beseitigung von Altlasten.

Ein besonders anschauliches Beispiel[4] für die Verlagerung von Verwaltungsaufwand zugunsten der Bundes- und Landeskasse hat vor kurzem eine Untersuchung des Bundesinnenministeriums ergeben: Im Rahmen einer Novelle des Wohngeldgesetzes wurden die Städte verpflichtet, auf gestiegene Einkommen der Wohngeldempfänger durch Kürzung des Wohngeldes zu antworten. Allein bei der Stadt Köln wurden auf diese Weise 970.000,- DM eingespart zugunsten der zahlungsverpflichteten Bund und Land; der Verwaltungsaufwand, den die Stadt Köln dadurch indes ersatzlos zu tragen hatte, betrug 270.000,- DM. Ein anderes Beispiel:[5] In der Sitzung des Vermittlungsausschusses zur Bahnreform wurde die Unterhaltungslast der Bahnbrücken auf die Kommunen verlagert, die Kosten wurden von der Bundesverwaltung mit 6 Millionen DM angegeben, tatsächlich hat der deutsche Städtetag eine Unterhaltungsbelastung, ohne den Reparaturstau, von 600 Millionen DM ermittelt.

---

[3] Dazu *Norbert Portz*, Stadt und Gemeinde 1996, 279
[4] *Jochen Dieckmann*, Der Städtetag 1996, 515
[5] *Gerhard Seiler*, Oberbürgermeister von Karlsruhe und Präsident des Deutschen Städtetages bei einem Vortrag in der Hochschule Speyer am 8. Mai 1996

Die Kommunen fordern daher zu Recht,[6] eine Konnexität von Aufgaben- und Finanzordnung herzustellen, nach der derjenige, der die Aufgaben beschließt, auch für die Zurverfügungstellung der Finanzen Sorge zu tragen hat. Ein erster Schritt hierzu wäre schon, wenn in den Vorblättern der Gesetzentwürfe bei der Nennung der Kosten auch die Vollzugskosten für die Kommunen ausgewiesen würden. Die Kommunen fordern weiterhin eine Garantenstellung der Länder gegenüber dem Bund, die etwa bei den Kamingesprächen der Ministerpräsidenten, bei Verhandlungen der Landesregierungen mit der Bundesregierung oder bei der Beratung im Vermittlungsausschuß zutage kommen soll.

Auch die Länder selbst tragen indes mit zur Finanznot der Kommunen bei. Die im Solidarpakt zur Finanzierung der deutschen Einheit beschlossene Verknüpfung des gemeindlichen Finanzierungsbeitrages mit der Entwicklung des Gewerbesteueraufkommens hat zu einem Anstieg des gemeindlichen Finanzierungsbeitrages und zu einem Rückgang der Beiträge der Länder geführt. Schlimmer ist indes noch, daß von den schätzungsweise 8 Milliarden DM, die die westdeutschen Kommunen danach aufbringen, nur rund 1 Milliarde DM in den ostdeutschen Städten ankommt, den Rest verwerten die ostdeutschen Länder für sich. Auch im übrigen nimmt die Tendenz der Länder, eigene Finanzprobleme durch einen restriktiven Zuweisungskurs gegenüber den Kommunen zu lösen, zu.

Weitere Belastungen entstehen durch gesetzliche Organisationsregelungen der Länder, etwa zu Gleichstellungsbeauftragten oder zur Personalvertretung oder auch durch Weiterbildungsgesetze. Die Klagen der Kommunen über Standards, etwa bei Ausstattung und Verfahren, sind inzwischen schon Legion. In Niedersachsen wurde dazu schon ein „Standardkiller" entwickelt und eine „vorschriftenfreie Gemeinde" gefordert.

II. Entörtlichung

Die Situation der Kommunen ist aber nicht nur durch eine Einengung des finanziellen Handlungsspielraums, sondern auch durch Prozesse der Entörtlichung gefährdet. Dazu tragen verschiedene Trends in der persönlichen Lebensgestaltung, der sozioökonomischen Entwicklung, aber auch der Einführung neuer Medien bei. *Faith Popcorn* hat das Cocooning, den Rückzug in die private Lebenssphäre, ins öffentliche Bewußtsein gehoben. Das Magazin „Focus" hat im letzten Jahr mit der Reportage „Ein Volk auf dem Ego-Trip" nachgelegt. Danach belege eine große Umfrage, die Deutschen zögen sich immer mehr ins Private zurück, Solidarität sei out.

Die neuen Techniken könnten diesen Trend verstärken. Sie lassen es zu, daß sehr persönlich auf individuelle Interessen des Einzelnen eingegangen werden kann.

---

[6] Dokumentation der Stellungnahme der kommunalen Spitzenverbände bei der Anhörung des Innenausschusses des Deutschen Bundestages am 24. Juni 1996 in Bonn, Der Städtetag 1996, 517 (520).

Dadurch kann eine noch stärkere Ich-Zentriertheit und Fragmentierung der Gesellschaft eintreten. Gemeinsame Werte und Bezugssysteme können darunter leiden, gemeinsame Erlebnisse, die eine gemeinsame Wirklichkeit und daraus erwachsene Verbindlichkeit schaffen, werden seltener.

Die Kommunikation der Informationsgesellschaft wird häufig erst als der Beginn von Gemeinschaft gefeiert. Doch entstehen Kontakte in der virtuellen Welt schnell und enden auch schnell. Sie sind häufig nur flüchtig, der Austritt aus der Gruppe ist leicht und schnell möglich, man ist überall gleichzeitig, aber nirgendwo wirklich. Es fehlt das Gefühl für Verantwortung im virtuellen Raum. „Durch die Medien werden wir gelehrt, eine riesige psychologische Distanz zwischen dem, was wir machen, und den Effekten, die wir damit erzielen, zu entwickeln", bemerkt der Computerkritiker *Joseph Weizenbaum*. Durch ständiges Suchen neuer Kontakte und Gemeinschaften kann man den meisten Problemen und Anforderungen realer Gemeinschaften aus dem Weg gehen. Das Entstehen neuer „virtueller Dörfer" kann daher zu einer Entörtlichung und zu einem Verlust von Gesamtverantwortung und Solidarität mit der Gemeinschaft führen.[7]

Ein weiterer Trend zur Entörtlichung ist in vielen Städten bereits real sichtbar. Insbesondere in den neuen Ländern ist ein bedrohlicher Trend zur Verödung der Innenstädte durch Einkaufszentren auf der grünen Wiese entstanden. Die riesigen Einkaufszentren verhindern die Entwicklung attraktiver, ausreichend ausgestatteter Innenstädte. Die Folge ist ein erheblicher Kaufkraftabzug aus den Kernstädten, ein Niveauverlust sowie die Entstehung sozialer Randzonen, die mit Kriminalität und wachsener Verunsicherung einhergehen können. Außerdem wird durch die Verlagerung von Handel und Gewerbe aus den Städten zusätzlich das Verkehrsaufkommen und damit die Lärm- und Schadstoffbelastung der Vorstädte, des Umlandes und generell der Umwelt erhöht.[8]

Aber nicht nur Handel und Gewerbe werden aus den Innenstädten verlagert, die Baupreis- und Mietenentwicklung in den Innenstädten hat dazu geführt, daß in vielen Innenstädten nur noch Büroflächen oder Singlehaushalte zu finden sind, die sich die hohen Mieten leisten können. Familien ziehen dagegen raus in die Vorstadt mit der Folge etwa, daß dort neue Kindergärten und Schulen gebaut werden, während sie in der Innenstadt leerstehen. Diese Suburbanisierung und zunehmende Umlandverflechtung führt zu erheblichen Stadt-Umland-Problemen.

Die Entörtlichung und Maßstabsvergrößerung ist aber nicht nur auf den Stadt-Umland-Bereich beschränkt. Die Globalisierung der Märkte hat vor allem das berufliche Umfeld verändert. Eine erhöhte Mobilität ist die Folge. Dazu tragen auch gewandelte Kultur- und Freizeitbedürfnisse bei. Solche werden nicht mehr nur am Wohnort befriedigt, sondern in ein Geflecht von überörtlichen Interessen und Ver-

---

[7] Vgl. *Hermann Hill*, Verwaltung und Management 1996, 196 (200)
[8] Vgl. Positionspapier des Deutschen Städtetages, MittDSt vom 8. 5. 1996, 200

bindungen eingewoben. Vielfach dient danach der Wohnort nur noch als Schlafstatt und das Interesse am kommunalen Geschehen nimmt ab.

III. Wiederentdeckung der Gemeinschaft

Wie kann man danach das nächste Jahrhundert ein Jahrhundert der Kommunen nennen, wenn die Kommune kein Geld und keine Bürger mehr hat? Tröstlich ist indes, daß, wie die moderne Trendforschung belegt, es zu jedem Trend auch einen Gegentrend gibt. Dem Rückzug ins Private entspricht danach ein vor allem auch im angelsächsischen Ausland festzustellender Trend der Wiederentdeckung der Gemeinschaft.[9] Jenseits des Egoismus-Prinzips, sagt *Amitai Etzioni*, der maßgebliche Wegbereiter des sog. Kommunitarismus in den USA, suchen Menschen konkrete Verantwortungsrollen, in denen sie ihren staatsbürgerlichen Muskel und ihre soziale Verantwortung leben können. Eine neue Bürgerqualität, die sich in öffentlichen Dialogen und Gemeinschaftsforen artikuliert, wird festgestellt. „Citizen action" wird dabei als höchst effektive Kraft zur Modernisierung von Kommunen angesehen. Sie sei nicht nur gut für das System, sondern vor allem gut für den Bürger. Noch weitergehend wird die öffentliche Sphäre sogar als Energiefeld zur Revitalisation der staatlichen Institutionen angesehen.

Schon 1990 legte in Großbritannien eine Kommission über Citizenship einen Bericht ab, der sich mit dem Verhältnis der Verwaltung zum Bürger beschäftigte. 1991 folgte eine „Citizen's Charter", die die Rechte des Bürgers gegenüber der Verwaltung ausdrücklich garantierte und erweiterte. Frankreich und Belgien erließen 1992 ähnliche Garantiezusagen, vor allem im Hinblick auf Qualitätsstandards der Verwaltung gegenüber dem Bürger. Gegenwärtig werden vor allem in Großbritannien und Skandinavien weiterreichende Ansätze entwickelt, die stärker partizipationsorientiert sind und dezentral ansetzen. „Rethinking Citizenship" lautet der Ansatz, der die Wünsche der Bürgerinnen und Bürger nach mehr Engagement und Beteiligung an der Gestaltung des Gemeinwesens einbezieht. In einer Tagung der Bertelsmann-Stiftung im Juni dieses Jahres berichtete auch ein Vertreter aus Japan, daß dort neues bürgerschaftliches Engagement und ein Bedürfnis nach Gemeinschaftleistungen festzustellen sei.

Für Deutschland hat *Helmut Klages*[10] nachgewiesen, daß individuelle Selbstentfaltung und soziale Verantwortung einander keineswegs ausschließen. Der von Wertewandel gekennzeichnete „statistische Durchschnittsmensch" sei umso mehr bereit und in der Lage, Verantwortung zu übernehmen,

---

[9] Zum folgenden vgl. *Hill*, in: Ulrich Schückhaus (Hrsg.), Kommunen in Not – Wege aus der Krise, 1996, S. 3 (5).

[10] *Helmut Klages*, in: Manfred Hennen/Michael Jäckel (Hrsg.), Privatheit und soziale Verantwortung, Festschrift für Friedrich Landwehrmann, 1994, S. 237 (241)

- je mehr er dies auf dem Hintergrund persönlichen Dafürhaltens als sinnvoll empfinden könne,
- je mehr ihm dies Selbsterlebens- und Selbstdarstellungschancen vermittle,
- je mehr Selbstbestimmung und Handlungsspielraum ihm dabei gewährt werde,
- je mehr er dies als „persönlich bereichernd" empfinden könne,
- je mehr persönlich befriedigende, informale Kommunikation ihm dabei ermöglicht werde und
- je mehr ihn die damit verbundene Aufgabe persönlich „interessiere".

Verantwortungsübernahme könne unter diesen Bedingungen danach selbst zu einem der Attribute der Selbstentfaltung werden. Wer Verantwortung übernehme, könne mehr vom Leben haben. Es geht also darum, den „Bürger aus der Burg" zu holen, ihm Chancen und Angebote für eine aktive Teilnahme an der Gestaltung des Gemeinwesens zu vermitteln.

In vielen deutschen Städten sind bereits erste Ansätze festzustellen, die Bürgerinnen und Bürger in diese Gestaltung des Gemeinwesens mit einzubeziehen. Die Städte befinden sich damit auf dem Weg zu einer lebendigen Bürgerstadt, und dieses Engagement scheint mir nicht nur Chance, sondern auch Garantie dafür zu sein, daß die kommunale Selbstverwaltung weiterleben wird und mit neuem Leben erfüllt werden kann. Die Dimensionen der Bürgermitwirkung lassen sich dabei in folgenden Anwendungsfeldern beobachten:[11]

1. Bürger zur Mitwirkung befähigen

Um den Bürger zum Bürger zu befähigen, ist ein qualifiziertes Informationsangebot erforderlich. Dieses soll den Bürger in seiner Lebenswelt abholen und ihn zum Mitspielen auffordern. Ich habe dazu vorgeschlagen, einen „Bürgerpaß" einzuführen, der wie ein Sportabzeichen freiwillig und regelmäßig erworben werden kann. Ein entsprechendes Angebot könnten etwa Volkshochschulen vorhalten.

Es geht dabei um eine Art Stadtbildung, ein Wissen um und von der Stadt, das den Umgang mit der Stadt erleichtert. Dazu gehören etwa regelmäßige Stadtberichte, ähnlich den Geschäftsberichten privater Firmen.

Aber auch die Standardsituationen der Bürgerkommunikation sind zu verbessern. Das betrifft den Rathausservice ebenso wie Auskunftsstellen in der Stadt über städtische Angebote. Vor allem die Ratssitzungen müssen attraktiver gestaltet werden, was die Vorbereitung, den Ablauf und die Nachbereitung angeht. Bei Informationsveranstaltungen in Form von Bürgerforen und Bürgersymposien könnten Ratsmitglieder als Moderatoren auftreten.

---

[11] *Hill* (Fn. 9), S. 14 ff.

2. Aus der Sicht des Bürgers denken

Bürger denken und leben anders als traditionelle Bürokratien. Es geht ihnen um ganzheitliche Lebenssachverhalte, die aktiv gestaltet und verändert werden. Die Einrichtung von Bürgerämtern, Bürgerbüros, Bürgerläden oder Bürgerzentren kommt dem entgegen. Wichtig erscheint dabei, daß sich Verwaltungsmitarbeiter einfach vorstellen, sie müßten als „einfacher Bürger" ohne Kenntnis der Verwaltungsstrukturen und -abläufe sowie Formulare in die Verwaltung kommen und sollten sich zurecht finden. Die Stadt Karlsruhe hat dies beispielhaft in ihrer Broschüre genannt: Denken im Kopf des Kunden.

Jeder Verwaltungsmitarbeiter ist auch Bürger und muß in seinem privaten Haushalt mit einem bestimmten Etat klarkommen. Jeder Bauherr weiß, daß ein verzögerter Baubeginn, etwa durch ein langwieriges Baugenehmigungsverfahren, die Baukosten erheblich verteuern kann. Dennoch findet man eine Übersicht über die Kostenbelastungen privater Haushalte, die durch staatliche Abgaben oder Maßnahmen verursacht sind, allenfalls in kritischen Zeitungsberichten oder beim Bund der Steuerzahler. In Bürgerbefragungen und Diskussionsforen sollten diese Kostenbelastungen ermittelt und gemeinsam mit dem Bürger überlegt werden, wofür man unter Berücksichtigung allgemeiner Erfordernisse bereit ist, Verwaltungsleistungen zu finanzieren. Der Westdeutsche Rundfunk hat eine interessante Aktion gestartet, bei der Bürger der Verwaltung Sparvorschläge machen. Über ein solches „bürgerliches Vorschlagswesen" könnte das Interesse und die Mitverantwortung der Bürger für das Gemeinwesen weiter gestärkt werden.

In Phoenix, Arizona, sollen Bürger sogar Kriterien für das Spitzenpersonal erarbeiten. Die unmittelbare Wahl des Oberbürgermeisters in deutschen Gemeindeordnungen weist in ähnliche Richtung. Der Bürgermeister soll ein Meister sein in der Kommunikation mit dem Bürger zwecks Gestaltung der alle betreffenden örtlichen Verhältnisse. Je mehr das Management der Verwaltung der Kommunikation nach außen und innen bedarf, desto mehr müssen ähnliche Anforderungen auch an andere Führungskräfte gestellt werden.

3. Service anbieten

Kundenorientierung ist ein elementarer Bestandteil von Dienstleistungs- und Qualitätsmanagement. Wenn auch die Orientierung am einzelnen Kunden nicht zur absoluten Maxime werden darf, weil ansonsten der Blick fürs Neue und für übergreifende Aspekte verstellt wird, so ist doch das Eingehen auf die Bedürfnisse und das Gespräch mit dem Kunden eine wichtige Voraussetzung für die Verbesserung und Feinabstimmung einer Leistung. Gerade Dienstleistungen verwirklichen sich erst in der Interaktion mit dem Kunden. In diesem Bereich gibt es sozusagen keine fertigen Produkte. Bedarfsermittlung, Produktion und Verbrauch erfolgen ganzheitlich. Die Identität der beteiligten Personen und der Kontext der Leistungserbringung nehmen Einfluß auf die Qualität der Leistung.

Viele Kommunen versuchen, die Angebots- und Service-Struktur ihrer Leistungen zu verbessern. Die Stadt Kerpen bietet etwa einen Bürgerservicebrief an. Darin wird auf den Ablauf des Personalausweises hingewiesen, wird mitgeteilt, welche Unterlagen mitzubringen sind und wann der günstigste Zeitpunkt für einen Besuch in der Verwaltung ist. Dadurch wird nicht nur die Zufriedenheit des Kunden erhöht, sondern auch zugleich die Kapazitätsauslastung und Produktivität der Verwaltung verbessert.

Die Stadt Arnsberg hat etwa ein aktives Beschwerdemanagement eingerichtet, bei dem nicht nur einzelnen Beschwerden nachgegangen, sondern diese auch zum Anlaß für Verbesserungsmaßnahmen genommen werden. So wird der Kunde als Innovationsfaktor an der Modernisierung der Verwaltung beteiligt. Bei dem 2. Deutschen Verwaltungskongreß des Instituts für International Research im Juni diesen Jahres in Wiesbaden hat sie dafür einen Preis als Bürgerstadt erhalten. Andere Verwaltungen, etwa der Kreis Soest, garantieren bestimmte Bearbeitungsfristen bzw. Qualitätsstandards für Bürgeranliegen und Anträge. Damit wird ein einmal erreichter Fortschritt in Form von verbindlichen Leistungszusagen („good practice-Profilen") dokumentiert, der nicht mehr unterschritten werden kann.

4. Bürgerwissen nutzen

Alle Bürgerinnen und Bürger verfügen über vielfältige Lebens- und Berufserfahrung. Sie arbeiten in Familie und Büro, sind Kunde bei privaten Firmen, nehmen öffentliche Leistungen in Anspruch und benutzen öffentliche Einrichtungen und machen bei beruflichen oder privaten Reisen vergleichende Erfahrungen in anderen Städten. Dieses Wissen sollte über Bürgerbefragungen hinaus stärker für die Entwicklung der Kommune genutzt werden.

Ich habe dazu vorgeschlagen, sog. P-Gruppen einzurichten, in denen dieses Wissen eingebracht werden kann. Es handelt sich dabei um Produktgruppen, in denen gemeinsam mit der Verwaltung über die Verbesserung der Qualität der Verwaltungsprodukte nachgedacht werden kann. Auf diese Weise können Nutzererfahrungen bei der Leistungserstellung und -erbringung sowie weitere Anregungen aufgenommen werden. Auch Erfahrungsberichte über privatisierte Bereiche können in diese Gruppen einfließen.

In sog. Projekt- oder Problemlösungsgruppen können Betroffene beteiligt werden, etwa bei der Parkraumbewirtschaftung, bei der Gestaltung und Verwaltung von Spielplätzen, von Sportstätten, Bürgerhäusern oder Jugendzentren. Eine dritte Variante wären sog. Politik- oder Programmgruppen. Diese können der Erarbeitung eines Leitbildes dienen, nach Art eines externen Controlling, Trends, die für die weitere Entwicklung der Kommune relevant werden, aufnehmen oder eine kooperative Stadtbeobachtung in Form eines Standortmonitoring darstellen. Auf diese Weise können auch neuartige Stadt-Qualitätszirkel entstehen.

Im Jugendamt der Stadt Glinde / Schleswig-Holstein hat man Kinder zu sog. Spielplatzdetektiven ernannt und ermuntert, Beschädigungen, aber auch Verbesserungsvorschläge im Gespräch mit den dort spielenden Kindern aufzulisten. Vorstellbar wäre, daß auch nichterwerbstätige Erwachsene eine ähnliche freiwillige Aufgabe, etwa als Bezirkspate oder ehrenamtlicher Stadtpfleger, übernehmen. Auf diese Weise könnte vielfältiges Know how und Engagement für die Kommune geweckt werden.

5. Bürgerprojekte unterstützen

Die Stadt muß nicht alles selbst machen, vieles können Private besser und günstiger. Dies entlastet die Stadt nicht nur von zusätzlichen Ausgaben, sondern führt vor allem zu mehr Identifikation mit dem Gemeinwesen, wenn sich Bürger um ihre eigene Sache selber kümmern. Gute Beispiele dazu sind etwa in Münster entwickelt worden, z.B. bei der Gestaltung des Stadtjubiläums oder der Rückgabe von Verantwortung an kleine Lebenskreise, wie etwa bei der Verwaltung von Sportstätten oder Bürgerhäusern durch Vereine oder Gruppen von Bürgern.[12]

Vorstellbar wäre – und teilweise geschieht es auch schon[13] –, daß mit Bürgern über solche Eigenprojekte Zielvereinbarungen geschlossen und ihnen zur Verwirklichung des Projektes ein bestimmtes Budget zur Verfügung gestellt wird. Anschließend wäre ein Rechenschaftsbericht zu erstatten, der veröffentlicht wird und von einer weiteren Reflexionsgruppe im Hinblick auf Verbesserungsmöglichkeiten diskutiert wird. Auf diese Weise könnten Lernvorgänge anhand eigener Projekte und Erfahrungen in Gang gesetzt werden.

Die dargestellten Möglichkeiten zeigen, daß noch viel Potential in der kommunalen Selbstverwaltung schlummert. Ebenso wie die Bürger als Leistungsverstärker von Verwaltungsleistungen tätig werden können, sollten Repräsentanten von Rat und Verwaltung als Verstärker bürgerschaftlicher Aktivitäten agieren. Eine lebendige Stadt mit Zukunft braucht alle, die mithelfen können und wollen. Eine Stadt mit engagierten Bürgern macht Arbeit für Rat und Verwaltung – aber sie lohnt sich!

IV. Die intelligente Stadt

Unter dem Druck der leeren Kassen schließen viele Kommunen Einrichtungen und verzichten auf Leistungen. In der eigenen Verwaltung werden Stellenkürzungen oder Wiederbesetzungssperren verordnet. Dieses „Management by Rasenmäher" ist schnell wirksam und tut allen gleichmäßig weh. Es ist aber nicht sehr intelligent, da politische Wertentscheidungen auf diese Weise vermieden werden.

---

12 *Hermann Janssen*, in: Hill (Hrsg.), Die begreifbare Stadt, 1994, S. 189 ff.

13 Vgl. noch *Norbert Wohlfahrt / Werner Zülke*, Städte- und Gemeinderat 1996, 74

Es gibt aber auch andere Beispiele. Mehrere Städte und Gemeinden, wie etwa Schloß Holte-Stukenbrock oder Schmallenberg, haben gezeigt, wie statt einer bloßen Defensivstrategie im Sinne eines blinden Streichkonzertes oder einseitigen „Kaputtsparens" unter Einbeziehung der Bürgerinnen und Bürger neue intelligente Lösungen möglich sind.

Sicher muß dabei auch überlegt werden, wie Ausgaben reduziert werden können.[14] Dies beginnt schon mit der Frage, was die Kernaufgaben der Kommune sind und was besser oder günstiger durch private Unternehmen oder durch die Bürgerschaft erfüllt werden kann. Der Leistungsstaat wird zum Gewährleistungsstaat, der nicht mehr alles selber machen muß, sondern nur noch gewährleistet, daß das Notwendige geschieht. Dazu gehört die vollständige oder teilweise Privatisierung oder Ausgliederung von Leistungen, die Zusammenarbeit mit privaten Partnern in Form von Public Private Partnership, aber auch die Zusammenarbeit mit anderen Kommunen zur gemeinsamen Nutzung von Einrichtungen sowie die Rückgabe von Verantwortung an die Bürgerschaft.

Notwendig scheint es vor allem, bei dem wesentlichen Kostentreiber Sozialhilfe anzusetzen. Im Rahmen des von dem Deutschen Landkreistag und der Hochschule für Verwaltungswissenschaften Speyer moderierten Innovationsrings „Kreisverwaltung der Zukunft" sind dazu in verschiedenen Kreisen erste Ansätze entwickelt worden,[15] wie die Kosten der Sozialhilfe nicht nur durch Unterhaltsverfolgung und Mißbrauchbekämpfung, sondern auch durch modernes Management im Rahmen der gesetzlichen Vorgaben verringert werden können.

Bei den direkten kommunalen Einnahmen besteht zwar wenig Spielraum, doch lassen sich auch hier intelligente Lösungen finden. An der Gebührenschraube kann sicher nicht mehr gedreht werden, ohne die Bürger noch mehr zu verärgern. Lediglich in gewissen Fällen ist eine Staffelung der Beiträge aus sozialen Gründen, etwa beim Kindergarten, möglich. Der Verkauf des sog. Tafelsilbers, etwa von Liegenschaften, Anteilen der Stadtwerke oder sonstigen Beteiligungen, kann nur zu kurzfristigen Entlastungen führen.

Statt Outsourcing suchen viele Kommunen neuerdings mit sog. Insourcing[16] sich neue Geschäftsfelder zu erschließen und damit auch Einnahmen zu erzielen, d. h. sie bieten mit Hilfe vorhandener Einrichtungen oder Personals auf dem freien Markt Leistungen zu geringeren Preisen als private Unternehmer an und erhalten den Auftrag. Insbesondere die Vereinbarung von Zuschußbudgets, die im Unterschied zu bloßen Ausgabenbudgets lediglich den Zuschuß, also den Unterschied zwischen Einnahmen und Ausgaben, ausweisen, regt die verantwortlichen Fachbe-

---

[14] Zu Bedingungen einer erfolgreichen Konsolidierungspolitik der Kommunen vgl. *Heinrich Mäding*, Archiv für Kommunalwissenschaften 1996, 81

[15] *Hill/Klages i.V.m. dem Deutschen Landkreistag* (Hrsg.), Kreisverwaltung der Zukunft, 1995, S. 61 ff.; 64 ff.; 126 ff.

[16] *Hill*, Vortrag beim 5. Kommunalpolitischen Forum der Industrie- und Handelskammern in Nordrhein-Westfalen am 29. 8. 1996 in Castrop-Rauxel

reichs- oder Betriebsleiter zur Erzielung eigener Einnahmen auf diese Weise an. Dies hat, vor allem in Nordrhein-Westfalen, in den letzten Monaten erhebliche Kritik privater Unternehmer ausgelöst. Sie beanstanden nicht nur, daß sie mit ihren Steuern die kommunale Konkurrenz finanzieren, sondern vor allem, daß diese unter ungleichen Voraussetzungen anbieten könne, da sie nicht alle Kosten in die Kalkulation des Angebots einstelle.

Die Kommunen berufen sich auf die Bestimmungen der Gemeindeordnungen, nach denen eine wirtschaftliche Betätigung dann zulässig ist, wenn der öffentliche Zweck diese erfordert. Dabei wird der öffentliche Zweck recht weit ausgelegt, von sozialpolitischen, wettbewerbspolitischen und umweltpolitischen Zwecken bis hin zu wirtschaftsfördernden und arbeitsplatzsichernden Aktivitäten. Gewisse Unternehmen gelten kraft ausdrücklicher gesetzlicher Fiktion in den Gemeindeordnungen nicht als wirtschaftliche Unternehmen. Hierbei handelt es sich um sog. Hilfsbetriebe, die ausschließlich der Deckung des Eigenbedarfs der Gemeinde dienen. Dazu rechnen etwa Bauhöfe, Werkstätten und Vorratslager für den Bedarf kommunaler Anlagen.

Die Freistellung dieser Hilfsbetriebe von den gesetzlichen Voraussetzungen für die Zulässigkeit kommunaler wirtschaftlicher Unternehmen bedeutet zugleich, daß in solchen Branchen eine gewisse Beeinträchtigung der Gewinnchancen privater Unternehmen zur Belieferung der Gemeinden vom Gesetzgeber bewußt in Kauf genommen wurde. Die Entfaltung dieser Nebentätigkeit ist indes nur so lange von dem öffentlichen Zweck der Haupttätigkeit mitumfaßt, wie das Rentabilitätsgebot eine Nutzung und Auslastung der vorhandenen Produktionsmittel als sinnvoll erscheinen läßt. Wenn allerdings die Nebenbetätigung ein erhebliches Gewicht erreicht, eine gewisse (rechtliche oder faktische) Eigenständigkeit erlangt und nicht mehr nur den Hauptbetrieb abrundet, sondern als neue, unabhängige Aktivität zu beurteilen ist, dann bedarf auch dieser Betrieb einer gesonderten Rechtfertigung durch einen eigenständigen öffentlichen Zweck.

Jedenfalls stellt bei allen wirtschaftlichen Betätigungen die reine Gewinnerzielung, egal in welcher Organisationsform auch immer, keinen öffentlichen Zweck dar. Insofern bedarf es jeweils einer Rechtfertigung für die Durchführung einer eigenen wirtschaftlichen Betätigung der Kommune, die im Hinblick auf die dem Rat in den Gemeindeordnungen vorbehaltenen Aufgaben nur durch einen Ratsbeschluß erfolgen kann, der auch offengelegt und begründet werden muß. Dabei ist etwa im Hinblick auf die Auslastung bestehender Einrichtungen zu beachten, daß die Schaffung neuer Geschäftstätigkeiten möglicherweise auch die Gefahr einer Perpetuierung nicht mehr notwendiger Teilbereiche herbeiführt. In einer Zeit der Folgekosten ist daher der öffentliche Zweck nicht nur kurzfristig bzw. gegenwartsbezogen, sondern sowohl im Hinblick auf nachhaltige Sicherung und Gewährleistung kommunaler Aufgabenerfüllung als auch auf nachhaltige Finanzierbarkeit zu prüfen. Die Frage lautet also: Was können wir uns an eigenen Strukturen auch langfristig leisten?

Wenn somit auch die unmittelbare Einnahmenerzielung der Kommune nur begrenzt möglich ist, bleibt immer noch die indirekte Förderung kommunaler Einnahmen, etwa durch eine spezifische Wohnungspolitik oder vor allem durch eine spezifische Wirtschaftsförderungspolitik. Die Förderung ortsansässiger Unternehmen bzw. die Gewinnung neuer führt nicht nur zu einer Erhöhung der Gewerbesteuer und des Anteils an der Einkommensteuer, sondern durch die Vorhaltung von Arbeitsplätzen auch zu einem Abbau von Sozialhilfeleistungen. Haushaltssanierung kann daher indirekt auch durch Wirtschaftsförderung betrieben werden.

Allerdings bleibt zu beachten, daß auch eine gute Wirtschaftsförderungspolitik angesichts der allgemeinen wirtschaftlichen Lage nur begrenzte Erfolgschancen hat. Dennoch bestehen Möglichkeiten, Haushaltssanierung mit Wirtschaftsförderung und sozialer Entwicklung zu verbinden. Die Stadt Essen hat beispielsweise als Reaktion auf fortschreitende räumliche und soziale Trennung ein integratives Entwicklungskonzept für den Stadtbezirk Essen-Katernberg erstellt. Dabei werden verschiedene stadtteilorientierte Modellprojekte durchgeführt, die interdisziplinär mehrere Ziele gleichzeitig verfolgen und mit Beschäftigungs- und Qualifizierungsmaßnahmen verknüpft werden. Die Aktivierung der Bürger und Bürgerinnen vor Ort ist gewünscht und wird mit Hilfe einer intermediären Einrichtung sowie örtlichen Stadtteilkonferenzen organisiert.[17]

Neben der Kürzung von Ausgaben und der Verbesserung der Einnahmensituation bleibt die Hoffnung, daß die Einführung neuer Steuerungsmodelle und Managementsysteme[18] ebenfalls mittelfristig zur Verbesserung der Haushalts- und Finanzsituation der Kommunen beiträgt, vor allem aber ihre Leistungsfähigkeit erhöht und damit auch positive Wirkungen für die Verbesserung der Lebensqualität in den Kommunen entfaltet. Budgetierung und Controlling, Produktdefinitionen und Kosten-Leistungs-Rechnungen sollen dabei zu mehr Kostenbewußtsein und Transparenz kommunalen Handelns beitragen. Wettbewerbe und Leistungsvergleiche sollen zur Erkennung von Schwachstellen führen und Ansatzpunkte zur Verbesserung aufzeigen. Die Neuentwicklung von Geschäftsprozessen soll Reibungsverluste und Schnittstellen vermeiden. Diese verbesserten Steuerungs- und Managementleistungen können damit insgesamt auch zur einer Erweiterung des kommunalen Handlungsspielraums beitragen.

Zur intelligenten Stadt gehört in Zukunft auch ein neues, verbessertes Wissensmanagement. Im nationalen Aktionsplan des Deutschen Nationalkomitees für die 2. Konferenz der Vereinten Nationen über menschliche Siedlungen - Habitat II - vom 3. bis 14. Juni 1996 in Istanbul heißt es: „Je bedeutender in unserer Gesellschaft die Verarbeitung von Informationen wird, desto wichtiger werden Kooperationen und Austausch von Ideen, von Wissen und Erfahrungen."[19]

---

[17] Vgl. MittDSt vom 7. 2. 1996, S. 58 f.
[18] *Hill*, Verwaltungsorganisation 1/1995, 6; *ders.*, Der Landkreis 1995, 357; *ders.*, VOP 10-11/1996, 10.

Im deutschen Nationalbericht „Siedlungsentwicklung und Siedlungspolitik"[20] wird dazu vor allem eine Verbesserung der Informationsgrundlagen zum Erkennen „sozialer Brennpunkte" in Form einer Sozialberichterstattung gefordert. Zwar würden in zahlreichen Kommunen bereits Altenpläne, Armutsberichte, Frauenreports und Ausländerberichte aufgestellt, diese ersten Ansätze einer Sozialberichterstattung griffen allerdings noch zu kurz. Gefordert wird zur (Früh-)Erkennung „sozialer Brennpunkte" eine über diese kommunale Praxis hinausgehende Informationsbeschaffung.

Die in den verschiedenen Ämtern vorhandenen Daten müßten sinnvoll genutzt und vernetzt werden; der Informationsbedarf der Ämter müsse koordiniert werden. Als Instrumente eigneten sich z.B. kommunale Umfragen, deren Inhalte mit den verschiedenen Ämtern abgestimmt seien, oder die Dauerbeobachtung durch ein Panel, eine repräsentative Personengruppe für die Meinungsforschung. Angesiedelt werden könne dieses „Frühwarnsystem" z.B. bei der Stadtentwicklungsbehörde. Teil einer integrierten Sozialberichterstattung müsse aber auch die Auswertung kommunalpolitischer Vorhaben sein. Dabei sollten sowohl Maßnahmen zur Beseitigung der Arbeitslosigkeit und der Wohnungsnot als auch Beratungs- und Betreuungsangebote auf Stadtteilebene berücksichtigt werden.

Der Bericht räumt allerdings ein, eine solche Herangehensweise an die Lösung sozialer Probleme sei Mitte der neunziger Jahre auch in Deutschland im Bereich der herkömmlichen sozialen Arbeit noch eine Ausnahme. Hauptproblem für die Umsetzung einer stadtteilbezogenen Sozialarbeit seien Ämter-Konkurrenzen, Sektor-Denken und Träger-Egoismen. Denn stadtteilbezogene Sozialarbeit setze eine Vernetzung der Verwaltungsbinnenstruktur, eine Vernetzung zwischen den Trägern und eine Vernetzung zwischen Verwaltungstruktur, Trägern und den betroffenen Personen voraus.

Die Überwindung von Ressortgrenzen, der Austausch von Wissen und Erfahrungen scheinen daher kennzeichnend für eine moderne Verwaltung. Fortgeschrittenes Verwalten ist vor allem reflektiertes Verwalten, das das vorhandene Verwaltungswissen einbezieht und weiter entwickelt, das versucht, Kontextinformationen zu gewinnen, um Handlungsoptionen einschätzen zu können und das schließlich versucht, mögliche Entwicklungen und Folgen abzuschätzen und sie in die Entscheidung einzubeziehen.

Kommunale Entscheidungen vollziehen sich nicht im luftleeren Raum, sondern sind eingebettet in gesamtgesellschaftliche Zusammenhänge und Entwicklungen. Allzuoft hat man jedoch den Eindruck, daß kommunales Denken in räumlicher Hinsicht an der Rathausmauer und in zeitlicher Hinsicht am Ende des Haushaltsjahres endet. Die Berücksichtigung und Integration externer und längerfristiger

---

[19] Bundesministerium für Raumordnung, Bauwesen und Städtebau (Hrsg.), Nationaler Aktionsplan zur nachhaltigen Siedlungsentwicklung, März 1996, S. 14

[20] Bundesministerium für Raumordnung, Bauwesen und Städtebau (Hrsg.), Siedlungsentwicklung und Siedlungspolitik, Nationalbericht Deutschland, Februar 1996, S. 70 f.

Entwicklungen geschieht noch zu selten. Ein strategisches kommunales Controlling hat daher auch die Veränderungen der Rahmenbedingungen kommunalen Handelns in ihrer zeitlichen Entwicklung zu erfassen.

So können etwa strukturpolitische Entscheidungen, die auf höherer staatlicher Ebene getroffen werden, wie etwa Verkehrsplanungen, Konversion, Zuweisung von Aussiedlern, erhebliche Auswirkungen auf kommunales Handeln haben. Gleiches gilt für wirtschafts- und sozialpolitische Veränderungen, etwa Schließung von Wirtschaftsbetrieben, Arbeitsmarktentwicklung, Veränderungen der Alters- und Familienstruktur. Ebenso können Veränderungen im Freizeitverhalten, kulturelle und sportliche Bedürfnisse und Ansprüche das Kundenverhalten im Hinblick auf kommunale Einrichtungen verändern.[21]

Wissen und Lernen, Information und Kommunikation sind in Zukunft nicht mehr ohne moderne Technik denkbar. Multimedia war nicht nur Wort des Jahres 1995, sondern bringt auch enorme Chancen und Herausforderungen für Verwaltungen und Bürger mit sich. Es kann vor allem auch eine Chance für den ländlichen Raum darstellen. In manchen Städten sind schon Bürgerinformations- bzw. Bürgerberatungssysteme mit Hilfe moderner Informationstechnik installiert worden. Weitere Anwendungen, die über Informationsleistungen hinausgehen, wie etwa Transaktionen zwischen Verwaltung und Bürger oder öffentliche Diskussionsforen zur Beteiligung der Bürger an Willensbildungs- und Entscheidungsprozessen werden diskutiert.

Mehrere Städte sind inzwischen schon im Internet vertreten. Dies sollte nicht als Modeerscheinung abgetan werden, vielmehr bietet sich dadurch eine Chance, auch in Zusammenarbeit mit privaten Anbietern neue Kommunikationsformen in verschiedenen gesellschaftlichen und politischen Zusammenhängen zu gewinnen. Diese und andere Fragen für die Zukunft der Städte, für Stadtleben und Stadtkultur, sollten rechtzeitig Gegenstand von Stadtdialogen bilden, die auch die Bürger in die Reflexion und Entwicklung dieser Prozesse einbeziehen.

V. Die zukunftsbeständige Stadt

Im Vorwort eines Diskussionsentwurfs für einen Stadtentwicklungsplan Heidelberg 2010 schreibt die Oberbürgermeisterin *Beate Weber* zu Recht: „Stadtentwicklung bedeutet nach dem Verständnis des neuen Leitbildes Gestaltung des künftigen Zusammenlebens von Menschen und ist damit mehr als eine nur räumliche Entwicklungsplanung".[22] Eine moderne Verwaltung muß die Bedürfnisse dieser Menschen stärker in ihre Planungen und Leistungen einbeziehen. Neue Ansätze in eini-

---

[21] *Hill*, Controlling, 1996, 232 (235)
[22] Stadt Heidelberg (Hrsg.), Stadtentwicklungsplan Heidelberg 2010, Diskussionsentwurf, Stand: Dezember 1995

gen italienischen Kommunen, soziale Rhythmen, sich überlagernde Arbeits- und Freizeiten sowie verschiedene räumlich-zeitliche Aktivitäten der Stadtbewohner, also die menschliche Zeitplanung und -nutzung, bei der Stadtplanung zu berücksichtigen, gehen in diese Richtung. Ein neues Leitbild, das sich sowohl im Rahmen der Städtebau- als auch der Verkehrspolitik immer mehr heraus kristallisiert, ist dabei die „kompakte Stadt" oder die „Stadt der kurzen Wege". Auch der Bundesbauminister hat sich vor kurzem bei der Vorstellung eines neuen Baugesetzentwurfs darauf berufen.

Das vorherrschende Stadtmodell der Vergangenheit bestand aus Insellösungen, die jeder einzelnen Funktion und Nutzung einen isolierten Bereich oder eine spezielle Einrichtung zuwiesen. In Zukunft muß wieder stärker versucht werden, die städtebaulichen Maßnahmen zur Erhaltung und Schaffung gemischter Strukturen mit arbeitsmarkt- und wirtschaftsfördernden sowie steuerlichen Maßnahmen zu verbinden. Nur mit einem solchen integrativen Ansatz kann es gelingen, die Zentren der Städte in ihrer Lebendigkeit zu erhalten und größere soziale Verwerfungen zu verhindern.[23]

Die Verwaltungsreform war in den vergangenen Jahren überwiegend eine Sache von Experten, die sich im Rathaus um die Definition von Produkten kümmerten. Dies war sicherlich notwendig, um mehr Transparenz und Kostenbewußtsein in das Verwaltungshandeln zu bringen. Doch muß eine Kommunalverwaltung der Zukunft weg von rein technokratischen Ansätzen hin zu einer ganzheitlich integrierten Stadtentwicklung. Wenn der Oberbürgermeister von Leipzig, *Hinrich Lehmann-Grube*, seinem Stadtrat vor kurzem verkündet hat,[24] neben der Konsolidierung der Rathausfinanzen sei nunmehr eine nachfrageorientierte Stadtentwicklung erforderlich, so bedeutet dies auch, daß Verwaltungsprodukte nur einen Teil der Nachfrage nach Stadtqualität darstellen, einen wesentlichen anderen Teil stellen aktionsraumbezogene Stadtentwicklungsprodukte dar, die auch Bürgerprojekte sein können. Eine moderne Kommunalverwaltung muß sich daher um die Stadt als Ganzes kümmern, sie ist nicht nur für ihre eigenen Produkte, sondern für die Gesellschaft der Menschen in der Stadt verantwortlich, sie muß Teil dieser Stadtgesellschaft werden.

Bei der zweiten Tagung „Erfolg im Osten" 1992 in Wernigerode / Sachsen-Anhalt, die ich im Auftrag der Hochschule für Verwaltungswissenschaften Speyer jährlich in den neuen Ländern durchführe, hatte ich als Thema meines Vortrages gewählt: „Die neue Verwaltung nachhaltig entwickeln".[25] Das Leitbild „nachhaltige Entwicklung" ist inzwischen vielfach auch im kommunalen Bereich aufgegriffen worden. In § 109 der nordrhein-westfälischen Gemeindeordnung heißt es etwa: „Die Unternehmen und Einrichtungen sind so zu führen, zu steuern und zu kontrol-

---

[23] Vgl. noch *Hill*, in: ders. (Hrsg.), Erfolg im Osten VI, 1997
[24] Vgl. *Harald Lachmann*, Demokratische Gemeinde 6 / 1996, 56
[25] *Hill*, in: ders. (Hrsg.), Erfolg im Osten II, 1993, S. 25 (33 ff.)

lieren, daß der öffentliche Zweck nachhaltig erfüllt wird". Im bereits zitierten nationalen Aktionsplan des deutschen Nationalkomitees für die zweite Konferenz der Vereinten Nationen über menschliche Siedlungen – Habitat II – vom 3.-14. Juni 1996 in Istanbul heißt es: „Eine Gemeinde entwickelt sich nachhaltig, wenn sie allen Bewohnern eine Grunddaseinsvorsorge in umweltbezogener, sozialer, kultureller und wirtschaftlicher Hinsicht gewährt, ohne die Lebensfähigkeit der natürlichen, gebauten und gesellschaftlichen Systeme zu bedrohen, auf denen die Sicherstellung dieser Grunddaseinsvorsorge beruht".

Eine moderne Kommunalverwaltung wird sich daher um eine integrierte, zukunftsbeständige Stadtqualität bemühen, in der alle Aspekte und alle Akteure einen Platz finden. Die Charta der Europäischen Städte und Gemeinden, die am 27. Mai 1994 in Aalborg/Dänemark als Folge der Deklaration „Agenda 21" (Tagesordnung für das 21. Jahrhundert) der Konferenz von Rio de Janeiro 1992[26] verabschiedet und auch von 16 deutschen Städten unterzeichnet wurde, sieht das Streben nach Zukunftsbeständigkeit als kreativen, lokalen, gleichgewichtssuchenden Prozeß.

In der Charta heißt es: „Wir Städte und Gemeinden erkennen an, daß Zukunftsbeständigkeit weder eine bloße Vision noch ein unveränderlicher Zustand ist, sondern ein kreativer, lokaler, auf die Schaffung eines Gleichgewichts abzielender Prozeß, der sich in sämtliche Bereiche der kommunalen Entscheidungsfindung erstreckt. Er hält die Stadtverwaltungen ständig darüber auf dem laufenden, welche Aktivitäten das städtische Ökosystem zum erwünschten Gleichgewicht hinführen und welche es davon ablenken. Indem die Verwaltung einer Stadt auf den in einem solchen Prozeß gesammelten Informationen beruht, kann die Stadt als ein organisches Ganzes verstanden werden, und die Auswirkungen aller wesentlichen Aktivitäten treten deutlich zutage. Durch einen solchen Prozeß können die Stadt und ihre Bürger auf guter Informationsgrundlage Entscheidungen treffen. Durch einen in Zukunftsbeständigkeit verankerten Verwaltungsprozeß können Entscheidungen getroffen werden, die nicht nur die Belange der heutigen Interessengruppen, sondern auch zukünftiger Generationen berücksichtigen."[27]

Wenn es uns auf diese Weise gelingt, unter Einbeziehung der Bürgerinnen und Bürger neue, intelligente Lösungen für die Zukunft zu gewinnen, dann wird das nächste Jahrhundert auch ein Jahrhundert der Kommunen werden. Es gibt gute Chancen dazu. Nutzen wir sie!

---

26 *Klaus Fiedler/Jörg Hennerkes*, Der Städtetag 1996, 388
27 Abgedruckt in: Stadtentwicklungsplan Heidelberg 2010 (Fn. 22), Ziffer I 4

Über das Elend kommunaler Umlagen

Marginalien zu neueren Entwicklungen der kommunalen Finanzverfassungen

Von Konrad Littmann

I. Problemstellung

Umlagen stellen Zahlungen einer nachgeordneten öffentlich-rechtlichen Körperschaft an eine übergeordnete Körperschaft (Oberverband) dar, die auf Gesetz und/oder Satzung beruhen. Ihnen widmete bislang die Finanzwissenschaft nur geringe Aufmerksamkeit. Genauer, Beachtung fanden in der Literatur allein die Matrikularbeiträge, die die Bundesstaaten ab 1871 über vier Jahrzehnte hinweg an das Deutsche Reich abführen mußten[1].

Hingegen wurden andere Sachverhalte, insbesondere kommunale Umlagen – wenn überhaupt – höchstens beiläufig erwähnt. Ihre Singularität, ihre einfache technische Ausgestaltung und ihr quantitativ relativ geringes Gewicht machten in der Vergangenheit die Umlagen zu einem recht praktikablen und nahezu problemlosen Instrument zur Aufteilung einer Finanzmasse auf Gemeinden und Gemeindeverbände. Der materiell strittige Punkt in diesem System resultierte aus den divergierenden Interessen der Umlagepflichtigen einerseits und der Umlagegläubiger andererseits. Um den Finanzbedarf ihrer jeweiligen Ebene zu decken, schätzen die Umlagepflichtigen die Belastung durch Umlagen in der Regel als zu hoch ein und die empfangenden Gebietskörperschaften betrachten die Umlagen insoweit meist als nicht hinreichend. Doch zur Lösung dieser Kontroverse vermag auch die Wis-

---

[1] Die Verfassung des Deutschen Reiches von 1871 räumte dem Reich eine außerordentlich begrenzte Steuerhoheit ein, die durch die im Zollgesetz von 1879 verankerte Franckensteinsche Klausel zusätzlich eingeengt wurde. Die finanziell autonomen Bundesstaaten mußten daher zur Finanzierung der Aufgaben des Reiches nach der Kopfzahl bemessene Matrikularbeiträge, also Umlagen an das Reichsschatzamt abführen. Dieses System, das die Politik des Reiches noch stärker von den Interessen der Länder abhängig machen sollte, erwies sich allerdings nur kurze Zeit als funktionsfähig. Vor Beginn des Ersten Weltkrieges erhielt das Reich daher die Gesetzgebungs- und Ertragskompetenzen auch über Verbrauchs- und Verkehrssteuern sowie über direkte Steuern („Wehrbeitrag" und „Besitzsteuer"). Vgl. u.a. *Albert Hensel*, Der Finanzausgleich im Bundesstaat in seiner staatsrechtlichen Bedeutung, 1922, S. 114 ff.; *Wilhelm Gerloff*, Die Finanz- und Zollpolitik des Deutschen Reiches nebst ihren Beziehungen zu Landes- und Gemeindefinanzen von der Gründung des Norddeutschen Bundes bis zur Gegenwart, 1913; *Karl Häuser*, Abriß der geschichtlichen Entwicklung der öffentlichen Finanzwirtschaft, Handbuch der Finanzwissenschaft 3, Band I, 1977, S. 45 ff.

senschaft prinzipiell keine Hilfestellung zu leisten[2]. Das alles erklärt bereits, warum bislang die Umlagen in Untersuchungen zum kommunalen Finanzausgleich fast zur Gänze vernachlässigt wurden.

In jüngster Zeit verändert sich allerdings die Stellung der Umlagen in den kommunalen Finanzverfassungen grundlegend:

Die Zahl der Umlagen nimmt seit 1969 rasch zu, und

– zugleich müssen die Pflichtigen höhere Belastungen tragen; außerdem werden
– die Bemessungsgrundlagen der Umlagen sowie
– die Struktur der Umlagesätze zunehmend differenzierter gestaltet.

Diese Tendenzen lassen sich – wenngleich in unterschiedlicher Intensität – in mehreren alten Ländern der Bundesrepublik beobachten. Aus ökonomischer, aber auch aus verfassungsrechtlicher Sicht verlieren mit dem Wandel die Umlagen ihre Unschuld der Problemlosigkeit. Sie bewirken jetzt nicht nur beabsichtigte Veränderungen, sondern auch ungewollte Verwerfungen in der Verteilung der Finanzmassen auf die Gemeinden und Gemeindeverbände. Und im Volumen sind diese Wirkungen durchaus mit Effekten von durchgreifenden Änderungen im Kommunalsteuerrecht vergleichbar.

Im Land Rheinland-Pfalz ist der Wandlungsprozeß der Umlagen am weitesten fortgeschritten, so daß sich die einschlägigen Regelungen des Finanzausgleichsgesetzes Rheinland-Pfalz[3] als Demonstrationsobjekt geradezu anbieten.

II. Typologie der Umlagen

Umlagen haben, soweit sie rein fiskalischen Zwecksetzungen genügen sollen, die Aufgabe, den Finanzbedarf eines Oberverbandes ganz oder teilweise zu decken. Ein solches System der Alimentation, bei dem die Pflichtigen proportional ihrer Finanzkraft zur Umlage herangezogen werden, ist stets dann erforderlich, wenn die Finanzverfassung – aus welchen Gründen auch immer – dem Oberverband keine oder keine seinen Aufgaben entsprechende steuerliche Autonomie zuweist und andere Finanzquellen ihm zumindest nicht in ausreichendem Umfang zur Verfügung stehen. Die Kreisumlage bildete in der Vergangenheit geradezu den Idealtypus einer derartig streng fiskalisch orientierten Umlage.

---

[2] Das methodisch nahezu identische Problem einer wissenschaftlichen Hilfsstellung bei der Aufteilung des Umsatzsteueraufkommens auf Bund und Ländern wurde in der Vergangenheit ausführlich, aber im Ergebnis resignierend erörtert. Aufschlußreich ist vor allem das *Gutachten der Sachverständigenkommission zur Vorklärung finanzverfassungsrechtlicher Fragen für künftige Neufestlegungen der Umsatzsteueranteile*: Maßstäbe und Verfahren zur Verteilung der Umsatzsteuer nach Artikel 106 Abs. 3 und Abs. 4 Satz 1 GG, Schriftenreihe des Bundesministeriums der Finanzen, Heft 30, 1981.

[3] Landesgesetz über den Finanzausgleich in Rheinland-Pfalz (Finanzausgleichsgesetz – FAG -) vom 28. Oktober 1977 i.d.F.vom 8. 6. 1993 (GVBl. S. 311).

Umlagen können jedoch auch instrumental für interventionistische Zwecke eingesetzt werden, beispielsweise zur Nivellierung interkommunaler Finanzkraftunterschiede. Die Umlage muß dann erhebungsrelevante, direkt oder indirekt progressiv wirkende Elemente erhalten, damit die Pflichtigen unterschiedlich, und zwar entsprechend ihrer Finanzkraft belastet werden. Aufgrund dieser distributiven Zwecksetzung der Umlage ist es nicht zwingend, daß der Oberverband zur Deckung seiner Bedarfe auf den Zufluß der Umlage angewiesen sein muß. Er kann durchaus die Mittel auch wieder der Finanzausgleichmasse zuführen, beispielsweise um den erwünschten verteilungspolitischen Effekt nunmehr durch Zuweisungen zu verstärken. Die Finanzausgleichsumlage, die in Rheinland-Pfalz erhoben wird[4], charakterisiert in diesem Sinn einen eindeutig interventionistisch orientierten Umlagetyp.

Häufig werden nicht nur in Rheinland-Pfalz, sondern in den meisten Ländern der Bundesrepublik uno actu sowohl fiskalische als auch interventionistische Ziele mit den Umlagen verfolgt, indem Umlagen differenzierend erhoben werden dürfen, um die Unterschiede in der Finanzkraft der Pflichtigen zu nivellieren. Gleichwohl dient das Aufkommen der Umlagen weiterhin ausschließlich der Bedarfsdeckung des Oberverbandes. Derartige Kombinationen werden u.a. nach geltendem Recht durch die Kreisumlage und die Verbandsgemeindeumlage in Rheinland-Pfalz[5] repräsentiert.

Soweit eine vom Oberverband wahrgenommene Aufgabe den nachgeordneten Gebietskörperschaften in unterschiedlichem Umfange Vorteile verschafft, kann schließlich der Oberverband u.U. eine Sonderumlage erheben, die nach Merkmalen zu berechnen ist, die die besonderen Vorteile ausgleichen[6]. Die Bemessungsgrundlage und der Umlagesatz von Sonderumlagen werden nicht durch Gesetz geregelt, sie müssen aber in der Haushaltssatzung des Oberverbandes festgesetzt werden.

Die Bemessungsgrundlage aller anderen Umlagen ist in den Finanzausgleichsgesetzen der Länder bzw. in Bundesgesetzen festgelegt. Soweit nicht der Bund oder das Land Umlagegläubiger sind, wird jedoch Struktur und Höhe des Umlagesatzes im allgemeinen von den satzungsgebenden Organen des Oberverbandes bestimmt.

---

[4] § 3 Abs. 1 i.V.m. § 21 FAG Rheinland-Pfalz.

[5] § 22 Abs. 2 und § 23 Abs. 1 FAG Rheinland-Pfalz.

[6] § 23 Abs. 2 FAG Rheinland-Pfalz räumt das Recht zur Erhebung von Sonderumlagen ausschließlich den Verbandsgemeinden unter der Bedingung ein, daß der Vorteil nicht bereits auf andere Weise ausgeglichen wird.
In die Bemessung der Sonderumlage kann gleichwohl auch die Finanzkraft der Umlagepflichtigen als Teilkriterium eingehen. Dadurch ergeben sich u.U. Ähnlichkeiten in den fiskalischen Effekten der Sonderumlage und der Verbandsgemeindeumlage.

III. Zur Entwicklung der Umlagen

Historisch betrachtet bekamen die kommunalen Umlagen im Laufe der Zeit immer ausgeprägtere interventionistische Merkmale zugeordnet. Ursprünglich, nämlich bis zur Gemeindefinanzreform 1969 verfolgten in der Bundesrepublik die wichtigsten Umlagen nahezu ausschließlich fiskalische Zwecksetzungen. Sie verschafften insbesondere den Gemeindeverbänden, die nur über unwesentliche eigene Einnahmen verfügten, die zur Wahrnehmung ihrer Aufgaben erforderlichen Mittel. Und entsprechend wurden die Umlagen, die an die Finanzkraft der Kommunen anknüpften, meist auf der Basis proportionaler Sätze erhoben.

Den Anstoß zur Gemeindefinanzreform gab eine politisch wie ökonomisch gleichermaßen unerwünschte Entwicklung der Kommunalsteuern[7]. Zwischen 1950 und 1969 erhöhte sich der Anteil der Gewerbesteuer an den gesamten kommunalen Steuereinnahmen sprunghaft von 47,1 v.H. auf 81,7 v.H.. Da das Gewerbesteueraufkommen außerordentlich ungleichmäßig streut, nahmen die interkommunalen Steuerkraftunterschiede überproportional zu. Die durch das Übergewicht der Gewerbesteuer entstandenen Spannungen unter den Städten und Gemeinden wurden im Rahmen der Reform durch eine Umlage auf das Ist-Aufkommen der Gewerbesteuer nach Gewerbeertrag und Gewerbekapital gemildert, deren Aufkommen zu gleichen Teilen Bund und Ländern zustand. Die Gemeinden erhielten zur Kompensation des entstandenen Einnahmeverlustes einen Anteil am staatlichen Einkommensteueraufkommen übertragen, der sich zusätzlich nivellierend auf die Steuerkraftunterschiede auswirken sollte.

Die Gewerbesteuerumlage, die zunächst nach der Formel

$$\text{Umlage} = \frac{\text{Ist-Aufkommen} \cdot 120}{\text{örtlicher Hebesatz}}$$

von den Gemeinden aufgebracht werden mußte, hatte ihrer Intention nach keine fiskalische Funktion, d. h. sie war nicht zur Deckung des Finanzbedarfs von Bund und Ländern erforderlich. Vielmehr sollte sie, in Verbindung mit dem Gemeindeanteil an der Einkommensteuer, allein strukturelle Verbesserungen der interkommunalen Verteilung des Steueraufkommens bewirken, von denen wiederum positive Allokationseffekte erwartet wurden. Der Umlagesatz orientierte sich daher auch nicht an etwaigen Deckungslücken in den staatlichen Haushalten[8].

---

[7] Vgl. zum folgenden *Wissenschaftlicher Beirat beim Bundesministerium der Finanzen*, Gutachten zur Reform der Gemeindesteuern, Schriftenreihe des Bundesministeriums der Finanzen, Heft 31, 1982, S. 8 ff.; *Konrad Littmann*, Artikel Gewerbesteuer, in: Handbuch der Finanzwissenschaft3, Band II, 1980, S. 607 ff.; *Heribert Zitzelsberger*, Grundlagen der Gewerbesteuer, 1990, S. 50 ff.

[8] Vgl. *Hans Karrenberg* und *Engelbert Münstermann*, Gemeindefinanzbericht 1994, in: Der Städtetag, Heft 3 NF 47. Jahrgang, 1994, S. 143 ff., insbesondere S. 162.

Gemessen an den Zielsetzungen war die Reform zwar erfolgreich, aber sie wurde dennoch politisch oftmals als nicht hinreichend eingeschätzt. Gewerbeschwache Gemeinden hatten im allgemeinen immer noch einen geringeren Anteil am Wirtschaftswachstum als Industriestandorte: Das Steueraufkommen entwickelte sich vor allem bei ländlich strukturierten Gemeinden meist nur unterdurchschnittlich. Allerdings unterschieden sich auch Gemeinden gleicher Größenordnung und ähnlichem Gewerbebesatz zuweilen ganz beachtlich in ihrer Steuerkraft. Das erklärt sich aus dem Umstand, daß die Gewerbesteuer aufgrund ihrer Gestaltung die höchst negative Eigenschaft besitzt, außerordentlich ungleichmäßig im örtlichen Aufkommen zu streuen.

Dieser Mangel wäre an der Wurzel, nämlich durch eine einschneidende Reform des Kommunalsteuersystems zu heilen gewesen. Die Politik ging jedoch einen anderen Weg. Seit den 80er Jahren haben die meisten Länder der Bundesrepublik ihre überkommenen Umlagesysteme reformiert, indem sie in die Umlagen redistributiv wirkende Elemente einbauten. Im rheinland-pfälzischen Finanzausgleich enthält u.a. die Kreisumlage[9] derartige Elemente. Umlagegrundlagen sind die festgesetzten Schlüsselzuweisungen A und B2 sowie die Steuerkraftmeßzahlen. Die Umlagesätze können

a) für alle Umlagegrundlagen in gleicher Höhe, oder

b) für die einzelnen Umlagegrundlagen, bei der Steuerkraftmeßzahl auch für die einzelnen Steuerkraftzahlen verschieden hoch (Splitting); oder

c) für die über den Landesdurchschnitt der kreisangehörigen Gemeinden liegende Steuerkraftmeßzahl progressiv festgesetzt werden.

Die Art und Höhe der Umlagesätze, die für alle Umlagepflichtigen gleich sind, werden vom Kreistag beschlossen und sind Teile der Haushaltssatzung.

Die traditionelle, rein fiskalische Zwecksetzung der Kreisumlage ist noch in der Option (a) erhalten. Die Landkreise besitzen aber alternativ die Möglichkeit, für das Splitting (b) oder für die Progression (c) zu optieren. Und diese beiden Verfahren verfolgen neben der fiskalischen eine verteilungspolitische Zielsetzung auf Kreisebene. Die finanzstarken Verbands- und Ortsgemeinden sollen nunmehr der Intention nach offensichtlich absolut und relativ stärker als die finanzschwachen Kommunen zur Umlage herangezogen werden können.

Unabhängig von diesem strukturellen Wandel zeichnet sich in den meisten Bundesländern außerdem ein Trend kräftig steigender Umlagesätze ab. So ist in Rhein-

---

[9] § 4 i.V.m. § 22 FAG Rheinland-Pfalz. Dieses Optionsrecht ist nicht in allen Bundesländern anzutreffen. Das Splitting ist in Bayern (Art. 18 Abs. 3 FAG) und in Niedersachsen (§ 18 Abs. 3 FAG) zulässig. § 37 Abs. 7 FAG Hessen enthält die Klausel: „Das Nähere über das Verhältnis der Umlagesätze ... wird in den Ausführungsbestimmungen geregelt". Eine progressive Gestaltung der Umlagesätze kennt ausschließlich das Finanzausgleichsgesetz Rheinland-Pfalz.

land-Pfalz der gewogene Durchschnittssatz der Kreisumlage von 26.08 (1984) auf 32.45 (1994), also innerhalb eines Jahrzehnts um 24.42 v.H. angestiegen[10].

Ähnlichkeiten mit diesen Wandlungen der Kreisumlage weist die Entwicklung der Verbandsgemeindeumlage in Rheinland-Pfalz auf. Die Bestimmungen über die Erhebung der Kreisumlage sind – mit Ausnahme der Vorschriften über die Progression – entsprechend auf die Verbandsgemeindeumlage anzuwenden[11]. Insoweit kann auch die Verbandsgemeindeumlage so gestaltet werden, daß sie einer kombiniert fiskalischen und distributiven Zielsetzung folgt[12].

Ein weiterer Schritt in Richtung zu einem interventionistischen Umlagesystem brachte die Reform der Finanzausgleichsumlage, wie sie vom Land Rheinland-Pfalz erhoben wird[13]. Ursprünglich war diese Umlage zur Kostendeckung der Krankenhausbauten konzipiert. Ab 1986 diente sie allgemein zur Stärkung der Finanzausgleichsmasse. Umlagepflichtig blieben auch in dieser zweiten Phase allein die Landkreise und die kreisfreien Städte, die durch die Übertragung der Krankenhausbaukosten auf das Land Vorteile erlangt hatten. Nunmehr erhält die Finanzausgleichsumlage aber primär die distributive Funktion, interkommunale Finanzkraftunterschiede auszugleichen.

Nach geltendem Recht sind von den Landkreisen nur noch 40 Millionen DM, von den Ortsgemeinden, den verbandsfreien Gemeinden sowie den großen kreisangehörigen und den kreisfreien Städten jedoch 110 Millionen DM Finanzausgleichsumlage jährlich aufzubringen. Diese Gemeinden und Städte werden allerdings zu der Umlage nur dann herangezogen, wenn ihre Steuerkraftmeßzahl im Durchschnitt der letzten drei Jahre über der durchschnittlichen Steuerkraftmeßzahl des Landes gelegen hat. Dabei errechnet sich die Umlage aus der Differenz der beiden Steuerkraftmeßzahlen[14].

Der jährlich neu festzusetzende Umlagesatz ist formal proportional gestaltet. Materiell bewirkt jedoch ein proportionaler Satz, der auf die Grundlage „Überschuß der örtlichen Steuerkraft über dem Landesdurchschnitt" bezogen wird, einen steil progressiven Anstieg der Umlagebelastung. Tendenziell müssen also die „reichen" Kommunen, deren Steuerkraft über dem Landesdurchschnitt liegt, mit zunehmender Steuerkraft relativ immer höhere Beiträge zur Finanzausgleichsumlage leisten, während „arme" Gemeinden von den Lasten verschont bleiben.

Die von den Städten und Gemeinden aufgebrachten Mittel fließen ebenso wie der Anteil der Landkreise wieder der Finanzausgleichsmasse zu. Sie kommen da-

---

10 Quelle: *Landkreistag Rheinland-Pfalz.*

11 § 4 i.V.m. § 23 Abs. 1 FAG Rheinland-Pfalz.

12 Die gleiche Aussage gilt für die Bezirksverbandsumlage gemäß § 24 FAG Rheinland-Pfalz.

13 § 21 FAG Rheinland-Pfalz.

14 Bei kreisfreien Städten wird außerdem das jahresdurchschnittliche Ist-Aufkommen aus der Grunderwerbsteuer der letzten drei Jahre in die Umlagegrundlage einbezogen.

mit allen Gemeinden und Gemeindeverbänden zugute, die allgemeine oder zweckgebundene Finanzzuweisungen erhalten. Im allgemeinen partizipieren aber die „ärmeren" Kommunen stärker als finanzkräftige Gemeinden an der Finanzausgleichsmasse, so daß die gesetzlich festgelegte Mittelverwendung die distributive Intention der Finanzausgleichumlage verstärkt.

Schließlich sind seit den frühen 90er Jahren die Haushalte der Städte und Gemeinden durch Maßnahmen weiter eingeengt worden, die auf die Neuordnung der finanziellen Beziehungen zwischen Bund und Ländern zurückzuführen sind. Es handelt sich insbesondere um die Regelungen zur kommunalen Beteiligung an der Finanzierung des Fonds „Deutsche Einheit", des Föderalen Konsolidierungsprogramms und des Standortsicherungsgesetzes. Im Ansatz weichen allerdings die Reformen in Rheinland-Pfalz teilweise von den Lösungen ab, die in anderen Bundesländern getroffen wurden[15].

In diesem Zusammenhang kommt vor allem der Anspannung der Gewerbesteuerumlage Bedeutung zu. Zwischen 1993 und 1995 ist der Vervielfältiger (Umlagesatz) der Gewerbesteuerumlage von 39 auf 79 erhöht, also mehr als verdoppelt worden, um in Verbindung mit der Umlage zur Finanzierung des Fonds „Deutsche Einheit"[16] und den Vorschriften zur Beteiligung der kommunalen Gebietskörperschaften an den Umsatzsteuermindereinnahmen[17] einen vertikalen Ausgleich der Einigungskosten zwischen den staatlichen und den kommunalen Ebenen durchzusetzen. Die Gewerbesteuerumlage bekommt damit eine neue Funktion zugeordnet: Sie wird zu einem Instrument, „das die alten Bundesländer zur 'Refinanzierung' ihrer Belastung durch die Transfers in die neuen Länder nutzen"[18].

IV. Kritik des Umlagesplittings

Die während der letzten Jahre erfolgten Änderungen jener Umlagen, die von den Gemeinden und Gemeindeverbänden aufzubringen sind, haben belastungsmäßig einen Zustand bewirkt, der in nicht seltenen Fällen weder mit der Selbstverwaltungsgarantie des Art. 28 Abs. 2 GG noch mit der Garantie des Art. 49 Abs. 5 der Landesverfassung Rheinland-Pfalz harmonieren dürfte. Zuweilen müssen die Ortsgemeinden, bei denen sich die Umlagen deutlich kumulieren, sogar über ihre Steuerkraft hinaus Umlagen an die Verbandsgemeinde, den Kreis, das Land und den Bund leisten[19].

---

[15] Zu den Einzelheiten der Regelungen: *Karrenberg* und *Münstermann* (1994), S. 163.
[16] § 32 FAG Rheinland-Pfalz.
[17] § 33 FAG Rheinland-Pfalz.
[18] *Karrenberg* und *Münstermann* (1994), S. 150.
[19] Allein die Kreisumlagen und die Verbandsgemeindeumlagen führten in Rheinland-Pfalz bereits 1994 bei annähernd 200 Ortsgemeinden von insgesamt 19 Verbandsgemeinden zu einer Abschöpfung der Gewerbesteuerkraft zwischen 78 und 88 v.H. Werden außerdem die

Derartige Fehlentwicklungen lassen Systemmängel der Umlagen vermuten. Tatsächlich ist die Situation noch kritischer zu beurteilen: In Rheinland-Pfalz wie in anderen Bundesländern zeichnen sich die Umlagen vor allem durch Systemlosigkeit aus. Schon im Ansatz muß der Versuch scheitern, einen interkommunalen Ausgleich der Finanzkraftunterschiede mittels verschiedener Umlagen erreichen zu wollen, wenn deren Parameter durch Entscheidungen mehrerer, voneinander unabhängiger politischer Organe bestimmt werden. Konkret: Die parlamentarischen Gremien einer Verbandsgemeinde legen fest, ob die Verbandsgemeindeumlage von den Ortsgemeinden mit einem einheitlichen Satz für die gesamte Umlagegrundlage oder ob sie nach dem Splittingverfahren erhoben wird. Diese Entscheidung wird in dem Sinne autonom gefällt, daß sie das Vorgehen anderer Verbandsgemeinden, aber auch das Votum des Kreistages über die Gestaltung der Kreisumlage nicht berücksichtigt. Entsprechend handelt in der Sache auch der Kreistag, wenn er Verfahren und Höhe der Kreisumlage bestimmt. Welche Wirkungen die Summe der Verbandsgemeindeumlagen und der Kreisumlagen additiv haben, ob durch sie im Ergebnis landesweit die interkommunalen Finanzkraftunterschiede nivelliert, ob sie vergrößert oder ob sie nur neu strukturiert werden, bleibt offen.

Schon die stillschweigende Unterstellung, das Splittingverfahren müßte zielgerichtet die Finanzkraftunterschiede einebnen, erscheint zweifelhaft. Das Splitting hat allein zur Folge, daß die Umlagesätze für einzelne Umlagegrundlagen – bei der Steuerkraftmeßzahl auch für die einzelnen Steuerkraftzahlen – unterschiedlich hoch festgesetzt werden, wobei der höchste Umlagesatz den niedrigsten um nicht mehr als ein Drittel übersteigen darf. Wird bei der Verbandsgemeindeumlage und der Kreisumlage – wie realiter in nahezu allen Fällen – der Umlagesatz für die Steuerkraftzahl der Gewerbesteuer über den Satz der anderen Umlagegrundlagen festgelegt, dann müssen diejenigen Gemeinden, deren Umlagegrundlage einen überdurchschnittlichen Anteil an Gewerbesteuer aufweist, relativ höhere Umlagen als andere pflichtige Kommunen an den Oberverband abführen. Die höhere Umlagelast der Gemeinde ist dann aber nicht das Resultat einer höheren Finanzkraft. Vielmehr wird beim Splitting die Struktur der Umlagegrundlagen in Verbindung mit der Spreizung der Umlagesätze zum bestimmenden Faktor der interkommunalen Verteilung der Umlagelasten. Daraus folgt: Eine finanzschwache Gemeinde, bei der absolut zwar niedrige, im Bezug auf ihr Steueraufkommen aber vergleichsweise überdurchschnittlich hohe Einnahmen aus der Gewerbesteuer anfallen, wird bei Anwendung des Splittings relativ höher als eine finanzkräftigere Kommune durch Umlagen belastet sein, wenn an deren Umlagegrundlage selbst ein absolut hohes Gewerbesteueraufkommen nur einen unterdurchschnittlichen Anteil aufweist.

Gewerbesteuerumlage, die Finanzausgleichsumlage und die Beteiligung der Gemeinden an der Finanzierung des Fonds „Deutsche Einheit" berücksichtigt, so müssen einzelne Ortsgemeinden sogar eine über 100 % hinausgehende Abschöpfung ihrer gesamten kommunalen Steuerkraft hinnehmen. Die extrem hohe Belastung durch Umlagen zeichnet sich im Trend bei immer mehr Ortsgemeinden ab. Vgl. *Heinz Pfeifer*, Kreis- und Verbandsgemeindeumlagen 1985 bis 1994, in: Statistische Monatshefte Rheinland-Pfalz, 12/94, S. 293 ff.

Weil die Ortsgemeinden mehrere Umlagen an die ihnen zugeordneten Oberverbände abführen, deren Umlagesätze in Art und Höhe von untereinander unabhängigen parlamentarischen Organen der Umlagegläubiger festgelegt werden, streut die Umlagebelastung der Kommunen in Rheinland-Pfalz außerordentlich stark. Augenscheinlich ist aber niemand in der Lage, die Effekte solcher dezentralen Festlegungen der Umlageparameter auf die horizontale Verteilung der Finanzkraft im Lande zu determinieren.

Die Hoffnung, der demokratische Prozeß der Willensbildung könnte die parlamentarischen Gremien veranlassen, ihre eigenen Entscheidungen über Umlagen so zu fällen, daß die durch andere Umlagen verursachten Lasten berücksichtigt werden, ist höchst unrealistisch. Die Landkreise verzichten doch nicht auf die Anwendung des Splittingverfahrens, wenn einige oder alle ihrer Verbandsgemeinden die Sätze der Umlagen ebenfalls splitten. Tatsächlich entscheiden auch die kommunalen Parlamente stets unter Bedingungen der unvollkommenen Information. Sie sind im allgemeinen nur darüber unterrichtet, wie hoch die Belastungen der einzelnen pflichtigen Kommunen sein werden, falls die Umlage mit einem einzigen proportionalen Satz oder falls sie mit einem gesplitteten Tarif erhoben werden soll[20].

Auskunft über die wahrscheinliche Höhe der örtlichen Umlagelast bieten dabei Proberechnungen. Stimmen dann die Mitglieder der parlamentarischen Gremien – wie im Prinzip unterstellt werden darf – nach dem Kriterium ab, die für ihre Heimatgemeinde günstigste Variante der Umlage zu präferieren, so folgt daraus nicht, daß Parlamentarier aus finanzschwachen Gemeinden für das Splitting und Parlamentarier aus finanzstarken Kommunen für den einheitlichen Umlagesatz votieren werden. Das Splitting bewirkt eben nicht, daß in Abhängigkeit von der Finanzkraft eine eindeutig progressive Belastungsskala entsteht. M.a.W. das Splitting ist kein idealer Ansatz, um Umlagen auch als Instrumente zum Ausgleich interkommunaler Finanzkraftunterschiede zu nutzen.

Dieses Urteil wird ganz nachhaltig durch einen zweiten Systemfehler unterstützt: Die Verbandsgemeindeumlage mindert die Finanzkraft der Ortsgemeinde, ohne daß diese Minderung bei der Feststellung der Grundlage der Kreisumlage berücksichtigt würde. Und die Minderung der örtlichen Finanzkraft durch Verbandsgemeindeumlage und Kreisumlage bleibt wiederum unberücksichtigt bei der Finanzausgleichsumlage. Der Sache nach wird also in diesen Fällen eine gezahlte Umlage nicht mit Umlagen verrechnet, die andere Oberverbände auf der gleichen oder auf verwandten Berechnungsgrundlagen erheben[21].

Dieser Systemfehler macht sich zwar auch bemerkbar, falls die Umlage nicht gesplittet wird. Aber mit dem Splitting verschärft sich der Fehler erheblich, weil die stärkere Belastung jener Gemeinden, bei denen die Umlagen mit einem insge-

---

[20] Bei der Kreisumlage wäre selbstverständlich alternativ auch über eine progressive Gestaltung des Umlagesatzes zu befinden.
[21] Vgl. auch *Ulrike Kirchhoff*, Die rheinland-pfälzischen Gemeinden im System des Finanzausgleichs, Finanzwissenschaftliche Schriften Band 77, 1996, S. 160.

samt höheren Satz erhoben werden, zusätzlich auch noch auf andere Umlagen durchschlägt.

V. Kritik progressiver Umlagesätze

Ein zieladäquates Instrument zur Einebnung interkommunaler Finanzkraftunterschiede könnte in einer Umlage bestehen, bei der die örtliche Finanzkraft als Bemessungsgrundlage bestimmt wird, auf die ein direkt oder indirekt progressiver Tarif anzuwenden ist. Allerdings müßten solche Umlagen noch weiteren Bedingungen genügen, um ökonomisch unerwünschte Wirkungen von vornherein auszuschließen.

Abweichend zu den meisten anderen Bundesländern sind in Rheinland-Pfalz nunmehr progressiv wirkende Elemente ansatzweise in die Finanzausgleichsumlage und fakultativ in die Kreisumlage eingeführt worden. Beide Konstrukte basieren jedoch nicht auf der Finanzkraft, sondern auf der Steuerkraftmeßzahl, die bei der Kreisumlage um die Schlüsselzuweisungen A und B2 ergänzt wird. Außerdem setzt bei beiden Umlagen die Progression erst ein, wenn eine örtliche Steuerkraftmeßzahl über der landesdurchschnittlichen Steuerkraftmeßzahl liegt.

Die Gestaltung der Progression ist allerdings sowohl bei der Finanzausgleichsumlage als auch bei der Kreisumlage nicht unproblematisch. Insbesondere muß der Bezug auf den landesweiten Durchschnittswert der Umlagegrundlagen kritisch gewürdigt werden. Die effektive Finanzkraft einer Kommune beruht auf ihrer Steuerkraft; sie wird durch Zuweisungen erhöht und durch Umlageverpflichtungen gesenkt. Nach der Festlegung im Finanzausgleichsgesetz[22] werden Finanzkraftmeßzahlen indes nur aus der Summe der Steuerkraftmeßzahlen und der Schlüsselzuweisungen A errechnet. Unstrittig ist zwar, daß die effektive Finanzkraft einer Gemeinde durch Umlagen gesenkt wird, aber gleichwohl geht diese Minderung der effektiven Finanzkraft nicht in die Finanzkraftmeßzahl ein, wie sie im Finanzausgleichsgesetz definiert wurde. Und entsprechend stellen die Umlagen, die von den Gemeinden aufgebracht werden, keinen Abzugsposten bei den Bemessungsgrundlagen der Finanzausgleichsumlage und der progressiv gestalteten Kreisumlage dar. Diesen beiden Umlagen unterworfen sind pflichtige Kommunen stets dann, wenn ihre Steuerkraftmeßzahl über dem Landesdurchschnitt liegt, unabhängig davon, wie stark ihre Finanzkraft durch Umlagen bereits materiell geschwächt worden ist. Unter solchen Verhältnissen werden nicht selten Gemeinden, deren effektive, also um gezahlte Umlagen bereinigte Finanzkraft unter dem korrespondierenden Landesdurchschnitt liegt, zusätzlich progressiv belastet und vice versa können durchaus Kommunen, die eine effektiv überdurchschnittliche Finanzkraft aufweisen, von der Progression der Kreisumlage und von der Finanzausgleichsumlage verschont bleiben[23].

---

[22] § 11 Abs. 1 FAG Rheinland-Pfalz.
[23] Im gleichen Sinn *Kirchhoff* (1996), S. 160 f.

Weitere Unschärfen, die durch Pauschalierungen bei der Erfassung der Steuerkraftzahlen verursacht werden, dürfen getrost vernachlässigt werden. Ein Urteil über die Finanzausgleichsumlage und über die Option zur progressiven Gestaltung der Kreisumlage ist insoweit bereits zu fällen: Die Umlagegrundlagen sind offensichtlich ungeeignet, eine gleichmäßigere Verteilung der örtlichen Finanzkraft systematisch herbeizuführen. Zudem können Finanzausgleichsumlage und progressiv gestaltete Kreisumlage additiv erhoben werden, ohne daß ein Anrechnungsverfahren vorgesehen ist. Eine Doppelbelastung durch progressiv gestaltete Umlagen birgt vor allem für pflichtige Ortsgemeinden die reale Gefahr, daß von ihnen – unter Berücksichtigung des hohen Niveaus aller anderen Umlagen – das örtliche Gesamtsteueraufkommen nicht mehr zur Deckung der eigenen Finanzbedarfe verwendet werden kann, sondern zur Alimentation anderer öffentlich-rechtlicher Körperschaften, also zur Zahlung von Umlagen eingesetzt werden muß.

Es trifft zwar zu, daß in den ersten beiden Jahren nach der Einführung der Progressionsregelungen (1993) nur zwei Landkreise die Möglichkeit der Option für die progressive Variante genutzt haben. Die künftige Entwicklung ist aber schwer abzuschätzen. Vermutlich wird der in der Vergangenheit eindeutig dominierende Trend steigender Umlagelasten abgeschwächt, jedoch nicht gebrochen oder gar umgekehrt werden. Unter diesem Vorzeichen löst dann eine verstärkte Inanspruchnahme der Progressionsregelung bei Kreisumlagen wirtschaftspolitisch schwere Bedenken aus.

VI. Zur Grenzbelastung durch Umlagen

Die Höhe der Umlagesätze bildet einen zentralen Entscheidungsparameter für die Kommunen, der ihr Verhalten mithin nachhaltig beeinflußt. Distributive Zielsetzungen können dabei in einen eklatanten Widerspruch zu allokativen Erfordernissen geraten. In diesem Zusammenhang kommt der marginalen Belastung[24] zusätzlicher Steuereinnahmen durch Umlagen herausragende Bedeutung zu.

Nimmt beispielsweise in einer großen kreisangehörigen Stadt oder in einer verbandsfreien Gemeinde das Gewerbesteueraufkommen brutto um 100.000,– DM zu, so sind nach geltendem Recht Mindereinnahmen bei den Schlüsselzuweisungen (rund 13.1 % des zusätzlichen Steueraufkommens) und Mehrausgaben durch zusätzliche Umlagen (64.6 %) zu veranschlagen[25].

---

24 Die Parallele zum Entscheidungskalkül privater Investoren liefert für den öffentlichen Bereich die Nutzen-Kosten-Analyse. Hier wie dort sind marginale Größen, u.a. Grenznutzen und Grenzbelastungen die bestimmenden Variablen. Vielleicht nicht in methodischer Strenge, aber wohl in der Tendenz agieren auch Kommunalpolitiker bei ihren praktischen Entscheidungen meist nach dem Grenzkalkül.

25 Die Berechnung beruht auf der Voraussetzung, daß das zusätzliche Steueraufkommen vollständig der Finanzausgleichsumlage unterliegt, der Hebesatz der Gewerbesteuer auf Höhe des landesdurchschnittlichen Hebesatzes festgelegt worden ist und die Kommunen nicht abundant sind. Der Satz der Kreisumlage entspricht dem Wert des Landesdurchschnitts.

Wird die Streuung der Sätze der Kreisumlage berücksichtigt, so ergibt sich für Rheinland-Pfalz eine Grenzbelastung des zusätzlichen Gewerbesteueraufkommens einer verbandsfreien Kommune in Höhe von

$$77.7 \pm 3.5\,\%$$

bei Finanzausgleichsumlage-Pflichtigen. Dabei ist unterstellt, daß die Kreisumlage weder gesplittet noch progressiv erhoben wird. Die Grenzbelastung kann bei Anwendung des Splittings unter den gegebenen Verhältnissen bis zu 86 %, bei der Progressionsstaffel sogar über 90 % steigen.

Die marginale Belastung des zusätzlichen Gewerbesteueraufkommens liegt – aufgrund des Fortfalls der Kreisumlage – bei kreisfreien Städten jedoch niedriger und bei Ortsgemeinden im allgemeinen – aufgrund der Verbandsgemeindeumlage – höher. Aus diesen Berechnungen läßt sich aber nicht ableiten, daß kreisfreie Städte stärker zu Umlagen herangezogen und Ortsgemeinden besser von Umlagen verschont werden sollten. Die Unterschiede in der Aufgabenwahrnehmung rechtfertigen auf jeden Fall schon erhebliche Differenzen in der Umlagebelastung dieser Städte und Gemeinden.

Beachtenswert ist jedoch ein anderer Sachverhalt: Die Grenzbelastung zusätzlicher Einnahmen aus der kommunalen Einkommensteuerbeteiligung durch Umlagen ist weitaus niedriger anzusetzen. Einerseits tritt regelmäßig keine oder nur eine geringe Minderung der Schlüsselzuweisungen B2 ein, wenn das zusätzliche Einkommensteueraufkommen durch Zuwanderungen von Einwohnern verursacht wurde. Andererseits entfällt die Gewerbesteuerumlage. Und außerdem kann die Finanzausgleichsumlage durch den Zuzug von Einwohnern sinken, wenn durch den Zuzug der Durchschnittswert der örtlichen Steuerkraftmeßzahl gemindert wird.

Diese wenigen Bemerkungen lassen bereits erkennen, daß die marginale Belastung des zusätzlichen Aufkommens aus der kommunalen Einkommensteuerbeteiligung von mehreren Faktoren abhängt. Entsprechend streut bei den kreisangehörigen großen Städten und den verbandsfreien Kommunen die Grenzbelastung der kommunalen Einkommensteuerbeteiligung in einem breiten Korridor, der – vorsichtig gerechnet – zwischen 20 % und 35 % anzusetzen ist. Die Belastung ist wiederum für kreisfreie Städte gemeinhin niedriger und für Ortsgemeinden höher zu veranschlagen. Indes, die Implikationen dieser Belastungsdifferenzen, die zwischen kreisfreien Städten und Ortsgemeinden bestehen, darf vernachlässigt werden, da ein interkommunaler Vergleich der marginalen Belastungen nur wenige neue Einsichten bietet. Interesse verdienen aber die allokativen Folgen der höchst unterschiedlichen Marginalbelastungen des Aufkommens der Gewerbesteuer einerseits und der kommunalen Einkommensteuerbeteiligung andererseits.

VII. Raumordnungspolitische Konsequenzen

Unterschiede der marginalen Belastungen in einer Größenordnung von oftmals mehr als 40 Prozentpunkten wirken sich im Laufe der Zeit selbst dann auf der kommunalen Ebene entscheidungsrelevant aus, wenn sie nicht ausschließlich durch leichter wahrzunehmende Umlagen, sondern teilweise auch durch schwerer durchschaubare Effekte der Finanzzuweisungen entstanden sind. Und weiter gilt: Je höher das Belastungsniveau der Umlagen, desto stärker reagieren die Kommunalpolitiker bei allen Entscheidungen, die die effektive Finanzkraft der Städte und Gemeinden tangieren.

Unter den gegenwärtigen Verhältnissen müssen Ortsgemeinden im allgemeinen damit rechnen, daß die Attrahierung von Gewerbe mit dem Ziel, zusätzliche Gewerbesteuereinnahmen zu erhalten, ihre Finanzkraft gleichwohl beachtlich schwächen könnte. Diese Situation tritt eben ein, wenn die Mindereinnahmen aus den Schlüsselzuweisungen und die Mehraufwendungen bei den Umlagen höher als das zusätzliche Gewerbesteueraufkommen zu veranschlagen sind. Ob im konkreten Einzelfall eine solche Überbelastung eintritt, ist im einzelnen zu prüfen. Insbesondere stellen aber hohe Sätze der Verbandsgemeindeumlage, Sonderumlagen und Umlagepflichten zur Finanzausgleichsumlage beachtliche Risikofaktoren dar, die die forcierte Ansiedlung von Gewerbe durchaus zu einer risikoreichen Strategie werden lassen.

Verbandsfreie Kommunen und kreisfreie Städte haben zwar meist eine geringere Umlagelast als Ortsgemeinden zu tragen, dennoch werden sie bei allen Aktionen zum Zweck der Gewerbeansiedlung die Umlagen in den Entscheidungskalkül einbeziehen. Außerdem: Städte und Gemeinden müssen nicht allein den – um Umlagen und Mindereinnahmen bereinigten – Zufluß an Gewerbesteuer berücksichtigen, sondern sie müssen darüber hinaus die Folgelasten der Gewerbeattrahierung veranschlagen, um ihre Haushalte langfristig zu stabilisieren. Es ist unstrittig, daß gemeinhin mit zunehmendem Gewerbebesatz der Finanzbedarf einer Kommune steigt[26/27]. Doch das rheinland-pfälzische Finanzausgleichsgesetz weist keine Regelung auf, die diesem gewerbespezifischen Bedarf nachkommt.

---

[26] Aufschlußreich das Votum des *Wissenschaftlichen Beirats beim Bundesministerium der Finanzen* (1982), S. 30: „Unterschiedlich strukturierte Kommunen (können) durch unterschiedliche Bedarfe gekennzeichnet sein. So erfordern vor allem die örtlichen Produktionen – Gewerbe, Handel, Dienstleistungen usw. – kommunale Vorleistungen. Gemeinden, die in erster Linie Wohnorte sind, bei denen also die Auspendler überwiegen, haben demgegenüber in aller Regel pro Kopf geringere Bedarfe als Betriebsgemeinden, die eine hohe Zahl von Einpendlern aufweisen." Im gleichen Sinne: BVerfGE 86, 148 (232); und *Horst Zimmermann, Ulrike Hardt, Rolf-Dieter Postleb*, Bestimmungsgründe der kommunalen Finanzsituation unter besonderer Berücksichtigung der Gemeinden in Ballungsgebieten, 1987.

[27] Die durch das Gewerbe induzierten kommunalen Bedarfe sind freilich schwierig zu spezifizieren; eine eindeutige Zurechnung dieser lastverursachenden Sachverhalte ist zuweilen nicht möglich. Dennoch ist der Nexus in der Literatur anerkannt: Mit steigendem Industrialisierungsgrad entstehen in einer Kommune auch bei gleichbleibender Bevölkerungszahl

Ursprünglich zeichnete sich ein typischer Gewerbestandort durch ein hohes Netto-Gewerbesteueraufkommen aus, das zumindest einen Ausgleich für die kommunalen Ausgaben schaffte, die als Vorleistung von den örtlichen Unternehmen in Anspruch genommen wurden. Nunmehr verbleibt den Städten und Gemeinden – wenn überhaupt – jedoch nur ein sehr geringer Anteil des örtlichen Gewerbesteueraufkommens. Die Umlagen leiten die einst ergiebigste Quelle der kommunalen Finanzen in andere Kanäle. Und dadurch verliert wenigstens aus der nicht ganz unwichtigen Perspektive der Kämmereien die Attrahierung von Gewerbe ihre lokale finanzpolitische Rechtfertigung.

Auf der anderen Seite bietet ein Zuzug von Einwohnern regelmäßig eine recht sichere und anhaltende Verbesserung der Einnahmesituation der Kommunen. Die marginale Umlagebelastung ist bei der kommunalen Einkommensteuerbeteiligung in den weitaus meisten Fällen erheblich niedriger als bei der Gewerbesteuer. Und unbeschadet des Mehraufkommens aus der Einkommensteuer bleiben die Schlüsselzuweisungen tendenziell im bisherigen Umfange erhalten. M.a.W., der Gesetzgeber hat den Finanzausgleich so gestaltet, daß nunmehr das Streben in Richtung einer wachsenden Wohn- und Schlafstadt auffallende finanzielle Reize verspricht.

Die Alternative abwägend, würde eine kluge kommunale Strategie auf die Attrahierung von Einwohnern und nicht auf die Forcierung der Gewerbeansiedlung ausgerichtet sein. Das ist allerdings nur das Resultat einer finanzpolitischen Betrachtung. Bei der Wahl ihres Wohnortes orientieren sich die Menschen jedoch nicht ausschließlich nach den öffentlichen Leistungen, die eine Kommune bereitstellt. Vielmehr kommt anderen Argumenten, und dabei nicht zuletzt dem Erfordernis, in der Nähe des Wohnortes Erwerbsmöglichkeiten anzutreffen, manchmal sogar weit größere Bedeutung zu.

So gesehen harmoniert eine wirtschaftlich und sozial ausgewogene Raumordnung ungemein schlecht mit einer Ordnung des Finanzausgleichs, die primär die Nivellierung von interkommunalen Finanzkraftunterschieden intendiert. Die betont distributive Ausrichtung des Finanzausgleichs in Rheinland-Pfalz, die u.a. in Gestaltungsmöglichkeiten der Umlagen ihren Niederschlag findet, ist aus gutem Grunde von keinem anderen Land der Bundesrepublik zur Gänze übernommen worden. Die sicherlich unbeabsichtigte Diskriminierung der gewerbesteuerstarken

---

zusätzliche Bedarfe. So ergeben sich u.a. durch die Zunahme von Einpendlern und durch das Anwachsen des Werksverkehrs logistische Aufgaben, die meist nicht geringe Anforderungen im kommunalen Straßenbau und in anderen Verkehrseinrichtungen erfordern. Versorgungs- und Sielsysteme sind den Bedingungen der gewerblichen Nutzung entsprechend aus- und umzubauen. Sicherheitsmaßnahmen – etwa im Hinblick auf den Feuerschutz – müssen neu organisiert werden. Und aus gewerblichen Aktivitäten resultieren in aller Regel beträchtliche Anforderungen des Umweltschutzes, die sich beispielsweise in der Errichtung von Lärmschutzwällen oder in der Erweiterung von Grünanlagen niederschlagen. Oftmals verstoßen außerdem Industriesiedlungen gegen Interessen der Ortseinwohner und der Grundeigentümer, so daß ein Interessenausgleich durch kommunale Leistungen zugunsten der Wohnbevölkerung gefunden werden muß. Anderenfalls wären Industriesiedlungen in vielen Gemeinden politisch kaum durchsetzbar.

Gemeinden durch Umlagen ist wirtschaftspolitisch schon höchst bedenklich. Noch mehr: es macht wohl überhaupt keinen Sinn, den Städten und Gemeinden eine, wenngleich nur auf das Hebesatzrecht beschränkte Steuerautonomie einzuräumen, wenn die dadurch gewonnene eigene Finanzkraft umgehend wieder mittels Umlagen kassiert wird.

VI. Verwaltungswissenschaft und Verwaltungspraxis

Dimensionen einer historischen Systemtransformation

Zur Verwaltung des Elsaß nach seiner Rückkehr zu Frankreich (1918–1940)

Von Stefan Fisch

I. Fragestellungen

Das Verhältnis der Verwaltungswissenschaften zur Geschichtswissenschaft ist kein besonders enges. So sieht der Verwaltungsjurist Albert von Mutius die Historiker nur „möglicherweise" als relevante Nachbarwissenschaftler an;[1] und der italienische Verwaltungshistoriker Fabio Rugge hat das Verhältnis von Verwaltungswissenschaftlern und Historikern folgendermaßen beschrieben: Es ähnele dem zwischen französischen Präfekten und deutschen Bürgermeistern – sie gehörten zwei ganz verschiedenen Strukturen an, hätten in der Sache nichts miteinander zu tun und begegneten einander nur gelegentlich bei repräsentativen Anlässen.[2] Doch das muß nicht so sein; Geschichtswissenschaft und Verwaltungswissenschaften können durchaus einen Dialog miteinander aufnehmen, indem beide Fächer aneinander anknüpfen in Fragestellungen und Befunden und ihre jeweiligen Stärken bündeln. Am folgenden Beispiel aus der neuesten Geschichte Deutschlands und Frankreichs soll solch ein Versuch unternommen werden. Auf der Grundlage konkreter und detailnaher historischer Quellenarbeit sollen dabei mit Hilfe von konzeptionellen ‚Anleihen' aus verwaltungswissenschaftlichen Nachbarfächern der Geschichte einige Transformationsprozessse analysiert werden, die im Elsaß nach 1918, in den Jahren der Umstellung von deutscher auf französische Verwaltung, abliefen.[3]

Mit dem Waffenstillstand am Ende des Ersten Weltkrieges erhielt Frankreich die Souveränität über das Elsaß mit Straßburg und über den nördlichen Teil Lothrin-

---

[1] *Albert von Mutius*, Öffentliche Verwaltung, in: Willi Albers u.a. (Hg.): Handwörterbuch der Wirtschaftswissenschaften, Bd. 9, 1983, S. 825-855, hier S. 853.

[2] *Fabio Rugge*, Eine Wissenschaft ohne Vergangenheit – eine Geschichte ohne Zukunft? Ein kleiner Streifzug durch verwaltungswissenschaftliche Zeitschriften, in: Jahrbuch für europäische Verwaltungsgeschichte 5 (1993), S. 369-380, hier S. 369.

[3] Die konkreten Beispiele in diesem Beitrag gehören zu den Ergebnissen der Forschungen, die zu meiner noch unveröffentlichten Habilitationsschrift „Wiedervereinigung von Fremdgewordenem. Studien zur Verfassungs- und Verwaltungsgeschichte des Elsaß zwischen deutschem Kaiserreich und französischer Dritter Republik" (Universität München, 1994; die Drucklegung bereite ich vor) geführt haben; sie werden hier im einzelnen nicht belegt.

gens mit Metz zurück, die es 1871 im Frieden von Frankfurt an das Deutsche Reich verloren hatte. Die französische Republik stand nun vor der Aufgabe, diese Regionen in den Rahmen ihrer Verfassung und ihres Verwaltungssystems zu integrieren. Das war nicht so einfach, wie es viele in Paris erwartet hatten, denn die Menschen im Elsaß hatten fast 50 Jahre lang in einer anderen Welt gelebt, unter der deutschen konstitutionellen Monarchie, mit der deutschen Sozialversicherung und mit der für Deutschland typischen engen Verbindung zwischen Staat und Kirche. Von theoretischen Gesichtspunkten der verwaltungswissenschaftlichen Nachbarfächer geleitet sollen hier verschiedene Dimensionen dieser Systemtransformation der Jahre nach 1918 identifiziert werden, und zugleich sollen dabei aus der Realität der historischen Quellenzeugnisse heraus die Brüche und die Zufälle im praktischen Verwaltungshandeln verdeutlicht werden. Daß hier nur vom Elsaß und nicht auch vom lothringischen Teil des früheren deutschen „Reichslandes Elsaß-Lothringen" gehandelt wird, hat seinen wichtigsten Grund darin, daß dieses „Reichsland" ein erst 1871 geschaffenes künstliches Konglomerat war. Das historisch bestimmte Zusammengehörigkeitsbewußtsein der Bevölkerung hat sich stets allein um das Elsaß oder allein um Lothringen kristallisiert.

Man könnte den Übergang nach 1918 auch mit dem zuvor, im Jahre 1870, und mit denen danach, 1940 und 1944, in Beziehung setzen, doch sind diese Transformationsvorgänge aus mehreren Gründen wenig miteinander vergleichbar. Im Jahre 1870, als das Elsaß okkupiert, und dann 1871, als es vom Deutschen Reich annektiert wurde, war die französische Verwaltung noch beschränkt auf einen Kern von Ordnungsleistungen in der Tradition des alten Polizeibegriffes; sie kannte als Aufgabe noch nicht einmal die Durchsetzung der allgemeinen Schulpflicht. Damals fehlten viele Ebenen modernen Verwaltungshandelns noch, die dann für den Systemwechsel von 1918 wichtig geworden sind, etwa die des Sozialstaats mit staatlicher Sozialversicherung und kommunaler Sozialpolitik. Die beiden anderen Herrschaftswechsel im Elsaß in den Jahren 1940, als es von Hitler okkupiert wurde, und 1944, als es von der französischen Armee befreit wurde, waren von Grund auf mit Unrechtsstaat und Diktatur verbunden; sie in einen um 1918 zentrierten Vergleich des ‚vorher' und ‚nachher' einzubeziehen, würde diesem eine gänzlich andere Note geben. Im Jahre 1918 jedoch haben einander zwei im Prinzip ähnliche Verwaltungssysteme abgelöst, die beide ebenso rechtsstaatlich wie schon von der Vielfalt moderner öffentlicher Aufgaben bis hin zu kollektiver Daseinsvorsorge und Planung geprägt waren.

Aus verwaltungshistorischer Sicht kennzeichnet den Wechsel im Elsaß im Jahre 1918 also, daß er i n n e r halb der ‚klassischen' kontinentaleuropäischen Tradition auf einigermaßen ähnlichem Entwicklungsstand vor sich ging. Er war freilich mit fundamentalen Änderungen der sozialen Strukturen verbunden. Dazu gehörten beispielsweise die Massenausweisungen von Hunderttausenden von Altdeutschen, wovon keineswegs nur Intellektuelle, Professoren und hohe Beamte betroffen waren, oder ein ebenso von nationalem Denken bestimmter Austausch in den Führungspositionen der kirchlichen Hierarchien. Der November 1918 brachte für das

Elsaß nicht einfach nur das Aufeinanderfolgen einer neuen Verwaltung auf eine andere ältere, wie es damals in Deutschland in der Revolution geschah, in der trotz allem auch viele Traditionen bewahrt wurden. Im Elsaß reichte der Wandel von 1918 um einiges tiefer in das Verhältnis von Staat und Gesellschaft hinein; das erlaubt es, hier von einer fundamentalen Verwaltungstransformation im Sinne eines grundlegenden Neuaufbaus zu sprechen.

Die folgende Skizze soll beginnen bei klassisch historischen Befunden aus der Verfassungsgeschichte und dann der Verwaltungsgeschichte und danach übergehen zu Fragen aus verwaltungswissenschaftlichen Nachbarfächern des Historikers wie der Wissenssoziologie, der Analyse von grundlegenden Normen einer politischen Kultur und der Ideologiegeschichte von Verwaltungs‚mentalitäten'.

II. Klassische Verfassungsgeschichte: Besonderheiten der Republik in Frankreich

Aus Sicht der klassischen Verfassungsgeschichte fand im Elsaß der entscheidende Umbruch im November 1918 statt. Nach dem Waffenstillstand vom 11. November 1918 kam zwar erst noch für wenige Tage die ‚deutsche' Novemberrevolution mit ihren Arbeiter- und Soldatenräten, besonders in Straßburg; dann aber brachte der Einmarsch französischer Truppen, zuletzt am 22. November 1918 in Strasbourg, den Übergang von der konstitutionellen Monarchie zu einer Republik mit parlamentarischem System. Dieser Vorgang lief in Deutschland ähnlich ab; die entscheidenden Unterschiede zwischen dem Elsaß und dem Deutschen Reich lagen Ende 1918 nicht so sehr in der Änderung der deutschen Staatsform, sondern in den veränderten Funktionsbedingungen des elsässischen politischen Systems. Hervorzuheben sind dabei hier zwei widersprüchlich erscheinende Elemente der damals gelebten französischen Verfassungspraxis, das Prinzip der Parlamentsherrschaft und die Praxis der Verwaltungsherrschaft.

1. Das Prinzip zentralistischer Parlamentsherrschaft

Das Jahr 1918 bedeutete für das Elsaß mit dem Übergang vom deutschen Kaiserreich zur französischen Dritten Republik auch den Übergang von einem dezentralisierten Staatsaufbau zu straffem Zentralismus. Der Föderalismus von Ländern und die Selbstverwaltung der Gemeinden wurden beinahe von einem Tag auf den anderen unerwünschte und geradezu gefährliche Konzepte. Im politischen System der Dritten Republik hatte das Parlament die zentrale und beherrschende Stellung inne – zumindest in der Theorie der Verfassungslehre.[4] In der Praxis war das Parla-

---

[4] Vgl. zur Lehre vom régime parlementaire moniste *Bernard Chantebout*, Droit constitutionnel et science politique, 10. Aufl. Paris 1991, S. 222-232.

ment damit allerdings auch schon lange Zeit vor der besonderen Krisensituation des Ersten Weltkrieges immer wieder überfordert gewesen. Daraufhin hatten die französischen Parlamentarier die Tradition entwickelt, gerade starke Regierungen noch weiter zu stärken, indem sie sehr weit gehende Ermächtigungsgesetze zu deren Gunsten verabschiedeten. Nur noch *pro forma* enthielten sie einen Hinweis auf den *pouvoir initial*, die Initiative des Parlaments. In der Folge verblaßte der in Frankreich sowieso eher formal gesehene Unterschied zwischen parlamentarischer *Loi* und administrativem *Règlement* weitestgehend. Die Aufgabe, die *volonté générale* der politischen Nation zu formulieren und umzusetzen, verschob sich somit in Frankreich mehr noch als anderswo weg vom Parlament und hin zu der von seiner Mehrheit getragenen Regierung. Kennzeichnend für den politischen wie administrativen Zentralismus der Dritten Republik blieb aber, daß seine Berechtigung stets aus der universellen Souveränität des Parlaments hergeleitet wurde, auch wenn er in der Praxis zur Domäne von Parteien oder Interessengruppen wurde. Nur in einzelnen unerwarteten Ausnahmefällen holte sich das Parlament seine originäre Zuständigkeit wieder zurück, um selbst zu entscheiden. Angesichts dieser in Frankreich im Grunde seit den Tagen der *Révolution* ausgeformten und gelebten Tradition ist es zu verstehen, daß die Ideen des Föderalismus, der Selbstverwaltung und der Subsidiarität dort bis heute einen schweren Stand haben.

2. Das praktische Problem der späten Wahlen im November 1919

Vom Prinzip eines originären oder delegierten parlamentarischen Zentralismus her wäre es in der Situation von 1918 überaus wichtig gewesen, die Bevölkerung des Elsaß möglichst schnell durch Wahlen in das französische System einzubinden. Weil die alte, noch vor dem Beginn des Ersten Weltkriegs gewählte Abgeordnetenkammer nicht ohne Beteiligung der ‚neuen' Franzosen aus dem Elsaß über deren Angelegenheiten entscheiden wollte, weil aber die Wahlen erst spät erfolgten, fehlte es dem Elsaß mehr als ein Jahr lang an neuen Gesetzen zur Regelung des Übergangs. Die parlamentarisch-legislative Integration des Elsaß in das politische System der Dritten Republik setzte erst mehr als ein Jahr nach dem Kriegsende und der Rückkehr zu Frankreich ein, denn erst für den 16. und 30. November 1919 schrieb die Regierung Clemenceau Neuwahlen aus. Das damalige französische Wahlrecht bevorzugte die Liste mit absoluter Mehrheit im *Département* in extremem Maß, indem sie ihr alle entsprechenden Parlamentssitze zusprach. Im Elsaß erreichte damals die Liste des elsässischen *Bloc National*[5] die absolute Mehrheit und erhielt alle Mandate; die oppositionellen Sozialisten blieben auf diese Weise ohne jeden elsässischen *Député* in Paris, obwohl ihnen immerhin 37 % der Elsässer ihr Schicksal anvertraut hatten.

---

5 Im Elsaß lebte das deutsche Parteiensystem bis 1940 weiter; deshalb bestand der elsässische Bloc National ganz anders als sein (inner-)französisches Gegenstück aus den Katholiken des früheren elsaß-lothringischen Zentrums und den Liberalen und Linksliberalen.

Statt des Parlaments herrschten im Elsaß also zunächst Militär und Verwaltung mit ihren Verordnungsvollmachten. Der militärische Belagerungszustand wurde erst fünf Wochen vor dem ersten Wahlgang aufgehoben, am 12. Oktober 1919; so wurde wenigstens ein rudimentärer Wahlkampf ermöglicht. Im Verhältnis zwischen französischem Militär und französischer Zivilverwaltung kam es sogar zu einer Art Gegenstück zur Zabern-Affäre, die sechs Jahre zuvor im Deutschen Reich die Stellung des Reichskanzlers Theobald von Bethmann Hollweg erschüttert hatte. Im November 1913 hatte in der elsässischen Garnisonsstadt Zabern ein junger preußischer Leutnant die Elsässer beschimpft. Proteste dagegen hatte der Regimentskommandeur mit militärischer Gewalt eigenmächtig sofort, ohne die zuständigen Zivilbehörden um Abhilfe zu ersuchen, bis hin zu Verhaftungen unterdrückt. Dafür hat er in Berlin u.a. den Beifall des Kronprinzen gefunden, während die sozialdemokratische und liberale Presse diese Auswüchse der allein beim Monarchen liegenden militärischen Kommandogewalt auf das schärfste tadelten. Eine bis zum Zentrum reichende Mehrheit des Reichstages hat schließlich den Reichskanzler für diese Vorfälle ausdrücklich getadelt; das war die schärfste dem Parlament im nicht-parlamentarischen Regierungssystem des Kaiserreichs mögliche politische Sanktion.[6] Im Sommer 1919 nun drohte ein französischer General streikenden Arbeitern in der oberelsässischen Industriemetropole Mulhouse, die demonstrativ „Deutschland, Deutschland über alles" gesungen hatten, auf Grund des weiterhin bestehenden Belagerungszustandes mit drakonischem Kriegsgericht und verbot alle Ansammlungen von mehr als zwei (!) Personen. Anders als sechs Jahre zuvor wurde der eigenmächtig handelnde hohe Offizier aber durch die politische Führung in Paris sofort energisch zur Ordnung gerufen. Die elsässischen Sozialisten nahmen die Vorfälle von Mulhouse jedoch zum Grund für ihre langfristig folgenschwere Weigerung, sich bei den bevorstehenden Wahlen zur Nationalversammlung der Einheitsliste des *Bloc National* anzuschließen.

Neben dem fortdauernden Belagerungszustand stellte die extreme Verordnungsherrschaft der Exekutive in der Zeit bis zu den – späten – Wahlen einen wesentlichen Unterschied zum Deutschland der entstehenden Weimarer Republik dar, in dem schon sehr früh nach Kriegsende, am 19. Januar 1919, gewählt worden war. Bis mit den französischen Wahlen im November 1919 die politische Integration der Elsässer durch Partizipation einsetzte, war das Land somit eine Art Eldorado der Verwaltung, die kaum durch die Legislative in Paris kontrolliert wurde.

---

[6] Vgl. zuletzt *Hans-Ulrich Wehler*, Deutsche Gesellschaftsgeschichte, Bd. 3: Von der „Deutschen Doppel-Revolution" bis zum Beginn des Ersten Weltkrieges. 1849–1914, 1995, S. 1126-1129.

III. Klassische Verwaltungsgeschichte: Die Neuorganisation der elsässischen Verwaltung seit 1918

Damit kommt eine zweite Dimension der Systemtransformation im Elsaß nach 1918 in den Blick. Sie läßt sich mit den Mitteln klassischer Verwaltungsgeschichte vor allem als Organisationsgeschichte fassen. Dabei können vom November 1918 bis zum Juni 1940 drei Phasen des französischen Verwaltungsaufbaus im Elsaß unterschieden werden, die eingeleitet wurden durch eine Vorbereitungsphase noch während des Ersten Weltkriegs.

1. Vorbereitungsphase 1914-18: Bewahrung des Vorgefundenen unter Kriegsrecht

Während des Ersten Weltkrieges mußte Frankreich schon ab 1914 eine Militärverwaltung für *l'Alsace libérée*, das ‚befreite Elsaß', aufbauen. Es handelte sich dabei um die drei im Sommer 1914 eroberten und seitdem gehaltenen oberelsässischen Kreise Thann, Masmünster und Dammerkirch mit etwa 30.000 Einwohnern. Nach den Vorschriften der Haager Landkriegsordnung muß in okkupierten Gebieten die bestehende Rechtslage so weit wie möglich erhalten bleiben; daran hielt man sich, auch wenn man in Paris politisch fest entschlossen war zu einer späteren Einverleibung des Elsaß nach Frankreich. Im Alltag bedeutete das beispielsweise, daß die Konfessionsschule bestehen blieb, obwohl in Frankreich 1905 der Laizismus gesiegt und eine rigorose Trennung von Kirche und Staat durchgesetzt hatte. Auch urteilten die neuen französischen Richter in der Sache noch nach materiellem deutschem Recht (in der Form freilich schon nach französischem Prozeßrecht). Die Bismarcksche Sozialversicherung schließlich stellte die Militärverwaltung vor die Aufgabe, sich in eine ihr völlig fremde Verwaltungstätigkeit einzuarbeiten. Schon ab 1915 wurden wieder Alters- und Invalidenrenten gezahlt, wozu Frankreich sogar den nach deutschem Recht vorgesehenen Zuschuß des Staates gewährte. Ab 1916 arbeiteten die Fabriken wieder regelmäßig, und seitdem wurden auch wieder die Versicherungsbeiträge (mit eigens gedruckten Versicherungsmarken) erhoben. Schließlich waren Ende 1918, im kleinen Maßstab der *Alsace libérée* natürlich nur, sogar neue Allgemeine Ortskrankenkassen und eine Landesversicherungsanstalt organisiert. Die Vorbereitungsphase der Kriegsjahre hatte somit von den französischen Militärverwaltungsoffizieren eine weitgehende Anpassung an deutsches Recht und deutsche Verwaltungspraxis verlangt.

2. Erste Phase 1918-19: Zentralismus und Zerschlagung der Landesverwaltung

In der Frage der Verwaltung des Elsaß nach dem – siegreichen – Ende des Krieges konnte man in Paris während der ganzen Kriegsjahre einen Machtkampf zwischen dem Kriegsministerium und dem Außenministerium erwarten. Zwar ließen die Diplomaten am Quai d'Orsay schon seit 1915 durch eine von ihnen berufene Kommission von Fachleuten die zukünftige Gesetzgebung für das Land planen, doch führte *de facto* im okkupierten Gebiet der *Alsace libérée* das Militär die Verwaltung. Die oberste politische Führung der französischen Armee lag beim Kriegsminister, und dieses Amt hatte gegen Ende des Ersten Weltkrieges Ministerpräsident Georges Clemenceau (1841–1929) selbst inne. Im November 1918 trat nun unerwartet noch eine dritte Instanz in die Auseinandersetzung um die Zuständigkeit für das Elsaß ein: die junge, erst im Weltkrieg geschaffene *Présidence du Conseil*. Dieses der deutschen Reichskanzlei im Ansatz vergleichbare Amt des Ministerpräsidenten (*Président du Conseil*) wurde von dem Unterstaatssekretär Jules Jeanneney (1864–1957) geleitet, einem jakobinisch-radikalen Protestanten, der einer der engsten politischen Freunde und Mitarbeiter von Clemenceau war. Jeanneney lud fünf Tage vor dem Waffenstillstand, am 6. November 1918, zu einer denkwürdigen Konferenz ein, bei der er die Vertreter der anderen Ministerien mit einem völlig zentralistischen Programm für die Rückkehr des ehemaligen Reichslandes Elsaß-Lothringen zu Frankreich überrumpelte. Alle Gedanken an eine gemeinsame Verwaltung für die drei neuen *Départements*, die an die deutsche Tradition des Föderalismus und an die Verwaltungsstrukturen auf der Ebene des Landes angeknüpft hätte, wurden von vornherein verworfen. Stattdessen sollten, analog zum übrigen Frankreich, im Elsaß die beiden historischen *Départements* Bas-Rhin (mit Strasbourg als Hauptstadt) und Haut-Rhin (mit Colmar als Hauptstadt) wieder eingerichtet werden, die aber nicht wie die übrigen *Départements* dem Innenminister, sondern direkt Jeanneney und dem von ihm geführten Amt des Ministerpräsidenten unterstehen sollten.

Jeanneney verband in diesem Programm die politische Seite des Zentralismus mit seiner organisatorischen und vermittelte darin antiföderale, antiregionale Elemente mit antiministeriellen. Jeanneney erhoffte sich von diesem Schachzug des Erwerbs der Zuständigkeit für das wiedergewonnene Elsaß-Lothringen wohl auch, seine erst im Laufe des Krieges geschaffene Position im Amt des Ministerpräsidenten zu einer permanenten Zentralstelle der Regierung ausbauen zu können. Bisher hatten nämlich französische Ministerpräsidenten immer zugleich auch ein Fachministerium übernommen; die Koordination der Regierungsaufgaben lag dann einfach zusätzlich bei dem von ihnen geleiteten Ministerium, das dafür freilich nicht unbedingt eingerichtet war. Zu einer dauerhaften Institutionalisierung einer eigenen Behördenstruktur für die Regierungsspitze kam es in Frankreich erst sehr spät, als der Ministerpräsident im Jahre 1936 mit dem Umzug in das *Hôtel Matignon* erstmals einen festen Amtssitz bezog und dort permanente eigene Büros einrichten konnte. Daß so spät erst die französischen Regierungschefs ihr Amt in Richtung auf eine überministerielle Stellung mit Richtlinienkompetenz aufwerten konnten, lag unter anderem auch daran, daß es Jeanneney nach dem Ersten Weltkrieg nicht gelungen war, seine Stellung fest zu verankern – u.a. wegen des Scheiterns seiner Politik im Elsaß.

Unter Jeanneneys Führung wurde nämlich im Elsaß nach dem Einmarsch der französischen Truppen organisatorisch über Monate hin nur zerstört, nicht aufgebaut. Der Apparat des durchaus noch funktionsfähigen Ministeriums für Elsaß-Lothringen in Strasbourg wurde nicht nur wie sämtliche Institutionen des ehemaligen Reichslandes einer ‚Säuberung' unter nationalen Gesichtspunkten unterzogen, sondern ganz und gar zerschlagen. An seine Stelle trat aber noch keineswegs eine vollständige neue Verwaltung auf der Ebene der beiden neuen elsässischen *Départements*, sondern im wesentlichen nur Jeanneneys neuer zentraler Apparat in Paris. Dort erzielte Jeanneney freilich wenig Erfolge, denn er traf auf die Konkurrenz der etablierten Fachministerien. Auch wuchsen bald nach dem Jahreswechsel 1918/19 im Elsaß der Schwarzmarkt und die Versorgungsprobleme wieder an, denn auch die deutschen kriegswirtschaftlichen Monopolgesellschaften waren sofort aufgelöst worden, ohne daß eine dauerhafte Versorgung schon gesichert gewesen wäre. Selbst das für das gesamte bürgerliche Leben wesentliche Grundbuch funktionierte nicht mehr richtig; die angestauten Erbfälle und Verkäufe konnten nach der Ausweisung vieler altdeutscher Justizbeamter aus Mangel an sachkundigem Personal nicht mehr ordnungsgemäß eingetragen werden.

3. Zweite Phase 1919-20: Wiederaufbau als Regionalverwaltung unter Millerand

Bald wurde *le malaise alsacien* bis nach Paris hin unübersehbar. Die Bevölkerung war ohne parlamentarische Vertretung: Der alte, noch vor dem Weltkrieg gewählte Landtag hatte sich zwar während der Novemberrevolution zum elsässischen *Conseil National* erklärt, wurde jedoch von Jeanneney bewußt übergangen, für den sich der Wille der Nation nur in Frankreich als Ganzem konstituieren konnte. Trotz der Fortdauer von Belagerungszustand und Zensur formierte sich schon im Februar 1919 in Strasbourg aus der alten elsaß-lothringischen Zentrumspartei der neue *Parti Catholique*. Seine zunächst nicht öffentlich erhobenen Forderungen zielten auf den Erhalt von wesentlichen Elementen der alten und keineswegs allein aus deutscher Zeit stammenden Staats- und Verwaltungsordnung; sie richteten sich damit gegen die Verwaltungspraxis von Jeanneney. Diesem neu formierten politischen Katholizismus ging es besonders darum, im Elsaß

– die Existenz der religiös geprägten und konfessionell getrennten Volksschule zu sichern und überhaupt das vom Deutschen Reich nicht veränderte Napoleonische Konkordat beizubehalten, das im laizistischen Frankreich seit 1905 nicht mehr galt,

– die Gleichberechtigung von französischer und deutscher Sprache in Schule und amtlichem Verkehr durchzusetzen,

– den bestehenden weiten Spielraum der kommunalen Selbstverwaltung (und ihr weitreichendes Besteuerungsrecht) vor allem in den größeren Städten aufrechtzuerhalten,

- die durch Bismarck eingeführten Sozialversicherungsgesetze zugunsten der Arbeiter weiter anzuwenden und die erworbenen Rentenansprüch zu sichern, und
- wieder eine regionale Verwaltung in Strasbourg zu haben, die einem vom Volke gewählten Konsultativgremium verantwortlich sein sollte.

Auch wenn Ministerpräsident Clemenceau für dieses politische Programm keine Sympathie aufbringen konnte, weil er Laizist, radikaler Republikaner und Zentralist war, erkannte er doch im März 1919, während der Verhandlungen unter den alliierten Siegermächten über die konkrete Ausgestaltung des Friedens, immer deutlicher den Ernst der Lage. Beunruhigt von Reiseberichten über eine sich im wiedergewonnenen Elsaß ausbreitende Stimmung des *malaise alsacien*, schuf er schließlich, allen parteipolitisch-ideologischen Bedenken zum Trotz, mit einem *Décret* vom 21. März 1919 das Amt eines *Commissaire Général de la République* (Generalkommissar der Republik) mit Sitz in Strasbourg.[7] Ähnlich wie die Landesregierung in deutscher Zeit sollte der *Commissaire Général* mit einer eigenen Verwaltung als Zwischeninstanz zwischen den drei ehemals elsaß-lothringischen *Départements* und Paris stehen. In dieses neue Amt berief Clemenceau einen Politiker, der dafür auch noch ein eigenes Budget, eine unbeschränkte Verordnungsvollmacht und die Mitgliedschaft im Ministerrat in Paris verlangte – und erhielt. Mehr als alles andere verdeutlichte das die Krise der alten Elsaßpolitik und die Energie des neuen Mannes, der sie bewältigen wollte, Alexandre Millerand (1859–1943).

Millerand war als Innenpolitiker im Gegensatz zu Jeanneney der Ansicht, daß es im Elsaß durchaus bewahrenswertes Recht aus der deutschen Zeit gab. In seinem Erhalt sah er eine Chance, ganz Frankreich zu modernisieren; insbesondere war ihm der Aufbau eines System sozialer Sicherung für die französischen Arbeiter nach deutschem Vorbild seit jeher ein wichtiges politisches Ziel gewesen. Millerand war nämlich 1899 als erster französischer Sozialist Minister geworden und hatte dann zwar wegen dieser ‚reformistischen' Zusammenarbeit mit dem bürgerlichen Lager seine Partei verlassen müssen, aber sein sozialpolitisches Engagement bewahrt. In seinem neuen Amt in Strasbourg lernte Millerand auch der Verbindung von Kirche und Staat, wie sie im Elsaß anders als in Frankreich noch bestand, positive Aspekte abzugewinnen. So ließ er die Katholisch-Theologische Fakultät an der staatlichen Universität Strasbourg weiterbestehen, um sie zu einem Instrument für den kulturellen Einfluß Frankreichs an Saar und Rhein und in den Nachfolgestaaten der Habsburgermonarchie auszubauen. Später fand er als Außenpolitiker in der Rückgewinnung des Elsaß auch einen willkommenen Anlaß, die bei der Trennung von Kirche und Staat 1905 übereilt abgebrochenen diplomatischen Beziehungen zum Vatikan wieder aufzunehmen. Schließlich hatte Millerand sich schon lange für eine Dezentralisierung Frankreichs eingesetzt; vom Aufbau regionaler Institutionen im Elsaß unter seiner Führung erwartete er eine Modellwirkung für ganz

---

[7] Beste Zusammenstellung der Rechtsvorschriften bei *Jules Régula* (dir.), Le Droit applicable en Alsace et en Lorraine (Recueil-Index des textes législatifs et réglementaires), Paris 1938.

Frankreich. Mit diesen Zielen richtete Millerand in Strasbourg das informell so genannte *Commissariat Général* in den Gebäuden der ehemaligen deutschen Landesverwaltung ein, das er in zwölf *Directions* parallel zu den Pariser Ministerien organisierte.

4. Dritte Phase 1920/25-1939: Abbau der Regionalverwaltung und Rezentralisierung in Paris

Millerand hatte im Elsaß politischen Erfolg – so viel Erfolg, daß er in der Krise nach dem Scheitern der Wahl von Clemenceau zum Präsidenten der Republik im Februar 1920 als neuer Ministerpräsident nach Paris zurückkehrte. Wenige Monate später, im September 1920, wurde er als Nachfolger des kranken Paul Deschanel (1856–1922) Präsident der Republik. Er bemühte sich nun außenpolitisch um die Eindämmung der Sowjetunion und innen- und verfassungspolitisch um die Stärkung des Präsidentenamtes. Das entfremdete ihn dem Parlament und besonders der in den Wahlen von 1924 siegreichen Linken. Der demonstrative ‚Streik der Minister', als alle Ministerpräsidentenkandidaten des *Cartel des Gauches* die Zusammenarbeit mit ihm verweigerten, zwang ihn 1924 zum Rücktritt; danach konnte er keine politisch bedeutsame Position mehr erringen.

Als Ministerpräsident und dann als Präsident der Republik rückte Millerand jedoch die weitere Umsetzung seines regionalistischen Programms, die er im Elsaß eingeleitet hatte, in den Hintergrund. Dadurch erscheint seine Arbeit in Strasbourg doch vor allem von wahltaktischen Gesichtspunkten geprägt; er hatte mit seiner Politik 1919 wohl vor allem ein regierungsfreundliches Wahlergebnis im Elsaß erreichen wollen. Nach außen sollte damit verdeckt werden, daß es kein förmliches Plebiszit über die Rückkehr des Landes zu Frankreich gegeben hat; nach innen wollte er zugleich seine Position im bevorstehenden Kampf um die Macht in Paris festigen, während ihm die Eingliederung des Elsaß offenbar doch nicht so wichtig war. In dieses Bild paßt auch, daß Millerand zu seinem Nachfolger als Generalkommissar in Strasbourg einen verdienten Kolonialbeamten ernannte, der am Ende seiner Karriere stand und weder Kabinettsrang beanspruchte noch Initiativen entfaltete. Sofort begann – unter eher linken wie eher rechten Ministern gleichermaßen – die Pariser Bürokratie ihre unter Millerand nach Strasbourg verlorengegangenen Zuständigkeiten zu sich zurückzuholen. Als nach dem Wahlsieg der Linken 1924 ein noch von der Rechten unter Raymond Poincaré (1860–1931) eingebrachter Gesetzentwurf zur Auflösung des Generalkommissariats Realität wurde, war diese Behörde schon zu einem weitgehend fleischlosen Gerippe abgemagert worden. Während unter Millerand im Generalkommissariat Ende 1919 allein in den Stabspositionen 132 Mitarbeiter tätig waren, zählte das ganze Generalkommissariat 1924 kurz vor seiner Auflösung nur noch 47 Mitarbeiter.

An seine Stelle trat Ende 1925 eine *Direction Générale des Services de l'Alsace et de la Lorraine*, die direkt dem Ministerpräsidenten unterstand und nicht in ein

Fachministerium integriert war. Eine Zeitlang hatte man als Alternative ein stärker in der Regierung verankertes Unterstaatssekretariat erwogen. Die Zuständigkeit für das außen- wie innenpolitisch sensible Gebiet des ehemaligen Elsaß-Lothringen gewann dann aber doch auch die intragouvernementale Funktion, den Regierungschef gegenüber den Ministern zu stärken. So konnte sie schließlich den Kern für die 1936 erweiterte und verfestigte eigene Behörde des Ministerpräsidenten bilden. In gewisser Weise kehrte man somit wieder zu Jeanneneys zentralistischen Plänen von 1918 zurück.

In der Praxis widmete sich diese neue Pariser Generaldirektion besonders in ihren Anfangsjahren unter Ministerpräsident Poincaré vor allem der politischen Polizei. Das hing damit zusammen, daß seit 1924 von immer mehr Elsässern die definitive Anerkennung der Zweisprachigkeit, die Sicherung der Konfessionsschule und eine begrenzte Autonomie in Verwaltung und Gesetzgebung gefordert wurde und seit 1925 eine ‚Heimatbewegung' sich massiv dafür einsetzte. Mit den genannten Zielen verbündeten sich auf dem Höhepunkt des politischen *malaise alsacien* im Jahre 1929 die deutschsprachigen Katholiken und die deutschsprachige Arbeiterbewegung, die von der dissidenten Kommunistischen Partei des Elsaß organisiert war, und wählten demonstrativ einen deutschsprachigen Kommunisten zum *Maire* von Strasbourg. Die Pariser Generaldirektion hatte auf diese Entwicklung seit 1925 zunehmend mit geheimpolizeilicher Durchdringung, Überwachung und Repression reagiert. Dieses Mißtrauen gegenüber weiten Teilen der Bevölkerung des französisch gewordenen Elsaß, die wenige Jahre zuvor noch den unter der Trikolore einmarschierenden französischen Truppen zugejubelt hatte, war immer mehr gewachsen. Darin unterschied sich die Haltung der Beamten der Pariser Generaldirektion von 1925 erheblich von der sehr viel offeneren und lernbereiten Militärverwaltung des Jahres 1914.

IV. Wissenssoziologie der Verwaltung: Prägungen der verschiedenen Beamtenschaften

Indem aus der Organisationsgeschichte heraus die Frage nach der Disposition zu Offenheit und Lernbereitschaft oder aber zu Vorgeprägtheit und Verschlossenheit an ein Kollektiv gestellt wird, rückt als weitere Dimension der Verwaltungstransformation nach 1918 der wissenssoziologische Vergleich der verschiedenen Beamtenschaften in den Vordergrund.

1. Heranziehung einer Elite der ‚Grands Corps' in der Vorphase

An Un-Gebundenheit und Aufgeschlossenheit gegenüber den für Frankreich andersartigen jüngeren Traditionen des deutschen Elsaß war die bei weitem auffälligste und erstaunlichste französische Verwaltung die Militärverwaltung von 1914 bis

1918. Die militärische Führung Frankreichs hat ganz bewußt herausragende Elitebeamte aus den traditionellen *grands corps* der französischen Verwaltung in die drei eroberten oberelsässischen Landkreise der *Alsace libérée* geschickt. Unter diesem Dutzend Männern befanden sich Angehörige des *Conseil d'Etat*, der *Inspection des Finances* und der *Cour des Comptes*. Formal waren sie alle Reserveoffiziere im Dienste der Armee, aber sie taten ihre alte Arbeit – allerdings unter veränderten Umständen, denn sie mußten sich dazu mit den Prinzipien deutscher Verwaltung vertraut machen. In nüchternem und offenem Vergleich erkannten sie in ihrer praktischen Arbeit manche Vorteile von deutschen Organisationsformen und Verfahren an. Unter ihnen befand sich auch der militärisch niedrig eingestufte *Lieutenant*, dann *Capitaine* Paul Tirard (1879–1949); vor dem Weltkrieg war er im halb-souveränen Marokko als *Secrétaire Général* führender Mitarbeiter des *Résident Général* Louis Hubert Gonzalve Lyautey (1854–1934) gewesen und hatte dort eine dem Islam angepaßte autonome Verwaltung organisiert. Weil er dann nach 1914 im Elsaß deutsche Verwaltungsprinzipien intensiv kennengelernt hatte, wurde Tirard Ende 1918 zum provisorischen Leiter der französischen Besatzungsverwaltung im Rheinland ernannt und war von 1920 bis 1930 als französischer *Haut-Commissaire* und *Président* der *Haute Commission Interalliée des Territoires Rhénans* in Koblenz der höchste Vertreter Frankreichs im besetzten Deutschland.

2. Zentralistische Jakobiner 1918-19

Das Beispiel von Tirard, dem sich andere aus diesem Kreis von Reserveoffizieren hinzufügen lassen, zeigt, daß im November 1918 das Fachwissen der Militärverwaltung, das sie im besetzten Teil des Elsaß seit 1914 erworben hatte, kaum mehr für die Verwaltung des Elsaß genutzt wurde. Jeanneney hatte ja keineswegs die Absicht, vom besiegten Deutschland Institutionen und Verwaltungsmethoden zu übernehmen; stattdessen wollte er dem Elsaß die Werte des jakobinisch-republikanischen Zentralismus vermitteln. Jeanneney ließ deshalb durchaus folgerichtig die erfahrenen Militärverwaltungsbeamten auf neue Posten in Deutschland ziehen und schickte an ihrer Stelle Beamte und Lehrer aus Innerfrankreich ins Elsaß. Sie wurden angelockt mit Gehaltszulagen und der Aussicht auf bessere Aufstiegschancen, doch ihr Verhältnis zur elsässischen Bevölkerung war vielfach schwierig. Viele von ihnen verstanden nicht die deutsche Sprache und erst recht nicht den Dialekt der Elsässer; viele waren Protestanten, Juden oder atheistische Laizisten und standen der weithin katholisch geprägten Alltagswelt des Landes fern. An die Spitze der nur rudimentären neuen Departementsverwaltung in Strasbourg setzte Jeanneney seinen aus der lothringischen Hauptstadt Nancy stammenden Schwager Georges Maringer (1862–1941), der zuvor als *Directeur de la Sûreté Générale* im Innenministerium Spezialist für politische Polizei gewesen war. Er organisierte und leitete die nationale Säuberung, in deren Verlauf nach dem 22. November 1918 in wenigen Monaten allein aus Strasbourg etwa 10.000 Altdeutsche vertrieben wurden. Diesem politischen Schwerpunkt von Jeanneney und dem rigiden Vorgehen seiner national-polizeilichen Verwaltung fiel so die Kontinuität des Verwaltungsalltags zum Opfer.

3. Experten ohne Korpsgeist 1919-25

Seit März 1919 korrigierte Millerand diese einseitige Ausrichtung der Verwaltung, denn er wollte zumindest anfangs mit dem Aufbau seines alle Verwaltungszweige umfassenden *Commissariat Général de la République* das Elsaß zu einem Schaufenster für seine Ideen zur Regionalisierung Frankreichs machen. Es gelang ihm, in seinen Verwaltungsstab ausgesuchte Experten aus der Wissenschaft zu holen. Der Nationalökonom und Statistiker François Simiand (1873–1935) übernahm beispielsweise die Direktion für Arbeit, Arbeitergesetzgebung und Sozialversicherung und der Historiker Sébastien Charléty (1867–1945) leitete die Direktion des Unterrichtswesens. Aber auch den traditionell einflußreichen *grands corps* der französischen Bürokratie gelang es, Mitglieder in führende Stellungen von Millerands Generalkommissariat zu bringen. Ein Jahrgangsbester der *Ecole Polytechnique*, der dann *Ingénieur des Mines* geworden war, leitete z. B. die Direktion der Öffentlichen Arbeiten, und ein Beamter aus der kleinen Führungsgruppe der *Inspecteurs des Finances* stand der Generaldirektion der Finanzen vor. Millerands Generalkommissariat konnte so schon auf Grund seiner heterogenen Zusammensetzung, aber auch wegen der kurzen Amtszeit des politischen Generalkommissars keinen eigenen Korpsgeist entwickeln. Unter Millerands unpolitischem Nachfolger verlor das Generalkommissariat dann fortwährend an Zuständigkeit und Einfluß.

4. Korpsgeist ohne Expertise ab 1925

Mit der Gründung der *Direction Générale* trat 1925 an die Stelle der Experten ohne Korpsgeist im aufgelösten *Commissariat Général* eine durch ihren Korpsgeist zusammengehaltene Verwaltung, der es jedoch an vorheriger Expertise mangelte. Über alle Wahlen und Regierungswechsel hinweg leitete bis in die Zeit der Vichy-Regierung ein einziger Mann die neue Pariser Generaldirektion – Paul Valot (1889–1959). Sein Name war bei seiner Ernennung im Elsaß völlig unbekannt, denn er war seit 1918 in der Verwaltung des französisch besetzten Teils von Deutschland tätig gewesen, zuletzt seit Juni 1925 in Speyer als *Délégué Supérieur* für den bayerischen Regierungsbezirk Pfalz. 1918 hatten außenpolitische Gründe den Einsatz der im Elsaß erfahrenen Verwaltungsoffiziere in Deutschland verlangt, und 1925 waren es wiederum außenpolitische Gründe, die nach dem Abkommen von Locarno einen Abbau der französischen Präsenz in den besetzten Gebieten Deutschlands zur Folge hatten. Für die französischen Deutschland-Experten wurden nun neue Tätigkeiten innerhalb Frankreichs gesucht – und im Elsaß gefunden. Daher hatte die neue Pariser Generaldirektion für das Elsaß einen gemeinsamen Korpsgeist, der außenpolitisch geprägt war. Aus den Erfahrungen im ehemals feindlichen Deutschland und ohne das Korrektiv einer Vertrautheit mit Land und Leuten im Elsaß wurde alles nur von ferne deutsch Scheinende mißtrauisch betrachtet und recht schnell als gefährlich und als antifranzösisch angesehen. Gerade diese Beamten, die zwar die deutsche Sprache beherrschten, denen aber die elsässische Entwicklung der Jahre vor und nach 1918 nur wenig vertraut war, wurden nun mit den massiven Forderungen nach politischer Autonomie konfrontiert, die von der im Elsaß inzwischen entstandenen ‚Heimatbewegung' vorgebracht wurden. In ihren Augen vertrat diese deutschsprachige politische Gruppierung nichts anderes als blanken Separatismus – eine Fehlwahrnehmung, die sie auch nicht korrigieren konnten, weil sie keineswegs mit allen gesellschaftlichen Gruppen offene Gespräche führten.

Die Schwierigkeiten der französischen Politik im Elsaß in den zwanziger Jahren waren deshalb weitgehend selbstgemacht. In Prinzipienfragen elsässischer Politik, wie etwa der Zweisprachigkeit und dem Verhältnis von Kirche und Staat, nahmen die französischen Regierungen eine feindliche oder unklare Haltung ein, und zudem hatte die Rückkehr zu Frankreich dem Elsaß eine langsam und ineffizient arbeitende zentralistische Verwaltung gebracht. Außenstehende französische Beobachter erkannten diese für die Reintegration des Elsaß problematische Situation durchaus – aber gegen ihre Warnungen immunisierte sich die Verwaltung ebenso wie gegen die ‚Heimatbewegung' mit dem *argument boche*, mit der These, alle diese Forderungen seien auf deutsche Einmischung zurückzuführen und schon deshalb kategorisch abzulehnen. Demzufolge sah man 1929 in der Wahl eines deutschsprachigen Kommunisten zum *Maire* von Strasbourg auf Grund der Stimmen auch der deutschsprachigen Katholiken nichts anderes als den Höhepunkt einer gemeinsame Verschwörung von Berlin, Moskau und dem Vatikan gegen die Republik. So wie in diesem extremen Fall verstellte das außenpolitische Pseudo-Argument von deutschem Geld und deutschen Intrigen immer wieder den selbstkritischen Blick dieser Verwaltung auf die eigenen Normen und die eigene Praxis.

V. Langfristig wirkende Normvorstellungen der politischen Kultur: Die Schwierigkeiten bei der Umsetzung der undeutlichen Werte der Dritten Republik

Die französische Dritte Republik lebte im langfristigen Blick auf ihre Normenwelt in einer stark ideologisierten politischen Kultur voller widersprüchlicher Normvorstellungen. Unter Berufung auf ‚die Republik' konnte man die Unbedingtheit und die Entscheidungsoffenheit parlamentarischer Souveränität ebenso begründen wie den Herrschaftsanspruch einer starken Exekutive, die um den Präsidenten der Republik zentriert und dem Modell eines konstitutionellen Monarchen nachgebildet sein sollte. Schon wegen der rudimentären Dunkelheit ihrer auf das notwendigste Organisatorische beschränkten Verfassungsgesetze gab es mehrere Ideologien von ‚der Republik'. Die darin begründete Doppeldeutigkeit in großen wie in kleinen Fragen bot der Bürokratie wenig Hilfestellung für die konkrete Regelumsetzung bei der Reintegration des Elsaß.

So konnte man sich als ‚Republikaner' einerseits, wie Millerand es tat, dafür einsetzen, Besonderheiten aus der deutschen Rechtsetzungs- und Verwaltungstradition zu erhalten und sogar für Frankreich als Ganzes zu übernehmen; man konnte andererseits ebenso gut, wie Jeanneney es hielt, in der *assimilation* der elsässischen Rechtsverhältnisse das einzig Gegebene sehen. *Assimilation* bedeutete dabei nicht etwa eine teilweise, allmähliche Anpassung, sondern eine klar zentralistische Rechtsvereinheitlichung, wie die Verwendung dieses Begriffs in der französischen Kolonialpraxis derselben Zeit zeigt.[8]

Man konnte ferner Frankreich in ‚republikanischer' Tradition einerseits als politische Willensnation konstituieren, als das von Ernest Renan (1823–1892) beschworene ‚alltägliche Plebiszit', andererseits aber die Frage, wer im Elsaß zu dieser französischen Nation gehören sollte, noch v o r der Ausschreibung der ersten Wahlen von oben entscheiden – nach dem nicht-politischen und an sich die deutsche politische Kultur kennzeichnenden Kriterium der Abstammung. Ergebnis dieser unter Jeanneney und Maringer vorgenommenen nationalen *triage* oder Einteilung der Ende 1918 im Elsaß lebenden Bevölkerung nach ihrem Geburtsort war, daß die meisten altdeutschen Zuwanderer auf einen minderen Rechtsstatus beschränkt oder gar vertrieben wurden. Wer aber von den Altdeutschen zur Annahme der französischen Staatsangehörigkeit berechtigt (etwa auf Grund einer Ehe mit einem Elsässer oder einer Elsässerin) und bereit war, blieb in der Praxis dennoch weiter als *boche* verdächtig – und wurde aus nationalpolitischem Mißtrauen ebenso wie der Elsässer Albert Schweitzer (1875–1965), der sich durch deutschsprachige Predigten verdächtig gemacht hatte, polizeilich überwacht.

Schließlich gehörte zu den faktischen, doch nicht in den Verfassungsgesetzen verankerten Grundnormen ‚der Republik' seit einer sehr knappen Gesetzesentscheidung des Parlaments im Jahre 1905 der Laizismus, also die weitestgehende Trennung von Staat und Kirche, katholischer Kirche vor allem. Man konnte in dieser *séparation* das Kernstück der Werteordnung einer freiheitlichen ‚Republik' sehen, die bewußt vor dem Gewissen des einzelnen Halt machte und so gerade die Atheisten vor öffentlichen ‚Zumutungen' einer Kirche schützen wollte; man konnte darin aber auch die Verletzung jahrhundertealter, wohlerworbener und im napoleonischen Konkordat freiwillig besiegelter Rechte der Kirchen erkennen und bekämpfen. Zwar beanspruchten seine Befürworter für den Laizismus sogar verfassungsmäßigen Charakter, doch blieb er politisch weiter umstritten. Unter der Oberfläche des einen Wortes ‚Republik' bestand in der Dritten Republik, wie diese besonders auf das Elsaß bezogenen Beispiele zeigen, ein hohes Maß an Ambiguität hinsichtlich der mit ihm verbundenen konkreten Normvorstellungen.

---

[8] Vgl. *Martin Deming Lewis*, One hundred million Frenchmen: The ‚assimilation' theory in French colonial policy. In: Comparative Studies in Society and History 4 (1961/62), S. 130-153.

Diese im Untergrund der politischen Kultur miteinander konkurrierenden Werthaltungen lagen quer zu den offenkundigen Parteibindungen; auch innerhalb von Regierungen derselben politischen Grundhaltung gab es deshalb bei der Ausgestaltung der *séparation* ein stetes Hin und Her in Einzelfragen. An die Stelle einer politischen Führung der Verwaltung konnte daher ihr Ausgeliefert-Sein an die Zufälligkeit der persönlichen Vorlieben von Politikern, der Minister, Senatoren und Abgeordneten treten. Deren jeweiliges Verständnis von ‚der Republik' und ihren Normen war nicht kalkulierbar – aber die Verwaltung war von ihnen in hohem Maße abhängig. In der Verknüpfung der Undeutlichkeit ihrer Grundwerte mit der hohen Bedeutung persönlicher Protektionsbeziehungen – in beide Richtungen – lag das eigentliche Problem der administrativen Verfaßtheit der Dritten Republik überhaupt, das die Einhaltung einer eindeutigen politischen Linie oftmals sehr erschwerte.

VI. Langfristige Strukturen der Praxis: Der Übergang zu einer anderen Verwaltungs‚mentalität' und das Aufbegehren der Verwalteten im Elsaß dagegen

Natürlich machten sich immer wieder einige der neu ins Elsaß gekommenen französischen Beamten Gedanken darüber, was ihre Art des Vorgehens von dem bis 1918 üblichen der deutschen Verwaltung unterschied. Als ein Schlüsselwort für dieses Selbstbild findet sich in den französischen Akten immer wieder *souplesse* – Schmiegsamkeit und Anpassungsfähigkeit. Ganz anders erlebte dagegen die elsässische Bevölkerung die neue französische Verwaltung im Vergleich zur alten deutschen, nämlich als einen hochbürokratisierten und anonymen Apparat, in dem ein exzessiver Formalismus herrschte und alle Entscheidungen verschleppt wurden.

Trotz ihres scheinbaren Widerspruchs belegen Selbstbild und Fremdbild eine konsistente These über die damalige, für das Elsaß neuartige französische Verwaltungs‚mentalität'. Da Frankreich nicht den arbeitsrechtlichen Status eines Beamten auf Lebenszeit im deutschen Sinne kannte und kennt, waren die Mitarbeiter der französischen Verwaltung normale Angestellte. Wie diese waren sie kündbar, und es gab weder die in Deutschland üblichen regelmäßigen Gehaltserhöhungen nach Dienstalter noch den Schutz vor willkürlicher Maßregelung durch ein breit ausgebautes besonderes Disziplinarrecht. Staatsangestellte in Frankreich waren auf diese Weise viel stärker als Beamte in Deutschland vom Wohlwollen und der Gunst ihrer Vorgesetzten abhängig. Gerade auf unterer Ebene, etwa in den Präfekturen in Strasbourg oder in Colmar, scheute man deshalb immer wieder eigene Entscheidungen und überließ sie stattdessen den Ministerien in Paris, wo man jedoch mit den lokalen Verhältnissen nicht vertraut war. Um nichts falsch zu machen, achtete man deshalb in Paris im Normalfall vor allem auf die Formalia, z. B. die vorgeschriebene Anzahl beglaubigter Abschriften eines Gemeinderatsbeschlusses. Fehlte da eine, bedeutete das auf dem langwierigen Dienstweg von einer elsässischen Gemeinde nach Paris und zurück eine Verzögerung der Entscheidung um mindestens ein Jahr. Wiederholte derartige Erfahrungen prägten daher das negative Bild der Elsässer von ihrer neuen Verwaltung.

Nun gab es aber nicht nur solche Normalfälle der alltäglichen bürokratischen Praxis. Gerade die französische Verwaltung hatte einen weiten Spielraum für arbiträre Entscheidungen, und der schwang in ihrem Selbstbild von der *souplesse* mit. Sie fand ihre Kriterien etwa im Bezug auf die höhere Gerechtigkeit der *équité* oder auf das Votum einer *ad hoc* gebildeten Kommission, auch wenn diese nicht wie das Parlament den souveränen Willen des Volkes vertrat, sondern nur mehr oder weniger berechtigte Interessen ‚repräsentierte'. Schließlich war diese Geschmeidigkeit der Verwaltung oft auch das Ergebnis von komplementären Patronageverhältnissen der Staatsangestellten mit lokalen politischen Notabeln. Abgeordnete konnten auf die Minister Einfluß nehmen und durch Empfehlungen, die einen wesentlichen Bestandteil jeder Personalakte dieser Zeit ausmachen, eine Karriere befördern. Abgeordnete wollten aber auch wiedergewählt werden, und dabei konnte ihnen die Verwaltung durch ‚richtige' Entscheidungen helfen. Die Intervention von Parlamentariern in das konkrete Handeln der Exekutive – im Rahmen des ihr von der *souplesse* gegebenen Spielraums – war in der Dritten Republik so weit institutionalisiert, daß alle Abgeordneten zu diesem Zweck vorgedruckte Briefformulare benutzten, in die sie nur noch den Adressaten in der Verwaltung, die zu begünstigende Person und deren konkretes Anliegen eintragen mußten.

Die Normen eines emphatischen Verständnisses von Grundwerten der ‚Republik' und der politische Alltag der vielfachen Patronagebeziehungen klafften auf diese Weise weit auseinander. Das verschleiernd-rechtfertigende Selbstlob der *souplesse* auf seiten der Verwaltung war ein Gegenstück zum Mythos vom *élu*, dem ‚vom Volke' Gewählten, auf seiten der Wähler und Gewählten. Während man in deutscher Tradition gerade im Beamten die Instanz sehen wollte, die neutral am gemeinen Besten ausgerichtet handelte, wurde diese positive Funktion in Frankreich viel mehr dem *élu* zugeschrieben, sei er nun ein bedeutender Abgeordneter oder ein unbedeutender Gemeinderat. Als gewählter Vertreter des ganzen Volkes schien der *élu* grundsätzlich den allgemeinen Willen zu vertreten, die *volonté générale*; daß er auch in einem individuellen Interessenbündnis mit der Verwaltung stand, trat dahinter zurück.

Diese fundamentale Politisierung der französischen Verwaltung war kein Thema, das von den Zeitgenossen besonders wahrgenommen wurde; gerade das elsässische Beispiel vermag das zu zeigen. Für den schwankenden und inkonsistenten Umgang der neuen französischen Verwaltung mit dem Elsaß seit 1918 gab weniger die gerade der Dritten Republik angelastete Übermacht von Parlament und Parteien den Ausschlag als vielmehr die fortwährende untergründige Auseinandersetzung um Werte und Leitprinzipien der Dritten Republik, über die zwischen den Lagern und in den Lagern eben doch kein Konsens bestand. Die vorgängige Bindung der Funktionäre an eine außenpolitisch und national bestimmte Politik erklärt viele schiefe und voreingenommene Wahrnehmungen der sozialen Realität des Elsaß.

Die elsässische Autonomiebewegung verzichtete zwar ausdrücklich auf die Forderung nach Separation des Landes von Frankreich; ihr Verlangen nach einer Form von begrenzter ‚Selbstverwaltung' aber und nach Fortgeltung von Recht aus deutscher Zeit wurde in der elsässischen Bevölkerung breit unterstützt angesichts der Schwierigkeiten der französischen Verwaltung bei der Transformation des 1918 Vorgefundenen. Dies alles läßt stark zögern, von einer gelungenen Integration des Elsaß und der Elsässer in das politische und administrative System der Dritten Republik zu sprechen. Erst die Schrecken der nationalsozialistischen Diktatur haben die Elsässer zu Franzosen werden lassen.

VII. Geschichtswissenschaft und Verwaltungswissenschaften

Worin nun, bleibt abschließend zu fragen, kann umgekehrt ein spezifischer Beitrag der geschichtswissenschaftlichen Forschung zum Dialog mit den Verwaltungswissenschaften bestehen? Wie historisches Arbeiten Fragestellungen, Begriffe und Einsichten aus den Nachbarfächern, auch den verwaltungswissenschaftlichen, aufgreift und rezipiert, so vermag die Geschichtswissenschaft ihrerseits in die anderen Fächer zurückzuwirken. Insbesondere kann sie den Verwaltungswissenschaften, die Theorie und Praxis eng miteinander verbinden, drei grundlegende Einsichten nahebringen:

– Die Komplexität von Situationen im staatlich-gesellschaftlichen Leben kann nicht hoch genug veranschlagt werden (wie hier z. B. in der Vernetzung klassisch ‚innenpolitischer' Verwaltung mit Außenpolitik deutlich wurde); ein Blick in die Geschichte kann das Bewußtsein dafür schärfen, daß konkretes Handeln ‚unerwartete' Folgen an ganz entfernter Stelle haben kann.

– Solche Situationen weisen ein beträchtliches Maß an Offenheit auf; es gibt Alternativen, die auf ganz andere Pfade der Entwicklung führen können (wie hier z. B. die gegensätzlichen Personalentscheidungen an den ‚Wendepunkten' im November 1918 und im März 1919 zeigten); ein Blick in die Geschichte kann vom Glauben an die Vorbestimmtheit des Handelns und die Unveränderbarkeit der Welt befreien.

– Aus dem Abstand, im Rückblick des Historikers auf solche komplexen und offenen Situationen wird deutlich, wie verschieden die Motive, Absichten und Ziele der Beteiligten waren – und wie leicht sie falsch wahrgenommen wurden (hier führten eigene Prägungen besonders ab 1925 zu einer verkürzten Wahrnehmung der anderen); längerfristig erfolgreiches Handeln bedarf des steten Bemühens um einen unvoreingenommenen Blick auf das, was den anderen wichtig und ernst ist.

Drei Welten der Verwaltungsmodernisierung

Von Klaus König

I. Bürokratie als moderne Verwaltung

Für das Konzept der Moderne kann man vieles in Anspruch nehmen: Säkularisierung, Demokratisierung, Industrialisierung, Naturbeherrschung. Seit Max Weber den Prozeß der historischen Unterscheidung von Religion, Politik, Recht, Wirtschaft analysiert hat, ist indessen zu verstehen, daß die funktionale Differenzierung in relativ unabhängige Subsysteme und Sphären des Handelns zusammen mit deren Rationalisierung dieser Bereiche nach jeweils eigenen Prinzipien die Moderne grundlegend bestimmt[1]. Damit kommt sogleich die öffentliche Verwaltung ins Blickfeld, wie sie als Typus der Bürokratie charakterisiert worden ist: mit generell geordneten behördlichen Zuständigkeiten, Amtshierarchie, Amtsbetrieb, Regelbindung, Berufsbeamtentum usw., und wie sie als „nach allen Erfahrungen, die an Präzision, Stetigkeit, Disziplin, Straffheit und Verläßlichkeit, also: Berechenbarkeit für den Herrn wie den Interessenten, Intensität und Extensität der Leistung, formal universeller Anwendbarkeit auf alle Aufgaben, rein technisch zum Höchstmaß der Leistung vervollkommnebare, in all diesen Bedeutungen: formal rationalste, Form der Herrschaftsausübung" bezeichnet worden ist[2].

Die öffentlichen Bürokratien sind so eine der Säulen der modernen Gesellschaft. Sie füllen den überwiegenden Teil des Staates aus, der mit dem „big government" auch in der Neuen Welt zum guten Teil Verwaltungsstaat geworden ist[3]. Der enge Zusammenhang in der Entstehungsgeschichte von Nationalstaat – hier als politischer Begriff – und öffentlichen Bürokratien hat dazu geführt, daß wir heute die öffentliche Verwaltung eben als französische, schwedische, U.S.-amerikanische usw. begreifen und vergleichen. Das gilt im Ergebnis ebenfalls für den deutschen Fall, weil die Einheitsbildung gleichlaufenden Entwicklungen in Strukturen und Funktionen preußischer, sächsischer, bayerischer usw. Bürokratien folgen konnte – was das Beibehalten regionaler Eigenarten der Verwaltungstradition nicht ausschließt[4].

---

[1] Vgl. *Richard Münch*, Die Struktur der Moderne, 1984.

[2] Vgl. *Max Weber*, Wirtschaft und Gesellschaft, 4. Aufl., 1956, bes. S. 124 ff., 813 ff.

[3] Vgl. *Dwight Waldo*, The Administrative State, New York 1948.

[4] Vgl. *Klaus König*, System und Umwelt der öffentlichen Verwaltung, in: Klaus König / Hans Joachim von Oertzen / Frido Wagener (Hrsg.), Öffentliche Verwaltung in der Bundesrepublik Deutschland, 1981, S. 13 ff.

Auch die zunehmende Internationalisierung der öffentlichen Verwaltung hat daran nichts geändert. Selbst bei der supranationalen Integration in Europa geht es um die Ausweitung nationaler Verwaltungsmuster, und die zunehmenden transnationalen Verwaltungsverflechtungen reflektieren eigenständige Befugnisse, wie sie im arbeitsteiligen, dezentralisierten und dekonzentrierten Staat Institutionen territorialer und sektoraler Verwaltung zugewachsen sind[5].

Zwischen bürokratischem Grundzug westlicher öffentlicher Verwaltungen und jeweiliger nationalstaatlicher Ausprägung lassen sich gewisse politisch-kulturelle Gemeinsamkeiten im angelsächsischen Raum einerseits und in Kontinentaleuropa andererseits ausmachen, die es erlauben, entsprechend zwischen Civic Culture-Administration und klassischem Verwaltungssystem zu unterscheiden[6]. Kontinentaleuropäische Verwaltungen wie die Frankreichs und Deutschlands kann man als klassische Verwaltungssysteme bezeichnen, weil bei ihnen die mit der Moderne geschaffene bürokratische Leistungsordnung über alle politischen Instabilitäten und Veränderungen weg bis heute erhalten geblieben ist. Sie haben Regimewechsel von Monarchie, Republik, Diktatur, Demokratie überstanden und mußten in Zeiten des Zusammenbruchs die Lasten öffentlichen Handelns tragen. Kann man zu den klassischen Verwaltungssystemen sagen, daß die Bürokratie älter als die Demokratie ist, so wurde die Entwicklung öffentlicher Bürokratien in Ländern der Civic Culture-Administration wie Großbritannien und den Vereinigten Staaten von vornherein durch das politische Regime bestimmt, dessen historische Kontinuität sich bis auf den heutigen Tag fortgesetzt hat[7]. Diese Regimes ermöglichten öffentliche Verwaltungen, setzten ihre Grenzen und festigten die Beziehung auf die fortdauernde demokratisch-partizipative Ordnung einer bürgerschaftlichen Kultur. Das bedeutet nicht, daß die öffentlichen Bürokratien keine Eigendynamik entfaltet hätten. Beamte versuchen nun einmal, bürokratische Werte ins Spiel zu bringen. Aber es gab keine historischen Instabilitäten, in denen die öffentliche Verwaltung gleichsam auf eigene Rechnung weiter funktionieren mußte. Die parteipolitischen Regierungskonstellationen wechselten. Das politische Regime behielt die Kontrolle über die öffentliche Verwaltung, wie bürokratisch diese auch jeweils war. Diese permanente Dominanz des Politischen über die öffentlichen Bürokratien entspricht den gesellschaftlichen Wertvorstellungen einer bürgerschaftlichen Kultur, während der Kontinentaleuropäer durchaus erfahren konnte, daß es historische Situationen gibt, in denen man von der Verwaltung etwas erwarten kann, was die Politik nicht zu leisten in der Lage ist, etwa eine Grundversorgung in Zeiten politischer Wirren[8].

---

5 Vgl. *Klaus König*, Internationalität, Transnationalität, Supranationalität – Auswirkungen auf die Regierung, in: Hans-Hermann Hartwich/Göttrik Wewer (Hrsg.), Regieren in der Bundesrepublik V, 1993, S. 80 ff.

6 Vgl. *Ferrel Heady*, Public Administration – A comparative Perspective, 5. Aufl., New York/Basel/Hong Kong 1996.

7 Vgl. *Richard J. Stillman*, Preface to Public Administration: A Search for Themes and Direction, New York 1991, S. 19 ff.

Die anglo-amerikanischen Kontinuitäten machen zunächst die Werte des politischen Regimes zu Identifikationsmustern öffentlicher Bürokratien. Der „Diener der Krone" ist eine auch die Gefühle ansprechende Formel hierfür. In kontinentaleuropäischen Ländern mußte demgegenüber für eine weiter funktionierende öffentliche Verwaltung eine identitätstiftende Vorstellung gefunden werden, die über die historische Lage von Monarchien, Republiken, Diktaturen, Demokratien hinausreichte. Es mußte eine regulative Idee zur Geltung gebracht werden, in der sich das politische System jenseits jeweiliger politischer Regime selbst beschreibt. Diese regulative Idee ist die des Staates. Entsprechend heißt es, daß der Beamte „Diener des Staates" ist. Dieses Regulativ des Staates ist zunächst eine öffentlichen Bürokratien durchaus kongeniale Idee. Sie kann sich aber historisch als riskant erweisen. Denn der Mißbrauch des Staates ist dann auch der seiner Diener. So bedarf die regulative Idee des Staates einer schützenden Ergänzung. Sie wurde in der Kategorie des Rechtsstaates gefunden. Heute sind freilich auch in Deutschland Rechtsstaatlichkeit und Demokratie eng verknüpft.

Diese demokratische Entwicklung zusammen mit ihrer Stabilisierung hat es mit sich gebracht, daß die politisch-kulturelle Differenz zwischen Civic Culture-Administration und klassischem Verwaltungssystem nicht mehr so stark im Vordergrund der Unterscheidung zwischen öffentlichen Verwaltungen jenseits des Kanals und auf dem Kontinent steht. Heute kann man eher manageriale und legalistische Bürokratien einander gegenüberstellen. Die kontinentaleuropäischen Länder zeichnen sich dadurch aus, daß das Recht auch angesichts gewandelter Anforderungen einer komplexen Umwelt seinen Vorrang als Steuerungsmedium der öffentlichen Verwaltung bewahrt hat[9]. Neben anderem mehr fördert eine eigene Verwaltungsgerichtsbarkeit die wirkliche Maßgeblichkeit vernunftrechtlich interpretierter Gesetze für Staat und Bürger. Die legalistische Bürokratie wird dadurch personell abgestützt, daß am Berufsbeamtentum als eigener Profession in öffentlichen Angelegenheiten festgehalten wird und Kenntnisse und Fertigkeiten auf dem Gebiet des öffentlichen Rechts den Sachverstand dieser Profession stark prägen.

In der U.S.-amerikanischen Verwaltung hat sich seit langem eine Affinität zum Managerialismus herausgebildet. Die historischen Linien reichen vom Taylorismus über Höhepunkte in Wissenschaft – The Papers on the Science of Administration (Luther Gulick) – und Praxis – Report of the Brownlow Committee[10] – bis zu heutigen „unternehmerischen" Managementlehren eines „Reinventing Government"[11] und Managementpolitiken eines „Creating a Government that works better and

---

[8] Vgl. *Werner Thieme*, Wiederaufbau oder Modernisierung der deutschen Verwaltung, in: Die Verwaltung 1993, S. 353 ff.; *Thomas Ellwein*, Geschichte der öffentlichen Verwaltung, in: König / von Oertzen / Wagener (Hrsg.), S. 37 ff.

[9] Vgl. *Sabino Cassese*, Le basi del diritto amministrativo, secondo edizione, Torino 1991.

[10] Vgl. *Howard McCurdy*, Public Administration: A Synthesis, Menlo Park Cal. 1977.

[11] Vgl. *David Osborne / Ted Gaebler*, Reinventing Government: How the entrepreneurial spirit is transforming the public sector, Reading, Mass. 1992.

costs less"[12]. Der Satz „That the study of administration should start from the base of management rather than the foundation of law"[13] ist durchaus aktuell für die Meinungsführung zum höheren Verwaltungsdienst, die nach der Selbstbeschreibung einer „global professional technocracy" Ausschau hält[14]. Auch in Großbritannien scheint man mit der Administrative class[15] die alte Whitehall-Sprache öffentlicher Verwaltung aufzugeben. Von einem eigenen Bildungskern der Professionalisierung für öffentliche Angelegenheiten ist man in dieser Zivilgesellschaft ohnehin nicht überzeugt[16]. So zieht die Terminologie eines „New Public Management" in die britischen Diensträume[17] und in den angelsächsischen Raum ein[18].

Ob aber nun Legalismus oder Managerialismus: die öffentlichen Bürokratien okzidentaler Prägung werden auf der Schattenseite der Moderne angesiedelt. Bücher, die „Das Unbehagen in der Modernität"[19] ausdrücken, füllen Bibliotheken. Die öffentlichen Bürokratien sind immer dabei: in der Kulturkritik als der Entfremder, in der Demokratiekritik als übermächtige Apparate, in der Pluralismuskritik als Teil des Machtdreiecks von partial orientierter Politik, organisierter Interessenvertretung und Spitzenbürokratie, in der Kapitalismuskritik als Unterdrückungsinstrument der wirtschaftlich herrschenden Klasse usw. bis hin zur Kritik der Risikogesellschaft, bei der es nicht zuletzt um politisch-administrative Selbstgefährdungen geht[20]. Schließlich ist die bürokratische Herrschaft durchaus geeignet, in die Mitte von Studien zur Interpretation der fortschreitenden Industriegesellschaft gerückt zu werden[21]. Am Ende verselbständigt sich dann in der öffentlichen Meinung eine Idee der Verdrossenheit über die öffentliche Verwaltung. Diese Idee variiert in Ort und Zeit: schärfer in den Vereinigten Staaten des Reaganismus und

---

[12] Vgl. Vice President *Al Gore*, Report of the National Performance Review, Washington DC 1992.

[13] Vgl. *Leonard D. White*, Introduction to the Study of Public Administration, 4. Aufl., New York 1955, S. XVI.

[14] Vgl. *Stillman*, S. 77 ff.

[15] Vgl. *Nevil Johnson*, Der Civil Service in Großbritannien: Tradition und Modernisierung, in: Die Öffentliche Verwaltung 1994, S. 196 ff.; *Butler, Robin*, The Evolution of the Civil Service – a Progress Report, in: Public Administration 1993, S. 395 ff.

[16] Vgl. z.B. The Civil Service-Reform, Report of the Committee 1966–68, Chairman: Lord Fulton, London 1968.

[17] Vgl. *Frederick Ridley*, Die Wiedererfindung des Staates – Reinventing British Government – Das Modell einer Skelettverwaltung –, in: Die Öffentliche Verwaltung 1995, S. 574.

[18] Vgl. *Klaus König*, „Neue" Verwaltung oder Verwaltungsmodernisierung – Verwaltungspolitik in den neunziger Jahren, in: Die Öffentliche Verwaltung 1995, S. 349 ff.

[19] Vgl. *Peter L. Berger / Brigitte Berger / Hansfried Kellner*, Das Unbehagen in der Modernität, 1975.

[20] Vgl. *Ulrich Beck*, Risikogesellschaft. Auf dem Weg in eine andere Moderne, 1986; *ders.* (Hrsg.), Politik in der Risikogesellschaft: Essays und Analysen 1991.

[21] Vgl. *Wolfgang Schluchter*, Aspekte bürokratischer Herrschaft – Studien zur Interpretation der fortschreitenden Industriegesellschaft, 1972.

im Großbritannien des Thatcherismus, milder im vereinigten Deutschland, wo das klassisch-europäische Verwaltungssystem der Bundesrepublik mit staatlicher Fusion und Transformation der realsozialistischen Kaderverwaltung auf ostdeutschem Boden eine harte Bewährungsprobe bestand und den Vergleich etwa mit der realen Dynamik der Marktwirtschaft auf ostdeutschem Boden durchaus aushalten konnte.

Die Verwaltungsverdrossenheit kann mit bestimmten Fehlleistungen der öffentlichen Bürokratien, also mit Formalismus, Unpersönlichkeit, Geheimniskrämerei usw. in Verbindung gebracht werden. Wo sie aber zum Überbauphänomen wird, geht es nicht mehr um die weitere Operationalisierung des Bürokratismus als Dysfunktionen einer sozialen Handlungssphäre, sondern um ein jederzeit abrufbares Vorurteil – vom Fernsehinterview bis zum Fachaufsatz –, das sich von den alltäglichen Erfahrungen mit der öffentlichen Verwaltung fernhält. Es ist zu vermuten, daß Behörden bei den nivellierenden Tendenzen westlicher Wohlfahrtsstaaten und westlicher Konsumgesellschaften nicht viel besser und nicht viel schlechter sind als Kaufhäuser, Gaststätten, Wohlfahrtsorganisationen, Vereinslokale usw. Und in der Tat schneiden öffentliche Verwaltungen bei konkreten Befragungen in den USA wie in Deutschland in der Zufriedenheit ihrer Klientel nicht schlecht ab, bis hin zu guten Noten für eine Großstadtverwaltung in Arizona oder eine Kreisverwaltung in Nordhessen. Das ändert nichts daran, daß bei unspezifischen Fragen der Bürokratieverdruß in den Vordergrund rückt.

Inzwischen scheint auch die Verwaltungswissenschaft diese Bürokratiekritik in einer Weise internalisiert zu haben, daß ihr der Bürokratiebegriff als Verständnis einer spezifischen sozialen Leistungsordnung in öffentlichen Angelegenheiten verlorenzugehen scheint. Wenn auf einem der beliebten internationalen Entbürokratisierungskongresse ein afrikanischer Professor die Entwicklung von öffentlichen Bürokratien auf seinem Kontinent fordert, dann kann es geschehen, daß er nicht Widerspruch, sondern eben Unverständnis erntet, weil von vielen nicht begriffen wird, daß er damit Regelbindung für die Herrschenden wie für die Beherrschten, feste Zuständigkeitsordnung gegen Amtswillkür, Professionalismus in öffentlichen Angelegenheiten usw. verlangt. Vielfach ist unklar, daß der Idealtypus der Bürokratie aus Erfahrungsmaterial gewonnen worden ist, das aus der historischen Wirklichkeit, insbesondere der der preußischen Verwaltung, entnommen ist. Aber man könnte sich zu entsprechenden empirischen Befunden auch auf Österreich oder Frankreich beziehen.

Losgelöst von der Verwaltungsgeschichte wird Bürokratie zu einem Modell von unklarem metatheoretischen Status, das hauptsächlich als Hintergrund von politisch-administrativen Fehlleistungen für bessere Lösungsvorschläge, wenn nicht dem „One Best Way", dient. Normativ-präskriptive Modelle werden entworfen, mit denen der Verwaltung vorgezeichnet wird, wo ihre „unbürokratische" Zukunft liegt. Der festen Zuständigkeitsordnung steht das Modell fließender Kompetenzen gegenüber, und zwar in Richtung auf Personen, die die Fähigkeit haben, das Problem zu lösen. Den geschriebenen Formalregeln wird das Modell „dialektischer" Organisation vorgehalten, die sich an die jeweilige Situation anpaßt. Der Hierarchie der Ämter wird ein Modell nicht-hierarchischer Organisation gegenübergestellt, in dem man ohne Aufsichtsführung auskommt usw.[22]

In ihrer Zuwendung zum Erfahrungsgegenstand der öffentlichen Verwaltung hat die Verwaltungswissenschaft nicht nur erfahrungswissenschaftliche, sondern auch rationalwissenschaftliche und normativwissenschaftliche Erkenntnisinteressen[23]. Vielerorts findet sie ihren Rückhalt gerade darin, daß sie sich zusammen mit der Verwaltungsreformpraxis auf die Suche nach der „rationality of administrative man" begibt. Die Nützlichkeit in den Konsequenzen für das Verwaltungsleben wird dann zum Maßstab, wenn man sich präskriptiv vorwagt. Der nordamerikanische Pragmatismus hat dafür die Bewährungsformel der „power to work"[24]. Nur ist die öffentliche Verwaltung kein soziales Experimentierfeld für die Frage, ob wissenschaftliche Arbeit sich in praktisches Handeln umsetzen läßt. Gerade Modelle der „unbürokratischen" Verwaltung bedürfen der wissenschaftlichen Vorprüfung. So hätte man zur „Dialectical Organization" als Alternative zur Bürokratie[25] wohl von vornherein klären können, daß die strikte Integration von Klienten in eine Organisation nicht funktionieren kann, weil damit versucht wird, die Grenzen zwischen sozialem System und seiner Umwelt außer Kraft zu setzen. So machte man im Falle einer Sozialverwaltung die Erfahrung des Scheiterns, weil man nicht mehr mit knappen öffentlichen Mittel umgehen konnte. Das lag nicht einfach daran, daß die Dotierungsinstanz Finanzmittel nur an eine Sozialbehörde mit solidem Programm zuweisen wollte. Die Behörde selbst mußte sich vor unbegründeten Sozialansprüchen schützen. Die einschlägigen Mechanismen versagten, weil die Differenzierung zwischen Geber- und Nehmerseite aufgegeben war.

II. Transformation der Kaderverwaltung

Die öffentlichen Bürokratien der westlichen Moderne sind nicht die ersten sozialen Institutionen, denen man den Namen der Verwaltung geben kann. Schon in den alten Hochkulturen zeichnete sich die Erledigung öffentlicher Angelegenheiten dadurch aus, daß sie durch Urkundenwesen, Regelbindung, Amtspersonen gekennzeichnet war. Nicht nur von seiner Kontinuität über die Jahrhunderte und der Eigenart des öffentlichen Dienstes her, sondern wegen seiner ideologischen Relevanz bis zum heutigen Tage ragt die chinesische Verwaltungskultur aus der Geschichte hervor[26]. Die Dominanz der okzidentalen Welt in der Neuzeit hat es aber mit sich

---

[22] Vgl. *McCurdy*, S. 349.

[23] Vgl. *Klaus König*, Erkenntnisinteressen der Verwaltungswissenschaft, Berlin 1970.

[24] Vgl. *Klaus König*, Zum Standort der Verwaltungswissenschaft, in: Die Öffentliche Verwaltung 1990, S. 305 ff.

[25] Vgl. *Orion White*, The Dialectical Organization: An Alternative to Bureaucracy, in: Public Administration Review 1969, S. 35 ff.

[26] Vgl. *Heady*, Public Administration.

gebracht, daß man diese insbesondere in der Reflexion traditionaler Kulturen als erste Welt bezeichnet. Die politische Entwicklung der Nationalstaaten und deren weiterer Weg als Verwaltungsstaaten erlauben es, in diesem Sinne auch von einer ersten Verwaltungswelt zu sprechen.

Daß es demgegenüber neben traditionalen Gesellschaften und Abweichungen im Einzelfall eine insbesondere politisch-ökonomisch definierte zweite Welt, und dann wegen der Bedeutung des Administrativen in ihr eine zweite Verwaltungswelt gab und nachwirkend gibt, wurde spätestens dann unübersehbar, als das Herrschaftssystem des realen Sozialismus in einer Blockbildung sich bis in die Mitte Europas ausdehnte und dort die moderne Gesellschaftsordnung einschließlich ihres klassischen Verwaltungssystems verdrängte. Selbst ein Kernland moderner Bürokratiebildung wie Preußen wurde davon ergriffen. Hatte schon der Nationalsozialismus die rechtsstaatliche Verwaltung deformiert – ohne freilich wegen der ideologischen Schwäche des Führerstaates etwas Neues dagegensetzen zu können[27] –, so sollte nunmehr die öffentliche Bürokratie in ihren Wurzeln aus dem ostdeutschen Boden herausgerissen werden. Der Befehl Nr. 66 vom 17. September 1945, mit dem die Sowjetische Militäradministration für ihre Besatzungszone das Deutsche Beamtengesetz von 1937 aufhob, stand als politisches Symbol dafür.

Sieht man auf die marxistische Interpretation der bürokratischen Apparate als Unterdrückungsinstrument der ökonomisch herrschenden Klasse, so hätte ideologisch jede weitere Instrumentalisierung ausgeräumt werden können, indem man statt der Verwaltung durch die Verwalter eine Verwaltung durch die Verwalteten selbst propagiert hätte. Dafür kann man sich mit dem Rätemodell auf ein entsprechendes Organisationskonzept stützen, das als Alternative identitär-demokratische Basisgruppen als Aktionseinheiten mit totaler Kompetenz, erforderlicherweise Delegation an stufenförmig aufgebaute Räte, dann imperatives Mandat, Ämterrotation usw. vorsieht. Jenseits von revolutionären Situationen bis zur chinesischen „Kulturrevolution" haben sich rätedemokratische Gedanken nur begrenzt realisieren lassen, etwa in der Arbeiterselbstverwaltung in Jugoslawien oder der Kibbuz-Bewegung in Israel. Am Anfang des realen Sozialismus wurde alsbald offenkundig, daß sich die Arbeit in öffentlichen Angelegenheiten im nationalstaatlichen Maßstab nicht in so schlichten Organisations-, Prozeß-, Personalmustern strukturieren läßt – schon gar nicht bei imperialen Ausmaßen. Der organisations- und technikbewußte Leninismus setzte demgemäß nicht auf die demokratische Basis, sondern auf Vorkämpfer und Wegbereiter: eine „Avantgarde". Was zunächst für die Partei galt, wurde auf Staat und Verwaltung ausgedehnt, die zu einer Kaderverwaltung wurde. Dabei kam es in der Folge in Polen, in Ungarn, in der DDR usw. zu einer Fülle eigener nationalstaatlicher Ausprägungen. Über solche Grenzen hinweg bildete aber die Kaderverwaltung den gemeinsamen Grundtypus[28].

---

[27] Vgl. *Karl Dietrich Bracher* u. a., Die Zeit des Nationalsozialismus 1933–1945, in: Deutsche Verwaltungsgeschichte, Band 4: Das Reich als Republik und in der Zeit des Nationalsozialismus, Teil 2, 1985, S. 635 ff.

Die realsozialistische Verwaltung war durch folgende vier Systemmerkmale gekennzeichnet: Die Verwaltungsaufgaben waren dadurch geprägt, daß der Staat entsprechend der marxistisch-leninistischen Doktrin „Hauptinstrument" der Realisierung des Sozialismus war. Es herrschte ein Etatismus vor, der autonome Lebensbereiche und individuelle Eigeninteressen gegenläufig zum Staat prinzipiell nicht anerkannte. Dieser wurde in eine verwaltete Welt umgesetzt, welche nur wenige soziale Nischen kannte. Die parteiliche Ideologie steckte mit der marxistisch-leninistischen Funktionenlehre des Staates den Rahmen für die Verwaltungsaufgaben ab[29]. Zu diesen Funktionen gehörte insbesondere auch die wirtschaftlich-organisatorische Funktion, weiter die kulturell-erzieherische Funktion und die Funktion der Regelung des Maßes der Arbeit und der Konsumtion. Es war dann der systemorientierte Wille der Partei, der insoweit die jeweilige „historische Mission" des Staates definierte. Dieser wiederum hatte in den derart aufgegebenen Tätigkeitsfeldern die Aufgabenbestände der industriellen Produktion, des Gesundheitswesens, der Schulbildung usw. zu konkretisieren. Dabei wurde nur zu oft das vorgebliche Deduktionsgefüge von Ideologie, Parteibeschluß und Staatsordnung bei der Definition der Verwaltungsaufgaben durch voluntaristische Akte einer stalinistischen Kommandogewalt außer Kraft gesetzt.

Für die Verwaltungsorganisation galt das Prinzip des sogenannten „demokratischen Zentralismus"[30], der in der Realität ein Gradmesser dafür war, wieweit die marxistisch-leninistische Herrschaft von der Partei- und Staatsspitze her durchgesetzt war. Der Staatsorganisation war eine Parteiorganisation übergestülpt, in der sich vom Politbüro und dem Sekretariat des Zentralkomitees an über regionale bis zu lokalen Parteiorganen spiegelbildlich Zuständigkeiten in öffentlichen Angelegenheiten wiederholten, die den Verwaltungen vorgeordnet waren. Das Prinzip des demokratischen Zentralismus ließ weder vertikale noch horizontale Gewaltenteilung zu. Für die territorial nachgeordneten Verwaltungen galt der Grundsatz der doppelten Unterstellung. Dieses Organisationsprinzip bedeutet für die Regional- und Lokalverwaltung, daß die Exekutivorgane sowohl den Volksvertretungen, die sie gewählt hatten, als auch den übergeordneten Exekutivorganen – mithin bis zur Ministerialebene – unterstellt waren. Realsozialistisch erwies sich die Steuerung von oben her als maßgebliches Einflußmuster der doppelten Unterstellung.

Grundkonzept aller Entscheidungsprozesse der realsozialistischen Verwaltung war das der Transmission des Willens der marxistisch-leninistischen Partei durch den Staatsapparat. Es bestand eine Kommandostruktur. Diese prägte die Entscheidungsprozesse. Daran konnte auch das sozialistische Recht, selbst in seiner Ent-

---

[28] Vgl. *Klaus König* (Hrsg.), Verwaltungsstrukturen der DDR, 1986.

[29] Vgl. *Institut für Theorie des Staates und des Rechts der Akademie der Wissenschaften der DDR* (Hrsg.), Marxistisch-leninistische Allgemeine Theorie des Staates und des Rechts, Berlin 1974.

[30] Vgl. *Institut für Theorie des Staates und des Rechts der Akademie der Wissenschaften der DDR* (Hrsg.), Marxistisch-leninistische Staats- und Rechtstheorie, Berlin 1975.

wicklung zum Verwaltungsrecht, prinzipiell nichts ändern. Rechtens konnte ohnehin nur sein, was dem Willen der Arbeiterklasse und ihrer Partei entsprach. Recht war also nichts, was neben oder gar über der Politik stand[31]. Wie das Medium des Rechts erwies sich auch das des Geldes als nicht so zuverlässig, wie man es in öffentlichen Bürokratien gewohnt ist. Staat und Verwaltung waren durch eine Dominanz der Bewirtschaftung materieller Ressourcen über die Geldsphäre gekennzeichnet. Vorrang hatte die Volkswirtschaftsplanung.

Der realsozialistische Staatsapparat wurde im Personellen von Kadern verwaltet. Damit gab es zwar berufsmäßige Verwalter, deren Qualifikation aber politisch-ideologisch definiert wurde. Kader sind nach realsozialistischer Definition Personen, die aufgrund ihrer politischen und fachlichen Kenntnisse und Fähigkeiten geeignet und beauftragt sind, Kollektive von Werktätigen zur Realisierung gesellschaftlicher Prozesse und Aufgaben zu leiten oder als wissenschaftlich ausgebildete Spezialisten an ihrer Realisierung mitzuwirken. An der Spitze des Personalkörpers stand die Nomenklatura, genannt nach Verzeichnissen von Positionen und Funktionen auf allen gesellschaftlichen Gebieten, über deren Besetzung die marxistisch-leninistische Partei entschied. Kader und Nomenklaturisten waren in den Apparaten von Partei, Staat, Wirtschaft, Wissenschaft, Gesellschaft usw. in einer Weise verwoben, daß man sich nicht das Bild einer horizontalen Ausdifferenzierung eines öffentlichen Dienstes machen darf. Demgegenüber fielen vertikale Differenzierung und Hierarchisierung eher scharf aus. Grundqualifikation des Verwaltungskaders war seine politisch-ideologische Eignung. Zwar erschien dann in den sechziger Jahren die fachliche Qualifikation in der Kaderdefinition. Aber es gab von der Ausbildung an Selektionsmechanismen, die die fachliche Qualifikation abschwächten und die politische stärkten[32].

Das Ende des realen Sozialismus hat Wissenschaft und Praxis überrascht. Aus systemischer Sicht konnte man freilich an der historischen Bestandskraft einer marxistisch-leninistischen Verfaßtheit zweifeln[33]. Denn gemessen an den westlichen Ländern bedeutete die Staats-, Wirtschafts- und Gesellschaftsordnung des realen Sozialismus eine funktionale Dedifferenzierung, und wenn man in der funktionalen Differenzierung das Grundmerkmal der Moderne sieht, eben auch eine Gegenmodernisierung. Dabei ist die soziale Umwelt, in der sich solche Ordnungen bewähren müssen, keineswegs einfacher geworden. Das zeigt sich insbesondere im Wirtschaftsleben und seinen Globalisierungen. Eine Staatswirtschaft, die nicht zwischen den Handlungssphären von Staat und Wirtschaft unterscheidet, sondern die Wirtschaft als geplanten und verwalteten Bestandteil des Staates versteht, er-

---

[31] Vgl. *Akademie für Staats- und Rechtswissenschaft der DDR* (Hrsg.), Verwaltungsrecht, Berlin 1979.

[32] Vgl. *Gert-Joachim Glaeßner*, Herrschaft durch Kader, 1977 ff.; ferner *Bálint Balla*, Kaderverwaltung: Versuch zur Idealtypisierung der „Bürokratie" sowjetisch-volksdemokratischen Typs, 1973.

[33] Vgl. etwa *Niklas Luhmann*, Soziale Systeme, 1984, S. 13.

wies sich als überfordert. Entsprechend ist es vor allem das ausdifferenzierte ökonomische System der Marktwirtschaft, das seine Attraktivität in postsozialistischen Ländern entfaltet[34]. Zugleich schließt sich aber die Frage an, was die Funktionen von Staat und Verwaltung seien, wenn die Wirtschaft in die neuen Autonomien des Marktes entlassen wird.

Für die Transformation der realsozialistischen Staatswirtschaftsverwaltung gilt gegebenenfalls, der Grundeinsicht funktionaler Differenzierung zu folgen, daß nämlich auch unter wohlfahrtsstaatlichen Bedingungen die Wirtschaft eine relativ selbständige, sich im Grunde nach eigenen Prinzipien steuernde Handlungssphäre ist, in die der Staat interveniert, die er sich aber nicht zu eigen macht. Die Ausgestaltung solcher Arbeitsteilung variiert dann von Land zu Land. So zeigt ein Blick in die Geschichte der westlichen Wohlfahrtsstaaten, daß es keine uniforme Lösung für die Differenzierung zwischen öffentlichen und privaten Aufgaben, öffentlichen und privaten Gütern, öffentlicher Versorgung und privatem Angebot gibt. Das setzt sich bis in die Gegenwart fort, in der der eine Staat mehr Präferenzen für öffentliche Dienstleistungen – Schweden[35] –, der andere Staat mehr Präferenzen für öffentliche Transferleistungen – Deutschland[36] – zeigt, was wiederum zu unterschiedlichen Konstellationen im Hinblick auf den privaten Sektor führt. Historische Eigenarten bestimmen dann auch die Eigentumsfrage. Zwar setzt eine funktionierende Marktwirtschaft voraus, daß es privates Eigentum an Produktionsmitteln gibt. Aber auch hier existieren wiederum historische Vorprägungen. Allerdings ist das Privateigentum in der Transformation nicht einfach eine Frage kleiner und mittlerer Unternehmen, sondern eine Schlüsselgröße für die Marktwirtschaft schlechthin.

Mit der Transformation von Staats-, Wirtschafts- und Gesellschaftsordnungen werden sich daher von Land zu Land verschiedene Konstellationen von öffentlichem und privatem Sektor herausbilden. Ein Grundzug dieser neuen Ordnung wird es aber sein, daß der Staat in differenzierter Weise in eine komplexe Wirtschaft interveniert. Mit bloßen Kommandostrukturen oder geplanten Materialströmen ist es nicht mehr getan. In öffentlichen Angelegenheiten wird ein hochdifferenziertes Handeln erforderlich sein, wobei insbesondere durch eine ganze Kaskade von Vorentscheidungen über Enscheidungen entschieden wird. So gibt es programmierende Entscheidungen wie ein Sozialhilfegesetz und programmierte Entscheidungen wie den Verwaltungsakt, mit dem Sozialhilfe individuell an den Bürger vergeben wird. Auch für die Rationalisierung des Staatshandelns bestehen – wie bereits Max Weber gezeigt hat[37] – zwei Möglichkeiten: die Subsumtion von Sachverhalten un-

---

34 Vgl. *Rainer Tetzlaff*, Demokratische Transition und Marktorientierung, in: Entwicklung und Zusammenarbeit 1996, S. 36 ff.

35 Vgl. *Detlef Jahn*, Schweden – Kontinuität und Wandel einer post-industriellen Gesellschaft, in: Aus Politik und Zeitgeschichte, B 43/92, 1992, S. 22 ff.

36 Vgl. *König*, „Neue" Verwaltung oder Verwaltungsmodernisierung, S. 349 ff.

37 Vgl. *Max Weber*, Wirtschaft und Gesellschaft, 5. Aufl., Tübingen 1980, S. 565.

ter Normen und die Kombination von Mitteln und Zwecken. Auf der Ebene der Programme ist so zwischen Konditionalprogramm und Finalprogramm zu unterscheiden.

Nach der Differenzierung staatlichen Handelns ist auf dessen Instrumentalisierung zu achten. Mit den öffentlichen Politiken sollen Wirkungen bewirkt, Erfolge erreicht werden. Solche Intentionen werden mit verschiedenen Programmtypen verfolgt. Regulative Programme enthalten Rechtssätze, Gebote und Verbote. Anreizprogramme sind in der modernen Geldwirtschaft solche, die durch positive oder negative finanzielle Anreize Wirkung und Erfolge intendieren. Leistungsprogramme des Staates stellen den privaten Haushalten und Unternehmen Geldmittel, materielle Güter, Dienstleistungen zur Verfügung. Mit Infrastrukturprogrammen werden Anlagen des Verkehrs, der Energieversorgung, der Kommunikation bereitgestellt usw.

Staats- und Verwaltungshandeln ist in den modernen Staaten in weiten Bereichen der Formalisierung unterworfen. Die Formen einer Entscheidung – ein Gesetz, ein Verwaltungsakt, ein öffentlicher Vertrag – bieten wichtige Informationen über die Qualität öffentlicher Steuerung. Deswegen erfolgt die Planung öffentlicher Politiken von vornherein unter Berücksichtigung der jeweiligen Formalisierungen, die Gesetze, Verordnungen, Budgets, Fachpläne als Endprodukte des Entscheidungsprozesses annehmen. Formqualitäten müssen verläßlich sein. Sie sind ein wichtiger Stabilisierungsfaktor öffentlichen Handelns[38].

Zum Grundgedanken der Interventionen des modernen Staates in Sphären der sich selbst regulierenden Gesellschaftsbereiche, also des marktlichen Wettbewerbs, gehört es, daß mit der Politikplanung auch darüber entschieden werden muß, welche Funktionen der Staat in seiner sozio-ökonomischen Umwelt wahrnehmen soll. Nach wie vor werden materielle Güter und insbesondere Dienstleistungen von Staats wegen produziert und distributiert[39]. Allerdings stellt sich angesichts der schweren Bürden des Wohlfahrtsstaates in vielen Politikfeldern die Frage, ob der Staat sich nicht auf Gewährleistungsfunktionen begrenzen soll. Eine Grundfunktion des modernen Staates ist nach wie vor die Herstellung öffentlicher Ordnung, und zwar in allen Lebensbereichen mit Einschluß des Wirtschaftssystems. Die Vorstellungen von einer natürlichen Harmonie der Marktwirtschaft sind durch die Realitäten widerlegt worden. Ein aktiver Staat muß die Funktionen des Ordnungsgebers für die Wirtschaft übernehmen. Bei den Lenkungsfunktionen des Staates ist zwischen direkter und indirekter Lenkung zu unterscheiden. Direkte Lenkungen nehmen ohne weitere Vermittlung auf das Handeln von Bürgern und Organisationen durch staatliche Gebote und Verbote Einfluß. Indirekte Lenkungen beeinflussen entscheidungsrelevante Faktoren bei den privaten Betroffenen.

---

[38] Vgl. *Rüdiger Voigt*, Staatliche Steuerung aus interdisziplinärer Perspektive, in: Klaus König/Nicolai Dose (Hrsg.), Instrumente und Formen staatlichen Handelns, 1993, S. 289 ff.
[39] Vgl. *Hegner*, Öffentliche Dienstleistungen, in: König/von Oertzen/Wagener (Hrsg.), S. 203 ff.

Der Wohlfahrtsstaat steuert Wirtschaft und Gesellschaft durch verschiedene Kommunikationsmedien: Macht, Recht, Geld, Information usw. Dabei vertraut er weniger als der realsozialistische Staat auf das Subordinationsgefüge von Befehl und Gehorsam. Vielmehr stehen Recht und Geld im Vordergrund. Unter den Bedingungen von Rechtsstaat und Marktwirtschaft sind das Recht wegen seiner Verbindlichkeit und das Geld wegen seiner Kaufkraft für Staat, Wirtschaft und Gesellschaft zugleich maßgebliche Steuerungsmedien[40]. Neben instrumentellen, formellen, funktionalen, medialen Aspekten gibt es noch andere Bezugsgrößen, die für eine hochdifferenzierte Verwaltung im modernen Staat zu berücksichtigen sind. Dazu gehören insbesondere die Adressaten des Verwaltungshandelns, zu denen nicht nur die individuellen Bürger und gesellschaftlichen Gruppen, Privathaushalte und Unternehmen, sondern im Föderalismus und in der kommunalen Selbstverwaltung öffentliche Verwaltungen gehören können.

Damit ist angedeutet, welche vielfältigen Faktoren zu berücksichtigen sind, wenn es darum geht, eine eigene Ordnung öffentlichen Verwaltens unter den Bedingungen funktionaler Differenzierung herzustellen: einen öffentlichen Dienst, der von Berufspolitikern unterschieden ist, eine Verwaltungsorganisation, die von keiner Parteiorganisation überlagert wird, ein Verwaltungsverfahren, das nicht einfach den Herrschaftswillen manifestiert usw. Schlägt die Transformation von realsozialistischen Staaten und ihren Verwaltungen die Richtung einer solchen funktionalen Differenzierung ein, dann kann man dafür den Begriff der Moderne in Anspruch nehmen. Zumindest für die postsozialistischen, technisch-industriell entwickelten Länder Mittel- und Osteuropas wird man feststellen können, daß sie sich auf dem Weg der Modernisierung befinden.

III. Institutionenbildung in der Entwicklungsverwaltung

Die Moderne und mit ihr die moderne Verwaltung sind okzidentale Hervorbringungen. Die Frage ist, ob sie sich außerhalb der abendländischen Grenzen fortsetzen lassen. Ein Indiz hierfür kann aus der Geschichte des Institutionentransfers, insbesondere der Meiji-Reformen in Japan vor der Jahrhundertwende entnommen werden. Nach der Idee der „occidentalisation"[41] wurden auch Verwaltungsinstitutionen wie das Berufsbeamtentum nach europäischem, vor allem preußischem Leitbild institutionalisiert und der folgenden sozio-ökonomischen Entwicklung politisch-administrative Grundlagen gegeben. Institutionentransfer darf man indessen nicht als bloßen „Blaupausenexport" verstehen. Es kommt auf das Nehmerland an und wie in Raum und Zeit die neue Institution gebildet und in die tradierte Kultur

---

[40] Vgl. *Erk Volkmar Heyen*, Zur rechtswissenschaftlichen Perspektive staatlicher Steuerung, in: König/Dose (Hrsg.), S. 201 ff.

[41] Vgl. *Kobayawa Mitsuo*, L'administration au Japon: son passé et son avenir, in: Revue française d'administration publique 1995, S. 5 ff.

eingebettet wird. Japan hat damals freilich manches von der kontinentaleuropäischen Verwaltung angenommen, wie sich zeigte, als es nach dem Zweiten Weltkrieg von der Besatzungsmacht das U.S.-amerikanische Civil-Service-System übernehmen mußte[42].

Die territorial umfassendere Begegnung nicht-okzidentaler Kulturen mit der europäischen Verwaltung fand aber damals andernorts, nämlich in den Kolonialreichen vor allem Frankreichs und Großbritanniens statt[43]. In welcher Form sich dann die Kolonialverwaltung darstellte – von der „Indirect Rule" in den britischen bis zur „künstlichen Chefferie" in französischen Kolonien[44] –, der Rückbezug auf die bürokratische Verwaltung der jeweiligen Kolonialmacht war das Fundament administrativen Herrschaftsvollzugs. So ergab sich trotz einiger Variationen der Einbeziehung einheimischer Eliten, daß jene Länder im Süden mit einem qualitativ wie quantitativ unzulänglichen Verwaltungsdienst in die post-koloniale Zeit gingen. Dabei können politische Spannungen, wie sie zwischen den neuen Machthabern und den vormaligen Bediensteten von Kolonialherren entstehen mußten, und der kulturelle Dualismus, wie er zwischen verwestlichten Verwaltungsleuten und traditionalen Autoritäten fortbestand, beiseite bleiben. Selbst wo es ein modernisiertes Verwaltungscorps gab, kritisierte man, daß dieses zwar für gewisse Aufgaben der öffentlichen Sicherheit und Ordnung, des Steuerwesens, der Konfliktbereinigung auf Magistratsebene professionalisiert, nicht aber für jene Entwicklungsfunktionen vorbereitet wäre, die in den neuen selbständigen Staaten erbracht werden mußten und die die bürokratische Verwaltung in Preußen, Österreich, Frankreich historisch durchaus erbracht hatte[45]. Hinzu kam der quantitative Engpaß der, wenn überhaupt vorhandenen, dann kleinen einheimischen Personalkörper[46].

So bekam die Frage nach dem Weg der öffentlichen Verwaltung in ehemals kolonisierten und sich entwickelnden Ländern erst globale Bedeutung, als sich der Begriff der Dritten Welt durchsetzte, wie er im Westen, aber auch in marxistischen

---

42 Vgl. noch *Bernard S. Silberman*, Cages of Reason – The Rise of the Rational State in France, Japan, the United States, and Great Britain, Chicago and London 1993; *JJAS Tokyo Round Table Organizing Committee*, Public Administration in Japan, Tokyo 1982.

43 Vgl. *Rudolf von Albertini*, in Verbindung mit *Albert Wirz*, Europäische Kolonialherrschaft 1880–1940, 1976.

44 Vgl. *Hubert Deschamp*, Und nun, Lord Lugard?, in: Rudolf von Albertini, Moderne Kolonialgeschichte, 1970, S. 203 ff.; *Michael Crowder*, Indirekte Herrschaft – französisch und britisch, ibd., S. 220 ff.

45 Vgl. etwa *Wolfgang Schmidt-Streckenbach*, Historische Entwicklung und Verwaltung – Das Beispiel Preußens, in: Klaus König (Hrsg.), Öffentliche Verwaltung und Entwicklungspolitik, 1986, S. 67 ff.

46 Vgl. *David C. Potter*, Manpower Shortage and the End of Colonialism – The Case of the Indian Civil Service, in: Modern Asian Studies 1973, S. 47 ff.; ferner *Klaus König*, Entwicklungspolitik und internationale Verwaltungsbeziehungen aus der Sicht von Aus- und Fortbildung, in: ders. (Hrsg.), Entwicklungspolitik und internationale Verwaltungsbeziehungen, Schriften der Deutschen Sektion des Internationalen Instituts für Verwaltungswissenschaften, Band 7, 1983, S. 132 ff.

Dritte-Welt-Theorien üblich wurde[47]. Die öffentliche Verwaltung in der Dritten Welt wurde im Unterschied zu der bürokratischen Verwaltung der Ersten Welt und der Kaderverwaltung der Zweiten Welt als Entwicklungsverwaltung bezeichnet, und zwar parallel zu Wendungen wie Entwicklungsland, Entwicklungsgesellschaft, Entwicklungswirtschaft, Entwicklungspolitik. Die Zweifel, ob man überhaupt die verschiedenartigen Kulturen, vielfältigen sozialen Strukturen, unterschiedlichen sozio-ökonomischen Bewegungskräfte der Länder im Süden unter einen Begriff bringen kann, betreffen auch die öffentliche Verwaltung. Es fehlen die theoretischen Auseinandersetzungen, wie sie dem Typus der Bürokratie für die westlichen Verwaltungen Signifikanz vermittelt haben, und die ideologischen Schärfen, wie sie dem Typus der Kaderverwaltung für die östlichen Staatsapparate Profil gegeben haben. Dennoch hat sich der Begriff der Entwicklungsverwaltung – Development Administration – durchgesetzt. Er wurde zum konzeptionellen Anknüpfungspunkt der internationalen entwicklungspolitischen Zusammenarbeit auf dem Gebiet der öffentlichen Verwaltung[48]. Zugleich war er dann auch Ansatzpunkt der Kritik[49].

Das Unternehmen, über das okzidentale Grundmuster der bürokratischen Verwaltung hinauszugreifen und ein „Non-Weberian Model of Bureaucracy" festzustellen[50], zeichnet sich durch verschiedene Modi aus, auf die Entwicklungsverwaltung zu sehen. Bei der typologischen Erfassung geht es darum, gleichartige systemische Merkmale in den Blick zu bekommen. Dabei handelt es sich nicht um eine allgemeine Kohärenz – etwa in der geographischen Größe –, sondern um bestimmte, relevante Ausprägungen. So hat man zum Beispiel versucht, aus Max Webers Idealtypus der öffentlichen Verwaltung zu lernen und aus den Herrschaftsverhältnissen die maßgeblichen Unterscheidungsmerkmale zu gewinnen. Von der Entwicklungsverwaltung ist als „Entwicklungstyp der gelenkten Massenbewegung" gesprochen worden[51].

Einflußreich ist eine Typologisierung geworden, die beim Entwicklungsgedanken selbst ansetzt und eine „prismatische" öffentliche Verwaltung vorstellt[52]. Die Verwaltung wird aus ihrer Umweltlage in einer „prismatischen" Gesellschaft ver-

---

[47] Vgl. *Dieter Nohlen/Franz Nuscheler*, „Ende der Dritten Welt"?, in: dies. (Hrsg.), Handbuch der Dritten Welt, Band 1, Grundprobleme – Theorien – Strategien, 3. Aufl., 1992, S. 14 ff.

[48] Vgl. *Richard W. Gable*, Development Administration: Background, Terms, Concepts, Theories, and a New Approach, in: SICA-Occasional Paper No 7, Washington DC 1986.

[49] Vgl. *O. P. Dwivedi/J. Nef*, Crises and Continuities in development theory and administration: First and Third World Perspectives, in: Public Administration and Development 1982, S. 59 ff.

[50] Vgl. *Berton H. Kaplan*, Notes on a Non-Weberian Model of Bureaucracy: The Case of Development Bureaucracy, in: Administrative Science Quarterly 1968/69, S. 471.

[51] Vgl. *Alfred Diamant*, Modellbetrachtung der Entwicklungsverwaltung, 1967, bes. S. 55 ff.

[52] Vgl. *Fred W. Riggs*, Administration in Developing Countries: The Theory of Prismatic Society, Boston 1964; ders., Prismatic Society Revisited, Morristown N.J. 1973.

standen. Diese Entwicklungsgesellschaft befindet sich in einer Übergangssituation, wobei die relevanten Veränderungen als soziale Differenzierung verstanden werden. Es gibt zwei Eckpunkte gesellschaftlicher Beschaffenheit: die funktional diffuse Sozialstruktur der traditionalen Gesellschaft und die funktional differenzierte Sozialstruktur der fortgeschrittenen Zivilisation. Um das Zwischenstadium der Entwicklungsländer zu kennzeichnen, wird eine der Optik entliehene Terminologie benutzt und der Ausgangszustand als „fused" – vollkommen undifferenziert –, der Endzustand als „diffracted" – stark differenziert –, die hier interessante Übergangslage als „prismatic" benannt. In diesem prismatischen Stadium ist es noch nicht möglich, einzelne Strukturen festzustellen, denen autonome Funktionen zukommen. Keine der maßgeblichen Strukturen ist verständlich, ohne auch die sich ständig aufeinander auswirkenden anderen Strukturen zu berücksichtigen. Entsprechend liegen in Entwicklungsgesellschaften strukturelle Spezialisationen und noch gemischte Bereiche nebeneinander.

Diese Typenbildung steht im Kontext von Modernisierungstheorien, wie sie die entwicklungspolitische Perzeption von den Anfängen her bestimmt haben, durch „Alternativ-Paradigma" wie die Dependenztheorie in Frage gestellt, durch marxistisch-leninistische wie maoistische Dritte-Welt-Theorien herausgefordert worden sind, aber nach wie vor der internationalen Zusammenarbeit mit Entwicklungsländern – wenn auch mit Modifikationen wie „Sustainable Development" – zugrunde liegen[53]. Das gilt auch für die Kooperation auf dem Gebiete der öffentlichen Verwaltung mit ihrer relativen Theorieferne. Die westlichen Geberländer mögen ihren Respekt vor anderen Traditionen und Kulturen im Süden bezeugen. Ihr Beitrag zum entwicklungspolitischen Dialog zwischen Erster und Dritter Welt beruht indessen auf den Erfahrungen und Erkenntnissen der modernen Lebenswelt und ihrer öffentlichen Verwaltung. Es ist wie in der Medizin. Der Okzident mag Aspekte der „traditionalen" Medizin – etwa bestimmte natürliche Heilmittel – achten; er bringt indessen „moderne" Medizin, und das wird in den Entwicklungsländern von ihm erwartet. Entsprechend verlangen die Eliten öffentlicher Verwaltungen in der Dritten Welt Modernisierungsbeiträge von den westlichen Verwaltungsleuten, mögen sie sich von Fall zu Fall auch kritisch äußern – wie es insoweit mit Bevölkerungsmehrheiten steht, ist eine andere Frage[54]. Ist die entwicklungspolitische Auseinandersetzung mit den öffentlichen Verwaltungen der Dritten Welt im Grunde ein Modernisierungsdialog, so bedeutet das nicht, daß dieser Dialog nicht nach Art und Weise verschieden ausfällt. Es gibt zum Beispiel universalistische Einstellungen, nach der Verwaltung eben Verwaltung, Management eben Management ist, wonach man ein US-amerikanisches Planungs-, Programmierungs-, Budgetierungs-System in einen Himalaya-Staat exportieren kann. Demgegenüber überwiegt eine mehr kulturalistische Einstellung, die nicht mit präskriptiven Modellen arbeitet,

---

[53] Vgl. etwa *Reinhart Kößler/Tilman Schiel*, Auf dem Wege zu einer kritischen Theorie der Modernisierung, 1996.

[54] Vgl. dazu die Einschätzung von *Reinhard Stockmann*, Die Wirksamkeit der Entwicklungshilfe, 1996, S. 3.

die kulturelle Relativität in Ort und Zeit berücksichtigen will und „angepaßte" Sozialtechnologien auch in Verwaltungsangelegenheiten diskutiert.

Die Entwicklungsverwaltung als eine Verwaltung der Übergangslage zwischen Diffusion tradierter Sozialverhältnisse und funktionaler Differenzierung in Teilbereiche zu verstehen, läßt sich an personellen, organisatorischen, prozeduralen Strukturen verdeutlichen. Prismatische Eliten sind durch den Widerstreit von traditionellen und neuen Gruppen charakterisiert. Äußerlich mögen Leistungsethos und freie Zugangsmöglichkeiten bestehen. In Wirklichkeit ist der Zugang auf die begrenzt, die die traditionellen Werte verkörpern und denen die Aufrechterhaltung der bestehenden Machtverhältnisse zugetraut werden kann. Die offizielle Rechtsordnung des Staates bleibt formalistisch. Im täglichen Leben wird auf den Status der Betroffenen Rücksicht genommen. Positives Recht wird geschaffen, aber nicht durchgesetzt. Prismatische Macht hat höchsten Rang. Der Machtinhaber wird zwar durch Gesetze beschränkt. Er kann aber auf andere Machtbereiche zurückgreifen.

In der doppelten Bedeutung von Dienststelle und persönlichem Raum kommt die prismatische Lage administrativer und traditioneller Aufgaben zum Ausdruck. Verwaltungsmacht ist Selbstzweck und unkontrolliert durch andere soziale Kräfte. Der Grad administrativer Effizienz steht im umgekehrten Verhältnis zum Gewicht politischer Macht. Verwaltungsvorschriften sind zahlreich und widerspruchsvoll. Die Verwaltungsarbeit läuft nicht zuletzt aufgrund der Suspendierung dieser Vorschriften. Ihre Anwendung richtet sich nach der Klientel. Status und persönliche Beziehungen eröffnen Rekrutierung und Karriere im öffentlichen Dienst trotz anderer positiver Gesetze. Der Beamte ist seinen Angehörigen und Freunden verpflichtet. Der Vorgesetzte ist auf die Loyalität seiner Bediensteten angewiesen. Solche Treue führt zu Beförderungen usw.[55]

Solche Merkmalsbestimmungen müssen um die Feststellung der spezifischen Steuerungsleistungen ergänzt werden, die die Entwicklungsverwaltung für ihre soziale Umwelt erbringt: also mit der Entwicklung der Verwaltung muß die Verwaltung der Entwicklung ins Auge gefaßt werden[56]. Dazu zählen: die Gewährleistung der Befriedigung von Grundbedürfnissen, also der Minimalerfordernisse der Ernährung, der Gesundheit usw.; das Aufholen technologischer Rückstände, und zwar technisch-industrieller wie sozialtechnologischer; der Ausgleich soziokultureller Dualismen wie zwischen Stadt und Land; die Zurückführung der Dependenzen in den internationalen Beziehungen. Dabei ist es der Stand der Institutionenbildung, der ein besonderer Mangelzustand in der Dritten Welt ist und der die öffentliche Verwaltung als Steuerungsinstanz betrifft und dann auf sie selbst zurückbezo-

---

[55] Vgl. noch *Fred W. Riggs*, An Egological Approach: The „Sala" Model, in: Ferrel Heady / Sybil L. Stokes, Eds., Comparative public administration, Ann Arbor / Michigan 1962, S. 19 ff.

[56] Vgl. *Klaus König*, Zum Konzept der Entwicklungsverwaltung, in: Öffentliche Verwaltung und Entwicklungspolitik, 1986, S. 11 ff.

gen werden muß[57]. Insofern ist auf die bestehenden Institutionen und ihre traditionalen Muster zu sehen und zu fragen, wieweit sie in der Lage sind, den sozialen Anforderungen heutiger Tage gerecht zu werden, ihren Eigenwert unter neuen Bedingungen zu erhalten, ihre Grenzen angesichts zunehmender Differenzierung zu bestimmen, die interne Leistungsfähigkeit sicherzustellen und nicht zuletzt zur gesellschaftlichen Integration beizutragen. Daneben geht es vielerorts in der Dritten Welt um die Herstellung neuer Institutionen und darum, Mängel in der Interaktion zwischen Institutionen zu beseitigen[58].

Blickt man nach Dekaden der entwicklungspolitischen Zusammenarbeit, an der sich nicht nur alte Kolonialreiche und neue Weltmächte[59], sondern auch Länder wie Deutschland[60] beteiligt haben, auf die Institutionenbildung im öffentlichen Dienst Asiens[61], in der lateinamerikanischen Steuerverwaltung[62], in der Ausdifferenzierung des öffentlichen Sektors in Schwellenländern[63] usw., dann ist nicht zu übersehen, daß es um Modernisierung geht.

Wenn man heute vom „Ende der Dritten Welt" spricht[64], dann sind die Schwellenländer eine Eckgruppe in der Auseinanderentwicklung der Entwicklungsländer. Wenn die Entwicklungserfolge südost- und ostasiatischer Länder als auf der Modernisierung ihres Wirtschaftssystems beruhend angesehen werden, dann kann der Beobachter der dortigen öffentlichen Verwaltungen gleiches für diese Handlungssphäre feststellen. Freilich ist es hier schwieriger als bei exportorientierten Wachstumsstrategien, Modernisierungserfolge zu indizieren. Es gibt indessen auch Signale neuer qualitativer Probleme, und zwar jenseits der gleichsamen naturwüchsigen Überlappung moderner Institutionen durch tradierte Kulturen und der funda-

---

[57] Vgl. dazu *Joseph W. Eaton* (ed.), Institution Building and Development, Beverly Hills 1972.

[58] Vgl. noch *Rainer Pitschas/Rolf Sülzer*, Neuer Institutionalismus in der Entwicklungspolitik – Perspektiven und Rahmenbedingungen der Verwaltungsentwicklung im Süden und Osten, 1995.

[59] Vgl. *Michael Protz*, Administrative Zusammenarbeit mit Entwicklungsländern – Die Beispiele Großbritannien, Frankreich und USA, in: Klaus König, Öffentliche Verwaltung und Entwicklungspolitik, 1986, S. 133 ff.

[60] Vgl. *Wolfgang Freiherr von Richthofen*, Verwaltungszusammenarbeit in der Entwicklungspolitik, in: König/von Oertzen/Wagener (Hrsg.), S. 411 ff.; *Klaus König*, Verwaltungszusammenarbeit der Bundesrepublik Deutschland mit Entwicklungsländern, in: Zeitschrift für Verwaltung 1989, S. 327 ff.; *Franz Thedieck*, Verwaltungszusammenarbeit in der Entwicklungspolitik, Manuskript, Berlin 1996.

[61] Vgl. *Amara Raksasataya/Heinrich Siedentopf* (eds.), Asian Civil Services – Development and Trends, Kuala Lumpur 1980.

[62] Vgl. *Klaus König*, zusammen mit *Walter Schleicher* und *Friedrich W. Bolay*, Zur entwicklungspolitischen Zusammenarbeit mit der lateinamerikanischen Steuerverwaltung, in: Verwaltungsarchiv 1981, S. 316 ff.

[63] Vgl. etwa *Ng Chee Yuen/Norbert Wagner* (eds.), Marketization in Asean, Singapore 1991.

[64] Vgl. *Nohlen/Nuscheler*, S. 14 ff.

mentalen Ablehnung der Moderne, nämlich die intendierte Unterwerfung westlicher Sozialtechnologien unter östliche Ideen und Wertcodes etwa eines Konfuzianismus. Trotz solcher und anderer Auseinanderentwicklungen der Entwicklungsländer ist der Modernisierungsdialog mit der Dritten Welt in Fragen der öffentlichen Verwaltung nicht am Ende. An noch zu vielen Orten des Südens und jetzt auch in weniger entwickelten Ländern des Postsozialismus kann beobachtet werden, wie die Verwaltung zu einem Engpaßfaktor bei Mängelzuständen unzulänglicher Befriedigung von Grundbedürfnissen, technologischer Rückstände, soziokultureller Dualismen wird. Moderne Institutionen öffentlicher Verwaltung – ein fachlich qualifizierter öffentlicher Dienst, eine Vollzugskontrolle formal geltender Gesetze, eine belastbare Zuständigkeitsordnung usw. – sind zu bilden, wenn der „arbeitende Staat" zu einer verläßlichen Entwicklungsagentur für die Gesellschaft werden soll.

IV. Modernisierung der modernen Verwaltung

Modernität ist nicht nur durch die Abkehr von der Tradition gekennzeichnet; sie ist weiter die funktionale Differenzierung in Teilsysteme und dann die Rationalisierung dieser Teilbereiche nach eigenen Prinzipien. Als viertes Merkmal macht man schließlich einen daraus entspringenden Imperativ zur immanenten Leistungssteigerung der Teilsysteme aus[65]. Die moderne öffentliche Verwaltung ist ein bemerkenswerter Anschauungsfall hierfür. Der Begriff der Verwaltungsreform ist nicht nur in der deutschen Sprache ein Leitbegriff für eine immer aufs neue erforderliche Verwaltungspolitik der Veränderung[66]. Die neue Verwaltungsgeschichte läßt sich über weite Strecken als Reformgeschichte schreiben: zur territorialen Verwaltungsreform, zur Reform der Ministerialorganisation, zur Budgetreform usw.

Über einzelne Verwaltungsreformen hinaus gibt es aber Modernisierungsbewegungen, die grundlegende Neustrukturierungen der öffentlichen Verwaltung, letztlich eine neue Verwaltungskultur intendieren. So ging es in Deutschland nach dem Zweiten Weltkrieg darum, die rechtsstaatliche Verwaltung zu modernisieren[67]. Beim Wiederaufbau nach 1945 blieb man nicht bei den Rechts- und Verwaltungsverhältnissen der Weimarer Republik stehen, sondern schuf neue Verwaltungsstrukturen bei der Grundrechtsbindung, beim Gesetzesvorbehalt, beim gerichtlichen Rechtsschutz usw., die zum Anhalt für neue Wertorientierungen wurden. Das politisch-administrative System ist nicht so globalisiert wie das marktwirtschaftliche System. Es gibt aber eine globale Wahrnehmung öffentlicher Probleme, die viele Länder betreffen oder gar Grenzen überschreiten und die durch die internatio-

---

[65] Vgl. *Johannes Berger*, Modernitätsbegriffe und Modernitätskritik in der Soziologie, in: Soziale Welt 1988, S. 224 ff.

[66] Vgl. *Gerald E. Caiden / Heinrich Siedentopf* (eds.), Strategies for Administrativ Reform, Lenxington / Toronto 1982.

[67] Vgl. *Thieme*, S. 353 ff.

nalen Organisationen und ihre Verwaltungen weitergetragen werden. Das wurde schon bei der Privatisierungsbewegung der achtziger Jahre deutlich[68].

Die aktuelle internationale Modernisierungsbewegung ist die eines Neuen Öffentlichen Managements. Sie hat in der angelsächsischen Welt des New Public Managements ihren Ausgang genommen, hat im Reinventing Government der USA einen Mitspieler gefunden und hat sich nach Kontinentaleuropa ausgeweitet, wo sie etwa mit einem „Neuen Steuerungsmodell" auch die legalistische Bürokratie Deutschlands erfaßt hat. Es zeigt sich, daß mit dem Ende der realsozialistischen Verwaltung, des historischen Widerparts managerialistischer und legalistischer Bürokratien, der Modernisierungsdruck auf die moderne Verwaltung nicht weggefallen ist.

Grund der aktuellen Modernisierungsbewegung ist die Finanzkrise von „big government" im Wohlfahrtsstaat, und zwar mancherorts – zum Beispiel in Neuseeland – in krasser Weise. Richtung der Modernisierungsbewegung ist dementsprechend die Ökonomisierung von Staat und Verwaltung, wobei sich zwei Perspektiven ergeben: erstens die Verlagerung sozialer Handlungsverantwortung vom Staat auf den Markt – also die materielle Privatisierung – und zweitens die Binnenrationalisierung des öffentlichen Sektors – also vor allem die Ökonomisierung des Verwaltungshandelns –. Allerdings stellt das Neue Öffentliche Management mehr auf die Rationalisierung des staatlichen Binnenbereiches selbst ab, wenn auch gewisse Herausverlagerungen wie das Contracting Out einbezogen sind. Diese mittlere Position einer besseren öffentlichen Verwaltung nach Reaganismus und Thatcherismus wird nicht nur von vielen Verwaltungsleuten und ihren Arbeits- und Berufsorganisationen leichter akzeptiert, sondern eignet sich ebenfalls zu einer Modernisierung jenseits parteipolitischer Gegensätze von Sozialdemokratie und liberalkonservativem Lager[69].

Allerdings unterscheiden sich dann die Modernisierungsideen, -konzepte, -modelle nach ihren intellektuellen Grundlagen. Im angelsächsischen Bereich ist vor allem die Neue Institutionenökonomik etwa mit ihrer Principal-Agent-Theorie einflußreich[70]. In den Vereinigten Staaten von Amerika ist es eine Mischung von neoliberaler Ökonomie, Managementlehren und populären „business-motivation"-Ansichten, die das Reinventing Government bestimmen[71]. In anderen Industrieländern kommt die aktuelle Modernisierungsbewegung vor allem als Managerialis-

---

[68] Vgl. z. B. *Klaus König / Heinrich Siedentopf*, An International Perspective II: Privatization and Institutional Modernization in Asia and Europe, in: Ian Thynne / Mohamed Ariff (eds.), Privatization: Singapore's Experience in Perspective, Singapore 1989, S. 167 ff.

[69] Vgl. *Reginald C. Mascarenhas*, Building an Enterprise Culture in the Public Sector: Reform of the Public Sector in Australia, Britain and New Zealand, in: Public Administration Review 1993, S. 319 ff.

[70] Vgl. *Graham Scott / Peter Gorringe*, Reform of the Core Public Sector: The New Zealand Experience, in: Australian Journal of Public Administration 1985, S. 81 ff.

[71] Vgl. *Osborne / Gaebler*, Reinventing Government.

mus an[72]. In Deutschland ist von der „Stunde der Betriebswirtschaftslehre" die Rede[73]. Das erscheint angesichts des ökonomischen Charakters der Modernisierung zunächst plausibel. Schaut man aber auf die stattfindende Modernisierungsdiskussion, dann kommt man nicht umhin, zumindest Einseitigkeiten festzustellen. Das wird deutlich, wenn man eines der bevorzugten betriebswirtschaftlichen Bezugsmodelle, nämlich das des „Profit-Center", betrachtet[74]. Hier ist von organisatorischen und „rechentechnischen" Merkmalen die Rede. Man mag dies für die öffentliche Verwaltung in die Managementfrage bzw. die Kostenfrage übersetzen. Jedenfalls ist die deutsche Diskussion überwiegend vom Managerialismus geprägt. Es ist eher die Ausnahme, daß man unter dem Vorzeichen heutiger Verwaltungsmodernisierung sich stringent der Kosten- und Leistungsrechnung zuwendet[75]. Das bedeutet nicht, daß Kosten – etwa die Kosten des Gesundheitswesens – kein Streitpunkt wären. Aber das ist nicht die Hauptfrage eines Neuen Steuerungsmodells. Dazu ist anzumerken, daß die Strukturkrise in der deutschen Wirtschaft manche Reorganisationen ausgelöst hat. Aber „schwarze Zahlen" kann man beim allgemeinen Niveau der Unternehmensführung vermutlich nur erreichen, wenn man die Kostenfrage konsequent angeht.

Das Neue Öffentliche Management hat in vielen Ländern – in Großbritannien, Neuseeland, Australien, dann in den Vereinigten Staaten, weiter in den westlichen Industrieländern und schließlich auch in Deutschland, und zwar besonders in der Kommunalverwaltung – eine Fülle von Reformansätzen hervorgebracht. Das reicht in der Organisation von der Agency-Bildung über eine interne produktbezogene Segmentierung bis zur Abflachung von Hierarchien, im Prozeduralen von einem virtuellen Wettbewerb über Budgetierungsverfahren bis zur „Kunden"-Beteiligung, im Personellen von der Schaffung von Agentenrollen über Leistungsanreize bis zur Deprivilegierung, in den Aufgaben vom Contracting Out über das Outsourcing bis zur Produktbeschreibung[76]. Dabei ist vieles eher Modell, vieles schon Programm, vieles – insbesondere im angelsächsischen Raum – bereits implementiert, aber weniges evaluiert, wenn man die Fortschrittsberichte der Promotoren von New Public Management und Reinventing Government beiseite läßt[77].

---

[72] Vgl. *OECD/PUMA* (Hrsg.), Public Management Developments, Survey 1993, Paris 1993.

[73] Vgl. *Peter Eichhorn*, Neue Organisationsmodelle auf dem Prüfstand – Leistungsanreiz um jeden Preis?, in: Deutscher Beamtenbund, Reformmodell Verwaltung, 1995, S. 58 ff.

[74] Vgl. *Marcel Schweitzer*, Profit-Center, in: Erich Freese (Hrsg.), Handwörterbuch der Organisation, 3. Aufl., 1992, Sp. 2078 ff.

[75] Vgl. aber *Klaus Lüder*, Konzeptionelle Grundlagen des Neuen Kommunalen Rechnungswesens (Speyerer Verfahren), in: Schriftenreihe des Innenministeriums Baden-Württemberg zum Kommunalen Haushalts- und Rechnungswesen, Heft 1, 1996.

[76] Vgl. etwa *König*, „Neue" Verwaltung oder Verwaltungsmodernisierung, S. 334 ff.; jetzt ausführlich in: *Klaus König/Joachim Beck*, Modernisierung von Staat und Verwaltung – Zum Neuen Öffentlichen Management, Manuskript Speyer 1996.

[77] Vgl. z.B. Vice President *Al Gore*, Common Sence Government, Third Report of the National Performance Review, Washington DC 1995.

Hinzu kommen zwei Schwierigkeiten: Zum einen haben wir es bei dem Neuen Öffentlichen Management mit einer Bewegung zu tun, die einen „Paradigmenwechsel", eine „Revolution" für sich in Anspruch nimmt[78]. In einem solchen Falle reicht es aber nicht aus, auf die Einführung sozialer Mechanismen und Technologien zu verweisen. Man muß kulturelle Veränderungen in der Verwaltung und ihrer Umwelt verzeichnen können: neue Einstellungen, neue Werte und Ideen, neue Orientierungen und Verhaltensweisen. Aber wohl in kaum einer anderen Handlungssphäre lassen sich Formalien und Sprechweisen, Regularien und Dienstwege, Prozeduren und Dokumente so spielerisch und ohne wirkliche Maßgeblichkeit handhaben wie in staatlichen Bürokratien. Jedenfalls kann man selbst im Falle Großbritanniens Manager von neuen öffentlichen Agenturen und zugleich frühere hochrangige Ministerialbeamte kennenlernen, die erst ihr neues Unternehmertum schildern, im weiteren aber zu erkennen geben, daß sie die Regeln von politischem Primat und administrativer Klasse in ihrem Land voll internalisiert haben.

Weiter ist das „Neue Öffentliche Management" wegen seiner Rhetorik international bekannt. Die Aussage „good on rhetoric and short on substance" mag zu hart klingen. Aber es ist kein Zufall, daß bei einem für die Öffentlichkeit so spröden Thema wie das der Verwaltungsreform das Neue Öffentliche Management bei Medien bis hin in die Schweiz gut ankommt. Auch in Deutschland ist vom Bürger als „Kunden" in einer Weise die Rede, als gäbe es nicht die schwerwiegenden Probleme von Konsumenten und Verbraucherschutz. Aus dem Dienstleistungscharakter etwa von Kommunalverwaltungen werden weitgehende Schlüsse gezogen, zugleich aber die Finanzkrise der Städte auf die Belastung mit Transferleistungen zurückgeführt, so daß man den Eindruck gewinnen kann, das eigentliche Finanzierungsproblem liege in der Sachbearbeitung, nicht in der Geldzahlung oder einer anderen materiellen Leistung bei der Sozialhilfe. Nachdem man die Abschaffung der Doppelspitze von Bürgermeister und Stadtdirektor propagiert hat, bietet man nunmehr Modelle der Trennung von Politik und Verwaltung an, die der nun vom Volk gewählte Bürgermeister in seiner Person der Rhetorik nach zu verarbeiten hat.

Die Schwierigkeit, zwischen Wunsch und Wirklichkeit des Neuen Öffentlichen Managements zu unterscheiden, macht es erforderlich, Grundoptionen einer ökonomischen Binnenrationalisierung der öffentlichen Verwaltung ins Auge zu fassen. Ausgangspunkt ist dabei die verbreitete Formel: Wenn Ineffizienzen im öffentlichen Sektor nicht über die klassischen politischen Steuerungsinstrumente abgebaut werden könnten, sondern durch diese im Gegenteil verstärkt würden, dann liege es nahe, solche Rahmenbedingungen zu institutionalisieren, welche wirtschaftliches Verhalten belohnen und unwirtschaftliches Verhalten bestrafen. Hierfür gebe es nichts Besseres als das Wettbewerbsmodell, wobei dann auch Wettbewerbssurrogate wie Quasi-Märkte zu institutionalisieren seien[79]. Dies bedeutet erstens, daß es

---

[78] Vgl. *Ridley*, S. 569 ff.

die Wirtschaftlichkeit der Wettbewerbsmärkte ist, nicht aber eine staats- und verwaltungsspezifische materielle Effizienz, die der Binnenrationalisierung der öffentlichen Verwaltung zugrunde gelegt werden soll, und zweitens, daß es Quasi-Märkte und virtueller Wettbewerb mit Quasi-Kunden und virtuellem Unternehmertum sind, auf die zurückzugreifen ist, wenn der Eintritt in reale Wettbewerbsmärkte, also eine strenge materielle Privatisierung – die Veräußerung des „Tafelsilbers" – ausbleibt.

Quasi-Markt und virtueller Wettbewerb setzen Rivalität der Verwaltungen und Wahlmöglichkeiten der Bürger voraus. Das mag für bestimmte öffentliche Einrichtungen des Kulturlebens, des Sozialwesens, der öffentlichen Gesundheit unbedenklich sein. Aber schon im Schulwesen können sich die „Limits of the Market Metaphor" zeigen[80]. Der Kernbereich der öffentlichen Verwaltung – und zwar nicht nur der Ordnungsverwaltung, sondern auch der Gestaltungs- und Leistungsverwaltung – beruht auf einer festen Zuständigkeitsordnung mit Einmalzuständigkeiten und der Regelung von Zuständigkeitskonflikten, und dies im Interesse der Verwaltungsumwelt, vor allem der Bürger, aber auch wegen der Verstetigung der administrativen Kommunikationsbeziehungen im Interesse der Verwaltung[81].

Aber selbst wenn Wahlmöglichkeiten bestehen, müssen weitere Anforderungen für virtuellen Wettbewerb und Quasi-Märkte erfüllt werden. Es müssen möglichst freie Wettbewerbsbedingungen geschaffen werden, so daß nicht zu hohe Barrieren Markteintritt bzw. Marktaustritt hemmen. Es müssen beide Marktparteien leichten Zugang zu Informationen über Kosten und Qualität haben. Es dürfen die mit dem Markttausch verbundenen Transaktionskosten – Verhandlungen, Verträge, Rechnungswesen, Zahlungssystem, Kontrolle usw. – die Effizienzgewinne, die durch das Wettbewerbsverhalten erlangt werden, nicht überschreiten. Es müssen Anbieter mindestens zum Teil finanzielle Anreize erhalten, um auf preisliche Signale zu reagieren. Es muß im Interesse der Gleichbehandlung verhindert werden, daß Anbieter oder Nachfrager nur „absahnen", daß Verwaltungen geringe Risiken, leichte Fälle, gutzahlende Kunden bevorzugen und bei begünstigten Bürgern oder Organisationen es sich nicht nur um Mitnahmeeffekte handelt[82].

Es gibt bisher wenig belastbare Erfahrungen mit virtuellem Wettbewerb und Quasi-Märkten in der öffentlichen Verwaltung. Selbst der wohl signifikante Anschauungsfall, nämlich das verstaatlichte Gesundheitswesen in Großbritannien[83],

---

[79] Vgl. *Manfred Röber*, Über einige Mißverständnisse in der verwaltungswissenschaftlichen Modernisierungsdebatte: Ein Zwischenruf, in: Christoph Reichard/Hellmut Wollmann (Hrsg.), Kommunalverwaltung im Modernisierungsschub?, 1996, S. 103 f.

[80] Vgl. *Jeffrey R. Henig*, Rethinking School Choice – Limits of the Market Metaphor, Princeton, New Jersey 1994.

[81] Vgl. *Reinhard Mußgnug*, Das Recht auf den gesetzlichen Verwaltungsbeamten? – Überlegungen zum inkompetenten Verwaltungshandeln, 1970.

[82] Vgl. *Wendy Ranadé*, The theory and practice of managed competition in the National Health Service, in: Public Administration 1995, S. 243 ff.

wirft wohl mehr Fragen auf, als er Antworten gibt. Eine Frage wäre, ob nicht hinter den vielfältigen öffentlichen Akteuren, deren vielfältiger Konfiguration und dann den vielfältigen für sie geltenden Spielregeln ein neuer bürokratischer Formalismus steht. Eine andere Frage würde lauten, ob man nicht mehr erreicht hätte, wenn man Teilbereiche des National Health Service privatisiert bzw. reprivatisiert hätte, um Effizienzgewinne aus einem gemischt öffentlich/privaten Gesundheitswesen zu ziehen.

Da der Umweg über den „Kunden" – der Staat gewährt den Studenten Bildungsbeihilfen, diese zahlen Studiengebühren an Hochschulen – in vielen Fällen umständlich erscheint, versucht man, eine weitere Strategie des Wettbewerbs zwischen öffentlichen Organisationen, nämlich die Zuteilung finanzieller Dotationen nach Maßgabe von Leistungsindikatoren. Damit begibt man sich auf das schwierige Gebiet der Leistungsmessung und Evaluation[84], auf dem es eher Überraschungen als einfache Lösungen gibt. Indikatoren wie die Kopfzahl der Studenten sind trügerisch. Denn man müßte unterstellen, daß Auswahlentscheidungen für Studienorte nach dem Leistungsprofil von Universitäten, Fakultäten, Fachbereichen fallen. Man kommt also nicht um verfeinerte Evaluationen herum. Dazu braucht man ein breites Gutachterwesen, will man nicht in einen bürokratischen Dezisionismus verfallen.

Das Problem des öffentlichen Sektors ist es überdies, daß in ihm selten isolierungsfähige Güter hergestellt werden, sondern oft Koppelproduktionen stattfinden, also mehrere Produktarten in einem ungetrennten Fertigungsprozeß erzeugt werden. Das trifft zum Beispiel auch für die Universität zu, die nach wie vor von dem Prinzip der Einheit von Lehre und Forschung geprägt ist. Die Vergabekriterien für Forschungsmittel können aber nicht einfach mit denen für die Lehre identifiziert werden, wie sich etwa bei öffentlichen Drittmitteln zeigt, die für Forschungsprojekte eingeworben werden. Stellt man also die ökonomische Perspektive an die erste Stelle, dann ist an eine Entkoppelung der zwei Leistungskomponenten von Lehre bzw. Forschung zu denken, um überhaupt eine Transparenz der erbrachten Leistungen und eine dementsprechende Kostenrechnung zu ermöglichen[85].

Die Universität ist ein traditioneller Platz des Wettbewerbs, freilich primär im immateriellen Sinne. Gute Forschung wird freilich auch aus Sonderfonds finanziell belohnt. Wenn aber die Grundausstattung von Lehre und Forschung wegen unterschiedlicher Leistungskriterien nach getrennten Schlüsseln dotiert wird, liegt es nahe, daß je nach Stärke die einen ihr Heil in der Lehre, die andern mehr in der Forschung suchen, möglicherweise mit der Konsequenz, daß eine entsprechende

---

[83] Vgl. *Ian Tilley* (ed.), Managing the Internal Market, London 1993; *Julian Le Grand / Wil Bartlet* (eds.), Quasi-Markets and Social Policy, Hound Mills u.a., 1993.

[84] Vgl. *Jacky Holoway* u.a., Performance Measurement and Evaluation, London u. a. 1995.

[85] Vgl. *Jens Harms*, Haushaltswirtschaftliche Reformen und Finanzkontrolle – am Beispiel der Hochschulen, in: Verwaltung und Management 1995, S. 230 ff.

Schwerpunktbildung in Universitäten und Fakultäten erfolgt. Das dürfte man nicht als Ausdruck eines Einpendelns freier Marktkräfte betrachten. Vielmehr ginge es um die Folgen einer staatlichen Finanzplanung nach Leistungsbemessungen. Das bedeutet nicht, daß das Wissenschaftssystem von Effizienzsteigerung, Evaluation und auch materiellem Wettbewerb freigestellt werden muß. Nur lösen eben ökonomische Mechanismen Wirtschaftlichkeitsprobleme und beantworten nicht andere Wertfragen von Lehre und Forschung. Dazu bedarf es anderer Steuerungsmuster.

Wenn man sich aus solchen Gründen auf Leistungsvergleiche beschränkt, dann kommt man zu dem im Rahmen des Neuen Öffentlichen Managements geforderten Benchmarking[86]. Da ein mit der Leistung verknüpfter finanzieller Anreiz fehlt, kann man nicht von einem wirtschaftlichen Wettbewerb sprechen. Aber es gibt durchaus auch nicht-monetäre Leistungsanreize. Wichtiger ist indessen, daß man eine neue Informationsquelle gewinnt, die Vergleichsergebnisse als Kontroll- und Entscheidungshilfe nutzen kann[87]. Bei vertiefter Berücksichtigung von Kosten- und Leistungsbeziehungen kann eine betriebswirtschaftliche Steuerung in Gang gesetzt werden.

Was für den Einbau von finanziellen Wettbewerbselementen und Dotierungen nach Maßgabe von Leistungsindikatoren in den interorganisatorischen Beziehungen gesagt worden ist, läßt sich nun auch zu vergleichbaren Ansätzen der Binnensteuerung von öffentlichen Organisationen feststellen, wenn man in einer internen funktionalen Differenzierung etwa im Rahmen eines städtischen Bauhofs eine Einheit für Architekturleistungen, eine Einheit für Maschineneigentum, eine Einheit für Hochbau usw. schafft und durch simulierte Kunden-/Lieferantenbeziehungen ein funktionales Äquivalent für Wettbewerbsmärkte zu schaffen sucht, oder wenn man durch eine divisionale Differenzierung Teilorganisationen schafft, die als Cost-Center zwar nicht zurechenbare marktmäßige Erlöse, wohl aber relativ klar abgrenzbare Aufwendungen aufweisen können. Für all dies gibt es Reformansätze, insbesondere im Bereich von Kommunalverwaltungen von Neuseeland bis Deutschland[88]. Überdies will man den Gedanken der pretialen Lenkung für die Kommunalverwaltung revitalisieren[89]. Hier müssen am Ende Verrechnungsbeträge für Güter und Dienste und Leistungsverrechnungen stehen, was dann wiederum zu den Schwierigkeiten betriebswirtschaftlicher Kennzahlen und Kennzahlsystemen für die öffentliche Verwaltung führt.

Man könnte noch andere betriebswirtschaftliche Modelle nennen: etwa das Modell eines Kontraktmanagements nach der Principal-Agent-Theorie und dann mit

---

[86] Vgl. *Robert C. Camp*, Benchmarking, München/Wien 1994; *Hermann Hill/Helmut Klages* (Hrsg.), Spitzenverwaltungen im Wettbewerb, 1993.

[87] Vgl. *Wolf Gottschalk*, Betriebsvergleiche, in: Klaus Chmielewicz und Peter Eichhorn (Hrsg.), Handwörterbuch der Öffentlichen Betriebswirtschaft, 1989, Sp. 151 ff.

[88] Vgl. *König/Beck*, Modernisierung.

[89] Vgl. *Dietmar Bräuning*, Pretiale Steuerung von Kommunalverwaltungen, Neues Management für Städte, 1994.

den Problemen von Transaktionskosten behaftet, oder ein Segmentierungsmodell mit der Erwartung eines ökonomischen Drucks vom „Absatzmarkt" her, aber belastet mit Dysfunktionen einer ohnehin in „Fachbruderschaften" zerfallenen Verwaltung usw. Im Grunde muß man aber die Frage stellen, welchen Sinn es macht, Güter aus dem Markt herauszunehmen und sie als öffentliche Güter einem politischadministrativen Entscheidungsprozeß zu unterwerfen, diesen Prozeß aber von funktionalen Äquivalenzen marktlichen Wettbewerbs bestimmen zu lassen. Die ökonomische Theorie selbst wird bei Gütern, bei denen der Markt versagt, und Gütern, die staatlich vorgehalten werden, damit überhaupt Wettbewerbsmärkte existieren können – von der Registrierung von Grundeigentum bis zur Bekämpfung unlauteren Wettbewerbs – ihre eigenen Einsichten hervorbringen. Aus der Sicht der Modernisierungstheorie muß es zweifelhaft erscheinen, im Staat den Markt zu plagiieren. Denn die Moderne ist nun einmal durch die funktionale Differenzierung von Teilsystemen und deren Rationalisierung nach eigenen Prinzipien geprägt. Für den Staat einerseits und die Wirtschaft andererseits bestehen je eigene basale Zirkulationen. Der Marxismus-Leninismus ist mit seiner Gegenmodernisierung gescheitert, das gesamte Leben und damit das Wirtschaftsleben nach den einheitlichen Prinzipien des parteigeleiteten Staates und damit der Staatsplanwirtschaft zu steuern. In diesem Sinne können wir von einem Sieg der Marktwirtschaft über die Zentralverwaltungswirtschaft sprechen. Aber das bedeutet nicht in Konsequenz, daß nunmehr im Namen von „Marketization" Marktprinzipien für den Staat in Geltung zu bringen sind. Auch das wäre eine funktionale Dedifferenzierung.

Freilich ist es eine intellektuell herausfordernde Idee, durch die Mischung alter Staatsprinzipien und funktionaler Äquivalente von Marktprinzipien eine Hybridisierung herzustellen, die eine neue Qualität funktionaler Ausdifferenzierung und Systemrationalität öffentlicher Verwaltung darstellt. Man darf darüber aber nicht den Grund der aktuellen Erneuerungsbewegung vergessen, nämlich die Not öffentlicher Finanzen. In einem solchen Verwaltungsalltag liegt die Kostenfrage näher: Kostenermittlung, Kostentransparenz, Kostenvergleich, Kostendeckung, jedenfalls Kostenrechnung und Kostenreduzierung. Das „rechentechnische Merkmal" steht im Vordergrund; die Rechenkunst ist gefragt. Aber vielleicht ist es dazu schon zu spät. Die „neue" Budgetierung – ein aus dem betriebswirtschaftlichen Modell dezentraler Unternehmenspolitik mit der Vorgabe von Sollziffern für eine Planungsperiode und anschließender Kontrolle entnommener, nun als dezentrale Ressourcenverantwortung bevorzugter Ansatz neuer Steuerungsmodelle – wird in den Händen von Finanzministern und Finanzkämmerern zu einer griffigen Deckelungs-Methode, die die Finanznot auf die Sachverantwortlichen verlagert. Wie für die Vereinigten Staaten von Amerika, so kann man inzwischen auch für Deutschland fragen, ob das „down sizing" das „restructuring" überwiegt, ob man nicht durch eine kontraktive Haushaltspolitik Einsparungen einfahren will, die die Promotoren des neuen öffentlichen Managements als Rationalisierungsgewinne nicht einmal versprechen können. Qualitätsmanagement hätte sich dann damit zu befassen, welche Qualität an öffentlichen Gütern und Diensten wir uns angesichts der

Abbau- und Kürzungspolitik überhaupt noch leisten können. Von einem postmodernen Wohlfahrtsstaat und seiner Verwaltung nach Art einer konsumerischen und kommerziellen Lebenswelt wäre dann wohl Abstand zu nehmen.

Verwaltungsentwicklung und Verwaltungsinformationssysteme

Von Heinrich Reinermann

I. Trends der Verwaltungsentwicklung

1. Verwaltungsmodernisierung

Neue Begriffe gehen durch das Land, schießen geradezu wie die sprichwörtlichen Pilze aus dem Boden – Vokabeln eher, die unterschiedlichste Facetten von „Verwaltungsmodernisierung" meinen. Es ist ein terminologisches Kommen und Gehen. Gibt es ein *mycelium*, ein Pilzgeflecht *unter* dieser neuen Begrifflichkeit? „Mit Abstand steuern" ist eine der terminologischen Neuigkeiten – man müßte wohl ebenfalls die Reformhektik mit Abstand werten.

Könnte, daß Verwaltungsreform wieder hoch im Kurs steht, damit zusammenhängen, daß die, nicht zuletzt durch *Max Webers* Idealtypus, auf Unparteilichkeit, Gleichbehandlung, Professionalität, Präzision, Stabilität und Effizienz ausgerichtete bürokratische Verwaltung im Laufe der Zeit an Grenzen gestoßen ist? Könnte es sein, daß die eingeübten bürokratischen Strukturen hierarchisch gesteuerter, in vertikaler wie horizontaler Sicht stark arbeitsteiliger Einheiten mittlerweile zu Selbsterhaltung und Selbstbeschäftigung neigen, daß sie darüber den Anschluß an gesellschaftliche Entwicklungen zu verlieren drohen? Könnte es somit sein, daß bürokratische Verwaltungen sich mittlerweile schwertun, ihrer Verantwortung gegenüber der Gesellschaft gerecht zu werden? Wäre dem so, dann hätten sich zumindest einige der Instrumente herkömmlichen Verwaltungshandelns, einst als Garanten für Tugenden wie Normgerechtigkeit und Ordnungsmäßigkeit geschaffen, überlebt, wäre ein funktionales Handlungsmuster öffentlicher Verwaltung jedenfalls in Teilen dysfunktional geworden.

Und in der Tat kommt man wohl nicht daran vorbei, daß einer mit den wachsenden Anforderungen des Industriestaats gewachsenen Bürokratie Verantwortlichkeit zunehmend zur Last wird, daß es ihr schwerer fällt, *Antwort* zu geben auf Fragen nach dem Warum einer Organisationseinheit, einer Aktivität oder aufgewandter Ressourcen, Antwort auf Fragen nach dem Ergebnis erteilter Aufträge. Es ist schon eine Binsenwahrheit, daß Stellen und Ämter, einmal eingerichtet, zur Unantastbarkeit neigen. Die bürokratische Verwaltung zieht es vor zu wachsen, statt Ressourcen umzuschichten. Hinweise auf eine Neigung zur Nabelschau liefern auch Tendenzen, die mit „kleine Königreiche" umschrieben wurden und die sich, passivisch, in einer selektiven Wahrnehmung der Umwelt und, aktivisch, in negativer Koordination, also der Nichtbeteiligung verwandter Bereiche äußern.

Zunehmend hat die bürokratische Verwaltung mit ihrem immer komplexer gewordenen Regelwerk zu tun und ist in Gefahr, ihren Blick vom eigentlichen Ergebnis ihrer Arbeit auf Vorschriften, Richtlinien und deren Kontrolle zu richten. So abgegriffen das Wort vom Dezemberfieber mittlerweile sein mag, bleibt es doch symptomatisch für inputbezogene Verfahrensorientierung, wenn zu einem willkürlich festgelegten Zeitpunkt nicht ausgegebene Haushaltsmittel nicht nur verfallen, sondern die Bewirtschafter durch Tadel für „zu hohe" Ansätze in früheren Jahren und durch Kürzung derer für das kommende Jahr auch noch sanktioniert werden. Hier verkehrt sich der Sinn von Regeleinhaltung in sein Gegenteil, wird von außenorientierter Verantwortung geradezu abgelenkt auf eine interne Mikropolitik mit taktischen Finessen und Scharmützeln zwischen Fachverwaltungen und Regelkontrolleuren. Auch Führung, auf welcher Ebene unseres Staatswesens auch immer, muß sich in einem solchen Umfeld schwertun. Mangels ziel- und ergebnisbezogener Darstellungen und Analysen gesellschaftlicher Bedarfslagen wird sie nicht hinreichend mit den Fragestellungen konfrontiert, die zu beurteilen sie da ist und in der Lage wäre, sondern wird mit komplizierten Detailfragen befaßt, in denen sich die ausführenden Experten letztlich doch besser auskennen, was seinerseits Eigeninteressen zu Lasten der Verantwortlichkeit gegenüber der Gesellschaft begünstigt.

Dysfunktionalitäten bürokratischer Verwaltung heute bestünden dann darin, daß sich die ursprünglichen Intentionen – klare Verantwortungsbeziehungen und sichere Umsetzung politisch ausgewählter Programme und Normen – in ihr Gegenteil zu verkehren drohen, soweit Rechenschaftslegung und Verantwortung in eine vornehmlich formalistische Verantwortung abgleiten. Dieses wissen wir übrigens nicht erst seit Aufkommen von New Public Management, die Bürokratieforschung – *Renate Mayntz* stehe hier für weitere – hat sich seit Jahren damit befaßt. Neu ist eher, daß durch den mittlerweile erreichten, außerordentlich hohen Differenzierungs- und Komplexitätsgrad des Behördenapparats, bei gleichzeitig hoher Dynamik der gesellschaftlichen Entwicklungen, diese Probleme nunmehr besonders virulent sind. Und es ist die Politik- und Verwaltungspraxis selbst, die nach neuen Strukturen und Verfahren fragt, angetrieben auch durch schwindendes Vertrauen der Bürger in die Fähigkeit des öffentlichen Sektors zu durchgreifenden Problemlösungen, durch schwindenden Stolz der Mitarbeiter, dem öffentlichen Dienst anzugehören, und durch schwindende finanzielle Deckungsmöglichkeiten für das, was im Laufe der Zeit als öffentliche Aufgaben herangewachsen ist.

Wäre es mithin denkbar, daß neue Konzepte der Verwaltungsmodernisierung, als Neue Steuerungsmodelle, New Public Management oder wie auch immer, deshalb so hoch im Kurs stehen, weil sie Antworten auf diese Fragen versprechen? Unterzieht man sich der Hegelschen „Anstrengung des Begriffs", dringt man von den wie Pilze aus dem Boden schießenden Vokabeln zum Begriff, zum Kern etwa von

New Public Management vor, dann ist es wohl gerade diese Verantwortlichkeit, die auf allen Entscheidungsebenen – Legislative / Exekutive, Regierung / Ministerien, Ministerium / Abteilungen, bis hin zu Vorgesetzte / Mitarbeiter – wieder zum Dreh- und Angelpunkt öffentlichen Handelns werden soll. Hinter dem Arsenal gehandelter Sprachgebilde, Konzepte und Methoden wird dann der Versuch sichtbar, den Blick von verfahrens- und regelorientierter Aufgabendurchführung auf das Gewährleisten, das Sicherstellen einer funktionalen Wahrnehmung der wesentlichen öffentlichen Aufgaben zu lenken. Entscheidend wird dann, daß Führungs- von Fachaufgaben unterschieden, daß Richtungen erarbeitet, vorgegeben und auf Einhaltung oder Änderungsnotwendigkeit überprüft werden. Entscheidend ist dann – auf allen Ebenen – eine Führung durch Verträge, die Leistungen gegen Ressourcen abwägt und die öffentlichen Aufträge zu Lasten einer inputorientierten Beschäftigung des Apparats mit sich selbst in das Zentrum der Kommunikation rückt.

Ist unter dem terminologischen Rauch unserer Tage also doch ein Feuer? Es könnten die Probleme sein, die uns auf den Nägeln brennen. Insoweit gäben die neuen Konzepte der Verwaltungsmodernisierung tatsächlich Antworten auf Herausforderungen der Zeit, in der wir leben, während ein Teil der Antworten des Bürokratiemodells inzwischen ins Leere ginge.

2. Informationsanforderungen

Führung durch Verträge erfordert auf den verschiedenen Hierarchieebenen öffentlicher Aufgabenwahrnehmung die Unterscheidung von Strategie und Umsetzung und damit die wirkliche Ausfüllung von Führungsfunktionen bei Bereitschaft zur Delegation jeweiliger Details. Sie erfordert die Bereitstellung von Informationen in Form ziel- und ergebnisorientierter Entscheidungsgrundlagen, die – wie schon ein kurzer Blick auf das kameralistische Rechnungswesen erkennen läßt – bisher keineswegs notwendigerweise zum Rüstzeug der im öffentlichen Sektor Handelnden gehören. Führung durch Verträge geht nicht nur die Verwaltungsführung an, sondern ebenso die Beziehungen zwischen Politik und Verwaltung; auch sie wären durch eine Steuerung der Verwaltung anhand strategischer Dimensionen zu prägen. Damit wäre eine Einbindung der Verwaltung in einen Gesellschaftsvertrag gegeben, wie sie *Honoré de Balzac* vermißt, wenn er beklagt: „Bürokratie ist wie eine gigantische Maschine, die von Zwergen bedient wird." Entscheidungsverantwortliche könnten sich auf das konzentrieren, was sie besser verstehen als Details inputorientierter Unterlagen zu entziffern, nämlich Richtungen angeben und Handlungsvarianten bewerten.

Ein so über Verträge geführter öffentlicher Sektor verlangt ein deutlich verändertes Gesicht seiner Informationssysteme:
- Alle an der Erfüllung öffentlicher Aufgaben Beteiligten, also über Behörden im engeren Sinne hinaus Betriebe, Gesellschaften und Zuwendungsempfänger, werden strategisch in Ziel / Mittel-Zusammenhänge eingebunden.

- Ziel- und ergebnisbezogene Kommunikation auf allen Ebenen erhält das ihr zustehende Gewicht; die Beziehungen zwischen vorgesetzten und ausführenden Stellen sind nicht von „ich bin unterstellt", sondern von „ich berichte an" geprägt.

- Haushalts- und Stellenplanung läßt sich nicht länger inputorientiert betreiben, sondern muß zu outputorientierten, die Verträge reflektierenden Budgetierungen (Plafondierungen) übergehen.

- Führung durch Verträge induziert ein bewußtes Abwägen aus dem gesellschaftlichen Bereich geäußerter Wünsche („nice to have") und prioritärer Finanzierbarkeit („how much is enough?"). Dies ist auch erforderlich, um der Politik Handlungsspielraum für Schwerpunktsetzungen zurückzugeben.

- Gegenüber konditionaler Programmierung (wenn – dann) gewinnt final programmiertes öffentliches Handeln (womit – wozu) größeren Raum; damit zugleich gewinnen Konzepte wie Programmevaluierung und lernende Organisation an Bedeutung.

- Wichtige Ressourcen wie Personal, Haushaltsmittel oder Information werden nicht nur verwaltet, sondern in ziel- und ergebnisbezogenes Handeln eingebunden; Führung durch Verträge veranlaßt zu Personalentwicklung, Finanz- und Informationsmanagement.

- Die so angestrebte Ökonomisierung der öffentlichen Verwaltung wird weithin für überfällig gehalten; Bewußtsein für Leistungen und Kosten ist fester als heute üblich zu verankern („Was bewirkt eine Tätigkeit, was kostet sie?"). Damit wird die Existenzberechtigung von Programmen, Organisationseinheiten und Regelungen immer wieder überprüft, Fehlallokation von Ressourcen erschwert.

- Führung durch Verträge liefert schließlich Informationen, wie sie zur Rechtfertigung und Legitimierung öffentlichen Handelns seitens der Öffentlichkeit immer stärker eingefordert werden.

Alles in allem laufen diese Informationsanforderungen auf eine ziel- und ergebnisorientierte Transparenz der öffentlichen Verwaltung hinaus, die sich von ihrem heutigen Zustand eklatant unterscheidet.

II. Trends der Verwaltungsinformationssysteme

1. Virtuelle Verwaltung

Will man die informatorischen Anforderungen, wie sie aus den Trends der Verwaltungsmodernisierung folgen, vor den Hintergrund der Trends der Verwaltungsinformationssysteme stellen, so bietet sich das Konzept der „virtuellen Organisation" an.[1] Angesichts des inflationären Gebrauchs auch dieses Begriffs empfiehlt sich allerdings zunächst eine etymologische Klarstellung.

Der lateinische Wortstamm „virtus" bedeutet viel mehr als „scheinbar", „unsichtbar" oder „imaginär". Dennoch läßt sich mit dieser Verwendung durchaus starten: „Virtuell" nennen wir eine Wirkung, eine Kraft, die tatsächlich vorhanden ist, obwohl man sie gar nicht genau beobachten kann. Ein landläufiges Beispiel wäre ein Minister, der aufgrund seines wirklichen Einflusses der eigentliche, der heimliche, der virtuelle Präsident ist. Virtuell ist dann etwas, worauf es wirklich ankommt, eine treibende Kraft hinter einem Vordergrund, der diese nicht leicht erkennen läßt.

Wäre somit eine Bank ohne Gebäude und Schalter, die dennoch im Hintergrund Finanzgeschäfte abwickelt, schon eine „virtuelle Bank"? So findet man den Begriff der virtuellen Organisation tatsächlich oft verwendet. Aber dieses Verständnis ließe etwas Wesentliches aus, eine Bedeutung nämlich, die sprachlich ebenfalls mit „virtus" verknüpft ist: die der Tugend, der Vollkommenheit, der Exzellenz – eine Bedeutung, wie sie beispielsweise in „Virtuosität" im Sinne einer vollendeten Beherrschung der (etwa musikalischen) Technik anklingt. Was macht aber eine vollkommene, eine in diesem Sinne „virtuelle" Bank aus? Die Aufhebung räumlicher Distanzen? Die Unabhängigkeit von Öffnungszeiten? Die Überwindung von innerorganistorischer Arbeitsteilung und Zuständigkeitsbeschränkungen? Der Schutz vor Manipulationsabsichten der Bankangestellten, die Unabhängigkeit von deren Qualifikation und Tagesform? Vermutlich alles das, aber es fehlt doch etwas Entscheidendes: Es geht bei Bankgeschäften nicht nur um den Austausch von Sachinformation – wichtig ist auch die von *Paul Watzlawick* zu Recht betonte Beziehungskommunikation: von der schlichten menschlichen Zuwendung im persönlichen Gespräch bis zum Aufbau einer Vertrauensbasis, einer besseren gegenseitigen Beurteilungsfähigkeit bei den Geschäften und dem Vertrautsein mit situativen Verhältnissen.

Die Bedeutung des Begriffs „virtuell" als vollendet und vollkommen führt uns somit an eine Frage von tatsächlich großer Bedeutung heran, die Frage nämlich, was eine Einrichtung in ihrem Kern, in ihrem Wesen, in ihrer Funktion eigentlich sein soll, welche Rolle sie für ihr Umfeld, für ihre Klienten spielen soll. Selbstverständlich hat das viel mit Informations- und Kommunikationstechnik zu tun. Denn diese liefert neue Formen, in denen die Funktionen ausgeführt werden können. „Form follows function" war ein berühmt gewordener Ausspruch der Bauhaus-Bewegung in der gestaltenden Kunst. Und wann immer die Formen neue Gestalt annehmen können – weil neue Bautechniken und -materialien hinzu gekommen sind wie zur Bauhauszeit,[2] oder neue elektronische Informations- und Kommunikati-

---

[1] Hierzu vom *Verfasser*: Virtuelle Organisationen, in: Verwaltungsarchiv, Heft 3/1996, S. 431-444.

[2] Hierzu vom *Verfasser*: Brauchen wir eine „Bauhaus-Bewegung" für die Verwaltungsautomation?, in: Öffentliche Verwaltung und Datenverarbeitung, Heft 2/1983, S. 67-72.

onsmöglichkeiten wie heute –, können und sollten sie auch so umgestaltet werden, daß sie Funktionen besser erfüllbar machen, daß das, worauf es im Kern ankommt, besser zur Wirkung kommen kann.

Genau besehen meint „virtuell" somit alles andere als „scheinbar". Tatsächlich ist eine virtuelle Organisation sogar in ihrer Wirkung, in ihrer „Wirk-lichkeit" verstärkt, weil auf die eigentliche Kraft, auf das „Wesen-tliche" konzentriert und von physischen Grenzen, von Unwesentlichem befreit. Ein „virtueller Computerspeicher", durch schnelle Prozessoren und trickreiche Systemsoftware über seine tatsächlichen Zellen hinauswachsend, ist eben wirklich nutzbar; und für den Nutzer ist die wirklich verfügbare, die virtuelle Größe entscheidend, nicht die tatsächliche, die er möglicherweise nicht einmal zur Kenntnis nimmt.

Für eine virtuelle Verwaltung muß daraus die Schlußfolgerung gezogen werden, daß es gemeinhin keineswegs hinreicht, reale Behörden dadurch „virtuell" zu machen, daß man nur die Medien austauscht, etwa Papier und menschliche Akteure durch Speicherchips und Prozessoren ersetzt, vorgefundene Auffassungen und Strukturen aber mehr oder weniger unverändert im Hintergrund einer nun überwiegend elektronischen Funktionsausübung verschwinden läßt. Aus der Sicht der Nutzer die Schwächen vorgefundener Organisationen schwächen und die Stärken stärken – *das* weist den Weg in Richtung Vollkommenheit. Richtig verstanden, ist virtuelle Verwaltung somit ein Auftrag an die Verwaltungsinformatik, im Verein mit allen anderen Maßgeblichen zu einem Fortschritt beizutragen, wie ihn die Informationsgesellschaft ermöglicht und wie sie ihn auch von uns erwartet. Es ist zugleich der Auftrag zu intensiver Kommunikation zwischen Informationstechnikexperten einerseits und der politischen und administrativen Führung andererseits, damit das neue technische Potential bestmöglich ausgeschöpft wird.

2. Informationstechnische Auslöser

Unter den Ursachen virtueller Verwaltung sind zwei ebenso grundlegend wie wichtig. Die erste ist, daß mit den heutigen Computern alle wesentlichen Kommunikationsformen der Menschen maschinell abgebildet werden können. Ob wir miteinander sprechen, uns Zahlen und Texte schreiben oder ob wir feststehende und bewegte Bilder betrachten – die dadurch vermittelte Information ist praktisch ohne Verluste an Wiedergabequalität digitalisierbar. Und das bewirkt: Sprache, Schrift und Bilder als multimediale Information sind zum ersten Mal in der Menschheitsgeschichte in überaus großen Mengen speicherbar und in überaus kurzer Zeit maschinell auswertbar.

In Verbindung damit steht die zweite Ursache virtueller Verwaltung. Über Vernetzung verliert Information eine Sekundäreigenschaft, an die die Menschheit bis dato gewöhnt war: Lokalität. Information war, über ihre inhaltliche Botschaft hinaus, immer auch örtlich an ein Medium gebunden, sei dies Papier oder das menschliche Gedächtnis. Über die elektronische Vernetzung verliert nun Lokalität als Zusatzeigenschaft faktisch völlig an Bedeutung. Information wird von physischen Hemmnissen frei, sie wird ubiquitär, also allgegenwärtig. Information wird damit unabhängig von Raum als geometrischer Distanz, Hierarchie als organisatorischer Distanz und Zeit als chronometrischer Distanz.

Mit diesen beiden informations- und kommunikationstechnischen Voraussetzungen befinden sich – hier und heute, wenn zusätzlich die ökonomischen, qualifikatorischen, rechtlichen und weiteren Voraussetzungen gegeben sind – jede Organisation und jedes Individuum in der Lage, ihre Informationen zu digitalisieren, zu ordnen und zu modellieren und sie dann, natürlich nur soweit sinnvoll und gewünscht, über Netze global zum Gebrauch durch andere zur Verfügung zu stellen, sei dieser Gebrauch eine passive Nutzung oder eine aktive Veränderung solcher Informationsangebote.

Diese neuartige Situation hat die zuvor schon begrifflich abgeleitete grundlegende, in dieser Mächtigkeit bisher unbekannte Folge: Sie fordert dazu auf, die heutigen Organisationen in ihrem Selbstverständnis ebenso wie in ihrem Aufbau und in ihren Abläufen neu zu durchdenken. Über Digitalisierung und Ubiquität von Information sind zahlreiche einengende Barrieren gefallen, die unsere Gestaltungsbemühungen bisher geleitet haben. Dazu gehören unsere Erfahrungen mit der nur eingeschränkten Mobilität von Menschen, Materialien, Produkten oder Akten, zurückführbar auf die dabei benötigten Transportdauern und Transportkosten. Somit wiederholt sich unter den Vorzeichen unserer Zeit, was *Joseph A. Schumpeter* mit dem „Prozeß der schöpferischen Zerstörung"[3] überkommener Strukturen durch innovative Unternehmer meinte. *Schumpeter* beschreibt die Geschichte der Wirtschaft als eine „Geschichte von Revolutionen" technischer und organisatorischer Art, als den „Prozeß einer industriellen Mutation ..., der unaufhörlich die Wirtschaftsstruktur von innen heraus revolutioniert, unaufhörlich die alte Struktur zerstört und unaufhörlich eine neue schafft."[4] *Schumpeter* sieht hierin eine maßgebliche Quelle für Konkurrenz, „die Konkurrenz der neuen Ware, der neuen Technik, ... des neuen Organisationstyps ... – jene Konkurrenz, die über einen entscheidenden Kosten- oder Qualitätsvorteil gebietet und die bestehenden Firmen ... in ihren Grundlagen, ihrem eigentlichen Lebensmark trifft."[5] Wenn es heute um ein „Redesign"[6], gar um ein „Reinventing"[7] unserer Organisationen oder um Verwaltungsentwicklung geht, wird derselbe Zusammenhang nur anders ausgedrückt. In der

---

[3] *Joseph A. Schumpeter*, Kapitalismus, Sozialismus und Demokratie, Bern 1946, hier: 7. Kapitel, S. 134-142.

[4] *Schumpeter*, aaO (Fußn. 3), S. 137 f.

[5] *Schumpeter*, aaO (Fußn. 3), S. 140.

[6] *Thomas H. Davenport* und *James E. Short*, The New Industrial Engineering: Information Technology and Business Process Redesign, in: Sloan Management Review, Heft 2/1990, S. 11-27.

[7] *David Osborne* und *Ted Gaebler*, Reinventing Government – How the Entrepreneurial Spirit is Transforming the Public Sector, New York 1993.

Tat sind wir immer aufgefordert, vor dem Hintergrund des gesellschaftlichen und technischen Wandels unsere Rolle und unsere Möglichkeiten neu zu bestimmen.

3. Potential für Verwaltungsgestaltung

Im Sinne der *Schumpeterschen* „schöpferischen Zerstörung" soll im folgenden der Komplex Staat und Verwaltung aus vier Perspektiven betrachtet werden, die gleichsam vier Sichten auf das Netzwerk aus Informationen und Kommunikationsbeziehungen der Beteiligten entsprechen. Damit wird deutlich, was Verwaltungsinformationssysteme, eingesetzt zur Unterstützung der Verwaltungsentwicklung, vermögen.

a) Bürger / Verwaltungs-Beziehungen

Bürger stehen in zwei Rollen zum Staat, als Subjekte und Objekte. Als Subjekte sind sie Wähler und Financier und somit Auftraggeber öffentlichen Handelns, als Objekte Klienten als Antragsteller, Subventionsempfänger, Steuerpflichtiger oder in anderen Angelegenheiten, die sie als Privatleute oder als Funktionsträger in Organisationen wahrnehmen. Können diese beiden Rollen durch das Konzept der virtuellen Verwaltung besser zur Geltung kommen?

Viele stehen heute als Objekt einer immer komplexer gewordenen modernen Verwaltung gegenüber und verfügen nicht über die ausgebaute Informationsbasis, die eine adäquate Wahrnehmung ihrer Interessen erlaubte. Deshalb hat es durchaus mit Verfassungsprinzipien wie Gerechtigkeit und Gleichbehandlung zu tun, wenn mittels Informationstechnik Ungleichgewichte im Informationsstand wettgemacht werden können. Eine virtuelle Verwaltung dürfte also eine Verwaltung sein,

- die in ihren Normen, in ihren Rechten und Pflichten sowie in Aufbau, Zuständigkeiten und Antragsvoraussetzungen für die Bürger transparent ist
- die von sich aus und rechtzeitig auf Berechtigte und Verpflichtete zugeht und dazu möglichst die ihr schon vorliegenden Daten nutzt
- die sich ganzheitlich und den verschiedenen Lebenslagen entsprechend präsentiert, in denen Bürger mit der Verwaltung zu tun haben wie Geburt, Heirat, Umzug, Bau eines Hauses oder Gründung eines Geschäfts
- oder die vielfältige technische Formen des Zugangs ermöglicht: von zu Hause aus, mittels Smart Card von Informationskiosks an öffentlichen Stellen, in Bürgerämtern, die als „One-Stop Shop" bürgernah in Außenstellen verteilt sind, oder als mobile Verwaltung, die sich bei Bedarf und mit voller Informationskapazität zum Klienten begibt.

Dabei ermöglicht die computerisierte Verwaltungsarbeit ebenso wie die elektronische Kommunikationsmöglichkeit der Klienten nunmehr eine Bündelung ihrer Erfahrungen, Meinungsäußerungen und Bewertungen. Diese sind somit nicht mehr atomistisch und ohne spürbaren Einfluß, sondern können, wie Umsatzerlöse von Wirtschaftsunternehmungen, aggregiert werden und, auch über Vergleiche mit anderen Behörden und Regionen, zu Planung und Qualitätssteigerung herangezogen werden.

Als Subjekt sind die Bürger an der Willensbildung über die öffentlichen Angelegenheiten beteiligt. Auch hier ist es im Sinne der Verfassung, wenn die Verwaltung / Bürger-Beziehungen „wissensbasiert" gestaltet werden. Eine virtuelle Verwaltung dürfte also eine Verwaltung sein,

- die kein anonymer Apparat ist, sondern sich selbst der Öffentlichkeit präsentiert, und zwar nicht nur, was ihre eigenen Aufgaben, Strukturen und Finanzen anbelangt, sondern die darüber hinaus über die gesellschaftlichen Zustände der verschiedenen Verwaltungsbranchen wie Wirtschaft, Bildung, Energie, Gesundheit oder Umwelt berichtet, welche Entwicklungen mit welchen Maßnahmen und welchen Erfolgen sowie im Vergleich mit anderen Verwaltungen und Regionen angestrebt werden

- eine Verwaltung, die die heutigen hardware- und softwaretechnischen Möglichkeiten nutzt, um den Bürgern themenbezogen Einblick in Akten von öffentlichem Interesse zu gewähren

- die in Beteiligungsverfahren die Folgen verschiedener Handlungsmöglichkeiten mit Simulationen transparent macht

- die problembezogene Diskussionsforen pflegt, die elektronischen Möglichkeiten für Bürgerpanels, Umfragen und Anhörungen nutzt sowie die elektronische Direktkommunikation mit Abgeordneten oder Fachleuten ermöglicht

- die engen Informationskontakt zur Wissenschaft pflegt, sich von dieser beraten und evaluieren läßt.

Neben diesen beiden, quasi vertikalen Verwaltung / Bürger-Beziehungen sei die horizontale Kommunikation von Bürgern untereinander erwähnt. Das Internet zeigt, daß sich hier neue Formen durch Selbstorganisation herausbilden. Das ist schon angesichts der überlasteten öffentlichen Haushalte wünschenswert, widerlegt aber darüber hinaus *George Orwell*.[8] Denn die moderne Informationstechnik stärkt nicht einseitig den Staat als Großen Bruder, sondern erleichtert, gerade umgekehrt, Demokratie von unten. Sich frei zu informieren, sich frei an die Öffentlichkeit zu wenden, Interessen organisieren zu können, Selbsthilfegruppen ins Leben zu rufen – all dies scheitert ja oft auch an fehlenden Informations- und Kommunikationsmöglichkeiten. Der Staat allerdings hat hier nur die mittelbare Aufgabe der Gewährleistung der technischen Infrastruktur, der Ausgewogenheit der Inhalte oder des Persönlichkeits- und Jugendschutzes.

---

[8] Vgl. *George Orwell*, 1984, Frankfurt a.M. 1988.

b) Verwaltungsentflechtung

Digitalisierbarkeit von Kommunikationsinhalten und Ubiquität von Information als neue Phänomene verbessern auch die Voraussetzungen für eine objektorientierte Segmentierung herkömmlich hierarchisch-zentralistisch strukturierter Aufgabenbereiche. Wenn die Beachtung von Steuerungsvorgaben durch Software garantiert werden kann, wenn Informationssysteme heranzuziehende Daten aktuell und gezielt bereitstellen, wenn die Folgewirkungen des Handelns besser gemessen und kommuniziert werden können, wenn schnelle Kommunikationsmöglichkeiten für Querabstimmungen zur Verfügung stehen, dann kann man Aufgaben stärker ganzheitlich zuweisen, kann man die Kompetenzen sowohl für die Fachaufgaben als auch für die benötigten personellen, finanziellen und informatorischen Ressourcen vermehrt in eine Hand legen. Als Folge erleben wir einen häufigeren Einsatz des Center-Konzepts oder der fraktalen Organisation, deren Einheiten sich durch weitgehende Selbststeuerung und Selbstorganisation auszeichnen. Die Client/Server-Architektur als vernetzte Dezentralisierung heutiger Computer korrespondiert mit dieser Erscheinung.

Die Objektorientierung schafft eine einfachere Informationsschnittstelle zwischen organistorischen Einheiten. Man kann in ihnen die Verträge erkennen, die festlegen, welche Leistungen gegen Überlassung welcher Ressourcen von einer Organisationseinheit für eine andere zu erstellen sind. Dies führt zu einem neuen Verhältnis von Zentralität und Dezentralität nach den Grundsätzen der Subsidiarität. Strategische Fragen nach dem „Warum?" und „Für wen?" erhalten ein höheres Gewicht – gleichzeitig werden die Ressourcen bestmöglich genutzt, indem in operativen Fragen auf mehr Entscheidungsfreiheit gesetzt wird, aber auch auf mehr Eigenverantwortung und damit auf mehr Identifikation und Motivation der Handelnden.

Objektorientierte Segmentierung über die Schnittstelle „Leistung gegen Ressourcen" führt weiter zur Frage „Eigenfertigung oder Fremdbezug?". Immer öfter wird auch hier die Antwort in Entkoppelung und Entflechtung gesehen. Dies gilt einmal innerhalb einer Organisation in Form größerer Selbständigkeit ihrer Teilbereiche oder räumlich verteilter Außenstellen. Dies gilt aber auch zwischen Organisationen: Eine Form besteht darin, daß Aufgaben gemeinschaftlich durch strategische Allianzen oder „Joint Ventures" erledigt werden, wobei sich die Beteiligten auf ihre jeweiligen Kernkompetenzen konzentrieren und diese in einer „virtuellen Organisation" synergetisch bündeln, um so ihre Kraft zu steigern und eine möglichst nachhaltige Wirkung zu erzielen; die Partner können andere Behörden oder, bei Public Private Partnership, Unternehmungen sein. Wieder eine andere Form liegt mit „Verwaltung durch Stellvertreter" vor, wenn Aufgaben privatisiert oder Bürgern, Nachbarschaften und Vereinen zur Selbsthilfe überlassen werden. Mit den Bedingungen solcher organisatorischer Entflechtungen befaßt sich die Institutionenökonomik.[9]

---

[9] Vgl. hierzu den Begründer und späteren Nobelpreisträger *Ronald H. Coase*, The Nature of the Firm, in: Economica, November 1937, S. 386-405.

Über die objektorientierte Segmentierung wird schließlich in der virtuellen Verwaltung ein Konzept stärker zur Geltung kommen, das bisher auf den privatwirtschaftlichen Sektor beschränkt zu sein schien – Wettbewerb. Denn über die Definition von Leistungen und Ressourcen und über die Transparenz dieser Informationen zeigt sich, ob und wo es Alternativen gibt. Wettbewerb dürfte auch in der öffentlichen Verwaltung mehr Adressatenorientierung, Wirtschaftlichkeit, Schnelligkeit, Innovation und flexiblere Anpassung induzieren.

c) Prozeßorientierung

Die virtuelle Verwaltung wird stärker als heute von einer horizontalen Durchgestaltung ihrer Prozesse geprägt sein. Verwaltungsvorgänge werden nicht als Summe von Funktionen betrachtet, von aufbauorganisatorischen Einheiten mehr oder weniger isoliert erledigt, sondern von Anstoß bis Ergebnis als ereignis- oder datumgesteuerte Prozeßketten. Der Begriff der „Wertschöpfungskette" bringt zum Ausdruck, daß dabei angestrebt wird, alle nötigen – aber auch nur die nötigen – Arbeitsschritte einzubeziehen, die Möglichkeiten von Parallelarbeit auszuschöpfen sowie allen Beteiligten eine einheitliche und aktuelle Datenbasis zur Verfügung zu stellen, also etwa Rechtsnormen in der gültigen Fassung problembezogen und am Arbeitsplatz bereitzustellen. Die Qualität der Vorgangsbearbeitung wird weiter dadurch gesteigert, daß alle zu Beteiligenden als kooperatives Netzwerk betrachtet werden, das sich durch weitgehende Delegation von Kompetenzen sowie Direktkommunikation auszeichnet. Innovationen, seien sie radikal oder kontinuierliche Qualitätsverbesserungen, erhalten so eine bessere Chance.

Verwaltungsprozesse werden nicht isoliert betrachtet, sondern mit vorausgehenden und nachfolgenden Prozessen verknüpft („Kettenreaktionen" durch Prozeßverkettung), und dies nicht nur innerhalb der Behörden, sondern ebenso mit Blick auf die Verwaltungsklienten. Beispielsweise können dann Bauverwaltung, Eigentümer, Architekten, Bauunternehmer, Handwerker, Mieter und andere Beteiligte über dieselbe aktuelle, multimediale und omnipräsente Datenbasis miteinander kommunizieren. Damit wäre zugleich ein Abbau von heute beklagter „Bürokratieüberwälzung" zwischen Verwaltung und Klienten möglich, weil verfügbare Daten zunächst genutzt werden, bevor man Ablieferungspflichten verordnet.

Es ist wahrscheinlich, daß diese Prozeßorientierung zu einer Neubetrachtung der Verteilung öffentlicher Aufgaben auf Verwaltungsebenen, Behörden und andere Organisationen und damit zu einer Funktionalreform veranlaßt.

d) Flexibilisierung der Arbeit

Auch die Beschäftigten im öffentlichen Dienst haben zwei Rollen. Einerseits erbringen sie als Produktionsfaktoren Verwaltungsleistungen. Andererseits, und davon untrennbar, verfolgen sie persönliche Ziele, nicht nur auf die Sicherung des Lebensunterhalts, sondern auch auf Erfüllung in der beruflichen Arbeit gerichtet. In der Informationsgesellschaft werden virtuelle Arbeitsformen mit neuen Kombinationen dieser beiden Rollen verbreitet sein.

Arbeit ist weniger an Raum, Zeit und Hierarchie gebunden. Arbeiten „von 8 bis 5", das heißt mit anderen am selben Ort und zur selben Zeit sowie mit hoher Arbeitsteilung, wird an Bedeutung verlieren. Das mobile Büro mit Laptop und Handy zeigt, wie transportabel die Arbeitsmittel und die benötigten Informationen geworden sind. In Verbindung damit läßt eine Führung durch Verträge mehr Verantwortung der Mitarbeiter für Ergebnisse bei größerer Freiheit für ihre Arbeitsweise zu. Dies wird den Charakter vieler Arbeitsplätze verändern, sie werden anspruchsvoller sowie durch höhere Anteile an Selbständigkeit und „unternehmerischen" Anforderungen geprägt sein. Befreit von Raum-, Zeit- und Hierarchierestriktionen wird dann übrigens auch Selbstbeschränkung zu einer Angelegenheit der Mitarbeiter, die selbst erkennen müssen, wann sie die Schwelle von der Selbständigkeit zur Selbstausbeutung überschreiten.

Die Absenkung von Raum-, Zeit- und Hierarchierestriktionen wird nicht nur die eigene Arbeit prägen, sondern auch die Zusammenarbeit. Offene Kommunikation wird heißen, daß man sich direkt, unabhängig vom Organigramm, an solche Personen wendet, die für eine Aufgabenstellung wichtig sind. Telepräsenz erlaubt über „Kommunikationswände" die virtuelle Anwesenheit zu Beteiligender im selben Raum, Telekooperation den gleichzeitigen Blick auf dieselben Dokumente. Ein Bauantrag etwa kann simultan vom Antragsteller zu Hause, vom Mitarbeiter im Bauamt und vom Architekten in seinem Büro abschließend besprochen werden. Die Vorteile gegenüber der herkömmlichen, linearen Abwicklung mit ihren Mißverständnissen, mit Ärger, Dauer und Kosten liegen auf der Hand. Offensichtlich müssen sich aber auch hier Verhaltensweisen etablieren, die der neuen Lage angemessen sind. Der „Tyrann im virtuellen Büro", der den Privatbereich der Kooperationspartner nicht respektiert oder Mitarbeitern unter Ausnutzung ihrer elektronischen Ansprechbarkeit zu viele Arbeitsbündel aufhalst, wird hoffentlich eine Vorstellung bleiben.

Arbeit wird schließlich noch stärker als heute durch lebenslanges Lernen geprägt sein. Den Beschäftigten werden hierfür globale Weiterbildungsmöglichkeiten zur Verfügung stehen. Der Wissenstransfer zwischen Forschung und Praxis wird, in beiden Richtungen, zunehmen.

e) Führungsinformation

Wie viele Staaten ist auch Deutschland durch gravierende Ausgabenüberhänge in den öffentlichen Haushalten belastet. Die Verteidigung von Interessen der durch die laufenden Programme Begünstigten sowie die Perfektionierung von Leistungsstandards der Aufgabenerfüllung durch die anbietenden Fachressorts können als

Gründe dafür angeführt werden. Wie kann der Staat Handlungsspielraum für neue, zeitgemäße Aufgaben zurückgewinnen? Mitentscheidend dürften Führungsinformation über die Begründungen und Folgen öffentlicher Maßnahmen sowie der politische Wille sein, diese Information zu nutzen. Hier kann die Informations- und Kommunikationstechnik ihre Rolle einer „Enabling Technology" beim Aufbau von Informationssystemen ausspielen, die mit Produkt- und Programmbudgets, Kosten- und Leistungsrechnung, Behördenvergleichen, Bürgerbefragungen, Evaluierung, Rechenschaftslegung, Controlling und vielen weiteren Ansätzen Informationsquellen öffnen, die in der Vergangenheit verschlossen waren. Mehr Transparenz von Wirkungen und Interessenlagen der jeweiligen Ressourcenallokation dürfte zu entsprechenden „Forderungen und Unterstützungen" der Öffentlichkeit im Sinne von *David Easton* führen, aufgrund deren dann Politiker systemkonform tätig werden können.

Diesen Typus von Verwaltungsinformationssystemen zu schaffen, ist eine Aufgabe, die zu einem beträchtlichen Teil noch vor uns liegt. Sie muß bewältigt werden, soll öffentliche Verwaltung über eine formalistische Verantwortung im Sinne des Einhaltens bürokratischer Zuständigkeiten und Vorschriften hinaus ihre materielle Verantwortung gegenüber der Gesellschaft im Sinne einer effizienten Bereitstellung der nötigen öffentlichen Güter wieder stärker erfüllen können.

III. Zur Abstimmung von Verwaltungsentwicklung und Verwaltungsinformationssystemen

1. Anzeichen einer Kluft zwischen Verwaltung und Informatik

Angesichts der Trends der Verwaltungsentwicklung einerseits und der Verwaltungsinformationssysteme andererseits wird es mehr und mehr zu einer Aufgabe von eminenter Bedeutung, beide optimal aufeinander abzustimmen. Die Strategien für die Verwaltungsentwicklung und die Strategien für die Verwaltungsinformationssysteme müssen zusammengeführt werden: Die Strategien der Verwaltungsentwicklung müssen bis in die Verwaltungsinformationssysteme hinein durchgestaltet und, von der anderen Seite betrachtet, die Strategien für die Verwaltungsinformationssysteme müssen aus Strategien für die Verwaltungsentwicklung abgeleitet sein.

Es ist zweifelhaft, ob in den ersten vierzig Jahren elektronischer Datenverarbeitung in der deutschen öffentlichen Verwaltung diese Zusammenhänge mit hinreichender Deutlichkeit erkannt und umgesetzt wurden, ob nicht Verwaltung und Informatik eher auf Distanz blieben und ein gewisses Eigenleben von Verwaltungsstrategien und Verwaltungsinformationssystem-Strategien zu konstatieren ist. Solche Zweifel mehren sich, wenn man nach den Verwaltungsinformationssystemen sucht, die Antwort geben können auf Fragen, wie sie im Zusammenhang mit den heutigen Verwaltungstrends zu stellen sind:

- Wie gut erfüllt die Verwaltung die „Verträge mit der Gesellschaft" in den Dimensionen von Leistung (man mag sie Produkte nennen) und Gegenleistung (von den Bürgern überlassene Ressourcen)?
- Wissen die Behörden, wie gut sie bei den Adressaten, befänden sich diese außerhalb oder innerhalb unserer Behörde, „ankommen" – sei es explizit durch Befragungen, sei es implizit durch Auswertung operativer Daten aus dem Geschäftsbetrieb?
- Verfügen sie über Kriterien zur Beurteilung der Vorgangsbearbeitung (nach Menge pro Zeiteinheit, Dauer, Kosten und Qualität), messen diese und stellen die Ergebnisse den Verantwortlichen zur Verfügung? Wissen sie, was solche Daten im Behördenvergleich oder im Vergleich mit Marktanbietern wert sind?
- Sind alle Stationen der Geschäftsprozesse, von Anstoß bis Ergebnis, aufeinander abgestimmt? Kennt und beachtet jeder die Anforderungen des „Abnehmers"?
- Wenn Delegation auf die Arbeitsebene in den Mittelpunkt rücken soll: Ist dort die nötige Kontextinformation bekannt und abrufbar?
- Wenn Führung an längerer Leine erfolgt: Sind „elektronische Zügel" verfügbar? Lassen sich die, nun nicht mehr transparenten, Bewegungen im Delegationsbereich anhand resultierender Leistungen und Kosten beurteilen? Sind Rückkoppelungen zwischen elektronischer Vorgangsbearbeitung und Führung möglich?
- Lassen die Informationssysteme eine Flexibilisierung der Arbeit in zeitlicher und räumlicher Hinsicht zu? Sind sie darauf eingerichtet, den Zugang der Bürger zur öffentlichen Verwaltung inhaltlich wie formal zu erleichtern?

Man sieht leicht, daß die Verwaltungsinformationssysteme keineswegs immer schon der verlängerte Arm der Verwaltungsstrategie sind.

Ein ähnlicher Eindruck ergibt sich, wenn man das Phänomen des Produktivitätsparadox der Informationstechnik betrachtet. Erste Warnzeichen blitzten schon Mitte der Achtziger in den Titelstories bekannter Journale auf: „Business Week" sprach 1985 von einer Computerabsatz-Flaute, „Fortune" 1986 vom winzigen Nutzen der Büroautomation. Als Wurzel allen Übels hatten beide das Versäumnis herausgearbeitet, Informationstechnik zu mehr einzusetzen als zur Imitation des Gewohnten, zu mehr als zum Kopieren herkömmlicher Aufgaben und Verfahren auf Computer. Die Produktivität im Büro habe sich, so hieß es unter Berufung auf Statistiken, in den zwanzig Jahren von 1966 bis 1986 so gut wie nicht erhöht.

Auch in den Jahren seither ist es, Forschungsergebnissen zufolge, lange noch bei diesem Produktivitätsparadoxon geblieben. Beispiele liefern eine Untersuchung des Dienstleistungssektors der USA oder die des Massachusetts Institute of Technology über den Zusammenhang von Computereinsatz und Reorganisation im Unternehmensbereich: Zwar seien Einzelfälle mit sogar gewaltigen Leistungszuwächsen angetroffen worden, allgemein aber fehlten Indizien für die Nutzung der Informationstechnik zur Steigerung von Produktivität und Gewinn. Der Computereinsatz sei überwiegend auf Einzelanwendungen gerichtet und erst im Stadium des Aufbaus, aber eben noch nicht der Ausnutzung der möglichen unternehmensweiten informationstechnischen Infrastrukturen.[10]

Solche Erkenntnisse mußten ohne Zweifel ernüchternd wirken vor dem Hintergrund der Erwartung, die auf Automationsunterstützung von Schreibtischtätigkeit gerichtete neue Arbeitstechnik würde zu einer Art zweiter industrieller Revolution, nunmehr im Bürobereich, führen. Sicherlich waren die getätigten Investitionen in elektronische Datenverarbeitung im Regelfall auch nicht vertan. Sie haben unter anderem dazu beigetragen, wachsende Aufgaben aufzufangen, Arbeitszeitverkürzungen zu verkraften, Arbeitsplätze zu modernisieren oder Verfahren zu stabilisieren, auch bürgerfreundlicher zu machen. Insoweit wären wohl die Meßmethoden in den erwähnten Untersuchungen einer kritischen Betrachtung zu unterziehen. Der vermutete Produktivitätsknoten indes, er ist in der Tat oft noch nicht geplatzt. Von einem Innovationsstau muß weiterhin gesprochen werden, und zwar – das zeigen die zitierten Untersuchungen – in der Privatwirtschaft wie im öffentlichen Sektor und weit über Deutschland hinaus.

Die Gründe sind vielfältig. Sie liegen aber sicherlich einmal in der Tatsache, daß die Informationssysteme, die man antrifft, Antworten auf die Fragen geben, die an sie gerichtet werden, und daß diese Fragen eben genau den Leitbildern und Strategien entsprechen, die die Verantwortlichen mit ihrer Institution verbinden. Im Bereich der öffentlichen Verwaltung hat dies auch damit zu tun, daß eine bürokratische Verwaltungsauffassung, das Leitbild legaler Herrschaft durch systematisiertes und formales Recht sowie durch einen bürokratischen Verwaltungsstab mit Amtshierarchie und regelgebundener Amtsführung, ganz bestimmte Informationssysteme impliziert. Denn die Schwerpunkte behördlicher Informationsarbeit richten sich dann, keineswegs überraschend, auf Geschäftsverteilung, Vorschriften (vor allem konditionaler Art, also vom Typ „wenn-dann"), Befugnisse, Aufsicht, Gerichtsentscheidungen, Haushaltsrechnung, Stellenpläne, möglichst lückenlose Aktenführung oder schriftliche Kommunikation auf dem Dienstweg. Eine gewisse Binnen- und Kontrollorientierung, verbunden mit einem Schuß Formalismus und Statik, wird man wohl einer bürokratischen Informationsverarbeitung nicht absprechen können.

Gründe liegen aber auch in der sogenannten informationstechnischen Revolution. Die bloße Erwähnung neuer Konzepte wie Vernetzung, Client / Server-Systeme oder Multimedia illustriert hinreichend den sprunghaften Anstieg des Potentials für technikgestützte Information und Kommunikation. Damit nimmt deren Eigen-

---

[10] Vgl. *Stephen S. Roach*, Services under Siege – The Restructuring Imperative, in: Harvard Business Review, September/Oktober 1991, S. 82-91, dem zufolge Informationstechnik-Investitionen in Höhe von 860 Milliarden Dollar im vergangenen Jahrzehnt ohne deutlich erkennbaren Produktivitätszuwachs blieben, sowie *M. S. Scott Morton*, The Corporation of the 1990s: Information Technology and Organizational Transformation, New York und Oxford 1991 und *N. Venkatraman*, IT-Induced Business Reconfiguration, in: *M.S. Scott Morton*, a. a. O., S. 122-158.

schaft, als „Katalysator" oder „Enabling Technology" für Verwaltungsreformen dienen zu können, erneut zu. Der rasche technische Fortschritt im Bereich der Informations- und Kommunikationstechnik allein hat die öffentliche Verwaltung und ihre elektronische Datenverarbeitung vor ständig neue und beträchtliche Herausforderungen gestellt und das Mitwachsen der Verwaltungsinformationssysteme erschwert. Insbesondere im letzten Jahrzehnt zeichnen sich mächtige Trendveränderungen ab:

- von Großrechnern über Abteilungsrechner, Arbeitsplatzcomputer und zunächst lokale Vernetzungen zu Client / Server-Systemen
- von isolierten, der hierarchischen Verwaltungsgliederung entsprechenden Anwendungen zu problembezogener Kooperation und Vernetzung aller Beteiligten
- von der Trennung in Großanwendungen (wie Finanz-, Einwohner- oder Personalwesen), individuelle Spezialanwendungen und Bürokommunikation zu integrierten Anwendungssystemen unter einheitlicher Benutzungsoberfläche
- von starren Textmasken zu graphischen Oberflächen zwecks möglichst intuitiver Computernutzung
- von prozeduralen zu objektorientierten Programmen
- von hierarchischen zu relationalen und objektorientierten Datenbanken
- von Eigenentwicklungen zu Standardsoftware auf der Basis allgemeingültiger Referenzmodelle mit der Möglichkeit individueller Anpassung
- von proprietären zu offenen Systemen und damit von einem Anbieter- zu einem Käufermarkt
- von lokalen und monomedialen Daten zu ubiquitären und multimedialen, also schriftliche, bildliche und hörbare Kommunikationsformen mischenden Daten
- von einem Flickenteppich an Verwaltungsdaten zu einem mittels Datenmodellen geordneten Verwaltungswissen, welches den verschiedensten Benutzern über Netze zur Verfügung gestellt werden kann – um die Liste hier abzubrechen.

Die dahinter stehenden Veränderungen muß man durchaus als gewaltig einstufen.

Nicht zuletzt dürften Gründe auch in der soziokulturellen Bewertung von Wissenschaft und Technik hierzulande zu finden sein. Die Einstellung vieler Deutscher zur Technik ist eher vorsichtig-abwartend, skeptisch-kritisch, ja ängstlich-grämlich, und dies nicht erst seit Existieren der Informations- und Kommunikationstechnik. Schon *Arnold Gehlen* hatte verwundert festgestellt, daß man „eine gegen die Technik gerichtete polemische Tönung", „diesen Widerstand gegen eine kulturelle Gleichberechtigung der Technik mit den anderen Kulturgebieten ... bei einem technisch so erfinderischen Volk ... nicht erwartet".[11] Im Zusammenhang mit

---

[11] *Arnold Gehlen*, Die Seele im technischen Zeitalter, 1957, S. 7.

EDV hat sich dies erneut bewahrheitet. Zwar wurde der Computer 1936 durch *Konrad Zuse* in Deutschland erfunden, aber wieder einmal hatte die Umsetzung einer Erfindung in Praxis, die Nutzung ihres Potentials hierzulande erhebliche mentale Bedenken zu überwinden.

Im Falle der elektronischen Datenverarbeitung in der öffentlichen Verwaltung nahmen diese als Wirkungsforschung Gestalt an, die man kaum mißinterpretiert als Sorge, die neue Arbeitstechnik könne gutes herkömmliches Verwaltungshandeln schlechter machen. Und man geht wohl auch kaum fehl in der Einschätzung, daß lange Zeit hier der Schwerpunkt der Informationstechnikdiskussion lag, weniger auf einer Gestaltungsforschung, bemüht um die Nutzung des Computerpotentials, gutes Verwaltungshandeln noch besser zu machen. Sie setzt in Deutschland nur mit einiger Verzögerung ein. Sie bekommt erst Anfang der neunziger Jahre durch kräftig spürbare Schwierigkeiten der deutschen Wirtschaft, sich auf einem neu organisierenden Weltmarkt zu behaupten, Oberwasser, weil der Zusammenhang zwischen ökonomischer Prosperität und Standortfaktoren erkannt wird, die durch Staat und Verwaltung zu verantworten sind. Vor diesem Hintergrund hat sich die Richtung der Diskussion über technischen Fortschritt in Medien, Politik, Verbänden und Wissenschaft deutlich geändert. Die unabwendbare Notwendigkeit, Informations- und Kommunikationstechnik zu fördern und zu nutzen, soll nicht auch der letzte Waggon des schon in schneller Fahrt befindlichen Zuges der globalen ökonomischen Neuorientierung verpaßt werden, wird nun weithin gesehen. Es wird auch eingestanden, daß mindestens ein Jahrzehnt lang sich bietende Chancen der Informations- und Kommunikationstechnik nicht konsequent genug genutzt worden sind.

Im Ergebnis mag es überzogen erscheinen, von einer Vertrauenskrise der elektronischen Datenverarbeitung dort zu sprechen, wo sie eine Fülle von Folgen vergangener Entscheidungen hinterlassen hat, die von manchem als Altlast bezeichnet werden, deren „Recycling" in den kommenden Jahren anstehe. Auf jeden Fall hat sich aber eine weitere Analyse *Arnold Gehlens* bestätigt, derzufolge neue Technologien regelmäßig zunächst nur als tauglich zur bloßen Rationalisierung vorgefundener Strukturen eingeschätzt werden, bis – nach einem von ihm sogenannten „Zeitpunkt der Achsendrehung der Fragestellung" – kreative Verwendungen in den Blick kommen, mit denen die vorgefundene Welt ihrerseits gerade umgestaltet werden kann.[12]

2. Die Notwendigkeit eines Informationsmanagements

Die Ansatzpunkte zur Schließung von Lücken, die zwischen den Trends der Verwaltungsentwicklung und den diese unterstützenden Trends der Verwaltungsinformationssysteme einerseits und der beobachtbaren Ausgestaltung der elektroni-

---

[12] *Arnold Gehlen*, ebenda, S. 28.

schen Datenverarbeitung in der öffentlichen Verwaltung andererseits erkennbar sind, ergeben sich aus einer hypothetischen Rückwärtsbetrachtung, wie solche Lücken hätten vermieden werden können.

Nötig gewesen wäre angesichts immer neuer Generationen der Informationstechnik ein geordneter Wandel in den Verwaltungsinformationssystemen selbst. Der Bogen hätte von den monolithischen Großrechnern, die sich zunächst ausgezeichnet in die Welt regelhafter Verwaltungsbürokratien einpaßten (konditional programmierte Verwaltungsverfahren laufen reibungslos auf programmierten Maschinen), zu den heute verfügbaren Client/Server-Systemen geführt werden müssen, mit denen statt Hierarchien kooperative Netzwerke unterstützt werden können, wie sie in die Vorstellungen moderner Verwaltungskonzepte passen. Dazu hätte aber die elektronische Datenverarbeitung aus einer gewissen „Kasernierung" herausgelöst und in die Entscheidungsverfahren der Anwenderverwaltungen integriert werden müssen; außerdem hätte die elektronische Datenverarbeitung selbst „entbürokratisiert" werden müssen, mit einer stärkeren Delegation von Kompetenzen auch für die Informations- und Kommunikationstechnik in die Fachverwaltungen hinein, verbunden allerdings mit dem gezielten Aufbau zentraler Steuerungs- und Servicebereiche.

Vielleicht war dieser Gedanke zu anspruchsvoll. Jedenfalls wurde er häufig nicht verwirklicht. Statt dessen kam es nach den Großrechnern in den siebziger Jahren zu immer neuen Informationstechnikschichten – so mit dem Personal Computer in den achtziger und mit der LAN-basierten elektronischen Vorgangsbearbeitung in den neunziger Jahren –, die jeweils Mängel der Vorstufe abstellen wollten, aber immer dann auch neue Mängel mit sich brachten, wenn eine Integration mit den schon vorhandenen Systemen unterblieb. Anbau statt Neubau,[13] Vielfalt an Informationstechnikgeräten und -anwendungen waren dann die Folge; das Potential der neuen elektronischen Arbeitstechniken konnte nicht ausgeschöpft werden, was eben die erwähnten Vorwürfe des Produktivitätsparadox und der Hinterlassenschaft von Altlasten provozierte. Neben der erforderlichen Modernisierung ihrer informations- und kommunikationstechnischen Infrastruktur steht die deutsche öffentliche Verwaltung vor der Aufgabe, den Ausstattungsgrad mit Computern beträchtlich zu erhöhen.

Der Ausweg scheint klar: Es muß zu einer Beendigung des Eigenlebens von elektronischer Datenverarbeitung ebenso wie des Desinteresses der politischen und administrativen Führung an der Informations- und Kommunikationstechnik kommen. Berechtigte Interessen der Anwender dürfen nicht auf Ablehnung seitens der Verantwortlichen für Informationstechnik stoßen, müssen sich aber auch in zentrale Rahmenvorgaben einfügen. Die Verwaltungsinformationssysteme müssen in die Strategien der Verwaltungsentwicklung eingebunden werden.

---

[13] Vgl. dazu den vom *Verfasser* herausgegebenen Band Neubau der Verwaltung, Informationstechnische Realitäten und Visionen, Band 11 der Schriftenreihe Verwaltungsinformatik, 1995.

Der Schlüssel dafür scheint in einer wirklichen und wirksamen, dabei aufeinander abgestimmten Führung in drei Bereichen zu liegen. Dieser Führungsverantwortung, man könnte sie umfassend als Informationsmanagement bzeichnen, darf nicht länger ausgewichen werden.

Im Verwaltungsbereich scheint die Dezentralisierung von Ressourcenverantwortung auch für die Informations- und Kommunikationstechnik angebracht, sollen Selbstverständnis und Struktur jeder Behörde unter Nutzung der Informations- und Kommunikationstechnik zu „schöpferischer Zerstörung" immer wieder angepaßt werden können und solche Bemühungen nicht an „Softwarebeton", also an fehlendem Bewegungsspielraum bei gewünschter Umgestaltung der Anwendungssysteme scheitern. Notwendig ist allerdings zugleich die Stärkung eines Zentralbereichs, der Rahmensetzung und Service garantiert. Die Führung einer Behörde muß die Führung dieser zentralen, organisatorisch ausdifferenzierten Informationstechnikbereiche einschließen. Kontraktmanagement, Budgetierung, Aufhebung von Anschluß- und Benutzungsprivilegien, Ausschreibungspflichten, Finanzierung nach Inanspruchnahme und Controlling gehören zu den Konzepten einer auch „marktwirtschaftliche" Ansätze nutzenden Führung, die über teils echten, teils simulierten Wettbewerb eine stärkere Verzahnung der Interessen von Behörde und Technikbereich bewirken können. Außerdem ist die Rückständigkeit der Technikausstattung durch Investitionen auf der Grundlage von Wirtschaftlichkeitsrechnungen, die den Nutzen von Verwaltungsstrukturveränderungen einbeziehen, zu beenden. Eine solche Verwaltungsführung wird nicht ohne beträchtliche Qualifizierungsbemühungen, insbesondere um den höheren Dienst, möglich sein. Nicht zuletzt diesem muß das Technikpotential für den Umbau der Verwaltung mit Blick auf die Zukunftsanforderungen noch viel stärker bewußt gemacht werden.

Was die Führung organisatorisch ausdifferenzierter Technikbereiche wie Rechenzentren angeht, so gilt es, einen gravierenden Rollenwandel hin zu marktabhängigen Dienstleistern zu bewältigen. Mit ihm stellen sich zahlreiche neue Aufgaben wie Datenmodellierung; Prozeßmodellierung; Pflege der Kommunikation zwischen Anwendern und Spezialisten für Informations- und Kommunikationstechnik; Beschaffung, Verifikation und Integration von Standardsoftware; Beschaffung, Installation, Wartung und Back-up dezentraler Systeme; Rahmensetzung und Benutzerbetreuung. Diese Aufzählung macht deutlich, daß darüber hinaus die Qualifizierung auch des Personals für Informations- und Kommunikationstechnik eine hervorragende Führungsaufgabe darstellt, geht es doch häufig darum, von angelerntem EDV-Personal, welches die Anwendungen der jeweiligen Verwaltungsbranche, der es entstammte, programmiert und pflegt, zu hochqualifizierten Experten zu kommen, die Zusammenhänge zwischen den Anwendungen erkennen und gestalten können sowie ein übergreifendes Konfigurationsmanagement beherrschen.

Was schließlich die politische Führung angeht, so sind dringend technologiepolitische, forschungs-, rechts-, bildungs-, wirtschafts- und gesellschaftspolitische Maßnahmen nötig, wie sie jüngst der Rat für Forschung, Technologie und Innovation beim Bundeskanzler mit seinem ersten Bericht „Informationsgesellschaft – Chancen, Innovationen und Herausforderungen" zusammengestellt hat.[14] Daraus könnte ein Umfeld entstehen, in dem sich eine Integration von Informations- und Kommunikationstechnik und öffentlicher Verwaltung vollziehen kann.

IV. Ergebnis

Die Ausführungen sollten zeigen, daß die existierenden Verwaltungsinformationssysteme stets Antworten auf jene Fragen bereithalten, die an sie gestellt werden. Ändern sich die Fragen mit Blick auf Inhalte, Aktualität, Auswertbarkeit, Zugangsmöglichkeit oder Präsentation von Information, so müssen auch die Informationssysteme geändert werden. Anders ausgedrückt müssen die Strategien der Verwaltungsentwicklung bis in die Verwaltungsinformationssysteme hinein durchgestaltet werden, die Verwaltungsinformationssysteme ihrerseits aus den Verwaltungsstrategien abgeleitet sein. Elektronische Datenverarbeitung und Verwaltung dürfen kein Eigenleben führen, sie müssen aus der Sicht der politischen und administrativen Führung integriert werden. Die Diskussion darüber ist in der deutschen öffentlichen Verwaltung eröffnet. Auch gibt es für alle behandelten Aspekte konkrete Anwendungsbeispiele. Diesen Trend zu verstärken, dürfte eine wichtige Aufgabe der vor uns liegenden Jahre sein.

---

[14] BMBF (Hrsg.), Informationsgesellschaft – Chancen, Innovationen und Herausforderungen, Bonn 1995.

VII. Personalführung und Personalfortbildung

Führungsautorität

Von Rudolf Fisch

I. Autorität – Schimpfwort versus ‚große Gabe'

Zu Beginn möchte ich eine kleine Geschichte erzählen, die ein Schlaglicht auf das allgemeine Verständnis von Führung und Führungsautorität wirft. In einem Seminar zum Thema ‚Führung und Zusammenarbeit' sprachen wir anhand einschlägiger Literatur und nach einer Übung ausführlich über die Vor- und Nachteile verschiedener Formen des Führens in der öffentlichen Verwaltung. Insbesondere die kooperative und situative Führung nahm einigen Raum ein. Da meldete sich am Ende der Debatte ein chinesischer Student und sagte sinngemäß: „Ich verstehe die ganze Diskussion nicht recht. Führen ist doch gar nicht so schwer! Bei uns zu Hause braucht man dazu nur gründliches fachliches Wissen und Autorität, dann geht das schon." Die Verblüffung im Seminar war groß!

Hätte der Student ergänzt, daß es zur erfolgreichen Führung auch der Geführten bedarf, die eine Autorität erkennen und anerkennen, käme seine Antwort der Realität in anderen Kulturen, auch in der unserigen, schon sehr nahe. Doch so selbstverständlich können Führungskräfte, zumindest die Vorgesetzten im öffentlichen Sektor Deutschlands, mit der Zuweisung von Autorität heutzutage nicht mehr rechnen. Mit der Vorstellung, mit einem Amt verbände sich eine Art natürlicher Autorität, ist durch die Aufklärung der letzten dreißig Jahre bekanntermaßen gründlich aufgeräumt worden. Man kommt aber um die Auffassung, daß für eine erfolgreiche Führung Autorität notwendig sei, auch heute nicht herum.

Aber: Autorität im Zusammenhang von Führung ist ein Unwort, oft auch ein Schimpfwort geworden.[1] ‚Führer' darf man eigentlich auch seit langem nicht mehr sagen. Mit dem Begriff ‚Führer' hat es in Deutschland so seine eigene Geschichte, die hier nicht vertieft werden kann. Gar in der Kombination ‚autoritäre Führung' ist das Gegenbild zu jeglicher Art moderner Führung umschrieben. Zu diesem Sprachgebrauch oder Nicht-Sprachgebrauch paßt die Verbreitung schlechter (Nach)Reden über Eliten – über viele Jahre ein vergleichbar ‚schlimmes' Wort wie ‚Autorität'. Solche Diskreditierung entsteht nicht unmotiviert und spontan, sondern hat einen Funktionalwert hoher Attraktivität: Eine gezielte Anreicherung des Begriffs ‚Autorität' oder ‚Elite' mit negativ gefärbten Konnotationen kann unter ande-

---

[1] Vgl. zum Beispiel *Günter Fred Müller*, Autorität – Befunde psychologischer Forschung, in: Universitas, H. 3, 1988, S. 337 ff.

rem als interessenorientierte Taktik verstanden werden, um bestehende Dominanz- und Herrschaftsstrukturen zu attackieren und zu demontieren. Die Intention einer Demontage richtet sich damit ursprünglich nicht auf ganz bestimmte ranghohe Personen, die vielleicht Kritik auf sich gezogen haben. Sondern sie richtet sich gegen Inhaber von Positionen mit Macht, Rang und Einfluß an sich. Der Weg ist aber durchaus der einer Diskreditierung bestimmter Personen. Jeder, der eine Machtposition anstrebt oder innehat, rechnet mit derartigen permanenten Angriffen auf seine Position, weil er gewahr ist, daß andere sie ihm streitig machen.

Gegenpositionen zu Macht und Autorität hat es eigentlich immer schon gegeben, am ausgeprägtesten wohl in den schillernden Ideen des Anarchismus als Entwürfe einer libertären und herrschaftsfreien Gesellschaft, denen aber immer der Geruch utopischer Ideen und Strategien anhaftet.[2] Aus der gehörigen Distanz betrachtet sind Attacken gegen ‚die Autorität' oder gegen ‚Eliten' als Kampfargument im Rahmen allgegenwärtiger Rangplatzkämpfe in menschlichen Soziätäten interpretierbar. Es kommt wohl nicht von ungefähr, daß der Autoritätsproblematik ‚Vorgesetzter-Mitarbeiter' unter anderem die Konfliktdimension ‚Jung gegen Alt' überlagert ist. Die Jungen müssen sich die ranghohen Plätze ja noch erobern. War dies dann erfolgreich, sind die Reden meistens andere. In einem Milieu, in dem es als eine Art Tugend gilt, daß alle gleich sind, wechselseitige Achtung, Sich-ernst-Nehmen und Respekt keine Kategorien sind oder sein dürften, die für zwischenmenschliche Begegnungen wichtig sind, dient Autorität als ‚Watschenmann', an dem man etwas abarbeitet. Daß derlei Kämpfe mit utopistischen, gesellschaftspolitischen Gleichheitsmaximen unterfüttert werden, darf jedoch nicht darüber hinwegtäuschen, daß untergründig ein (männliches) Verhalten und Erleben wirken dürfte, das mit zur angeborenen Funktionsausstattung des homo sapiens gehört.

So relativiert und auf den Grund gebracht, verliert das Attackieren von ‚Autorität' und ‚Elite' an langfristiger Bedeutung, wenn es auch nicht an praktischen Folgen mangelt, auf die unten als Autoritätsdilemma noch einzugehen sein wird. Was bleibt, ist, daß der Zeitgeist gegen einen Anordnungsstil oder gegen einen imperativen Stil in der Führung steht, Notsituationen ausgenommen. Derartige Führungsformen vertragen sich nicht mit dem heutigen Selbstverständnis von ‚freien Bürgern' in einem ‚modernen Staat', der über die Deklaration von Menschenrechten und Grundrechten zu einem hohen Maß an individuellen Freiheiten und zur weitgehenden Selbstbestimmung verhilft.

Wer eine effektive Führung wünscht, wird kaum jedoch darauf verzichten wollen, daß den Führern gefolgt wird. Das geht bekanntermaßen am leichtesten und besten, wenn aus der Person heraus geführt wird. Dann spricht man meist von ‚persönlicher Autorität'. Sie gilt nach wie vor als große Gabe.

Seit altersher sollten Führungskräfte Vorbilder sein, Modelle von Werten, Moral und Tugenden. Doch kritische Zeitgenossen wissen, daß dies immer ein Wunsch-

---

[2] Vgl. *Hans Diefenbacher*, Anarchismus: Zur Geschichte und Idee der herrschaftsfreien Gesellschaft, 1996.

bild war und ist. Aber ganz ohne Vorbilder scheint es nicht zu gehen: Heutzutage werden anstelle der Vorstellungen zum Beispiel von einem ‚weisen Herrscher' geschriebene ‚Leitbilder' für die Führung und Zusammenarbeit oder ‚Führungsgrundsätze' veröffentlicht, in denen wertgeleitete Vorstellungen vom Führen und Zusammenarbeiten sowie von den Führern vermittelt werden.[3]

II. Autoritätsdilemma der Führungskräfte

Mit Führungsautorität ist ein bestimmtes Beziehungsverhältnis zwischen Vorgesetzten und deren Mitarbeiterinnen und Mitarbeitern gemeint.[4] Führungspersonen brauchen nach allgemeinem Verständnis eine positive Autorität, um erfolgreich zu sein. Erfolgreich sein bedeutet nicht nur Leistung, sondern auch Anerkennung.

Führungskräfte berichten in Gesprächen am Rande von Fortbildungsveranstaltungen immer wieder, daß das Thema ‚Autorität' für sie schwierig geworden sei. Sie sähen sich zunehmend selbst in Frage gestellt, weil ihre Eigenschaft als Führungsautorität durch Mitarbeiter kritisch diskutiert wird, ja es gäbe Mitarbeiter, die die Notwendigkeit einer Führung offen bezweifeln. Derartige Fragen haben manche Führungskräfte in eine Sinnkrise geführt. Führungskräfte in Organisationen, die sich dem Zeitgeist gestellt haben und modern führen wollen, fragen sich immer mehr, wie sie angesichts der Forderungen nach Mitbestimmung und Selbstbestimmung seitens der Mitarbeiter überhaupt noch führen können, ja ob sie überhaupt noch führen dürfen, wenn man die Forderungen nach Selbstbestimmung und Mitbestimmung ernst nimmt. Solche Führungskräfte sehen sich heute praktisch allem entkleidet, was zur klassischen Führungsverantwortung zählt, nämlich:

– Entscheidungen weitgehend alleine treffen

– Verantwortung überwiegend alleine tragen

– Eigene Ideen durchsetzen, von denen man überzeugt ist, ohne sie bis ins letzte anderen gegenüber begründen zu können oder gar rechtfertigen zu müssen.

Eine Führungsperson hat es einmal so ausgedrückt: „Nachdem mir durch die modernen Führungsleitlinien praktisch alles genommen worden ist, was ich als Vorgesetzter einmal zu tun hatte, bleibt mir nur noch, aus meiner Autorität heraus zu führen. Aber wenn ich das tue, bin ich möglicherweise obendrein noch autoritär!" Plastischer kann man das Autoritätsdilemma nicht umschreiben.

Diese Führungsperson hätte aber auch sagen können: Ich muß aus der Person heraus führen, ich muß als Mensch überzeugen, die Mitarbeiter müssen mich anerkennen, sonst geht es nicht.

---

[3] Vgl. Bundesministerium der Verteidigung (Hrsg.), Innere Führung, 1996.

[4] Vgl. dazu *Kurt Lüscher*, Autorität in der Familie, in: Bildung und Erziehung, H. 33, 1980, S. 57 ff.

Wie aber wird man zu einer Person, die es schafft, aus sich heraus zu führen? Wie wird man zu jemandem, der keine Statusallüren braucht, der keine Statussymbole benötigt, dem man nicht deswegen folgt, weil eben diese Allüren und Symbole beeindrucken, sondern weil die Führungsperson aus sich heraus überzeugt? Sind das nicht Persönlichkeitsexemplare, die man zu den Heiligen zählen muß? Wo sind sie? Ist solches angeboren oder kann man das werden?

Führungskräfte ab einer bestimmten Ebene sind Vermittler zwischen Innen und Außen ihrer Organisation. Nach außen müssen sie ihre Organisation gegenüber anderen Organisationen oder Klienten, zum Beispiel Bürgern, vertreten. Nach innen müssen sie ihre Organisation den Mitarbeitern gegenüber vertreten. Sie sind ihren Mitarbeitern gegenüber verantwortlich für die Realisation der Organisationsziele. In beiden Bereichen, dem Außenbereich und dem Innenbereich der Organisation, vollzog und vollzieht sich gegenwärtig ein Wertewandel im Hinblick auf Autorität. Dieser Wertewandel im Hinblick auf Autorität ist eingebettet in einen allgemeinen Wertewandel, der sich in den letzten 30 Jahren vollzogen hat.[5] Ich gehe zunächst auf den Außenbereich ein.

Nach außen dokumentiert sich eine Vorgesetztenautorität in den Beziehungen zur Gesellschaft und zu den Klienten der Organisation. Ein Leiter oder eine Leiterin in verantwortlicher Position muß bei Kontakten mit Vertretern anderer Organisationen oder Klienten der Organisation damit rechnen, daß die jeweiligen Gesprächs- und Verhandlungspartner mit einem ausgeprägten Selbstbewußtsein auftreten. Zum Beispiel werden in der öffentlichen Verwaltung heute die Bilder der ‚bürgernahen Verwaltung' und des ‚mündigen Staatsbürgers' gepflegt. Tatsächlich hat man es mit Klienten zu tun, die sich als selbständige Menschen sehen, als mündige, ihrer Macht bewußte Bürger auftreten, die ihre Forderungen stellen, ihre Rechte kennen und durchsetzen möchten. Der frühere Bitt- oder Antragsteller ist heute durch den Anspruchsberechtigten abgelöst, insbesondere in dem Bereich, der durch Leistungsgesetze abgedeckt ist. Alle Aktivitäten einer Verwaltung nach außen unterliegen der öffentlichen Bewertung und Kritik. Die Leitenden müssen sich damit auseinandersetzen. Autorität wird nicht selbstverständlich anerkannt, ist aber trotzdem nicht verzichtbar.

Im Innenverhältnis wurde die Macht und damit ein Stück Autorität der Vorgesetzten gegenüber Mitarbeitern durch das Personalvertretungsgesetz von 1976 bewußt eingeschränkt. Rechtlich begründete, aber auch selbsthobene Forderungen der Mitarbeiterinnen und Mitarbeiter engen die Handlungsspielräume der Vorgesetzten heute in nicht unerheblichem Maße ein.[6] Zudem kann ein auf aktive Einflußnahme orientierter Personalrat zu einem erheblichen Widerpart der Leitung eines Hauses werden. Des weiteren werden durch die zunehmend verbreitete Höher-

---

[5] Vgl. zum Beispiel *Helmut Klages*, Traditionsbruch als Herausforderung: Perspektiven der Wertewandelsgesellschaft, 1993.

[6] *Rudolf Fisch*, Personalführung, in: Klaus König / Heinrich Siedentopf (Hrsg.), Öffentliche Verwaltung in Deutschland, 1996, Kapitel VIII / 2.

schätzung von Individualität Macht und Autorität reduziert. Individualität, zum Beispiel im Sinne von Selbstverwirklichung und Selbstbestimmung, kann nur dann Raum gewinnen, wenn eine Machtaufteilung erfolgt. Machtaufteilung bedeutet für den einzelnen Machtverlust, und dies ist in der Regel mit einem Autoritätsverlust verbunden. Somit stellt sich sofort das Problem der internen Legitimation von Führungsautorität.

Es entsteht ein belastendes Spannungsverhältnis, wenn der Inhaber oder die Inhaberin einer Leitungsposition nach herrschender Meinung und aus guten Gründen nach innen wenig Macht und Autorität haben soll, im Außenverhältnis jedoch Autorität und Macht der eigenen Organisation vertreten soll oder muß, zum Beispiel bei Verhandlungen mit Klienten oder bei hoheitlichen Akten.

III. Persönliche Autorität

Die Autorität eines Vorgesetzten muß sich nach der heute herrschenden Meinung in der Hauptsache auf sachliche Gründe stützen. Die sachlichen Gründe beziehen sich im Innenverhältnis im wesentlichen auf die Gestaltung der Arbeitsabläufe und die Erledigung der Arbeit. Da heute jedoch vielfach nach dem Delegationsprinzip geführt wird, wissen Mitarbeiter häufig in der Sache besser Bescheid, als die Führungskraft. Wie soll unter solchen Umständen noch eine Sachautorität begründet werden? Das scheint kaum noch zu gehen.

Ein naheliegender Gedanke könnte sein, über die Macht einer erworbenen Position Autorität zu gewinnen.[7] Doch wer vernünftig mit Macht und Autorität umgehen möchte, darf bei den Betroffenen nicht den Eindruck hinterlassen, man lasse sie die eigene Macht fühlen. Wer seine Macht deutlich herauskehrt, hat selbstverständlich einen deutlichen Effekt. Macht erzeugt Eindruck, ohne Zweifel. Genau so deutlich ist der Effekt, wenn jemand nach dem Prinzip handelt 'Distanz schafft Autorität'. Aber solche Effekte sind meistens nur von kurzer Dauer. Amtsautorität wirkt in der Regel in Krisensituationen, kaum jedoch in der Routine des Alltags. Auf lange Sicht läßt sich mit dem Herauskehren der eigenen Macht kaum erfolgreich führen, vielleicht noch in sogenannten totalen Organisationen wie Gefängnissen oder strengen Sekten.

Das Herauskehren der Macht hat noch einen zweiten Nachteil: Herauskehren bedeutet, daß ein bestimmtes Verhalten aufgesetzt wird. Aufgesetzte Verhaltensweisen werden sofort als unecht erkannt, und der Machtträger bekommt dann sehr schnell das Odium der Unglaubwürdigkeit. Wer aber die Glaubwürdigkeit der Person verliert, dem wird man kaum Autorität zusprechen.

Der bessere Weg ist dann schon, daß ein Vorgesetzter darauf achtet, Achtung oder Anerkennung zu erfahren. Achtung muß jeden Tag neu erworben werden. Bei

---

7 Vgl. *Heinrich Popitz*, Phänomene der Macht. Herrschaft – Gewalt – Autorität, 1986.

jeder Begegnung muß man sie neu erwerben oder zu erhalten suchen. Es bleibt also im Grunde genommen nur, eine sogenannte ‚persönliche Autorität' zu entwickeln. In den Leitlinien der Bundesanstalt für Arbeit[8] zum Beispiel wird persönliche Autorität durch folgende alltagspsychologische Begriffe umschrieben: „Selbstbewußtsein, Integrität, Selbstdisziplin, Einsatzbereitschaft und Loyalität gegenüber der Organisation und den Mitarbeiterinnen und Mitarbeitern." Dazu komme, daß „der Vorgesetzte sich seiner Vorbildrolle bewußt (ist). Führungskräfte sind nur glaubwürdig, wenn sie die Leistungsstandards und Verhaltensweisen, die sie an ihre Mitarbeiterinnen und Mitarbeiter stellen, selbst vorleben. Insofern ist das gelebte Beispiel immer noch das wirksamste Führungsmittel."

Führungsautorität läßt sich, wie wir jetzt wissen, nicht ohne weiteres herstellen. Die Frage liegt nahe: „Wie muß man sich denn verhalten, daß einem diese Achtung entgegengebracht wird? Was muß man denn konkret tun? Gibt es vielleicht Ratschläge?" Es gibt Ratschläge, aber sie sind leider nicht einfacher Natur. Das hängt damit zusammen, daß es sich um einen Wechselwirkungsprozeß handelt, um eine besondere Form der Beziehungsgestaltung zwischen Personen. Da wir mit den Ratschlägen meistens nur eine Person erreichen, die denkbaren Reaktionen der anderen vielfältig und nicht alle vorhersehbar sind und damit kaum vollständig und erschöpfend in die Überlegungen bei den Ratschlägen einbezogen werden können, ist bei menschlichen Angelegenheiten der Weg des Ratschlag-Erteilens schwierig, wenngleich gangbar. Aber immer, wenn Ratschläge auf der konkreten Ebene des Tuns gegeben werden, gibt es Widerspruch und sicher gute Argumente, warum es nicht gehen kann.

Solche Allergie gegen Ratschläge ist sinnvoll und richtig. Die meisten Ratschläge werden nicht befolgt und beleidigen im Grunde den Wunsch nach Autonomie und Integrität der Persönlichkeit. Die folgenden Gesichtspunkte sollen dazu anregen, nachzudenken und nach einem eigenen Weg zu suchen. Selbstkritische Reflexion verhilft zu einer realistischen Einschätzung der eigenen Situation und der eigenen Möglichkeiten.

Unter diesen Kautelen nun einige Hinweise: Persönliche Autorität zu erlangen erfordert zuvorderst Selbstzucht, Selbstkontrolle und einen angemessenen Umgang mit sich selbst. Die persönliche Auseinandersetzung mit Kunst und Kultur, die Begegnung mit und das sich Bewähren in anderen Kulturen sind Beispiele für die Quelle eher indirekter aber langfristig wirkender positiver Anregungen, ebenso die Auseinandersetzung mit den Führungsweisen erfolgreicher Führer durch Beobachtung oder durch das Studium von Biographien.

Für die Ebene direkter Handlungen gilt folgende Auswahl an Prinzipien der Selbstführung:

– Ich mache die überlegten Entscheidungen meinen Mitarbeitern verständlich, sofern die Mitarbeiter nicht ohnehin an den Entscheidungen teilnehmen konnten.

---

[8] Leitlinien Führung und Zusammenarbeit, 1996.

- Ich bin absolut verläßlich.
- Ich ergreife für die Mitarbeiter im Falle von Konflikten angemessen Partei.
- Ich gebe den Mitarbeitern klar definierte Verhaltensspielräume, aus denen heraus sie selbst entscheiden können. Sie sind dennoch meiner Rückendeckung und Solidarität sicher, wenn einmal etwas schief geht.
- Um Glaubwürdigkeit zu gewinnen, ist es gut, aus einer Mitte, aus einem Schwerpunkt heraus zu handeln. Eine solche Mitte muß gut gebaut sein. Das bedeutet: Für die anderen in der Umgebung muß ein Konzept, eine rote Linie, im Handeln erkennbar sein. Nur dann, wenn das gegeben ist, sind wir für andere kalkulierbar.

Wer sich weiterentwickeln möchte, der muß an die Mitte, an den Schwerpunkt seiner Person herangehen. Sie muß reichhaltig sein, sie muß stabil sein. Der Gedanke einer Mitte, eines Schwerpunktes, ist ein Bild, das *Heinrich von Kleist* in seiner Aufsatzsammlung „Über das Marionettentheater"[9] sehr treffend beschrieben hat. Die Mitte stellt sich nicht so einfach von selbst ein. Daran muß gearbeitet werden. Man kann sich jenseits der üblichen Höflichkeitsformen nicht einfach bestimmte Instrumente oder Sozialtechniken im Umgang mit anderen Menschen zulegen. Die Hoffnung, die Anwendung von Tips oder gar Tricks sei der sichere Weg, andere von sich zu überzeugen, geht auf Dauer gesehen nicht in Erfüllung.

---

[9] Aufsätze und Anekdoten, 1956.

Motivierung von Mitarbeitern durch Anreize?

Ein Beitrag zum Thema „Human Resource Management in der öffentlichen Verwaltung"

Von Helmut Klages

I. Der herkömmliche Weg der Mitarbeitermotivierung: Motivationseinforderung per Gesetz

Herkömmlicherweise spielt die aktive Bemühung um die „Motivation" von Mitarbeiter/innen in der deutschen Verwaltung keine Rolle. Man kann von einer bis hart an die Gegenwart heranreichenden traditionellen Abstinenz der deutschen Verwaltung bezüglich der Motivationsfrage sprechen, deren Ursache ohne Schwierigkeit aus dem bisher noch geltenden öffentlichen Dienstrecht abgelesen werden kann. Die entscheidende Schlüsselformulierung findet sich in § 54 des Bundesbeamtengesetzes (und in den entsprechenden Landesgesetzen), wo es heißt, der Beamte habe sich „mit voller Hingabe" seinem Beruf zu widmen. Daß hierbei unausgesprochen von „Motivation" die Rede ist, läßt sich einer Interpretation von Wolff-Bachof entnehmen. Der Berufsbeamte hat, so heißt es hier, während der Dienststunden seine Dienstobliegenheiten „mit Eifer und wachem Interesse" zu erledigen[1]. Es handelt sich hierbei aber nicht – wie in der modernen Motivationstheorie und -forschung – um die Bezugnahme auf einen komplex verursachten Sachverhalt der „Wechselwirkung von Person und Situation", die als das „Ergebnis gegenseitiger Beeinflussung von individuellen Dispositionen und von gegenwärtigen Situationsgegebenheiten"[2] faßbar ist. Vielmehr geht es um etwas, was mit unmißverständlicher Eindeutigkeit als der Regelfall der Arbeitshaltung des Beamten angesehen wird und normativ als Beamtenpflicht einforderbar sein soll. Wie sich aus dem Text von Wolff-Bachof und anderen einschlägigen Kommentaren ablesen läßt, steht im Hintergrund dieser zum Gesetzesbestandteil gewordenen Motivationseinforderung das überlieferte Verständnis des Beamtenverhältnisses, das sich substanziell als Pflicht zur „Treue gegenüber dem Dienstherrn" bei der „Waltung eines Amtes" charakterisieren läßt. Bei der vom Beamten erwarteten vollen Hingabe handelt es sich dementsprechend um nichts anderes als um die Intensitätsbestimmung der sog. „Dienstleistungspflicht", die sich direkt aus dem besonderen

---

[1] *Hans J. Wolff / Otto Bachof*, Verwaltungsrecht II, 4. Aufl., 1976, S. 532.

[2] *Heinz Heckhausen*, Motivation und Handeln. Lehrbuch der Motivationspsychologie, 1980, S. 17.

Treueverhältnis des Beamten ableitet[3]. Die herkömmliche Abstinenz der öffentlichen Verwaltung gegenüber der Motivationsthematik erklärt sich kurz gesagt daraus, daß – jedenfalls bisher – ein Maximum an Motivation schlicht als Erfüllung der unterschiedslos jedem Beamten obliegenden Dienstpflicht vorausgesetzt wurde.

II. Ein neuer Weg für die Verwaltung: Motivation durch Anreize

Die Einschränkung, die in dem Zusatz „jedenfalls bisher" steckt, ist nun allerdings unabdingbar, denn die überkommenen Vorstellungsweisen der öffentlichen Verwaltung beginnen gegenwärtig in Bewegung zu geraten. Erkennbar wird dies erstens daran, daß in der Verwaltungspraxis allenthalben der Ruf nach dem „motivierten" Mitarbeiter aufzutauchen beginnt, den man offensichtlich nicht mehr als den allein schon durch den Diensteid oder die Verpflichtungserklärung beim Dienstantritt auf Dauer garantierbaren Normalfall vorauszusetzen vermag, obwohl die zitierten Formulierungen des öffentlichen Dienstrechts unverändert in Kraft sind. Zweitens lassen aber auch die aktuellen Bemühungen um eine Revision des öffentlichen Dienstrechts erkennen, daß selbst auf den Kommandohöhen der zentralen Rechtshüter ein verändertes Motivationsverständnis im Kommen ist. In der Begründung zum Gesetzentwurf der Bundesregierung zur Reform des öffentlichen Dienstrechts von 1996 wird zwar nach wie vor das „öffentlich-rechtliche Dienst- und Treueverhältnis" zugrundegelegt. Gleichzeitig wird aber auch erklärt, „in Anbetracht der knappen personellen und finanziellen Ressourcen" müsse es „mehr denn je" darum gehen, „das Dienstrecht in seiner Gesamtheit leistungsorientiert zu gestalten ..."[4].

Die Revolution des Motivationsverständnisses, die in diesen etwas umständlichen Formulierungen enthalten ist, kommt unüberhörbar in der nachfolgenden Erläuterung zum Ausdruck, daß der Schwerpunkt des Gesetzentwurfs „in der Stärkung des Leistungsgesichtspunkts" liege. „Gestiegene Eigenverantwortung und stärkeres Engagement der Mitarbeiter müssen sich", so wird höchst unkonventionellerweise expressis verbis erklärt, „in der Bezahlung wiederfinden. Denn materielle *Leistungsanreize* haben neben den immateriellen eine hohe Auswirkung auf die *Motivation* der Mitarbeiter."

Die aktuellen Anlässe für die hier erkennbar werdende aktive Hinwendung zur Thematik der Mitarbeitermotivation sind in der „Begründung" bereits in einer abgekürzten Form angesprochen. Im Klartext geht es vor allem um die permanent werdende Krise der Finanzen und um die mit ihr verbundenen notwendigen Einsparungen. Diese bringen einen Personalabbau mit sich, der ungeachtet aller „Aufgabenkritik" den verbleibenden Mitarbeitern eine erhöhte Leistung abfordert, die

---

[3] *Wolff/Bachof*, S. 531 ff.
[4] Deutscher Bundestag, Drucksache 13/3994 v. 6. 3. 1996, S. 29, Kursivsetzung H.K.

nur unter der Bedingungen erbringbar ist, daß ein intensiviertes „Engagement" stattfindet, das nicht mehr allein auf dienstrechtlichem Verpflichtungswege einforderbar und erzwingbar ist. Vereinfacht ausgedrückt lautet die in dieser prekären Situation entstehende neu-alte Einsicht, daß der Mensch dann, wenn es um Hochleistungen geht, „von sich aus wollen" muß, daß man aber durchaus etwas tun kann, um diese innere, letztlich nur dem Menschen selbst zurechenbare Disposition von außen zu fördern, so daß denen, die über die entsprechenden Bedingungen hierzu verfügen, eine Gestaltungsverantwortung zufällt.

Es ist in den zitierten Formulierungen insofern eine beträchtliche Annäherung an die aktuelle Frontlinie des wissenschaftlichen Motivationsverständnisses enthalten, als in ihnen – in völligem Gegensatz gegen die überkommene Unterstellung einer pflichtgemäßen Höchstmotivation und -leistung – der an die Bediensteten gerichteten Leistungserwartung eine Beziehung zwischen der Höhe der Motivation und der Beschaffenheit und dem Ausmaß motivationsauslösender Bedingungen und damit eine „Wechselwirkung von Person und Situation" zugrundegelegt wird. Der Glaube an die beamtenrechtlich erzwingbare pflichtgemäße „volle Hingabe" ist damit de facto beerdigt, die längst vorhandene wissenschaftliche Einsicht in die Motivation als „Ergebnis gegenseitiger Beeinflussung von individuellen Dispositionen und von gegenwärtigen Situationsgegebenheiten" (vgl. oben) hat ihre amtlich bescheinigte Anerkennung erlebt. Man möchte ob dieser verhältnismäßig späten Erleuchtung „heureka!" rufen – und man sollte dies auch ruhig tun, denn man sollte einer alten Regel zufolge die Feste feiern wie sie fallen.

III. Das wissenschaftliche Motivationsverständnis

1. Perspektiven einer praxisbezogenen Wissenschaftsanwendung

Wenn gerade eben – etwas vage und zugegebenermaßen euphorisch – von einer Annäherung der Dienstrechtsgesetzgebung an das „wissenschaftliche Motivationsverständnis" die Rede war, so bedarf dies nunmehr der Präzisierung. Man sagt zwar oft, daß „der Weg das Ziel" sei. Auf der anderen Seite muß aber auch klar sein, daß die Verfügung über ein klares Ziel die Beschreitung eines Weges entscheidend erleichtert, wenn nicht erst ermöglicht. Der in letzter Zeit in Verbindung mit der Bemühung um Verwaltungsmodernisierung öfters zitierte Slogan „Als sie das Ziel aus den Augen verloren hatten, verdoppelten sie ihre Anstrengungen" kann als Warnung vor einer puren „Prozeßversessenheit" und einer damit einhergehenden „Zielvergessenheit" dienen.

Was „Präzisierung des wissenschaftlichen Motivationsverständnisses" konkret heißen soll, muß allerdings selbst erst präzisiert werden. Für den im Alltagsgetriebe stehenden Verwaltungspraktiker oder den Gesetzesformulierer auf einer zentralen Kommandohöhe liefert z.B. die auf Vollständigkeit bedachte Ausbreitung sämtlicher bisherigen Entwicklungsergebnisse der Motivationstheorie und -forschung mit all ihren Verästelungen und Widersprüchen nicht unbedingt eine Klärung des Zielverständnisses. Beide Anwenderebenen bedürfen vielmehr einer Aufbereitung dieser Ergebnisse, die einerseits zwar noch dem Objektivitätsethos der Wissenschaft, andererseits aber auch bereits dem Klarheits- und Griffigkeitsbedarf der umsetzungsorientierten Wissenschaftsanwendung verpflichtet ist. In eben dieser Richtung soll nachfolgend ein Vorstoß unternommen werden[5].

Vorweg kann gesagt werden, daß die Motivationstheorie und -forschung ein ganz besonders günstiges Aktionsfeld für eine Zielklarheit vermittelnde Wissenschaftsanwendung darstellt. Aus den Ergebnissen der Forschung und der Theoriebildung lassen sich einerseits sehr eindeutige Wegweisungen für eine Anwendungspraxis ableiten, der es darum geht, bei der Bemühung um der „Motivation" von Mitarbeitern zu optimalen Ergebnissen zu gelangen. Auf der anderen Seite vermitteln diese Ergebnisse – was ebenso wichtig ist – aber auch klare Warnsignale bezüglich der vielen Fallen, die auf dem Weg zur gesteigerten Mitarbeitermotivation lauern. Wer höhere Motivation will, erreicht u.U. das Gegenteil, nämlich eine verringerte Motivation, wenn er in eine dieser Fallen hineingerät. Auch und gerade solche Interventionen, die sich mit verführerischer Plausibilität anzubieten scheinen, können „kontra-intuitive" Effekte haben, die alle Anstrengungen zunichte machen. Das Wissen, das man benötigt, um mit Erfolgsaussicht an das Unternehmen der Motivierung von Mitarbeitern herangehen zu können, besteht nur unter der Bedingung den Vollständigkeitstest, daß solche Effekte mitgedacht werden können.

In der nachfolgenden Kurzdarstellung soll es nicht direkt um eine kritische Auseinandersetzung mit dem vorstehend zitierten Entwurf der Bundesregierung zur Reform des öffentliche Dienstrechts gehen. Es sei aber ausdrücklich darauf aufmerksam gemacht, daß sich aus dem was anschließend gesagt wird, u.a. auch hinsichtlich dieses Entwurfs konkrete Folgerungen nach den beiden angesprochenen Richtungen ableiten lassen. Aus der Perspektive des wissenschaftliche Motivationsverständnisses sind diesem Entwurf gegenüber sowohl Zustimmung wie auch dringende Warnungen am Platze. Wenn im folgenden darauf verzichtet wird, dies im einzelnen deutlich werden zu lassen, dann deshalb, weil hier nicht punktuelle Polemik, sondern eine Aufklärung für offen bleibende Zukunftszwecke angezielt wird. Es soll dem einzelnen Leser und potentiellen Nutzer überwiegend selbst überlassen bleiben, aus dem Kondensat von Ergebnissen der Wissenschaft, das hier vorgestellt wird, selbst Folgerungen abzuleiten. Diese mögen in Richtung der Einsicht verlaufen, daß die Aussagekraft der Wissenschaft bislang unterschätzt wurde und daß vor einem endgültigen Entscheiden zunächst weitere Studien erforderlich sind. Sie mögen aber auch direkt in Richtung der Überprüfung von Handlungs- oder Regelungsentwürfen verlaufen, die vielleicht auf allzu einfachen und aus-

---

[5] Vgl. hinsichtlich der zugrundegelegten Fachliteratur neben *Heckhausen* z.B. *Lutz von Rosenstiel*, Die motivationalen Grundlagen des Verhaltens in Organisationen. Leistung und Zufriedenheit, 1975; *Bernard Weiner*, Motivationspsychologie, 1984; *Erich H. Witte*, Sozialpsychologie. Ein Lehrbuch, 1984, S. 138 ff.

schnitthaften und nur scheinbar „sinnfälligen" Annahmen „alltagstheoretischer" Natur aufbauten.

2. „Individuelle Dispositionen" – Geld oder mehr?

Die Darstellung des Wissens der Wissenschaft kann unmittelbar an der nun schon einige Male zitierten Formel von Heckhausen anknüpfen, der zufolge Motivation das „Ergebnis gegenseitiger Beeinflussung von individuellen Dispositionen und von gegenwärtigen Situationsgegebenheiten" ist.

Mit anderen Worten hängt die Motivierbarkeit von Menschen *erstens* davon ab, mit welchen Werten, Zielen, oder Bedürfnissen – oder genauer: mit welchen unerfüllten, auf eine bestimmte „Situation" bezogenen Werten, Zielen, oder Bedürfnissen – sie in diese „Situation" eintreten. Und *zweitens* spielt – vereinfacht ausgedrückt – eine entscheidende Rolle, inwieweit das, was sie in einer „Situation" wahrnehmen, erfahren, erleben und bewerten können oder müssen, mit diesen „Dispositionen" in *Übereinstimmung* steht oder nicht.

Wir wollen nachfolgend von dieser vereinfachten Version der Heckhausenschen Formel ausgehen. Einem generellen Konsens der Wissenschaft zufolge entscheidet der Grad der Übereinstimmung zwischen den individuellen „Dispositionen" und den wahrnehmbaren und unmittelbar erfahrbaren Situationsgegebenheiten darüber, ob „Motivation" eintritt oder nicht. Es handelt sich in dieser vereinfachten Version um ein Angebot für den Wissensumsetzer, für den es zunächst einmal darum gehen muß, Ansatzpunkte für das Verstehen als Grundlage für einsichtsbegründetes Handeln zu gewinnen. Daß das Zusammenwirken zwischen individuellen Dispositionen und Situationsgegebenheiten seinerseits Auswirkungen hat, welche verändernd auf seine Ausgangsbedingungen zurückwirken, sei im vorliegenden Zusammenhang einmal ausgeklammert.

Nochmals vereinfachend ausgedrückt kann man bei motivierend gemeinten *„Anreizen"* – dieser Ausdruck wird im folgenden für alle diejenigen „positiven" Einwirkungsmittel verwendet, die ein auf Motivation abzielendes Handeln zur Verfügung hat – je nach der Bereitschaft der Adressaten, in der gewollten Richtung zu reagieren, entweder „richtig liegen" oder „daneben zielen". Wenn man z. B. meint, Leistungsmotivation von Mitarbeiter/innen mit Geld (oder „materiellen Anreizen") hervorrufen zu können, dann hängt der Erfolg des entsprechenden Programms u.a. davon ab, ob „mehr Geld" derjenige Anreiz ist, der die Mitarbeiter/innen beflügelt und anspornt. Der Erfolg wird u.a. auch davon abhängen, was für die Mitarbeiter/innen „viel Geld" ist, d. h. ein Ziel bedeutet, für dessen Erreichung sich eine Mehranstrengung „lohnt", oder das sie dermaßen „motiviert", daß sie die Mehranstrengung gar nicht bemerken und deshalb auch gar nicht erst lange überlegen und herumkalkulieren[6].

---

[6] Vgl. *von Rosenstiel*, S. 230 ff.; *Frank Dulisch*, Leistungsprämien in der öffentlichen Verwaltung, in: Verwaltungsrundschau, 42. Jahrgang, Heft 2, 1996, S. 50-56; *ders.*, Leistungs-

Wir greifen aber voraus, denn bei den individuellen „Werten, Erwartungen, Zielen, oder Bedürfnissen" wird es insbesondere in einer „reichen" Gesellschaft, in welcher wir leben, auch im Arbeitsbereich wohl selten ausschließlich um Geld gehen. Es lohnt sich, sich an dieser Stelle die in unzähligen Veröffentlichungen abgedruckte, dem amerikanischen Psychologen Abraham Maslow nachempfundene sog. „Bedürfnispyramide" vor Augen zu führen, derzufolge Menschen grundsätzlich qualitativ verschiedenartige Bedürfnisse – nämlich physiologische Bedürfnisse, Sicherheitsbedürfnisse, soziale Bedürfnisse, Bedürfnisse nach Wertschätzung und Selbstverwirklichungsbedürfnisse – haben, die sie u.a. auch an die eigene Arbeit herantragen können[7].

Maslow ergänzt diese Feststellung durch die wichtige Unterscheidung zwischen Bedürfnissen, bei deren Befriedigung eine zunehmende „Sättigung" eintritt und sog. „Wachstumsbedürfnissen", die im Prozeß ihrer Befriedigung nicht abnehmen sondern fortwährend stärker werden. Man kann sich die erstere Kategorie am Beispiel des Hungers verdeutlichen, der dann, wenn er nur stark genug ist, Menschen zu großen Kraftanstrengungen „motivieren" kann, der aber bei einer geregelten Ernährung im allgemeinen niemanden mehr „vom Stuhl reißen" wird. Anders verhält sich dies jedoch bei der zweiten Kategorie. Wer „Leistungsfreude" empfinden kann, weil ihm seine Arbeit Spaß macht und weil er Erfolgserlebnisse hat, wenn er selbstgesteckte Ziele verwirklichen kann, wird „davon nicht genug bekommen" können und ggf. seine Ziele und Erfolgs- bzw. Gütemaßstäbe immer höher schrauben.

Wir wollen an dieser Stelle gleich eine weitere sehr häufig zitierte Unterscheidung registrieren, die von dem amerikanischen Arbeitsforscher Frederick Herzberg stammt. Herzberg stellte in empirischen Untersuchungen fest. daß von seinen Probanden auf die Frage nach guten und motivierenden und nach schlechten und demotivierenden Arbeitserlebnissen gänzlich unterschiedliche Dinge genannt wurden. Dieses Ergebnis führte Herzberg zu der Folgerung, daß es zweierlei Klassen von zufriedenheits- und motivationsrelevanten Faktoren gibt, nämlich (1) Faktoren, die zwar Unzufriedenheit verhindern, aber nicht unbedingt Motivation bewirken (sog. „Hygiene-Faktoren") und andere Faktoren, die direkt Motivation bewirken können (sog. „Motivatoren"). Vereinfachend spricht man seitdem von einer „Zweifaktorentheorie", die im wesentlichen auf Herzberg zurückgeführt wird. Interessanterweise erwies sich „Geld" bei den amerikanischen Probanden überwiegend als ein „Hygienefaktor", während sog. „intrinsische", d. h. den Arbeitsinhalt und -verlauf betreffende Anreize überwiegend „Motivatoren" waren[8].

---

prämien als Motivationsanreiz? (noch nicht veröffentlichtes Manuskript zum Vortrag bei der Tagung Fachgruppe Psychologie, Soziologie, Pädagogik an der FH Bund im Okt.1995).

[7] Vgl. *Abraham Maslow*, Motivation und Persönlichkeit, 1977, S. 74 ff.

[8] Vgl. *Frederick* Herzberg, The Managerial Choice: To be Efficient and to be Human, Salt Lake City, 2. Aufl., 1982; einen schnellen Zugang vermittelt *Wolfgang H. Staehle*, Management. Eine verhaltenswissenschaftliche Perspektive, 7. Aufl., 1994, S. 209 ff.

3. In der Arbeitssituation begründete hauptsächliche Bedingungen der Motivationsbildung

Wir sind hiermit bereits sehr tief in die wesentlichen Ergebnisse der Wissenschaft von der „Leistungsmotivation" vorgedrungen. Natürlich wissen wir aufgrund des bisher Gesagten noch nichts darüber, wie die für die Motivationsfähigkeit von Mitarbeiter/innen in der gegenwärtigen öffentlichen Verwaltung unseres Landes maßgeblichen „individuellen Dispositionen" faktisch beschaffen sind, denn die Erkenntnisse Maslows und Herzbergs lassen sich nicht unbesehen von Amerika z.B. auf Deutschland übertragen. Wie wissen aber bereits, daß wir etwas über sie wissen *müssen*, um zu einem „richtigen" Motivationsansatz gelangen zu können, was uns für den Anfang einmal genügen soll.

Um weiter voranzukommen, müssen wir uns nunmehr aber noch der zweiten Seite der Heckhausenschen Formel, nämlich den „gegenwärtigen Situationsgegebenheiten" zuwenden. Wir wissen bereits, was an diesen Situationsgegebenheiten unter dem Motivationsgesichtspunkt das eigentlich Wichtige ist, nämlich die Antwort auf die Frage nach der Übereinstimmung dessen, was die Menschen „wahrnehmen, erfahren, erleben und bewerten können oder müssen" mit ihren individuellen Dispositionen. Je höher diese Übereinstimmung ist, so sagten wir, desto günstiger liegen die Chancen für das Wirksamwerden von Motivation. Diese Feststellung gilt es jetzt noch ähnlich zu präzisieren, wie wir dies im Fall der Dispositionen bereits getan haben.

Hierfür ist ist es zunächst wichtig, sich nochmals mit aller Klarheit vor Augen zu halten, daß für das Auftreten der Motivation, während der Arbeitszeit etwas zu tun und zu leisten, nicht schlechterdings die Beschaffenheit der individuellen „Werte, Ziele oder Bedürfnisse" entscheidend ist, sondern vielmehr das Ausmaß, in welchem sich mit ihnen Wünsche und Erwartungen verbinden, die an die „Situation", konkret gesagt also an eine Tätigkeit bzw. Stelle in einer Verwaltung herangetragen werden.

Indem wir diese unerläßliche Präzisierung vornehmen, haben wir aber bereits die Verbindung zu den sog. „Prozeßtheorien" der Motivation hergestellt, bei denen die Frage nach den Faktoren oder Komponenten der Erwartungsbildung und -befriedigung, wie auch nach den „Instrumentalitäten", d. h. nach den Bedingungen der Erwartungsbildung und -befriedigung, die entscheidende Rolle spielt.

Wir wollen und können uns an dieser Stelle nicht mit den verschiedenen Varianten beschäftigen, in denen diese Prozeßtheorien bisher in Erscheinung getreten sind[9]. Grob gesagt haben die Forscher, die in diesem Feld arbeiten, unterschiedliche Faktoren und Bedingungen in den Mittelpunkt gerückt, je nachdem wo sie ihre Untersuchungen anstellten, d. h. welche Gruppen von Menschen in welchen Arten

---

[9] Vgl. zur weiteren Unterrichtung z.B. *Staehle*, S. 216 ff.; *Ansfried B. Weinert*, Lehrbuch der Organisationspsychologie. Menschliches Verhalten in Organisationen, 1981, S. 272 ff.

von Organisationen sie gerade erfaßten. Wenn wir versuchen, uns einen von Zufällen bereinigten Überblick zu verschaffen, dann können wir die folgenden mit der „Situation" verknüpften Hauptfaktoren und -bedingungen der Motivationsbildung festhalten:

(1) Wahrnehmung und Bewertung der in Verbindung mit einer Tätigkeit oder Stelle (oder auch mit den Möglichkeiten des Aufstiegs zu anderen Tätigkeiten bzw. Stellen) angebotenen anreizvermittelnden „Gratifikationen" oder „Belohnungen", wobei es sich entweder um bewußt geplante Anreize, oder auch um ungeplante (vielleicht sogar ungewollte) Anreize handeln kann, die schlicht vorhanden und wirksam sind, ob sich der Arbeitgeber oder Organisator bzw. Prozeßmanager nun dessen bewußt ist oder nicht;

(2) Einschätzung der Möglichkeit, daß die konkreten Bedingungen für den *Erhalt* dieser anreizvermittelnden Belohnung bei der Übernahme oder Ausübung einer Tätigkeit bzw. Stelle tatsächlich bestehen, wobei insbesondere zwei hauptsächliche Unterfälle unterschieden werden:

(a) Erstens die Erwartung (oder subjektive Gewißheit), den qualitativen und quantitativen Bedingungen, die für die Anreizgewährung bestehen (so z. B. den Qualifikationsanforderungen einer Tätigkeit bzw. Stelle, oder den Zielvereinbarungen, an welche eine Prämienzusage gebunden ist) durch eine vernünftigerweise in Betracht zu ziehende eigene Anstrengung, d. h. insbesondere ohne andauernde Überforderung oder Unterforderung, entsprechen zu können;

(b) zweitens die Erwartung, daß bei der Erreichung eines bestimmten Leistungsergebnisses eine angemessene Belohnung tatsächlich erfolgt (daß z. B. eine konkrete Zielvereinbarung existiert, daß der Vorgesetzte eine erbrachte Leistung objektiv würdigt, daß eine „gerechte" Personalbeurteilung oder sonstige Leistungsmessung stattfindet, und daß letztlich nach der Erzielung und Feststellung einer über das Übliche hinausgehenden Leistungsmenge oder -qualität mit Sicherheit eine Belohnung zu erwarten ist, ohne daß relativierende Nebenbedingungen eingreifen, die den direkten Zusammenhang infrage stellen, so z.B. eine Kontingentierungsregelung, die die Anreizgewährung davon abhängig werden läßt, ob man nun „zufällig" der Allerbeste in einer Arbeitseinheit ist oder nicht).

IV. Die Motivationsfähigkeit der Mitarbeiter/innen der gegenwärtigen deutschen Verwaltung

1. Kontra-intuitive empirische Erkenntnisse hinsichtlich des vorhandenen Leistungspotentials

Schon bei flüchtiger Überlegung dürfte deutlich werden, daß in die Herausbildung sämtlicher vorstehend genannten Situationsbezüge ebenso „subjektive", d. h. auf Seiten der Mitarbeiter/innen selbst zu suchende, wie auch „objektive" Bestimmungsgründe einfließen Gut untersucht sind z. B. die Entstehungsgründe der für die Motivierbarkeit von Mitarbeitern äußerst folgenreichen Erwartungen, die Stellenbewerber mit den Chancen und Anforderungen einer Stelle verbinden[10]. Es fließen hier Elemente des persönlichen „Ehrgeizes", wie auch des allgemeinen „Image" einer Verwaltung und der Vorstellungen über die mit der Stelle verbundenen Anforderungen und Chancen ein, die während des Vorstellungsgespräches erzeugt wurden. Bei der ebenfalls sehr wichtigen „Rollenwahrnehmung", die sich bei neuen Mitarbeitern während der Einarbeitungszeit herausbilden, spielen dann ebenso die ausbildungsbedingten Kenntnisse, Fähigkeiten und Tätigkeitserwartungen des Neulings eine Rolle, wie auch diejenigen „vertraulichen Mitteilungen" über etablierte Regeln der Organisationskultur, mit denen er seitens der Kollegen bekannt gemacht wird. Daneben wird aber natürlich auch die Informationstätigkeit des Vorgesetzten und/oder Mentors bzw. Paten von großer Bedeutung sein.

Weiterhin dürfte aber ohne allzu umständliche Erläuterungen auch deutlich werden, daß „Motivation" als ein *überdauernder* Sachverhalt daran gebunden ist, daß zwischen den an eine Arbeitssituation herangetragenen mehr oder weniger motivationshaltigen Erwartungen und den in ihr entstehenden „Erfahrungen" keine Diskrepanzen eintreten, die „Enttäuschungen" oder „Frust" hervorrufen. Es dürfte weiterhin auch klar sein, daß das Eintreten eines solchen motivationszerstörenden Effekts wiederum von subjektiven und objektiven Voraussetzungen abhängt, so z. B. einerseits von der persönlichkeitsbedingten „Frustrationstoleranz" des Einzelnen und andererseits z. B. von der Fähigkeit des Vorgesetzten, ein an und für sich enttäuschendes Beurteilungsergebnis plausibel werden zu lassen und auf Ursachen zurückzuführen, deren Beseitigung der Betroffene tatkräftig in Angriff nehmen kann, so daß an Stelle eines für die Motivation höchst riskanten Erwartungsabbaus eine mit eigener Anstrengung verbundene Erwartungsvertagung stattfinden kann.

Es zeichnet sich hier eine Fülle weiterführender Einzelerkenntnisse ab, zu denen man gelangen kann, sobald man nur tiefer in die Materie einsteigt, wobei man sich einerseits von der eigenen Beobachtungsgabe und Urteilskraft, andererseits aber

---

[10] *Alfred Kieser*, Einarbeitung von Mitarbeitern, in: von Rosenstiel/Regnet/Domsch (Hrsg.), Führung von Mitarbeitern. Handbuch für erfolgreiches Personalmanagement, 1991, S. 126 ff.; *Gerhard Söhlemann*, Neue Personalmärkte: Der Weg von der „Rekrutierung" zum orientierten Marketing im Personalbereich, in: Jochen Kienbaum (Hrsg.), Visionäres Personalmanagement, 2. Aufl., 1994, S. 333 ff.; *Weinert*, S. 199 ff.

auch von vorliegenden Erfahrungen und wissenschaftlichen Analysen leiten lassen kann.

An dieser Stelle soll darauf verzichtet werden, die sich hier anbietenden Verästelungen weiter zu verfolgen. Wir wollen an Stelle dessen vielmehr zu der *ersten* Seite der Heckhausenschen Formel, nämlich zu den individuellen Werten, Zielen und Bedürfnissen zurückkehren, deren weitere Behandlung wir vorhin zunächst zurückgestellt hatten. Der Faden soll an derjenigen Stelle wiederaufgegriffen werden, an welcher oben festgestellt wurde, daß die Kenntnis der Maslowschen Bedürfnispyramide oder der Herzbergschen Zweifaktorentheorie noch keine Kenntnisse darüber vermittelt, wie die für die Motivationsfähigkeit von Mitarbeiter/innen in der gegenwärtigen öffentlichen Verwaltung unseres Landes maßgeblichen „individuellen Dispositionen" wirklich beschaffen seien, daß man hierüber unbedingt aber etwas wissen müsse, um zu einem „richtigen" Motivationsansatz gelangen zu können.

Im folgenden soll ein Vorstoß in Richtung der hierfür erforderlichen Kenntnisse unternommen werden, der auf einer größeren Zahl empirischer Untersuchungen in der deutschen Verwaltung aufbaut, die in letzter Zeit durchgeführt wurden. Es handelte sich hierbei um Mitarbeiter/-innenbefragungen in einem breit ausgezogenen Spektrum sehr verschiedenartiger Verwaltungen, die auf schriftlichem Wege sowohl in Landesministerien, wie auch in nachgeordneten Landesbehörden verschiedener Art, in Stadtverwaltungen und in „mittelbaren" Verwaltungen wie z.B. in einer Kirchenverwaltung und in der Verwaltung einer Berufsgenossenschaft gemacht wurden.

Es läßt sich aufgrund der Ergebnisse dieser Untersuchungen zunächst feststellen, daß es hinsichtlich der an die eigene Tätigkeit herangetragenen individuellen Wertverwirklichungsbedürfnisse überraschenderweise über alle untersuchten Organisationen hinweg einen sehr hohen Grad von Übereinstimmung gibt, der sich auch beim Vergleich zwischen den Angehörigen der verschiedenen Laufbahn- und Vergütungsgruppen sehr weitgehend bestätigen läßt. Es läßt sich hieraus ableiten, daß man heute im Hinblick auf die tätigkeitsbezogenen Dispositionen durchaus von einer „typischen" Erwartungs- und Bereitschaftslage „der" öffentlich Bediensteten, oder, noch weitergehend, der Berufstätigen der Bundesrepublik Deutschland insgesamt sprechen kann., denn beim Vergleich mit den Beschäftigten der privaten Wirtschaft ergeben sich kaum irgendwelche signifikanten Abweichungen (Diese Feststellung soll an dieser Stelle allerdings auf die alten Bundesländer beschränkt werden, da aus den neuen Bundesländern bisher keine vergleichbaren Befragungsergebnisse vorliegen). Eine Erklärung dieser hochgradigen Homogenität liefert der hier nur pauschal ansprechbare gesellschaftliche *Wertewandel* in der Bevölkerung der Bundesrepublik seit den 60ern, den wir auch bei allen nachfolgenden Feststellungen als eine entscheidende Hintergrundsgröße im Auge haben müssen[11].

---

[11] Vgl. *Helmut Klages*, Wertedynamik. Über die Wandelbarkeit des Selbstverständlichen, 1988, *ders.*, Wertewandel in Deutschland in den 90er Jahren, in: Lutz von Rosenstiel u.a.

Beim Eintritt in die Resultate der Untersuchungen selbst sollen zunächst – anhand des exemplarischen Falls einer Kommunalverwaltung – diejenigen sehr charakteristischen Ergebnisse wiedergegeben werden, die sich in allen Verwaltungen auf die Frage einstellten, ob man sich einen unveränderten, einen gleichbleibenden, oder einen niedrigeren Umfang der Arbeitsbelastung wünsche (s. Graphik 1).

Wie sich überraschenderweise zeigt, wünschen sich mehr als 50% der in der betreffenden Verwaltung Befragten eine höhere Arbeitsbelastung, so daß – zumindest bei ihnen – von einer weitgehenden *Unterforderung* ausgegangen werden kann.

Diese Erkenntnis, die sich in einer sehr ähnlichen Form in allen Verwaltungen einstellte, in denen die Frage gestellt wurde, ist natürlich insofern von einer strategischen Bedeutung, als sie mit einer geradezu drastischen Deutlichkeit auf die unausgeschöpften Leistungsreserven hinweist, die es gegenwärtig in der deutschen Verwaltung gibt. Die Tatsache, daß sich diese Erkenntnis in Mitarbeiterbefragungen einstellte, in welchen die Befragten die Möglichkeit zu einer freiwilligen Selbsteinschätzung und Situationsbewertung hatten, weist des weiteren sehr eindringlich darauf hin, daß es sich bei diesen Reserven um *Motivations- und Bereitschaftspotentiale* handelt, die gewissermaßen „im Angebot sind", die aber - jedenfalls bisher - nicht abgerufen werden.

Wie Graphik 2 beweist, bedarf die Feststellung, daß man es hierbei mit einem Unterforderungssachverhalt zu tun hat, nun allerdings der Präzisierung.

Die Graphik präsentiert – wiederum für eine Verwaltung, die einen exemplarischen Fall verkörpert – das Ergebnis der Kombination der Beantwortungen zweier Fragen, nämlich der bereits bekannten Frage nach der gewünschten Arbeitsbelastung und der Frage nach der Einschätzung der faktischen Arbeitsbelastung. Beide Fragen waren mit sog. „7er-Skalen" abgefragt worden, die den Befragten die Möglichkeit gaben, einen von sieben unterschiedlich hohen Belastungsgraden anzukreuzen.

Überraschenderweise zeigt die Graphik nicht dasjenige Bild, das man eigentlich vielleicht erwarten sollte, nämlich eine Konzentration der Bereitschaft zu zusätzlicher Belastung auf diejenigen Fälle, in denen eine niedrige faktische Belastung vorliegt. Vielmehr findet sich ein überwiegender Wunsch nach vergrößerter Belastung auch noch bei denjenigen, die eine bei „5", d. h. über dem Skalenmittelpunkt liegende faktische Belastung angeben. Und selbst bei denen, die hier eine „6" ankreuzten und damit eine verhältnismäßig hohe faktische Belastung dokumentieren, stellen diejenigen, die sich eine höhere Belastung wünschen, im Vergleich zu denen, die sich eine gleichbleibende oder verringerte Belastung wünschen, immer noch die größte Teilgruppe dar. Erst bei denen, die eine „7" ankreuzten und damit eine extrem hohe Belastung dokumentieren, beginnt sich der Wunsch nach Entlastung in den Vordergrund zu schieben.

(Hrsg.), Wertewandel. Herausforderung für die Unternehmenspolitik in den 90er Jahren, 1993, S. 1 ff.; *Martin Stengel*, Wertewandel, in: von Rosenstiel / Regnet / Domsch, S. 556.

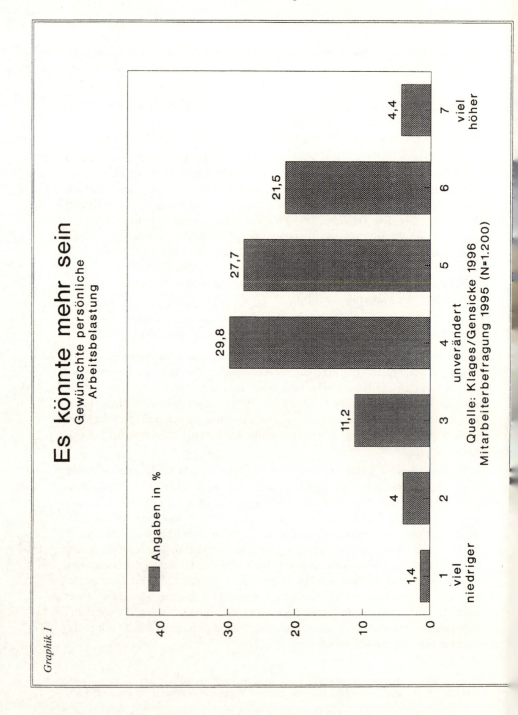

Graphik 1

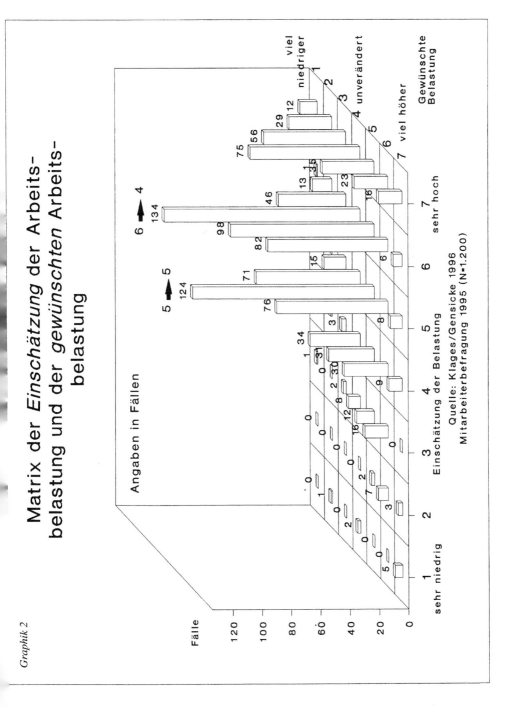

Graphik 2: Matrix der *Einschätzung der Arbeitsbelastung und der gewünschten Arbeitsbelastung*

Quelle: Klages/Gensicke 1996
Mitarbeiterbefragung 1995 (N=1.200)

Es sind dies „kontra-intuitive" Ergebnisse, die anzeigen, daß es sich bei dem fraglichen Motivations- und Bereitschaftspotential der Bediensteten nicht einfach um ein Bedürfnis nach quantitativer Auslastung im Sinne der Vermeidung von physischer Unterforderung, sondern vielmehr um einen *qualitativen Sachverhalt* handelt.

2. Die strategische Bedeutung „intrinsischer" Tätigkeitsmerkmale

Eine Antwort auf die naheliegende Frage, *welcher Art* dieser qualitative Sachverhalt ist, ermöglicht die nachfolgende Graphik, welche – nochmals für eine einzelne Verwaltung, die als typisch gelten kann – die Verteilung der Antworten auf die Doppelfrage wiedergibt, welche Wichtigkeit man verschiedenen Merkmalen der beruflichen Tätigkeit zumißt und in wieweit diese Merkmale bei der eigenen Tätigkeit erfüllt sind (s. Graphik 3).

Auf der linken Seite der Graphik finden sich die Kurzbezeichnungen derjenigen Merkmale, die von uns in einer sog. „Fragenbatterie" abgefragt wurden, wobei die von oben nach unten gelesene Reihenfolge die Rangfolge der durchschnittlichen Wichtigkeit dokumentiert, die ihnen von den Befragten insgesamt zugerechnet wurde.

Auch hier erbringt der Blick auf die Resultate (vgl. auch die Abfolge der Kreuze im rechten Bereich der Graphik) bereits auf den ersten Blick ein kontra-intuitives Ergebnis: An der Spitze der Rangreihe stehen Merkmale wie „interessant", „sinnvoll", „verantwortungsvoll", „abwechslungsreich", „macht Spaß", „Selbständig", (ermöglicht die Einbringung von) „Ideen und Initiative", (fordert die eigenen) „Fähigkeiten und Kenntnisse" (heraus). Erst dann folgt das Merkmal „Leistungsgerecht bezahlt", dem zwar durchaus noch ein achtbarer, keinesfalls aber ein vorderer Rangplatz zukommt.

Mit anderen Worten geht es bei dem „qualitativen Sachverhalt", der hinter dem aus den Befragungsergebnissen ablesbaren Mehrleistungsangebot steht, in erster Linie um eine *Hochwertung nicht-materieller Tätigkeitsmerkmale.*

Die *Überraschung*, die dieses Ergebnis mit sich bringt, vergrößert sich noch, wenn man feststellt, daß der Vorrang nicht-materieller Tätigkeitsmerkmale vor materiellen keinesfalls verschwindet, wenn man den Blick nach „unten", d. h. also auf die Ebene der „einfachen" Mitarbeiter / innen richtet, sondern vielmehr – bei einem verhältnismäßig leichten Gewichtsgewinn materieller Aspekte – deutlich erkennbar bestehen bleibt.

Die Überraschung wird aber erst dann perfekt, wenn man nochmals einen genaueren Blick auf die Herzbergsche Zweifaktorentheorie (vgl. oben) wirft und dabei feststellt, daß es sich bei denjenigen Merkmalen, welche die vorderen Rangplätze einnehmen, exakt um diejenigen auf die Arbeit selbst gerichteten „intrinsischen" Merkmale handelt, denen Herzberg die Qualität von „Motivatoren" zubil-

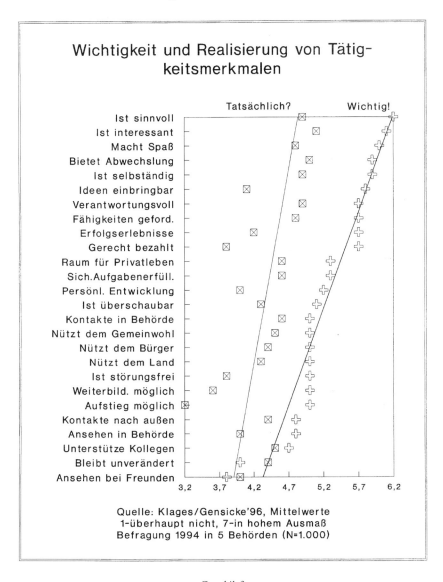

Graphik 3

ligt, bei deren Erfüllung – ganz im Sinne der Maslowschen „Wachstumsbedürfnisse" (vgl. oben) – Motivation im Sinne einer dauerhaften, keinen Sättigungsgrenzen unterliegenden Disposition freigesetzt wird.

Mit anderen Worten hat das bisher nicht ausreichend abgerufene Leistungspotential der Mitarbeiter/innen der gegenwärtigen deutschen Verwaltung sein Zentrum in nicht-materiellen Tätigkeitsbedürfnissen, die an die Arbeit herangetragen werden und die insgesamt gesehen ein Reservoir an Motivation verkörpern, das verhältnismäßig unabhängig von dem Ausmaß der faktisch vorhandenen Belastung zur Verfügung steht[12].

Man kann sich eine Vorstellung über die Massivität dieses Potentials bilden, wenn man die nachfolgende Graphik 4 in Augenschein nimmt.

In der Graphik werden – für eine große Stadtverwaltung – die Ergebnisse des Vergleichs der Höhe der subjektiv empfundenen Ausschöpfung der eigenen Fähigkeiten bei hoher und niedriger Realisierung verschiedener Tätigkeitsmerkmale wiedergegeben. Es zeigt sich mit unmißverständlicher Deutlichkeit, daß die mit Abstand höchsten Niveauunterschiede der subjektiv empfundenen Fähigkeitsausschöpfung bei den „intrinsischen" Tätigkeitsmerkmalen auftreten, deren Gewährleistung also in erster Linie über das Selbstentfaltungserlebnis der Beschäftigten entscheidet, welches als ein guter Indikator der Übereinstimmung zwischen den individuellen Dispositionen und den Situationsgegebenheiten gewertet werden darf.

V. Die Notwendigkeit eines „Human Resource Management"

Man kann sich auf den Standpunkt stellen, daß einer Verwaltung, die heute unter dem doppelten Druck abnehmender finanzieller Spielräume und wachsender Aufgabenstellungen steht, eigentlich kaum eine positivere Diagnose gestellt werden kann.

Allerdings muß sehr deutlich darauf hingewiesen werden, daß es sich um eine Diagnose handelt, die nur unter der Bedingung angemessen genutzt werden kann, daß die Anwender dazu bereit sind, den Standpunkt des modernen „Human Resource Management" einzunehmen, d. h. sich von „traditionellen" Standpunkten zu verabschieden[13].

Es gehört hierzu in vorderster Linie u.a. die Bereitschaft, die vorrangige Bedeutung nicht-materieller Leistungsanreize anzuerkennen. Denn in Anbetracht der hochrangigen Priorität nicht-materieller Bedürfnisse in den an die Arbeit herangetragenen individuellen Dispositionen wird man nur exakt unter eben dieser Bedingung damit rechnen können, zu derjenigen „Übereinstimmung" zu gelangen, die

---

[12] Vgl. zur Bestätigung dieses fundamentalen Sachverhalts auf der Grundlage anderer empirischer Quellen z.B. *K. F. Ackermann*, Leistungszulagen bei der Deutschen Bundespost, Abschlußbericht. Studie im Auftrag des Bundesministers für Post und Telekommunikation, Februar 1993; *Bernhard Güntert/Bennina Orendi/Urs Weyermann*, Die Arbeitssituation des Pflegepersonals – Strategien zur Verbesserung, 1989; *Kuno Schedler*, Anreizsysteme in der öffentlichen Verwaltung, 1993, S. 91 ff.

[13] Vgl. auch *Helmut Klages/Gabriele Hippler*, Mitarbeitermotivation als Modernisierungsperspektive, 1991, insb. S. 115 ff.; *R. E. Miles*, Theories of Management, New York etc. 1975, S. 35; *Schedler*, S. 269 ff.; *Staehle*, S. 739 f.

Motivierung von Mitarbeitern durch Anreize? 471

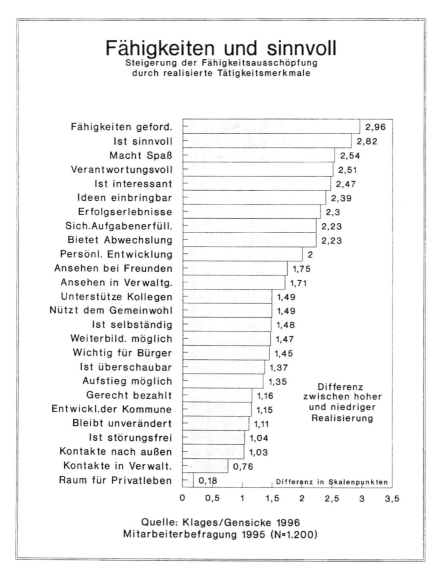

Graphik 4

wir gemäß der grundlegenden Formel, von der wir ausgingen (vgl. oben), als die entscheidende Vorbedingung von „Motivation" anzusehen haben.

Es kann hinzugefügt werden, daß ein Insistieren auf materiellen Anreizen, wie es sich z.B. in dem schon einmal zitierten aktuellen Entwurf der Bundesregierung zur Reform des öffentlichen Dienstrechts andeutet, angesichts eines Vorrangs nicht-materieller Dispositionen bei den Bediensteten keineswegs ungefährlich ist. Wie seit längerem durch einschlägige Untersuchungsergebnisse eindeutig belegt ist, führt der Versuch, Menschen, die nicht-materiell motiviert sind, mit materiellen Anreizen zu traktieren, mit hoher Wahrscheinlichkeit zu negativen Reaktionen, die u.U. mit einschneidenden Motivationsverlusten verbunden sind[14]. Solche Reaktionen gewinnen noch weiter an Wahrscheinlichkeit, wenn es sich um relativ geringfügige – und zudem u.U. hinsichtlich ihrer Verfügbarkeit kontingentierte – Anreize handelt, wie sie sich naturgemäß unter dem Druck harter Sparzwänge nahelegen müssen. Menschen, die mehrheitlich eine hohe Leistungsmotivation besitzen, welche sich mit dem Wunsch nach aktiver und kreativer Mitwirkung und mit der Bereitschaft zur Übernahme verantwortungsvoller Aufgaben verbindet, werden sich zurückgesetzt fühlen und u.U. geradezu beleidigt reagieren, wenn man sie mit einem sogenannten „Belohnungssystem" konfrontiert, das mit relativ kleinen Geldprämien arbeitet, welche womöglich nur wenigen von ihnen aufgrund einer sog. „Bestenauslese" zuerkannt werden, deren Objektivitätsanspruch angesichts einer nur sehr eingeschränkt leistungsfähigen Beurteilungspraxis auf wackeligen Beinen steht. Anstelle der angezielten Motivation wird man dann u.U. das Gegenteil, nämlich Demotivation erreichen und Motivationszerstörung betreiben. Sinn wird dann zu Unsinn, Wohltat zu „Plage"[15].

Wie wenig die öffentliche Verwaltung bisher bereits dazu in der Lage ist, in ihrem alltagspraktischen Handeln den Standpunkt des modernen „Human Resource Management" einzunehmen, kann man ermessen, wenn man die im linken Teil des Bildfelds der vorletzten Graphik erscheinenden Durchschnittswerte der von den Befragten am eigenen Arbeitsplatz *tatsächlich erlebten Tätigkeitsmerkmale* in Augenschein nimmt.

Es schlagen hier die in den einzelnen Verwaltungsorganisationen bestehenden unterschiedlichen Verhältnisse stärker durch als bei den Wichtigkeitszurechnungen. Nichtsdestoweniger kann das Profil, das die Graphik ausweist, insofern immer noch als exemplarisch angesehen werden als es typische Abweichungen zwischen „Soll" und „Ist" wiedergibt.

Besonders gravierend muß naturgemäß erscheinen, daß in der Graphik die beiden vom Computer errechneten Regressionsgeraden eine nach oben, d. h. in Richtung der intrinsischen Merkmale geöffnete Scherenformation erkennen lassen. Wir konnten diese Formation zwar nicht in allen untersuchten Verwaltungen nachweisen. Nirgends fand sich jedoch die bei „moderner" Handhabung der Aufgaben des human resource management eigentlich erwartbare umgekehrte Formation, die anzeigen würde, daß bei den subjektiv wichtigeren Merkmalen der Abstand zwischen „Soll" und „Ist" geringer ist als bei den unwichtigeren. Daß in der öffentlichen Verwaltung demgegenüber eine Tendenz zur Scherenöffnung gerade bei den intrinsischen Merkmalen besteht, zeigt mit unübersehbarer Dramatik das hier bestehende

---

[14] Vgl. *von Rosenstiel*, S. 230 ff.; *Dulisch*, 1995, 1996.

[15] *Goethe*, Faust I.

Defizit an. Das Ausmaß dieses Defizits erweist einerseits, in welchem Maße in der Verwaltung „ungehobene Schätze" an Mitarbeitermotivation schlummern. Es erweist aber andererseits gleichzeitig auch die Dringlichkeit eines entschlossenen Ergreifens der hier bestehenden Möglichkeiten, denn das Liegenlassen von Motivation bedeutet buchstäblich eine Verschwendung von Ressourcen. Diese muß um so schwerwiegender erscheinen, als es sich um „Humanressourcen" handelt, die nach einem gegenwärtig oft zitierten Slogan („Der Mensch – die wichtigste Ressource!") die allerbedeutsamsten sind, über welche die Verwaltung überhaupt verfügt.

VI. Was steht hinter dem Wunsch nach „leistungsgerechter Bezahlung"?

Es war oben festgestellt worden, daß dem Merkmal „Leistungsgerecht bezahlt" in der Wichtigkeitsrangskala der Mitarbeiter/innen ein „achtbarer" Rangplatz zukommt. Bei Einbeziehung des Soll-Ist-Vergleichs, den die Gegenüberstellung der gewünschten und der tatsächlich erlebten Tätigkeitsmerkmale erlaubt, kann diese Feststellung nur unterstrichen werden, denn der Abstand zwischen dem „Soll" und dem „Ist" der leistungsgerechten Bezahlung erreicht, wie man der obigen Graphik entnehmen kann, vergleichsweise einen Spitzenwert.

In der Tat ist dies ein ausgesprochen typisches Ergebnis, das sich in allen von uns untersuchten Verwaltungsorganisationen regelmäßig einstellte. Mit anderen Worten hat die leistungsgerechte Bezahlung für die Mitarbeiter/innen zwar an und für sich keine herausragende Bedeutung. Auf der anderen Seite wird sie von ihnen aber dennoch sehr schmerzlich vermißt. Der scheinbare Widerspruch klärt sich auf, sobald man an die Herzbergsche Zweifaktorentheorie (vgl. oben) denkt, in welcher die Bezahlung überwiegend als ein „Hygienefaktor" in Erscheinung tritt, dem zwar keine besondere Motivationswirkung, nichtsdestoweniger aber die Kraft zuzurechnen ist, Unzufriedenheit zu erzeugen und damit als *Motivationshemmer* zu wirken.

Der Verbesserung der Leistungsgerechtigkeit der Bezahlung ist von daher - ungeachtet aller Reserven, die vorstehend gegenüber materiellen Anreizen angemeldet wurden - im Rahmen des Human Resource Management eine sehr große und grundsätzliche Bedeutung zuzuschreiben.

In der Tat geht es hier ganz offenbar auch gar nicht so sehr um „materielle Anreize", als vielmehr um die Lösung von *Gerechtigkeitsproblemen* (oder, für den sozialwissenschaftlich gebildeten Fachmann formuliert, von „equity"-Problemen), mit welchen sich zahlreiche Mitarbeiter alltäglich im Entgeltbereich konfrontiert sehen[16].

---

[16] Vgl. hinsichtlich des Problems der „subjektiv empfundenen Gerechtigkeit" z.B. auch *Schedler*, S. 149 ff.

Um welche Probleme es sich dabei handelt, sei anhand der nachfolgenden Liste verdeutlicht, die typische verbale Äußerungen zusammenfaßt, welche befragte Mitarbeiter/innen einer größeren Stadtverwaltung einem Kummerkasten anvertrauten, den wir unserem Fragebogen beigefügt hatten:

> *Was steht hinter den in unseren Behörden weit verbreiteten dringlichen Erwartungen der Bediensteten bezüglich einer „leistungsgerechten Bezahlung"?*
>
> • Keine ausreichende Entsprechung zwischen der am Arbeitsplatz abgeforderten Leistung und der Wertigkeit der Stelle (ggf. in Verbindung mit dem Fehlen einer analytischen Arbeitsplatz bzw. Dienstpostenbewertung);
>
> • Beobachtung unterschiedlicher Stelleneinstufungen bei gleichen Anforderungen, oder gleicher Stelleneinstufungen bei unterschiedlichen Anforderungen;
>
> • Fehlen einer belastungsentsprechenden Stellenzuweisung und/oder einer belastungsausgleichenden Personaleinsatzplanung (Nebeneinander von überbelasteten und unausgelasteten Ämtern);
>
> • unterschiedlich ausfallende Mehrarbeitsbelastung durch Personaleinsparungen im Wege der Wiederbesetzungssperre ohne Reorganisation;
>
> • ungeregelte Umverteilung von Arbeit unter der Hand unter Inkaufnahme von Abweichungen von vorhandenen Stellenbewertungen;
>
> • zu geringe Berücksichtigung von Leistungsgesichtspunkten bei Höhergruppierungen/Beförderungen;
>
> • keine Ausschreibung von Stellen des gehobenen Dienstes für Angestellte;
>
> • *und endlich auch:* Fehlende Berücksichtigung der Leistung/Arbeitsmenge in der Bezahlung (= Wirkungsbereich materieller Anreize!).

Es läßt sich aus der Liste ablesen, daß die mangelnde Gewährleistung direkter Beziehungen zwischen der Menge und der Qualität der erbrachten Leistungen und der Bezahlung zwar ein immer wiederkehrendes Problemthema darstellt, mit denen sich die Mitarbeiter/innen beschäftigen. Es geht hierbei aber nur höchst partiell um die Thematik der „materiellen Anreize", sondern vielmehr um fundamentalere Probleme, welche die offensichtlich in mehrfacher Beziehung „schiefe" Entgeltstruktur in der Verwaltung betreffen.

Wer sich der Frage nach der Motivation der Mitarbeiter/innen mit einer Interessenperspektive nähert, in der Entgeltfragen eine vorrangige Rolle spielen, ist angesichts dieses Ergebnisses aufgefordert, nicht vorrangig an die Frage der Einführung von Leistungsanreizen zu denken, sondern sich zunächst einmal grundlegenden *vorgelagerten* Fragen der Bezahlungsgerechtigkeit zuzuwenden.

Es könnte andernfalls sein, daß bestehende Schieflagen, die von den Mitarbeiter/innen erlebt und erlitten werden, beim Hinzukommen materieller Leistungsanreize noch gesteigert werden und daß somit die subjektiv erlebte Leistungsgerechtigkeit der Bezahlung noch weiter absinkt. Man kann sich recht gut vorstellen, daß zu den Problemnennungen, die in der obigen Liste aufgeführt sind, dann noch die folgende Klage hinzukommt: „Verteilung von Leistungsprämien an einzelne Mitarbeiter/innen, die nicht mehr leisten als andere, die es aber verstehen, ‚Liebling' des Vorgesetzten zu sein".

Ein solches Befragungsergebnis würde einer im Zweifelsfall mit viel gutem Willen eingeleiteten Reform ein „Begräbnis 3. Klasse" verschaffen. Im Interesse aller Beteiligten ist jedoch zu hoffen, daß es diesbezüglich bei einem „Szenario mit Vorwarnfunktion" bleiben wird!

VII. Ausblick: Ableitbare praktische Gestaltungsfolgerungen

Abschließend sollen in stichwortartiger Form eine Reihe von praktischen Gestaltungsfolgerungen angegeben werden, die sich auf der Grundlage der dargestellten Erkenntnisse nahelegen. Für diese Folgerungen werden keine gesonderten Belege mitgeliefert, so daß sie teils „apodiktisch" erscheinen mögen. Auch da, wo sie durch den vorangegangenen Text noch nicht vorbereitet sind, werden sie jedoch geeignet sein, dem Leser die große Reichweite der Entscheidungsprobleme vor Augen zu führen, die sich auf der hier geschaffenen Grundlage behandeln lassen[17]:

- Ansatz der Beantwortung der Frage nach Möglichkeiten der Erhöhung der Leistung des öffentlichen Dienstes bei den ungenutzten Leistungsreserven, die heute auf dem Hintergrund des gesellschaftlichen Wertewandels in Form ungenutzter Selbstentfaltungsbedürfnisse und -bereitschaften bei den Mitarbeiter/innen massenhaft vorhanden sind;

- Ansatz bei dem Grundsatz, daß durch eine Modernisierung der Verwaltung, welche den „Dispositionen" der Mitarbeiter/innen entgegenkommt, indem sie ihren Handlungs- und Verantwortungsspielraum erhöht, automatisch eine starke Motivierung der Bediensteten im Wege der Freisetzung dieser Leistungsreserven ermöglicht wird;

---

[17] Vgl. auch *Helmut Klages*, Schriftliche Stellungnahme im Zusammenhang der Anhörung des Innenausschusses des Deutschen Bundestages zur Modernisierung der öffentlichen Verwaltung am 22. Mai 1996, in: Deutscher Bundestag, 13. Wahlperiode, Innenausschuß, Protokoll Nr. 35, S. 226 ff.; vgl. weiter auch *Jürgen Reichert/Sybille Stöbe/Norbert Wohlfahrt*, Leistungsanreize im öffentlichen Dienst, 1995 (= Graue Reihe – Neue Folge der Hans-Böckler-Stiftung, Band 92); *Schedler*, S. 271 ff.; *Karin Tondorf*, Leistungszulagen als Reforminstrument? Neue Lohnpolitik zwischen Sparzwang und Modernisierung, 1995.

Von hier ausgehend:

- Vorrang immaterieller vor materiellen Leistungsanreizen;
- Fokussierung materieller Anreize auf die Ergänzung und Verstärkung der immateriellen Anreize;
- Forderung nach bedarfsorientierter Fort(und Weiter-)bildung;
- Akzeptierung der Forderungen nach Flexibilisierung der Arbeitszeit, nach einer Ausweitung des Angebots an Teilzeitarbeitsplätzen und nach einer Förderung des Teamwork;
- Verstärkung der Delegation von Funktionen auf die Mitarbeiterebene mit der Zielsetzung einer ausgeweiteten Ressourcen- und Ergebnisverantwortung;
- Forderung nach einer Selbständigkeitsspielräume erschließenden Arbeitsgestaltung
- Integration der Mitarbeiter in Entscheidungsvorbereitungprozesse unter Nutzung der Ansatzpunkte des Kontraktmanagements;
- Förderung der Flexibilität und Mobilität durch Personalentwicklungsplanung und andere Instrumente unter Einbeziehung des Interesses an individueller Entwicklung;
- Bevorzugung des Modells „Führungskräfte auf Zeit" gegenüber dem Modell „Führungskräfte auf Probe";
- Ersetzung der Regelbeurteilung durch das entsprechend ausgestaltete Instrument des Mitarbeitergesprächs mit Zielvereinbarung;
- Sicherstellung eines leistungsfördernden „aktivierenden" (d. h. nicht nur „kooperativen") Führungsstils[18].

---

[18] Vgl. hierzu *Helmut Klages/Thomas Gensicke*, Was heißt erfolgreich führen? – vor dem Erscheinen in: VOP.

Das Führungskolleg Speyer (FKS)

Ein Beitrag zur Personalentwicklung für Führungskräfte der öffentlichen Verwaltung

Von Heinrich Siedentopf

Im Juni 1997 beginnt der IV. Kurs des 1991 errichteten Führungskollegs Speyer (FKS) bei der Hochschule für Verwaltungswissenschaften Speyer mit einem berufsbegleitenden Fortbildungsprogramm von 16 Wochen. Die Fortbildung im FKS soll praxisnahes Führungswissen und Fähigkeiten in dem Management und in der Modernisierung der öffentlichen Verwaltung sowie im Führungsverhalten gegenüber den Mitarbeitern vermitteln. Die Fortbildung im FKS dient der systematischen, professionellen Vorbereitung und Qualifizierung der einzelnen Teilnehmer für die Übertragung von leitenden Positionen in den Ministerien und in den nachgeordneten Behörden der beteiligten Länder. Damit bietet das FKS eine wichtige Grundlage für eine systematische Personalentwicklung in dem öffentlichen Dienst dieser Länder.

Die Praxis und die Erfahrung von drei Kursen seit 1991 mögen noch zu schmal für ein abschließendes Urteil und für eine Prognose der Zukunft des FKS sein. Die Einrichtung vergleichbarer Kurse in einigen Ländern ist aber bereits ein Indiz dafür, daß das Konzept berufsbegleitender Führungskräftefortbildung in der öffentlichen Verwaltung nach einigen vergeblichen Anläufen auf der Bundes- und der Länderebene zu überzeugen und zu greifen scheint. Die Besonderheiten des FKS bestehen in der länderübergreifenden, fachübergreifenden Zusammensetzung der Teilnehmergruppen sowie in der inhaltlichen und sachlichen Verantwortung eines Wissenschaftlers der Hochschule für Verwaltungswissenschaften Speyer für jeden dieser Kurse.

Für die Hochschule für Verwaltungswissenschaften Speyer ist das FKS die derzeit letzte Entwicklungsstufe ihrer Fortbildungsaufgaben, die die Hochschule Speyer seit ihrer Gründung im Jahre 1947 wahrgenommen hat. Neu sind für die Hochschule Speyer insbesondere die Form der Angliederung des FKS sowie die intensive Mitwirkung der beteiligten Länder und Behörden in dem Ständigen Arbeitskreis des FKS. Dieses aber rechtfertigt sich aus der Funktion der Personalentwicklung dieses besonderen Typs berufsbegleitender Führungsfortbildung, die bereits in der Auswahl, später in der weiteren Verwendung der Teilnehmer der FKS-Kurse berücksichtigt werden muß.

Eine zeit-, arbeits- und mittelintensive Fortbildung von Führungskräften bedarf in Zeiten knapper öffentlicher Ressourcen und tiefer Einschnitte in die öffentlichen Haushalte einer öffentlichen, begründeten und wiederholten Rechtfertigung. Der Wissenschaftliche Beauftragte des I. und IV. FKS-Kurses mag dafür nicht neutral genug erscheinen. Das FKS hat jedoch – schon in seiner Vorbereitungsphase – seine Konzeption, die curricularen Elemente und deren Umsetzun in den verschiedenen Kursen mehrfach öffentlich dargelegt.[1] Das FKS ist von den Teilnehmern und außenstehenden Wissenschaftlern wiederholt dargestellt und bewertet worden.[2] Das FKS ist schließlich Gegenstand einer vergleichenden, verwaltungswissenschaftlichen Untersuchung geworden.[3] Die Landschaft der Fortbildungseinrichtungen und -programme ist – nicht nur wegen der knappen Ressourcen, sondern auch wegen des allgemeinen Modernisierungsdrucks auf die öffentliche Verwaltung – in Bewegung geraten. In dieser Situation erscheint es gerechtfertigt, daß aus der Sicht des ersten Wissenschaftlichen Beauftragten das bisherige Konzept und die bisherigen Erfahrungen des FKS festgehalten werden. Dieses erscheint auch deshalb gerechtfertigt, weil vergleichbare, aber auch unterschiedliche Einrichtungen und Programme – unter demselben Begriff – in der Fortbildungslandschaft für den öffentlichen Dienst erscheinen.

I. Ausbildungs- und Fortbildungsauftrag der Hochschule Speyer

Bei einem Blick zurück in die 50jährige Geschichte der Hochschule für Verwaltungswissenschaften Speyer steht oft die im Jahre 1947 neue Ausbildungsfunktion im Vordergrund. Die Reform der Ausbildung für die öffentliche Verwaltung war auch das Ziel der französischen Militärverwaltung, als sie für den südwestlichen Teil Deutschlands ein neues Konzept für die Ausbildung des höheren Verwaltungsdienstes und damit eine Reform des öffentlichen Dienstes anstrebte. Im wesentlichen an dem Modell der 1945 gegründeten Ecole Nationale d'Administration (ENA) orientiert, sah dieses Modell insbesondere folgende Elemente vor:

– eine Öffnung zugunsten von Bewerbern verschiedener Fachgruppen mit abgeschlossenem Studium – aber erst nach Bestehen einer Aufnahmeprüfung,
– die Zulassung besonders befähigter Beamter des gehobenen Dienstes und

---

[1] *Heinrich Siedentopf*, I. FKS (1991/93) – Konzept und Umsetzung, Speyer 1993.

[2] *Otmar Mick* und *Bernd Hufenreuter*, Das FKS, in: DÖV 1992, S. 1052 ff.; *Horst Hanke* und *Franz Prast*, Fortbildung für leitende Führungskräfte der Verwaltung, in: DÖV 1996, S. 199 ff.; *Gabriele Fröhlich*, Das Projekt FKS, in: Grundlagen der Weiterbildung, November 1995, S. 1 ff.

[3] *Ralf Göck*, Führungskräftefortbildung, Konzept und Umsetzung am Beispiel der Führungsakademie des Landes Baden-Württemberg und des Führungskollegs Speyer, Baden-Baden 1993 und Kurzfassung in: Verwaltung und Fortbildung 1995, S. 181 ff.; *Klaus König*, Das Speyerer Führungskolleg – Integration von Fortbildung und Arbeit, in: Verwaltung und Fortbildung 1993, S. 133 ff.

– die Verpflichtung, nach bestandener Abschlußprüfung mindestens fünf Jahre lang in der öffentlichen Verwaltung tätig zu bleiben.

Dies war ein bewußt gewollter Bruch mit der deutschen Beamtentradition, ein Teil der „déprussianisation administrative et culturelle". Dieser Bruch bestand in der Abkehr von der einheitlichen, justizrechtlichen Ausbildung, in der gewollten Durchlässigkeit zwischen den Laufbahnen, in der Vergabe des Ausbildungsmonopols für den höheren Dienst an eine eigene Institution und schließlich in der Stellengarantie nach bestandenem Abschlußexamen. In allem schimmern die Bausteine des Modells der ENA durch. Dieses Modell hat sich schließlich aber gegenüber spezifisch deutschen Strukturen nicht durchsetzen können, wie sich an dem Wandel der Bezeichnung von der „Höheren Verwaltungsakademie" über die „Staatliche Akademie für Verwaltungswissenschaften" bis schließlich zur „Hochschule für Verwaltungswissenschaften" nachweisen läßt.[4]

Im Ausbildungsbereich ist die Hochschule Speyer nach wie vor die einzige post-universitäre wissenschaftliche Hochschule in Deutschland. Sie ist nach wie vor stark mit dem juristischen Vorbereitungsdienst für das zweite Staatsexamen verknüpft. Sie hat nicht die nahezu monopolhafte Ausbildungsfunktion für Führungspositionen in der öffentlichen Verwaltung wie die ENA in Frankreich. Die Versuche, der Hochschule Speyer im Bereich des verwaltungswissenschaftlichen Aufbaustudiums eine solche Aufgabe und Funktion einzuräumen, sind angesichts der ganz andersartigen Ausgangsbedingungen für den öffentlichen Dienst in Bund, Ländern und Gemeinden Deutschlands im Ergebnis nicht erfolgreich gewesen.[5]

Dennoch ist es auch heute noch reizvoll, einen vergleichenden Blick auf die Rolle der ENA und der Hochschule Speyer im Bereich der Ausbildung, Rekrutierung und Fortbildung von Führungskräften für die öffentliche Verwaltung zu werfen,[6] nicht zuletzt deshalb, weil beide Institutionen einen Weg von 50 Jahren seit ihrer Gründung zurückgelegt haben, und weil durch den Transfer der ENA von Paris nach Straßburg auch die persönlichen und fachlichen Kontakte zwischen beiden Einrichtungen sich in den letzten Jahren erheblich intensiviert haben. Dennoch bleiben die Unterschiede in allen drei genannten Bereichen wesentlich. Sie können hier nur in Umrissen skizziert werden:[7]

– auf der Seite der ENA der nahezu monopolhafte Auftrag der post-universitären, praxisnahen, anwendungsbezogenen Führungsausbildung mit einer Garantie einer Führungsposition im öffentlichen Dienst für jeden Absolventen nach dem Endclassement am Ende einer Ausbildung, die im wesentlichen durch Praxisauf-

---

[4] *Rudolf Morsey*, 40 Jahre Hochschule für Verwaltungswissenschaften Speyer (1947-1987), in: DÖV 1987, S. 609 ff.

[5] *Helmut Coing*, Ausbildung von Elitebeamten in Frankreich und Großbritannien, Köln 1983.

[6] *Heinrich Siedentopf*, Vergleichende Anmerkungen zur Ausbildung des Führungsnachwuchses der Verwaltung – Esprit de corps und esprit de service, in: DÖV 1984, S. 529 ff.

[7] *Jean-François Kesler*, L'ENA, la société, l'Etat, Paris 1985.

enthalte und die Konfrontation mit praktischen Verwaltungsproblemen geprägt ist; eine berufsbegleitende Fortbildung der Absolventen der ENA findet später praktisch nicht statt,

– auf der Seite der Hochschule Speyer eine post-universitäre, wissenschaftlich begründete und zugleich praxisnahe Ausbildung in der kurzen Zeit eines dreimonatigen Semesters (im Aufbaustudium zwei Semester plus Praxisaufenthalt) bei gleichzeitiger Vorbereitung auf das zweite juristische Staatsexamen, nach dessen Bestehen erst sich der ehemalige Speyer-Hörer für sein endgültiges juristisches Berufsfeld zu entscheiden hat.

Die deutsche Juristenausbildung hat sich – trotz permanenter, kontroverser Diskussionen in den letzten 30 Jahren – gegenüber tiefgreifenden Veränderungen als weitgehend resistent erwiesen. Die regelmäßigen Verkürzungen oder Verlängerungen sind keine inhaltlichen Veränderungen. Deshalb ist ein Vergleich des Ausbildungskonzepts der ENA und der Hochschule Speyer zwar reizvoll, aber relativ ergebnislos.

II. Entwicklung der Fortbildung an der Hochschule Speyer

Hinter der Kontinuität des Ausbildungsauftrages der Hochschule Speyer für die Rechtsreferendare sind die Veränderungen des Fortbildungsauftrages in den bisherigen 50 Jahren kaum sichtbar geworden, obwohl sie zweifellos stattgefunden haben und mit dem FKS bei der Hochschule Speyer noch nicht zum Abschluß gekommen sind. Im Rückblick fällt auf, daß die Hochschule von Anfang an einen Fortbildungsauftrag hatte und daß die Entwicklungen im Fortbildungsbereich immer erst nach einer intensiven Diskussion mit den Ländern und nach langwierigen internen und externen Auseinandersetzungen um die Konzeption stattgefunden haben. Zu Recht wird die Fortbildung als das zweite Standbein der Hochschule Speyer bezeichnet. Die Fortbildung begann bereits im Juli 1947 mit einem vierwöchigen Kurs für Angehörige der Arbeitsverwaltung, der Kommunalverwaltung und der allgemeinen Verwaltung. Aus diesem frühen Stadium entwickelten sich die jährlichen „Staatswissenschaftlichen Fortbildungstagungen" im Frühjahr, die viele Jahre unter der wissenschaftlichen Leitung von *Erich Becker* standen. Diese Fortbildungstagungen wurden zu einem Markenzeichen der Hochschule Speyer und erfreuten sich einer bleibenden Resonanz bei relativ offenen und breiten Themen, mit wissenschaftlichem Anspruch und praktischer Relevanz. Für diese Tagungen gilt auch eine Charakterisierung, die *Franz Knöpfle* nach den ersten 25 Jahren ihres Bestehens gefunden hat:[8] diese Tagungen „ermöglichen auf einem bestimmten Teilgebiet eine fachspezifische Weiterbildung, sei es, daß vorhandene Kenntnisse auf den neuesten Stand gebracht, sei es, daß neues Wissen und neue Techniken für

---

[8] *Franz Knöpfle*, 25 Jahre Hochschule für Verwaltungswissenschaften Speyer, in: Demokratie und Verwaltung, Berlin 1972, S. 11 ff.

bestimmte Verwaltungsfunktionen vermittelt und offene Fragen zur Diskussion gestellt werden. Bei der Auswahl der Tagungsthemen wurde darauf geachtet, daß sie darstellungs- und diskussionsbedürftig sind und einen unmittelbaren Bezug zur Praxis haben." Diese Staatswissenschaftlichen Fortbildungstagungen, nicht wenige von ihnen mit mehreren hundert Teilnehmern, sind zu einer Plattform der Begegnung und Diskussion zwischen Wissenschaft und Praxis und zwischen Angehörigen der öffentlichen Verwaltung des Bundes, der Länder und der Kommunen geworden. Diese offene Fortbildung unterscheidet sich allerdings erheblich von der mehrstufigen, systematischen und berufsbegleitenden Fortbildung, die die Hochschule Speyer Anfang der 70er Jahre in Zusammenarbeit mit den Ländern entwickelt hat.

III. Berufsbegleitende Fortbildung

Das Ende der 60er Jahre war günstig für die Entwicklung der berufsbegleitenden Fortbildung. Bereits im Juli 1965 hatte der Präsident des Bundesrechnungshofes als Beauftragter für die Wirtschaftlichkeit in der Verwaltung in einem Gutachten eine systematische Ausbildung von Führungskräften der öffentlichen Verwaltung als dringend notwendig bezeichnet. In demselben Jahr erwog die Konferenz der Innenminister der Länder, eine Akademie für Führungskräfte der Verwaltung zu errichten. Die Hochschule Speyer favorisierte dagegen zu diesem Zeitpunkt eher eine Intensivierung und Verlängerung der Referendarstation in Speyer auf zwei Semester. Schließlich einigten sich im Herbst 1968 die Länder auf eine systematische Fortbildung der in den Verwaltungsdienst eintretenden höheren Beamten nach einem gemeinsamen Rahmenplan. In diesen Kontext gehört auch die Gründung der Bundesakademie für öffentliche Verwaltung im August 1969.

Ebenfalls im Jahre 1969 legte im Auftrage des Senats der Hochschule Speyer *Roman Schnur* ein zweistufiges Konzept der berufsbegleitenden Fortbildung für Beamte des höheren Dienstes vor. Dieses Konzept unterscheidet zwischen der Eingangsfortbildung und der Fortbildung für die mittleren Führungskräfte. Aus diesem Konzept entstanden die von *Carl Böhret* über mehrere Jahre geleiteten und sehr erfolgreichen Speyerer Eingangsseminare (SpES-Veranstaltungen), die insbesondere für die Eingangsstufe des höheren Dienstes in der Landesverwaltung Rheinland-Pfalz konzipiert waren. Demgegenüber richteten sich die vierteiligen Führungsseminare an Beamte der mittleren Führungsebene mit mehrjähriger Berufserfahrung, insbesondere in der allgemeinen inneren Verwaltung. Diese Führungsseminare umfaßten zunächst vier, später drei Teile von jeweils einer Woche und zu folgenden, noch heute geltenden Rahmenthemen:

I. Entwicklungsperspektiven der öffentlichen Verwaltung,

II. Binnenstrukturen der öffentlichen Verwaltung,

III. Finanzen und Wirtschaft.

Diese Rahmenthemen waren weit genug gezogen, um einerseits eine Reaktion auf die sich ständig verändernde Verwaltungsrealität zu ermöglichen und andererseits konkret genug, um jeweils aktuelle, praxisnahe Verwaltungsthemen einzubeziehen. Die mit den Ländern abgesprochene Fortbildungskonzeption für die mittleren Führungskräfte konnte davon ausgehen, daß das standardisierte Rahmenprogramm den Fortbildungsbedarf dieser Personengruppe in vier bzw. drei Wochen abdecken konnte. Nahezu 20 Jahre war dies der Rahmen für die Führungskräftefortbildung an der Hochschule Speyer. Heute übernehmen die Länder einen Teil dieser berufsbegleitenden Fortbildung in eigener Regie, während die Hochschule Speyer sich auf Gebiete konzentriert, in denen sie selbst in Forschungsprojekten vorbereitende Arbeit geleistet hat. Unter dem breiten Thema der Verwaltungsmodernisierung hat die berufsbegleitende Fortbildung so viel an Innovation und Umgestaltung vorzubereiten, einzuleiten und zu begleiten, daß diese Aufgabe nur im Wege einer koordinierten Arbeitsteilung zwischen der Hochschule Speyer und den Ländern geleistet werden kann.

IV. Personalentwicklung für Führungskräfte

Ein qualitativer Sprung erfolgte gegenüber diesem traditionellen Konzept der Führungsseminare in der zweiten Hälfte der 80er Jahre. 1985 machte das Gutachten „Neue Führungsstrukturen Baden-Württemberg" den scheinbar lapidaren, tatsächlich jedoch weitreichenden Vorschlag: „Für den Führungsnachwuchs der Landesverwaltung soll eine Schule eingerichtet werden". Grundlage für diesen Vorschlag war, daß die Wirtschaft im Vergleich zur Verwaltung wesentlich mehr für ihren Führungsnachwuchs tut und in vielen Fällen auch eine sehr viel konsequentere Personalplanung, Personalverwendung und Personalentwicklung durchführt. Das Ergebnis dieses Vorschlages war die Errichtung der Führungsakademie des Landes Baden-Württemberg in Karlsruhe mit folgenden wesentlichen Bausteinen:[9]

- ein objektives Auswahlverfahren unter Beteiligung aller Ministerien,

- ein 15monatiges Ausbildungsprogramm mit Praktika in Wirtschaft und im Ausland,

- eine intensive Vorbereitung auf künftige Führungsaufgaben unter kontinuierlicher Leistungsbewertung,

- die Anbindung der Führungsakademie als ressortübergreifende Fortbildungsstätte an das Staatsministerium.

---

[9] Einen Überblick über die verschiedenen Modelle gibt *Harald Walther*, Konzepte der Führungskräfteentwicklung in der öffentlichen Verwaltung, in: VerwArchiv 1991, S. 54 ff.; *Rüdiger Klimecki* und *Wolfgang Habelt*, Führungskräfteentwicklung in öffentlichen Verwaltungen, in: Verwaltung und Fortbildung 1993, S. 55 ff. zum Vergleich Deutschland-USA.

Die intensive und qualifizierte Fortbildung verfolgt die Ziele, ausgewählte Beamte des höheren Dienstes als Führungsnachwuchs frühzeitig zu identifizieren und zu qualifizieren, ein Stück Karriereplanung und Personalentwicklung in der öffentlichen Verwaltung einzuführen und über die zurückkehrenden Beamten Reformpotential in die Verwaltung hineinzutragen. Die Teilnehmer des jeweiligen Kurses werden aus ihren bisherigen Dienststellen beurlaubt und auf den 20 Stellen der Führungsakademie, die beim Staatsministerium ressortiert, geführt. Damit ist vor allem die Absicht verbunden, die Absolventen je nach Abschneiden in der Führungsakademie durch Vermittlung der Personalabteilung des Staatsministeriums nach den 15 Monaten an anderer Stelle einzusetzen. Dieses hat in der bisherigen Praxis zu beachtlichen Ressortwechseln geführt, auch weil Ressortneubildungen zu Beginn der Tätigkeit der Führungsakademie dieses begünstigten. Inhaltlich, programmatisch, aber auch vom Aufwand her ist dieses Karlsruher-Modell beeindruckend. In Zeiten knapper Ressourcen zieht ein solches Modell notwendigerweise kritische Bewertungen auf sich. Die Teilnehmer eines solchen Programms stellen verständlicherweise Erwartungen an ihre zukünftige Verwendung und ihren Einsatz, insbesondere wenn er mit einem Ressortwechsel verbunden ist.

Nahezu 20 Jahre vorher hatte der Freistaat Bayern mit weniger öffentlicher Aufmerksamkeit die Lehrgänge für Verwaltungsführung eingerichtet. Der erste Lehrgang begann am 4. Juni 1968, nachdem der Ministerrat am 31. 07. 1967 „die Einrichtung der Fortbildungslehrgänge für qualifizierte Nachwuchskräfte des höheren Dienstes für den Ministerialdienst und für sonstige Spitzenfunktionen in der öffentlichen Verwaltung" beschlossen und die Bayerische Staatskanzlei mit der Durchführung dieser Lehrgänge beauftragt hatte. Diese Lehrgänge von insgesamt 14 Monaten setzen gleichfalls voraus, daß der Teilnehmer aus seiner bisherigen Verwendung entbunden wird. In beiden Fällen handelt es sich um Führungsfortbildung im Wege des *training off the job*.

Diese beiden Modelle haben auch die ersten Überlegungen zur Bildung des FKS und die Diskussionen darüber zwischen der Landesregierung Rheinland-Pfalz und der Hochschule Speyer geprägt. Die erste Idee war die einer parallelen Institution für das Land Rheinland-Pfalz. Die Existenz der Hochschule Speyer im Land Rheinland-Pfalz führte jedoch schon bald zu einer neuen Überlegung, nämlich zu der berufsbegleitenden Fortbildung mit Wechsel zwischen Tätigkeiten auf dem Dienstposten und kurzzeitigen Fortbildungsseminaren in Speyer sowie zu der Chance einer länderübergreifenden Führungskräftefortbildung. Damit sind die entscheidenden Unterschiede des FKS zu den bisher genannten beiden Modellen bereits angegeben. Der Errichtung des FKS ging ein intensiver Erfahrungsaustausch mit den bestehenden Einrichtungen der Führungskräftefortbildung sowohl im Inland als auch im Ausland und in der Privatwirtschaft voraus. Dieser Erfahrungsaustausch und die konzeptionelle Vorarbeit bezog sich nicht nur auf die organisatorischen Aspekte (Selbständigkeit und Steuerungsfähigkeit, Anbindung an die Hochschule und an das Land Rheinland-Pfalz, personelle und finanzielle Ausstattung, Zielgruppe, Auswahlsystem, Dauer und Bewertung), sondern vor allem auch auf die inhaltlichen Aspekte. Die Vorbereitungsarbeit kulminierte in einer Veranstaltung, die die Hochschule für Verwaltungswissenschaften Speyer mit der Deutschen Sektion des Internationalen Instituts für Verwaltungswissenschaften im Frühjahr 1988 unter der wissenschaftlichen Verantwortung des Verfassers durchführte.[10] Daraus sind wesentliche Anstöße für die endgültige Gestalt des FKS gewonnen worden.

V. Führungskräfte im öffentlichen Dienst – ein Begriff macht Karriere

Die Hochschule Speyer sollte 1947 ein Baustein für die Reform des öffentlichen Dienstes sein. Die Ansprüche der Führungsakademie des Landes Baden-Württemberg gingen nicht ganz so weit. Bereits jeder Aus- und Fortbildungskonzeption von einiger Reichweite stellen sich das grundsätzliche Beharrungsvermögen der Verwaltung und das Partikularinteresse einzelner Verwaltungsbereiche entgegen. Trotz objektiver Schwierigkeiten und der Widerstände gegen eine grundlegende Reform der öffentlichen Dienste in den europäischen Staaten gibt es auf diesem Gebiet immer wieder eindrucksvolle Konzepte, Vorschläge und Kommissionsberichte. Dabei fällt auf, daß solche Anstrengungen periodisch in Zeitzyklen gemacht werden, etwa in den 70er Jahren, und daß dabei auch im europäischen Rahmen von den Ansätzen in den Nachbarstaaten anregend für die eigenen Pläne Kenntnis genommen wird. Während jedoch in den 70er Jahren tiefgreifende, flächendeckende Vorstellungen, z. B. in Deutschland 1972 von der Studienkommission zur Reform des öffentlichen Dienstrechts, entwickelt wurden, aber letztlich als Gesamtkonzept nicht umgesetzt werden konnten, scheint in den 90er Jahren die begrenzte Veränderung innerhalb der bestehenden Strukturen und ohne Angriff auf die Prinzipien vorzuherrschen. Die Modernisierung der öffentlichen Verwaltung besteht nicht mehr primär in einer Änderung des geltenden Rechts, sondern in einer Änderung des Verhaltens und des Handelns innerhalb der Verwaltung. Dies gilt insbesondere für die Führung in der öffentlichen Verwaltung, für das Verhalten und das Handeln der Führungskräfte.[11]

Führungsfähigkeiten sind vermittelbar durch die Aus- und Fortbildung und durch einen gezielten, vorbereitenden Einsatz der zukünftigen Führungskräfte. Dies ist eine Abkehr von der Meinung, daß Führungsfähigkeiten sich im wesentlichen aus der Intuition ergeben und nur in einem aufwendigen Wechselspiel von Versuch und Irrtum in der praktischen Erfahrung erlernbar seien.

Führungsfähigkeiten erschöpfen sich allerdings auch nicht in dem technisch sicheren Einsatz von einzelnen Motivations- und Entscheidungsinstrumenten. Füh-

---

[10] *Heinrich Siedentopf*, Hrsg., Führungskräfte in der öffentlichen Verwaltung, Baden-Baden 1989.

[11] *Eberhard Laux*, Führungskräfte des öffentlichen Dienstes in den 90er Jahren – Mangelware?, Bonn 1990; *Günter Hartkopf*, Anforderungen an Führungskräfte in der öffentlichen Verwaltung, in: Verwaltung und Fortbildung 1982, S. 191 ff.

rungsfähigkeit schließt eine hinter jeder Berufsausübung stehende Wertehaltung ein, eine Auseinandersetzung mit dem Berufsethos des öffentlichen Bediensteten, mit seiner Stellung gegenüber Staat, Gesellschaft und Bürgern. Während die Unternehmensführung sich diese Kategorien der Wertehaltung und des unternehmerischen Berufsethos erst allmählich in Leitbildern erschlossen hat, kann der öffentliche Dienst in diesem Punkte auf eine traditionsreiche Vergangenheit, aber auch kontroverse Diskussion verweisen.

Führungsfähigkeiten werden bisher weder durch ein akademisches Studium noch durch eine praktische Ausbildung gezielt und systematisch vermittelt.

In einigen kontinentaleuropäischen Ländern, in denen Juristen als Generalisten in der öffentlichen Verwaltung eingesetzt sind und tatsächlich einen erheblichen Anteil der Führungspositionen besetzen, erfolgt dies nicht auf Grund verwaltungsbezogener Ausbildung und Auswahl, sondern teilweise auf Grund traditioneller Rekrutierungsmuster. Die Steuerung staatlichen Handelns durch Rechtsvorschriften, die „Verwaltungskultur" in einigen Ländern sowie die Fähigkeit zu systematischem Denken und faktenorientiertem Entscheiden werden zur Begründung herangezogen. Dies ist jedoch eher eine tatsächliche Entwicklung als eine gesteuerte und systematisch vorbereitete Besetzungspolitik. Die Anforderung an die Führungskräfte der heutigen Verwaltung gehen über die in einer akademischen Disziplin vermittelten Fähigkeiten hinaus. Deshalb bedarf es einer systematischen und spezifischen Aus- und Fortbildung der zukünftigen Führungskräfte.[12]

Das Konzept einer Ausbildung zur Führungsfähigkeit kann sich vergleichend an praktischen Beispielen und Erfahrungen aus der Wirtschaft und anderen Großorganisationen sowie an den öffentlichen Diensten anderer Länder sowie internationaler Organisationen orientieren. Die OECD, Technical Co-Operation Secretariat, hat 1989 unter dem Thema „Management Development for the Higher Civil Service" einen internationalen Erfahrungsaustausch auf dem Gebiet der Aus- und Fortbildung und des Einsatzes der Führungskräfte der Ministerialverwaltung begonnen und in den weiteren Zusammenhang der Modernisierung der öffentlichen Verwaltung gestellt. Bei aller Unterschiedlichkeit der jeweiligen nationalen Verwaltungsstrukturen und -traditionen der Mitgliedstaaten hat sich dabei das gemeinsame Bild gezeigt, daß nach den Phasen der institutionellen sowie der verfahrensmäßigen und technologischen Verwaltungsreform sich das Interesse in den Staaten auf das Personal und insbesondere auf die Führungskräfte konzentriert. Nicht die Anwendung mechanistischer Managementmodelle und -instrumente ist entscheidend, sondern die Entwicklung und Umsetzung eines Lernmodells, das die persönliche Initiative und die individuellen Fähigkeiten entwickelt, das Führungsfähigkeit und Leistungsorientierung, Selbstvertrauen und Identifikation mit den Aufgaben und Zielen der Organisation hervorbringt. Diese Ausgangsüberlegungen zum FKS-Konzept sind weiter konkretisiert worden.

---

[12] *Heinrich Siedentopf*, Führung – zur Neuorientierung eines Begriffs –, in: Jahrbuch zur Staats- und Verwaltungswissenschaft 1988, S. 149 ff.

Die professionellen Qualifikationen für Führungskräfte, die mit der Aus- und Fortbildung zur Führungsfähigkeit und mit dem entwicklungsorientierten Einsatz vermittelt und erworben werden sollen, lassen sich entsprechend der Unterscheidung einer „Führung nach außen" und einer „Führung nach innen" u. a. folgendermaßen benennen:

- *„Führung nach außen"*
- die politische Leitung zu beraten und Zukunftsprogramme zu entwickeln,
- den gesellschaftlichen, ökonomischen und technologischen Wandel zu erkennen und in den Programmen zu berücksichtigen,
- mit den politischen und gesellschaftlichen Gruppen umzugehen,
- auf externe, neuartige Situationen kurzfristig und problemadäquat zu reagieren,
- *„Führung nach innen"*
- die Mitarbeiter verantwortlich zu führen sowie ihre Leistungsfähigkeit und Leistungsbereitschaft durch Motivation, Delegation und Ermutigung zu steigern,
- die Organisation zu steuern und ihre Lernfähigkeit zu erhöhen,
- die Kommunikation und Koordination innerhalb der eigenen Zentralstelle sowie mit anderen Zentralstellen und nachgeordneten Behörden aufrechtzuerhalten und zu entwickeln,
- die Identität als Führungskraft und das eigene Führungspotential ständig weiter zu entwickeln.

Diese Qualifikationen sind als Lernziele der Führungsaus- und -fortbildung zu verstehen, die die Personalentwicklung der Führungskräfte bestimmen. Diese Lernziele bedürfen einer Umsetzung in speziellen Kursen sowie am Arbeitsplatz.

VI. Führungskolleg Speyer (FKS) – Konzept und Umsetzung

Die Hochschule für Verwaltungswissenschaften Speyer hat 1991, zusammen mit den Ländern Rheinland-Pfalz, Niedersachsen, Saarland und Schleswig-Holstein, das Führungskolleg Speyer (FKS) errichtet, um für ausgewählte Ministerialbeamte aus diesen Ländern eine professionelle Qualifizierung für die Übernahme leitender Führungspositionen in Ministerien und nachgeordneten Behörden nach dem Grundmodell des *training on the job* anzubieten. Der Besuch des FKS ist ein wichtiger Bestandteil der Personalentwicklungskonzepte der beteiligten Länder: Wer das FKS erfolgreich absolviert hat, hat eine gestiegene Chance auf eine Spitzenposition in der staatlichen Verwaltung.

Zielgruppe des FKS sind grundsätzlich nur solche Mitarbeiterinnen und Mitarbeiter, die nach ihrer Vorbildung und bisherigen Bewährung in der Praxis für höhere Führungspositionen in der Verwaltung geeignet erscheinen. So sollten durch einen Bewerber für das FKS folgende Voraussetzungen erfüllt werden: überdurchschnittliche Leistung in verschiedenen Funktionen, in der Regel überdurchschnittliche Prüfungsergebnisse, geeignete Vorkenntnisse aus vorgelagerten Fortbildungsmaßnahmen, seit mindestens sieben Jahren in der Verwaltung tätig sein und bereits eine mittlere Führungsposition innehaben. An einem Kurs des FKS nehmen insgesamt zwanzig bewährte Beamte des höheren Dienstes teil. Auf der Grundlage von Selbstbewerbungen und Vorschlägen der Ministerien finden in den beteiligten Bundesländern landesspezifische Auswahlverfahren statt. So wurde beispielsweise in Rheinland-Pfalz ein „Assessment Centre" durchgeführt, bei dem eine Auswahl aus einem Kreis von 20 Kandidaten für die 10 Teilnehmerplätze des Landes im I. FKS erfolgte. Es erstreckte sich über die Dauer von zwei Tagen und setzte sich aus aufeinander aufbauenden Einzel- und Gruppenübungen sowie einer Präsentationsaufgabe und individuellen Orientierungsgesprächen zusammen.

Kennzeichnend für das FKS ist, daß seine Teilnehmer an ihrem Arbeitsplatz verbleiben und nur für die Dauer der jeweiligen Kurswoche freigestellt sind. Diese arbeitsplatzbezogene Fortbildung erfolgt planmäß in Kursabschnitten von zusammen 16 Wochen Dauer, verteilt über einen gesamten Zeitraum von 30 Monaten. Jeder Kursabschnitt gliedert sich in getrennte, einwöchige Kursteile. Ein individuelles Wirtschafts- und Auslandspraktikum soll sich an den Kurs anschließen. Ein dreitägiger Gedankenaustausch beendet nach drei Jahren den Fortbildungszyklus. In den erfahrungs- und berufsbegleitenden Kursen sollen Schlüsselqualifikationen für höhere Führungsaufgaben nach innen, in und mit Gremien und nach außen, insbesondere die Kompetenzen für den Umgang mit Politik und Gesellschaft sowie inhaltsbezogenes Orientierungswissen erworben werden.

Die Lerninhalte werden über vier verschiedene Formen der Vermittlung angeboten. So bietet der Basiskurs neues Wissen auf zentralen Gebieten des Verwaltungsmanagements an. Projektkurse dienen der Analyse aktueller verwaltungspolitischer Fragen in Fallstudien, Planspielen, Podiumsdiskussionen und Expertenrunden. In Übungen wird die praktische Anwendung von Führungsinstrumenten und Verhaltenstechniken ermöglicht. Sonderveranstaltungen (u. a. Begegnungen mit Führungskräften aus Politik und Wirtschaft) bereichern schließlich das Lernangebot um Kolloquien, Streitgespräche, sog. „Kamingespräche" sowie Vor-Ort-Recherchen durch Besuche und Gespräche in den Regierungen der beteiligten Länder, in den Nachbarländern sowie in den Organen der Europäischen Union.

Hierbei orientiert sich das Programm an jeweils aktuellen Inhalten. Aus der Sicht und den Erfahrungen des Führungsalltages werden im aktiven Dialog mit den Teilnehmern verschiedene Themenfelder entsprechend den augenblicklichen Bedürfnissen behandelt:

Themenfelder des FKS

– Führung und Motivation;

– Umgang mit den Medien;

– Neue Organisations- und Handlungsformen der Verwaltung;

– Öffentliche Finanzen als Führungsinstrument;

– Politikberatung und Politikdurchführung;

– Europäisierung und Internationalisierung von Politik und Verwaltung;

– Regierungswechsel: Herausforderung an den höheren Verwaltungsdienst;

– Konzept und Einführung von Verwaltungsmanagement;

– Personalentwicklung als Führungsaufgabe;

– Gesetzgebung und Gesetzesvollzug;

– Präsentationstechniken;

– Selbstmanagement – Zeitmanagement und Streßbewältigung.

Der aktive Dialog mit den Teilnehmern setzt voraus, daß sie den Kurs nicht nur rezeptiv absolvieren, sondern selbst gestaltend und orientierend auf die Inhalte einwirken, ihre eigene professionelle Qualität und Erfahrung einbringen und gemeinsam mit den anderen Teilnehmern ihre berufliche Praxis und Zukunft reflektieren. Am Ende einer jeden Kurswoche äußern sich die Teilnehmer in einem offenen Auswertungsgespräch zu dem bisherigen Ertrag und zu der Planung der nächsten Kurswoche. Für den regen Austausch zwischen praktischen Erfahrungen und wissenschaftlichen Erkenntnissen steht auch das Reservoir an Dozenten / Moderatoren. Hierfür stehen Referenten aus der Ministerialverwaltung, dem Wirtschafts- und Verbandsbereich, der Politik, den Medien und aus der Wissenschaft, insbesondere von der Hochschule für Verwaltungswissenschaften zur Verfügung.

Inzwischen ist bereits das dritte Programm des FKS nahezu abgeschlossen. An ihm nahmen 20 Bedienstete aus den Bundesländern Rheinland-Pfalz, Saarland, Schleswig-Holstein und Niedersachsen teil. Hessen beteiligte sich ab dem III. FKS, obwohl es inzwischen ein eigenes Führungskolleg Hessen (FKH) errichtet hat. Als erstes der östlichen Länder ist Mecklenburg-Vorpommern seit dem IV. FKS vertreten.

Der Altersdurchschnitt der Kursteilnehmer liegt unter 40 Jahre. Ihre derzeitige Verwendung ist in der Regel Referent oder Referatsleiter in den Ministerien oder eine entsprechende Funktion in der staatlichen Mittelinstanz. Die ersten Erfahrungen zeigen, daß Konzeption, Organisation und Inhalt des Führungskollegs, die Ansprüche, die heute an die Fortbildung von Führungskräften in der Landesverwaltung zu stellen sind, erfüllen.

Der ständige Wechsel zwischen den Kurswochen des Führungskollegs Speyer und den fortlaufenden Dienstgeschäften auf dem Dienstposten während der 30 Monate des Kurses ist zwar eine erhebliche, doppelte Belastung, trägt aber zur Praxisnähe des Führungskollegs Speyer bei. Die dienstliche Praxis der Teilnehmer wird in den Kurswochen reflektiert, die Inhalte der Kurswochen wirken auf die Praxis der Teilnehmer ein. Bewährt hat sich daher die Verteilung auf einzelne Kurswochen innerhalb eines überschaubaren Zeitraums ohne längere Aufgabe des Arbeitsplatzes. Die mit dieser Konstruktion einhergehenden Probleme erscheinen lösbar. Die Mitgestaltung durch die Teilnehmer hat sich als schöpferisches und motivierendes Element erwiesen. Hierbei haben sich der unterschiedliche Ausbildungs- und Erfahrungshintergrund der Teilnehmer, die Zugehörigkeit zu unterschiedlichen Laufbahnen und zu unterschiedlichen Landesverwaltungen als eine stimulierende Herausforderung in den Kursen erwiesen.

Die gewählten Themenkreise: Personal und Organisation, Planung und Entscheidung, Finanzen, Controlling, Politik und Verwaltung, EG-Recht usw. bieten in ihrer Ausdifferenzierung vielfältige Bezüge zu der Verwaltungstätigkeit der jeweiligen Teilnehmer. Neue Perspektiven werden eröffnet. Vergleichende Untersuchungen in anderen Verwaltungen, namentlich solche des Auslands sowie in der Privatwirtschaft, geben Gelegenheit, über verfestigte Strukturen der eigenen Verwaltung kritisch und konstruktiv zu reflektieren. Besonders plastisch und aufschlußreich sind durch Exkursionen vor Ort gewonnene Eindrücke. Das Fach- und Verwaltungswissen sowie das bereits beachtliche Erfahrungspotential, über das die Kursteilnehmer selbst verfügen, erweisen sich als notwendiges und fruchtbares Element, um akademische Abgehobenheit zu vermeiden. Das Spannungsfeld zwischen Theorie und Praxis, dem Denkbaren und Machbaren erzeugt einen gegenseitigen Lerneffekt. Dies prägt den Kurs und macht seinen Reiz aus.

Das FKS ist eine gezielte Vorbereitung auf die Übertragung höherer Führungspositionen in der öffentlichen Verwaltung. Somit ist das Führungskolleg Speyer ein wichtiger Baustein und notwendiges Instrument für eine Personalentwicklung. Allerdings kann das Führungskolleg Speyer erst dann seine Funktion richtig erfüllen, wenn im öffentlichen Dienst das Personal, insbesondere das Führungspersonal, nicht mehr nur verwaltet, sondern auch entwickelt wird.[13]

Mit dem Abschluß des Kursprogramms des III. FKS (Mai 1997) und dem Start des IV. FKS (Juni 1997) ist das Führungskolleg bereits über die Anlaufphase hinaus. Es ist auf dem Weg, einen festen Platz in der föderalen Führungsfortbildung einzunehmen und bietet mit seinem Konzept der berufsbegleitenden Führungsfortbildung die Möglichkeit, das Erlernte sofort auszuprobieren und mit den anderen Teilnehmern kritisch zu reflektieren. Aus der Sicht der Teilnehmer werden diese praktischen und anwendungsbezogenen Aspekte besonders hervorgehoben.

Einige Teilnehmer der Kurse I bis III haben inzwischen interessante Positionen eingenommen, für die sie sich im FKS mit seinen Projektarbeiten zum Thema Ver-

---

[13] *Günther Leis*, Möglichkeiten und Grenzen der Personalentwicklung in der öffentlichen Verwaltung, in: Verwaltung und Fortbildung 1994, S. 105 ff.

waltungsmodernisierung qualifiziert haben. Der Leiter der Geschäftstelle der Verwaltungsmodernisierungskommission in Rheinland-Pfalz ist ein FKS-Kollegiat. In Niedersachsen ist in die interministerielle Arbeitsgruppe zur Senkung der Personalkosten ein FKS-Kollegiat berufen worden. Die Führungsrichtlinien der Bundesanstalt für Arbeit und deren Leitbild sind von FKS-Kollegiaten mitgestaltet worden. Die Liste läßt sich noch fortführen. Wichtig in diesem Zusammenhang ist, daß die FKS-Kollegiaten an vielen Stellen die Umsetzung von Modernisierungsmaßnahmen begleiten und vorantreiben, sei es bei der dezentralen Ressourcenverantwortung im Schulbereich, bei einem kommunalen Spitzenverband, bei der zentralen Besoldungsstelle oder im neuen Arbeitsamtsmodell. Die Annalen des FKS verzeichnen im Herbst 1996 die Ernennung eines Kollegiaten des I. FKS zum Staatssekretär im Wirtschafts- und Finanzministerium des Saarlandes; er wird sich in seiner Praxis der Debatten um öffentliche Aufgaben und Ausgaben, um Budgetierung, Deckelung und Tunnelung in seinen Wochen im FKS sicherlich erinnern. Damit sind aber bei weitem noch nicht alle Ressourcen genutzt, die das FKS entwickelt hat.

Das Ziel der qualifizierten Vorbereitung auf die Übernahme leitender Positionen wird mit dem Kursprogramm sehr anspruchsvoll umgesetzt. Das zweite Ziel, die Einbindung des Führungskollegs in ein Personalentwicklungskonzept, muß letztlich von den beteiligten Ländern geleistet werden. Hier ist noch einiges zu tun, bis eine ressortübergreifende Personalplanung für die Führungskräfte eingeleitet und umgesetzt wird. Einige Länder haben bereits mit den Vorarbeiten für eine solche Konzeption begonnen. Einzelne Karrieren von Führungskollegabsolventen sprechen für den Erfolg der Organisatoren und Gestalter und damit für die Einrichtung des FKS.

VII. Die europäische Dimension

Das FKS in seiner Praxis seit 1991, als der Verfasser die Realisierung der Konzeption als Wissenschaftlicher Beauftragter des I. FKS übernahm, zeigt vor allem den Handlungsspielraum für eine – punktuelle, aber doch sehr wirksame – Modernisierung des öffentlichen Dienstes, unterhalb großer, gesetzgeberischer Maßnahmen. Für flächendeckende Reformen fehlen heute in den meisten europäischen Ländern der fachliche und der politische Konsens, die personellen und materiellen Ressourcen und die Zeit für die Umsetzung und die praktische Erprobung. Die Maßnahmen unterhalb dieser Ebene sollten allerdings versucht und genutzt werden, um über die professionell vorgebildeten Führungskräfte als Multiplikatoren die Modernisierung in die deutsche öffentliche Verwaltung hineinzutragen.

Das FKS hat darüber hinaus eine europäische Dimension. Zum einen ist das Thema der europäischen Integration im FKS fester und wichtiger thematischer Gegenstand der Fortbildung. Ein Besuch aller Teilnehmer bei den Organen der Europäischen Union in Brüssel und der mehrmonatige Praxisaufenthalt einiger Absolventen in der Europäischen Kommission haben diese Orientierung vorangetrieben.

Eine weitere, europäische Funktion könnte das FKS übernehmen, wenn es möglich wäre, Führungskräfte anderer Mitgliedstaaten der Europäischen Union als Teilnehmer aufzunehmen. Der direkte Kontakt, die gemeinsame Erfahrung und Fortbildung können erst einen Eindruck von der Vielfalt der mitgliedsstaatlichen Verwaltung und von der Einheitlichkeit ihrer rechtsstaatlichen Grundlagen vermitteln.

Anhang

Anhang

Anhang A: Chronik der Hochschule

11. 1. 1947	Errichtung der Staatlichen Akademie für Verwaltungswissenschaften Speyer durch Verfügung Nr. 194 des Administrateur Général für die französische Besatzungszone, (Journal Officiel Nr. 52 vom 17. 1. 1947, S. 583). Das Studium an der Akademie soll als Sonderausbildung zur Großen Staatsprüfung führen, die Voraussetzung für den Zugang zum höheren Dienst in der allgemeinen Verwaltung ist. Die Sonderausbildung besteht aus dem verwaltungswissenschaftlichen Studium und aus Zeiten der Verwaltungspraxis.
15. 5. 1947	Eröffnung der Akademie im Gebäude Johannesstr. 10
2. - 31. 7. 1947	Beginn der Fortbildung mit der 1. Staatswissenschaftlichen Fortbildungstagung
1. 4. 1950	Errichtung der Hochschule für Verwaltungswissenschaften Speyer durch rheinland-pfälzisches Landesgesetz vom 30. 8. 1950 (GVBl. S. 265)
WS 1950/51	Aufnahme der ersten Referendare zum Ergänzungsstudium im Rahmen der Einheitsausbildung für Juristen
1952	Mit der letztmaligen Abhaltung der Großen Staatsprüfung läuft die Sonderausbildung für den höheren Dienst in Speyer aus.
23. 4. 1952	Verwaltungsabkommen über die Hochschule für Verwaltungswissenschaften Speyer zwischen Rheinland-Pfalz (unterzeichnet am 23. 4. 1952), der Bundesregierung (19. 5. 1952) und den Regierungen Bayerns (17. 5. 1952), Niedersachsens (12. 8. 1952) und Schleswig-Holsteins (23. 9.1952). Dem Verwaltungsabkommen treten Nordrhein-Westfalen (2. 7. 1953), Bremen (l. 10. 1953), Baden-Württemberg (28. 4. 1955), Hamburg (1. 9. 1955), Hessen (25. 11. 1956), das Saarland (19. 3. 1957) und Berlin (27. 6. 1961) bei.
22. - 24. 3. 1956	1. Verwaltungswissenschaftliche Arbeitstagung
4. 11. 1958	Beginn des Neubaus der Hochschule an der Freiherr-vom-Stein-Str. 2
14. 9. 1960	Übergabe des Hochschulneubaus
2. 10. 1961	Verleihung des Habilitationsrechts an die Hochschule
1. 1. 1962	Eröffnung des Instituts für Forschung und Information der Hochschule für Verwaltungswissenschaften Speyer
1. 2. 1965	Errichtung des Forschungsinstituts der Hochschule durch Erlaß des Ministerpräsidenten von Rheinland-Pfalz vom 31. 1. 1965

Anhang

1969	Ausbau der Bibliothek mit Verdoppelung der Nutzfläche
10. 11. 1970	Verleihung des Promotionsrechts an die Hochschule
1971	Aufnahme in die Westdeutsche Rektorenkonferenz
1971 / 1972	Beginn der Eingangs- und Führungsseminare für Beamte des höheren Dienstes
9. 6. 1973	Verabschiedung des Entwicklungsplanes 1974 - 1979
1. 10. 1973	Beginn der Sonderseminare
1. 1. 1976	Errichtung des Forschungsinstituts für öffentliche Verwaltung bei der Hochschule für Verwaltungswissenschaften Speyer als nichtrechtsfähige Anstalt des öffentlichen Rechts mit eigenen Organen
1. 5. 1976	Einrichtung des einjährigen Aufbaustudiums, das zum akademischen Titel eines Magisters der Verwaltungswissenschaften (Magister rerum publicarum) führt.
4. 11. 1976	Inbetriebnahme der ersten EDV-Anlage der Hochschule
1976 - 77	Neubau des Lehrstuhlgebäudes
1. 9. 1978	Das Landesgesetz über die Hochschule für Verwaltungswissenschaften Speyer löst das Gesetz von 1950 ab.
1982	Beginn des Ausländeraufbaustudiums für Dozenten an ausländischen Verwaltungsschulen und Führungsbeamte, die mit Fragen der Ausbildung, Fortbildung und Verwaltungsreform befaßt sind.
1982 - 84	Erweiterung des Lehrstuhlgebäudes um Räume für das Forschungsinstitut
17. 1. 1991	Gründung des Führungskollegs bei der Hochschule für Verwaltungswissenschaften Speyer (FKS) durch Rheinland-Pfalz, Niedersachsen, Saarland und Schleswig-Holstein
1. 1. 1991	Beitritt der Länder Mecklenburg-Vorpommern, Thüringen, Sachsen, Brandenburg und Sachsen-Anhalt zum Verwaltungsabkommen über die Hochschule
1. 9. 1994	Zusammen mit der Glasgow Caledonian University und der University of Liverpool beteiligt sich die Hochschule an einem TEMPUS PHARE Projekt der Europäischen Union mit dem Titel „Development and Implementation of New Curricula of Public Administration at School of Public Administration in Ljubljana" an der Universität Ljubljana.
15. 9. 1995	Beginn der Errichtung eines gemeinsamen Wohnheimes mit Tagungstrakt für die Hochschule, das Staatliche Institut für Lehrerfort- und – weiterbildung und das Führungskolleg Speyer
1996	Neugestaltung des Fortbildungsprogramms
1996 / 1997	Novellierung des Verwaltungshochschulgesetzes

Anhang B: Chronik des Forschungsinstituts

1956	Erste Überlegungen und Bemühungen für eine Zusammenfassung und Ausweitung verwaltungswissenschaftlicher Forschung in Speyer
1961	Grundsatzüberlegungen des Senats: Einrichtung eines Instituts für „Forschung und Information"
1962	Hochschulinterner Errichtungsbeschluß mit Zusammenfassung der Forschungsassistenten-Stellen
1962 - 1965	Eröffnung des *Forschungsinstituts der Hochschule* für Verwaltungswissenschaften Speyer (Errichtungs-Erlaß des Ministerpräsidenten des Landes Rheinland-Pfalz vom 31.1.1965): Der Rektor der Hochschule war zugleich Geschäftsführender Direktor des Instituts; Finanzierung und Sachmittel stammten aus dem Hochschulhaushalt
1970 - 1972	Überlegungen zu einer Neuordnung des Instituts; Bestellung eines vorbereitenden Ausschusses zur Reform des Instituts
1976	Errichtung des *Forschungsinstituts für öffentliche Verwaltung bei der Hochschule für Verwaltungswissenschaften Speyer* (Landesverordnung vom 31.5.1976, GVBl. S. 184): Organisatorische und finanzielle Verselbständigung des Instituts als selbstverwaltete, vom Bund und den Ländern getragene Forschungseinrichtung nach Art. 91b Grundgesetz („Blaue-Liste-Einrichtung"), die unmittelbar dem Ministerpräsidenten – Staatskanzlei – des Landes Rheinland-Pfalz untersteht
1976 - 1984	Geschäftsführender Direktor Univ.-Prof. Dr. *Frido Wagener* (gest. am 6.1.1985)
1977	Institutsordnung des Forschungsinstituts für öffentliche Verwaltung bei der Hochschule für Verwaltungswissenschaften Speyer vom 22.11.1977 (Staatsanzeiger Nr. 50 vom 27.12.1977, S. 922), die Bestimmungen über die interne Ordnung des Instituts enthält
1978	Landesgesetz über die Hochschule für Verwaltungswissenschaften Speyer (Verwaltungshochschulgesetz) vom 21.7.1978 (GVBl. S. 568), dessen § 60 die gesetzliche Grundlage des Forschungsinstituts bildet
1982 - 1984	Planung und Errichtung des Institutsgebäudes
1984 - 1988	Geschäftsführender Direktor Univ.-Prof. Dr. *Carl Böhret*
1988 - 1996	Geschäftsführender Direktor Univ.-Prof. Dr. *Willi Blümel*
1991	Beitritt zur „Arbeitsgemeinschaft Forschungseinrichtungen Blaue Liste", seit 1995 „Wissenschaftsgemeinschaft Blaue Liste (WBL)"
1991 / 1992	Beitritt der fünf neuen Länder zum Institutsverwaltungsrat, womit neben dem Bund wieder sämtliche Länder Träger des Instituts sind

1995	Konstituierung des Wissenschaftlichen Beirats nach Änderung des Verwaltungshochschulgesetzes durch Gesetz vom 14. 6. 1994 (GVBl. S. 282) und der Landesverordnung über das Forschungsinstitut vom 31.5.1976 durch Landesverordnung vom 5.7.1994 (GVBl. S. 314)
seit 1996	Geschäftsführender Direktor Univ.-Prof. Dr. Dr. *Klaus König*

Anhang C: Kooperationsvereinbarungen von Hochschule und Forschungsinstitut

Zusammenarbeitsabkommen des Forschungsinstituts für öffentliche Verwaltung mit der Escola d'Administració Pública de Catalunya vom 23. Juni 1987

Kooperationsvereinbarung der Hochschule mit der Wuhan University, Wuchang, Hubei, People's Republic of China vom 11. Oktober 1988

Kooperationsvereinbarung der Hochschule mit der Graduate School of Public Administration at Dongguk University, Seoul, Republic of Korea vom 21. September 1989

Kooperationsvereinbarung des Forschungsinstituts für öffentliche Verwaltung mit dem Forschungsinstitut für Soft Science bei der Chinesischen Volksuniversität Beijing und dem Forschungszentrum für Soft Science der Universitäten und Hochschulen in Beijing, Volksrepublik China vom 4. März 1992 und 20. April 1992

Kooperationsvertrag der Hochschule und des Forschungsinstituts für öffentliche Verwaltung mit dem Forschungszentrum Karlsruhe vom 25. Januar 1996

Kooperationsvereinbarung des Forschungsinstituts für öffentliche Verwaltung mit der Akademie für Volkswirtschaft bei der Regierung der Russischen Föderation in Moskau vom 12. November 1996

Anhang D: Verzeichnis der Ehrensenatoren, Ehrendoktoren und der Träger der Hochschulmedaille

EHRENSENATOREN DER HOCHSCHULE

Dr. h. c. *Peter Altmeier* †

Ministerpräsident a. D. des Landes Rheinland-Pfalz

Dr. *Wolfgang Heintzeler* †

ehem. Mitglied des Vorstands der BASF AG

Willibald Hilf

Staatssekretär a. D., Intendant des Südwestfunks a. D.

Anhang D: Ehrensenatoren, Ehrendoktoren und Träger der Hochschulmedaille

Erich Rosenthal-Pelldram †
Staatssekretär a. D., Präsident des Hessischen Justizprüfungsamts a. D.

Dr. *Christian Roßkopf*
Oberbürgermeister a. D. der Stadt Speyer

Dr. *Paulus Skopp*
Oberbürgermeister a. D. der Stadt Speyer

Dr. *Bernhard Vogel*
Ministerpräsident des Landes Thüringen

EHRENDOKTOREN DER HOCHSCHULE

em. o. Prof. Dr. iur. Dr. h. c. mult. *Karl Carstens* †
Bundespräsident a. D.

Prof. Dr. rer. publ. h. c. *Josef Stingl*
Präsident der Bundesanstalt für Arbeit a. D.

TRÄGER DER HOCHSCHULMEDAILLE

Professor Dr. *Johannes Broermann* †
ehem. Inhaber des Verlages Duncker & Humblot, Berlin

Heinz Dreibus
Geschäftsführender Direktor
des Landkreistages Rheinland-Pfalz, Mainz

Prälat *Hermann Hammer*
Bischöfliches Ordinariat Speyer

Pfarrer *Harald Kaiser* †
Johanneskirche Speyer

Dr. iur. *Gerhard Michel*
Ministerialdirektor a. D., Mainz

Wolfgang Oelbermann †
Buchhändler, Speyer

Universitätsprofessor Dr. rer. pol. *Rolf Peffekoven*
Universität Mainz

Dr. phil. *Hans Jürgen Schmitz*
Ministerialrat
Ministerium der Finanzen Rheinland-Pfalz, Mainz

Alois Schreiner
Staatssekretär a. D.,
Präsident a. D. des Rechnungshofes Rheinland-Pfalz, Speyer

Professor Dr. h. c. *Norbert Simon*
Inhaber des Verlages Duncker & Humblot, Berlin

Arno Steidel
Präsident des Verwaltungsgerichts Neustadt an der Weinstraße

Klaus Westkamp
Ministerialdirigent
Unterabteilungsleiter im Bundesministerium des Innern, Bonn

Anhang E: Rektoren der Hochschule

(Amtszeit jeweils vom 1. Oktober bis 30. September)

1947 - 1949	Prof. Dr. iur. Hermann Haußmann
1949 / 50	Prof. Dr. iur. Dr. phil. Erich Becker (kommissarisch, vom Verwaltungsrat bestellt)
1950 / 51	Prof. Dr. iur. Dr.phil. Erich Becker
1951 / 53	Prof. Dr. phil. Arnold Gehlen
1953 / 54	Prof. Dr. iur. Dr.phil. Erich Becker
1954 / 55	Prof. Dr. rer. pol. Reinhard Schaeder
1955 / 56	Prof. Dr. iur. Gustav Adolf Bulla
1956 / 57	Prof. Dr. iur. Carl Hermann Ule
1957 / 59	Prof. Dr. iur. Christian-Friedrich Menger
1959 / 60	Prof. Dr. rer. pol. Reinhard Schaeder
1960 / 61	Prof. Dr. iur. Dr.phil. Erich Becker
1961 / 62	Prof. Dr. iur. Hartwig Bülck
1962 / 63	Prof. Dr. iur. Carl Hermann Ule
1963 / 65	Prof. Dr. phil. Georg Smolka
1965 / 67	Prof. Dr. phil. Hans Ryffel

1967 / 68	Prof. Dr. iur. Carl Hermann Ule
1968 / Juni 1969	Prof. Dr. rer. pol. Reinhard Schaeder
Juni - Sept. 1969	Prof. Dr. phil. Hans Ryffel
1969 / 71	Prof. Dr. iur. Franz Knöpfle
1971 / 72	Prof. Dr. iur. Roman Herzog
1972 / 73	Prof. Dr. phil. Rudolf Morsey
1973 / 74	Prof. Dr. iur. Frido Wagener
1974 / 76	Prof. Dr. iur. Dr. rer. pol. Klaus König
1976 / 77	Prof. Dr. rer. pol. Peter Eichhorn
1977 / 79	Prof. Dr. iur. Dr. rer. pol. Detlef Merten
1979 / 81	Prof. Dr. rer. pol. Dieter Duwendag
1981 / 83	Prof. Dr. iur. Helmut Quaritsch
1983 / 85	Prof. Dr. iur. Dr. iur. h. c. Heinrich Siedentopf
1985 / 87	Prof. Dr. iur. Willi Blümel
1987 / 89	Prof. Dr. rer. pol. Helmut Klages
1989 / 91	Prof. Dr. rer. pol. Carl Böhret
1991 / 93	Prof. Dr. rer. pol. Heinrich Reinermann
1993 / 95	Prof. Dr. iur. Hans Herbert von Arnim
1995 / 97	Prof. Dr. rer. pol. Klaus Lüder

Anhang F: Verzeichnis der Professoren seit 1947

I. Hauptamtliche Professoren

1. von Arnim, Hans Herbert, Dr. iur., Dipl.-Volkswirt,
   Universitätsprofessor, Lehrstuhl für Öffentliches Recht, insbesondere Kommunalrecht und Haushaltsrecht, und Verfassungslehre, seit 1. 4. 1981

2. Becker, Erich, Dr. iur., Dr. phil.,
   ordentlicher Professor ab SS 1947 (Ernennung durch die Landesregierung 1. 10. 1950), Lehrstuhl für öffentliches Recht, insbesondere Staats-, Verwaltungs- und Kommunalrecht, Verwaltungslehre, vom SS 1947 bis 30. 9. 1973, gest. 1981

3. Bernhardt, Wolfgang, Dr. iur.,
   ordentlicher Professor, Lehrstuhl für Justizrecht, SS 1948

4. Blümel, Willi, Dr. iur.,
   Universitätsprofessor, Lehrstuhl für öffentliches Recht, insbesondere allgemeines und besonderes Verwaltungsrecht, seit 1. 9. 1974

5. Bohne, Eberhard, Dr. iur.,
   Universitätsprofessor, Lehrstuhl für Verwaltungswissenschaft, seit 1. 6. 1996

6. Böhret, Carl, Dr. rer. pol., Dipl.-Politologe,
   Universitätsprofessor, Lehrstuhl für Politikwissenschaft, seit 1. 10. 1974

7. Bülck, Hartwig, Dr. iur.,
   ordentlicher Professor, Lehrstuhl für öffentliches Recht, insbes. Staats- und Völkerrecht, Wirtschaftsverwaltungsrecht, vom 1. 4. 1957 bis 30. 9. 1980, gest. 1985

8. Bulla, Gustav Adolf, Dr. iur.,
   außerordentlicher Professor vom 6. 11. 1951 bis 31. 3. 1955, ordentlicher Professor, Lehrstuhl für Bürgerliches Recht, Arbeitsrecht nebst Sozialversicherungsrecht, Wirtschaftsrecht, vom 1. 4. 1955 bis 30. 9. 1956, gest. 1966

9. Duwendag, Dieter, Dr. rer. pol., Dipl.-Kaufmann,
   Universitätsprofessor, Lehrstuhl für Wirtschaftliche Staatswissenschaften, insbesondere Allgemeine Volkswirtschaftslehre, Wirtschaftspolitik, seit 17. 10. 1972

10. Eichhorn, Peter, Dr. rer. pol., Dipl.-Kaufmann,
    ordentlicher Professor, Lehrstuhl für Wirtschaftliche Staatswissenschaften, insbes. Allgemeine Betriebswirtschaftslehre, Verwaltungsökonomie, öffentliche Betriebe, vom 3. 10. 1972 bis 17. 4. 1978

11. Färber, Gisela, Dr. rer. pol,
    Universitätsprofessorin, Lehrstuhl für Wirtschaftliche Staatswissenschaften, seit 15. 9. 1996

12. Fisch, Rudolf, Dr. phil., Dipl.-Psychologe,
    Universitätsprofessor, Lehrstuhl für empirische Sozialwissenschaften, unter besonderer Berücksichtigung der Verwaltung, seit 1. 10. 1992

13. Fisch, Stefan, Dr. phil.,
    Universitätsprofessor, Lehrstuhl für Neuere und Neueste Geschichte, insbesondere Verfassungs- und Verwaltungsgeschichte, seit 1. 4. 1996

14. Gehlen, Arnold, Dr. phil.,
    ordentlicher Professor, Lehrstuhl für Soziologie und Psychologie, vom SS 1947 bis 31. 3. 1962, gest. 1976

15. Görg, Hubert, Dr. iur.,
    ordentlicher Professor, Lehrstuhl für öffentliches Recht, vom 1. 11. 1953 bis 31. 11. 1954

16. Haußmann, Hermann, Dr. iur., Präsident der Hochschule, Regierungspräsident a. D., als Gründer der Akademie berufen am 5. 11. 1946,
    ordentlicher Professor, Lehrstuhl für allgemeine Verwaltungswissenschaften, vom 11. 1. 1947 bis September 1949, gest. 1959

17. Herzog, Roman, Dr. iur., Universitätsprofessor i. e. R, Bundespräsident, Präsident des Bundesverfassungsgerichts a. D., Staatsminister a. D., ordentlicher Professor, vom 1. 10. 1969 bis 6. 4. 1978, danach Versetzung in den einstweiligen Ruhestand, Honorarprofessor seit 9. 1. 1984, Lehrtätigkeit bis 31. 3. 1994

18. Hesse, Albert, Dr. iur., Dr. phil., Dr. rer. pol. h. c., Ministerialdirektor a. D., ordentlicher Professor, Lehrstuhl für Volkswirtschaftslehre, vom 1. 5. 1947 bis 30. 4. 1951, gest. 1965

19. Hesse, Joachim Jens, Dr. rer. pol., Dipl.-Volkswirt, Universitätsprofessor, Lehrstuhl für Verwaltungswissenschaft, insbesondere Innenpolitik und Kommunalwissenschaften, vom 1. 4. 1984 bis 30. 9. 1995

20. Hill, Hermann, Dr. iur., Staatsminister a. D., Universitätsprofessor, Lehrstuhl für Verwaltungswissenschaft und öffentliches Recht, seit 1. 9. 1986

21. Illy, Hans, Dr. phil., Dipl.-Kaufmann, akad. geprüfter Auslandskorrespondent, Professor auf Zeit für Entwicklungsverwaltung und Entwicklungspolitik, vom 1. 9. 1982 bis 30. 4. 1988

22. Klages, Helmut, Dr. rer. pol., Dipl.-Volkswirt, Universitätsprofessor, Lehrstuhl für empirische Sozialwissenschaflen, insbeondere Soziologie (Organisations- und Verwaltungssoziologie), seit 1. 10. 1974

23. Knöpfle, Franz, Dr. iur., Dipl.-Volkswirt, ordentlicher Professor, Lehrstuhl für öffentliches Recht, insbesondere Staats- und Verwaltungsrecht einschließlich Wirtschaftsverwaltungsrecht, vom 1. 4. 1966 bis 30. 4. 1972

24. König, Klaus, Dr. iur., Dr. rer. pol., Ministerialdirektor a. D., außerordentlicher Professor vom 25. 3. 1971 bis 21. 3. 1972, Universitätsprofessor, Lehrstuhl für Verwaltungswissenschaft, Regierungslehre und Öffentliches Recht, seit 22. 3. 1972

25. Köttgen, Arnold, Dr. iur., ordentlicher Professor, Lehrstuhl für öffentliches Recht, vom 1. 1. 1951 bis 3. 11. 1952, gest. 1967

26. Littmann, Konrad, Dr. rer. pol., Dipl.-Volkswirt, Universitätsprofessor, Lehrstuhl für Wirtschaftliche Staatswissenschaften, insbesondere Finanzwissenschaft, Regionalwissenschaft, öffentliche Wirtschaft, vom 1. 4. 1975 bis 30. 9. 1990, Honorarprofessor an der Universität Mannheim

27. Lüder, Klaus, Dr. rer. pol., Techn. Dipl.-Volkswirt, Universitätsprofessor, Lehrstuhl für Wirtschftliche Staatswissenschaften, insbesondere Öffentliche Finanzwirtschaft und Allgemeine Betriebswirtschaftslehre, seit 1. 10. 1981

28. Magiera, Siegfried, Dr. iur.,
    Universitätsprofessor, Lehrstuhl für öffentliches Recht, insbesondere Völker- und Europarecht, seit 1. 4. 1984

29. Mayer, Franz, Dr. iur.,
    ordentlicher Professor, Lehrstuhl für öffentliches Recht, vom 19. 7. 1961 bis 31. 5. 1965, gest. 1977

30. Mayntz-Trier, Renate, Dr. phil.,
    ordentliche Professorin, Lehrstuhl für Organisationssoziologie, insbesondere Verwaltungssoziologie, vom 1. 4. 1971 bis 30. 9. 1973

31. Menger, Christian-Friedrich, Dr. iur.,
    ordentlicher Professor, Lehrstuhl für öffentliches Recht, vom 1. 4. 1955 bis 30. 9. 1961

32. Merten, Detlef, Dr. iur., Dr. rer. pol.,
    Universitätsprofessor, Lehrstuhl für öffentliches Recht, insbesondere Wirtschaftsverwaltungsrecht und Sozialrecht, seit 13. 10. 1972

33. Morsey, Rudolf, Dr. phil.,
    Universitätsprofessor, Lehrstuhl für Neuere Geschichte, insbesondere Verfassungs- und Verwaltungsgeschichte, vom 1. 4. 1970 bis 31. 3. 1996

34. Morstein Marx, Fritz, Dr. iur.,
    ordentlicher Professor, Lehrstuhl für vergleichende Verwaltungswissenschaft und öffentliches Recht, vom 7. 11. 1962 bis 31. 3. 1968, Honorarprofessor an der Universität Heidelberg, gest. 1969

35. Pitschas, Rainer, Dr. iur., Dipl.-Verwaltungswirt,
    Universitätsprofessor, Lehrstuhl für Verwaltungswissenschaft, Entwicklungspolitik und öffentliches Recht, seit 16. 6. 1989

36. Püttner, Günter, Dr. iur,
    ordentlicher Professor, Lehrstuhl für öffentliches Recht, insbesondere Staats-, Verwaltungs- und Kommunalrecht, Verwaltungslehre, vom 10. 10. 1973 bis 16. 6. 1980

37. Quaritsch, Helmut, Dr. iur., Ministerialdirektor a. D.,
    Universitätsprofessor, Lehrstuhl für Staatsrecht und Staatslehre, seit 25. 10. 1972

38. Reinermann, Heinrich, Dr. rer. pol., Dipl.-Kaufmann,
    Professor vom 18. 10. 1973 bis 29. 4. 1976, Universitätsprofessor, Lehrstuhl für Verwaltungswissenschaft und Verwaltungsinformatik, seit 30. 4. 1976

39. Ryffel, Hans, Dr. phil., Dr. h. c.,
    ordentlicher Professor, Lehrstuhl für Rechts- und Sozialphilosophie, Soziologie, vom 1. 6. 1962 bis 30. 9. 1978, gest. 1989

40. Schaeder, Reinhard, Dr. rer. pol.,
    ordentlicher Professor, Lehrstuhl für Wirtschaftliche Staatswissenschaften, Verwaltungswissenschaft, vom 5. 12. 1952 bis 30. 9. 1973, gest. 1980

41. Schnur, Roman, Dr. iur.,
    ordentlicher Professor, Lehrstuhl für vergleichende Verwaltungswissenschaft und öffentliches Recht, vom 10. 10. 1968 bis 8. 5. 1972, gest. 1996

42. Schreckenberger, Waldemar, Dr. iur., Staatssekretär beim Bundeskanzler a. D.,
    außerordentlicher Professor vom 25. 7. 1978 bis 31. 8. 1978, Universitätsprofessor, Lehrstuhl für Rechtsphilosophie, Rechtspolitik und Gesetzgebungslehre, seit 1. 9. 1978

43. Siedentopf, Heinrich, Dr. iur., Dr. iur. h. c.,
    außerplanmäßiger Professor vom 20. 4. 1971 bis 7. 2. 1973, Universitätsprofessor, Lehrstuhl für vergleichende Verwaltungswissenschaft und Öffentliches Recht, seit 8. 2. 1973

44. Smolka, Georg, Dr. phil.,
    außerordentlicher Professor vom 1. 2. 1954 bis 31. 5. 1960, ordentlicher Professor, Lehrstuhl für Neuere Geschichte, vom 1. 6. 1960 bis 31. 3. 1969, gest. 1982

45. Süß, Theodor, Dr. iur., Botschafter a. D.,
    ordentlicher Professor, Lehrstuhl für Internationales Recht und Staatsrecht, vom 1. 5. 1947 bis 19. 11. 1948, Gastprofessor der einem ordentlichen Professor gleichgestellt ist, vom 20. 11. 1948 bis 30. 9. 1951, gest. 1961

46. Ule, Carl Hermann, Dr. iur., Dr. iur. h. c., Oberverwaltungsgerichts-Vizepräsident a. D.,
    ordentlicher Professor, Lehrstuhl für öffentliches Recht, insbesondere allgemeines und besonderes Verwaltungsrecht, vom 1. 4. 1955 bis 31. 3. 1972

47. Wagener, Frido, Dr. iur., Beigeordneter a. D.,
    ordentlicher Professor, Lehrstuhl für angewandte Verwaltungswissenschaft und öffentliches Recht, vom 13. 5. 1971 bis 6. 1. 1985, gest. 1985

II. Außerplanmäßiger Professor

1. Zeh, Wolfgang, Dr. iur, Ministerialdirigent, Deutscher Bundestag, außerplanmäßiger Professor seit 14. 12. 1987

III. Honorarprofessoren

1. Banner, Gerhard, Beigeordneter a. D., Vorstand a. D. der Kommunalen Gemeinschaftsstelle für Verwaltungsvereinfachung (KGSt),
   Honorarprofessor seit 26. 7. 1984

2. Becker, Ulrich, Senatsdirektor a. D.,
   Honorarprofessor seit 1. 4. 1975, Lehrtätigkeit bis 31. 3. 1984, gest. 1991

3. Bickel, Heribert, Dr. iur., Justizminister a. D. des Landes Rheinland-Pfalz, Vorsitzender des Verfassungsgerichtshofes Rheinland-Pfalz und Präsident des Oberverwaltungsgerichts Rheinland-Pfalz a. D.,
   Honorarprofessor seit 20. 9. 1979, Lehrtätigkeit bis 30. 9. 1995

4. Böhmer, Werner, Dr. iur., Richter des Bundesverfassungsgerichts a. D., Honorarprofessor seit 20. 9. 1979, Lehrtätigkeit bis 30. 9. 1983

5. Boujong, Karlheinz, Vorsitzender Richter am Bundesgerichtshof a. D., Honorarprofessor seit 24. 8. 1989

6. Brill, Hermann Louis, Dr. iur., Staatssekretär a. D., Honorarprofessor seit WS 1951 / 52, Lehrtätigkeit bis 30. 9. 1958, gest. 1959

7. Dahlgrün, Hans Georg, Dr. iur., Staatsminister a. D., Präsident der Landeszentralbank in Rheinland-Pfalz a. D., Honorarprofessor seit SS 1963, Lehrtätigkeit bis 31. 3. 1972, gest. 1974

8. Duppré, Fritz, Dr. iur. h. c., Staatssekretär a. D., Präsident der Landeszentralbank in Rheinland-Pfalz a. D., Honorarprofessor seit 19. 5. 1969, Lehrtätigkeit bis 31. 3. 1984, gest. 1989

9. Gebauer, Klaus-Eckart, Dr.iur., Ministerialdirigent, Honorarprofessor seit 11. 10. 1995

10. Geiger, Willi, Dr. iur., Richter des Bundesverfassungsgerichts a. D. und Senatspräsident des Bundesgerichtshofs a. D., Honorarprofessor seit SS 1952, Lehrtätigkeit bis 31. 3. 1978, gest. 1994

11. Herbig, Gottfried, Dr. iur., Geschäftsbereichsleiter Recht bei der Generaldirektion der Deutschen Telekom AG, Honorarprofessor seit 16. 12. 1994

12. Kreft, Friedrich, Dr. iur., Vorsitzender Richter am Bundesgerichtshof a.D., Honorarprofessor seit 15. 4. 1975, Lehrtätigkeit bis 31. 3. 1979

13. Laux, Eberhard, Dr. iur., Landrat a. D., Ehem. Vorstandsmitglied der Wirtschaftsberatungs-Aktiengesellschaft, Düsseldorf, Honorarprofessor seit 12. 7. 1971, Lehrtätigkeit bis 31. 3. 1994

14. Lepper, Manfred, Dr., Ministerialrat im Bundesministerium des Innern, Honorarprofessor seit 20. 9. 1979, Lehrtätigkeit bis 31. 3. 1989

15. Meyer-Hentschel, Gerhard, Dr. iur., Vorsitzender des Verfassungsgerichtshofes Rheinland-Pfalz und Präsident des Oberverwaltungsgerichts Rheinland-Pfalz a. D., Honorarprofessor seit 1. 4. 1975, Lehrtätigkeit bis 30. 9. 1981

16. Oeftering, Heinz, Dr. iur., damals Präsident des Rechnungsprüfungsamtes Rheinland-Pfalz, Erster Präsident der Deutschen Bundesbahn, Honorarprofessor an der Universität Mainz, Titularprofessor, vom WS 1948 / 49 bis SS 1949,

17. Pappermann, Ernst, Dr. iur., Hauptgeschäftsführer des Deutschen Städtetags a. D., Honorarprofessor seit Juli / Aug. 1986, Lehrtätigkeit bis 30. 9. 1994

18. Reuß, Wilhelm, Dr. iur., Staatssekretär a. D., Honorarprofessor an der Technischen Hochschule Darmstadt, Honorarprofessor seit 24. 8. 1959, Lehrtätigkeit bis 31. 3. 1968, gest. 1979

19. Schiwy, Peter, Dr. iur., Rechtsanwalt, Intendant des NDR a. D.,
    Honorarprofessor seit 9. 12. 1991
20. Schlesinger, Helmut, Dr. oec. publ., Dr. h. c. mult., Präsident der Deutschen Bundesbank a. D.,
    Honorarprofessor seit 18. 12. 1985, Lehrtätigkeit bis 30. 9. 1994
21. Schunck, Egon, Dr. iur., Richter des Bundesverfassungsgerichts a. D.,
    Honorarprofessor seit SS 1954, Lehrtätigkeit bis 31. 3. 1961, gest. 1981
22. Süsterhenn, Adolf, Dr. iur., Staatsminister a. D., Vorsitzender des Verfassungsgerichtshofes Rheinland-Pfalz und Präsident des Oberverwaltungsgerichts Rheinland-Pfalz a. D.,
    Honorarprofessor seit WS 1951/52, Lehrtätigkeit bis 30. 9. 1961, gest. 1974
23. Wagner, Hellmut, Dr. iur., Ehem. Stellvertretender Vorsitzender des Vorstandes des Forschungszentrums Karlsruhe GrnbH,
    Honorarprofessor seit 28. 3. 1991

Anhang G: Staatswissenschaftliche Fortbildungstagungen seit 1947

1. Arbeitsverwaltung, Kommunalverwaltung, allgemeine Verwaltung
   Leitung: Regierungsdirektor Minzenmay i. V. m. Professor Dr. Dr. E. Becker
   vom 2. 7. - 31. 7. 1947

2. Arbeitslosenversicherung und wertschaffende Arbeitslosenfürsorge
   Leitung: Regierungsdirektor Minzenmay i. V. m. Professor Dr. Dr. E. Becker
   vom 22. 7. - 25. 7. 1948

3. Berufsberatung
   Leitung: Regierungsdirektor Minzenmay i. V. m. Professor Dr. Dr. E. Becker
   vom 2. 11. - 13. 11. 1948

4. - 8. Staats-, verwaltungs- und wirtschaftswissenschaftliche Probleme.
   Fortbildung für Angehörige des Vereinten Wirtschaftsgebietes
   Leitung: Präsident Professor Dr. Haußmann i. V. m. Professor Dr. Dr. E. Becker
   vom 1. 8. - 30. 10. 1949

9. Staats-, verwaltungs- und wirtschaftswissenschaftliche Probleme
   Leitung: Professor Dr. Dr. E. Becker
   vom 16. 1. - 28. 1. 1950

10. Staat, Verwaltung und Wirtschaft
    Leitung: Professor Dr. Dr. E. Becker
    vom 23. 4. - 29. 4. 1950

11. Staat und Gemeinde
    Leitung: Professor Dr. Dr. E. Becker
    vom 16. 10. - 27. 10. 1950

12. Finanzen, Steuern und betriebswirtschaftliche Erwägungen
    Leitung: Professor Dr. Dr. E. Becker
    vom 26. 2. - 7. 3. 1951

13. Verwaltungsreform
    Leitung: Professor Dr. Dr. E. Becker
    vom 16. 4. - 21. 4.1951

14. Jugendfragen in Staat und Gesellschaft
    Leitung: Professor Dr. Gehlen
    vom 8. 10. - 12. 10. 1951

15. Innere Organisation, Verwaltungs- und Finanzverantwortung der Gemeinden im Gefüge der Bundesrepublik
    Leitung: Professor Dr. Köttgen
    vom 6.10. - 8. 10. 1952

16. Ländliche Selbstverwaltung
    Leitung: Professor Dr. Dr. E. Becker
    vom 24. 3. - 26. 3. 1953

17. Die öffentliche Verwaltung und die Verwaltungsgerichtsbarkeit
    Leitung: Professor Dr. Dr. E. Becker
    vom 1. 10. - 3. 10. 1953

18. Wandlungen der Verwaltungsaufgaben, des Rechtsschutzproblems und der Struktur des Öffentlichen Dienstes
    Leitung: Professor Dr. Dr. E. Becker
    vom 23. 3. - 25. 3. 1954

19. Strukturwandel des Öffentlichen Dienstes
    Leitung: Professor Dr. Dr. E. Becker
    vom 28. 9. - 30. 9. 1954

20. Die Leistungen der Öffentlichen Verwaltung und ihre Kontrollen
    Leitung: Professor Dr. Dr. E. Becker
    vom 29. 3. - 31. 3. 1955

21. Probleme der Sozialordnung
    Leitung: Professor Dr. Dr. E. Becker
    vom 27. 9. - 29. 9. 1955

22. Die Neuordnung der Landesverwaltung (Rationalisierung, Organisation, Zuständigkeit, Verfahren)
    (stellt zugleich die 1. verwaltungswissenschaftliche Arbeitstagung dar)
    Leitung: Professor Dr. Dr. E. Becker
    vom 22. 3. - 24. 3. 1956

23. Grundfragen der Verwaltungsreform in Bund, Ländern und Gemeinden
    Leitung: Professor Dr. Dr. E. Becker
    vom 27. 9. - 29. 9. 1956

24. Staat und Kultur
    Leitung: Professor Dr. Dr. E. Becker
    vom 27. 3. - 29. 3. 1957

25. Öffentliche Sicherheit und Ordnung
    Leitung: Professor Dr. Dr. E. Becker
    vom 25. 9. - 27. 9. 1957

26. Europäische Organisationen
    Leitung: Professor Dr. H. Bülck
    vom 24. 9. - 26. 9. 1958

27. Kommunale Finanzen
    Leitung: Professor Dr. Dr. E. Becker
    vom 23. 4. - 25. 4. 1959

28. Aktuelle Probleme des Verwaltungshandelns
    Leitung: Professor Dr. Dr. E. Becker
    vom 23. 3. - 25. 3. 1960

29. Gemeinschaftsaufgaben zwischen Bund, Ländern und Gemeinden
    Leitung: Professor Dr. Dr. E. Becker
    vom 22. 3. - 24. 3. 1961

30. Wandlungen der rechtsstaatlichen Verwaltung
    Leitung: Professor Dr. Dr. E. Becker
    vom 11. 4. - 13. 4. 1962

31. Aktuelle Probleme der Kommunalaufsicht
    Leitung: Professor Dr. Dr. E. Becker
    vom 3. 4. - 5. 4. 1963

32. Staat und Wirtschaft im nationalen und übernationalen Recht
    Leitung: Professor Dr. H. Bülck, Professor Dr. H. Ryffel
    vom 22. 4. - 24. 4. 1964

33. Verfassungs- und Verwaltungsprobleme der Raumordnung und Landesplanung
    Leitung: Professor Dr. Dr. E. Becker
    vom 31. 3. - 2. 4. 1965

34. Sachverstand und Verantwortung in der öffentlichen Verwaltung
    Leitung: Professor Dr. Dr. E. Becker i. V. m. den Professoren H. Bülck, Morstein Marx und C. H. Ule
    vom 30. 3. - 31. 3. 1966

35. Öffentlicher Dienst und politischer Bereich
    Leitung: Professor Dr. F. Knöpfle
    vom 19. 4. - 21. 4. 1967

36. Wohl der Allgemeinheit und öffentliche Interessen
    Leitung: Professor Dr. Dr. E. Becker
    vom 3. 4. - 5. 4. 1968

37. Funktionsgerechte Verwaltung im Wandel der Industriegesellschaft
Leitung: Professor Dr. Dr. E. Becker
vom 26. 3.- 28. 3. 1969

38. Zehn Jahre Verwaltungsgerichtsordnung – Bewährung und Reform –
Leitung: Professor Dr. C. H. Ule
vom 7. 4.- 9. 4. 1970

39. Entwicklung der Aufgaben und Ausgaben von Bund, Ländern und Gemeinden
Leitung: Professor Dr. Dr. E. Becker
vom 31. 3.- 2. 4. 1971

40. Regierungsprogramme und Regierungspläne
Leitung: Professor Dr. Dr. E. Becker
vom 21. 3.- 24. 3. 1972

41. Die Polizei im demokratischen Rechtsstaat
Leitung: Professor Dr. R. Herzog, Professor Dr. H. Siedentopf
vom 28. 2.- 2. 3. 1973

42. Konfliktverflechtung zwischen Bund, Ländern und Gemeinden
Leitung: Professor Dr. H. Quaritsch
vom 17. 4.- 19. 4. 1974

43: Der Staatssektor in der sozialen Marktwirtschaft
Leitung: Professor Dr. D. Duwendag
vom 2. 4.- 4. 4. 1975

44. Die Selbstdarstellung des Staates
Leitung: Professor Dr. H. Klages
vom 21. 4.- 23. 4. 1976

45. Auftrag und Führung öffentlicher Unternehmen
Leitung: Professor Dr. P. Eichhorn
vom 19. 4.- 21. 4. 1977

46. Die Vereinheitlichung der Verwaltungsgerichtsgesetze zu einer Verwaltungsprozeßordnung
Leitung: Professor Dr. Dr. D. Merten
vom 5. 4.- 7. 4. 1978

47. 30 Jahre Grundgesetz
Leitung: Professor Dr. Dr. D. Merten, Professor Dr. R. Morsey
vom 28. 3.- 30. 3. 1979

48. Zukunftsaspekte der Verwaltung
Leitung: Professor Dr. F. Wagener
vom 16. 4.- 18. 4. 1980

49. Frühzeitige Bürgerbeteiligung bei Planungen
Leitung: Professor Dr. W. Blümel
vom 6. 4.- 8. 4. 1981

Anhang G: Staatswissenschaftliche Fortbildungstagungen seit 1947   511

50. Verwaltung und Verwaltungspolitik
    Leitung: Professor Dr. C. Böhret, Professor Dr. H. Siedentopf
    vom 28. 4.- 30. 4. 1982

51. Finanzpolitik im Umbruch:
    Zur Konsolidierung öffentlicher Haushalte
    Leitung: Professor Dr. H. H. von Arnim, Professor Dr. K. Littmann
    vom 13. 4.- 15. 4. 1983

52. Rundfunk im Umbruch
    Leitung: Professor Dr. K. Lüder
    vom 11. 4.- 13. 4. 1984

53. Entwicklungsperspektiven der Europäischen Gemeinschaft
    Leitung: Professor Dr. S. Magiera
    vom 17. 4.- 19. 4. 1985

54. Probleme der staatlichen Steuerung und Fehlsteuerung in der Bundesrepublik Deutschland
    Leitung: Professor Dr. H. H. von Arnim, Professor Dr. H. Klages
    vom 16. 4.- 18. 4. 1986

55. Neue Informationstechniken – Neue Verwaltungsstrukturen?
    Leitung: Professor Dr. H. Reinermann gemeinsam mit der Gesellschaft für Informatik e.V., St. Augustin
    vom 10. 3.- 13. 3. 1987

56. Zustand und Perspektiven der Gesetzgebung
    Leitung: Professor Dr. H. Hill
    vom 13. 4.- 15. 4. 1988

57. Gewaltentrennung im Rechtsstaat
    Leitung: Professor Dr. Dr. D. Merten
    vom 15. 3.- 17. 3. 1989

58. Die Zukunft der kommunalen Selbstverwaltung
    Leitung: Professor Dr. W. Blümel, Professor Dr. H. Hill
    vom 4. 4.- 6. 4. 1990

59. Informationstechnik: Chance für die Führung in Politik und Verwaltung
    Leitung: Professor Dr. H. Reinermann gemeinsam mit der Gesellschaft für Informatik e.V., St. Augustin
    vom 17.- 19. 4. 1991

60. Wirtschaftlichkeit in Staat und Verwaltung
    Leitung: Professor Dr. H. H. von Arnim, Professor Dr. K. Lüder
    vom 1. 4.- 3. 4. 1992

61. Qualitäts- und erfolgsorientiertes Verwaltungsmanagement
    Leitung: Professor Dr. H. Hill, Professor Dr. H. Klages
    vom 17. 3.- 19. 3. 1993

62. Kodifikation gestern und heute
    Zum 200. Geburtstag des Allgemeinen Landrechts für die Preußischen Staaten
    Leitung: Professor Dr. Dr. D. Merten, Professor Dr. W. Schreckenberger
    vom 16. 3. - 18. 3. 1994

63. Neubau der Verwaltung:
    Informationstechnische Realitäten und Visionen
    Leitung: Professor Dr. H. Reinermann gemeinsam mit der Gesellschaft für Informatik e.V., St. Augustin
    vom 15. 3. - 17. 3. 1995

64. Die Zukunft der Europäischen Gemeinschaft
    Leitung: Professor Dr. S. Magiera, Professor Dr. Dr. H. Siedentopf
    vom 20. 3. - 22. 3. 1996

65. Öffentliche Verwaltung der Zukunft
    Leitung: Rektor Professor Dr. K. Lüder zusammen mit den Professoren der Hochschule
    vom 6. 3. - 7. 3. 1997

Anhang H: Chronik der Lehrstühle
Besetzung im Wechsel von 50 Jahren

Lehrstuhl für öffentliches Recht, insbesondere Wirtschaftsverwaltungsrecht und Sozialrecht

1947	eingerichtet als Lehrstuhl für allgemeine Verwaltungswissenschaften
1947 - 1949	Prof. Dr. Hermann Haußmann
1951 - 1952	Prof. Dr. Arnold Köttgen
1955 - 1961	Prof. Dr. Christian- Friedrich Menger
1961 - 1965	Prof. Dr. Franz Mayer
1966 - 1972	Prof. Dr. Franz Knöpfle
seit 1972	Prof. Dr. Dr. Detlef Merten

Lehrstuhl für öffentliches Recht, insbesondere Kommunalrecht und Haushaltsrecht, und Verfassungslehre

1947	eingerichtet als Lehrstuhl für Staats- und Verwaltungsrecht, Rechts-, Verfassungs- und Verwaltungsgeschichte
1947 - 1973	Prof. Dr. Dr. Erich Becker
1973 - 1980	Prof. Dr. Günter Püttner
seit 1981	Prof. Dr. Hans Herbert von Arnim

Anhang H: Chronik der Lehrstühle 513

Lehrstuhl für öffentliches Recht, insbesondere Völkerrecht und Europarecht

1947	eingerichtet als Lehrstuhl für Privatrecht und öffentliches Recht
1947 - 1948	Prof. Dr. Theodor Süß
1955 - 1956	Prof. Dr. Gustav-Adolf Bulla
1957 - 1980	Prof. Dr. Hartwig Bülck
seit 1984	Prof. Dr. Siegfried Magiera

Lehrstuhl für empirische Sozialwissenschaften unter besonderer Berücksichtigung der Verwaltung

1947	eingerichtet als Lehrstuhl für Philosophie
1947 - 1962	Prof. Dr. Arnold Gehlen
1962 - 1978	Prof. Dr. Hans Ryffel
1984 - 1991	Prof. Dr. Joachim Jens Hesse
seit 1992	Prof. Dr. Rudolf Fisch

Lehrstuhl für Wirtschaftliche Staatswissenschaften

1947	eingerichtet als Lehrstuhl für Volkswirtschaftslehre
1947 - 1951	Prof. Dr. Dr. Dr. h.c. Albert Hesse
1952 - 1973	Prof. Dr. Reinhard Schaeder
1975 - 1990	Prof. Dr. Konrad Littmann
seit 1996	Prof. Dr. Gisela Färber

Lehrstuhl für Staatsrecht und Staatslehre

1953	eingerichtet als Lehrstuhl für öffentliches Recht
1953 - 1954	Prof. Dr. Hubert Görg
1955 - 1972	Prof. Dr. Carl Hermann Ule
seit 1972	Prof. Dr. Helmut Quaritsch

Lehrstuhl für Neuere und Neueste Geschichte, insbesondere Verfassungs- und Verwaltungsgeschichte

1960	eingerichtet als Lehrstuhl für Neuere politische Geschichte
1960 - 1969	Prof. Dr. Georg Smolka
1970 - 1996	Prof. Dr. Rudolf Morsey
seit 1996	Prof. Dr. Stefan Fisch

33 Speyer 122

Lehrstuhl für vergleichende Verwaltungswissenschaft und öffentliches Recht

1962	eingerichtet als Lehrstuhl für vergleichende Verwaltungswissenschaft und öffentliches Recht
1962 - 1968	Prof. Dr. Fritz Morstein Marx
1968 - 1972	Prof. Dr. Roman Schnur
seit 1973	Prof. Dr. Dr. h.c. Heinrich Siedentopf

Lehrstuhl für öffentliches Recht, insbesondere allgemeines und besonderes Verwaltungsrecht

1969	eingerichtet als Lehrstuhl für Staatslehre und Politik
1969 - 1973	Prof. Dr. Roman Herzog
seit 1974	Prof. Dr. Willi Blümel

Lehrstuhl für empirische Sozialwissenschaften, insbesondere Soziologie (Organisations- und Verwaltungssoziologie)

1970	eingerichtet als Lehrstuhl für Organisationssoziologie, insbesondere Verwaltungssoziologie
1971 - 1973	Prof. Dr. Renate Mayntz-Trier
seit 1974	Prof. Dr. Helmut Klages

Lehrstuhl für Verwaltungswissenschaft und öffentliches Recht

1971	eingerichtet als Lehrstuhl für angewandte Verwaltungswissenschaft
1971 - 1985	Prof. Dr. Frido Wagener
seit 1986	Prof. Dr. Hermann Hill

Lehrstuhl für Wirtschaftliche Staatswissenschaften, insbesondere Öffentliche Finanzwirtschaft und Allgemeine Betriebswirtschaftslehre

1972	eingerichtet als Lehrstuhl für Wirtschaftliche Staatswissenschaften, insbesondere Allgemeine Betriebswirtschaftslehre, Verwaltungsökonomie, öffentliche Betriebe
1972 - 1978	Prof. Dr. Peter Eichhorn
seit 1981	Prof. Dr. Klaus Lüder

Lehrstuhl für Verwaltungswissenschaft, Regierungslehre und öffentliches Recht

1972	eingerichtet als Lehrstuhl für Verwaltungswissenschaft (mit theoretischem Schwerpunkt) und öffentliches Recht
seit 1972	Prof. Dr. Dr. Klaus König

Lehrstuhl für Wirtschaftliche Staatswissenschaften, insbesondere allgemeine Volkswirtschaftslehre, Wirtschaftspolitik

seit 1972   Prof. Dr. Dieter Duwendag

Lehrstuhl für Politikwissenschaft

1974   eingerichtet als Lehrstuhl für Politische Wissenschaft, insbesondere Innenpolitik

seit 1974   Prof. Dr. Carl Böhret

Lehrstuhl für Verwaltungswissenschaften und Verwaltungsinformatik

1975   eingerichtet als Lehrstuhl für quantitative Methoden und elektronische Datenverarbeitung

seit 1975   Prof. Dr. Heinrich Reinermann

Lehrstuhl für Rechtsphilosophie, Rechtspolitik und Gesetzgebungslehre

1978   eingerichtet als Lehrstuhl für Rechtspolitik und Gesetzgebungslehre

seit 1978   Prof. Dr. Waldemar Schreckenberger

Lehrstuhl für Verwaltungswissenschaft, Entwicklungspolitik und öffentliches Recht

1989   eingerichtet als Lehrstuhl für Verwaltungswissenschaft, Entwicklungspolitik und öffentliches Recht

seit 1989   Prof. Dr. Rainer Pitschas

Lehrstuhl für Verwaltungswissenschaft

seit 1996   Prof. Dr. Eberhard Bohne

Anhang I: Statistik

Fortbildungsteilnehmer der Hochschule 1947 bis 1996

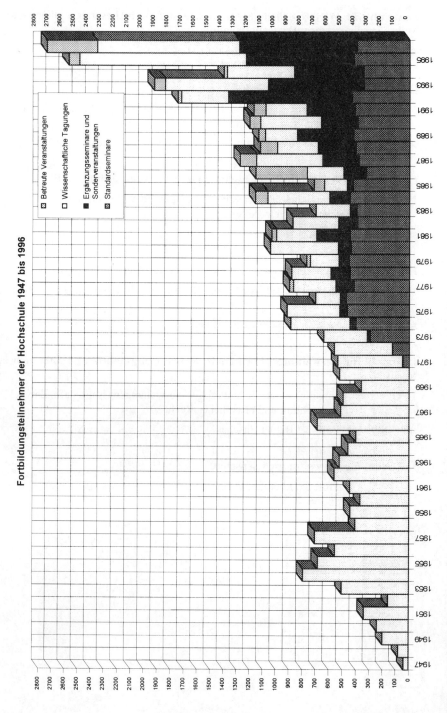

Anhang I: Statistik 517

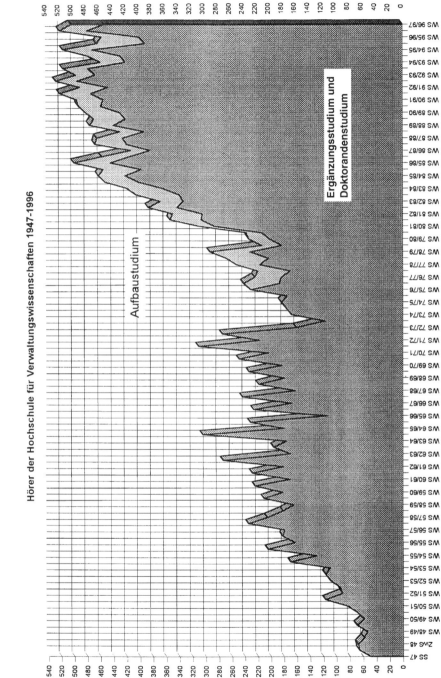

Verzeichnis der Autoren

Professor Dr. Hans Herbert von Arnim

Professor Dr. Willi Blümel

Professor Dr. Carl Böhret

Professor Dr. Eberhard Bohne, Ministerialrat a. D.

Professor Dr. Dieter Duwendag

Professor Dr. Rudolf Fisch

Professor Dr. Stefan Fisch

Professor Dr. Hermann Hill, Minister a. D.

Professor Dr. Helmut Klages

Professor Dr. Dr. Klaus König, Ministerialdirektor a. D.

em. Professor Dr. Konrad Littmann, Baden-Baden

Professor Dr. Klaus Lüder

Professor Dr. Siegfried Magiera

Professor Dr. Dr. Detlef Merten

em. Professor Dr. Rudolf Morsey, Neustadt / Weinstr.

Professor Dr. Rainer Pitschas, Diplom-Verwaltungswirt

Professor Dr. Helmut Quaritsch, Ministerialdirektor a. D.

Professor Dr. Heinrich Reinermann

Professor Dr. Waldemar Schreckenberger, Staatssekretär a. D.

Professor Dr. Dr. h. c. Heinrich Siedentopf

em. Professor Dr. Dr. h. c. Carl Hermann Ule, Oberverwaltungsgerichts-Vizepräsident a. D., Heidelberg